北京农史研究丛书 | 丛书主编：郭光磊

王振业 张一帆 廖沛 编著

北京农村经济史稿

上册

中国农业出版社

图书在版编目（CIP）数据

北京农村经济史稿：全 2 册 / 王振业，张一帆，廖沛编著 . —北京：中国农业出版社，2016.1
ISBN 978-7-109-21153-7

Ⅰ.①北… Ⅱ.①王… ②张… ③廖… Ⅲ.①农村经济—经济史—研究—北京市 Ⅳ.①F329.1

中国版本图书馆 CIP 数据核字（2015）第 274064 号

中国农业出版社出版
（北京市朝阳区麦子店街 18 号楼）
（邮政编码 100125）
责任编辑 姚 红

北京中科印刷有限公司印刷 新华书店北京发行所发行
2016 年 1 月第 1 版 2016 年 1 月北京第 1 次印刷

开本：700mm×1000mm 1/16 总印张：39.25 插页：16
总字数：770 千字
定价：80.00 元（上、下册）
（凡本版图书出现印刷、装订错误，请向出版社发行部调换）

北京农史研究丛书

编　委　会

《北京农村经济史稿》

编　委　会

主　　　任：郭光磊

副　主　任：张秋锦

执 行 主 编：王振业

办公室主任：陈水乡

成　　　员：王振业　张一帆　廖　沛　陈水乡

　　　　　　杨秋玲　王　伟　邢贵平

上册（古近代部分）：张一帆

下册（当 代 部 分）：王振业　廖　沛

特约顾问：赵树枫　范毓扬　梁继听　王其楠　焦守田

北京农史研究丛书总序

  北京农村的发展与城市的发展密不可分。当农村生产力发展到一定阶段时，商品交换、贸易集聚点便会出现，城市就应运而生。当城市成为社会政治经济文化中心时，便可以带动农村的发展。城市的水源、交通、安全保障、城市生活等不断完善与发展，都与郊区农村紧密连在一起，郊区农村对于城市功能的发挥日益突显出不可或缺的重要作用。诚然，城市的发展也深深影响着郊区农村。城乡关系互为一体，农村与城市应当是完全融合在一起的。

  研究北京农村的历史，对于推动北京历史总体发展研究，加深对北京历史发展进程及其特点的认识和理解，以及全面深化农村改革、加快推进北京城乡一体化发展都具有积极和重要的现实意义。作为首都的郊区农村，有与一般农村的共性，又有其特殊的个性。北京郊区农村特殊的地位，决定着对北京郊区农村历史研究的特点，北京农史研究对于特大城市郊区发展会有突出的贡献。

  以史为镜，可以知兴替。研究北京农村的历史，可以为我们全面深化农村改革提供宝贵的历史借鉴。当前，我们研究北京农史，重点是研究北京农村经济的发展史。农村经济的发展是农村社会、政治、文化发展赖以建立并进一步发展的基础。北京农村经济史，需要很具体地梳理出北京农村中的各项经济活动及其经济关系，分析其特点，研究其规律。它涉及面很广，包括北京农村中各个生产部门经济和生产结构，农村中劳动力、土地、生产工具等生产资源的组合和利用，农村中的商品交换、农产品价格、成本和利润，农村中的积累和消费，农村的信贷和保险，农村中特别是农业的经营方式和规模，农村经济体制以及调节制度等。随着农史研究的深入，我们还将研究京郊农村的政治、社会、文化和生态文明建设等发展历史。这些诸多方面历史的研究，是一个很系统的庞大工程。从总结历史经验教训来认识和把握郊区农村经济社会发展规律，以提高深化农村改革发展的自觉性、科学性和指导性，是我们开展农史研究的基本出发点。

在北京农史研究中，涉及古代和近代的部分，已经有很多史料，散见于各类典籍和书籍中，并已经有很多学者发表了真知灼见，可以作为我们研究的参考。当代部分，即新中国成立以来的北京农史，特别是30多来的北京农村改革和发展史，应当加强研究，并形成高水平的系列农史研究成果。我们当代人在当代诸多历史事件中生活过，直接观察到客观事物呈现出来的如此众多的侧面和复杂的演变过程，了解到时代气氛、社会心态、风俗习尚以及不同人群中复杂心理，可以说农村改革这几十年的事，我们很多人都亲身经历过，写起来更为直观、生动、具体。当代人是能够写好当代史的。

盛世修史，传承文明。开展北京农村改革史、发展史的研究，是北京市农村经济研究中心的一项重要任务，更是北京农史研究会的主要责任。书写好北京农史，传承好民族文化，我们责无旁贷。为了给大家提供北京农史研究的系列成果，从2016年起，我们正式出版"北京农史研究丛书"，第一辑包括《北京农村经济史稿》《北京市农村集体经济产权制度改革历程（1992—2013）》《北京市减轻农民负担历史回顾（1990—2014）》《北京市农民合作经济发展历程》四册。

我们将以出版"北京农史研究丛书"为契机，进一步发挥北京农史研究会的作用，加大对北京农史特别是当代农村改革史的研究力度，力争出更多的高水平的北京农史研究成果。我们将邀请熟悉北京农村改革发展的亲历者和农史研究的爱好者参与北京农史的研究，聘请北京农史研究方面的权威专家和相关领导作为顾问，为我们开展农史研究提供宝贵的指导。我相信，随着"北京农史研究丛书"的出版，北京农史研究工作将开创一个新局面。

由于水平有限，我们在农史研究中的不足和错误之处在所难免，敬请广大读者批评指正。

北京市农村经济研究中心党组书记、主任　　郭光磊

2016年1月21日

前言

　　北京是座历史名城。当今，正在向世界城市迈进。北京郊区农村的发展，对于这座城市的孕育与成长有着非常重要的作用。经济是这座城市发展的基础与命脉。梳理北京郊区农村经济发展的资料，呈现自古以来郊区农村经济的发展和变化，深刻了解其历史进程及特点，总结规律，对于北京这座城市发展的意义，都应当是一件值得关注、必须做好的大事。

　　一万年前，北京地区现门头沟区东胡林村开创了"刀耕火种"的农业。此后，几千年来，郊区农村都处在以农业为主的单一农村经济状态。中华人民共和国成立以后，特别是改革开放以来，郊区农村经济快速发展，呈现出农林牧副渔、工商建运服十业并举的崭新局面。如今的郊区经济第一、二、三产业相互融合，二、三产业占有了相当大的比例，迈进了城乡统筹发展的新阶段。郊区农业的发展历史涉及农业产前、产中、产后全过程发展的历史，扩展开来，这全过程的历史就是农村经济发展的历史，也只有如此，才会理清郊区农村发展全貌。

　　对于古往今来北京农村经济发展的历史，研究者甚多，专著则很少，多散见于各类北京史、志等著作中。叙述古近代北京农业的书籍，在历代史书、郊区县志，都有所记载。元代熊梦祥著《析津志辑佚》、明代蒋一葵著《长安客话》、清代孙承泽著《天府广记》、周家楣、缪荃孙编纂《光绪顺天府志》、于敏中等编纂《日下旧闻考》等部分章节、段落，都有涉及。当代学者侯仁之的著作、曹子西主编的《北京通史》、尹钧科所著的《北京郊区村落发展史》、于德源所著的《北京史通论》等都对古近代北京郊区的发展有较为详尽的叙述。对于当代北京农业和农村发展的历史，中共北京市委、市政府分管农村工作的历届领导，都非常重视。曾担任过市委、市政府领导的王宪所著的《京郊情——北京郊区农村发展若干史实记略》、市委农工委领导赵友福主编的《京郊农业合作化大事简介（1949—1978年）》、北京市农业局史志办公室编著的《北京农业生产纪事》等，都对新中国成立以来的郊区农业和农村的发展有详细的记录。改革开放以来，中共北京市委、市政府主持编纂的《中国农业全书·北京卷》《北京农村经济综合志》《北京种植业志》《北京乡镇企业志》等一批志书，特别是经市委农工委原书记赵凤山批准从2001年起每年编纂的《北京农村年鉴》，积累了丰富、详实的资料。市政府农办原主任白有光的《论京郊农村经济》收录了他在1985—1993年期间的讲话、文章、报告，记述了这一段时间郊区农村经济的发展概况。北京市农村经济研究中心原主任赵树枫所著《北京郊区城乡协调发展之路》，则通过对改革开放以来郊区农村发展史实，研究市委、市政府指导农业和农村发展的方针政策。这些著作都对编写郊区农村经济的发展史有着指导作用。研究这些成果，借鉴、吸取这些成果，继往开来，追踪前人和当代学者、领导的智慧，勾勒出农业和农村经济发展的脉络，进一步探讨古近代与当代北京农村经济发展的规律，完成编著《北京农村经济史稿》的任务，当是有可为的。

北京农史研究会成立于2005年9月。当时主管研究会的领导原北京市农村经济研究中心主任焦守田就提出要对北京农业发展历史进行系统、科学的研究，撰写出一部北京农业和农村发展史的专著。与会学者、会员都同意这一意见。经过若干年的准备，撰写出一部贯通古今、史料丰富、科学严谨的北京农村经济发展史的专著，已经具备了条件。完成这一任务，对于研究大城市郊区农村经济发展不仅具有普遍意义，而且对于指导大城市郊区农业和农村经济的发展也具有现实意义。

在编写《北京农村经济史稿》过程中，著者注意把北京农村经济的发展与社会制度、政治变革的研究结合起来，注意历史事实的细节、农户家庭生活的变化，去全面展现农村经济发展全貌。同时，注意北京农村经济发展中的敏感问题、疑难问题，敢于触及、理性回答，与读者、专家、领导讨论。

在内容上，本史稿坚持史论结合、写出特点。史稿注意材料的积累，尽力把历史事实的来龙去脉说清楚，以事系人、见物见人。并坚持观点明确，注入理性思维，以历史唯物主义观点，研究北京农村经济发展的全过程，把北京农村经济关系和经济活动及其演进的规律性，尽量梳理完备，突出北京农村特点，达到史稿有史魂的新境界。本书坚持结构和形式的统一，上、下册尽量在编节的安排和文字风格上一致。

在编写这部书的过程中，原北京市农村经济研究中心主任、会长焦守田予以很多支持和指导。经北京市农村经济研究中心主任郭光磊、副主任张秋锦同意、批准，《北京农村经济史稿》的编纂工作被正式立项，列入北京市农村经济研究中心、北京农史研究会研究课题。特聘请王振业、张一帆、廖沛为课题组主要研究人员及执笔人。市农研中心领导还在百忙中审阅部分书稿内容。在史稿编写过程中，还得到了市委农工委、市农委原领导赵树枫、范毓扬、梁继听、王其楠等同志的评议与指点。这些同志都有着丰富的郊区农村工作的经历和实践，以及很高的理论水平。他们对本史稿提出了很多有指导性的宝贵意见。在此，深表谢意。

编写组力争将本书做成精品，并为之付出了努力。但深感写好一部书实属不易，由于客观条件的制约和我们自身认识能力的有限，此部书仅仅是一次学步的尝试，还有许多欲善而不达的地方，敬请诸位读者、学者、领导指正。

《北京农村经济史稿》编写组

2015 年 8 月

综述

《北京农村经济史稿》分上、下两册。上册，记述北京地区有史以来直到中华人民共和国成立前北京农业和农村经济发展状况。下册，记述中华人民共和国成立以后至 2009 年，这 60 年来北京农村经济发展状况。意在展现从古到今北京农村经济发展风貌、理清脉络、研究规律。

一、北京郊区农村范围与其建制

城市的郊区，在我国古代即有特定含义。周制，五十里为近郊，百里为远郊。《尔雅·释地》讲"邑外谓之郊，郊外谓之牧，牧外谓之野，野外谓之林，林外谓之坰"。郊、牧、林、野、坰皆是城市郊区的称谓，只是所指有距城远近的不同。在北京发展史上，何时开始有一定地域范围的郊区，已难稽考。从古近代历史的发展中，可以见到北京郊区大体的范围，及其建制的基本情况。

北京是一个有三千多年历史的古城，近千年历史的古都。公元前 1046 年，周武王灭商后"封召公奭于燕""封帝尧之后于蓟"。当时燕国的都城在今房山区琉璃河董家村附近，蓟国的都城在今宣武区广安门一带。到春秋中期，蓟国被燕国所灭，蓟国的辖区为燕国所并，燕国的都城也由房山区琉璃河董家村迁到了位于今宣武区广安门一带的蓟城。燕国，其辖区以蓟城为中心，拥有地方两千余里。今北京城区及郊区各区县，在西周时分别隶属于燕、蓟两个侯国，春秋中期至战国时期则皆隶属于燕侯国。在秦代，北京地区属于秦王朝的东北边陲。西汉时，地方实行"郡国并行"建制，今北京城区和郊区各区县，在西汉时分别隶属于燕国（后更名为广阳国）和上谷郡、渔阳郡、涿郡。东汉王朝设立了州一级，今北京城区及郊区各区县分别隶属幽州辖下的广阳国（后改为广阳郡）和上谷郡、渔阳郡、涿郡，蓟城作为幽州的治所，也称幽州。三国、两晋和南北朝时期，今北京地区均隶属于幽州。幽州地区成了塞外民族从游牧生活过渡到农耕地居生活的地域。隋初，幽州改为涿郡。唐朝时又改为幽州。今北京各区县，唐朝中期以后均隶属于幽州总管府。宋代，地处北方的今北京地区，先是被契丹族建立的辽王朝统治。契丹升幽州为南京，又称燕京，并定为陪都。

金、元、明、清朝、中华民国初期，均定都在北京，开创了北京地区历史的新纪元。金王朝灭辽，改燕京为中都，定为首都。今北京各区县在金代的隶属关系，以长城为界。这座城市开始了从主要是军事重镇向全国政治中心的过渡。元王朝大都为国都，成为全国性政权的首都，有隶属大都城的城外"四隅"地区，但其范围界限不清楚。今北京市辖区，在元代均属于中书省。明代，改大都为北平府，公元1403年，改北平为北京。明成祖迁都北京，北京重又做为国都，分内城与外城，内城面积38平方公里、外城面积24平方公里，形成凸字形城市格局。并有轮廓清楚的隶属北京的郊区，但当时对这一地域没有明确的称谓。现北京市辖区近、远郊部分隶属京师（亦称北直隶省）的顺天府。清代，以北京为首都，也称京师，辖有北京城及城外四周的邻近地区。从《光绪顺天府志》记载可知，清代北京"城属"地区的范围是：北京城墙以外，向东8里[①]、向西15里、向南20里至24里、向北12里至20里、向东北10里、向东南37里、向西南15里、向西北15里。北京城外这一范围地域，名为"城属"地区，也就是在行政上隶属京师管辖的郊区。现郊区各区县中除上述"城属"地直属京师外，其他地区均隶属直隶省。民国时期，从1928年北京改为北平特别市起，北平市的辖区为北京城区及城外的东郊、南郊、西郊、北郊四个郊区，其范围东至东坝、南至大红门、西至香山、北至清河，面积约为700多平方公里。抗日战争胜利后，这4个郊区分划为郊一区至郊八区共8个郊区，辖区面积未变。

中华人民共和国成立后，定都北京。随着首都政治、经济、文化等各项事业的发展，全市行政区划和区县建置曾有多次调整，与此相应，辖区面积也由民国时期的700多平方公里扩大到16 807.8平方公里。开始，北

---

① 里为市制单位：1里＝500米。本书汇集大量史料，为保持历史原貌，所用计量单位大部分均未转换为公制。1斤＝500克。15亩＝1公顷。

平市辖区是东起通州，经张家湾、马驹桥、大回城、南至黄村，西南经葫芦垡、岗洼、至长辛店，西经潭柘寺、至门头沟，北经沙河、小汤山至天竺。后在1949年6月，原属河北省的南苑、丰台、长辛店、门头沟、东北旺等地划归北平市。1952年，又将河北省通县专区、宛平县全境和房山县的75个村、良乡县的3个村划入北京市。1956—1958年，先后将昌平县、房山县、良乡县、大兴县、通县、顺义县和通州市正式划归北京市。从此至2009年，全市行政区划没有变化，一些区县由县改区。辖近郊区4个，为朝阳、海淀、丰台、石景山，为1 282.8平方公里，占全市辖区面积的7.6%。远郊区县10个，为门头沟区、房山区、大兴区、顺义区、通州区、平谷区、怀柔区、昌平区、密云县、延庆县，为15 437.9平方公里，占全市辖区面积的91.9%。

二、古今"重农"思想之比较

中国是个农业大国，以农民为主体的农业社会有几千年的历史。解决众多人口的温饱问题是国家的头等大事。在这种情况下，"重农"思想的出现是不可避免的。

纵观历史长河，"重农"思想发端长远。《汉书·郦食其传》记述了西汉王朝的创立者刘邦的"重农"思想，"王者以民为本，而民以食为天"。魏、晋、南北朝时，北魏孝文帝在《劝农诏》中提出了"国以民为本，民以食为天"的名言。唐太宗提出"国以民为本，民以食为先"的"重农"从政思想。宋太祖在《劝农诏》中提出"生民在勤，所宝惟谷"的思想。元世祖提出了"国以民为本，民以食为本、衣食以农桑为本"的思想。明太祖提出了"农桑衣食之本、学校道理之源"的思想。清太祖提出了"重农积谷"的"重农"思想。康熙皇帝提出了"重农贵粟、藏富于民，经久不匮，洵国家之要务也"的"重农"思想。悉数历代王朝较为开明的统治者都有过"重农"思想的精辟论述。明清两代国君还特意在北京建天坛祭天，祈求风调雨顺，在先农坛祭祀先农，并率百官于观耕台耕地，以示天下。并建社稷坛，祭地祈求土地肥沃、五谷丰登。"重农"思想是一种"农之本、安天下、易治国"的道理，以协调当政者与老百姓互相依存、相互利益的关系，有利于推动农业经济的发展，这无疑是进步的。这种"重农"思想，一般都是在每个朝代初期国君特意强调的，主要是因为刚刚结束的农民起义的巨大冲击，不重农不足以维持统治。此外，战乱创伤，恢复和发展社会经济，也刻不容缓，必须"重农"，以求生存。历代王朝从维护封建王朝及其经济基础出发提出来的，是建立在剥削制度之上的。几千年来封建王朝的根基在于维护地主阶级的统治。当王朝初期阶级矛盾稍有缓和后，地主兼并土地的现象就要开始，而且越演越烈，封建王朝对农民的赋税又会加重，残酷地剥削和压迫使得农民生活无以为继。"重农"思想，只是重国之安定，而不是为民谋利益，不是对农民行仁慈恩惠之实。古近代"重农"思想的阶级属性，显而易见。

中国共产党自成立以来，就充分肯定了中国农民的社会地位。毛泽东指出：农民问题是中国革命的基本问题，农民的力量是中国革命的主要力量。在新中国建立之初，毛泽东充分认识到在"一穷二白"的基础上建设社会主义现代化国家，中国国民经济的主要力量在农民，必须"以农业为基础"，把"农业发展放在优先地位"，改变农村贫困落后的面貌。改革开放以后，邓小平提出了一系列深化农村改革的思想，推进以农业家庭承包责任制为核心的农村改革，切实使中国农民实现"耕者有其利"，并高度重视调动农民积极性，以推动农村生产力的迅速发展。江泽民提出保护农民的各种基本权益，切实增加农民收入，"全国实现小康，重点和难点都在农村"。胡锦涛更明确提出，解决中国的农民问题和"三农"问题是全党全国工作的重中之重，要按照统筹城乡发展的要求，加强农业基础地位，推进农业的可持续发展，建设社会主义新农村。改革开放后，党中央、国务院都在每年初发布1号文件，部署全年农业和农村工作。中国共产党人从其党的性质、宗旨、任务出发，提出了更加深刻的"重农"思想，使得"重农"思想有着更为鲜明的时代新意和深刻内含。中华人民共和国成立以来，历届领导人的"重农"思想，首先是为"富裕农民"，以实现祖国富强，有着鲜明的人民性。古近代与当代的"重农"思想有着本质的不同。

北京郊区农业和农村的发展正是在这两种不同社会制度的框架下，以这两种不同"重农"思想的指导走过来的。

三、土地制度是制约农村经济发展的主因

北京地区处于华北平原北端，一片沃野，源自北部山地的大河和细流流经这里，为农业的发展提供了良好的水利资源，气候湿润、温暖，适宜

发展农业。古代自然环境很好。但在北京地区历史的长河中，古近代农业和农村经济却发展缓慢。而仅中华人民共和国成立后的60年，北京农村经济发展迅速，变化巨大。究其主要原因，则是受社会制度特别是土地制度的制约和影响。

土地，为农民和整个人类提供生存发展和活动基地，又为农民和人类提供劳动手段的劳动对象，成为农民和整个人类生产生活不可或缺的最重要的物质条件。土地乃农民和整个人类生存发展之本。古近代不同的社会形态有着不同的土地制度。北京地区同全国一样，经历着原始社会、奴隶社会、封建社会三种形态。从1840年以后，北京地区又处在半封建半殖民地社会阶段。这几种社会形态，尽管土地的归属不同，劳动者的地位不同，但劳动者始终处在被剥削的状态，缺乏活力和积极性，经济发展或停滞，或倒退，或缓慢增长。

远古时期，北京地区是世界人类的发祥地之一。从"北京人"到"山顶洞人"，从旧石器时代到新石器时代，从70万至20万年前到四五千年前，北京地区经历了极其漫长的原始社会阶段。在距今9 000年前，北京地区的先民在属于部落和氏族公有的土地上开始从事农业生产和饲养家畜。大约从公元前2000年，北京地区从原始社会逐渐过渡到奴隶社会。周灭商后，"普天之下，莫非王土"，分封诸侯。在北京地区出现了奴隶制国家——燕国，燕国君统有北京地区土地，实为大奴隶主，他又封地给下属贵戚。大大小小的奴隶主握有土地，奴隶和平民使用铁器工具和牛耕从事农业生产，劳动生产物归奴隶主所有。奴隶主把奴隶视同牲畜和工具，残酷剥夺、任意宰割。再加上连年战乱，经济发展迟缓。秦统一全国，进入封建社会。直到清朝初期，中国封建社会长达2 300多年。北京地区随历代王朝兴衰而曲折、缓慢发展。在每个朝代的初期，土地占有情况有所调整，实行"轻徭薄赋""休养生息"，封建地主阶级与农民阶级有所缓和，经济有较快发展。但随后大商人、豪强、地主兼并土地日益严重，贫富分化加剧，阶级矛盾尖锐，农民起义不断发生。如此循环往复，经济在短暂发展后重又陷入停滞破坏。如明清两代初期，北京农村经济发展较快，据《顺天府志》记载，明初洪武二年（1369年）北平府所报民地仅780顷，洪武八年（1375年）农民开垦荒地为耕地增至29 014顷，洪武二十六年（1393年）超过7万顷。随后，土地兼并现象日趋严重。皇庄、王公、勋戚和宦官占有大量土地。据《明史》记载孝宗弘治二年（1489 年）统计，京畿庄田有地 33 100 余顷，到了武宗正德十六年（1521 年）庄田达到 200 900 余顷，土地高度集中在大地主手中，农民起义不断，李自成领导的农民军就提出了"均田免赋"的口号，得到农民热烈支持和拥护。清朝初期，满州贵族在京畿圈地严重，迫使汉族农民逃亡，直到康熙末年和雍正初年，农民赋役负担减轻，清政府颁布"盛世滋生人丁永不加赋"命令和实行"地丁合一"制度，还在京畿一代兴修水利和奖励垦荒，北京地区农业生产得到恢复和发展。而在清中期以后，土地兼并又开始加剧，高利贷盘剥严重，农民失掉土地，流民越来越多，嘉庆元年（1796 年）二月的一日，露宿在北京街头被冻死的达数千人。晚清时期，外国资本主义经济侵略势力逐步深入和不断扩张，封建性的北京地区经济变为半殖民地半封建的北京地区经济，封建的土地剥削关系同买办资本和高利贷资本剥削结合在一起，在郊区农村中占着明显的优势，大大加重了对农民的压榨。其后中华民国时期，在带有高级买办性的国民党统治下，农民的苦难达到了空前沉重的程度。

总之，土地关系是农村中最主要的生产关系。古近代剥削阶级统治被剥削阶级的这种生产关系长期阻碍农村经济的发展。深刻分析几千年来的封建社会，地主阶级在农民身上榨取的资金，一部分供养他们饱食终日、奢侈消费，一部分用来再购置甚至掠夺更多土地，这种新添购的土地就是农民失掉的土地。从整个社会来说，并没有增加社会财富。剥削者不去积累资金，农民也没有条件积累，整个社会只能进行简单再生产，农业生产力则很难发展和提高。古近代阶级社会的土地占有关系，是北京农村经济发展极其缓慢的主要原因。

当代中国共产党人主张实行彻底的土地产权革命，让中国农民实现"耕者有其田"。新中国成立后，中国共产党在北京郊区进行了土地改革，将世世代代为封建地主阶级霸占的土地夺过来，平等、无偿地分配给广大无地、少地农民，使农民拥有和土地所有权，成为了土地的主人。农民生产积极性被调动起来了，农业生产力快速发展。新中国成立后，土地制度的这种变革意味着生产关系的重大调整，生产方式的重大变革。历史经验证明，这一变革直接影响着一个社会的经济发展速度。

近 60 年来，新中国成立初期的土地改革是土地制度第一次变革。其后，第二次变革是把"耕者有其田"的土地私有制变为社会主义的集体所有制。1956 年，在北京郊区完成了农业合作化，消灭了土地私有制，土地归集体所有，由集体使用。改革开放后，从 1982 年起，北京郊区基本实现了联产承包责任制，为第三次土地制度的变革，以土地所有权与土地使用权相分离为特征，虽然不是社会生产方式的变革，但却是在社会主义生产方式下经济管理体制变革的一个组成部分，农民以承包的形式取得了集体所有土地的使用权，可以自己享有生产成果，也可以在有限范围内以不同形式转让土地使用权，这是北京农村经济高速发展的关键所在。这 60 年来的历史实践证明，土地制度解决得如何，农民对土地有没有使用权，关系到农村经济发展的快与慢。总的看，新中国成立以来土地变私有为公有，这一场巨大的变革带来了郊区农村经济的高速发展。但在某个阶段，这个问题处理得不好，仍然有碍经济发展。在高级社和人民公社时期，实行城乡二元化体制，农民固守在农村，土地归大堆、干活大拨轰、干多干少分配一个样，不能充分注意农民权益，农民积极性受到挫折与损失，经济发展呈缓慢状态。改革开放后，北京郊区农民重新对土地有了使用权，郊区农村经济发展出现了新的局面。

四、从古到今，北京农村经济发展实现历史性跨越

新中国成立 60 年来，北京农村经济发展与古近代北京农村经济的发展相比较，速度之快，质量之高，成就之显著，为世人所罕见，实现了历史性的跨越。

由传统农业演化为现代农业。北京郊区农村在春秋战国时期进入传统农业起步阶段，直到 1949 年，长达 2 000 多年，农民辛勤耕耘，创造了传统农业的辉煌。铁制工具的使用和框形犁的出现、应用，牲畜牵引的耕种，都使得农业生产工具实现了传统农业的创新，把用地和养地结合起来，靠施用肥料来维持并增进地力，"粪多力勤"、精耕细作，形成了独具特色的农业技术体系。进入清代以后，多熟种植和间、混、套种等技术得到了进一步发展和普及。土地利用方式是没有休闲的连作制，创造了较高的土地利用率。新中国成立的 60 年来，郊区农业超越了前人几千年所创造的成就，进入了现代农业的发展时期。新中国成立后，经过农业恢复阶段，便进入了现代农业发展阶段，机械化、水利化、电气化和化学化（化肥和化

学农药的使用）都有了较快的发展。改革开放以后的30多年，信息化、集约化、专业化、社会化武装农业，农业基础设施建设不断完善、农田水利建设得到加强，农田有效灌溉面积已占总耕地面积的90％，农机装备水平显著提高。设施农业的规模化、区域化，形成了郊区农业的新格局，培育了郊区现代农业新的发展方向。北京农村农业进入了精准、可持续的发展阶段。

农业由粗放经营转为集约经营。古近代北京郊区农业已创造出传统农业发展的极限，但毕竟是在技术水平仍处在较低条件下，对一定面积的土地投入较少的生产资料和劳动，进行粗放的农业经营方式。客观上，古近代农民承受着赋税、地租和徭役等多重沉重的剥削和压迫，劳动所得除大部分上缴外，只能勉强维持生活，无力投入再生产，生产力十分低下，产品极为有限。现代北京农业的发展已经进入集约经营的发展阶段。郊区农业追加更多的劳动和生产资料，合理施肥、选用优良品种、采用先进的农艺、使用农药和新式生产工具，提高经营管理水平，使得土地生产率大大提高。客观上，国家和市财政的投入，重视农业技术的推广和普及，特别是减轻农民负担，取消"农业税"，实行种粮补贴，都使得农业生产力得到空前的解放和发展，集约化的水平不断提高。土地产出率大幅提高，1949年郊区粮食亩产仅有57千克，1978年达到221千克，到2008年达到369.5千克，较1949年增长6倍。1949年，郊区蔬菜亩产590千克，1978年达到1 945千克，2008年达到3 140千克，较1949年增长近6倍。劳动生产率大大提高，每个农业劳动力生产的粮食平均增长3.19倍，生产的蔬菜增长24.4倍。这是古近代农业劳动者所望尘莫及的。

农村经济结构由以农业为主扩展到农林牧副渔、工商建运服十业并举的崭新局面。古近代北京郊区农村经济主要是以农业为主，农业是农村经济的主业，是最早出现的生产部门，也是支撑着整体社会发展的经济部门。最为简单的手工业是做为农业劳动的附属物存在的。农业劳动生产率提高了，从事农业生产的人所生产的食物、除了自身需用还有剩余时，才可能让另一部分人去专门从事手工业，手工业才能独立成为农村的生产部门。但在古近代，这种分离或产生除农业以外新的生产部门是不可能的。农业生产的粮食首先要完成税赋，农民"糠菜半年粮"的日子不可能使农村出现新的生产部门。农业则主要包括粮菜生产和少量的畜牧业。农村的商业也主要是维持农民的生产和生活物品的简单交换。贫穷落后的状况使得农村经济结构的单一化维持了几千年。新中国成立后，一直到改革开放前，农村经济仍以农业为主，多种经营虽有所发展，但非农产业比重仍然较小，农业以种植业为主，远郊的种植业又以粮食为主，林牧渔业比重小。改革开放后，联产承包制的实行，农民生产积极性提高，农业生产超速发展。农村劳动力转移，社队企业异军突起，"以工补农""以工支农"，促进农业向深度和广度进军。农民亦农、亦工、亦商，十分活跃。产加销一条龙、农工商一体化的增值链逐步形成。郊区农村经济加速走向工业化和商品化。农村经济中工业已迅速成为主要部分，林牧副渔从附属于种植业变成独立产业，比重逐渐接近种植业，种植业中蔬菜瓜果产值比重上升，逐渐超过了粮食产值。到2009年，郊区农村经济已进入向市场化、城乡一体化转型的新阶段。北京高度城市化的发展要求农村经济进一步融入城市经济，农村产业结构以第三产业为主，农村在保留生产功能的同时，更加着重其生态功能和生活功能。工业向郊区开发区集中，农民向城镇集中。新中国成立以来的60年，特别是改革开放后的30多年，北京农村经济的全面、持续、高速发展，超过了新中国成立前几千年的发展进程。

农业和农村的功能已由单一的生产功能扩展到生产、生活、生态功能。北京农村作为大城市的郊区，从古到今其显著特点是为城市服务。古近代，郊区农民从事农业除了要维持自己简单的生活资料，大部分要通过各种方式服务北京这座大城市，主要是为城市居民提供粮食、蔬菜以及很有限的肉食品。元明清时期，在北京郊区已有菜田区。明代有御菜园、官菜园、民菜园之分，朝廷设有嘉蔬署、保证皇室的蔬菜供应。新中国成立以后，中共北京市委、市政府明确提出北京郊区要为首都服务，提供蔬菜、肉、蛋、奶、瓜果等副食品及土特产品。北京城市人口多，需求大，粮食主要靠外地供应，郊区生产的粮食基本用于农业生存自养，仅有少量输入城市。随着首都城市建设和经济发展，郊区为城市的扩大与发展提供土地和空间，一大批现代工业项目崛起，推动了全市工业化进程。适应城市居民高品质生活的需要，郊区第三产业蓬勃兴起。郊区已经成为市民度假、休闲、回归大自然的腹地，成为观光、愉悦、体验农耕、陶冶情操的乐园。农业的生态功能日益明显，为首都环境建设做出了巨大的贡献。郊区水资源的开发利用，大型水利设施的建设，已经成为城市较高品质的水源地。农业和农村在向首都提供各种服务功能的同时，农业生产和农民生活还要消耗国民经济其他部门提供的产品和劳务，是工业和第三产业的重要市场。随着农业和农村发展，农业和农村的市场贡献功能日益明显和突出。新中国成立后的60年，郊区农村的发展丰富和扩展了农业和农村多功能的内涵和外延。

农民生活实现了由贫困到温饱，并已进入全面小康的根本转变。古近代郊区农民过着食不果腹、衣不蔽体、居不避寒的生活。新中国成立后，随着农业生产的发展，农民生活很快得到改善，但在其后一段时期内，农民生活没有得到明显提高。改革开放后富裕农民的思想更加明确，并贯穿在郊区工作始终。随着农村经济迅速发展，农民收入稳步持续增长，农民生活步入小康。到2009年农民人均纯收入达到11 986元，是1978年的48倍，是1952年农村人均纯收入81.4元的147倍。农民人均生活消费支出9 141元，比1978年的85.4元增长90倍。农民居住条件大大改善，现代家庭生活耐用消费品走进了农户。新型农村合作医疗建立、农民子女免费上学、实行九年义务制教育、农村社会保障日益完善。根据联合国粮农组织规定，郊区农民的恩格尔系数到2006年已经为32%。郊区农村进入富裕社会阶段。

农村旧貌变新颜，农民有了自己的美好家园。古代农户家前屋后堆柴禾，院内庭外猪粪球，风起黄土满天飞，雨落粪水遍地流。新中国成立后，市委、市政府重视农村生存条件的改善，关注新村建设。特别是改革开放以后，随着农村生活水平的提高，新农村建设向全方位多层次高水平的建设努力。郊区农村街坊路全部硬化、安全饮水全部覆盖、户户用上了水冲厕所、农民生活污水和垃圾得到处理，实现了净化。如今的北京郊区农村呈现出生产发展、生活富裕、乡风文明、村容整洁的新风貌，并涌现出一批"最美丽的乡村"。

五、城乡相互促进　城乡走向融合

和全国农村一样，新中国成立以来特别是改革开放以来，北京郊区农村取得了巨大的进步。这是在党的有关农村的政策指引下，经过郊区广大农民和干部努力取得的硕果，也是国家有力支持的硕果。同时，由于郊区农村长期处在城乡二元分割体制的状态下，郊区农民固守在自己的土地上，为国家提供廉价的农副产品，以工农产品价格剪刀差为载体，为国家工业化、城市化做出了贡献，并低价征用农村土地，把相当一部分土地的级差收益转化为工业化、城市化的启动资本。郊区农村转移出的劳动力，到城市务工，则以很低的工资和很简单的福利待遇在城市生存，为工业化、城市化提供了廉价的劳动力。

做为北京这座特大城市的郊区，也有着自己的个性发展。北京郊区农村除了要满足农民生产、生活需要外，还要直接为这座大城市的发展和城市居民提供服务。长期以来，郊区农村为城市提供了大量的蔬菜、肉、蛋、奶、瓜果等副食品及土特产品，还为城市的扩大和发展提供了土地和空间，郊区农村成为了二、三产业发展的腹地，一大批现代化工业项目，在郊区农村落户，商业、服务业、旅游业日益成为郊区经济发展的新动力。郊区农村还成为了这座特大城市的水源地、生态屏障和安全屏障。郊区农村的服务性、商品性极为显著。在这过程中，郊区农村经济的发展表现出了自创性和多元性的特点。

同时，北京这座特大城市也为郊区农村的发展提供了强大的支撑力。首都聚集着科技优势，较为雄厚的财力，众多的需求等，这都形成为都市拉力，推动着郊区农村经济各方面的发展。

自从 2003 年以来，北京郊区进入了"以工促农、以城带乡"统筹城乡经济社会发展的新阶段。贯彻党的方针政策，市委、市政府提出了统筹城乡发展、区域发展、经济社会发展、人与自然和谐发展、国内发展和对外开放的"五统筹方针"，按照"生产发展、生活宽裕、乡风文明、村容整洁、管理民主"的要求推进郊区社会主义新农村建设。从 2003—2009 年，全市"部门联动、政策集成、资金聚集、资源整合"，建设郊区农村，城市优质资源向农村加快流动，社会资源配置和国民经济分配向农村倾斜，为在全国率先形成城乡经济社会发展一体化的新格局做出了切实的努力。

从古到今，北京农村经济发展的历史证明，必须以农民为本，切实保障农民的物质利益，维护农民的合法权益，才能使生产力中这个最活跃的人的因素发挥其积极性、创造性，从而推动历史进步。新中国成立 60 年特别是改革开放以来的 30 多年的实践证明，只有中国共产党坚持全心全意为人民谋利益、谋幸福，把农村、农业、农民工作放在重要地位，才能推动北京农村经济持续、稳步发展。

总目录

──────────── 上 册 ────────────

上册目录

绪　　论

　　站在灵山之巅，放眼京华大地，地形、地势、地貌极为复杂，山、水、林、田、路俱全；四季分明，气象万千；野生植物动物、微生物资源亦相当丰富多彩。生物资源丰富、繁多，有调查数据表明，直至今仍有植物物种 3 289 种（含变种或亚种），其中维管束植物 2 263 种，占全国的 6.7%，其科数占全国的 48.8%，属数占全国的 21.5%，而北京市国土面积只占全国的 0.17%。

　　北京地区地形、地势、地貌的形成经历了极其漫长的历史过程。

　　大约在 20 亿年前，北京地区发生了一次翻天覆地的地壳运动，结果是地壳大幅度下降，海水大面积涌入，原来的陆地变成了汪洋大海。这次海侵大约持续了 10 亿年的时间。一二百万年前的第四纪时期，由于构造运动和气候变迁又发生一系列重大环境变化，从新生代以来，在北东、北西及近东西向构造控制下，由于地壳的差异性升降运动，引起了地面有较大幅度的分异，燕山、太行山地区处于总体上升，构成海拔 1 000~2 300 多米的山地和海拔 1 000 米以下的低山、丘陵，局部陷入盆地。延庆盆地是京郊最大的断陷盆地，新生界的厚度达到 2 000 米。北京地区地势由西北向东南逐渐降低和相对下沉，并不断接受山区流来的松散沉积物的堆积，形成了今天海拔低于 100 米的平原，史称"北京小平原"，并与华北大平原衔接。北京小平原受拥于太行山与燕山交汇的"北京湾"——湾体表层曾是原始森林、草地，连同山体构成抵御塞外风沙的天然屏障。

　　古代环境的变迁是北京地区成为物华天宝的风水之地，于距今 70 万年前迎来了拉玛古猿进化中的中间环节"北京人"的前辈迁徙到这里，当时已值温暖湿润期，生态环境适宜。"北京人"生活的龙骨山和西边的高山连在一起，西和西北边的高山上生长着茂密的森林，有常绿的松柏、落叶的桦树和椴树，还有不少的山间果树。周口店的东南边和南边是河网密集、湖沼遍布的坦荡平原，河湖池塘的岸边长满各种水草，丰沛的牧草养育着成群的牛、马、羊等野生动物。在龙骨山发掘中出土的古脊椎动物有100多种。出土的植物化石有榛、栗及禾本科、豆科等。这种复合的生态环境为拉玛古猿的迁徙落户、生存和进化、发展提供了优越条件，并成为"北京人"的发祥地，揭开了中华民族东方文明的序幕。后因冰期的来临，自然环境有很大改观。

在距今20万年前和2.5万年前的同一山体上还衍生出"新洞人"（早期智人）和"山顶洞人"（晚期智人）。随着时光的推移，其后裔在距今一万年前由居住在河谷台地上的"东胡林人"和"转年人"通过切、钻、琢、磨创制出新石器，从事"刀耕火种"，开创了人类的农业文明，使北京地区成为中国北方农业起源的源头之一，结束了原始人类全然依靠自然为生的依存经济而跨入原始农业新阶段，开创了食物生产经济，成为原始的农村经济之源。由此翻开了古近代北京农村经济史演进的第一页。从考古史料看，北京地区的食物生产经济包括粮食为主的植物性产品生产和动物性产品生产两大类。由于当时生产力水平低下和人口的增长，在相当长的时期还需要采集—渔猎野生动植物食物作补充。食物生产经济的显著特征就是以种植业和养殖业为主要对象解决食物来源的经济，属于原始形态的农村经济。由于生产力水平低，发展比较缓慢。原始农村经济的内部结构总的趋势是农牧业比重由小到大，采集渔猎业的比重由大到小。北京地区因为上述农业经济环境比较有利，人类对栽培作物全依赖历程要较中美洲等其他世界地区短些。在延庆县玉皇村发掘的遗址中存有商周时期的酒糟遗迹。若粮食不能满足日常生活时，人们是不会轻易拿粮食去酿酒的。这样算来，北京地区古人类从采集渔猎为生到对栽培作物的全依赖大约历经了5 000多年。

从已有的史料中可以依稀地看出京畿原始农业的发生与发展有"三宗"，即"东胡林人"和"转年人"是已知以创制新石器与"万年陶"为标志的原始农业的"祖宗"；在已列入"经传"的几处（我国河南裴李岗、河北磁山、陕西半坡、浙江河姆渡等原始农业遗址）距今都没有超过8 000年，而"东胡林人"遗址距今1万多年。在5 000年前曾经尝百草、教民种五谷的神农氏曾到过北京地区，是时黄帝领其部族也到过此地，并二人联盟齐攻蚩尤，灭尤后炎黄战于京畿板泉，炎帝部族失败归顺黄帝族。炎黄时尚处于原始公社制，族人共同劳动生产，共享劳动成果。史料中未见有兵伍组织，但见有兵戎相战。可见那时族人战时为兵打仗，平时挥锄务农。他们在这里传承"五谷"的种植，即神农"教民植五谷"；黄帝"邑于涿鹿"，蓟地成为他们的活动中心教民"树五艺（五谷）"。由此可认定炎黄是本地区植"五谷"的"列宗"。经考古发掘新石器晚期京畿出土有三宗文化——即来自中原的仰韶文化、来自东北的红山文化和来自西北的游牧文化。这三种文化的集中地是昌平雪山遗址，亦分散于其他地区的遗址中。这三种文化可称之为京畿原始农业文化的"文宗"。"三宗"凝聚成独特而多元化的北京原始农业文明，并在传承中发生着斗转星移的变革与光大，具有中华文明之远古风韵，立于世界四大文明古国中而经久不衰。

一、古近代北京农村经济发展历程

随着"北京人"遗址的发现及之后考古发掘的广泛深入，呈现在人们眼前的北京农村经济历史文化具有"悠久、持续、递进、多元、一统"发展的特点，它历经了旧石器、新石器、青铜器、铁器及近代与现代的机器与信息化的自主创新的全过程；是以原生态农业经济为主体的农、（手）工、商混合经济文明。

自房山区周口店遗址发掘出距今 70 万年的"北京人"及其所打制的旧石器与食物、用火遗迹，学界即认定本地区开始孕育着农业和农村经济的启蒙、始创与发展，养育其子孙后代与时俱进，繁荣昌盛。远古至近代北京农村经济发展大致经历过五个重大阶段。

从"北京人"开始进入农业经济的启蒙时期

"北京人"是人类从猿到人进化史上的中间环节。在周口店"北京人"的遗址中伴随有大量经打制的旧石器（石片和石器）约近 10 万件及骨角器和用火遗迹。据考证，"北京人"的石器已有一定的类型和初步分工。基本类型有砍斫器、尖状器、刮削器、雕刻器等，还发现有打制石器的石锤和石钻。

在"北京人"遗址中发现用火的遗迹很多，在第三层一块巨大的石灰岩块上遗留下两大堆灰烬，尤其在第四层发现的灰烬相当厚，最厚的地方可达 6 米。在灰烬中还发现有成层的哺乳动物的骨骼化石，且以鼠、蝙蝠等数量最多。在第八至九层之间灰烬层，最厚处约有 4 米，在第十层的下部一般也厚约 1 米。另据考证，"北京人"不仅能使用火，而且能控制火。火的使用在人类早期发展史上是一件很重大的事。用火使"北京人"摆脱了茹毛饮血、生吞活咽的野蛮时代和脱离了民多病的灾难，变生食为熟食，大大提高了人类的生存力。

"北京人"及其后裔"新洞人"都以采集和渔猎为生。从他们居住过的遗址中都发现有植物根、茎、果实、鸵鸟蛋及鹿、马、牛、羊、鼠等温和动物化石，亦有鱼类化石。当年周口店地区比今天温暖湿润，生态环境很好。并且是依山傍水，山上生长茂密的森林和山间果树，周口店东南和南边是河网密集、湖沼遍布的坦荡平原，鱼虾丰富，牛、马、羊成群，为"北京人"的生存和发展提供了优越的条件。

"北京人"以至"新洞人"和"山顶洞人"尚处于蒙昧时代和血缘家族。血缘家族是由动物的"群"演化而来，群是在动物中最高的社会集团。人类完全成型后，血缘家族是第一个社会组织形式。在血缘家族阶段，一个家族就是一个集团、一个公社、一个生产单位，以群体的力量和集体行动来弥补个体能力的不足。在蒙昧时代，族群们是以集团行动由妇女们负责采集现成的天然植物产物，男子负责渔猎捕获动物，所用工具是打制的旧石器。

血缘族群过的集体生活史称聚落，共同消费集体劳动成果。对这种以采集、渔猎为生的经济，有学者称之为"攫取经济"，亦有称为"依存经济"。在"依存经济"时期，原始人类的经济行为是掠夺、流荡，以寻觅足够的天然食物。据有研究估计，在依存经济时代，即使是在肥沃的地区，在暖和的冬天，每平方英里的土地上，最多只能维持一两个食物采集者的生活。而在寒冷地区、或热带丛林、沙漠地区，则每个食物采集者需要二十甚至三十平方英里的土地才能维持生活。北京地区古代的土地比较肥沃，而气候多为寒冷，土地的养育能力当不会高于上述第一种情况。旧石器后期的人们生活会是极为艰难的。在食物源日益短缺的情况下人类不得不自己利用自然界食物资源进行再生产。作为古人劳动智慧结晶的集大成者神农"尝百草之实，察酸苦之味，教民食五谷"（《新语·道基》）。可见旧石器时代的原始人类在采集—渔猎天然动、植物食物的实践中观察到自然界生物发生与生育规律，为新石器时代人工驯化与种植植物、饲养动物获得食物奠定了一定的基础，成为农业出现的启蒙与先导。

从"东胡林人"和"转年人"进入农村经济的始创阶段

"北京人"进化到距今 1 万年前的"东胡林人"和"转年人"（遗址分别在门头沟区东胡林村和怀柔区转年村）时，据今考古发掘发现这两地的古人们运用切、钻、琢、磨技术已创制出新石器石刀、石铲、石锄、石磨盘、石磨棒、石臼等生产与加工工具，还出现"万年陶"等。专家们经考证，认定这两遗址早在 1 万年前即始创"刀耕火种"的原始农业，并论定是"中国北方农业的源头"之一。人类学家和社会学家研究断言：人类社会进入新石器时代时，出现了农业，出现了人类经济史上第一次革命，即由依存（或采猎）经济跨入用自己的劳动与智慧利用自然、改造自然，进行食物再生产的生产经济。由于农业的出现，原始人类的生活有了基本保障。有研究揭示，各地狩猎—采集，群体的世界平均规模是 50～100 人，而农业群体是 100～150 人，其上限达 350～400 人。原始村（聚）落的大小取决于农地的规模承载力。因为生产经济最重要的前提是生产基本资料——土地的集体所有制的发展。

在新石器时期农业生产力低下，在原始公社制度下人们共享劳动成果。原始公社后期虽有"男耕女织"的分工，但只维持温饱，仅仅是农业经济。以农业经济为标志的原始农村经济的问世或始创是本地域内土生土长的原生态农业经济的转化。北京地区门头沟"东胡林人"和怀柔"转年人"遗址中发现这些原始人以种植黍稷为主，他们的这种情况距今已有 1 万年了，是迄今发现的最早的人群。东胡林遗址是"中国北方农业的源头"。

从已有资料判断，北京原始农业是土生土长的原生态农业，依据如下：

一是始创距今 1 万年以前，涉农遗址只有河北徐水南庄头遗址。而北京地区新石器的制作时确有自己独特的创新技术——切、钻、琢、磨而成，而这四项技术从"山顶洞人"时期即已萌发并传承下来的。这是未见史料另有报道的。因此可以判断本地区的新石器不是外面传来的，而是自创的。

二是古代北京地区山水、平原、林、田、路俱全，且西部太行山与北部的燕山相交汇构成能防御关外风沙侵袭的北京湾，拥抱着与华北大平原相连的北京小平原。山川平原构成"地理形胜""幽燕之地，龙盘虎踞，形式雄伟。左环沧海，右拥太行，南控江淮，北连溯漠"（范镇之《幽州赋》）。水源丰沛，这里有依偎太行山由北南下东折的母亲河永定河（古称灅河），有由母亲河派生出来的五大水系，即永定河、大清河、温榆河、潮白河、蓟运河。此地区寒暑分明、温湿适宜、光照充足。在新石器初期尚为温湿适宜。综合评价，人们公认这里是风水宝地，宜于人类与自然共生、共荣。

三是具备农业发源地"山前理论"的环境条件。新石器早期的东胡林和转年遗址都处于山区河谷台地；中早期的上宅、北埝头遗址分别位于山前地带和山前平原的河岸台地，燕落寨遗址位于山前丘陵地带河岸沙丘上，镇江营遗址位于山前地带的河岸台地上；新石器晚期的堆子地遗址位于山区河岸梁山上，丁家洼遗址位于山前地带丁家洼河西岸，曹碾、燕丹、清河镇遗址分别位于洪冲积平原上温榆河和清河河岸上。随着自然环境的变迁，人类社会的进步，北京地区新石器时代人类由山区向山前地带和山区平原台地，并进一步向内地洪冲积平原移动，为农业开辟更加广阔的适宜天地。

四是新旧石器遗迹在北京地区的大地上广为分布，表明"北京人"的后裔们绝不仅局限于周口店地区的龙骨山。北京地区的原始农业与农村经济在他们的活动下广为传播与演进的。由此带动了人们的生活文明——"辟土殖谷"、植桑养蚕、缫丝纺织、缝衣而穿，结束了"古夫不耕，草木之实足食也；妇人不织，禽兽之皮足衣也""民皆巢居"，"昼拾橡栗，暮栖木上""饥即求食，饱即弃余。茹毛饮血，而衣皮苇"的采猎为生的依存经济。

从夏商周开始进入农村经济多元化的初始阶段

大约从公元前 2000 年初期，北京地区即进入奴隶社会，亦即青铜时代。这一时代包括夏代、商代和西周，俗称夏商周。进入奴隶社会后，出现了公田私种，尽管民人成为奴隶在井田制度下为奴隶主种地，但同时在井田中奴隶可在完成奴隶主的耕种任务后从事自己的份田，其收获归己所有。奴隶虽受主人剥削，毕竟有了自己的家和份田，比起原始公社时生产力有了较大的发展。井田制使民人（奴隶）村落都坐落在井田的中央。村落周围栽桑养蚕，各家都有菜园，还可喂养鸡狗猪羊等畜禽。大田种粮，女人以养蚕纺织为主。这时的乡村是村外稼穑、屋头园圃，男耕女织、鸡鸣狗吠的农家生活。粮食生产主要是禾（粟）、黍（黄米）、来（麦）等。甲骨文中有"仓""廪"贮藏保存。到商代是农、林、牧、副、渔、猎各业都有相应的发展，牧业已呈马、牛、羊、鸡、犬、豕"六畜"兴旺。在商代遗址中发现有藏粮的窖穴。栽桑养蚕、纺织绢绸是当时重要的副业，也是手工业。

夏代出现冶铜和青铜器，到了商代制陶和青铜冶炼已成为独立的手工业部门。此外还手工制作金耳环、金臂钗和金发簪等。到了周代除了农业有了较大发展外，手工业出现官营手工业和私营家庭、小手工业者经营。

夏商周时出现了胡市，商业崭露头角。尤其周初分封的燕国、蓟国都会具有初期城市的形态和功能，既是方国都会，又为商品交易的集散地。据燕都遗址出土的手工业产品有礼器、兵器、生活用品、酒器、工具以及漆器、玉器等。这些手工业品的制作不可能仅供王者或家庭所用而是进入商品生产用于交换、交易。从夏商周起，北京农村经济已不是单纯的农业经济而是农工商三元经济。

从春秋战国开始到明清中叶农村经济实现跨越，并进入长时期稳定的阶段

铁器的制造与使用，使北京地区古代农业、手工业生产都发生了质的变化，农业生产力出现了历史性跨越。它比石器、木器、骨器都坚韧、锋利，它的科技含量更高、可制作性更强、操作运用更方便、有效；可塑性强便于再造；用于生产过程，劳动生产率高、耕作质量好，且省工、省力、优质、高效；所制作的犁具可与牲畜配套利用畜力替代人力繁重的耕种，其效率可比人力高出数倍。这样，铁器代替石器，畜力代替人力，大大提高了农业的综合生产能力，使农业从"刀耕火种"的原始农业中脱胎而出跨入精耕细作的传统农业这一崭新的历史阶段。铁资源开发、冶炼、农器产品开发与制造技术性很强，不是每个家庭都能操作成家庭手工业。这在客观上就出现能者为之，出现了独立经营的手工业者和手工业的商业化发展，促进奴隶制出现的"工商食官"的瓦解。

由于生产力的变革与快速发展，旧的生产关系与上层建筑因不适应而使奴隶制度崩溃，奴隶社会消亡，取而代之是封建地主制社会。其土地制度由奴隶制的"普天之下，莫非王土"的"井田制"变为国有"授田制"，即国有土地一经授予有功人员、王公贵族、皇亲国戚，以及个体农民，并成为私有，可以自由买卖、馈赠及作为遗产传给子孙。土地私有化为土地

兼并奠定了基础。随着土地私有化，劳动者获得人身自由，授得土地的农民叫"自耕农"，没有土地或丧失土地的农民可以租地耕种，既无地又无生产工具的农民去当雇农。土地的私有和通过自由买卖的兼并，由此就出现了地主阶级，他们以雇主和租赁土地来搜刮农民的剩余价值，蓄积财富，成为封建社会的统治阶级，广大农民则成为他们的对立面——被压迫、受剥削的农民阶级。

封建社会授田私有化，使广大拥有土地或租用土地的农民被称为"小农"（即小土地所有者或租赁者）。在整个封建社会里小农是国家产业的主体、社会财富的创造者，是农村经济的集大成者。但就个别农家则称为"小农经济"——他们的显著特征是自给自足。小农经济的发端正是铁器的发明与应用，与牛耕的推广，推进农业、手工业的飞跃发展所引起的社会变革为契机，即与封建社会的兴起而同行，

从战国时期起，封建的生产关系代替了奴隶制生产关系，铁器代替了石器，畜力代替了人力，理性代替了愚昧，彻底解放了被"井田制"所桎梏的生产力，蓟城附近的平原沃野得到进一步开发，使广大农民能独立自主地从事农业、手工业，以至商业生产经营活动。农业生产有了很大发展，出现"粟支十年""渔盐枣栗之饶"著称于世。手工业、商业走向发达，并成为农村经济中日益扩大的重要来源。战国时燕地农业、手工业及商业的繁荣，使燕都蓟城被称为"勃碣之间一都会""富冠海内，为天下名都"。这就是古代燕地农村经济跨越发展的佐证，而其核心是新兴的小农经济的支撑。

自秦汉以来一直到清朝中叶，北京地区长期处在封建社会历史阶段，封建剥削的土地制度始终是束缚农业生产力发展的主要因素。在封建土地所有制长期存在的情况下，地主、商人、高利贷者结为一体，土地兼并、封建剥削不断加深，农民勉强维持生活，甚至揭竿起义。广大农村始终处在动乱、战争、相对稳定、又动乱、战争的恶性循环。和全国一样，这是上千年来北京农村经济发展迟缓甚至停滞不前的主要原因。

从 1840 年鸦片战争以后农村经济进入引进机器与近代科技的升级时期

1840 年鸦片战争使中国沦为半封建半殖民地的深渊，同时也打开了清

朝长期闭关镇国的大门。随着"西学东渐"兴起,西方近代社会气息和科学技术纷纷传入中国、介入北京,封建社会制度被冲垮了一半;农村经济中农业的发展由靠传统的经验开始转向近代科技;农业耕作由铁器转向机器,有畜力驱动转向机械力驱动,农业用肥由农家肥转向化肥,农业用种由代代相传转向人工培育改良、陆续更换采用动植物优良品种。与之同时,陆续开办了农业专门学校和农事试验场,培养农业人才和开发创新农业科学技术,推进农业技术改造以提高农业生产力水平。

由于农业生产力的升级换代和外国资本主义经济的渗透与影响,在传统农业生产衰退的同时,京畿经济作物特别是棉花和染料则呈现较大发展。外国资本通过买办性商业,在京畿逐渐加强了农产品的收购,花生、黄豆、鸡蛋成了他们的热货,这在客观上促进了京畿乡村这类商品的生产。随着棉花生产的发展,外国资本在北京地区创办了棉花加工及棉纺工业,用西方工厂替代了本地的手工业作坊。进入近代民族资本经营的近代工业也浮出水面,光绪九年(1883年)由吴炽昌筹建创办的西山煤矿,1884年开采,1886年月产十余万斤,实行官督商办。1893年,李福明在东便门外开办了北京机器磨坊,收购京畿小麦磨制面粉,每月磨面200担。20世纪初又建立有与农业有关的织布厂、面粉厂、毛织厂等。这些以资本投入创办起来的,以农产品为原料的工业生产,只因资本不高、规模不大、用工不多、盈利有限,可以称其为本地区"资本主义萌芽"。尽管如此,与传统的农村经济相比,近代北京农村经济的整体素质是直线上升级而不是传统的螺旋式上升。其理由:一是生产力要素已进入基于教育与科学实验的技术塑造;二是进入资本投入创业,农产品由以日常生产、生活原料上升到工业再生产增值的原料;三是经济型作物生产进入基地化、专业化、市场化,成为农村服务城市的热点;四是"资本主义萌芽"推动了京畿农民创业思想有了新的解放——由死守粮食自给自足转向以盈利求自足,即挣钱买粮食,那些种菜、种花、种棉花的专业户随之出现了。

随着社会经济的发展、科学技术进步,以及城市的发展壮大、人口的膨胀,农村手工业、商业也更上一层楼,不仅行业繁多,而且出现"小业主"——家庭手工业作坊。只因遭受殖民主义、封建主义桎梏的约制,至使民族工业发展缓慢,京畿近代农村经济也举步维艰。

从以上五个阶段的出现与演进,可以看出古代京畿农村经济发展中商业化不断攀升的事实，透示出京畿小农经济城市化的特色。远古时期"北京人"及其后裔，以开化的思维选择了"北京湾"与"京西大峡谷"这片得天独厚的生境，开创了农业经济，引导炎黄子孙们从自在的掠夺为生的蒙昧时代走向自由的农业文明、农村经济文明时代，创立了农村经济一次又一次历史性跨越的台阶，建立了富有北京地域特色的古近代农村经济发展脉络，彰显京畿服务城市的风韵与走向。

二、古近代北京农村经济的特色

京畿农村独特的生态环境和人文脉络，孕育着富有特色的农村经济，其主要表现有以下几方面。

农林牧副渔及工商业全面发展

山区是林果遍布，花果飘香。至今还留有许多原始森林或原始次生林地，保留有几十种名特果树和花木。水甘土厚的"北京小平原"呈现出五谷丰登、六畜兴旺的景象。

广大人民为温饱而奔波，务农是自给自足的基本出路，小手工业只是为家庭所用和换点零花钱。随着社会经济的进步，手工业也随之不断有所壮大，并强化了商业交换。尽管如此，直到近代农村工商业收入也只占农村经济总收入的10％左右。但与一般地区农村相比，京畿工商业在城市的带动下还是相当发达的，否则蓟城也不能"富冠天下"，元大都也难"世界诸城无与能比"。

农业的强势，工商业的发达，才能适应方国都城或北方军事重镇及中华都会的消费需求和城市安定。

自给自足与服务城市兼顾

参照全国的有关估算，从战国晚期到明朝后期北京地区古代农民人均良田面积大约合4亩上下，到清朝及民国前期大约合3亩以内。农民的财富全靠土地为主的产出，在生产力尚为落后的时代里，小农们的经济活动首先是考虑自给自足，即首先为自家消费而生产，对生产上所作的抉择也首先取决于家庭的需要。这是小农经济的第一特征；小农经济的第二特征和常人一样是利益（润）的追随者。这"利益追随者"处于城市郊区巨大利润空间就显得比一般地区的小农更加活跃，彰显特色。这种特色随着北京城市的不断扩大，而显得更加突出。新进入城市的人口中，有相当一部分是有较强经济实力的高端消费人口，城市性质的提升，人口的增加，对农产品的需求日益增加，利润空间越来越大。

对追逐利润的京畿小农来说是难得的机遇。再就是城市的繁荣也带动小农经济从古老简陋状态中解脱出来；城郊的小农在一定意义上被视为一个阶级社会和政权体系下的成员，其剩余产品被用来供应非农业部门的消费需要。由于农民对生活和利益的追求，及城市发展与巨大的消费需求的结合，便成为京畿农村经济的强大的驱动力。农村经济的城市化或商业性发展首先表现在经济作物的增长；再就是农业与手工业之间的产品交换及商品交换。从春秋战国起，农民一手抓自给，一手抓供给城市。在自给自足方面从京郊生长期较短、自然降水少的实际出发，粮食生产从战国前直到元代都以粟、黍为主，以农民自食为主，供给城市的，主要是稻、麦。从西周起房山长沟地区始种稻，至东汉顺义始种小麦。小麦、稻到清代被称为"细粮"，在古代一直以供给城市消费为主，可谓"商品粮"。一些经济植物，农民需要，市民生活中更不可缺，鲜鱼水菜上市比粮食的利润高得多，是京畿农民供给城市的盈利品。城郊从夏商周时即开始种植蔬菜、果树、蚕桑等经济植物，已为"天下名都"。

大规模种植蔬菜，从春秋时期始。公元前664年，燕蓟地区和齐鲁地区开始大规模的蔬菜种植和栽培经验交流活动。齐文公亲自主持活动，把当地的特产蔬菜"冬葱"和"戎菽"传入燕蓟和中原地区。从此，燕蓟地区蔬菜生产得到飞快发展。一是生产的品种日益增多。据资料显示，战国时由史前的两种野菜（蓟、薇）发展到24种；魏晋南北朝时50～60种；到辽金宋元时发展到140种；明代为114种；清代为208种；民国前期为190种。品种的丰富多彩便于市民选择，种植可因地制宜，销售各有走俏。二是采用保护地种植，以延长蔬菜生产期和上市供应期。秦汉时北京地区即已出现"暖室"种植王（黄）瓜、韭黄等蔬菜，赶在春节期间上市，或冬季供皇宫使用。三是专业性基地化生产。从春秋战国出现蔬菜生产专业户，到北魏时出现蔬菜生产基地。魏孝文帝时曾下诏："均给天下民田：诸男夫十五（岁）以受露田四十亩，妇人二十亩"。便诏书又说："因其地分，口课种菜五分亩之一"。并要求在有市场城市的近郊，选良田 30 亩作为蔬菜生产基地。到元代大都市场的时令蔬菜、花卉都是本地菜畦、花圃、果园所种植，或采集山间郊外。元代还出现专业菜农，他们有的"种菜超过一千畦"。明代除设立"菜户"900 户外，还在京城四郊设立民间菜圃，供给都城需要。清代除了皇家菜圃果园及西城、东城内与西郊、东郊、南郊、北郊设有民间菜圃外，远郊昌平、密云、怀柔、通州、房山等地也设有民间菜圃。同时，还出现种菜、种花的专业村，专门从事蔬菜、花卉的商品生产与经营。到民国时期，距城 5 公里以内的围城环状地带"菜圃比农田尤多"，且家家有菜园和土温室设备。这就促进了燕蓟地区蔬菜生产的迅速发展和蔬菜经营的商品化水平的提高。四是实行蔬菜产品的贮藏、加工，以延长和丰富淡季市场的蔬菜供给。五是市场发达、物流通畅。蔬菜上市交易，而且交易市场日益发达。

商品生产与城市的兴起是相互依存的。北京地区在"山顶洞人"生活的时代，就有了交换行为的萌芽。周代出现了城市燕和"蓟"，分别为方国燕和蓟的都城。燕灭蓟后把都城移至蓟城——成为北方最重要的商业中心。唐代时幽州城内的店铺超过千家，出现 30 个行业。辽代时，幽州升为陪都"南京"，元代改称大都，俨然是世界的商业中心。自战国起又出现城中有定期的市，有了商品交换的媒介"明刀币"。西汉时还出现专门与少数民族交易的"胡市"。辽代南京"城北有市，陆海百货，聚于其中"。元代各类市场、店铺遍布大都，城外有"集"，即城郊有定期的集市。到明代不仅城内有市、城外有集，还出现专业批发市场和交易中介——牙行和牙。郊区出现商业区等。此外，京畿农村经济面向城市、服务城市的还有林果业、畜牧养殖业，以及专为城市服务的花鸟鱼虫业等。从明代开始引进和种植纯商业性经济作物棉花及染料植物靛蓝。从订代开始部分山区农村开始开发煤矿、汉白玉石矿等，进一步强化了农村经济的商业化成分。

此外，农村手工业虽然在农村经济中所占份额不大，约为 10％左右，但也是古代农村服务城市不可或缺的农村产业。在农村手工业中除了纺织业、农器制造业、编织业、制陶业等大宗手工业品农村消费量大之外，各种首饰业、酿酒业、煤、石材等采矿业、缫丝纺织业，甚至是牲畜屠宰业、农产品加工业等主要是服务于城市的需要，而且这类服务性强的手工业在京畿是久盛不衰，持续发展。

需求决定市场，而市场的繁荣有赖于生产的发展。人类生活的第一需要是维持生机、改善生机。在古代，农业生产者长期处于被压迫被剥削境地，一些小农占有或租佃小量土地只能从事自给自足的小农经济。但迫于身边城市的消费需要和自身对利润的追求，又不得不担负起供给城市的重负。面对身边的城市，农民一方面是商品性生产，一方面保存着自给性生产。交换和商业渗入农业、农村，便引起了农业、手工业的专业化，而且这种专业化在京畿农村经济发展中日益强化，到明、清时期出现了专业户、专业村，以致按城近四郊、逐渐扩致远郊建立专业化蔬菜、果园、花卉、棉花、牲畜等专业生产基地，为城市提供丰富的农产品。

科技引领发展

考查北京地区古近代农村经济每出现一次跨越式发展无不借助科技的力量。40万年前"北京人"发明了用火和保存火种使人类走上了熟食之路，"最终把人同动物界分开"。"北京人"在实践中采用打制技术创造了"旧石器"，提高了采集—渔猎业的效率和抵御猛兽侵袭的威力。"山顶洞人"发明了切、钻、琢、磨初始技术创造了弓箭，使人们能在较远距离内猎取禽兽和驱赶猛兽避免受其伤害。"东胡林人""转年人"运用切、钻、琢、磨创新技术，创制出"新石器"从而开创了"刀耕火种"的农业，迈进自食其力之路。西周时期创造的"垄田法"有效地提高了土地抗旱耐涝的能力。春秋战国时期发明冶铁和制造铁器农具（犁）与牛配套推行牛耕，使粗放的原始农业跨入精耕细作的传统农业。西汉武帝时期，搜粟都尉赵过创造了"代田法"使"一岁之收，常过缦田一斛（石）以上，善者倍之"。西汉农学家氾胜之提出"凡耕之本，在于趣时和土，务粪泽，早锄早获"，成为我国古代农业生产中普遍认可与传承的技术法则。南宋时期的陈旉提出保持"地力常新壮"的指导思想，强调以人力的作用去改造土壤，培肥地力，在耕作界一直传承至今。到明清时期引进作物棉花，在本地区发展起棉纺工业导致外国资本侵入，促成资本主义的萌发。从1840年之后，随着西学东渐，使西方近代农业技术和机械相继传入北京地区，推进本地农村经济迈进了近代经济的行列。

科技对京畿古近代农村经济的贡献：

（1）提高农业劳动生产率和土地产出率。北京地区以旧石器时代进入新石器时代未见有人口对比数字的资料，但有从旧石器时代的集群采猎到新石器时代的氏族公社集体从事农牧生产的记录，可见农业的出现与发展促进了人口增加；铁器与牛耕的结合可达"深耕易耨"的目的，在供给作物根、茎、枝、叶以适宜的萌发生长发育的基地方面起了巨大作用。同时与人力操作耒耜耕作相比质量好、效率高。正如《后汉书》记载："铁铸为农器，用力少，见工多，百姓便之""教民耕殖，其法：三犁共一牛，一人将之，下种挽耧，皆取备焉，日种一顷，至今三辅犹赖其利""田肥以易，则出实百倍""多粪肥田""趣时和土，务粪泽"、培育"地力常新壮"。战国时凿井提水灌溉，"一日浸百畦"发展园艺业。曹魏驻守幽州征北将军遣部下修建戾陵遏和车箱渠"灌田岁二千顷，凡所封地百余万亩"。

（2）丰富了农产品的供给。动植物良种的驯化、选育与引进，促进京畿农产品多样化，并形成许多名特产品且传承不绝。仅蔬菜品种而言，在原始农业阶段只有蓟、薇两种野菜，到春秋战国时则发展到 24 种，到汉代引进黄瓜、大蒜、胡荽、苜蓿、豌豆等，到唐代引入莴苣、菠菜等，到清代北京地区蔬菜名录即达 208 种。在动物方面，汉代即引入汗血马，到清代后期引进了黑白花奶牛、大白猪、长白猪等优良种畜。农作物品种多样化适应北京古城市民的消费需求。

（3）提升农业的附加值。土地有限，产品有限，如何提升农业的增值空间事关农村经济持续发展的后劲问题。从史料看，古代的京畿农民并非等闲观之，而是积极创意，努力创新。采用名特良种和设施栽培与露地栽培相结合生产时令产品，获取季节差价。如战国时期，燕国"有枣栗之利"，若有千树栗，则可与千户侯相比较。西汉时即采用温室种植黄瓜、韭黄用于冬季上市，到明代，市售蔬菜价值受季节影响较大，百姓常用的大蒜，每斤售价在 1.2～1.8 分之间波动（旺、淡季）。这时京畿出现种花、种菜专业村。《古今图书集成》中记载有："每月初三、十三、二十三以车载杂花至槐树斜街市之……杏有千叶者索价恒浮十倍"；加工、贮藏增值。京畿古镇长沟曾为西乡县，曹魏时封张既为"西乡侯"。从那时起，张既把"水碓"引到了长沟地区用于百姓舂新谷。到东汉时又由"水碓"进化为"水磨"，利用长沟地区河川急流的力量推磨加工粮食。当时的王公贵族就把水磨当作发家的"至宝"，在河道、渠边大兴"水磨坊"，靠水磨坊加工粮食挣钱。当时甘池一带对水磨坊的经营俚语："三盘连夜转，七顷不求。

三年不下雨，饿不死磨坊人"。意思是说，水磨坊连夜不停地运转，使磨坊主人拥有了足以称富的七顷良田，即使三年不下雨，磨坊主人也穷不了。元代通惠河畔水碾、水磨盛行。用科技支撑手工业创新增值。有史料显示，京畿延庆玉皇庙一座墓葬中出土青铜罍中尚存酒糟沉积碳化物。可见夏代京畿地区已始酿酒，之后每朝酒业均都兴旺。元代大都民间制酒作坊达百数个，"京师列肆百数，日酿有多至三百石者，月已耗谷万石。百肆计之，不可胜算"。每月耗谷万石，一年需12万石，以百肆计，一年则需1 200万石，可见大都城酿酒业之盛。到了清代，京师酿酒业相当发达。乾隆初年，就已是"酒品之多，京师为最"（《帝京岁时记胜》）。当今首都盛饮的"牛栏山二锅头""红星二锅头""菊花白酒""莲花白酒"等都是古代传承了数百年的白酒。在古代酿酒业有官营亦有民营，民营者多为分散的小酒坊经营。

在民间手工业中有以当地资源为原料的如粮食加工业、编织业、手工纺织业、屠宰业等；有人们喜好的装饰业、首饰等随着工艺技术进步不断有创新，成为小农经济中持续发光的亮点。到明、清时代发展起来的"燕京八绝"，即景泰蓝、玉雕、牙雕、雕漆、金漆镶嵌、宫毯、京绣、花丝镶嵌等，城里有做，农村也有做的。可以说，这"八绝"在古代农村手工业中一直是精品，也是农村一部分家庭挣钱之绝。

（4）推进农村经济整体实力的提升。人类科学实验的实践表明，科学技术的创新与应用，即便是单项技术成果或经验，既可能对相应领域产生局部效应，也可能产生整体诱导效应。如旧石器、新石器、铁器及机器的发明与应用，不仅解决了一些具体的问题，还促进了农业的发生、发展中四次革命性进步。古代陶井和辘轳的制作与应用，不仅便于人们提水饮用，还可用于果园菜圃的浇灌。历史上创造的"垄耕法"（周朝）、"代田法"和"区种法"（西汉）等既可抗旱，又抗涝，还可两茬套种——高处种耐旱作物如粟黍等，低处种耐涝作物如旱稻等。西汉农业之所以能"粟支十年""渔盐枣粟之饶"著称于世，故有政策上的宽松，如"授田制"使原来的奴隶变为拥有一定私田的小农，用封建社会的生产关系代替了奴隶制生产关系，使生产力得到一次新的解放。科技的活跃，还影响到思想、文化的繁荣。春秋战国时期出现了诸子百家，其中秦国丞相吕不韦依靠三千多游士、食客的调研结果著作了《吕氏春秋》，其中《上农》《任地》《辨土》《审时》

四篇，分别提出了重农的理论和政策、土地利用的原则。如何使用土地及适时农作的节气等，在当时广为流传，并传承至今。古代历史上出现的西汉文景之治、北魏孝文帝之治、唐代太宗之治、宋代太宗之治、元代元世祖之治、明代太祖之治、清代康乾之治所呈"盛世"，几无不与科技创新与应用有关。在这些盛世中都各自组织农学家们通过调研编辑出版了颁发全国指导农业生产的农书：西汉时的《氾胜之书》，提出"趣时，和土，务粪泽"的原则，书中列举了10多种作物——有粮食作物，有蔬菜作物，从选种、播种，到收获和贮藏都有可操作的记述。北魏时的《齐民要术》，全书10卷，92篇，涉及农业各个方面，是我国保存最好、最早、最完整、最系统的农业百科全书，问世已1 400多年，在京畿古代农业生产中深有影响。宋代的《农桑辑要》介绍农耕、蚕桑、畜牧等生产技术。《陈旉农书》说明土壤肥力可以保持旺而不衰，奠定了古代"地力常新壮"的理论基础。元代的《王祯农书》，内容介绍"农桑通诀""百谷谱""农器图谱"，具有指导和实用价值。明代的《农政全书》，介绍：农本、田制、农事、水利、农器、树艺、蚕桑、蚕桑广、种植、牧养、制造、荒政等12个方面，表现了多种经营的大农业思想。清代的《授时通考》，对天时、土宜、谷种、功作、劝课、蓄聚、农桑等8个方面作了介绍。这些农书都是当时朝政诏示各地参照应用的科技书籍，蕴含我国古代走在世界前面的创新技术。根据史书记载，与欧洲相比，如：犁壁装置早1 000年，翻车早1 500年，温室栽培蔬菜早1 000多年，施肥技术早1 200年，单株选择法早100多年，石碾早1 300年，家畜人工选择早1 500年，农作物选种早1 300多年，等等。这些书的问世正迎合了当年朝政"之治"的需要。

从1840年之后，"西学东渐"，一些西方近代农业科学技术如生物学、农业化学、农学等，以及农业机械、化学肥料、奶牛、猪、羊、鸡等优良种畜引入本市，特别是棉花及染料作物的引进，在京畿发展其棉纺织业。由此，京畿农村开始由使用畜力和手工工具向机械化农具迈进，由自给性生产向商品性生产转变，出现了传统农业向近代农业转变。在这些转变中首先是由维新者倡导的"引进与推广西方近代的农业科学技术"和"设立农务学堂"，兴办农业教育。1906年，清政府在北京创办了农工商部农事试验场，对谷麦、桑蚕、蔬菜、果树、花卉及从国外引进的作物良种进行试验，以相土宜，而兴地利。1912年，农林部在北京天坛设立林艺试验场，占地 2 000 余亩。1913 年农商部在北京西山开辟苗圃 800 多亩。1915年，农商部在北京西山来远斋创立第二种畜试验场，试养引进的美利奴羊和种牛。

北京地区的近代农业教育出现开创性的发展。1905 年，清政府在于1898 年创办的京师大学堂内设立农科大学初设农学和农艺化学两门。到1913 年，农科大学分农学、农艺化学、林学和兽医学四门；1914 年，农科从北京大学分离出来，独立为"北京农业专门学校"，1923 年改组为北京农业大学，内设农学、农艺化学、植产学、畜牧学、林政学、造林学、林产利用学等。当时的试验场和农业学校都有培养农业人才和从事农业科研与技术推广的任务。也就是从这时起本市的农业科学实验和农业教育才真正从生产实践中、从口传身授中独立出来，成为专门为农业服务的事业。

进入近代后，北京地区借助政府在京的科研、教育事业培养了农业人才、获得了近代科学技术成果并投入生产应用。尽管由于当时社会经济条件的局限，农业科研、教育发展缓慢，但就科技、教育事业本身来说则是一次新的跨越。虽然为京畿输送的人才和成果有限，但却展现了近代科学技术脱胎于经验而胜于经验，对推进京畿农业生产孕育着新的变革。如黑白花奶牛的引进与应用，填补了本市无奶牛的空白；农业机械的引进打破了 2 300 多年的牛耕历史，为本市后来自制农业机械奠定了基础；化学肥料的引进与使用，曾显著地弥补了有机肥的不足，提高了农业产量，增强了土壤肥力，并促进了本市化肥工业的发展；棉花良种的引进、推广使本市发展起棉纺工业，成为当时农业生产真正的商品生产；燕京大学培育与推广了小麦新品种"燕京白芒""燕京 919"，谷子新品种"燕京 811"；玉米新品种有"华农 2 号"，棉花良种有引进的"德字棉""斯字棉"等，经推广应用均比当地农家品种抗病、增产。据试验，小麦产量提高 20%～24%，谷子增产 24%～34%，高粱增产 30%，农村经济开始迈进近代科技时代。

三、古近代北京社会形态与经济关系

古代北京农村经济也和其他地方一样存在着规律性的兴与衰，有两种表现：一是制度性变革引起的先进与落后式的相对性兴与衰。这就是原始公社制被奴隶制所代替，奴隶制被封建制所代替。这三种社会制度的更替都基于上层建筑和生产关系与生产力之间的不相适应而引起社会制度的变革，新的（即先进的）社会制度使相对落后的或衰退的生产力重新获得解放和发展，农村经济便从停滞转为复苏和振兴。这是普天之下农村经济发展中共同存在的"推陈出新"规律。二是封建制度内农村经济与朝代兴衰轮回相一致的兴与衰，即农村经济总是伴随着每代王朝兴则兴、因王朝衰而衰。我国从进入奴隶社会起直到封建社会结束，就一直存在着阶级、阶级矛盾，剥削与抗争的矛盾，出现并存在生产力与生产关系、经济基础与上层建筑之间的矛盾。这些矛盾的调和与对抗，便导致阶级社会经济的振兴与衰落的波动。而从奴隶社会到封建社会的国民经济基础是农业、农民，80％的人从事农业（包括家庭手工业），国民经济收入80％靠农业。可是80％的农民只占有土地总量的20％。这就构成封建社会两大对立的阶级，即以地主为主的剥削阶级、农民为主的被剥削阶级。封建王朝的皇家、王公贵族、官吏都以偿地涵养俸禄，属于官僚地主，整个封建社会沿袭"普天之下，莫非王土"，皇帝拥有土地至高无上支配权，并实行土地私有制，可以自由买卖、续承、馈赠、租佃，这无疑奠定了弱肉强食的兼并基础。地主、权贵、皇亲国戚、富豪等凭借权力、金钱将生活维艰的自耕农的土地买走，或以高额税赋把自耕农的土地抵押走。佃租、税赋、徭役、失地是封建社会架在农民头上的四把刀，再加上层层官府的腐败，在每代朝政的中后期的农村经济几乎无例外地走向衰落。如秦国后期给西汉初期留下"连年饥荒，人相食，死者过半"；隋末"赋役繁重，官吏贪求""徭役无时，干戈不戢，民不堪命，率十分崩"；至唐代初期"千里无烟"，社会"凋残""田畴多旷"；元末"田地荒芜""居民鲜少"；明末是"人口疏散，土地荒芜，经济敝落，城镇萧条，社会混乱"。在这种困境中受害者首先是广大农民，"官逼民反，民不得不反"。为了生存和争取权利，几乎每个王朝都在农民战争中告终，连年战争加上朝政腐败便造成农村经济的衰退。而农民战争摧垮了一代腐朽的封建王朝，同时助立了新一代王朝。据史料记载，我国封建时代农民起义约有600多次，其中足以摧毁封建王朝的有10余次。诸如秦末陈胜吴广起义、西汉末年的绿林、赤眉起义、隋末农民起义、唐末黄巢起义、宋代方腊起义、元末红巾起义、明末义和团起义、清时太平天国革命等。仅这几次大规模（人数从数万到百万、数百万）的农民革命战争，最短相隔 80 年，最长相隔 259 年。这些农民战争，北京地区无例外地都卷入进去，或受到波及。战争不论性质如何，尽管革命战争是得道多助，但双方交战总是会对社会经济秩序、活动、人民财产造成损失。然而它却促使新王朝特别是在前期曾一度开明，一般都能接受农民起义摧枯拉朽的教训，认知官逼民反、民不得不反的道理，注意躬修节俭，减轻对农民的剥削，"与民生息"，用政策规劝"课农"，重分土地等。在这种情况下，小农经济重新振兴，国家昌盛，出现了前面讲的秦皇汉武、唐宗宋祖、乾康之治的"盛世"。封建王朝时代农村经济演化的历史经验是大乱必衰，大治必兴；乱在压迫、剥削，治在开明与扶民。而乱与衰、治与兴在封建社会历代王朝中的轮回出现是造成农村经济衰与兴的基本规律。

频繁的自然灾害是造成京畿农村经济波动的第二因素。北京地区自古以来，水、旱、涝、雹及蝗虫成灾不断。经查史料可知，夏时水灾为重，商周时旱灾为重，春秋战国时期旱、蝗虫成灾次数超过水灾。据史料《述异志》显示：东汉末年（193—199 年）时，旱、蝗害、谷贵、人相食。晋武帝时（285 年）二月，幽州大旱。北魏宣武帝景明元年（500 年）幽州暴风，死 161 人。隋唐 300 年间，幽州地区发生五次大水灾。金代，自金世宗大定十六年（1176 年）至金宣宗贞祐二年（1214 年）的 39 年中，中都地区共有 5 个大旱年（或大旱风）。同时蝗虫亦大发危害。元代，自成吉思汗至元顺帝（1367 年）的 140 余年间，大都地区发生水灾、雹灾、阴雨共 55 个年份，发生旱灾 14 个年份。成宗大德十年（1306 年）五月，大都旱复蝗，漷州水害稼。自元至元八年（1271 年）到 1948 年的 677 年中，发生较大的旱、涝灾害有 653 次，其中涝灾 297 次，干旱 356 次，造成的灾害是"颗粒无收""逃荒乞讨""饿殍遍野"。明代洪武元年（1368 年）至崇祯十七年（1644 年）的 276 年间，北京地区的水灾有 104 个年份，平均每 3 年一次，其中有特大水灾 9 次，使"田禾尽淹无收，大批房屋坍塌，大量人畜淹死"。清代自顺治元年（1644 年）至宣统三年（1911 年）的 268 年间，北京地区有 128 个年份发生轻重不同的水灾，平均两年 1 次。"轻者毁田伤稼，粮食减产；重者浸塌房屋，漂溺人畜，阻断道路，引发疫情，致使大批人家流离失所，家破人亡。"生产力水平低下，抗灾能力薄弱、极度分散的小农经营是无法抗拒频繁的自然灾害的，他们经不得风雨，遇灾必衰，灾必伤身。

鉴于农业和小农经济是国家的财富支柱，当政王朝一般建有两种救助制度：一是积谷备荒的"仓储制度"；二是建立农业风险发生后的"救荒制度"。自然灾害是农民意想不到的灾害，农民受灾对于以农业为财富支撑的朝政当不会坐闲视之，赈济救灾是不可迟疑的。各代王朝在赈灾时，首先对缺粮户解决食粮问题，帮其温饱度日；对严重灾的农民采取迁徙"宽乡落户"；对有能力自救的可假公田耕种。古代王朝一切行为本质尽管是出于维护稳定本王朝的封建统治，但对农业、农民可能遭遇的自然灾害风险，确是既有预先防范，又有实际处理灾荒的行为。这对灾后农业、农村经济的恢复与发展具有实际意义。这些救助，必然体现在北京郊区，涉及到农民。

北京地区从原始公社起直至封建社会结束，城市一直是消费型城市，国家经济的主体是农业，创造财富的主体是农民，称得上是以农立国、以农养市。在这样的国度里，人们的认知——从学者到王者共树农本思想，"重农抑末"。从西汉王朝的开创者刘邦到清代康熙皇帝都提出：以民为本、重农贵粟，洵国家之要务也。对于国之主体在于农业、农民，因此第一要务就是勤恳务农。

重农思想的核心是推广"国本民天"，以"重农积谷"，实现"民殷国安"或曰"富民安邦"。重农思想在整个封建社会制度中是贯通沿袭的，对古代北京地区农村经济有着巨大影响。重农思想在封建社会的每个朝代运行中是随着朝政由开明蜕为昏庸腐败而弱化，走上"财聚则民散""农伤则国贫""官逼民反"之覆辙。

传统的重农思想或农本思想中蕴涵着"地本主义"。管子在《管子·乘马篇》中讲"地者，政之本也""地不平均和调，政不足以正也，政不正，则事不可理也"。农业生产的基础是土地，土地分配的平均与否，是政治得失与生产财富的根源，国家治乱在农村而不在城市，地本主义是自周秦以来一直延续了三千年左右的中国封建社会的根基。由地本主义派生出来的土地制度是一个永恒的主题。它集中体现人地关系基础上形成的人与人之间的关系。中国的封建土地制度是与传统的农业技术相适应的，朝代不断更替而制度保持不变。国家土地所有制、大土地私有制和小土地私有制并存与相互转化是中国封建土地所有制的典型特征。它维护着王朝的更迭而社会制度的不变。每次新王朝初期，常常为了政权稳定而把旧王朝的国有土地和战乱荒芜土地分给有功之臣和失地农民，使小土地私有制获得发展并因此而促进农业生产的恢复与发展，公平和效率都得到提高。一般到王朝中期出现权贵和商贾、富豪通过兼并和巧取豪夺从农民手中夺取大量土地，大土地私有者获得发展，土地日益集中加剧，失地农民不得不沦为佃农和雇农。在大地主的盘剥下，佃农生产积极性不高，效率低下，生活艰苦。王朝末期随着土地兼并加剧，受迫害的农民不堪负重时不得不揭竿而起，直到推翻旧的王朝建立新王朝。封建王朝的轮回更迭，其导火线在于农民对土地的得与失。土地是古代社会发展，人民生息安康的命根子，也是封建地主阶级及其统治者蓄积财富坐享其成，作威作福的命根子。封建地主阶级依托王权疯狂兼并占有大量土地成为强者，称霸一方。广大农民在苛捐杂税、徭役的压制下因失地沦为佃农、雇农成为弱者。封建王朝就在这逻辑中轮回更迭，农村经济也因之在"治乱交替"中发展演进。

汇集以上叙述，古近代北京农村经济的发展，可以归结为以下十个方面：

一是，劳动者是由拉玛古猿进化为"北京人"。此后历经"新洞人""山顶洞人""东胡林人"和"转年人"。"北京人"在北京地区的初始劳动是从打制旧石器开始，继而使用旧石器进行采集和渔猎，开创了采猎农业或依存农业。接着，"东胡林人"和"转年人"发明了"新石器"，始创了"刀耕火种"的原始农业，继而进化为近代与现代智慧的劳动者。

二是，劳动者素质由蒙昧、野蛮到文明智慧与人和，并富有创造性和开拓精神。

三是，生产力是在不断创新中发展与提升，历经了由打制旧石器、创新新石器、发明青铜器和铁器及引进机器、科学技术，使生产力在自创的道路上不断提升。

四是，经济组织由初始的集群逐步过渡到聚落定居进入到原始公社制，进而到战国及其后发展为以家庭经营为主的小农经济。

五是，产业结构由采集动植物，转为种养动植物以及家庭手工业等小而全的小农经济结构。

六是，经济形态由依存性的自然经济演化为食物生产经济及井田制经济，进而跨入自给自足与供养城市并存的商业性小农经济。

七是，经济性质由自给性自然经济逐步萌生与演化为商业性经济，以至准商品经济，出现资本主义萌芽。

八是，社会义务由自食性采猎到集体生产、共享产品，再演化为首务公田、再营私田，继而进入在自给自足同时供养城市。

九是，经营方式历经了野蛮掠夺到粗放经营，再演进为精耕细作，以至农、工、商综合经营。

十是，技术衍生经历了由手工制作到在实践中总结经验进而演化为独立于生产过程之外的科学实验，获得技术发明、技术创新、技术改进。

以上十个方面虽与一般地区古近代农村经济发展有着共同点，但京畿地区确有其独特性。"北京人"作为中华大地的发端，北京作为五千多年前炎黄教化的中心地点，三千多年的建城史，八百多年的国都史，北京农村经济的发展则极具代表性、典型性。这十个方面的情况都牵系着北京的心脉，维系着郊区农村的生存与发展。

剖析古近代北京农村经济的发展史，可以清晰地看到客观存在的脉与络的结构，它们互相衔接，协调运作，衍生发展，支撑着封建王朝的北方重镇、中华国都。

第一章　北京地区的古人类及经济资源环境

"北京人"的发祥与演进，北京农业的发生与发展，北京农村的出现与城市形成，以及农村经济的产生都与其独特的自然地理、生态环境密切相关。人类的初始演化得有三个基本前提：一是前宗的种"类人猿"；二是依山傍水和得天独厚的天时地利；三是有丰富的自然食物的支撑。应该说北京地区在远古洪荒时期就具备这三个基本条件。距今 1 400 多万年前，正是这里良好、适宜的生境吸引来、滞留下人类最古老的先祖拉玛古猿进化中的中间环节"北京猿人"，亦称"北京人"，拉开了人类文明的序幕。京华大地适宜而雄厚的自然资源保证了北京人生息繁衍，并承担着春秋战国、秦皇汉武、唐宋元明清朝代更替与兴衰及农村经济的发展与演变。

一、"北京人"与农村地理

追溯到人类的发源地，曾一度只发现一处，即东非大峡谷。之后，随着考古发掘工作的广泛深入，又在北京西部 50 公里以远的泥河湾——门头沟区的东胡林、房山区的周口店龙骨山，以及源于山西的桑干河、永定河（古称漯河或浑河）水系为主构成京西河谷地带，发现了另一个人类的发源地。这里南北两侧是太行山，中间是一条大河——居于今官厅水库以上称桑干河，以下称永定河，下游与海河汇合入海。河两岸形成狭长的盆地，海拔 1 000 米左右，面积约 9 000 多平方公里。今人称其为"京西大峡谷"，源头可上溯到距今 200 万年前。王东、王放在其《北京魅力》一书中称"京西大峡谷应与东非大峡谷——奥杜威峡谷，并称人类文化起源的两大源头。"书中还记载泥河盆地发掘出新旧石器时代文化遗址 40 多处，构成距今 1 万～200 万年前的连续系统的发展系列。尽管国内已发掘出多处人类遗址，就已出土的文化系列看，以北京以西的"泥河湾人"文化遗址最丰富、最系统。据《北京魅力》记载，"至 2000 年为止，中国发现上百万年以上的古人类活动遗址，共 25 处，其中 21 处都集中在泥河湾，其他各处目前多半只是散见的个别发现。"至今世界公认的"中国猿人"发祥地周口店龙骨山就坐落在"京西大峡谷"的出口处。龙骨山属于京西山前的侵蚀低丘，海拔只有 154 米，位于周口店镇西侧。在考古发掘中出土了大量动物骨骼化石，俗称龙骨。其低丘称为龙骨山，方圆 300 米，由古生界奥陶系灰岩构成，距今 5 亿年。地下发育有溶洞，且处山前暖区，有动、植物群落共生的原始自然生态环境，低生丛林密生，低山附近有广阔的草原，草木果实纷繁，林中禽兽出没。山下有水量充沛的周口店河，山上有可栖身的溶洞。这种依山、傍水、食物丰富的地理环境实在是"北京人"发祥与生息的"天堂"。

据考证，人类最直接的祖先是生活在距今约 1 400 多万年的拉玛古猿。我国云南省的开远县和禄丰县都已发现它们的化石。至今已发现的猿人进化的化石有"元谋人"，距今约 170 万年，"蓝田人"距今约 80 万年，"北京人"距今约 70 万～50 万年。"北京人"是原始人类发展过程中的一个中间环节。他们能直立行走，脑量为现代人的 80%。已有了简单的语言和思维能力。北京人很可能是从我国中原地区来的，他们到北京后，以周口店一带依山傍水为家，开发着华北原野，并留下"山顶洞人""东胡林人""转年人"等后代，使其成为北京新石器时代雪山文化等的创造者。

周口店在北京西南 50 公里的房山区西山余脉龙骨山，东南面为永定河下游冲积平原。龙骨山多为石灰岩，海拔 150 米左右，有 5 个洞穴，最大的一个称为"猿人洞"，也称"周口店第一地点"。从周口店"北京人"遗址中遗迹显示，"北京人"不仅已会用火和保留火种，还与野猪、豺狼（狗的祖先）具有共生关系（寓意驯养的萌芽）；同居龙骨山上的距今 2 万年前的"山顶洞人"已开始对与狗的驯养，并已掌握了刮、挖、磨制作骨器和石器的技术；到距今 1 万年前的"东胡林人"独创切、钻、琢、磨技术制作出新石器、烧制出"万年陶"，破天荒地开创了"刀耕火种"的原始农业，在京华大地上成功地实现了人类经济史上第一次绿色革命，使北京成为世界上最早进入人类社会并由游荡转为定居、由采猎为生转为生产为生的地区之一，创造了最早的人类农业文明，掀开了农村经济史的第一页。

国内外学者研究指出，原始农业发源的地理环境有三种：一是"沼地农业"说，认为原始农业最早产生于河流两岸的低平地区；二是"大河理论"说，认为河流泛滥的洪积平原是导致原始农业产生的关键；三是"山前理论"说，认为平原与山脉过渡的山间地带，既无沼泽，又无茂密森林，宜于开垦，是采集经济向栽培经济过渡最适宜的自然环境。

从现有考证资料看，原始农业发源的三种地理环境在北京地区都已具备。"当时北京平原一带是河流纵横，池沼广布的水泽之乡"。北京地区自古以来有大小河流 200 多条，其中有母亲河——永定河（古称㶟河），她在北京境内河道长 169.5 公里，有五条主要干流——拒马河、沙河、温榆河、清河及潮白河与诸多支流相连构成"北国水乡"，滋润着京华大地。但在构造运动中地壳升降引起河水横流或遇山洪的冲击泥沙俱下，使原本是海泽的北京湾内逐渐海水东去、泥沙沉积形成洪积冲积的"北京小平原"，曾为"沼泽千里"。北京地区西边太行山南北走向，北边燕山两山于南口相交构成"北京湾"成为小平原的天然屏障——防风挡沙。历经构造运功和洪积冲积，形成山、水、山前台地相连，宜于开垦。这都符合原始农业发源的地理条件。但已发掘出土的两个原始农业发源地——东胡林遗址和转年遗址都出现在依山傍水的山前河岸台地上，可能是山前河岸台地地势较高（海拔百米左右）既可耕种五谷，又不致遭受洪涝灾害，居住与耕种比较安全，依山傍水还可采集渔猎补充食物的不足，且其时人口不多，山前台地面积可以满足。随着农业的发展、人口增殖，便向平原地区扩散遍布京郊，这已进入了新石器时代的中晚期。

二、经济环境与资源

独特的气象条件

（1）光照。北京大部分地区，年总辐射量为 5 000～6 000 兆焦耳/平方米，属于太阳能资源较丰富带。全年日照时数多在 2 500 小时以上，晴到多云天数占全年的 3/4，从 4 月至 10 月中旬日平均气在 10℃ 以上的约有 200 天。日照时数长、辐射能量高、昼夜温差大有利于作物光合作用旺盛及物质转化与积累。

（2）温度。在距今 300 万年以前的旱冰期（北京地区）平均气温比现在低 8℃左右。在距今 210 万～150 万年的狮子山冰缘期，年平均气温比现在低 10℃左右。在距今 60 万～50 万年的大姑冰期，年平均气温比现在低 6～7℃。在距今 30 万～20 万年的庐山冰期，年平均气温比现在低 10～14℃。在距今 12 万～1 万年的大理冰期，平均气温比现在低 7～10℃，从原始社会的仰韶文化时代到奴隶社会的殷墟时代是 5 000 年来的最暖时期，其间年平均气温比现在高 2℃左右。之后是冷暖交替。到秦汉、隋唐及元初几个时期比较温暖，周初、三国至六朝、南宋、明清几个时期比较寒冷，最冷时期出现在公元前 1000 年、公元 400 年、1200 年。历史上气温的阶段性变化会导致生物界物种的变化。例如秦汉时期，幽州地区丝织业发达，可是到西晋北朝时期因气候变寒影响蚕桑生产，结果致使丝织业衰退而麻织业重新兴旺。到了隋唐时期北京地区气候变暖进入中国近 5 000 年的第三温暖期，蚕桑生产则又重新兴起。年内的气温规律性变化，就形成了北京地区有史以来的春、夏、秋、冬四季分明。因地区间气温的差异铸就出不同的生态群落，呈现出高低不同的农业生产力水平和产品结构。

我国古代农民在长期的农业生产实践中，依据太阳在黄道（即地球绕太阳公转的轨道）上位置的变化，总结以黄河中下游地区在一个回归年中的天文、季节、气候、物候、农事活动等方面变化规律和特征，制订出二十四节气用以指导农业生产。二十四节气告诉人们在一年中同一地区所获得的光和热是不同的，人们应根据作物对光热的需要在不同季节进行种植。明清在北京天坛就配有二十四节气柱。

北京地区全年无霜期 180 天，平原地区全年大于 10℃的积温约 4 100～4 200℃。为提高土地的复种指数，需要培育生育期合适的不同作物品种合理配制，并采用适宜的配套栽培耕作技术。

北京地区是中国北方冬小麦栽培的北界，是生产面包用小麦最佳地区之一，粳稻生产适宜区，北方水果、干果生产适宜区，发展设施农业投入产出适宜区。

（3）气。空气是生物界和农业生产不可或缺的同化要素。《管子·枢言》中讲道："生者以其气"。东汉王充曰："万物之生，俱得一气。"《齐世篇》曰："气是生命的来源"。宋朝王安石曰："产生万物的是气"。可见气与人类与自然界都是至关重要的。大气中的二氧化碳是植物与作物在光照下与水进行光合作用必要原料，空气中的氮通过豆科植物吸收后可转化为肥料氮素。古代北京地区有茂密苍翠的松柏林和原始阔叶林区，自然生态环境良好。大气环境质量好，与一般地区的大气成分一样。近代郊区大气环境质量仍然较好。

（4）水。水是一切生命活动的命脉。原生生命无论是植物类还是动物类都出于水生起源，即生命之树基于水。在古近代北京地区的水源是很丰富的，其源有三：一是大气降水，降水量多集中在夏季，占全年降水总量的70%左右。二是河湖池沼蓄水（包括降水与径流），本地区有河流200条，其中母亲河——永定河（已历经300多万年）。门头沟区清水河河岸台地和怀柔区白河河岸台地是北京地区原始农业的诞生地。三是地下泉水丰富，直至1970—1980年普查，全市旱季能测出流量的泉还有1 246个，总泉水量约为2亿立方米。海淀区历史上盛产"京西稻"、育成"北京鸭"全靠的是玉泉山涌出的清澈泉水，并呈现出"江南水乡"风情。历史上出现不少"井高于地""泉高于井"的自流喷水井。

优越的地利

清·于敏中在《日下旧闻考》中对北京地区的地理形势有一段绝妙的描写："东枕辽海，沃野数千里，关山以外，直抵盛京。气势庞厚，文武之丰镐不是过也。天津襟带河海，运道咽喉，转东南之粟以实天庾，通州屹为畿辅要地。北则居庸耸峙，为天下九塞之一。悬崖峭壁，保障都城，雄关叠嶂，直接宣府，尤重镇也。西山秀色甲天下，寺则香山、碧云，水则玉泉、海淀，而卢沟桥关门巀立，即古之桑干河，京邑之瀍涧也。畿南皆平野沃壤，桑府榆柳，百昌繁殖。渐远则瀛海为古河济交汇处，水聚溪回。若夫万里河山而都城位北，南向以收其朝拱之势，梯航车马，络绎奔赴，皆自南而北以奉神京，岂非古今第一形胜哉"。

北京地区的地利则奠定与距今8 000万～7 000万年的"燕山运动"。在这"燕山运动"中，西部随太行山脉向上隆起，而东部则向下沉降，北部的燕山山脉就崛起于8 000万～7 000万年前的"燕山运动"，其在京部分称之为军都山，贯穿北京北部向东延伸，向西于南口与太行山交汇构成"北京湾"。距今约7 000万年、2 000万～1 000万年、4万年左右，北京西山、燕山经过三次隆起，而北京湾东南方向经过三次沉降，成为海底平地。大约距今二三百万年前，这里还是一个海湾，湛蓝的海水在荡漾。在一二百万年前的第四纪时期，由于构造运动和气候变迁发生一系列重大环境变化。新生代以来，燕山、太行山地区总体上升，构成海拔 1 000～2 000 米的山地和海拔 1 000 米以下的低山丘陵，局部地段陷成盆地。延庆—怀柔盆地是本地区最大的断陷盆地，新生界的厚度达 2 000 米。北京地区地势由西北向东南逐渐降低和相对下沉，并不断接受山区流来松散沉积物的堆积，形成了今海拔低于 100 米的平原，史称"北京小平原"，从山脉至滨海，依次为洪积—冲积倾斜平原、冲积平原、海积—冲积平原。

本地区可分山地占总面积的 62％和平原占总面积的 38％。山地又分为石灰岩性山地和硅酸岩山地，前者适于喜碱性植物生长，后者适合喜酸性植物如板栗等生长。平原农地多为偏碱性土壤，将其列为"白壤"，即指盐渍土，土壤中含盐分较高，色泽泛白，肥力较差，在全国按土质肥力所分的三级（上、中、下）中属于中级范围；在每级分为三等中居于中级中等，即属"中中"（当时，北京地区属于冀州范围）。

禹贡中的田地等级

州别	田地等级	赋的等级	州别	田地等级	赋的等级
冀州	5（中中）	1	荆州	8（下中）	3
兖州	6（中下）	9	豫州	4（中上）	2
青州	3（上下）	4	梁州	7（下上）	7、8、9
徐州	2（上中）	5	雍州	1（上上）	6
扬州	9（下下）	7			

资料来源：引自《中国农学史》，科学出版社，1984 年。

北京的天有所长——一年四季、二十四节、七十二候遵循性很强，光、气充足，热分四季有别。

北京的地亦有所长，就地貌而言分为山地和平原两类，且是山、河、盆地、丘陵、平原、湖沼、泽地俱全，各见其长。山地环境之中的北京小平原，在历史上是由永定河、潮白河、温榆河、拒马河和泃河等洪积、冲积形成的。平原地区和山谷、河流阶地大多是有利于农业发展的农耕区。平原地区地貌分为洪积扇、洪冲积扇平原、洼地、决口扇和沙丘、平原河道滩地 5 种类型。其中，洪冲积扇为砾石地带，决口扇和沙丘属砂带地区，均不利于农业生产。平原河滩地虽可开发利用，但因历史上这些河道经常泛滥，所以这里的农业生产很不稳定，俗称"押宝地"。北京地区洪冲积平原面积为 4 299.5 平方公里，占全市平原面积的 63.14%。其中分布于北京平原北部的高位洪冲积平原土质既肥沃，又可避免水患，是历史上农业发展独具优势的地区。北京东南郊的通州属于低位冲积平原，是洼地集中分布区。北京西北延庆山间盆地面积 520 平方公里，地势是四周高、中间低，中部为妫水平原，地势平坦，土壤肥厚，历史上是重要的耕种区之一。不同地貌之间相生相伴的生物多样性和环境相宜性。对于抗御自然灾害和猛兽侵扰能力低下，人们依山傍水既可采集、渔猎为生，又可居高和以洞为巢而免受自然灾害——洪水、猛兽的袭击。这里广大平原大部分地区"水甘土厚"，既有旱地、亦有水田，可以因地制宜种植旱粮和发展水稻。尽管地处北纬40°，早在原始农业早期即种黍、稷（旱粮）；在西周时即开始种植水稻；最迟在东汉时即种植冬小麦；在春秋战国即开始种植蔬菜；在五代时始种西瓜；明代时始引种棉花、玉米、甘薯等作物。真可谓是种什么都能适应。在天时中影响北京地区周年生产的是一年中有半年低温不适露地生产，智慧的北京人早在西汉时就采用简易温室"暖洞子"在冬季生产黄瓜、韭黄等蔬菜。《学圃余疏》中记载道："王瓜出燕京者最佳"。

多样性的生物资源

北京地区地貌多样，形成了古代物产群落的多样性。山区林木葱茏；平原五谷丰登；洼地稻米水乡；高寒草场牧羊……为北京地区历史上农业的多样性创造了条件。

在远古，北京地区动植物资源极为丰富。在周口店遗址中发现有 100 多种哺乳动物化石，其中还有大象、犀牛、鸵鸟这类热带动物。据专家估计，在这些动物中有 88% 尚为现生种，灭绝种只占 12%。这里的山区，古时原生植被是茂密的森林，其中海拔 100～500 米左右是落叶阔叶林，600～800 米左右是针、阔叶混交林群落，800 米以上为针叶林群落，形成适地适生的生态林格式布局。如今尚存有一批自然保护区就是历史的见证。在平原地区为森林和草原兼而有之。据考古发掘，平谷上宅遗址出土遗迹中经鉴定有栗与榛的孢子粉（该遗址距今 6 500～7 500 年）；延庆千家店存有大量距今 1.8 亿～1.3 亿年以上的松柏硅化木；早在 2 500 万年前北京地区就有核桃分布。至今还传承有古老的"活化石"银杏、水杉、松、柏、香椿、胡桃、柿、漆树等，其中栗、柿、核桃自古以来一直是本地区的名特产品。早在《战国策》中就记载着："燕而足于枣、栗，此所谓天府也"。三国时陆玑称"五方皆有栗，唯渔阳、范阳者，甜美味长，他方者悉不及也。"此外，明代《群芳谱》称"苹果出北地燕赵者尤佳"。《神异记》称：北京大枣"味有殊，既可益气，又安驱"。

古代北京地区除粮食、蔬菜、林木果树之外，还有百花齐放之美景。清代《日下旧闻考》中记载道："丰台为近郊养花之所，培养花木，四时不绝"、"牡丹、芍药栽如稻麻"。《鸿雪因缘图记》：丰台"前后十八村，泉甘土沃，养花最盛""京都花木之盛，惟丰台芍药，甲于天下""花较江南者更大，不减洛阳名园"；牡丹花以"天坛南北廊、永定门内张园及房山僧舍为最"。

在动物饲养方面，早在"山顶洞人"时期即始驯养狗、猪，之后相继驯养马、牛、羊、鸡；夏代甲骨文卜辞中即记载有"贞晏（燕……）乎取白马氏"；曹子西主编的《北京通史》记载有"燕地产白马，并作为向商王朝交纳的贡物"；《周礼·夏官·职方》记载有"幽州……其富宜四扰"。郑玄注"四扰：马、牛、羊、豕"；郦道元《水经注》记载有："北方有比目鱼，即此之特产也（系房山长沟地区胜泉河产）"；《光绪昌平州志》：记载有"鲤，出沙河者佳，蟹虾出沙河者佳"。

与古代手工业相关的矿产资源有金、银、铜、铁、煤、石灰石、汉白玉（石类）等。正因为有这些矿产资源，北京地区从夏代起出现冶铜及制作青铜器与工艺品、玉器，殷商时出现金器和银器等；以春秋战国起出现冶铁和制作铁器并配置牛耕；到唐代出现石刻与雕塑业；辽金时期出现采煤业。以往各代的"出现"是起点，之后一直传承与发展不已。

古老的"北京湾"，以依山傍水哺育了"北京人""新洞人"和"山顶洞人"；"北京人"的后裔们——"东胡林人"和"转年人"依托山、河、台地与平原开拓出原始农业、原始手工业和原始交换业，成为中国北方原始农业经济的源头之一。

第二章 石器时代的原始经济

考古学家认定石器时代内含两代相差一两百万年的时期，即旧石器时期为距今约 200 万～100 万年，新石器时代为距今约 1 万年以前。新石器时代的社会是原始公社。旧石器时期以采集、渔猎为生，过着游荡生活。而新石器时期人们开始定居，发明了农业，生活资料开始有了稳定的来源和保证。但生产力水平极为低下，与旧石器时期几乎同为掠夺式原始经济。前苏联著名考古学家弗拉基米尔·卡博在其著作中称前者为采集渔猎经济，又称依存经济，后者可称之为原始农业经济，又称食物生产经济。

一、旧石器时代的依存经济（距今约 200 万～100 万年）

采集与渔猎经济是旧石器时期，猿人和最早的人类社会利用自己劳动所创造（打制）的石器（史称"旧石器"），向自然界获取食物——包括可食的植物根、茎叶、花、果实及动物类（鱼、虾、禽兽等）的行为，及其所产生或形成的社会营生或供养价值。

制造旧石器用以采集与渔猎经济的劳动者是原始人群——人类最早的社会组织。他们还存留有猿的特征，故被称之为猿人。人类学家认为，人类最直接的祖先，是生活在距今约 1 400 多万年的拉玛古猿。在我国云南省的开远县和禄丰县，都已发现了拉玛古猿的化石。据考证，拉玛古猿已能直立行走，使用天然棍棒和石块来猎取食物，但不会制造工具。到距今大约 200 万～300 万年以前，才出现了会制造（打造）工具的人，被称为"猿人"。在我国已发现的猿人化石出于云南省元谋县，距今约 170 万以前的"元谋人"。之后，又陆续发现属于元谋人迁徙繁衍的有陕西"蓝田人"，距今约 80 万年。北京的"北京人"（房山区周口店），距今约 50 万年以上。北京猿人很可能就是从我国中原地带来的，他们到北京以后，以周口店一带为家，逐渐地开发着华北原野，并留下了"新洞人""山顶洞人"

"东胡林人"等后代,使其成为北京新石器时代"雪山文化"等的创造者。可见,"北京人"只是原始人类发展过程中的一个中间环节。经我国科学家考证,"北京人"的体质和外貌已同现代人差不多。他们直立行走、用手(主要是右手)劳动,但脑量只约为现代人的80%,不过比古猿发达得多。他们已经有了简单的思维能力和初始的语言,奠定了后来人类社会更高发展的最早基础。

人类的这第一个社会形态是一个极其漫长的历史时期,从脱离动物界开始,到进入阶级社会止,大约经历了一两百万年或更长时间的漫长岁月。其中以旧石器为特点的原始社会历时最长。以新石器为特点的原始社会只历经了1万多年。

原始社会没有私有财产、没有阶级、没有阶级剥削和阶级压迫。在旧石器时期,是以原始人群构成社会组织。他们的劳动从打制石器和运用石器进行采集和渔猎开始。在渔猎实践中,他们意识到要对付凶猛的野兽,靠单人行动是不行的,于是就形成了集体劳动方式,结成每群约数十人的原始群,以团结协作的群体力量来对付猛兽。这时人们使用的石器工具是经过敲打、砸击制成,有刮削器、砍砸器、尖状器等,还发现有打制石器的石锤和石钻。这些石器在"北京人"的洞穴里存有大量的遗迹,迄今已发现的石片和石器约近10万件。迄今为止,北京地区已发掘到完整而系统的旧石器早、中、晚期的遗迹标本,基本类型有砍斫器、尖状器、刮削器、雕刻器等,还发现有打制石器的石锤和石钻。原始人类制作这些石器工具职能有二:一是用于采集和渔猎,以提高劳动效率;二是对付猛兽。《吕氏春秋·恃君览》中记载:"凡人之性,爪牙不足以自守卫,肌肤不足以捍寒暑,筋骨不足以从利辟害,勇敢不足以却猛禁悍。"对此,太古人们亦生其道,就是结群劳作,相互协作,共同劳动,共同分享劳动成果,共同过着艰难但却是平等的生活,并以石器来对付猛兽涉及与伤害。

"北京人"生息于"同与禽兽居,族与万物并"(周·《庄子·马蹄篇》)的环境里,生活所资是"食草木之实。鸟兽之肉,饮其血,茹其毛"(《礼记·礼运》)。他们的居住是穴居巢处,"冬则居营窟,夏则居橧巢"(《礼记·礼运》)。"冬日则不胜霜雪雾露,夏日则不胜暑热虫蚋"(汉·刘安《淮南子·汜论训》)。由于靠采集、渔猎为生,生产力极为低下,靠人群协作方有所获,生存极为艰苦。但"北京人"已比"元谋人""蓝田人"

进化得多，他们除已使用石器，还开始用火取暖和烧烤食物。其有限的生产资料——旧石器属诸公有，因而产生互助合的关系与生物产品的共同分配。为了追逐食物，不得不随着自然资源的丰富与缺乏而移动。群居杂婚是其特有现象。正如秦·吕不韦著《吕氏春秋·恃君览》中言："昔太古尝无君矣，其民聚生群处，知母而不知父，无亲戚、兄弟、夫妻、男女之别，无上下、长幼之道"。

采集和渔猎在"北京人"的生活中占有重要地位。先期原始人类结群劳作的分工是男人主要渔猎，女人负责采集。他们的谋生方法就是利用自然界的现有物品，过着不定居的游荡生活，共享劳动果实（平均分配）。从"北京人"居住过的周口店遗址已发掘到遗存印迹看，"北京人"及"新洞人"以至"山顶洞人"的食物主要是植物根、茎、果实、鸵鸟蛋及鹿、马、牛、羊、鼠类等温和动物，亦有一些鱼类化石。鹿类是"北京人"主要的猎获对象，夏秋之交猎取梅花鹿，冬春之际猎取肿骨鹿。他们要对付的猛兽有虎、豹、狼、熊等。

"北京人"破天荒地在亚洲大陆上燃起熊熊篝火，宣告了人类黎明时代的来临，在周口店北京人居住洞穴的外面，发现了火烧过的灰层和兽骨；在洞穴的里面，也发现了一堆堆很厚的灰烬、木炭、烧骨和朴树籽，这些都是"北京人"用火的遗迹。《韩非子·五蠹》曰："上古之世，人民少而禽兽众，人民不胜禽兽蛇虫……民食果瓜、蚌、蛤，腥臊恶臭而伤腹胃，民多病；有圣人作，钻燧取火，以化腥臊，而民悦之，使王天下，号之曰燧人氏。"

火在人类进化中意义重大。火的发明与使用，是人类从畏惧神秘的火到支配驾驭火的一项伟大的发现，揭开了人类历史的序幕；是人类从动物界分化出来，跨入文明世界的一个极其重要的标志。从此，"北京人"摆脱了漫长的茹毛饮血、生吞活剥的野蛮时代，变生食为熟食，并为战胜大自然严寒的冬天和防御野兽侵袭，提供了物质条件。

"北京人"在远古亚洲的原野上用劳动创造了旧石器，提高了原始人类向大自然获取食物、防御猛兽伤害的能力；他们经受了大自然严峻考验，世世代代在这里劳动、生息、繁衍，成为北京地区最初的主人。早在"北京人"的晚期，狩猎大兽（主要是鹿）已成为经常性的活动。其主要标志是出现了专门的狩猎工具——装配在投石索中的石球，并大量使用。此外还出现石制或木制长矛等。

在我国古代传说中，有"结绳而为网罟，以佃以渔"（《周易·系辞下》）和"教民以猎"（《尸子·广泽》）的"包牺氏"，可视为这一经济时代的反映。在这一时代，随着狩猎和采摘经济的发展，原始人类社会组织由原始群转变为氏族。

"北京人"在周口店居住到距今大约 20 万年以前，他们的体质特征及脑量发生了显著的变化，由猿人进化到早期智人——"新洞人"。他们的牙齿形态比"北京人"的进步。在同一层位中发现了较厚的灰烬，有烧过的石头、石器、骨头和一颗朴树籽。烧骨中有最大的象骨和最小的食虫类，草食性动物多于肉食性动物。这些都是"新洞人"已熟食的证明。在"新洞人"遗址中发现有磨制品，说明其制作技术较"北京人"有了很大进步。在距今大约 2 万年前，北京出现了新的人类——山顶洞人，属于晚期智人，他们的体质特征已与现代人没有什么差别，他们的脑量已接近现代人，具有相当发达的智力。"山顶洞人"的居住地位于北京西南房山区周口店龙骨山的山顶，亦即"北京人"居住的"猿人洞"的顶部之上。在发掘中至今发现的"山顶洞人"的石器，共 25 件；发现除鱼类和两栖动物外，共有 48 项哺乳动物化石；发现了很多用各种质料制成的装饰品，制作都很精致、美观。出土最多的是穿孔的兽牙，共 120 枚。有制作精美的钻孔小石珠，共 7 枚。最值得注意的是在遗址中发现了一根骨针。骨针的出现，一是表明"山顶洞人"高超的制作技术，二是表明当时的人类已经能够用兽皮之类的原料缝制衣服御寒了，这不能不说是一个了不起的进步。

考古学者从骨针和装饰品的制作技术水平中，认知"山顶洞人"已掌握了刮、挖、磨等技术。有的装饰品还用产于宣化地区的赤铁矿粉染成红色，标志着人类原始染色技术已经出现，表明"山顶洞人"的技术创新与生产力水平都向前大大迈进了一步。

在山顶洞人的经济生活中，渔猎仍起着极为重要的作用。据《史记》记载，他们的猎物有兔、鹿、野羊、虎、豹、熊等共 50 余种，数量最多的是兔和斑鹿，这反映了狩猎技术的进步和劳动组织的发展。劳动的自然分工在这时已基本完成。在山顶洞文化层中也发现有很多鲤鱼骨和一条长约三尺的青鱼骨，可见山顶洞人已开始从事渔捞。另还发现有蚌壳、海钳壳等及渔捞工具，表明渔业已经产生。这与《周易·系辞下》记载有：伏羲氏"为网罟，以佃以渔"正与其相合。

山顶洞人的生活来源，虽然还是依靠采集和渔猎，但因石器制作水平提高了，这时的劳动生产（采集、渔猎）率当会有较大提高。食物有植物的茎叶、果实、块根等；动物遗骨中野兔的头骨和下颌骨，计有数千件，鼠类骨有 200 多件。山顶洞人已能人工取火，进入熟食为主，并且是植物与温性动物兼食。

山顶洞人开始了劳动的自然分工。男子主要从事狩猎捕鱼，女子从事采集及缝制用兽皮制作的衣服，制作一些精巧的装饰品。表明山顶洞人时期已出现手工业的萌芽，不仅以石、骨角为原料制造生产工具，还采用兽牙、鱼骨、蚌壳、鸟骨管，应用刮挖、钻孔、磨光和涂色等技术制作大量精巧的装饰品。考古学家们认为在原始艺术中表现了相当高的成就。

旧石器时期，原始人类并不都是利用工具向自然索取，也出现改造自然，驯化猪、狗的创意性劳动。学者王东、王放在《北京魅力》一书中指出："50 万年前，'北京人'与野猪形成共存共生关系；30 万年前，'北京人'与野猪开始形成比较密切的特殊关系，驯化过程最初萌芽；距今两三万年前的'山顶洞人'，开始了对猪的驯化过程；距今 1 万年前，北京西南的徐水南庄头出现明显具有野生与家养二重性，驯化特征比较明显。"距今6 500 年前的"平谷上宅遗址出土的陶猪头，堪称世界历史上以家猪为主题的最早艺术品，不仅标志着猪已成为家畜，而且标志着北京地区是猪驯化的最早最重要的发源地。"该书还指出"北京周口店是狗的驯化过程的真正最早的发源地。"

山顶洞人时代，原始的交换关系已经出现，在山顶洞发现有渤海沿岸的蚶子壳、宣化一带所产的赤铁矿和黄淮以南巨厚的蚌壳等表明当时北京地区的居民已与远方发生了交换关系。交换使地区间、氏族间可互通有无、促进物资流通。

旧石器时期给人类留下的宝贵文化遗产：①劳动创造了人类自己、创造了世界；人类区别于一切动物主要标志是劳动，而劳动是从制造工具开始的。②劳动工具以打制石器为主，到"山顶洞人"时开始磨制石器，石器制作水平和应用效率虽有所提高，但没有重大突破。③到"山顶洞人"时期出现了手工艺制作，生产装饰品，出现了骨针及用其缝制以兽皮等为原料的衣服。这些可视为手工业的启蒙。④从"山顶洞人"遗址还发现有产自外埠的贝壳类装饰，学者们认定为原始交换的萌芽。⑤"山顶洞人"遗址中出土的动物化石量大，表明这时劳动生产率的提高。

无论采集或渔猎，都局限于摄取现存的天然产物，人类仰赖于自然界的恩赐，前苏联著名考古学家卡博称之为"依存经济"。在依存经济下"饥则求食，饱则弃余"的情况下，不可能形成稳定的剩余产品，社会经济和文化的发展是十分缓慢的。

二、新石器时代的食物生产经济

从旧石器时代晚期进入新石器时代，人类历史上最伟大的一次变革或创新——农业产生了。英国学者 L. S. 斯塔佛里阿诺斯在《农业的起源与传播》中写道："从最早的动植物的驯化到农业革命，这是一个非常缓慢和持续发展转变的过程，这个过程被人们称为前农业时期（incipient & ricultures）"。前苏联学者卡博认为"新石器时代革命的本质"是"从依存经济过渡到食物生产经济"。原始农业大体上与考古学上的新石器时代相始终，历经五六千年。

在距今约 1 万年前，北京地区进入考古学上所称的新石器时代。直至目前到 20 世纪 80 年代，北京地区已发现的新石器时代遗址达 40 余处，其中早期遗址有两处，一是西部门头沟区"东胡林人"遗址，距今约 1 万年。该遗址坐落在清水河畔东胡林村西第二阶地的马兰黄土台上，高出河床约 25 米以上。二是怀柔区转年遗址，坐落在燕山南麓、宝山寺乡转年村西、白河岸边的二级阶地上，其第四层文化堆积，距今 1 万年，面积 5 000 平方米，出土遗物 18 000 件，其中包括标志着新石器磨制技术的磨光石器。特别是石磨盘、石磨棒，堪称是农业起源的重要标志，它表明了当时需要加工的谷物粮食数量大增，才有需要石磨等加工工具出现。

新石器中期遗址，目前已发现的有平谷的上宅、北埝头；密云的燕落寨；昌平的林场、雪山一期、马坊；房山的镇江营等 7 处。其中上宅遗址出土的新石器数量达 2 000 余件，种类有石斧、凿、盘状石磨、磨盘、磨棒、铲、锄等。陶器大多为生活用品，可复原的达 800 余件，种类有罐、钵、杯、勺等，还有装饰品。

新石器中晚期遗址有密云的燕落寨遗址、房山的镇江营遗址等。

新石器晚期遗址有昌平雪山二期文化最为丰富。还有昌平曹碾、燕丹；平谷刘家河 3 处遗址的年代与昌平雪山二期相同；海淀的清河镇、密云的坑子地村等。

这些石器出土地点的共同地理特点是：旧石器多出土于山麓坡地；新石器多出土于河流冲积扇台地上。

于德源在《北京农业经济史》一书中，对新旧石器的不同时期遗址的地域分布做了富有规律的解释：旧石器时代的周口店北京猿人是生活在平原与山脉过渡的山前丘陵地带。新石器早期的东胡林人生活于山区河谷台地；中期的上宅、北埝头遗址分别处于山前地带和山前平原的河岸台地；燕落寨遗址位于山前丘陵地带河岸沙丘上，镇江营遗址位于山前地带的河岸台地上，雪山遗址位于山前冲积平原古河道以西的雪山缓坡上；新石器晚期的坑子地遗址位于山区河岸山梁，丁家洼遗址位于山前地带丁家洼河西岸等。

总的来看，新石器早期的人类活动于山区河谷台地上；中期则大多活动在山前地带或山前平原的河岸台地上；晚期除有中期相同的地理特征外，已有向平原发展进入洪冲积平原的河畔，如昌平的燕丹、曹碾遗址、海淀清河镇等处遗址。由此，人们可以鸟瞰到北京地区新石器时代人类由山区向山前地带和山前平原台地，以至进一步向洪冲积平原迁徙的轨迹。这与人类创造石器工具、发明农业，实行农耕，逐渐脱离采集、狩猎生活方式而向平原扩展原始农业生产，转变生活方式的趋势是相对应的。

早在二三百万年以前，北京地区的平原地区曾是一个海湾，湛蓝的海水在这里荡漾。随着岁月的消逝，经过漫长的地质变迁，海水逐渐退却，山上的河流携带下来的泥沙、草甸土随水流入，日积月累，终于逐渐填平了东南面的这个海湾，形成了地势平坦，水甘土厚，而且历史上水源丰沛，土地肥沃，是发展农业经济的极好场所。在生产工具极为简陋、生产水平十分低下，科学技术极为原始的情况下，原始人类寻求便于耕作的土地便成为"太古人类"从事农作和安居的乐园。于德源在《北京农业经济史》一书中提出"北京地区原始农业的起源似乎与'山前理论'比较吻合。"

原始农业的出现

人类学家和社会学家研究断言：人类社会进入新石器时代时，出现了农业，出现了人类经济史上第一次革命。这标志着人类由向自然索取食物，真正跨入用自己的劳动与智慧利用自然、改造自然，进行经济再生产的开始。人类社会发展的历史表明，随着人口的增多，光靠采集和渔猎是不能维持的。农业的发生与发展归根结底在于人类生存、繁衍与发展的需要。据人类学家研究推断，旧石器时代末期地球上人口总数还不到300万人，中石器时代已繁衍到1000万人。到新石器时代多达5000万人。人口的增长，要求食物相应增加，这是依靠自然界增值是难以为继的。据英国学者L. S. 斯塔佛里阿诺斯研究，在旧石器时代，"即使是在肥沃的地区，在和暖的冬天，每平方英里的土地上，最多只能维持一两个食物采集者的生活。而在寒冷地区、或热带丛林、沙漠地区，则每个食物采集者需要二十甚至三十平方英里的土地才能维持生活。"为了保证生存，人们不得不设法生产食物，以解决吃饭问题。正如马克思所指出的人们"为了生活，首先就需要衣、食、住以及其他东西。因此第一个历史活动就是生产满足这些需要的资料，即生产物质生活本身。"

在旧石器时代，人类虽然学会了说话，制造工具和用火。然而在基本方面，人仍然和其他动物一样，完全依赖于大自然的恩赐，受大自然的支配。前苏联弗拉基米尔·卡博、英国L. S. 斯塔佛里阿若斯研究推断在一百万年前全球人口只有125 000个猿人，他们可以在两三个小时内获得一天足够的食物。到距今1万年前，人口则增加到5 320 000个智人，较前增长了42倍。从1万年前到2 000年前，人口又一下子由532万猛增到1.33亿，仅8 000年就增长了25倍。而自然界则经常出现不良变化，自然食物发生饥荒。这在客观上也逼着人类在采集、渔猎中观察认识动植物的生活机理及规律，并且注意驯化它们能够为人工种植和养殖。从最早的动植物驯化到农业革命，经历了一个非常缓慢和持续发展转变的过程，这个过程被人们称为"前农业"时期。

早在采集、渔猎时期，原始人类即注意观察生物界的生息繁衍，观察到野生植物的春华秋实、吃剩下的果实扔在土里，到第二年春仍会生长发芽、开花、结果。当人口增多到靠采集野生食物难以维持生机时，便萌生了驯化可食而又易于人工生产的植物。相传神农氏曾"尝百草"并从中选出"五谷"，继之"斫木为耜，揉木为耒"，教民耕种。原始人类在长期的渔猎中，也观察到一些性情温和容易捕捉而繁殖力较强且数量较多的野生畜禽动物，如牛、羊、马、犬、猪、鸡等，其适口性又好。但靠自然繁殖逐渐出现资源短缺或不足。于是在狩猎时，注意把幼小的野生动物猎回豢养起，据史料显示，"北京人"时期已存在人与犬、豕等动物共生关系，山顶洞人即开始驯养"六畜"，即马、牛、羊、鸡、犬、豕。在驯养动物中，他们发现驯养动物可以随时宰杀作为新鲜肉食来供应，不会因猎取不到野生动物而恐慌。这样就为原始畜牧业的出现创造了条件。在山顶洞人居地还发现蚌壳、海蚶壳及青鱼化石、渔捞工具，表明当时渔业已经产生。

在北京地区，1万年前由"东胡林人"和"转年人"举起农业革命的旗帜——刀耕火种。农业革命最明显的结果是新的定居生活的出现。因为农业和养殖业可以提高土地生产率和人们喜食的动植物的产量及供给的稳定性。有研究估计，狩猎—采集群体的世界平均规模是50～100人，而最初粗放农业群体是100～150人，其上限到350～400人。且聚落间社会与文化的相互作用也随之加强了。

关于原始农业起源的史迹，古代书籍多有记载。《周易·系辞下》载："庖牺氏末，神农氏作"。并说"神农氏斫木为耜，揉木为为耒，耒耜之利，以教天下"。《淮南子·修务训》说：神农氏"始教民播五谷"。《新语·道基》说："至于神农，以为行虫走兽难以养民，乃求可食之物，尝百草之实，察酸苦之味，教民食五谷"。《艺文类聚部》食物部引《古史考》说："神农时民方食谷、释米加烧石上而食之"。这些虽为历史传说但不应视为神话，而应视为古人类实践的归结。农业起始出于发明，而发明多出于个人创意的转化。神农确有其人，后人公认是我们的祖宗。从史籍资料看，神农氏的贡献有：在农业方面"神农因天之时，分地之利，制耒耜，教民作农"。即说神农制作耒耜，种五谷，奠定了农业基础；在医学方面，他尝百草，辨识草药，为民解病危之困；在手工业方面，他治麻为布，民着衣裳，削木为弓，以威天下，神农始创了弓箭。制作陶器，改善生活。从已出土的陶器看，距今1万年前的东胡林遗址和转年遗址都出土了"万年陶"，但都很粗制。神农制陶当是在前人劳作的基础上的再创。在流通方面，神农"日中为市，致天下之民，聚天下之货，交易而退，各得其所"（《周易·系辞下》）。古人说："盘古开天辟地"，那么神农则兴农、兴工、兴医、兴市，以教民利。在神农之后被民间尊为谷神的弃，自小聪颖好学，学着种庄稼，学会"相地之宜"种植五谷，在实践学会选种，被后来人称为"诞降嘉种"。他种大豆，生长繁茂，种谷，穗长大，颗粒饱满。弃在农业生产中的成功，人们都向他请教，他也愿意把自己知识和技术传教别人。在弃的影响下，使部落的农业生产持续获得好收成。尧帝闻之，便推举他担任部落联盟里的农师"教民稼穑"，成为我国历史上第一任农师，即第一任农官。《说文》："稷，五谷之长"，《尔雅·释古上》云："后，君也"。弃任后稷主管部落联盟内的农事活动安排。后稷为部落联盟发展农业生产做出了很大贡献，舜帝为表彰他的功绩，就把他的出生地——邰作为封地赐赏给他，并被尊为"百谷之神"。神农后稷成为原始农业的开拓者的代表。

农业可在同等数量土地上获得较多而较稳定的食物来源与财富。金元浦在主编的《北京：走向世界城市》一书中写道："北京人的出现，揭开了北京地区人类历史的序幕，使北京成为世界上最早进入人类社会的地区之一。"而距今1万年左右的"东胡林人已开始从事原始农业和畜牧业""掌握了农业技术和手工业技术""创造了最早的人类文明，掀开了人类历史的第一页"。

"东胡林人"所处的时代，在考古学分期中属于新石器时代早期。在地质学年代上属全新世早期，冰期已消融，气候回暖，生物面貌和现代相似，具备了禾本科、豆科植物生育环境。出土的工具有石磨盘、石磨棒、石容器、石斧，还有夹砂粗陶器等新石器。在北京地区所发现的属于这个时期的人类遗址，还有怀柔宝山寺乡转年村西的白河二级阶地上，其第四层堆积属新石器时代早期文化遗存，距今1万年左右。发掘到的既有旧石器中的石核、石片、刮削器等打制的石器，还有磨制的石斧、石磨盘、石磨棒、石容器等新石器。王光镐先生在《人类文明的圣殿——北京》中指出："'东胡林人'的出现，不啻为中国新石器时代的开端树立了一个标尺……它表现出来的新生产工具、新生活器具、新居住环境、新经济形态、新社会结构、新文化面貌……代表了新时代的最亮点。'东胡林人'遗存集中体现了中国式新石器时代起源的独立发展道路。正是由于以'东胡林人'为代表的此类遗存的不同凡响的开局，才在此后的神州大地上导源出一个社会、经济、文化全面均衡发展的新石器时代到来"。此后，在密云坑子地、董各庄、石城、山安等；海淀清河镇、中关村、田村、白家疃；房山丁家洼；朝阳立水桥；怀柔喇叭沟门、宝山寺、北干沟、汤河口；顺义大北坞、魏家店；平谷前吉山；门头沟松树峪等地都出土或发现过零散的新石器时代的石器，有石刀、石铲、石锄、石镰、石斧、石凿、石磨盘、石磨棒等。在上宅遗址中还发现有禾本科植物花粉和碳化或干朽了的种子，表明这时原始农业确已出现。从出土的工具看，在新石器时代，北京地区的居民已开始用石斧、石铲砍伐林木，芟除杂草，开辟田园，播种谷物等。在从事原始农业的同时，开始驯养家畜，最早饲养的是狗，以后又养猪、鸡、羊、牛等。

关于农业的发源地问题，传统观点曾经认为，东半球（或说旧大陆）最早的农业起源于西南亚地区，即所谓新月沃地区，那里是大麦和小麦等诸多品种的原生地带。但著名的历史学家何炳棣先生经考证，认为华北农业具有独立起源，它源于黄土高原及其比邻东源的平原地带。

先民们沿着河流，走出谷地，来到平原上，在河流两岸的台地上选择高亢平坦的地方，建立原始聚落。这些地方水草肥美又有膏壤沃土，是种植庄稼、放牧牲畜、制造陶器的理想自然天地，有广阔的生活之源。"东胡林人""转年人"以及"上宅人"所处的台地即是如此。东胡林遗址在门头沟东胡林村西侧清水河畔第二级原生黄土台地上，高出河床 25 米以上，地理环境及生态条件具有新石器时代遗址的典型特征。于德源所著《北京史通论》有这样的叙述。怀柔区转年遗址位于宝山寺乡转年村西的白河第二级阶地上，发现了新石器时代早期文化遗物多达 1.8 万余件。在这两个距今 1 万多年的遗址中都发现有石斧、石磨盘、石磨盘、石墨棒和夹砂粗陶。学者于德源认为"石磨盘、磨棒是伴随着标志原始农业文明的夹砂粗陶一同出土，这无疑是证明当时已经进入了原始农业社会"。王东、王放在《北京魅力》一书中认定这两地的原始农业是"中国北方农业的源头之一"。这两地的原始祖先们当时已经进入了原始农业社会，并开始定居生活——发现了简陋房屋和"火塘"即为"灶膛"；以孢子粉分析看，食物中有草本中豆科、莎草科及禾本科植物等。依靠大自然恩赐开始从事农业生产——包括芟除草菜、播种谷物和驯养家畜。纺织麻类纤维以为衣，制作陶器以为生活用具。如据有考证指出："距今约 8 000～7 000 年前，琉璃河为圣聚"。在古老的尧舜禹时期，人类逐渐离开岩洞，沿着河流到自然环境优美的山前平原上，建立起原始的部落，或称村落，并在频繁的部落战争中扩大地域，当时的部落称为聚，即聚落。古燕国就建在了水源丰富、气候温暖湿润、植被繁盛、地势平缓、平原广阔的圣水（琉璃河）岸边。有专家考证，约公元前 21 世纪时，琉璃河地区已有先民活动，并演变为一个自然的方国（或部落）。

今日的北京地区经考古发掘，不仅发掘出距今 1 万多年的新石器，而且还发掘到新石器时代早、中、晚期的系列产品。综观其他相关遗迹，1 万年前东胡林、转年、北京所在的 Y 形地带是中国北方农业源头。

前苏联著名考古学家卡博认为出现农业的基本前提是：适宜的地理生物环境（首先要存在适于驯化的栽培植物），发展到相当高的采集技术，用以安置过剩人口的为开发土地的缺乏，以及依存经济本身的危机。

从京郊考古发掘已出土的遗址遗迹看，本地区在距今 1 万多年前足以具备农业出现的基本前提要素。这里出土了距今 1 亿多年的松的木化石，距今 2 500 万年以前的核桃孢子粉，在距今 70 万年的周口店遗址中发现有板栗、榛子、禾本科、豆科、灌木、乔木等植物类化石。如今与周口店相近的白花山自然保护区还生长着古老的银杏、松、柏、核桃（胡桃）、野生大豆等。北部山区有大面积连生板栗林。在周口店遗址出土了约 100 种哺乳动物化石，62 种鸟类化石，其中就有野生的猪、狗、牛等化石。可以说具有适宜的地理生物环境；由"北京人"繁衍下来的"山顶洞人"已是晚期智人，已具有创制新石器技术——切、钻、琢、磨的萌芽，采集、渔猎水平相当高；在人类早期"北京湾"是一片汪洋大海，直到新石器时代，原始人类还得依山傍水（台地）从事农耕生活。可见在采集时代靠依存经济养育日益增长的人口是存在危机的。发明农业实行人工种植植物和饲养动物可在有限的土地生产出更多的食物。对此，前苏联著名考古学家卡博认为"新石器时代革命的本质"是"食物生产经济的确立"。

关于原始农业的生产方式，一种比较广为认同的观点是"游耕制"的"刀耕火种"。这是因为那时的人们只懂砍伐森林、放火烧荒，借助灰烬肥田，用耒耜耕种。随地力因耕作而消耗，人们不得不实行休耕制——"撂荒制"以培养地力，而另辟田地再种，利用自然、生产力再获较好收成。好在远古时候地旷人稀，这种"边走边耕"的生产方式适合于当时的情况。这与后来《尔雅·释地》中所说的"田一岁曰菑，二岁曰新田，三岁曰畬"的耕作制是不谋而合的。

新石器的出现伴随着农业的诞生。这是考古界和农业界的共识。原始农业的发展，是从驯化野生动植物开始的。但以往从北京地区已出土的新石器遗址中都没有发现农作物的遗存，也不见史料有记载北京地区原始农业生产什么东西，其迷何解？一些学者认为"距现代几千年前，现在北京地区沼泽的分布可说是星罗棋布"，是不可能有旱作野生谷物存在的，没有野生种就没有经驯化的栽培种。而当时原始农业的存在可能是由原始人类在迁徙中由中原地区传播而来的。

直至 2013 年 11 月 5 日《北京青年报》披露，环境考古学家在上宅遗址属新石器中期的剖面自下而上取得了 32 个样品进行孢子粉分析，在 19 个样品中发现数量不等的孢子花粉。这些孢粉属禾谷作物。文中还透露一些研究者采用最新的淀粉粒分析手段对遗址出土的石器表面残留物上提取出淀粉粒，分为 9 类 12 种。经鉴定，淀粉粒中最多的是栎属果实（橡子），其次是粟。另有一定数量的黍和小豆属的淀粉粒。可见在新石器时代，北京地区已种黍（稷）、豆类等作物，并已成为当时古人日常饮食。之后，延庆县玉皇庙出土的青铜时代酒糟沉积碳化物，经鉴定为粟；房山区丁家洼遗址属春秋时期，经对出土样品鉴定，其碳化植物种子有粟、黍、大豆、荞麦、大麻等农作物，其中碳化的粟粒具绝对优势，占出土农作物籽粒总数的 86% 以上。在早期出土的被认为是与原始农业有关的四个遗址，即河南裴李岗遗址距今 8 000~7 000 年左右；陕西半坡遗址距今 6 700 多年；河北磁山遗址距今 8 000~7 000 年；北京平谷上宅遗址距今 7 500~6 500 年。在这几个遗址都发现有与农业有关的遗迹如粟等。因它们出土较早，被农史书籍引入。而北京门头沟"东胡林人"遗址出土较晚（从 1966 年直到 2005 年方完整出土），2008 年方被收入《北京魅力》。这个 1 万年前的遗址，出土有 1 万年前的墓葬、1 万年前的经切、钻、琢、磨制而成的新石器、1 万年前的陶器，令人鼓舞地获得如下信息：

第一，东胡林遗址地处燕山南麓山谷平原地带的清水河岸台地，高出河床约 25 米。这符合原始农业"三源论"之一的山前理论。第二，遗址出土有打制的旧石器，也有经切、钻、琢、磨制的石斧、石锛、石镰、石磨盘、石磨棒、石臼，还有新石器早期的陶器（被称之为"万年陶"）。陶器的出现被考古界认为是原始农业出现的伴随物件。因为人类定居后生产的食物粮食需要储藏、农作物必须用陶器来炊煮方可食。第三，在东胡林遗址出土了大量与人类生活有关的植物种子，还搜集到似小米（粟）的标本。第四，在东胡林遗址发现猪的肩胛骨和牙齿，表明猪也进入东胡林人的食谱中，有推测"东胡林人"的猪至少是在驯养过程中。第五，在"东胡林人"之后，北京地区的原始农业发展很快，新石器遗址几乎遍及京畿。

东胡林遗址不仅时间跨度在1万年以上，其出土遗迹也极其丰富。在文化层的堆积中有大量的兽骨和火烧痕迹，还有专门的石器加工场和大批石器，分布有相对集中的墓葬区和生活区，具有村落的雏形。收获的遗物有陶器、骨器、蚌器、工艺品、装饰品、螺壳，及果壳、植物种子乃至颜料等。截至目前在中国北方新石器早期遗址中，乃至在全国同阶段遗存中，"东胡林人"遗址是唯一一处既有磨制的新石器和陶器，又有石器制造场，聚落村庄和多处火塘灶坑的遗址，还伴有品类齐全的遗物和种类繁多的动植物残骸，其内涵丰富绝无仅有。再就是怀柔区转年遗址出土物体现出原始农业、狩猎、采集几种文化共存的特征，为1万年前北京地区出现原始农业不仅提供了佐证，还表明了该地区由采猎业转变为种植业的连续性及其演化过程。当之无愧地登上距今1万年前的中国北方原始农业的源头。

因此，可以认为东胡林新石器时代是中国北方原始农业经济肇起的时代。居住环境从洞穴走向山前平川的河岸台地是这个时代的突出转变，定居聚落文化的兴起是这个时代的典型特征。随着人口的增长，人类的社会组织结构也由此发生深刻的变化，步入了原始氏族公社时期，并从采猎经济跨入生产经济的新纪元。由此，人们会更加无疑确信北京地区是"中国北方农业的源头"。科学研究表明，谷子（粟）是狗尾巴草驯化而来，大豆是由野生大豆驯化而来，这些野生物种在京郊百花山等地都有野生种存在。

原始村落的出现

在旧石器时代的"北京人""新洞人"所栖居的洞穴还不是"聚落"，而是结群。从"山顶洞人"居住洞穴的空间结构及职能区分中，人们似乎依稀看到了人类原始聚落的曙光。

到新石器时代，随着农业的发展使人们生活变得较为稳定，人口也逐渐增多，北京地区的居民开始由游牧生活转向平原台地定居生活。伴随着农业生产的出现和农耕生活的开始，太古人们已较普遍地建造半地穴式的房舍，并以氏族部落集聚在一起，即形成原始村落。古社会学家 L. H. 摩尔根在《古代社会》中写道："人类必定先有村居生活，并且简单的技术必定先已达到相当进步的水平，然后才会制造陶器。"并进一步指出："人类村居生活的开始""出现在陶术以前"。按照这一村居考古结论来考查太古时北京地区古村落的出现，当从新石器早中期即出现。根据东胡林、转年、上宅、北埝头遗址的发现，在距今1万~7 000年的新石器早期、中期，北京地区已经出现古人类的母系原始氏族公社的组织形式聚族而居，即出现村落。王东、王放提出"门头沟东胡林出土的'万年陶'——平底直壁盂形陶器""转年'万年陶'与农业起源、新石器一起出现，表现出一种综合创新的鲜明特色。"平谷上宅遗址出土物品中除2 000多件新石器外，还有800多件可复原的生活用陶器。考古工作者在平谷上宅遗址发现"上宅人"居址及其居住中心，可惜已被现代砖窑破坏了。在北埝头除发掘出一批石器和陶器外，还发掘出10座新石器时代的房基，密集分布在约1 500平方米的面积内，为半地穴式建筑。房基掩埋于地表下1米多，呈现为一片一片的不规则椭圆形的"灰土圈"，长径一般在4米以上。房基地面比周围略低，表层有五六厘米厚的红烧土。每座房基内的中部或偏东位置，都埋有1个或2个较大的深腹罐，罐口高出房内地面约6厘米，有的罐内残存灰烬和木炭，大概是人们烧煮食物和保存火种的地方，相当于现在的锅灶。房门都开在东西或南面有利于采光。每座门都有向外延伸的门道。昌平雪山遗址中"雪山人"居住的房舍，也是半地穴式。房基呈椭圆形，门开在东南方向，有利于采光和避寒。尹钧科在《北京郊区村落发展史》中写道："在距今四五千至一万年前的新石器时代，今北京地区也已经出现了原始村落，并不断缓慢发展着。"村落伴随着农业生产的出现而应运而生，就相得益彰的构成了原始形态的农村经济。

史学研究表明，原始社会晚期生产力的发展，引起了社会分工和物质交换，促进了私有制的出现和发展。氏族酋长和军事首领的权利得到加强，他们不仅不断侵吞氏族公社的集团利益，还频繁地进行部落战争从中掠夺大批财产。在弱肉强食中，那些强势军事首领和酋长将交通便利、经济发达的聚落或村落作为据点，建立起最早的都邑。传说中黄帝部落在战胜九黎部落、炎帝部落后便在涿鹿建立了都邑，帝尧时代在幽州建立了幽都，便成了村落的进一步演进的象征。大约在4 100多年前，密云地区开始进入原始部落联盟时期，即传说中的黄帝、尧、舜、禹时期。在今不老屯镇燕落村南，就有那时的一处重要遗址——共工城遗址。《不老屯古镇志》称其为北京历史上的第一座古城。

土地资源的开发利用

范楚玉所撰写的《试论我国原始农业的发展阶段——兼谈犁耕和牛耕》一文中认为："原始农业的初期没有现成的田地，大部分地面被森林灌木丛覆盖着；也没有专门的生产工具和耕种的丰富经验，人们就只能沿袭利用采集和狩猎时期的工具及有关知识经验来从事农业生产。这时用于耕种的主要工具除石斧、尖木棒以外，还有火……人们选择好计划种植的林地，先用石斧把树木灌丛砍倒，然后放火烧成灰烬，这既提供了天然的肥料，又把土壤烧得疏松些。垦出来的田地不加耕翻，一般种植一二年即地力衰竭而被抛荒，人们又另开辟新地。所以有人把刀耕火种农业叫作'生荒耕作制'。用尖木棒一类的工具戳穴点播应是最早出现的一种播种方法，以后才相继出现散播和条播……播种后，一般不加任何田间管理就坐等收获。"这正如《国语·鲁语上》："昔烈山氏之有天下也，其子曰柱，能殖百谷百蔬。"其"烈山"就是放火烧荒；"柱"就是挖穴点种的尖木棒。应该说这种农业是靠天吃饭，仍属于资源掠夺型经营。

多数史学家根据北京地区出现的诸多新石器遗址的文化内涵认定，在新石器时代，北京地区居民已经采用石斧、石铲砍伐林木，芟除杂草，开辟田园，播种谷物，从事种植业，同时开始饲养家畜，纺织麻类，缝制衣服等。从雪山文化一期发现红陶尊看，新石器时代的北京地区还可能已出现酿酒业。这表明，当时农业生产已有剩余谷物可作它用。

在原始公社时期大体分为母系氏族公社和父系氏族公社两个阶段。在母系氏族公社阶段，由妇女操持农业生产，并主持产品平均分配。这时是以氏族为单位共同占有生产资料与生活资料。大约从5 000年前起，先后进入父系氏族公社时期。这一时期是由氏族公社向阶级社会过渡的时期。在这个时期男子取代妇女，在社会中居于主导地位，这是社会生产力发展的结果。男子劳动由狩猎捕鱼转向社会的主要经济部门——农业和家畜饲养业。在父系氏族公社时期，生产水平较母系氏族公社时期有新的发展。主要表现在原始农业的进步和以农业为主的综合经济的发展。他们不断改进种植技术，改革与创新生产工具，扩大耕地面积，加强田间管理，增加作物品种，使农业比母系氏族社会时更加发达和繁荣，成为当时社会经济的基础。这一时期养殖业、手工业都有进一步发展。在昌平雪山文化一期发现有红陶尊。尊在古代是一种鼓腹侈口高圈足的酒器，尊的出现表明，可能在新石器时代中期，北京地区就已经出现了酿酒业。

尚定周等在《略论农业起源》一文中提出：在原始公社阶段，把土地划分为整齐的方块，且是相同等分，由公社分配给公社社员耕种，并定期轮换。但原始农业产量极低，一般只相当于播种量的三四倍；后期也很少超过十倍。

男耕女织的二元经济

在氏族公社阶段，人类首先进入的是母系氏族公社。在北京周口店龙骨山山顶洞就发现有当时人类的遗迹。这时人们劳动经验和劳动技能比过去提高，制造出的石器类型更明显，种类也更多。在公社内部出现简单分工。男子外出进行渔猎，获取动物性食物与皮毛；女子从事采集植物性食物、看守住所、缝制衣服和养老扶幼。这时人们的生活如《韩非子·五蠹》所说："上古之时，人民少而禽兽众，人民不胜禽兽虫蛇……民食果瓜、蚌、蛤……"母系氏族公社阶段在考古学上相当于新石器时代前期。妇女们在长期的采集和保管野生植物实践中，通过长期的观察和试种，终于发明了农作物的栽培，出现了农业。在母系氏族公社后期，人们已使用弓箭和网罟，使狩猎的成效进一步提高。人们在狩猎中常与动物接触逐渐懂得了动物的饲养。北京地区最早饲养的动物是狗、猪、牛、羊、鸡等。种植业大概就是神农氏所教的"五谷"中的黍、稷、粟及麻——当时已出现麻纺织业。在母系氏族公社后期，随着农业和畜牧业的发展，男子在生产中的地位逐渐超过妇女，进而取代妇女从事"男耕"。

进入父系氏族公社时期，手工业逐渐从农业中分离出来，成为独立的生产部门，出现了"男耕女织"的二元经济。这种社会分工，进一步提高了农业和手工业的劳动生产率，人们的劳动产品除了维持自己的生存以外还有了剩余，于是氏族部落之间的交换也就开始出现并愈益频繁。交换的发展反过来又推动了社会生产的进一步发展和私有制的产生。《淮南子·齐谷》中说："尧之治天下也，……水处者渔，山处者木，谷处者牧，陆处者农，……得以所有易所无，所工易所拙。"据史学专家研究，这种交换是在氏族之间进行的，氏族首领掌握着交换的权力。开始氏族之间仅是互通有无式的使用价值交换。随着生产物质的丰富和交换活动的扩大，氏族首领便利用职权把交换来的产品据为己有，变成私人财产。在交换进一步渗入到氏族公社内部后，氏族成员也把自己的产品当作私有物进行交换，于是私有财产就渐渐出现了。

据史料记载，氏族公社后期，最早出现的私有财产是牲畜。当时大量饲养的是猪，所以猪也就成了一项重要的财产。再就是，这时妇女以纺织麻类纤维以为衣服，还制作陶器生活用具。由于社会分工使"男耕女织"的农业和手工业生产率大大提高，为交换提供了更多的产品，为社会增加财富。这种原始形态的二元经济结构的出现，表现了当时北京地区的居民已经走到了历史文明的入口处了。

技术的进步

原始人类在向自然界索取中、在发明农业的实践中，自觉不自觉地从技术创新入手。从猿到人的第一件事就是古猿捡起石块、石片或木棒来采集可食的植物和渔猎动物。在实践中认识到带尖的石块和带刃石片、带尖的木棒用起来要比那些钝的石块、石片、木棒省力、方便。由此就悟出打制石器，这就是劳动创造人类的第一次技术创新。之后，几乎经历了上百万年的实践，摸索出切、钻、琢、磨的技术创新，制作出适用于不同用途、不同形态、较旧石器效用高的新石器。诸如用于砍伐的石斧、石铲、石镰等；用于松土的石锄、石锹、石镐等；用于粮食加工的石磨及储粮的石容器等。从发现与利用自然火后，又发明了钻燧取火。有了新石器工具和火，进而又发明了"刀耕火种"的原始农业。农业的出现带动了人类由游荡走向了定居，又出现了畜牧业，首先是养猪，进而发展到养马、牛、羊等；发明了制陶，不仅制作陶容器，还制作出陶猪头、陶羊头等装饰品。由于原始技术创新，干东、干放在他们的著作《北京魅力》一书中归纳为北京地区开创了"人类文明东方源头"、农业革命的"中国北方农业源头""人工用火技术创新重要源头之一""复合工具（弓箭、长矛）的主要源头""家畜驯养的重要源头""新石器技术创新的重要源头""制陶技术创新的重要源头"。这7项源头都出自北京地区，在世界上可能是绝无仅有的。

新石器时代的原始手工业

就目前北京地区已发现的40余处新石器时代遗存中，都有手工业品，而且还比较丰富。一是石器、骨器不仅类型多，而且磨制的数量多。如怀柔转年遗址中出土的石器制品多达 1.5 万余件。二是陶器制作已成产业，平谷上宅村北高地发现陶窑一座，附近还发现 7 000 平方米以陶器石器为主的堆积层，厚达 4 米。出土陶器 1 000 余件。据文博专家马希桂推测，这里应是一处新石器时代的大型制陶窑场。三是装饰艺术品的制作，"东胡林人"制作出项链；上宅遗址出土一些陶塑、石雕艺术品，诸如耳珰形器、石猴形饰件、石鸮形饰件、石龟、陶塑猪头等。昌平雪山二期遗址中发现用陶轮制作陶器的新工艺。这项工艺的发明大大提高了陶器成型的质量。马希桂在《文博耕耘录》一书中评价说："这是制陶技术上划时代的一次飞跃与成就。"四是纺织业，主要是麻类纤维纺织与制衣，主要由妇女负责。五是酿酒业，在雪山文化一期发现有红陶尊，表明新石器时代中期北京地区出现了酿酒业。

在其农业和手工业出现后，随之产生物质交换。物质交换与流通是农村经济行为中的重要环节。不过物质交换只是互通有无的问题，只是物质的使用价值交换，尚未构成经济价值的货币交换。新石器时代物质交换已比"山顶洞人"时代活跃而广泛得多，并由交换产生私有财产。

原始社会阶段在人类历史上具有很重要的意义。因为它不仅是世界民族在其历史初期的必经过程，而且也是后来人类社会更高发展的最早基础。因此，恩格斯说："这个'太古时代'在一切情况下，对一切未来的世代来说，总还是一个最有趣的历史时代，因为这建立了全部以后的更高的发展的基础，因为这以人从动物界分离出来为出发点，并且以克服将来联合起来的人们永远不会再遇到的那些困难为内容。"

原始社会的经济组织

随着人口的增长，人类社会组织结构也在这时发生了明显的变化。当时，原始社会经济组织大致可分为原始集群和氏族公社两个阶段。原始集群是人类最早的社会组织。在漫长的旧石器时代人们以狩猎和采集为主要生产方式，猎取和采集的都是自然繁衍的可食动植物产品。旧石器时代原始人类——"北京人"的早期、中期，在森林丛生、野兽出没的环境中生活，单个人的力量是不足以自卫和谋生的。《吕氏春秋·恃君觉》曰："凡人之性，爪牙不足以自守卫，肌肤不足以捍寒暑，筋骨不足以从利避害，勇敢不足以却猛禁悍。"于是几十个人结成一群，相互协作，共同劳动，共享自然资源。在当时劳动能力极为低下的情况下，原始集群远不能驯养动物和种植粮食、果蔬。他们只能靠采集和渔猎谋生。因此，这时的社会制度只能是同劳共享制。即群内人员利用最粗笨的石器工具，向大自然索取，共同寻觅自己所必需的生活资料。或可说，这是人类出现后的最初原始公社制。

原始集群经过漫长的发展过程，终于二三十万年前进入古人阶段。就"北京人"而言大约已进化到"新洞人"时期。在考古学上古人是从原始人群到氏族公社过渡阶段的人类。到数万年前，人类进入氏族公社阶段。氏族即以血统为纽带组成的族群。在氏族公社阶段，人类首先进入的是母系氏族公社。北京周口店龙骨山的山顶洞人即已进入这一阶段。这时公社制的特点是在其内部存在着按性别和年龄区别的简单分工——由能掌握全局的老练妇女当家，妇女主要负责采集植物性生活资料、看守住所、缝制衣服和养老扶幼。男子体力强外出狩猎捕鱼。大约在六七千年前，北京地区的氏族部落开始进入母系氏族公社的繁荣阶段——平谷上宅遗址出土的农业村落。在母系氏族公社后期，随着农业生产和畜牧业生产的发展，男子在生产中地位逐渐超过妇女，妇女只承担家务和养育子女，于是母系氏族公社渐向父系氏族公社过渡。大约在 5 000 年前，北京地区的氏族部落先后进入父系氏族公社阶段，这个阶段相当于考古学上新石器晚期。氏族公社先是母权制而后再转为父权制。在公社的绝大部分历程中因生产力低下全部实行共同劳动、所得平均分配，共同享受，没有剥削与被剥削。但有清晰的社会分工——即"男耕女织"——真有点"各尽所能"的萌芽。

在父系氏族公社时期，不仅农业、畜牧业有了长足的发展，手工业的发展也很突出，其中特别显著的是制陶业。手工业的发展便逐渐从农业中分离出来，成为独立的生产部门，这就是人类社会的第二次大分工。

原始社会晚期发生的两次社会大分工进一步提高了劳动生产率，人们的劳动产品除了维持自己的生存之外还有剩余，于是交换也就出现并愈益频繁。交换的发展又反过来推动生产的进一步发展和私有制的产生。列宁指出："遗产制度以私有制为前提，而私有制则是随着交换的出现而产生的。已经处在萌芽状态的社会劳动的专业化和产品在市场上的出卖是私有制的基础。"（《列宁全集》第 1 卷，人民出版社，1955 年）。

氏族公社后期，最早出现的私有财产是牲畜。当时大量饲养的牲畜是猪，所以猪也就成了一项重要的财产，甚至主人死后也以猪腭骨或陶猪头工艺品作陪葬。在北京地区已出土的遗址遗存中就有猪或陶猪陪葬遗迹出现。

私有财产的出现就导致贫富分化的结果，一方面出现了拥有大量财产的氏族显贵，一方面也出现了众多丧失生产资料的贫困氏族成员。接下来阶级就随之产生，在公元前 2000 年左右中国开始产生奴隶制国家进入奴隶社会，至原始公社结束。

（1）关于北京地区原始农业出现的始创者是谁的问题，文中隐有"二说"：一说是依据考古发掘的出土遗迹考证。京西门头沟区东胡林遗址出土有距今 1 万年前的新石器及原始村落（聚落），且地处依山傍水的河岸台地，以及怀柔区转年遗址出土的同类遗迹。从考古出土实迹认定北京的原始农业是 1 万年前由"东胡林人"和"转年人"创始的，也应是可信的。二说是神农氏"始教民播五谷"（《淮南子·修务训》）。这"二说"在本章中都有引述，但引意不同：以"一说"认定本地区原始农业的起源与出现期；以"二说"认知神农氏总结推广前人已开创又经他创新完善的原始农业技术体系——"因天之时，分地之利，制耒耜，教民农作"；"尝百草之实，察酸苦之味，教民食五谷"……在古籍中讲道神农氏的农业作为有"三教"：一是"始教民播五谷"；二是"教民食五谷"；三是"教民农作"。教者即传授、传播、告知他人也。总结前人经验、经过自己实践再言传身教他人"播五谷""食五谷"可推崇于神农氏首创。

（2）农业在新石器早期出现之前就有"十月怀胎"的孕育过程。早在 1.5 万年前，或许更早，原始的狩猎—采集者就已熟悉了植物和动物的周期性生活，并细致地观察到这种规律。这就对农业与动物驯养业提供了一个必要的准备。

（3）在新石器早期，"北京人"即由依赖自然再生产的采集与渔猎经济进入自然再生产与经济再生产相结合的、以农业为决定性生产部门的村落经济时代。

（4）伴随着农业的出现与发展，原始人类也由游猎与采集生活而进入"刀耕火种"的定居生活，村落——早期农村形态也就应运而生。

（5）新石器时代的"男耕女织"与交换奠定了我国古代农村经济发展

中最基本的"小农经济"单元的基础——小农业＋家庭手工业＋商业交换。

（6）"东胡林人"和"转年人"遗址的深度发掘得益于北京大学学者的科学判断与揭示，使通常史料记载的"上宅"遗址为基准的北京农业史由6500年以上延伸到1万年以前，并成为农业革命的"中国北方农业源头""家畜驯养的重要源头"。

（7）原始的农村经济由采集与渔猎的自然经济转向人为具有系统原始技术支撑的农业经济是从神农氏起。《礼记·礼运》记载有"猿人"即"北京人"生活所资是"食草木之实、鸟兽之肉，饮其血、茹其毛"。他们靠采集野生植物的根、茎、果实及狩猎禽兽为食，以其皮毛为衣。这时的劳动只是向自然界索取一定的不稳定的生活资料。神农氏"斫木为耜，揉木为耒"教民耕种，出现了自然再生产与人工再生产相结合的农业经济。到帝尧时代"禹乃遂与益，后稷奉帝命，命诸侯百姓，兴人徒以傅土，行山表木"，导山导水、治河、排水、建筑水利工程，动员广大劳动人民的力量，及水土改平，复兴沟洫，然后可播种。群众踊跃参加垦耕，农业生产获得了发展。由唐啟宇编著的《中国农史稿》一书中写道："从此，在中国四千年的农业史上，土、水与劳动力，就构成财富形成的三个主要因素。"

第三章　青铜器时代的井田经济

　　大约从公元前 2000 年初期，北京地区从原始社会逐渐过渡到奴隶制社会。其间北京地区也进入了青铜器时代，史称为"夏家店下层文化"。在北京昌平区雪山、密云县燕落寨、平谷区刘家河、丰台区榆树庄、房山区琉璃河都曾发现当时人们的文化遗迹或墓葬。这表明在公元前 2000 年，北京地区青铜冶炼和铸造已成为独立的手工业部门，制作的铜器既有农具如青铜钺，更多的是礼器及装饰品。这种由石器过渡到金属铜器是人类进化史上一大跨越，史称青铜器时代。这个时代历经夏商周三朝，也正是井田制的开始与终结。其社会制度是由原始公社制进入私有制，土地演变为以王为代表的整个奴隶主阶级所有，"普天之下，莫非王土"。广大民人变成奴隶归属奴隶主役使。以井田制把他们束缚在井田内为奴隶主创造财富，成为奴隶制国家的经济基础。

　　虞夏之际，陶器的应用为冶铜提供了物质条件，但由于冶炼技术的限制以及原料铜砂的缺少，起初制器不多，石器仍为主要农业工具，这是铜石并用时期。随着社会经济的发展和技术的进步，夏初北京地区已经进入青铜时代。在商代，青铜冶铸业已由早期阶段进入成熟阶段，创造出了光辉灿烂的青铜文化。尽管到周代农业生产工具仍以石器为主，但作为技术进步，青铜工具的出现乃是农业生产上一项重大变革。这时以青铜为材料的农业工具有斧、锛、凿、刀、锯、锥、钻、削等。平谷区刘家河遗址还出土有商代中期制造的铁刃铜钺。据资料显示这在国内至今只发现三四件。可见北京地区古民们在青铜农具的创制上还是比较先进的。青铜工具不能普及的主要原因：青铜是一种合金，从冶炼、铸造、制作等投资成本，到实物（工具）交换其价格不菲，难以推广应用。但青铜文化则贯穿夏商周整个历史时代，并为后人留下光辉灿烂的宝贵遗产。

　　早期铜箭、铜钩的使用，大大提高了个体劳动狩猎和渔捞的生产效率，使组织几十个围猎与"竭泽而渔"的集体劳动成为不需要。个体和家族生产劳动足以保证必需生活资料的获得，由此，个体经济代替了集体经济而成为主导力量。

一、夏商时期的井田经济（公元前 21 世纪—前 476 年）

夏、商、周三代是中国的奴隶制时代。夏代是奴隶社会的初期阶段，商代和西周前期是奴隶社会的发展阶段，西周后期奴隶社会开始走向衰落。三代共历时 1 400 年左右。

夏代是我国历史上第一个奴隶制王朝。它从公元前 21 世纪到公元前 17 世纪，大约经历了 500 年左右。以大禹传子为标志，结束了原始公社制度。北京地区亦同期同步进入奴隶社会，即进入阶级社会的门槛。夏、商、周三代的历史，创造了新的科学和艺术，和以后全部经济、政治及智慧发展的基础。没有夏、商、周三代的历史，也就没有今天富有悠久文明史的中国。

从文献记载和考古资料可知，夏代已进入青铜时代，社会生产力比原始公社时期有了新的提高，社会经济有了新的发展。夏代对于农业的推进见诸于三件事：一是大规模治河导水，变水害为水利。孔子在《论语·泰伯篇》中讲道："禹，吾无间然矣，卑宫室而尽力乎沟洫"。"禹疏九河"，其中就包含有北京地区的灅水（即永定河的古称）。二是配合农事的夏历出现，为汉代以后至今所通用。孔子称其为"行夏之时"。三是用谷物酿酒的开始。可见其时粮食生产除直接食用外还有剩余。《孟子·滕文公上》中记载道："乐岁粒米狼戾，多取之而不为虐"。夏代社会生产的提高，社会财富的积累，生产资料私有制产生，促成原始公社的解体。夏代已奠定了日后商、周奴隶制发展的初步基础。商朝在我国历史上是存在时间最长的一个王朝，大约有 600 年之久，即从公元前 17 世纪至公元前 11 世纪期间。奴隶制度到商朝又前进了一步，社会经济和科学文化都取得了长足发展。在商朝，青铜冶铸业已由早期阶段进入成熟阶段，创造出了辉煌灿烂的青铜文化。青铜文化一直延续到周代。

据传说，在夏代中期，商族的祖先王亥"立帛（皂）牢，月及牛马，以为民利"（《管子·轻重戊篇》）。即王亥率领族人牧于今北京以南的易水近旁，并从事交易活动。后由其子上甲微战胜有易，到夏代中晚扩张到今天的北京地区。

从龙山文化以后，北京地区进入了青铜文化时代。据考古研究，夏商两代北京地区的青铜文化遗存是"夏家店下层文化"。这种文化因发现于内蒙古赤峰夏家店而得名。"夏家店下层文化"遗址在今北京地区分布很广泛，有昌平区雪山村"雪山文化遗址"第三期，有昌平区下苑，丰台区榆树庄，有房山区琉璃河，密云县燕落寨，平谷区刘家河等文化遗址或墓葬。

至夏商时期，北京地区社会生产有了明显的进步：首先是农业生产比以前有所发展，农业邑落的分布亦比以前增多。上面讲到"夏家店下层文化"分布广泛就是有力佐证。而居住在这里的人们，过的是以农业为主的定居生活。如在平谷区发现一处商代居住遗址，出土了大量陶片、少量石器和一些兽骨，表明当时人们定居的生活状况，而定居生活与农业生产的发展关系极为密切。除农业外，当时还养殖牲畜。《左传》昭公四年云："冀之北土，马之所生"。在甲骨文中也有晏（即燕）国向商朝贡马。可见马可能是当时饲养的重要牲畜。

在刘家河墓葬中出土有铁刃铜钺一件。这种铁刃铜钺是稀有的古代遗物，在考古发掘中极为少见，至今全国也只发现三四件。铁刃铜钺的发现，说明早在三千多年以前，北京地区的古代人们对铁的性质与应用有了一定的认识。据考证，这种铁刃是由天然陨石铁锻打成薄刃，然后与青铜浇铸结合而成的。

劳动者素质、生产工具

在奴隶制社会劳动者是奴隶，他们曾是原始公社的"社员"，积累有新石器时代的农业经济经验和技术，以及手工业技艺。但已由公社制下的自由人变成被圈在井田制上的奴隶，在奴隶主的驱使与管理下劳作着、创造着奴隶制下的井田经济。

夏商周时期内，中国由石器时代进入青铜时代，青铜工具尤其是青铜镬等已逐步应用到农业生产上，并出现带铁的铜钺。但因铜器工具投入较贵，而不普及，仍以石器、木器为主。如石镰、石刀、石铲、石锄和木质耒耜等仍然大量存在。当时人们使用的石镰制作技术有明显进步，刃部有一个弯向背部的弧度，蚌镰则制成锯齿状刃，呈现割刈力很强的收割工具。

土地制度

由原始公社时的分配制变为井田制，从原来的村社共有变为奴隶主国家所有，亦即奴隶主阶级私有。《诗经·小雅·北山》中的"普天之下，莫非王土；率土之滨，莫非王臣"是这一时期根本的土地制度，源于原始社会末期的公社的土地制度。《孟子》云："方里而井，井九百亩，其中为公田，八家皆私百亩，同养公田。"《汉书·食货志》云："民年二十受田，大十归田。"夏商奴隶主贵族强迫原来的村社成员——"众"或"众人"在井田上用荔田的形式进行集体耕作，并无偿地剥削他们的劳动成果。这种劳役剥削被称为"助"。"众""众人"实际上已沦为奴隶主贵族的变相奴隶。

井田的划分有"十夫为井""九夫为井""十夫有沟"与"八夫为井"等多种形式，并实行定期分配。这一时期，在井田制基础上，宗族的农地经营采取贡、助和彻三种赋税制度对农奴进行剥削。贡——即实物地租，税率为数年收获量的平均数的10％（什一）；助——即劳役地租；彻——即采用以"助"为主与"贡"结合的剥削方式。夏商周三代农业生产水平不同税率都是1/10。农奴们对井田剥削制度的反抗，怠工逃亡，造成"田在草间"和"公田不治"，至西周末年周宣王不得不宣布"不籍千亩"的王畿内的井田趋向崩溃。

农业生产

商代是农业、畜牧、狩猎及渔捞并存的局面。商代前期畜牧业占优势地位，后期农业逐渐超过畜牧业。

《汉书·食货志》云：商时井田"种谷必杂五种，以备灾害。田中不得有树，用妨五谷"。"还（环）庐树桑，菜茹有畦，果蔬殖于疆易，鸡豚狗彘毋失其时，女修蚕织"。井田制把农家聚落即村落都坐落在"井田"的中央，即如《诗经》所云："中田有庐，疆场有瓜"。其时农业有所发展，并别开生面：村落周围栽桑养蚕，各家都有菜园。菜畦里种着各种蔬菜。家家都按时喂养鸡狗猪羊等家禽家畜。女人以养蚕纺织为主。这时的乡村可真是：村外稼穑、屋头园圃，男耕女织、鸡鸣狗吠的农家生活，呈现古代的美哉。到商代农作物品种相当繁多。卜辞中最多见的是禾（谷子）、黍（黄米）、来（麦）等。这些是当时主要粮食作物。甲骨文中有"仓""廪"

等字。在商代遗址还有藏粮的窖穴，贵族们还把很多粮食用来酿酒，都表明当时粮食产量的增加。

从甲骨文中"尿"即"屎"字的出现，表明商代已在农业生产中施用肥料。卜辞中也有不少关于施肥的记载："尿有足，乃坚田"，讲的粪肥施足后，乃耕耨农田。

农业技术。这一时期，在开发低平地区、清除水患的过程中逐步形成了农田沟洫体系，在这基础上，耦耕、垄作、条播、中耕以及选种、治虫等农业技术陆续出现。休闲耕作制已逐步代替了撂荒耕作制。原始的农业生产技术已逐步向以精耕细作为特点的传统农业技术过渡。

商代在农业生产发展的基础上，林、牧、副、渔、猎各业都有相应的发展。北京地区历史上的山区森林茂密，果树也很多，都为商人提供了采集资源；栽桑养蚕、纺织绢绸是当时的重要副业；北京地区古时河、湖、沼泊到处都是，抓鱼摸虾已是原始产业，卜辞中就有"获鱼"的记载。但商代后期，渔猎已不是食物获得的主要手段。

商人素有从事畜牧业的传统，不仅马、牛、羊、鸡、犬、豕"六畜"俱全，而且其数量十分惊人。到西周时期燕国人民放牧牛、羊，畜养狗、猪，马更是燕人放牧的重要牲畜。当时这些牲畜除了使役和食用外，主要用于祭祀和殉葬。

手工业种类繁多

在农业普及后手工业的进步是农村经济繁荣的重要标志之一。这时的手工业生产尤为突出，制陶和青铜冶炼已成为独立的手工业部门。当时居民已能生产出大量精巧的陶器和形饰俱佳的青铜器，形体小，造型简单，如青铜耳环、青铜刀镞等。到商代中期，纹饰渐繁，形体变大，花色品种琳琅满目。如有大型礼器鼎、罍、盘、盉、卣、斝等。仅平谷区刘家河遗址中就出土青铜器9种之多，其中三羊铜罍、鸟柱龟鱼纹铜盘，是当时青铜艺术的绝作，体现了北京地区古代劳动人民的聪明才智。

从平谷刘家河出土的一件铁刃铜钺——它是利用陨铁锻锤而成，比较软，虽不能算是真正的冶铁，不过它却是我国人民最早用铁的尝试。铁刃铜钺的发现，说明早在三千多年前，北京地区的古代人们对铁的性质有了初步认识。还有金耳环、金臂钗和金发簪等。随着农业与蚕桑业的发展出现了酿造业和纺织业。

货币交换初步发展

由于农业、手工业有了更大规模的分工与发展，促成商品货币和早期城市经济亦有了新的发展。古人认为货币是从夏代开始的，所谓"夏后以玄贝"（《盐铁论·错币》）。到商朝，王亥曾赶着牛群到河北的易县进行贸易。见在流通过程中，大都以"朋"作为计算单位。大概以五个贝穿成一串，合两串为一朋。甲骨文中"朋"字写作"拜"。据史料记载，商代的商品货币关系和交换水平还不高，商业在社会经济中所占比重还很小。

从琉璃河董家林古城遗迹看，这座古城规模宏伟，以作为镇压和防卫工具，及众多的奴隶殉葬墓，表明殷末周初，北京地区已进入了奴隶制社会的全盛时期。

总之，夏商周农村经济的最大特点是有相当大的一部分劳动者不再是为满足自己的生活需要而劳动，劳动者已由自由公民转变为固囿在具有私有土地的井田制的奴隶，其素质由新石器文化提升至青铜文化。青铜工具的出现使得农具的制作和改进更加容易，有利于提高劳动效率和开垦农田、扩大耕地资源。随着文化底蕴的提升，产业经营水平、手工业技艺及产品种类与精致程度都有相应提高及创新。农村经济要素更为丰富，人们生活资料更为多样化，稳定性更有保障，村落更为健全。由此直到封建社会结束，劳动者一直处于被剥削、被压迫的地位。手工业分化为独立的产业部门，原始商业活动更加活跃。商代农业内涵是畜牧、狩猎及渔捞、农业并存，其前期畜牧业占优势地位，后期农业逐渐发展到与畜牧业相等的地位，再发展到超越畜牧业的地位。比起原始农业，夏商周时期的农业显然已经跃上一个新台阶，具有鲜明的时代特征——农业已发展成为社会的主要产业，原始的采集狩猎经济退出了历史舞台，展现了本地区古代农业发展的第一高潮。

二、周代的井田经济（公元前 1027 年—前 771 年）

公元前 1027 年，周武王灭商，建立起领主封建社会，实行农奴制剥削。为了加强统治，周初即进行大规模的分封方国。在北京地区，周初分封了两个邦国，即蓟国和燕国。《礼记·乐记》记载："武王克殷，反商，未及下车而封黄帝之后于蓟。"时年蓟的居地大约在今北京外城的西北部，即蓟门桥一带。武王还封召公于北燕，其始封地在今房山区琉璃河一带。后来，燕国"渐强盛，乃并蓟徙居之"。

周代前期史称西周，后期称东周。西周初期，燕国统治者对于燕地的治理方针是"启以商政，疆以周索"。当时燕国的势力范围是东与孤竹接壤，北与肃真为邻，是周王朝北方重要的诸侯国。燕执领主封建制，实行农奴制剥削。土地等主要生产资料完全由领主占有，生产劳动者由夏商时期的奴隶转变为井田制度下的农奴。

井田制是中国奴隶社会基本的土地制度，是奴隶制国家赖以存在的经济基础。从周初起，燕国的奴隶制经济便迅速的发展起来，其根本原因在于社会在前进，生产力有了新的发展。周代的奴隶制达到鼎盛时期。《史记·周本纪》记载周族世代重农，传说其祖先"弃"擅长种植五谷，"弃为儿时，……其游戏，好种树、麻、菽美"。又在实践中认识"相土之宜"以耕作。在尧、舜时被举为农师，号称后稷。"弃，黎民始饥，尔后稷播时百谷"。他教民耕作法，得到"民皆法则之"与"天下得其利"的效果。周代的农业与农村经济是奴隶制度下的鼎盛时期。

土地制度

土地是发展农村经济最基础的生产资料——它是农业再生产的立足与获取营养而生存、繁衍不可或缺之基，是手工业及非农产业的支撑载体。在原始公社制度下，土地是归公社成员共有。由于那时生产力低下土地产出率低。进入奴隶制后，土地集权于领主，实行井田制，井田制牢牢地把奴隶圈囿井田中。这时的农奴——生产劳动者不完全由领主占有，他们既要无偿的为领主贵族从事公有井田生产劳动，其劳动成果全部归领主所有。还可分得一份份田进行自己耕种以养自己——又称自耕农。每户可分得份田百亩，由自耕自养。《孟子·滕文公上》记载："方里而井，井九百亩，其中为公田，八家皆私百亩，同养公田。公事毕，然后敢治私事，所以别野人也"。《汉书·食货志》记载："六尺为步，步百为亩，亩百为夫，夫三为屋，屋三为井，井方一里，是为九夫。八家共之，各受私田百亩，公田十亩，是为八百八十亩，余二十亩以为庐舍。"可见，井田制使土地和生活从周天子到封国诸侯，乃至一些奴隶主大家族都拥有自己的手工业作坊，特别是一些重要的手工业部门都被他们所控制。这是典型的井田经济。

西周时期井田制的特征：

（1）土地的所有权已从原始公社所有变为奴隶主阶级所有。

（2）还保留着定期平均分配份地的遗风。《周礼》记载：当时的统治者"以岁时稽其民而授之田野"（《地官·遂人》）。所谓"岁时"，即定期之意，"稽其人民"即统计户口，按照户口多寡而授以不同份额的土地。其具体时间是"三年一换土易居"……

（3）"一夫受田亩"，是当时通行的标准。西周时的一尺，约合现在的0.23米，100亩约合今31.2亩，100亩地即为"一田"，这是井田制的基本单位。把土地划分为大小相等的方块或长块地，分给农村公社的各个家庭去耕种。

（4）井田制是建立在农村公社——邑、里上面的。《周礼·地官·小司徒》："九夫为井，四井为邑，四邑为丘"。邑是我国古代的一个基层单位。邑也称公里，《尔雅·释言》说："里，邑也"。

劳动者与生产工具

公田的耕作，是强迫"庶民"即农奴无偿劳动而进行的。庶人是井田上的主要劳动者。《左传》说："其庶人力于农穑"。西周的庶人与商代的众人性质是一样的，指的都是一种人。庶人的劳动是在主人监督下进行的。庶人耕种"公田"所得的产品，全部被奴隶主剥削去，"公田"之外的"私田"，是分给庶人作为生活资料来源的份地；即私田的产品归庶人所有。因此"私田"又称"耕食地"。

西周时的劳动者素质当有较大提高。我国最早的一部诗歌总集《诗经》，收集周代诗歌305篇，其中有农事诗，如周颂的《臣工》《噫嘻》《丰年》《载芟》《良耜》《思文》；小雅的《信南山》《甫田》《大田》等；还歌咏农业生产和生产关系等，都充溢着民间的农业知识，如《诗经·小雅·采芑》说："薄言采芑，于彼新田，于此菑亩"。《周颂·臣工》说："亦又何求，如何新畬"。诗中提到的"菑""新""畬"就是古代的一种三圃制。"菑"是休耕的土地，"新"是休耕的新耕的田，"畬"是休耕后连续耕种了二年的田。"菑""新""畬"三田制的出现，反映了西周农业所达到的高度水平。亦表明当时庶人素质的提升，懂得耕作技术的改进，田间管理"或耘或籽，黍稷薿薿"，也懂得施用绿肥，"其镈斯赵，以薅荼蓼。荼蓼朽止，黍稷茂止"等。

生产工具，虽仍以新石器为主，但制作技术有了很大进步。当时人们使用的石器工具如石镰、石刀的刃部有一个弯向背部的弧度，蚌镰则制成锯齿状，使割刈能力大为增强，青铜农具比商代增多。到周代后期对铁器也有所涉及与尝试，但未成气候。对于房山区琉璃河董家村遗址出土的农具与河北、河南、陕西同期出土农具比较大体相同，表明当时北京地区农具水平与中原地区差距正在缩小。

农牧业有了较大发展

据史料显示，奴隶主从广阔的"甫田"中，每年可以获得到成千上万的收获物，展现出一派社会经济繁荣的景象。《诗经·小雅·甫田》诗云："倬彼甫田，岁取十千，我取其陈，食我农人，自古有年，今适南亩，或耘或籽，黍稷薿薿。"

周代燕国地处华北平原北端，沃野一片，并拥有良好的水利资源条件，适宜农业发展。从西周初年开始，燕国人民即在这里大面积开垦土地，种植黍、稷、豆、麻等作物。《周礼·夏官·职方氏》中写道："幽州……谷宜三种。"汉·郑玄注云："三种：黍、稷、稻"。唐·贾公彦疏云："幽州与冀州相接，冀州皆黍、稷，幽州宜稻，故知三种，黍、稷、稻也。"据游子良主编的《京畿古镇长沟》记载："早在西周时期长沟地区即已种植水稻，并盛产于明、清至今"。一般认为水稻起源于南方，我国的云南省是水稻的发源地之一，至今还分布有野生稻。浙江省河姆渡遗址出土有水稻遗迹，据测定，距今7 000多年。有史料显示，大约在商、周时期，水稻已扩展到黄河以北地区。那么，北京房山长沟地区于西周时即已种稻是否与其有关？尚不得而知。

周王朝重视燕地农业生产，召公奭虽然让长子就封燕侯之位，但乃十分关心燕地的农业生产。传世的"小臣艅鼎"铭文中就有"召公耤匽（燕）"的记载，说明召公本人曾亲自参加燕地的农业活动。

据史料记载，约在新石器晚期，原始人类已知道利用蚕丝。在商代的甲骨文中，不仅有"桑""蚕""丝""帛"等字，而且从桑、从蚕、从丝的字多达 105 个，可见与蚕丝业相关连的方面很广。在"井田制"中已出现具有一定规模的桑园。《诗·魏风·十亩之间》："十亩之间兮，桑者闲闲兮。""十亩之外兮，桑者泄泄兮"。描写出当时大片相毗连的桑园之间的采桑者的活动情况。

从西周初年开始，燕国的畜牧业已兴旺。牧畜除供人们食用和役使外，还大量用于祭祀和殉葬。就连中小奴隶主的墓葬里，也动辄有成套的车马陪葬，有的几匹，乃至数十匹，狗、牛、羊、鸡等牺牲殉葬，几乎每个奴隶主墓里都有，这也反映出燕国畜牧业生产的发展。

手工业走向繁荣

西周时的手工业也垄断在奴隶主国家手中，号称"工商食官"（《国语·晋语》)，官营手工业由"多工"管理，由"百工（亦叫奴工）"进行作坊式劳动生产；私营手工业是由家庭、小手工业者及豪民经营。当时燕国的手工业主要有：

（1）青铜冶铸业。其技术工艺及产品数量都有突出的提高和进步。在北京地区出土的手工业青铜产品种类多、数量大、工艺精。既有日用品如酒具、壶、盘及农具等；也有装饰品，如鼎、尊等；还有兵器，如戈、矛、剑、戟、刀、盾牌等。经考古发掘，在古城内遗址中发现了冶铸青铜器用的陶模、陶范和铜渣，表明燕地已有铸铜业。从 1962—1977 年，从琉璃河遗址中共发掘到青铜器 471 件，其中礼器 70 件，兵器 79 件，工具 9 件，车马器 270 件，杂器 43 件。

（2）制陶业。主要是制作以绳纹为饰的灰、红陶尊、簋、罐等生活器具。1973—1977 年对琉璃河燕国墓地发掘的 61 座墓中，随陪葬的陶器共达 241 件。

在琉璃河（52 号墓）遗址出土的原始青瓷四系罍和原始青瓷豆为北方首次发现，是北京古代陶瓷史上的一件大事，表明北京地区瓷业开始萌芽。

（3）漆器业。漆器的起源可以上溯以新石器时代。北京地区直到琉璃河西周遗址方有发现，其胎为木胎，并采用螺钿工艺。据专家评点，我国螺钿工艺过去发现最早的实物属南北朝时期，约距今 1 500 年。琉璃河墓地漆器的出土，将我国螺钿工艺的时间至少上推到西周时期，从而使我国古代先民创造螺钿漆器的历史，又提前了 1 500 年。

（4）石玉器。琉璃河西周墓地出土的玉器数量较多，种类丰富。从1973—1997年共出土玉器267件。

（5）纺织业。纺织业也是西周重要的手工业部门之一。《诗经·豳风·七月》写道："春日载阳，有鸣仓庚，女执懿筐，遵彼微行，爰求柔桑，八月载绩，载玄载黄，我朱孔阳，为公子裳。"这是一幅栩栩如生采桑养蚕纺织的织女图。纺织业的另一重要原料是麻。

从西周以来，燕国的手工业逐渐走向繁荣，青铜冶铸业继承了商代技术，数量和工艺上有突出的提高和进步。在北京地区出土的周初燕侯和贵族墓中礼器、兵器、车马器、铜质手工工具，种类繁多。仅制作的青铜工具就有斧、锛、凿、削、锥、针等。制陶业亦有较大发展。

周初分封的"燕国""蓟国"都会已成为初期城市的形态与功能。在古燕都遗址的文化堆积中出土有许多的精致礼器、生活用品、兵器、酒器、工具等，还有玉器、漆器、陶器等。这些东西的制作也不可能家家都会，而需用者则多，只有通过交易方可普及。城市已作为进行交易的场所，商业崭露头角。

总之，西周时，井田制开始崩溃，燕地劳动者已由夏商井田制的奴隶转为西周时拥有百亩份地的农奴，比起奴隶有了自耕份田，并以自耕为生。但要承担为领主的全部劳役和纳贡赋。农奴与自耕份田，表明生产力有了一定的解放。生产工具虽仍主要为新石器，但其种类、功能形态更具提高劳动效率。农业生产水平较前有了新的进步，作物种类增多，产量提高，出现园圃和蔬菜生产。手工业出现分工、分业和官营与私营，有了专门从事手工业的"百工"和管理者"多工"，以及场所。在农产品收获后的农隙时就有定期交易与商人的出现。农功既毕，"肇车牵牛远服贾"（《尚书·周书·酒诰》）。商业的发展与商利的优厚，遂促使当时的一部分卿士大夫进行以村庄的剩余生产物和山林川泽的利源作为商品交易的活动，以牟取利益。

第四章　铁器时代的小农经济

　　铁器农具的发明、创造及其在农业生产中持续而广泛的推广应用，对推进农业生产技术进步、解放和发展生产力是石器和青铜器无法相比的，是农业发展史上又一次划时代的变革与创新。在整个封建社会农业与农村经济发展中，铁器一直发挥着提升综合生产力的龙头应用。在封建社会的历史长河中就生产力的标志而言统称为铁器时代。

　　铁器时代的起点一般认定为春秋战国时期。北京地区在考古发掘中平谷区刘家河的一座商代墓葬中出土一件带铁刃的铜钺。经鉴定，其铁刃是由陨铁锻打而成。到战国时期，北京地区已广泛应用铁器和牛耕，从此农耕便由人力变为畜力，既大幅度提高了耕作效率、耕作质量，又减轻了人的辛劳。恩格斯在《家庭、私有制和国家的起源》一书中叙述铁器出现的意义时说："铁已经为人类服务，这是在历史上起了革命作用的各种原料当中的最后者（直到马铃薯的出现为止）和最重要者。铁使广大面积的田野耕作，开垦广大的森林地域成为可能。它给了手工业者以坚牢而锐利的器具，不论任何石头或当时所知道的任何金属，没有一种能与之相抗"。只有铁才能真正替代木器、石器、骨器、蚌器等原始工具。铁器的出现与应用，使生产领域和农村经济领域发生了革命性的深刻变化。因此，世界公认农业由"刀耕火种"的原始农业进入精耕细作的"传统农业"阶段。

　　春秋晚期到战国初期，燕国地区的奴隶制经济面临着严重危机，阶级分化和阶级矛盾愈来愈尖锐，奴隶和平民的反抗斗争猛烈地冲击着奴隶主贵族的统治，促进了社会变革，井田制走向崩溃。燕国在燕昭王即位初即推行改革，其实质是一场燕国的封建化运动。经过改革，奴隶主贵族势力遭到毁灭性打击，新兴地主阶级力量得到保护和发展，封建的政治经济制度开始确立和巩固。从此，北京地区走上了封建主义社会，两千多年的封建社会，其主要特征是以农养生、以农养政。封建君主深知"国之大事在农"。从春秋时农民就喊出"不稼不穑，胡取禾三百廛兮"的不满，到后来发出"苛政猛于虎"的惊叹。其土地仍为国有，但一经分配后即为私有，并可自由买卖。在分配中一般平民所得土地很少，封建贵族、地主占有大量土地。在自由买卖竞争中许多农民失地而成为佃农，有的成为雇农，不失地的叫自耕农。自耕农和佃农因有务农的自主权，统称为小农，他们所从事的经济活动与所创造经济成果被称之为小农经济。它是基于春秋战国时期铁犁牛耕、生产力有长足发展的背景下产生的，并延续了整个封建社会，经历了2 000多年，到1840年，小农经济是封建社会农村经济的基本模式和经济来源。

一般地区的小农经济是以家庭为生产、生活单位，农业和家庭手工业相结合，生产主要是为了满足自家基本生活需要和交纳赋税，是一种自给自足的自然经济。而京畿的小农经济的内涵则不尽如此。它还要应对国家层级大城市的需要和城市利益的追逐，其经济范式是由自然经济向商品经济渐进演进与延伸。小农经济的商业性演化与发展，也带动农村经济渐进地走向繁荣昌盛。

从春秋战国时期直至清朝道光二十年（1840年）统称为铁器时代，铁器制造技术水平和配套使用不断有所改进与提高。

一、战国时期的小农经济（公元前770—前221年）

自公元前770年开始，到公元前221年为止，共550年，是我国历史上的春秋战国时期，也就是东周时期。这一时期是社会各方面大变革的时代。在经济方面，由于铁器的使用、牛耕的推广，生产力迅速提高，有些奴隶主开垦"井田"以外的空地，出现了"私田"。随着私田的大量开垦，剥削方式也开始改变，出现了封建制的生产方式，形成了地主阶级和农民阶级。"工商食官"的局面逐渐破坏，出现了独立经营的手工业者和商人。在新的封建生产关系下，劳动者的生产积极性有了提高，农业和手工业生产迅速发展，商业交换更加兴盛，各式各样的铸币开始使用，封建时代最早的一批人口众多、工商业繁荣的大城市已经出现。在思想文化方面，出现了我国历史上第一次思想上的大解放。私人讲学已经开创，个人著书立说成为社会风光，在百家争鸣中出现了农家和重农思想。魏国的李悝说："农伤则国贫"；秦国商鞅变法，废除井田制，实行均田制，不仅承认小土地私有，而且还规定每家有两个成年男子以上不分家的就要加倍收税，意在鼓励增加个体农户的数量，发展自耕农。自耕农的大量出现，是封建制取代奴隶制之后出现的新气象。

在经济、政治、思想等各方面变革的影响下，春秋战国时期封建生产关系代替了奴隶制的生产关系，解放了被桎梏的生产力，使农村经济出现历史性的跨越或飞跃。这时小农的逐利行为主要表现为以产品交换而获益。

劳动者及其素质

战国时期的劳动者已由井田制时期的农奴转变为农民，并构成农民阶级，其中有自耕农——拥有一定的私有土地可自己耕种养生；佃农——拥有一定的生产资料和工具等，但没地或失地，靠租佃地主土地耕种养生；雇农——既无地又无生产资料及工具者靠出卖劳动力养生。他们成为当时社会主要经济部门——农业的主要劳动者。在封建社会制度下，这三种务农农民都承受着剥削阶级的剥削和苛刻的劳役赋税。但比起奴隶主阶级驱使下的平民阶级和奴隶来，农民人身受束缚相对减轻，从而极大地提高了他们的生产积极性，一定程度上解放了生产力。燕昭王的封建化改革，使"社会经济文化日益繁荣，在北京历史上开创了一个蓬勃发展的新局面"。

战国时期出现了诸子百家，其中已有农家学说，并代表了战国时新出现的个体农民思想。他们在政治上要求统治者与人民一块劳作，即谓："贤者与民并耕而食"，反对过渡的压迫和剥削。在经济和科学上，农家学派总结了很多有益的农业生产经验。农家的代表人物往往本身就是劳动者。许行及其学生陈相等都是农家子弟。战国时期农家的重要贡献就是总结了古代农业生产知识和生产经验。吕不韦当了秦国丞相后，依靠三千多游士、食客的调查研究，编辑成了《吕氏春秋》一书。书中的《上农》《任地》《辨土》《审时》四篇，属于农家学说的一部分。《上农》篇提出了重农的理论和政策，专谈怎样以政治措施保证农民能够及时地从事农业生产，推行以农为本、工商为末的"崇本抑末""重农抑商"的政策思想。《任地》篇讲述了利用土地的原则，提出了土壤性质：力与柔（坚硬与黏和）、息与劳（休闲与在茬）、棘与肥（瘠薄与肥沃）、急与缓（紧密与疏松）、湿与燥等一系列矛盾从而主张整地、改良土壤、深耕保墒、除草通风等。《辨土》篇讲如何使用土地，来改变土壤的性质，并提出土质的类别不同，耕作的时间也应不同。《审时》篇提出了农业生产中掌握节气的重要，并对禾、黍、稻、麻、菽、麦六种主要作物的耕作时节的"得时""先时""后时"的利弊作了比较。这些经验对我国古代农业生产技术的提高以及农民素质的提升都作出了贡献。《吕氏春秋》的传播、知识的传递都使北京地区受益。

土地制度

夏商周的奴隶制社会的土地制度为"井田制"，把奴隶固囿在井田中为奴隶主服徭役、受剥削。西周时期井田上采用的是"籍田"形式的剥削，即奴隶们成年累月地在奴隶主的监管下进行集体劳动，土地上的收成全为奴隶主贵族所占有。他们自己吃不饱、穿不暖，一无所有。因此，奴隶常常以怠工、逃亡等形式来进行反抗。到西周末，周宣王宣布"不籍千亩"，就是在周王直接管理的千亩地方，放弃过去年年举行的周王亲自"籍田"的礼节。这标志着井田制已在王畿内趋于崩溃。到了春秋时期，各诸侯国的井田制也相继崩溃。井田上呈现"田在草间""公田不治"，处处是"维莠骄骄""维莠桀桀"，野草生长得很茂盛。

春秋时期与战国初年，秦孝公当政时任用商鞅进行变法。商鞅变法中首先就是"废除井田制"。《汉书·食货志》载："及秦孝公用商君，坏井田，开阡陌"。《通典·卷一》载："秦孝公任商鞅，鞅以三晋地狭人贫，秦地广人寡，故草不尽垦，地利不尽出。于是诱三晋之人，利其田宅，复三代，无知兵事，而务本于内。而使秦人应敌于外。故废井田，制阡陌，任其所耕，不限多少。数年之间，国富兵强，天下无敌"。

土地私有制的确立，在地主封建制社会中土地所有者有自由支配土地的权力。具有土地所有权的人不仅有土地的使用权，还有自由买卖土地的权力、馈赠他人的权力以及作为遗产传给子孙的权力。这是与奴隶制社会土地制度的根本区别所在。土地私有化也为土地兼并奠定了基础。同时，随着土地私有化，劳动者获得人身自由，他们可以从自己的实际情况出发选择劳务，自耕农有了较大发展，有生产工具而无地者可以租地种，无地又无生产资料者可以出卖劳动力当雇工以营生。这时的农民较比井田制下的农奴生产积极性大有提高，农村生产力出现又一次飞跃。

战国时期的土地分配是将国有土地的农用可耕地划出来，以"授田制"授予个体农民和有功人员。以县为单位规划授田后子孙传袭，可为世世并可自由买卖。与土地私有制的土地制度改革相适应，诸侯各国先后进行赋税制改革。战国时期授田农民承受田租——"粟之征"（什一之税，即 1/10）；"布帛之征"；兵役、劳役——"力役之征"的三项沉重负担。新出现的大批小自耕农，对于发展农业生产有一定的积极性。但他们又在沉重的剥削逼迫下迅速地分化着，多数人逐渐失去土地，变成新兴地主的佃农或雇农，田地又大量集中到贵族、官僚和商人手中。

燕国在燕昭王改革之后，奴隶主贵族势力受到毁灭性打击，新兴地主阶级力量得到保护和发展，封建的政治经济制度开始确保巩固。这是北京历史上的一大进步，促进了北京地区社会经济文化日益繁荣。

铁器的广泛应用

冶铁技术和铁器的发明与使用，对北京历史的发展起了重要推动作用。据考古发现，北京地区使用铁器的历史比较早，大约在公元前 14 世纪前后的商代，就已经出现了使用铁器的现象。1977 年，在北京平谷区刘家河的一座商代墓葬中，发现了一件铁刃铜钺。这件铜钺上的铁刃，虽然是用陨铁锻打而成，但可证明当时已发现了铁，并对铁的性能有了一定的认识。不过，从在燕国境内已发现铁器的 41 个遗存中考证，铁器的大量出现与广泛使用，还是在战国时期。在顺义蓝家营曾发现战国时期铁镰和铁镢各 1 件，镰刀长 24.5 厘米，宽 3 厘米；铁镢长 18.8 厘米。在顺义英各庄战国时期墓葬中出土铁斧一把。其中发现铁器数量最多、最著名的地区，则是在今北京地区附近，即与密云县为邻的兴隆县，经发掘，这里出土有大型冶铁厂，并出现用于冶铁的鼓风炉和金属制造工具技术的改进。再就是在河北省易县燕下都高陌村遗址发掘到铁铲、斧、犁、镰刀、镢等铁器农具。而北京正处于两个冶铁、铸铁遗址之间，对铁器的推广应用当是"近水楼台先得月"的事了。战国时代燕地出土的铁制属于生产工具的有锄、镰、斧、镢、凿、铲、锤、锛、削、锥、刮刀等。正如《管子·轻重篇》说："一农之事，必有一耜、一铫、一镰、一镐、一椎、一铚，然后成为农。"

根据考古发掘，北京地区多点位都发掘出春秋战国时期的冶铁及铁制农具，并随着社会的进步，铁制农具也日臻创新与进步。

2014 年年初，北京地区延庆水泉沟村村民谢九所在扩建自家宅基地时，发现一段类似城墙砖的墙壁。后经专家鉴定，这是一个高炉遗址，且是一座埋于地下的冶铁作坊，在高炉内壁还残存明显的烧硫痕迹。据考证，这开启了中国辽代冶铁史上一个全新的领域。这4座高炉以及500米之外陆续出土的另外两座高炉，每天的冶铁量在1.5吨左右。在古代的北京地区这是一座类似于今天北京首钢一般的大型冶铁基地。

战国时期北京地区铁器的广泛大量使用，极大地推动了生产力的发展及农村经济的繁荣，也显示着一种新的生产力登上了人类历史的舞台，对人类历史的发展起到了重要的推进作用。

铁器的广泛推广应用也带动了牛耕的广泛应用。据史料记载，牛耕始于商代，但还很不普遍。牛耕使人力从繁重的田间耕作中解放了出来，并且还提高了耕作效率和效益。大批未经开垦的荒野辟为肥沃的农田，使蓟城附近的平原沃野得到进一步的开发。司马迁《史记·苏秦传》记载，苏秦称赞燕国"南有碣石雁门之饶，北有枣栗之利，民虽不田作而不足于枣栗矣，此谓天府也。"

科技支撑

战国时期七雄争霸。为了转弱变强各国都在竞相发展经济，增强国力。燕国当也不会例外。春秋战国期间正是诸子百家兴起、百家争鸣，特别是农家的出现，使战国时期的农业技术空前繁荣，有许多农业经验开始上升为理论，古代的农学思想喷薄而出。《汉书·艺文志》中就著录农书九家，其中注明为战国时期的作品，有《神农》十二篇，《野老》十七篇（已亡佚）。纵观战国时期的农业技术发展走向，时燕地农业技术大致有：

（1）铁器农具的发明与应用。

（2）牛耕的推广，解放与提高了农业劳动生产率。

（3）铁器工具的应用，使农业生产由"刀耕火种"粗放式掠夺经营转入初始的"精耕细作"式集约经营。《庄子·则阳篇》就明确指出："深其耕而熟耰之，其禾繁以滋"（即只有深耕细作，庄稼才能长得茂盛）。

（4）重视施肥，《荀子·富国篇》："田肥以易，则出实百倍……刺草殖谷多粪肥田，是农夫众庶之事也"。《韩非子·解志》："积力于田畴，必且粪灌"。

（5）重视水利，在土地利用方面，注意"力者欲柔，柔者欲力，劳者欲者；棘者欲肥，肥者欲棘；急者欲缓，缓者欲急；湿者欲燥，燥者欲湿"

（《吕氏春秋·任地篇》）。进行土壤改良，促进作物增产，向土地要谷物。

在耕作栽培方面注意养地与用地结合，即"凡耕之大方……上田弃亩，下田弃畎，五耕五耨，必审以尽"（《吕氏春秋·任地篇》）。作物生产注意深耕、畦种、熟耨三个程序，以实现增产的目标。在实际操作中，"治田之事"之一是"相高下，视肥硗"（《荀子·王制》）。即注意低地要排水（"以窪为突"），旱地保墒（"藏其恶而揖之以阴"）。水田要蓄水（"使吾土靖而田川浴之"）。即是要兴修水利，旱涝保收。而兴修水利在燕地极为重视的。古代北京地区河流很多，沼泽遍地。但蓟城一带地势较高，当时人工兴建的水利工程，主要是挖掘水井。近几十年，在北京地区发现了不少陶井，分布在很多地点。今日的陶然亭、清河、蔡公庄、宣武门等地都有发现。1956 年进行永定河引水工程时，在这一段河床两岸就发现了 150 多口陶井。凿井灌溉农田在战国时期其他地方也是存在的。子贡曾说过"有械于此，一日浸百畦"。

（6）垄作法的发明与应用。就是把一块地开成许多沟和垄，沟宽一尺，垄宽一尺，在高地上把庄稼种在沟里（"上田弃亩"），在低地上把庄稼种在垄上（"下田弃田川"）。这种种植法起到了因地制宜，抗旱防涝的作用，是当时世界上一种最先进的耕作方法。北京地区早在西周时期即已使用。

农业生产有很大发展

土壤质地。土壤是农业生产的物质基础——不仅是农业的载体，还是作物获得营养的源流。战国时问世的《禹贡》一书，虽不是专讲农业生产的著作，但它对各地的土地肥瘠情况作了分析。书中将全国范围内的土地，按土质肥力的优劣分为九等，即上上、上中、上下、中上、中中、中下、下上、下中、下下。今北京地区古为燕地，在《禹贡》中属冀州。冀州的农田被列为"中中"。文云："厥土惟白壤，厥赋惟上上错，厥田惟中中。"这是说冀州的土壤为白色，即指盐渍土，土中含盐分，色泽泛白，肥力也差，因而其田属中中。事实上，北京地区古往今来一直存在着高位平原，土壤以褐土、潮褐土、褐潮土为主；低位平原，土壤以潮土为主；东南郊洼地自然排水不畅，易盐碱化。据此似可判断《禹贡》对冀州土壤质地判定为"白壤"确涉及今北京地区的一部分实际情况，但不可一概而论。

战国时期，由于铁制农具的推广使用，农业技术的发展，作物生产跃居农业生产的最前列，作物、蚕桑、小家畜与渔业构成农业生产内容。

蓟城附近的平原沃野，得到进一步开发，农业生产有了很大发展。当时，燕地农作物的品种以黍、稷、稻为主，《周礼·夏官·职方氏》："东北曰幽州……其谷宜三种"。郑玄注："三种，黍、稷、稻"。粮食产量是比较丰盛的，燕文侯时已有大量储藏。《战国策》记载道："苏秦说燕文侯曰：'地方二千余里，带甲数万，车七百乘，骑六千匹，粟支十年'。"在燕下都遗址发现的战国陶仓模型，则是当时使用粮仓的缩影。另《周礼·王制》云："国无九年之蓄曰不足，无六年之蓄曰急，无三年之蓄曰国非其国也。"而当时燕国之"粟（可）支十年"（《战国策·燕策》）。再就是从春秋时期起，燕地即开始从齐鲁地区学习种植蔬菜，并引进蔬菜种质资源，发展蔬菜生产，开创了本地区商业性种植业发展的先河。

当时燕国北部和东部地区"自上谷（延庆）到辽东，地广民稀"，农业不甚发展，而以"渔盐枣栗之饶"著称于世。《战国策·燕策》称：燕国"南有碣石雁门之饶，北有枣栗之利，民虽不田作而枣栗之实足食于民矣，此谓天府也"。据学者分析，碣石雁门之饶包括农业经济和粮食生产及渔、盐、蚕丝等，枣栗之利则是指燕山山地盛产枣与栗，可以养活一方之民；若有千树栗，则可与千户侯相比较。可见当时燕地林果业的发展有较高水平。密云县时属燕地。据该县《不老屯镇志》记载："密云板栗栽培历史可远追到春秋战国时期。"据考证，目前密云境内仍有三四百年以上的板栗树200多棵，依然枝繁叶茂，果实累累。畜牧亦有所发展，《周礼·夏官·职方氏》云："东北曰幽州，……其畜曰四扰"，汉·郑玄注："四扰，马、牛、羊、豕"。

战国时期燕国农业发展的原因，不仅因为生产关系的改革，燕昭王施行了一系列改革措施，"吊死问孤，与百姓同甘苦"。更在于吸收先进的生产经验。燕昭王时，著名阴阳家邹衍曾在燕国北部山区教民种谷。刘向《别录》云："燕有黍谷，地美而寒，不生五谷。邹子居之，吹律而温气至"。黍谷山即今密云、怀柔两县交界处。《明一统志》载："黍谷山在怀柔东四十里，跨密云县界，亦名燕谷山。"邹衍是齐国人，他将先进的种植技术传授给燕国北部山区农民后，使当地的农业大为改观，出现了"粟支十年"，使"燕粟作物农业区"转变为以黍、稷、稻三种水、旱作物为主的农业区。燕文侯之后22年即位的燕昭王时期，燕国的国力达到鼎盛。

手工业与商业繁荣

冶铁及铁器铸造业发达。北京清河镇地区已出现战国时的冶铁厂，并铸造铁制农具。从北京地区已发掘出土的各种类型铁器数多，分布面广看，当时制铁业是很发达的。青铜冶铸技巧已相当高超。产品种类繁多，其形制灵巧，花纹细致，图案纤细，远远超过前代。制陶业发达，制盐业规模壮大。漆器、丝织品等方面的生产水平，都有显著提高。

战国时期，蓟城城内已有专门供商人贸易的场所——市。市场上不但有贸易的铺位，还有供人们餐饮、娱乐的服务业。随着农业和手工业的发展，战国时，蓟城的商业交换活动更加频繁活跃。城内有固定集市，市面上的商品有粮食、麻、枣、栗、铁器、陶器、盐、狐裘、马匹、牲畜等。蓟城已成为北方民族共同的经济中心，天下名都之一。这些物品中多为农产品或农村产品。当然，蓟城是南北商贸中心，这些产品就不一定都为蓟地产品。不过在营运不方便的时代，亦以当地产品为主。

货币是商业交换的媒介，当时燕国发行自铸的方首刻有"明"字的"明刀"币。蓟城郊外即今日北京朝阳门外呼家楼地区发现的一个土穴中即出土刀币、布币 3 876 枚，其中刀币 2 884 枚。"燕明刀"币的大量出土，有力地反映了战国时燕地商品经济的发达。也正因此，故《史记·货殖列传》称"燕（系指燕都蓟城）方勃碣之间一都会也"；《盐铁论》则称"燕之涿、蓟，富冠海内，为天下名都"。

战国时期蓟城地区的物产

燕都蓟城及其周围，地形复杂，不仅有平原，还有山地、丘陵、陂塘，适于多种经营。蓟城周围除了粮食生产之外，还发展多种经济成分，如鱼、盐、枣、栗、桑、蚕、麻等物产比较丰富。

（1）燕地所产的枣、栗，是历史上的著名产品，后世多有称颂。如《神异经》云："北方大枣味有殊，既可益气又安躯"。《密云县志》载："密云产枣，小者佳"。《诗草木鸟兽虫鱼疏》云："五方皆有栗，惟渔阳、范阳栗甜美味长，他方者悉不及也"。《析津日记》云："栗比南中差小，而味颇甘，以御栗名，正不以大为贵也"。

（2）盛产杏、梅。据考古资料揭示，北京地区战国时代盛产杏、梅等果品。《北游纪方》载："房山东营岭，环十数里，峰头涧底皆是杏林。又东一小岭，树尤奇古，高者三丈，低者丈余，状如垂柳，繁花缀之"。杏不仅可作水果食用，还富有文化风韵。古代马祖常咏杏子诗云："杏子黄金色，筠笼出蓟丘，味甘醒午寝，可是督诗邮？"杏子不仅有经济价值，而且有药用价值。《长安客话》载："杏仁皆味苦，有一种甘者，谓之巴旦杏，或谓之八达杏"。

（3）植桑养蚕缫丝。桑蚕事业在燕地的农业生产中占有重要地位。《史记·食货志》载："燕、代田畜而事桑"。《晏子春秋·内篇杂上》云："丝蚕于燕，牧马于鲁"。可见，燕地是盛产丝蚕之地。

燕地丝蚕事业经久不衰，古代有诗为证："桑叶纷纷落蓟门"（庾子山诗）。"幽燕桑叶暗川原"（王介甫诗）。"出自蓟北门，遥望湖池桑，枝枝自相植，叶叶自相当"（曹子建诗）。

（4）蓟。蓟是多年生草本植物，燕地蓟城一带盛产蓟，至少在宋代仍如此。宋·沈括在《梦溪笔谈》中写道："余使虏至古契丹界，大蓟茇如车盖，中国无此大者，其地名蓟，恐其因此也"。

（5）马。《左传》昭公四年："冀之北土，马之所生"。杜预注："冀北，指燕、代"。

（6）燕牛角。燕地不仅产马，也产牛、羊、豕。《周礼·夏官·职方氏》云："东北曰幽州……其畜宜四扰"。郑玄注：四扰，马、牛、羊、豕。《尔雅·释地》云："北方之美者，有幽都之筋角焉"。郭璞注："幽都，山名，谓多野牛筋角"。

（7）燕石。燕地盛产石，至后世依然如此，其种类有：白玉石、青砂石、紫石、豆渣石等，统称为燕石。

春秋战国时期，是我国社会发展史上由奴隶制社会走向地主封建制社会的一次历史性转折，牵动着农村、农民、农业及整个社会经济、政治、思想的变革。人民由奴隶、农奴转变为自由人——农村居民出现三种身份，即自耕农、佃农和雇农。土地制度由公田及分配制转变为私有化，可以自由买卖、赠送和继承，可以兼并，从而进一步强化了新兴地主阶级对土地的占有及其对农民的剥削。开创了"百花齐放""百家争鸣"新局面，出现了诸子百家，在诸子百家中还出现农家，展示出以农为本的重要思想。科学实验由实践走向经验，推进社会生产力呈现跨越式发展——历经万年的新石器和"刀耕火种""耦耕"农业跨入铁器和牛耕、由"菑、新、畲"耕作制转入"垄耕法"、由放火烧荒施肥转入"相高下，视肥硗""深其耕而熟耰之""不违农时""趣时和土，务粪泽"为起点的精耕细作农业，农业进入了一个新的发展阶段，其主要标志是铁制农具的出现和牛、马畜力的使用。手工业出现行业性发展，门类多样、品种繁多、商品量大；工农业发达推进商业兴旺，"明刀"币的铸造与进入流通，促进市场空前繁荣，燕都"蓟城"成为"富冠海内"的"天下名都"。燕都的繁荣昌盛，有朝政的造化、城市的效应，更有农村、农民、农业的奉献。在工业、商业还没有成为经济主导的时代里，蓟城的繁荣其源流于农村经济的支撑。

小农出现的家庭为生产单位的农业与手工业的密切结合，是我国封建时代生产的特征。在春秋或春秋以前时期，人民的居住与农业生产都是集体的。耕者与织者是分开的。到战国时期，方形成"八口之家"的家庭，其农业生产与家庭纺织已有初步结合。

小农经济在自给中出现以物换物的产品交换，开始发展为经济作物及手工业品的商业性经营。

二、秦汉时期的小农经济（公元前 221 年—190 年）

秦汉时期是从公元前 221 年—190 年，历时 400 余年。

秦始皇灭燕后，在原燕国都蓟城及燕下都一带，新置广阳郡。今北京地区分属上谷、渔阳、右北平和广阳郡的一部分。西汉初年，实行郡国制，今北京地区仍属燕国，都蓟城。之后，其归属多次变更。

秦汉时期，特别是西汉初年和东汉初年，由于农民起义的冲击，土地占有情况有所调整，土地兼并运动有所遏制。统治阶级为了缓和阶级矛盾，实行"轻徭薄赋"，"与民休息"的休养生息政策，从而使社会经济得到了迅速发展，人口迅速增加。西汉 200 余年，至平帝时，全国已达 5 900 万以上。从幽州刺史统监的燕蓟地区 10 个郡国、162 个县的情况看，计有 370 多万人，占全国人口的 6.4%。西汉末年（公元 2 年），"广阳国仅有户二万七百四十，口七万六百五十八"。东汉时，初年人口锐减，据《后汉书·郡国志》记载：汉光武帝中元二年（公元 57 年），全国人口仅 2 100 万有余，较西汉时减少近三分之二。历明帝、章帝两朝，社会比较安定，农业连年丰收，到和帝元兴元年（105年），人口恢复到5 300多万。当时全国耕地73 200多万亩，每人平均占有耕地13.7亩。当时，幽州地区的情况同全国大体相近。到东汉末年（140年），广阳郡人口增加到户四万四千五百五十，口二十八万六百，在封建社会，户口增加是经济发展的见证。

秦始皇首建统一的大中国，并用商鞅变法引导社会经济有所发展。但因从秦始皇统一中国（前221年）至秦亡（前207年）只有15年，留在史料中的农业、农村经济资料甚少，每见"秦汉"农业经济并蒂，其翔实内容多为汉代。

重农新政

秦汉兴起之初制定并奉行重农新政发展农业和农村经济。特别是汉初为恢复发展农业和农村经济，采取了一系列保护措施，大体有八个方面：

一是诏令劝农。多次发布诏令："方今之务，在于力农"。强调发展农业生产，严格农村户籍制度，在全国推行重农抑商政策，严格限制商人活动，打击商人高利者对农业经济的破坏。

二是减免田租。把汉初十五税一减为三十税一，一度免收田租十二年。

三是开放禁地。将山泽禁苑开放，供贫民耕种。

四是减轻徭役。减少地方的徭役、卫卒，停止郡国岁贡。

五是赈贷孤独。颁布岩贷鳏寡孤独、尊礼高年的法令，使缺劳动力的个体农民免遭破产，不违农时。

六是节省开支。减省皇宫厩马，供驿站使用。

七是约法省禁。废除一些严刑苛法，赦免罪人，平狱缓刑，缓和阶级矛盾。

八是广开言路。鼓励群臣"直言极谏"，就"朕之不德""吏之不平""政之不宜""民之不宁"等方面向皇帝提出批评建议。

晁错在《论贵粟疏》中云："明主知其然也，故务民于农桑，薄赋敛，广蓄积，以实仓廪，备水旱，故民可得而有也"。

在汉初期减轻田租徭役与入粟授爵免役除罪的双重措施下，社会生产得到恢复与发展，汉王朝政权就在经济上升的基础上巩固起来。《史记》中写道："故百姓无内外之徭，得息肩于田亩，天下殷富，粟至十余钱，鸣鸡吠狗，烟火万里，可谓和乐者乎。"太史公曰："文帝时，会天下新去汤火，人民乐业，因其欲然，能不打扰，故百姓遂安，自年六七十翁亦尝至市井，游敖嬉戏如小儿状"。《汉书·食货志》曰："至武帝之初七十年间，国家无事，非遇水旱，则民人给家足，都鄙廪庾尽满，而府库余财，京师之钱累百巨万，贯朽而不可校，太仓之粟，陈陈相因，充溢露积于外，腐败不可食。众庶街巷有马，阡陌之间成群"。

西汉时，今北京地区于汉高祖五年（前 202 年）后期，属燕王卢绾的封地。西汉末年，今北京地区属幽州牧统监，分隶于广阳国、涿郡、上谷郡和右北平郡国。今北京地区有很多汉代古城遗址，如房山区良乡广阳城村之汉广阳县城遗址，窦店汉代土城遗址，长沟汉代土城遗址（西乡县城），周口店蔡庄古城遗址、芦城古城遗址，昌平区旧县，芹城和平谷区北城子村古城遗址等。此外，在今北京南郊的大城村、西郊温泉乡、海淀肖家河、北郊清河镇米房乡等地都发现有汉代的古城遗址。这些古城对于蓟城就如今北京城郊区县一样，即便分属郡管，也属农村范畴。

今北京地区古城多，分布之广，可见当时燕国蓟城地区农村经济的繁荣。1974 年于丰台区大葆台汉墓（广阳王之墓）发掘出汉代残存的随葬物仍有 400 余件之多，其中属于农产品的有牛、羊、马、猪、鱼，以及天鹅、鸿雁等 20 余种野生禽鸟兽和家畜，还有枣、栗、黍等食品；金、银、钢、铁、玉石、玛瑙、丝麻、陶艺等物品不计其数，应有尽有。就物而论，王爷靠权利可以享受，没有发达的农业和手工业生产是不可能有丰富多彩的物品的。

劳动者及其素质

由于井田制的废除，农民作为劳动者成为自由人。燕地的地方官吏如郭伋为渔阳太守时，《后汉书》记载"示以信赏，纤戮渠帅，盗贼销散，时匈奴数抄郡界，边境苦之，伋整勒士马，设攻守之略，匈奴畏惮远迹，不敢复入塞，民得安全，在职五岁，户口陪增。"

张堪为渔阳太守，继续沿用郭伋治术"捕击奸滑，赏罚必信，吏民皆乐为用……郡界以静"（《后汉书·张堪传》）。由于社会安宁和轻徭薄赋、与民休息，户口大增，农民生产积极性高涨，又得政府技术培训，其科学文化素质亦有所提高。西汉武帝时命赵过为搜粟都尉，他总结劳动人民的生产经验，写出了《赵氏》一书，创造了便于开沟的耦犁，发明了"三脚楼车"——新式播种机具,以及"代田法"等。为了推广"代田法"和新式农具,赵过创办了我国历史上第一次技术培训班。"二千石遣会长、三老、力田及里父老、善田者受田器",并得到新式农具及"代田法"的知识培训。这种号称全国性技术培训,北京地区当不会例外。《汉书·食货志》称其"用力少而得谷多,民皆称便"。西汉咸帝时,古代杰出农学家汜胜之,担任议郎,从事"教田三辅",推广农业技术,对提升当时农民素质起着积极作用。为了鼓励人们学习技术,西汉官府制定出对有一技之长、并在生产中起指导作用者以奖励。如使"某谷丰"、能"通于蚕桑,使蚕不疾病者""皆置黄金一斤,直食八石"。为了防治蝗虫危害,汉代武帝建武五年颁布了我国迄今最早的治蝗法规。从培训到奖励,再到执法推广农业技术,必会产生技术入农的效应。

土地制度

秦朝确立商鞅变法的土地私有制后,秦始皇三十一年(前216年)公布了"令黔首自实田"的法令,按地主和农民自报田亩数缴赋税,其所有权国家予以认定与保障,确立了我国历史上的私有制的土地制度。土地私有的农地经营区分为地主私有和自耕农小土地私有两种形式。土地私有制后,土地兼并加剧,董仲舒说:秦"用商鞅之法,改帝王之制,除井田,民得买卖。富者田连阡陌,贫者无立锥之地。"记载地主依仗权势和财富利用土地自由买卖,大量占田,造成贫富分化状况。而且赋税沉重,《汉书·食货志》中记载:"古者税民不过什一""至秦力役三十倍于古,田租田赋,盐铁之利,二十倍于古,或耕豪民之田,见税什伍,故民常衣牛马之衣,而食犬彘之食,重以贪暴之吏,刑戮妄加,民愁亡聊,亡逃山林,转为盗贼"。秦代还改"因地而税"为"舍地而税"的制度,即索取"人头税"二十倍于从前。苛赋税逼得民不聊生,而群起推翻秦朝,使首个帝国成为短寿。

《汉书·食货志》中记载汉"兴循而未改"。汉代沿袭秦代土地制度,区分封建国家、官府的国有土地"官田"和土地私有的"民田"。西汉的土地私有制的发展,奠定了我国长达两千多年的封建社会土地制度的地主经济与小农经济的基础。汉高祖刘邦吸取了强秦灭亡教训,采取了"轻徭薄赋"和"与民休息"的政策,实物地租实行"十五税一",至汉文帝更采取

"三十税一"，并有 13 年"除田之租税"。

西汉 200 余年，全国开垦土地 8.27 亿亩，平均每人占耕地 13.8 亩。从幽州刺史统监的燕蓟地区按人口平均占有的可耕地面积比全国平均数要多。

此外，汉代对未成年人的"口赋"及成年人的"算赋"的人头税从轻，而对商人加倍收税，由于 70 多年减轻农民赋税重负，调动了农民农业生产积极性，创造了"文景之治"的农业盛世。

随着土地制度由公田制转为私有制的改变，地主贵族可以凭着权势兼并土地，并凭借租佃土地或雇工来剥削农民，但多数农民身份已由奴隶转变为自由民，他们因是否拥有生产资料而处于三种情况：一是拥有一定数量的土地和生产资料而成自耕农；二是没有土地，只有一定的生产资料者靠租佃土地来耕种，称之为佃农；三是无土地、无生产资料，靠出卖劳动力来养生者，被称为雇农。作为生产力中的能动性要素，比起奴隶或农奴身份这已是一种极大的解放。

农业技术进步，促进生产力的迅速发展

（1）铁农具的广泛使用。汉代的冶铁业发达，在今北京地区的清河镇米房乡古城遗址中出土有汉代冶铁遗迹，并采集到铁器 40 余件，包括耧足、锄、镬、铲等，且都为铸件。20 世纪 50 年代初，在此还发现了汉代铁犁铧，铧身尖端稍反曲，两面都有鞭形凸起的犁底槽。铁农具的创新与广泛应用，既有利于提高劳动生产率，又为当年北京地区的大量开发创造了锋利有效的工具。

（2）新农具的问世与推广。一是赵过创造了一种便于开沟起垄的耦犁。《汉书·食货志》曰："其耕耘下种田器，皆有便巧，率十二夫为田一井一屋，故亩五顷，用耦犁，二牛三人，一岁之收常过缦田亩一斛以上，善者倍之"。二是耧车。崔实《政论》云："武帝以赵过为搜粟都尉，教民耕殖，其做法：三犁共一牛，一人将之，下种輓耧，皆取备焉，日种一顷，至今三辅犹赖其利"。北京清河镇米房乡古城遗址就出土有西汉时的铁足耧车遗迹。说明当时北京地区亦制造和推广耧车。三是毕岚发明翻车。汉代的灌溉工具有很大发展。毕岚创造了人工提水机械——翻车，后来又经马钧改进，广泛用于农业提水浇灌。这个发明比西方领先了 1 500 年。《魏略》

云："马钧居京都城内，有田地可为园，无水以灌溉之，乃作翻车，令儿童转之，而灌水自复"。四是发明了水碓、风扇车。为了提高粮食加工的效率与质量，汉代发明了利用水利为动力的春谷机械——水碓。桓谭《新论》曰："役水而春，其利乃百倍"。孔融《肉刑论》："水碓之巧，胜于断木掘地"。据今房山区长沟镇所编《京畿古镇长沟》一书中讲到该地于东汉即有水碓，并确认是"西乡侯"张既从外埠引进来的。张既在任"西乡侯"时，看到这里有优质石料和丰沛的水资源，便发明了"水磨"，以水力代替人力和畜力，建在镇南、北两条泉水河的河道上。现在的老人们说，他们就见到过8座水磨房，而且生意都很红火。直到20世纪六七十年代，该镇甘池村的水磨房还在经营，作为一种副业，70年代后期才被"电磨"所代替。

（3）发展陶井灌溉。1956年，在永定河引水工程中发现陶井150余座。1965年又发现50多座陶井。它们密集于宣武门、和平门、琉璃厂、广安门内大街、校场口、陶然亭、牛街等地。据专家们分析，这些井既有供人们饮水用，亦有用于灌溉园圃。如果只供人们饮水之用，无需那么密集。从河道引水灌溉，以东汉时渔阳太守张堪气势宏大，他在孤奴县（现今的顺义）利用沽水（今白河）和鲍丘水（今潮河）流经其境的水利条件，组织农民开发稻田8 000余顷，分给农民耕种。北京地区最早引水灌溉农田的记载始于东汉时期。

（4）氾胜之试行区种法。赵过创"代田法"，一种是用"人力挽犁"，每个劳力耕作能力为30亩（汉大亩）；一种是耦耕，每个劳力耕作能力达166.7亩（汉大亩），分别比牲畜力耕每个劳力耕作能力的20.5亩（汉大亩）高出许多。氾胜之创造的"区种法"则是把田挖成一个个方形的坑或是一条条的沟，然后把肥料和种子下到坑里，以后的肥水也集中施在坑里，这种方法可以既节约又集中使用肥水，从而可以获得很高的产量。有资料比较：战国一般耕作法，每个劳力耕作面积达100亩（合汉大亩41.6亩）总产量可养10人，而西汉"区种法"虽然每个劳力耕作面积只有5亩（汉大亩），但总产量可供26人。《吕氏春秋·上农》曰：（一般耕作法）"上农夫食九人……一人治之十人食之"。而《汉书·食货志》云："区种法""丁男长女治十亩，十亩收千石，岁食三十六石，支二十六年"。

（5）引进汗血马良种。北京地区自古养马。秦汉时期不仅养马业发达，汉代还派使臣从西域大宛引进优良品种"汗血马"，用来杂交改良本地马，除官养外，还鼓励民间养马。在边境地区，由政府借给母马，三年后收回，借十匹马者还一匹马驹作为利息。当时北京地区也是其中受益者。

（6）涌现出一批农学著作和农学家。据江西省科协等 1980 年举办的《中国古代农业科学技术成就展览》（资料汇编）中介绍西汉共出版农学著作 14 部，涉及到农、林、牧、渔等多个方面。其中在国内各地产生影响的要数氾胜之所著《氾胜之书》，他提出了古代的农耕思想——"凡耕之本，在于趣时和土，务粪泽，早锄早获"。对我国汉代及其后的农业生产具有指导意义，传播广泛。其"趣时"要求赶上雨前、雨后最适合的耕作时间，以及春耕、夏耕、秋耕最适宜的时间。"和土"就是要求根据土壤土质决定耕作时间，采用相应的耕作方法。"务粪泽"指保持土壤水分与肥力。在耕作中强调了"得时之和，适地之宜"，可保持土壤墒情与肥力，即便是瘠薄之田，也能得到好收成。东汉崔寔的《四民月令》是一部关于月令的农书。"四民"是指士、农、工、商四种行业的人。"月令"是借用《礼记·月令》每月应作事项的说法，作成细致合理的安排，其重点是记述了较系统的农业生产技术知识和农事，为一部农业经营管理方面的著作。

农业有了长足发展，农村经济繁荣

秦汉时代农业仍是最主要的物质生产部门，手工业在社会生产中所占比重不大，而当时的农业经济是处于自给自足的自然经济状态中。在农业经营上可以分为个体农民经济和地主经济两类，而这两类都是以自给自足为主。

东汉时期，北京地区的农业经济与前一时期相比，出现了突飞猛进的发展。农业仍以粟、麦为主，杂以黍、豆、麻、粳稻等。到东汉时，水稻有较大发展，渔阳太守张堪在狐奴县屯兵开稻田 8 000 顷，开创了中国北方地区大面积种植水稻的先河。当年的渔阳郡驻地在原"密云县统军庄村南半公里之南城子"。后于 1950 年划归怀柔县。东汉时张堪在高柳打败了匈奴的侵略，遂被派到北方军事重地渔阳官拜太守。他在攻打匈奴的侵略时只用七千骑兵即打败了几万敌人。之后，匈奴听到张堪闻风丧胆，多年不敢进犯。边境安全以后，他为了让边民富裕，在当时的狐奴县以狐奴山为中心，包括今天顺义区的北小营镇、南彩镇、李遂镇、北务镇、李桥镇、木林镇、牛山镇、杨镇镇的全部或部分地区。当地时称"下坡地"，总面积达 400 多平方公里，兴修水利，引沽水和鲍丘水（今白河和潮河）灌溉，种植水稻。《后汉书·张堪传》记载：张堪拜渔阳太守，"乃于孤奴开稻田八千余顷"，据焦守田研究推算约为今 230 400 亩，劝民耕种，以致殷实。张堪任渔阳太守八年，社会安定，百姓富足。当时百姓以民谣歌颂张堪"桑无附枝，麦穗两歧，张君为政，乐不可支"。并在前鲁各庄建有张堪庙，赠题"渔阳惠政"的铭记。庙内墙壁上绘有反映当年种植水稻的壁画。清·康熙有诗《题白云观壁》赞："孤奴城下稻云秋，灌溉应将水利修。旧是渔阳劝耕地，即今谁拜富民侯"。另外，考古发现北京地区汉时有大量陶仓。亦说明当年农业产量的提高，人们有更多的粮食可以贮藏起来。秦汉时期农业发展中除谷物生产外，作为重要的经济作物蔬菜出现大规模的种植。西汉时在今广安门、和平门、宣武门地区都凿置陶井提水灌溉菜园生产蔬菜。东汉时还从中原引进蔬菜栽培技术和贮藏技术，以提升蔬菜生产和上市供给水平。汉代燕蓟地区还创造了以野生植物种子培育嫩苗供作蔬食，一直延续到清代。果品生产也有较大发展，地主有大面积的栗园、枣园以致巨富，"皆与千户侯"。桑蚕业、农业和畜牧业在燕蓟地区社会经济中占有统治地位。但农产品的价格远低于手工业品，"枣栗千石三之"才能与文采千匹、锦絮细布千钧等物相当，可见当时农业的丰收。

随着城市人口的增加对蔬菜的需求也日益增加，促使京畿农民发展起保护地生产以增加冬季蔬菜上市，同也能增加自己的收入，并采用提前冷床育苗、温室移栽。

东汉晚期，政治黑暗，吏治腐败，幽州社会经济凋敝，农业生产遭到破坏，大量农民流离失所。汉灵帝时，蔡邕上疏曰："幽冀旧壤，铠马所出，比年兵饥，渐至空耗；今者百姓虚悬，万里萧条"（《后汉书·蔡邕列传》）。汉灵帝中平元年（184 年），黄巾起义，东汉政权暴力镇压，使幽州蓟城地区连年战火，土地荒芜。

汉少帝时期，幽州施以宽政，罢省屯兵，减轻人民负担，缓和社会矛盾。同时，"劝督农植"，鼓励生产，"民悦年登，谷石三十"，使幽州蓟城地区人民在战乱中稍得喘息。

两汉时期农业出现突飞猛进的发展，其引人注目的表征：一是北京地区两汉时期墓葬中都出现有陶仓，而这是西汉以前的墓葬中所不见之物，只是从西汉时期墓葬中才开始出现，东汉时期则大量出现。如平谷区杜辛庄发现的古代墓葬中，其中 9 座西汉墓中有 2 座出土陶仓；8 座东汉墓中却有 4 座都出土有大量陶仓、陶猪圈。北京昌平半截塔村东汉墓出土陶仓 10 件。两汉陶仓的出现表明了农业的发达，收成好，因此才会普遍出现存粮食的粮仓。二是生产工具的革新进步大大提高了农业生产力的水平。两汉时期除了沿用秦及战国时期一些小农具外，还制作推广了带铧的犁、铁脚楼及耦犁法——即"用耦犁，二牛，三人"。每二牛、三人、二犁为一组。每牛各挽一犁，一人在前引牛，其余二人各执一犁，并排前进。这样，生产力大为提高，每天可耕五顷之田。三是凿井提水灌溉。汉代以前尚不见有兴修水利的文字记载，但考古则发现大量东周至汉代的古瓦井。四是战国时期北京粮食为粟、稷、稻作物区，以粟为主。而两汉时亦以粟为主，还产稷、稻外，增添了小麦，使细粮生产份额提升。五是倡导种植枣、栗以度荒年。

手工业在创新中发展

一是冶铁业及铁器制造比较发达，不但具有一定规划，而且冶铁技术也很先进，已采用了高超的柔化处理技术生产出可锻性铸铁。还掌握了生铁固态淬火炭成钢技术，生产出优质钢铁。在铁器制造方面，出现了三脚楼播种器的铁脚，发明犁铧等，使铁农具的制作技术有很大提高和进步。北京地区出土铁器产品种类繁多，显示冶铁业发达。

二是粮食加工。东汉出土了许多陶仓，考古专家认为这一方面表明农业生产发展，粮食丰收；另一方面是加工业发展。在平谷西柏店唐庄子东汉墓中出土陶磨和陶碓。房山区长沟镇地区在东汉时已普及了石磨。怀柔城北东汉墓中出土了比较先进的双人踏碓等。

三是石雕工艺。北京西郊八宝山西部发现的汉幽州书佐奉君神道石阙，不但规模大，而且工艺精美。东汉时蓟城地区的石作手工业发达。1964年，北京石景山区老山北坡脚下以北约 100 米处就发现汉代石刻一批，其中有石表、石柱等 17 件。

四是制砖与拱券。京郊出土的东汉中期以后的大量坟墓砖室，有的砖还制成几何纹花砖，砖中间印有篆字，十分考究。

五是漆器与玉雕工艺达到很高水平。据章永俊《北京手工业史》记载，秦汉时期民间手工业比较兴盛，独立经营的小手工业人数众多、行业广泛，包括纺织、编织、竹木器、漆器、制陶、酿酒等，遍布城乡。此文说："目前，直接佐证燕蓟地区民间手工业生产情况的考古及文献材料均不多见。虽然作为全国性的民营制度实施并不针对燕蓟地区，但其影响所及这一地区无疑是肯定的"。

商业兴旺，市场繁荣

西汉时期，随着农业和手工业的进步，蓟城商业随之繁荣，并以地区性的贸易中心而闻名天下。蓟城是中原内地与东北各族商品交换的巨大市场。

房山长沟大集。房山区长沟镇西汉时曾为西乡县。长沟自古即有大集，其市源于汉代，发迹于明、清，鼎盛于近代。历来即与河北省刁窝、码头、松林店并成为京西南四大名镇集市。

汉桓宽在《盐铁论》中说："燕之涿、蓟……富冠海内，为天下名都"。东汉时，蓟城市场上，粮食除了原有的种类外，又有粳米等新品种；肉食则有专门的销售行业，还有各种果品等。蓟城地区鱼盐枣粟等特产早在战国时期即闻名天下，是叫得响的市场贸易物品，是燕蓟地区与中原内地进行商品交换的重要物资。在与外埠交易中还有筋角、马、牛、羊、皮等，以及铁器、盐等，手工业品、装饰品、农具等更是琳琅满目。

自然灾害

西汉幽州地区气候异常，曾发生连续 35 天的大雨。"广阳雨麦"是飓风吹至幽州广阳后，因风势减弱，从它处卷扬而来的麦禾从空中纷纷落下。史籍中常见"雨麦""雨禾""雨钱"的记载。大风雨摧拔七围以上大树 16 株，并破坏城楼，可见当时的风力应在 10 级以上。汉成帝间，青州（山东北部）、幽州、冀州（河北南部）发生严重的水旱灾害，更造成悲惨后果。西汉时期幽州地区呈现多雨的特点，暴雨、霪雨常作，对农业生产和人民生活造成很大损失，与中国大陆进入第二个温暖期有关。

汉代在北京农村经济史上留下繁荣昌盛的一页。在全国实行的轻徭薄赋、与民休息，与鼓励耕垦等一系列稳定社会、发展生产的政策措施引导下，呈现出社会稳定、生产发展、交换繁荣的"文景之治"的社会经济形势。在汉代：①不仅广泛推广铁器农具和牛耕，兴修水利，还创造了播种楼等，使"耕耘下种田器，皆有便巧"（《汉书·食货志》）。农业生产效率有了较大提高。②大范围发展农田水利灌溉和大面积发展园圃凿井灌溉，水稻、小麦、蔬菜、果品等一些商业性强的农业产品有了较大的发展，是本地区古代农业生产结构多样性发展的重要时期。③手工业、建筑业和商业的繁荣，蓟城已成为富冠海内的天下名都之一。

家庭手工业是两汉手工业生产中最重要的经营方式。自给自足的小农经济是封建社会的经济基础，绝大多数农民的生活用品都是家庭手工业来提供。《汉书·食货志》讲道："女子纺绩不足衣服""一夫不耕，或受饥；一女不织或受之寒"。《盐铁论·水旱》说："家人相一，父子戮力，各务为善器。器不善者不集，农事急，挽运衍之阡陌之间，民相与市买"。"善器"是指好的铁器。家庭铸造的铁器可以到田间去售卖，颇受农民欢迎。家庭手工业的特点就是以家庭成员为劳动力，技术世代相传，并不需要家庭以外人员参与，往往是利用农闲小本经营。

综观上列农工商的兴盛，可见汉代燕蓟地区城乡经济的繁荣。当然，亦有败落之时。如东汉末年，农民起义风起云涌，军阀割据混战，鲜卑、乌桓等族屡屡南下掳掠等，对于区域经济产生严重的破坏，城乡商业也走向下坡。

三、魏晋南北朝时期的小农经济（190—589 年）

东汉末年，政治腐败，社会矛盾空前尖锐，造成社会经济急剧衰退。汉灵帝之世，蔡邕上疏曰："幽冀旧壤，铠马所出，比年兵饥，渐至空耗；今者百姓虚悬，万里萧条"（《后汉书》）。广大人民不堪封建地主阶级的残酷压迫，爆发了黄巾起义，沉重打击了东汉王朝，使刘氏政权丧失了控制全国的力量。各地的豪强为了争夺地盘和人民，连年混战。争战的结果，最后形成了魏、蜀、吴三国鼎立的局面。公元 263 年魏灭蜀，265 年司马懿的孙子司马炎废魏帝自立，国号晋，历史上称为西晋。280 年晋灭吴，结束了三国鼎立的局面。316 年西晋灭亡以后，内迁各少数民族和汉族曾先后在北部中国建立了 16 个国家，最后又由北魏统一。北魏和后来的东魏、西魏，以及继承东魏、西魏的北齐、北周，历史上称作北朝。北朝和南朝对峙了 160 多年。

幽州蓟城在曹魏政权为北方重要军事重镇，明帝"遣使者劳军于蓟"《三国志·魏书·杜畿传》，亦是西晋在北边的重要军镇。晋武帝泰始七年（271年）八月，以征东大将军卫瓘为征北大将军、都督幽州诸军事。十六国时期，幽州蓟城为少数民族所占领，最后为北魏所占据。

幽州蓟城有得天独厚的农业、手工业、商业及交通业的优势资源。只有官逼民反，民不得不反的时候才会出现资源荒芜、经济衰败。每当新的朝政兴起，这里的经济建设就很快得以恢复与发展。这一时期的小农经济在政局动荡中起伏——停滞与发展。

东汉末年的战乱与灾荒，使广大的北方地区"田无常主，民无常居"（《后汉书·仲长流传》），户口流亡，故而曹魏初郡国县邑，多所改并。要发展经济，必须扩增幽州蓟城地区人口，方可大力开发周围荒野。魏、晋、北朝时期，先后从中原地区徙入汉人口达百余万；后燕时四方流民进入幽州数十万；北魏时曾逃亡在外的幽州人回乡一万多户，由东北诸郡徙民三万家于幽州。还有塞外少数民族内迁很多人，以及六镇起义时，边镇各族兵流入蓟城的人也很多。人口充裕，经济建设就有了劳动与智慧的保障。

土地制度

魏国时的田制与秦汉时没有什么区别，土地为国家直接所有和大地主私有，人数众多的广大农民少有或根本没有土地。魏国大力推行屯田，其形式有民屯和军屯两种，民屯是主要形式。民屯直属于大司农管辖，不隶属州郡地方管理。民屯名义上是招募流亡的农民或迁徙他处农民到屯田区耕种，但实际上有一定的强制性。《三国志·魏书·袁涣传》中写道："新募民开屯田，民不乐，多逃亡"。经招募来在屯田上劳动的农民，大多是不会有耕牛的，所以曹魏政权除了分给土地之外，还供给耕牛。至于屯田户能否都能分到耕牛和平均数量的土地，尚不清楚。

除民屯外还有军屯。军屯的劳动者是军人称"田兵"或"田士"，管理者是军官。由"田兵"军屯生产的粮食全归入军仓，"田士"军屯的产品分配既有士兵本人的，也有家属的。在屯田制度下，国家既以政权机关的身份出现；同时又是出租土地的大地主，凭借着其政权力量和对土地的占有，对士兵和农民进行剥削压榨。不过屯田制在当时面对东汉末年人民流亡、田地荒芜，生产几乎陷于停滞的情况，还是有积极作用的。曹魏时期的屯田制推行了六七十年，因其对人身的剥削与控制太强而瓦解。

西晋时实行占田制，其办法是：对王公贵族，允许封国的王侯在京城有一所住宅，并按其等级在近郊区分别占有七到十五顷不同数量的土地（西晋一顷约相当今70亩）；对各级官吏的占田是按品位规定。一品官可占田五十顷，以下每低一品，递减五顷，到第九品官尚可占田十顷；对一般人民占田规定：男子一人占田七十亩，女子三十亩，其外丁男课田五十亩，丁女二十亩，次丁男半之，女则不课。男女年十六以上至六十为正丁，十五以下至十三、六十以上至六十五为次丁，十二以下、六十六以上为老小，不事（《晋书·食货志》）。一般平民，男子可以占有七十亩土地，女子可以占有三十亩土地。一夫一妻可以合占一百亩土地，和一品官的五千亩，相差了五十倍。

占田制对鼓励农民垦荒占田，发展农业生产有一定的积极意义。《晋书·食货志》说："是时，天下无事，赋税平均，人盛其安业而乐其事"。但占田制只实行了十年就被"八王之乱"冲垮了。

北朝（又称北魏）时拓跋氏政权实行均田制。把土地分为：露田、桑田、麻田。

露田是规定种植粮食的耕地。男子十五岁以上授给露田四十亩，女子授给二十亩。奴婢按照男女一样授田，土地给主人。如有耕牛，一头牛授三十亩，但限四头牛，四头以上不再授田。由于当时的农业耕作采取休耕法，因此授露田时再加倍，即加给男子四十亩，女子二十亩。休耕两年的男子加八十亩，女子加四十亩，加两倍。

桑田是规定种桑、榆、枣的土地。初授田的男子，除了分给露田之外，还授给桑田二十亩。规定在其上至少种桑五十株、枣五株、榆三株。多种或杂种其他果树不限。在不适合种桑的地方，则分给土地一亩，依法种枣榆。桑田计算在倍田里，不另力拨。

麻田是规定种麻的田地。在宜种麻的地区另发给男子十亩，妇女五亩。

此外，每三人给宅地一亩，作为建设房屋之用。奴婢降为五人给宅地一亩，自然分给主人。这种均田制，授田予官吏是按职位高低发给以作俸实录；对农民授田是与负担租税义务相联系。均田制并未改变封建土地所有制，也未触及王公贵族、地主对土地的占有。授田的农民是封建国家的佃农，但在一定程度上有抑制土地兼并的作用。

曹魏的赋税，土地税按亩计算，亩收四升；按户出绢二匹、棉二斤。

西晋实行课田的"户调法"，"赋"为户调，比曹魏时相比提高了50％；"税"为田租，提高1倍。

北魏推行"均田制"前后农户租调之比为帛2∶1、粟10∶1。

政策导向

魏、晋、北朝的兴起都是在前朝腐败没落的情况下兴起的，在起步的一定时期内总是伴随提出一些开明政策来安抚人民，发展经济，振兴国威。

魏文帝初年，崔林为幽州刺史，认识到幽州"与胡虏接，宜镇以静。扰之则动其逆心，特为国家生北顾忧"（《三国志·魏书·崔林传》）。因而确立了"镇之以静，与民休息"的治策，结果减轻了民间负担，稳定了幽州社会。

太康三年（282年）正月，晋武帝复"以尚书张华都督幽州诸军事"。张华在幽州抚纳新旧，广布恩信。结果带来"远夷宾服，四境无虞，频岁丰稔，士马强盛"（《晋书·张华传》）。

晋惠帝元康中，以唐彬为使持节、监幽州诸军事，唐彬在幽州"广农重稼，积蓄军资"。结果是"边境获安，无犬吠之警，自汉魏征镇莫之比焉"。

后赵石勒占据幽州后，下令"分遣派人各还桑梓"（《晋书·石勒载记上》）。石勒当政后经常"遣使循行州郡，劝课农桑"。还提出对"农桑最修者，赐爵五大夫"（《晋书·石勒载记上》）。此举收到了"以租入殷广，转输劳烦，令中仓岁入百万斛，余皆储之水次"的繁荣景气。

北魏道武帝命张衮为幽州刺史，张衮在任"清俭寡欲，劝课农桑，百姓安之"（《魏书·张衮传》）。

科技背景

三国两晋南北朝时期，北方战争频繁，政治动乱。但是广大农民在恶劣的环境下，经过艰辛的劳动，在农业科学技术的实践中还是做出很大贡献的。

贾思勰总结了当时劳动人民的丰富生产经验，继承前人的成果，写出了《齐民要术》一书，被人称之为世界上完整地保存下来的最早的一部农学巨著，它对我国和世界农业及农业技术的发展产生过深刻影响。据张平真考查，《齐民要术》"取材的地域……包括黄河以北、海河流域，以及现今的北京地区在内的广大北方地区"（张平真著，《北京地区蔬菜行业发展史》）。全书10卷92篇，近12万字。据解读，"齐民"，即平民，"要术"即为谋生的重要方法，可见作者的亲民之心。《齐民要术》所创立的农学体系包括农、林、牧、副、渔等许多项目，涉及天文、气象、植物、土壤、肥料等多方面的专门知识。它体现了大农业思想，不仅讲生产技术、民谣民谚，还讲到农产品加工方面的技术。《齐民要术》中反映出的可行有效的技术有：

（1）农业工具有很大改进，种类增多。整地农具有犁、耙、耱等；播种工具有耧、窍瓠、挞等；中耕农具有锄、耧锄等；收获农具有镰、枷、杈、铣等；加工农具有磨、杵臼、碓、碾等。这套农业工具，一是制作精巧，铁质好；二是用于耕、种、管、收的功能配套。

（2）强调精耕细。书中指出"顺天时，量地利，则用力少而成功多。任情返道，劳而无获""耕锄不以水旱息功，必获丰年之收""凡秋耕欲深，春夏欲浅"。

（3）推广轮作技术。古代种田全靠农家肥，一般很难满足需要，保证"地力常新壮"。而施肥量少，连年在一块地里种同一种庄稼则会引起土壤养分缺乏，使产量下降。对此，《齐民要术》指出：必须采用轮作方法，"凡谷田、绿豆、小豆底为上，麻、黍、胡麻次之……"。即用豆科植物与谷类作物轮，实行用地与养地结合，可保持地力长期不衰，达到增产目的。

（4）堆制积肥。书中写道："凡人家秋收治田后，场上所有穰、谷、积等，并须收贮一处，每日布牛脚下三寸厚，每平旦收聚堆积之，还依前布之经宿，即堆聚。计经冬一具牛、踏成三十车粪，至十二月正月之间，即载粪粪地"。

（5）提倡选种和采用良种。书中写道："凡谷成熟有早晚，亩禾旰有高下，收实有多少，性质有强弱，米味有美恶，粒实有息耗……"。这种千差万别表明其良莠，会影响产量和产品质量。因此，提倡按好的性状进行穗选，并将其种子单晒、单存，再供大田种植。同时，书中还推荐出一批不同作物的良种供农家采用。书中推出谷、粟优良品种81个、水稻良种24个、大、小麦良种2个、小豆良种3个、大豆良种4个、蔬菜良种34个。

（6）推广果树繁殖方法。南北朝时期果树栽培也很发达，劳动人民在果树的繁殖和栽培方面也取得不少发明创造。《齐民要术》中亦有搜集，并推荐五种繁殖方法：即移栽、扦插、压条、露根、嫁接等。

（7）在畜禽饲养方面，推广圈养和阉割技术等。

农业在波动中发展

魏晋南北朝在400年间国家几经分裂，政治动乱不止。不过每一国度兴起都带来开明朝政，对于农民来说就是一次休养生息，农业得到恢复与发展。400年中的政局波动牵动着农业的波浪式发展。农业实质是人民的事业，以农为本是人类共同求生的理念。人民是创造历史的动力。社会、政治再动乱，人民求生存的劳作是不会中断的，只有效率高低的区别。

曹魏时期，为了从东汉末年凋落的社会经济中恢复过来，首先在建国前后实行屯田制，有军屯、民屯两种，以开拓与开发农业的基本资源——土地，实际上就是垦荒为田。再有兴修水利，发展水稻生产。当时魏国驻守幽州的征北将军刘靖为屯田稻，遣部下丁鸿率军近千人，在今北京石景山附近的漯水河道弯曲处，"积石笼以为主遏，高一丈，东西长三十丈，南北广七十余步，依北岸立水门"。名戾陵遏。戾陵一名来源于西汉时在此封国的燕王旦。元凤元年（前80年），燕王刘旦谋反事泄，被赐死蓟城，其陵俗称"戾陵"。丁鸿建截水主遏因在戾陵附近，因此得称"戾陵遏"。戾陵遏截引永定河水经所开凿的车箱渠，东入发源于今北京西部海淀区紫竹院公园的高梁河，"灌田岁二千顷，凡所封地百余万亩"（《水经注》）。这项工程导引永定河水，东经蓟城北入高梁河水，又顺高梁河道自蓟城东侧南去。同时，作为当时永定河主河道的清泉河（今凤河、凉水河）则自蓟城南部流过，东会高梁河下流后东南流。因此，戾陵遏、车箱渠工程完毕后，蓟城北的高梁河就成为漯水的一条支流，史称"水溉灌蓟城南北，三更种稻，边民利之"。所谓"三更种稻"，与《周礼》中所谓的"谷宜三种"一个意思，即指黍、稷、稻三种作物而言。据说，北京历史上大规模的农田水利工程，见于史书记载的，当首推曹魏时期征北将军刘靖修建的戾陵遏和开凿的车箱渠工程。由此，北京地区的水稻种植出现崭新面貌。魏元帝景元三年（262年），幽州地区人口渐增，农作物产量远远落后于人口增长，需要从外埠调入粮食。曹魏遣樊晨至蓟城整顿农务，发展农业。樊晨到了蓟城后，"改定田五千九百三十顷"，改为国家编地（公田），招佃租种。并组织民工重修戾陵遏水门，引永定河水"乘车箱渠"，入高梁水；再疏引高梁水东去，"自蓟西北径昌平，东进渔阳潞县（今北京通州区东）"，入白河。这次工程使车箱渠所引永定河及高梁河水的水程延长许多，"凡所润含四百里，所灌田万余顷"。灌溉面积是嘉平年间的五倍，使"山川暴戾则乘遏东下，平流守常则自门北入"，"疏之斯灌，决之斯散，导渠口以为涛门，洒滤池以为甘泽"（《水经注》）。它既是灌溉农田的引水渠，又是洪涝期的分水溢洪渠道，起到了兴利除害的作用。

西晋元康五年（295年）夏，永定河洪水暴发，戾陵遏被冲垮达3/4及北岸河堤70余丈，水漫车箱渠。时值西晋宁朔将军刘宏（刘靖之子）镇守幽州。他继承父志，遣部下两千人"起长岸，立石渠，修立遏"，一切均依旧制而行，重新恢复了原套水利工程，并可正常运行。

西晋以后，经十六国动乱时期，由于长期缺少维护，戾陵遏和车箱渠几近荒废。北魏正光年间（520—525年），北京地区水旱不调，民多饥疫。幽州刺史裴延催上任伊始便动工修复戾陵旧遏和督元渠两项水利设施。他"躬自履行，相度水利，随力分督，未几而就"。这两项工程，一在石景山附近，一在涿郡境内。功成之日，"溉田百万余顷，为利十倍"（《魏书》）。

北齐河清三年（564年），北齐名将斛律羡任幽州刺史。他为发展农业生产，扩大高梁水灌溉区面积，"导高梁水北合易荆（今温榆河），东会于潞（今潮白河），因以灌田，边储岁积，转漕用省，公私获利焉"（《水经注》）。

戾陵遏、车箱渠自曹魏嘉平二年（250年）开创至北齐河清、天统（565年）年间，历经300多年，其水利在北京农业发展史上占有重要地位，烙印着古代农业经济文化的深沉底蕴，在北京古代农业的发展方面具有重要作用，其中戾陵诸堰所围储的水量竟达"广袤三十里"，已形成比魏、晋之世更庞大的水利工程体系。当时幽州正面临"水旱不调，民多饥馁"（《魏书》）。这两项工程修复之后，加强了幽州地区农业抵御水、旱灾害的能力，把握着古代农业经济的命脉，可谓"施加于当时，敷被于后世"。因此，史书称裴延催不仅是一个能征善战的卓越将领，还是一位出色的水利工程师。他修复了旧戾陵堰、车箱渠工程，对北京地区农业的恢复与发展功绩卓著。

史书对魏晋北朝时期的农业记载也多围绕这两项工程及垦荒种稻而著

文。种植方面的有关成效与业绩皆叙述其中。应该说农业的种植主体还是一些旱作的黍、稷、粟及豆类为主。蔬菜生产对于蓟城消费是不可或缺的。据《北京地区蔬菜行业发展史》记载，魏晋南北朝时期，京畿蔬菜生产有较大发展。魏孝文帝曾下诏"男女十五（岁）以上，……口课种菜五分亩之一"，即是说凡15岁以上的男女，每人分给1/5亩菜田。还要求"近州郡都邑有市之处，负郭良田三十亩"作为种商品菜的生产基地。这时期京畿种植的蔬菜种类达到五六十种之多。种菜者除了出售新鲜蔬菜外，还经营蔬菜种子，以期获取更多的收益。主要用于供应城市获取利润的水稻生产及畜产品也有较大发展，农业产品结构中呈现出商品生产与经营的势头。

畜牧业是蓟城区农民的传统产业，魏晋南北朝时期，随着乌桓、丁零、鲜卑等少数游牧民族的涌入，使得畜牧业生产更加繁荣，幽州的马与筋角，驰名天下，牛、羊等畜产品也相当发达，并涌进市场。

手工业生产技术有所提高

魏晋时幽州地区手工业虽不如东汉时期发展，但生产技术还是得到新的提高。

冶铁业具有一定规模。铁范、生铁范铸术和铸铁柔化术等在汉代基础上有新的发展，百炼钢已相当成熟，曹操曾令工师制作"百辟利器"。这时"其铸铁为农器、兵刃，在所有之"（《隋书》）。在制钢技术方面出现了新的突破。《重修政和经史证类备用本草》引陶弘景语："钢铁是杂炼生鍒作刀镰者"，这是最早提出用生铁和熟铁合炼成钢（即灌钢）的文献资料。据资料显示，灌钢法在坩埚炼钢法发明之前是一种先进的炼钢技术。北齐的綦母怀文曾用灌钢法造宿铁刀，"其法，烧生铁精以重柔铤，数缩则成钢。以柔铁为刀脊，浴以五牲之溺，淬以五牲之脂，斩甲过三十札"（《北齐书》）。由此可知，当时不但炼钢技术有新的发展，淬火工艺也有了创新，对后世有重大的影响。

魏晋北朝时期，北京地区的考古冶铁业的发现有：1963年，怀柔县韦里村发现的北齐傅隆显墓，出土铁器多件（《文物》，1964年第12期）。1973年，西城区王府仓北齐砖石墓中，出土铁斧1件，锻制，平头，长方孔，斧长9厘米。1981年，顺义县大营村8座西晋墓葬中，出土铁镜和铁斧各1件（《文物》，1977年、1983年）。

刘虞时继续开采密云铁矿。史称"开上谷湖市之利，逼渔阳盐铁之饶，民悦而年登"（《后汉书》）。

冶铜业。冶铜业尤为发达。1962 年，北京西郊景王坟附近发现两座西晋砖室墓。1 号墓出土铜镜、铜铃各 1 件。2 号墓出土钱币若干枚。此外还发现 4 点墓中出土铜的工艺品。总之，在北京地区的西郊，西城区、顺义、房山等地多处发现出土铜制品。

金银器。顺义县大营村 8 座墓出土金银器有金手镯 1 对、金指环 3 件、银手镯 5 件、银臂钏 1 对、银发钗 3 件。房山区小十三里村西晋墓出土银簪 1 把等。

制陶业。从出土发现的陶器看，其造形大多朴素无华，制作水平较中原地区为低。

织麻业。战国时期，幽州地区桑蚕业很发达。魏晋以后大麻的种植与纺织都十分兴旺。这时，政府规定，蓟城地区改以麻布代替丝、绢等，凡征收麻布的地区，"男夫及课，别给麻田十亩，妇人五亩"（《魏书》）。据竺可桢研究，中国东汉至南北朝时期正处于近五千年来气候变迁中的第二寒冷期，致使这一时期幽州桑蚕业逐渐衰退而大麻得到发展。

煮盐业。幽州的煮盐是多年来传统手工业。今平谷区西北有盐池，出产食盐。北魏在这里设斛盐，驻兵守卫。

新出现一些其他手工业品，诸如料器、骨尺、石佛像等。

商业掣肘

东汉之后，北方进入一个很长时间分裂动乱时代，人口大量流失，到东魏武定年间，蓟城所在的燕郡地区境内总计只剩下 52 000 余人，不足 13 000 户（《北齐书》）。再就是由于分裂分治使货币不能流通。《魏书·食货志》记载："魏初至于太和，钱货无所周流"。幽州等地的贸易由于货币不能流通，商业的发展便因此受到很大掣肘。但在各个相对比较安定的间隙时间，这里还曾出现过短暂的商业复苏迹象。这时期对外输出的货品主要是粮食、铁器和其他手工业品。魏晋南北朝时期，由于频繁的战争，使得蓟城这个往日的繁华都市失去了其在北方的商业中心地位。

自然灾害

据史籍记载，东汉、三国、魏、西晋、十六国、北魏、东魏、北齐、北周等历时长短不同的诸多朝代期间（25—581 年），幽州地区共发生重大水灾 6 次、重大旱灾 5 次、重大蝗灾 4 次，大旱风 3 次，大饥馑 5 次。重大旱灾中往往伴随着蝗灾、大疫、大饥。旱蝗灾害为主要灾种。大旱风的出现是干旱气候的主要特征。晋怀帝永嘉四年（310 年）春、夏的大蝗灾，殃及幽、并、司、冀、秦、雍 6 州，禾苗被蝗虫群一扫而光，并且"食草木、牛马毛皆尽"（晋书·怀帝记）。

魏晋南北朝期间战争频繁，政治动乱，民不聊生。随着政权更替农村经济时兴时衰，被动发展，手工业生产掣肘，但在某些技术方面则有所提高或创新。商业贸易总的状况是衰退。

这一时期的经济状况是：魏初地方官吏一般都将边民安定作为一项重要政务。幽州刺史崔林倡导与民休息，"镇之以静"，使黎民百姓享受减免徭役的优惠，幽州地区社会经济开始从东汉末年的残局中恢复起来。

曹魏至西晋初，北京地区的农业生产和社会经济有了长足发展。幽州涿郡的户口由曹魏初年的 3 000 余户，发展西晋永嘉之乱以前的 11 000 户，为原来的 4 倍，呈现出"远夷宾服，四境无虞，频岁丰稔，士马强盛"。经八王之乱后，幽州百姓在社会动荡中。建兴元年（313 年），幽州"大水，人不粒食"。大量幽州农民不堪忍受王浚的苛刻，纷纷逃往东北鲜卑地区。

石勒是十六国时期比较有作为的一个封建统治者。他重视农业，除减轻农业租赋外，还经常派遣使者巡行州郡，欢课农桑，使后赵出现"以租人殷广，转输劳烦，令中仓（官仓）岁入百万斛，余皆储之水次"的富庶景象。石勒死后由其子石虎继位，他是十六国时期著名暴君。在他的统治下，后赵的兵役、力役和杂税负担超过以往任何时期，后赵出现"从役烦兴，军旅不息，加以久旱谷贵，金一斤直谷二斗，百姓嗷然无生赖矣"（《晋书》）。

北魏灭后燕之后，道武帝以上谷沮阳人张衮为幽州刺史。他以"清俭寡欲，劝课农桑，百姓安之"，使幽州的农业生产很快得到恢复与发展。北魏中期孝文、宣武之世，范阳人卢道将出任燕郡太守，他注意发展农业生产，"敦课农桑，垦田岁倍"，扩大了燕郡农田面积。北魏后期孝明帝之世，裴延催出任平北将军、幽州刺史，在参军卢文假的参谋下，修复了范阳郡的督亢。

350 年，前燕主慕容催发兵灭后赵，并占据幽州蓟城，352 年定蓟城为国都。在前燕的统治下，幽州地区社会经济和农业生产并无大发展。蓟城百姓"互相惊扰，所在屯结"（《晋书》）。

370 年，前秦灭前燕，以王猛和郭庆分别驻守邺城和蓟城，镇抚前燕故土。王猛废前燕恶政，"军禁严明，师无私犯""远近帖然，燕人安之"（《晋书》）。在这种政治下，蓟城地区社会环境比较稳定，幽州地区的农业生产有所恢复，人民生活安定。王猛死后，社会动乱，加之 382 年幽州地区发生特大蝗灾，为害千里，农作物基本绝收，农业衰退。

383 年前秦政权崩溃。原前燕贵族慕容垂于 384 年建立燕政权，史称后燕。在后燕与前秦的争战中，幽蓟地区经济惨遭破坏。史称"燕秦相持经年，幽冀大饥，人相食，邑落萧条。燕之军士多饿死；燕王（慕容）垂禁民养蚕，以桑椹为军粮"（《资治通鉴》）。在后燕时期，幽州地区屡遭兵变，社会经济凋落，十室九空，民不聊生。到 389 年之后，因战乱平息，幽州地区的社会经济有所发展。399 年，后燕降于北魏，蓟城即被北魏据有。孝文帝死后，宣武帝即位。自此以后日趋腐败没落。

北魏末年，分立为东、西两魏。以后东魏演变为北齐，西魏演变为北周。北齐皇建中（560 年）政府采纳平川（今河北卢龙县北）刺史嵇晔建议，"开幽州督亢旧坡，长城左右营屯，岁收稻粟数十万石，北境得以周瞻"（《隋书·食货志》）。北齐末年，幽州百姓十分困苦，无法进行正常的生产活动。到 577 年，北齐被北周灭，在局势稳定后，北周政府注意恢复农业生产，安抚百姓。北周据有幽州五年之后，大象三年（587 年），北周相国、隋王杨坚自立为帝，国号隋。

四、隋唐时期的小农经济（581—954 年）

北周末年，周宣帝传位于太子宇文衍为周静帝。大定元年（581 年）二月，相国隋国公杨坚废静帝，代周建隋，建元开皇，是隋文帝。杨坚建隋伊始，幽州下辖燕、范阳、渔阳三郡，包括今北京地区。隋文帝统一全国后为安宁边地，省并郡县、简化地方行政机构、节省开支，整顿整治、考核治绩、减轻徭赋、检括隐漏户口等一系列政治经济措施，推动了农业、手工业和商业的发展，出现了"中外仓库，无不盈积""君子咸乐其生，小人各安其生""人物殷阜，朝野欢娱，二十年间，天下无事，区宇之内晏如也"的社会升平景象。史书称开皇尚知抚恤百姓，役使有节。开皇三年（583年）派阴寿破灭高保宁，使幽州局势得稳定。后遣周摇为幽州总管，开皇四年（584年）突厥分裂，契丹内附，周摇乘势力比以招诱抚慰，幽州遂安，农民得以安心从事农业生产。周摇治理8年，卓有政绩，社会安定，农业生产有了恢复与发展。开皇九年（589年），统一中国南北，在稳定的社会环境中，社会经济特别是农业顺利发展。时下，幽州地区和全国一样，出现"人庶殷繁，帑藏充实"（《隋书》）的繁荣局面。隋炀帝之初，天下"户口益多，府库盈溢"（《隋书》）。这时的幽州地区与各地一样内外安抚、社会稳定、经济得到恢复与发展，至大业初涿与安乐二郡十一县编户已恢复和发展到91 658户（《隋书》），大约是东魏武定中相应地区户数的3倍。

隋炀帝治理天下，则一反文帝作风，"兵戎岁驾，略无宁息，水旱饥馑疾疫，土功相仍"（《隋书·食货志》）。尤其是隋炀帝大业中，连续三次发动征辽之役，"旌旗万里，征税百端，猾吏侵渔，人不堪命"（《隋书·食货志》）。为发动辽东之役，征用大量民夫开挖运河，转运粮饷，迫使农民离乡背井没有机会从事农业生产，大量农田抛荒。隋炀帝征发河北诸郡百余万人凿运河，又连年发动征辽之役，幽州地区出现"丁男不供，始以妇人从役"（《隋书·食货志》）。再加之大业四年（608年）"燕、代缘边诸郡旱"，大业五年（609年）"燕、代、齐、鲁诸郡饥"，大业十三年（617年）"天下大旱"。幽州地区更是民不聊生，饿殍遍野。到隋末，幽州地区社会经济濒于崩溃，几无农村经济政绩可寻。

唐朝政府以隋亡为鉴，为了巩固地主阶级统治，采取了一系恢复农村经济发展的措施，经过劳动人民的艰苦努力，促进了城乡经济的繁荣昌盛。

唐初统治者李世民等人亲身经历过隋末农民大起义的风暴，感受到人民力量可以"载舟"也可"覆舟"。因此，在战后人民处于极端贫困的情况下，不敢过重剥削农民，而实行了一些减轻农民负担有利于发展农村经济的政策，使初唐的农业生产、农村经济迅速得到恢复。到了开元天宝年间，就出现了高度繁荣的"全盛"局面。

唐代贞观、开元时期的农业政策措施

唐代贞观、开元时期接受隋炀帝腐败造成隋朝短命的教训，为尽快恢复和发展经济，采取了一系列的政策措施：

（1）推行均田制，十八岁以上的丁男授田百亩，地少人多的地方减半，"授田无贫及有课役者"，减轻豪强对农民的土地兼并，缓和阶级矛盾。

（2）减轻农民负担，对流亡回乡的农民，分别予以三至十年的免役。凡因天灾收成减少四成以上者免租，减少七成者租庸全免，以提高农民的生产积极性。

（3）救济灾民，各地普设义仓，遇有荒年，开仓赈给农民，或贷以种子，秋收后偿还。

（4）扩大屯田，开元年间，全国军屯垦田达500万亩以上，减轻了中央财政负担。

（5）注意兴修水利，仅唐玄宗时，全国共建56处大型水利工程。

这些政策措施的施行，使这一时期的社会稳定，经济繁荣。《通典·食货典》曰："自贞观之后，太宗励精力理。至八九年频至丰稔，米斗四五钱，马牛布野，外户动则数月不闭，至十五年米每斗值两钱"。《元次山集》卷七《问进士》曰："开元天宝之中，耕者益力，四海之内，高山绝壑，耒耜亦满。人家粮储，皆及数岁。太仓委积，陈腐不可较量"。

唐代初、中期一百多年里农业稳定发展得益于贞观之治及其农本思想。《贞观政要·卷一》中写道："君，舟也，人，水也，水能载舟，亦能覆舟……。可爱非君，可畏非民，天子者有道，则人推而为主，无道，则人弃而不用，诚可畏也……载舟覆舟，所宜深慎"。还写道："国以民为本，人以食为命，若禾黍不登则非庶非国家所有，……今省徭役，不夺其时，使比屋之人，恣其耕稼，此则富矣"。

这种农本思想既重农，又亲民，重农在于把农业放到应有的地位给以支持、引导、鼓励；亲民在于认识到人民在农业发展中的作用，并采取措施调动劳动者创业积极性。这样才使唐代农业迅速恢复、快速发展。

社会人口增减是农村经济兴衰的"测量器"。据《旧唐书·地理志》记载，唐太宗贞观十三年（639年）时，幽州（今北京）领十县，有21 698户、102 079口。至唐玄宗天宝中（742—756年），仍领十县，有67 242户，371 312口。幽州地区在唐中期的人口是唐初期的三倍有余。

唐代属于今北京政区的还有檀州（今密云县）和妫州妫川县（今延庆县）。檀州在唐太宗贞观十三年（639年）有1 737户，6 468口。至唐玄宗天宝中（742—756 年），有 6 064 户，20 246 口，是唐初贞观十三年户口的三倍有余，而妫州在天宝中的户口则是贞观十三年的四倍有余。

分村制的出现

据北宋初年人乐史所编《太平寰宇记》记载，得知唐制："百户为里，五里为乡"。当时幽州领 8 县、97 乡、485 个里（村），即蓟县 23 乡、115 里，幽都县 12 乡、60 个里，良乡县 12 乡、60 个里，永清县 10 乡、50 个里，安次县 16 乡、90 个里，武清县 10 乡、50 个里，潞县 10 乡、50 个里，昌平县 4 乡、20 个里。这些县、乡的人口都是农业人口，其中蓟县、幽都县、良乡县、潞县、昌平县都在今北京市辖之内的地域，共有 61 乡、305 个里。这五县占有全幽州人口的 62.5%。从农业人口分布看，蓟县即今北京的海淀、西城、东城、朝阳区一带。这一带地区当年有丰富的泉水、湖泊可资灌溉，农业开发早，生产发展快。檀州的密云县土地开发程度与潞县相当，略低于幽都、良乡等县；燕落县地处山区，主要耕地多分布在河旁台地，其农业发展程度与昌平县相当。土地及农业开发的程度与乡、村的组织化程度是密切相关的，而农业生产的发展水平是：西北、东北山区、半山区一般要低于平原地区。但从史料看，军屯水平相对来说却相差不那么悬殊。檀、妫二州的农业生产水平明显落后于幽州地区。

唐制的乡、里就其层次相比，就如同今天的乡、村。在此之前未见有乡的列置，但见有村落。村落似只是民人定居从业的族群集聚地。而唐制的乡、里其本质是州（郡）、县以下负有行政管理职能的基层单位，表明唐代农村组织化管理的提升，史料中也就相应地出现地域间的农业生产水平的比较。可见唐代尽管仍未出现农村经济的概念，但已存在农村经济的事实内涵。

土地制度

唐初实行均田制和租庸调法，使个体农民得到土地成为自耕农。据《旧唐书》《新唐书》的《食货志》记载：均田制规定男丁十八岁以上给田一顷，其中二十亩为永业（世业）田，其余八十亩为口分田。老年、残疾人给田四十亩，寡妻妾给田三十亩，如是户主另增给二十亩。无论老年、残疾、寡妻妾，都给二十亩永业田，其余为口分田。永业田源种榆、枣、桑等树木。受田人身死以后，永业田可由家族继承，口分田归还官府，另行分配。凡田多人少足以按以上制度分配田地的地区称宽乡,不足的地区称狭乡,狭乡授田额为宽乡的一半。幽州地区自北齐以来即属宽乡,并按唐朝均田法给农民授田。

据韩光辉所著《幽燕都会到中华国都》一书记载:按照唐代均田法的规定和开元末人均应授田30亩的田地实际占有情况,贞观十三年时幽州都督府所属州县共有耕地约53 860余顷,而至天宝元年则已增辟到161 139余顷,一百多年间幽州地区土地增辟了二倍。玄宗开元中,曾于各地推行军队屯田,据《唐文典》记载:"幽州驻军三万人,马五千四百匹"屯田:幽州55屯,军屯每屯50顷,总共2 750顷。妫州15屯,300~750顷,檀州15屯,300~750顷。可见幽燕地区军屯获得很大成效。军屯以军人耕作为主,所收获谷物缴纳军镇,供军队官兵食用。

唐幽、妫、檀、蓟州屯田统计表

地区	幽州	妫州	檀州	蓟州
屯数	55	15	15	20
面积(顷)	1 100~2 750	300~750	300~750	400~1 000

赋税是按唐代前后两法执行。即在唐代前期按"租庸调法"执行,田税,每丁租粟二石;"调"作为农民向政府缴纳当地的绢物等特产;"庸"作为农民为政府服劳役代替纳物。每丁每年服役20日,不服劳役则每天折合布三尺七寸五分。据史料讲,租庸调法的税额较轻又采取"输庸代役",让农民有休养生息的机会,对调动农民生产积极性是有效的。

唐代后期实行"两税法",即一是按各户资产定分等级,依率征税;二是征税原则"量出制入"简化手续,统一征收;三是征课时期分夏秋两季,适应农业收获季节性;四是两税征课资产,按钱计算。

《旧唐书·食货志上》载."武德七年(624年),始定律令。租庸调法规定:按均田制土地配额人,每丁岁入租粟二石。调则随乡土所产,绫、绢、绝各二丈,布加五分之一。输绫、绢、绝者,兼调绵三两;输布者,麻三斤。凡丁,岁役二旬。若不役,则收其庸,每日三尺。有事而役者,旬有五日免其调,三旬则租调俱免。通正役,并不过五十日。"

科学的进步

兴修水利,引水灌溉。唐元和十四年(819年)裴行方引卢沟水东入高粱河，在今西郊紫竹院公园东西一带开辟水田种稻。今北京昌平白浮村、贯市（古称观石）、海淀温泉乡（唐怀居里）之今北京京密引水渠一线，属南口冲积扇潜水溢出带，古代泉水丰富，并处于热资源丰富区域内，其沿泉流、河川隈曲之处也种植水稻。

犁的创新。出现了曲辕犁，据《耒耜经》记载，唐代的曲辕犁由 11 个部件构成。犁辕已由辕变成曲辕，更符合力学原理，在操作上更为方便、灵活、省力，从而大大提高劳动生产率。据考证，我国耕犁至此已经定型。这是耕犁史上的重大成就。

耧播、磟碡和砺石的推广。精耕细作的演进就在于人勤和耕作工具配套到位。

引进动植物良种。一是引进马的良种，实现"既杂胡种，马乃益壮"，呈现"秦汉以来，唐马最盛"（《唐书·兵志》）；二是引进多种蔬菜良种，诸如莴苣、菠菜、菾蓬（牛皮菜）、西瓜（五代时）等等，丰富了人们的食谱，增加了菜品的多样性；三是发明了温泉栽培蔬菜，利用温泉热水在棚室或地窖中于冬季栽培蔬菜："内园分得温汤水，二月中旬已进瓜"（王建《宫词》）。

农业有较大发展

一是农业物产丰富，以粟为主，小麦次之。其他还有水稻、胡麻、豌豆、大麦、麦、荞麦等。唐代，粟仍是主栽粮食作物，并作为杂粮折纳田赋的标准粮。《文献通考·田赋七》载："开元令：……诸营田……其大麦、荞麦、干萝卜等，准粟计折斛斗，以定等级"。其次是小麦。房山云居寺唐代石经题计中有"幽州磨行"的题名，人们认定幽州已存在小麦加工业。又考证到如今京郊还有不少唐代以"麦"冠名的村庄如通州区的麦庄。昌平、大兴等地也有"麦庄"村名的。唐代幽州地区的水稻亦有较大发展，并保持在一定水平。《册府元龟·牧守部·兴利》载：唐高宗永徽中，"裴行方检校幽州都督，引卢沟水广开稻田数千顷，百姓赖以丰给"。据于德源先生推测，裴行方"引卢沟水广开稻田"大概是引卢沟水东入高梁河，今北京西部紫竹院公园东西一带在唐代都应是稻作区。据学者竺可桢论证分析，汉初至南北朝时中国大陆处于寒冷期，东部地区亚热带北界比现代南移近一个多纬度，而到隋、唐时代转入温暖期，亚热带北界比现代北移一个多纬度。就此，学者于德源根据气候条件推测，东汉张堪在孤奴所开稻田，唐代时也应存在。对于隋、唐时稻田在北京地区有多大规模，于德源认为今昌平县白浮村、贯市（古称观石）、海淀区温泉乡（古称怀居里）之今北京京密引水渠一线，属南口冲洪积扇潜水溢出带，古代泉水丰富，并处于热资源丰富区域内，且汉、唐又是人口聚集地，其沿泉流、河川隈曲之处，也当有稻田存在。《旧唐书·张允伸传》载：唐懿宗咸通十年（869年）庞勋兵变时，幽州卢龙节度使张允伸"进勋军米五十万石，盐三万石。"可见，唐时水稻虽非幽州主要农作物，但也决非仅存在区区数处，在水源充足、热资源丰富的地区均可能有稻田。房山云居寺唐代石经题记中有幽州大米行、粳米行的记载。据有关考证，粳米行当属经营由南方运来的稻米，而大米行可能主要是经营本地生产的稻米。这就进一步证明，唐时幽州地区的水稻生产占有相当的规模。油料作物方面主要是有胡麻，"在幽州地区是一种很普遍的作物"。蔬菜生产对于北方重镇、商贸中心的蓟城或幽州城来说是至关重要的农业商品。唐代极盛时期亦出现品种多样，茄子、莴苣、菠菜、牛皮菜等菜种在幽州地区传开，产量有所提高。

唐代幽州的果品生产主要是枣、栗传统名特产品，尤以栗闻名天下，从唐代始每年作为土贡送往京师。《新唐书·地理志三》"幽州范阳郡"载：幽州栗能作为贡物送往京师，可见其品种必是非常优良。今北京地区密云县深山区在唐代也是著名人参产区之一，并作为土贡送往京师。因隋唐时代处于中国近五千年气候变迁中的第三暖期，幽州地区的种桑养蚕业又重新恢复起来，并且很普遍，桑蚕业比较发展。

在唐朝前期的一百三十多年中，幽州地区和全国其他地区一样，农业生产面貌为之一新，农作物产量增加，不但可以满足百姓日常生活所需，而且可以稍有余粮。唐太宗贞观中，唐政府采纳尚书左丞戴胄之议建义仓：每年秋收，按每亩2升的定额缴纳粟或麦、秔稻，以实义仓。地多人少的宽乡"敛以所种"；地少人多的狭乡，"据青苗簿而督之"。由于灾荒而减产十分之四者，则减收义仓粮一半，减产十分之七者全免。极贫穷户不缴。义仓的作用在于"岁不登则以赈民，或贷为种，至秋而偿。"贞观中唐太宗还令于幽州等地置常平仓，"粟藏九年，米藏三年"，以备荒岁和平抑粮价。农业在持续发展中，到玄宗开元、天宝年间，据《元次山集》记载已经出现"耕者益力，四海之内，高山绝壑，耒耜亦满。人家粮储（系指地主储粮），皆及数岁，太仓（政府粮仓）委积，陈腐不可较量"的情景。

唐末，诸镇帅割据方隅，互相攻并，中央政府名存实亡。唐哀宗天佑三年（906年），刘仁恭将幽州15岁以上、70岁以下男子尽发为兵。农村劳动力减少，土地大量抛荒，农田水利多年失修，五代时农业凋敝。

手工业有长足进步

隋唐统一后，由于社会较长时间的安定，在农业逐渐恢复和发展的基础上，商业随之繁荣昌盛，为手工业的发展提供了有利环境。同全国一样，幽州地区的经济发展终于走出了魏晋十六国北朝时期的低谷。手工业生产迅速繁荣起来，并表现为规模宏大、分工细密，制度完整，生产技术水平比较高的特点。在管理和经营上，官营手工业仍占主导地位，但民间手工业也有了较大发展，在幽州城里出现各种手工业"行"。各"行"既是一种同业组织，又受到官府的管理和控制。这种手工业行会的出现，表明幽州地区的手工业进入了一个新的发展阶段。

手工业中与农村经济关联度高的是民间手工业。隋唐时期有相当长时间，政府对民间一些手工业采取相当放任自由的政策，以鼓励民间手工业发展。隋文帝开皇三年（583年）实行"通盐池、盐井，与百姓共之"（《隋书·食货志》）。到唐代统治继承了这一政策。乾元元年（758年），虽置盐铁使，但只管收税，不直接经营盐场。《继通典》记载道："天下有铜山，任人采取，其铜官买"。民间用铁器、铁农具皆由私营手工业作坊供给。唐政府对民间手工业者立有专门的匠籍，《唐六典·尚书户部》云："工、商皆为家专其业以求利者"。规定"工巧业作之子弟，一入工匠后，不得别人诸色"。

隋唐五代时期，民间手工业的类型，主要包括家庭手工业及与商业资本相结合的较大的作坊手工业并举。唐代农村家庭纺织业最为发达。这是因为：一是唐代气候变暖，植桑养蚕业重新兴旺；二是受唐代实行的租庸调赋税制度有关。"调"是户调，主要是向农民征收丝麻织品，而数量很大。天宝中，政府每年征收的纺织，计绢740万匹，丝185万屯（1屯＝今6两），麻布1605万端（1端＝今5丈）。这"调"就激起农村家庭纺织生产之盛。

中唐后，幽州地区民间的纺织业作坊大为增多，有的已形成很大规模。房山石经中出现与纺织业相关的行会有布行、大绢行、丝行、小绢行、帛行等，另外还有生铁行、炭行、磨行、染行等。这些对研究唐代农村手工业行会很有意义。有学者指出，私营手工业作坊尤其是大型私营手工业作坊，是唐代出现的新生事物，它反映了社会经济的发展，商品交换与市场经济的活跃、手工业生产技术的进步及直接生产者人身依附关系相对减轻等。

隋唐时期幽州地区的手工业有：

丝织业。为幽州地区素称发达的家庭手工业。只是西晋北朝时因气候变寒影响曾一度衰退。而隋唐时期则正处于中国近五千年气候变迁中的第三温暖期。唐代，幽州地区的蚕桑业重新获得发展，丝织业亦重新振兴又成为丝织品的重要产地，盛产绫、绢、锦、帛等，是向朝廷进贡的土产。《唐六典》记载，充作赋调的绢布按粗细分类，绢分八等，布分九等。幽州绢为第五等，属于中等水平。

冶铁业。唐初，钢铁主要用于制造农具、手工工具、生活用具及兵器等。前三种铁器多由农村制作。幽州的冶铜业在继续发展中，用铁、铜的铸钺业日见兴旺。

制盐业。幽州地区自古号称"鱼盐之饶"，所谓"盐池之数有九，七在幽州"（《金石萃编》）。盐业自古官营，但唐代允许农民参与营生。农民主要从事煮盐生计，所产之盐除了满足当地军民的食用需要外，而且还不断地向东北地区销售。

陶瓷业。隋唐时期我国的制瓷业进入繁荣时期，并开始形成一个独立的手工业部门，在幽蓟地区有史以来一直成为一种官、民的手工业行当。在北京宣武、海淀、石景山、昌平等地多有发现唐代陶制器物，1977年，在密云县沿村出土了唐三彩罐。

石刻与雕塑业。房山区自古出汉白玉石及大理石等，它们既是古来的建筑材料，又是很好的装饰、装潢材料。石材与石刻、石雕工艺品一直是房山区农民的传统手工业。石刻的代表作是房山云居寺的石经。中国佛教协会编辑的《房山云居寺石经》一书，将隋唐时期房山石经的刻造分为三个阶段：一是隋大业中至唐初，由炀帝皇后弟内史侍郎肖瑀施绢500匹以助其力，由静琬施刻；二是盛唐开元天宝之间，除静琬外，还有惠暹、玄法等主持施刻；三是晚唐时期。经石即刻于隋朝，终于明末，前后达1 000年之久，共刻佛教经籍1 122部，3 572卷，镌刻石经版14 278石。杨亦武著《云居寺》有详细叙述。石经工程之艰巨浩大，是世界仅见。

商业贸易十分活跃

隋朝前期，隋文帝采取一系列积极的政策措施维护社会安定，发展经济。到开皇十七年（597年）时，隋朝呈现"户口滋盛，中外仓库，无不盈积。所有赉给，不逾经费，京司帑屋既充，积于廊庑之下"（《隋书·食货志》）。从全国范围来说，隋朝的经济发展程度是比较高的，商贸业的发达与市场的繁荣是前所未有的。但处于边陲的幽州及蓟城则仍动荡不安，直到隋文帝统治的中后期才得到缓和，经济才有所好转，商贸业方有转机。到了隋炀帝时期，频频东征伐辽，为了保障供给征用百万民工开挖运河，从南漕运物资进蓟，为蓟城的商业发展注入了新的活力。不过尽管"城中仓库山积"，但与蓟地农村经济发展几无带动。因为蓟城繁荣是借助漕运由外来商品充溢而形成的。而当时蓟地农民中连妇女都被征去开挖永济渠去了。农无人务，谈何发展商贸。

唐代贞观之治使农业和手工业的发展，使得幽州城的商贸业十分活跃。尤其在开元天宝年间，幽州进入了一个新的繁荣时期，城区北部设有固定的商业区和手工业区，称为"幽州市"。实际上就是官府批准设立的商业区，四面用墙围起来，每天早开晚闭，由市令"掌交易，禁奸非，通判市事"。城内商业行业数量增多，据房山《云居寺石经题记》记载，当时设有近三十个行业，其与农村产品有关的有白米行、大米行、粳米行、炭行、大绢行、丝锦行、绢行、肉行、油行、果子行、生铁行、磨行、布行、杂货行等，以及犁、锄、刀、斧等各种农具或生活用具。

交通业的兴起

南北大运河的修成开通，通州地区特别是运河沿岸的农民中有许多人进漕运就业。

史称大运河是物资交流枢纽，京东贸易中心，"关天下之财富，悉经此路而进"；是"漕运要埠，仓储重地。是百司庶府之繁，卫士编民之众，无不仰给江南"。这里关系到封建王朝兴衰存亡的巨额漕米的转输，大约需要两多艘漕船，十二万多押运的官役漕丁。每年需运粮漕船二万余艘，"岁入粮四百万石"，需要船工储运工不计其数，多是通州地区民众，皆因此带动了通州地区的繁荣与发展。

自然灾害

隋朝立国仅 30 余年，自然灾害多为旱灾。"大业四年（608 年），燕、代缘边诸郡旱"（《隋书·五行志》），以至翌年"燕、代、齐、鲁诸郡饥"。自唐太宗贞观年间以后，幽州地区灾害以水灾为主。贞观二十一年（647 年）至唐宣宗大中十二年（858 年）的 212 年间，幽州地区水灾有 9 个年份，而旱灾只有 2 个年份。贞元八年（792 年）秋季，自江淮以北，直至河北地区，发生严重洪水，2 万余人丧生，城郭、庐舍、禾稼尽没。《唐会要·卷 44·水灾下》记载：幽州都督府下统领的五州皆平地，水深一丈五尺。

隋朝初中期由于隋文帝实行一系列开明政策措施安民休养生息，促进了社会经济发展。但为时不久，隋炀帝接位后频繁远征伐辽。为伐辽不惜开凿北运河征集百万余民，致使幽州地区大片土地荒芜，农村经济衰退。蓟城繁荣全靠人口增加和调来外埠财物的集结。

唐代由贞观元年直至开元天宝的一百多年间，因朝政开明，又重农兴商，从城市到农村成为历史延续时间比较长的经济繁荣兴旺景气期。

隋唐期间，特别是唐代，京畿地区的小农经济结构的商品生产与经营走势强劲。隋初在"京市"设有六品上阶的"市令"负责管理包括蔬菜商品在内的市场交易。唐代设立"农圃监"和"农圃丞"兼管蔬菜种植等农圃事务，明确提出"在城市近郊，一般配置十亩农田，选择其中较为肥沃的五亩作为菜地。以自给为主，有余出售为宗旨，可以经营蔬菜种植业"。唐代京城即出现"菜行"。作为主要服务城市需要的小麦与稻米生产受到重视，在五谷中的排位列居第二、三位。手工业除了家庭手工业外还出现了与商业资本相结合的作坊手工业。工农业的商品生产呈现出创新势头。

从唐代开始出现乡、村（里）基层管理组织机构，时为"百户为里，五里为乡"。这时的村（里）已不单是民人集聚定居的村落，而更具行政管理职能的基层组织。这时的农业更加强化了经济再生产的功能特点。

五、辽金元时期的小农经济（936—1367 年）

（一）辽代

宋代时，河北、察哈尔、绥远、热河及辽宁一带的北方地区为辽国所占。黄河流域以南地区才是宋朝疆域。当时的幽燕地区基本上处于宋与北方胡人对峙政局。辽代统治幽燕之地达 180 多年。

在北京城市经济发展史上，辽金时期是重要的过渡时期。作为辽的南京和金代中都城使得古老的蓟城从一个地方城市和军事重镇向全国政治中心和全国封建经济中心过渡。辽代的统治者是契丹人，而契丹是一个较早接受农业生产的民族，对农业活动的认识较其他北方民族认识更为深刻。辽太祖就是以开发农业生产基地而起家。契丹早期建立的"头下州县"又为草原带来极大好处，并取得一些管理农业的经验。辽初又大量吸收幽燕文人作政法高级官吏，也使他们学到不少中原先进经验。因此，辽代比较重视发展农业，农业也比较发达。

辽代是契丹所治。契丹是我国北方的一个游牧民族，祖先为东胡人（即今所谓通古斯族），鲜卑宇文氏的后裔。他们从唐末兴盛起来，直到北宋末年才被金国灭掉。在这二百余年中他们是亚洲最有势力的一个国家。他们的国号起初为契丹，后来改为辽。契丹人多生活在"和龙（今辽宁朝阳）之北数百里"。从史料记载看，早在 6 世纪前后，契丹就与幽州地区发生了经济联系。936 年，石敬瑭起兵反叛后唐，为了换取契丹的支持，甘当儿皇帝便以割让幽云十六州（即幽、蓟、瀛、莫、涿、檀、顺、妫、儒、新、武、云、应、朔、寰、蔚）及岁贡帛 30 万匹相许，幽州遂入契丹之手。辽获得这片土地之后，会同元年（938 年），契丹主耶律德光升幽州为南京作为辽的陪都。辽代占据南京以汉制汉、因俗而治以安抚汉人民心，因地制宜重视发展农业经济。辽代后期，公元 986 年，宋朝大举进攻燕京，战争持续数月，再加上当地农民起义，民不聊生，经济受到破坏。

实行奖励政策

辽圣宗对南京地区的农业，采取了一系列奖励政策。统和十二年（994年），因淳阴水灾，下令浚河道，减免当年赋税，并赐贫户耕牛。翌年，下令诸道劝农，动员开垦昌平、怀柔等县荒地。统和十五年（997年），令免南京遍税及义仓粟（税名）。开泰三年（1014年），增设南京转运使。开泰八年（1019年），南京发官廪使卖身为奴的农民按佣工赎身。由于这些措施的实行，到圣宗太平年间，燕京地区出现了空前的经济繁荣。太平五年（1025年），圣宗到南京，适逢幽燕大丰收，百姓争献生产，夜间燕京城内灯火如昼，一片太平繁荣景象。

就发展农业而言，辽代采取了四项政策：

一是妥善处理战争与农业及畜牧业与农业的关系。圣宗初，辽宋之间关系紧张，战争在即。为了战争不影响农业生产，耶律休哥在南京"均戍兵，立更休法，劝农桑，修武备，边境大治"（《辽史》）。统和四年（986年），辽代诏令：军中无故不得驰马，及纵诸军残南境桑果。统和七年（989年），下令禁部民伐民桑梓；又禁刍牧伤禾稼。统和十四年（996年），诏诸军官毋非时畋猎妨农。由于这些政策的执行，尽管统和年间南京地区战争频频，但农业一直处于上升趋势。

二是鼓励农民开垦荒地，奖励农业生产。为了增加粮食产量应对全国人口的增加和南京驻军的需要，承天太后采取了不少鼓励农业生产的措施。统和七年（989年），诏令燕乐、密云二县荒地许民耕种，并免赋役十年。统和十二年（994年）十二月，下诏赐南京统军司贫户耕牛。统和十三年（995年），诏许怀柔、昌平等县诸色人户清业荒地。结果使南京北部山区及潮白河谷的部分土地得到开发利用。再就是适当减轻农民负担。统和十五年（997年），免南京捕税及义仓粟；同年，发义仓粟赈济南京贫民。辽代后期，政治走向腐败，但对农业一直采取鼓励政策，遇到灾荒，大都减免赋税，加以救济，以保证农业的持续发展。

三是保持边境安宁，与宋朝争夺劳动力。耶律休哥镇守南京（即北京地区）时期一直保持着"省赋役，恤孤寡，戒戍兵无犯宋境，虽马牛逸于北者悉还之。远近向化，边鄙以安"（《辽史》）。

四是限制妨碍农业的其他活动等。

由于一系列"劝农"政策的实施，到圣宗中后期，南京地区出现空前发展的大好局面。

土地制度

辽代的土地占有制度是官田、营田和私田三种。

燕京的官田主要有：

（1）属于国家的山林、塘泽。这些土地允许百姓采樵、渔猎和放牧，国家也常行采伐、冶炼和开辟盐场。

（2）农民因战乱、饥馑而抛荒的土地，称之为"在官闲田"。农民种国家的熟地或开荒要向政府交租。辽代中期，为发展农业生产，鼓励农民开荒，调动农民积极性，采取晚交租的办法，或免租几年。如统和十五年（997年），"募民耕滦河旷地，十年始租"。燕京地区，统和七年（989年），"诏燕乐、密云二县荒地许民耕种，免赋役十年"。这都是指在官闲田令农民耕种。

（3）官员、贵族因犯罪而被籍设的土地。

（4）朝廷作战的行军官地。如道宗咸雍年间，虽开放种稻禁令，但仍规定：除行军地，余皆得种稻。

（5）为契丹牧民开辟的牧地。

营地（田）指由军人开辟和经营的田地，田中产品供养屯兵。

私田指由私人占有的土地，其大部分为贵族、地主和寺院占有，自耕农只占有很少的土地。

燕京的私人土地可以买卖。有权势、有钱的人可以通过买卖兼并大量土地为自己扩大发财致富的资本。

辽代时的赋税：其一"民田税"，按亩计征，每亩中等地纳官税一斗；其二"官田税"，佃农既要缴纳由政府收的"公田之赋"，还要承担官田交纳秋夏二税；其三"身丁税"，凡20岁到60岁的男丁要交身丁税；其四"和籴与和买"，前者为官府强制收纳民间粮食；后者为官府强制收购民间布帛。实行"和籴"与"和买"是按土地多少分别派定强制征购的数量。

劳动者及其素质

辽代有各种身份的劳动者：

自耕农。他们虽然也向国家交纳税收和负担沉重的差役，但毕竟有自己的小块土地耕种，过着比较自由的生活。据史料记载，燕京的自耕农并不多，特别是辽中后期，由于大地主的疯狂兼并，使许多自耕农失地而沦为佃农、庸工以至依附于大地主的隐户和部曲。

佃农。租佃关系是封建社会早就存在的。佃民通过租佃地主土地，大部分收获物交给地主，自己所获极为有限。他们中有的自己有一点土地，但不足以养活自己，还要向地主租佃一部分土地耕种；有的则完全没有土地，全靠租佃土地耕种为生。使用佃农的除地主外，还有寺院。辽代很尊仰佛教，在燕京建了许多寺院，并分给他们大量土地。寺院除了由部分僧人从事经营管理外，其土地主要靠租佃纳粮维济。

雇农（庸工）。一些既没有土地又没有劳动工具、种子等生产资料的农户，只能出卖劳动力当雇或庸工，有长工，也有打短工（或称临时工）挣钱养家糊口。据说，辽代燕京地区雇工并不多。

部曲与隐户。就辽代而言部曲是指封建地主阶级私人的家权。契丹贵族进入燕京后不习惯采用租佃方法来经营土地，而是使用部曲。辽代的部曲一般可以有自己的家庭，但没人身自由，全家都是主人的奴仆，劳动所得只能维持生存。隐户多为自耕农为逃避政府差役而投靠、依附于豪门贵族之下。而一旦成为隐户，便成为半农奴、半自由民。他们大部分收获物交给领主，但在人身依附上，比部曲自由。

奴隶。辽最初建立的是奴隶制国家，草原地区的奴隶很多，但在燕京地区少得多。随着辽向封建制转化，燕京地区的奴隶制进一步受到限制。如时承天后侵宋，俘获甚众，师次范阳，世珍上言；降卒皆有怀土之情，驱之而北，终不为用。太后嘉纳，纵活数万（《辽史拾遗》）。这些俘虏被释放后大部分重返家园，留在燕京地区的一般也给以土地、耕牛，不再为奴隶。

技术进步

史料载道，燕地"水甘土厚，人多技艺"。

（1）生产工具有所创新。近几十年，北京地区出土了辽代大量铁器农具，出土的地点也非常广泛，市内的先农坛、地坛，西部的百万庄，北郊的清河、北小营以及远郊的顺义、怀柔、通州、房山等地区都有发现。从农具的种类看，有耕播所用的铧、犁、漏水器，有锄地松土的长锄、手铲、耪，有收割用的镰刀、钩镰和杈，还有农家常用的镐（刨地用）、斧、凿、铡刀等。这些工具制作精细，同一种工具往往形式、大小都有区别。据考证，北京出土的辽代铁器与金、元相差不大，有的甚至与现代北方农具都极相似。可见，当时农业器具已相当进步，以后变化不大。

（2）注意水利建设，辟荒泊池沼为水田。幽州东部自古多水泊，以往是水害多于水利。春夏水草丛生，秋季涝洼难，很少得到利用。直到辽代学习宋人的种稻技术，将荒泊沼泽辟为水田种稻，在幽燕地区水利发展史上，是一个重要阶段。

（3）创造了"垅耕"种植法。面对北方风沙多，气候干旱的实际，辽代的劳动者们创造了"垅耕"种植方法，既可保墒，又可使植物的根扎得深，以防风沙吹剥表土，使农作物受到侵害。这方法当时在密云古北口地区多有应用。

农业生产恢复，农产品十分丰富

辽代契丹统治者进入中原地区前后，一直重视吸收汉族文化，任用汉族人辅佐朝政，所以幽燕地区农业经济没有受到过多的破坏。相反，在契丹统治幽燕地区近200年间，在相对比较稳定的环境里，在上述一系列扶农政策和技术进步的支持下农业生产有所发展。

辽代统治者一方面对农业生产采取保护态度，禁止契丹骑兵战踏庄稼的行为，诏曰："敢有伤禾稼者，以军法论"。还采取优免赋役等优惠条件鼓励百姓开垦荒地，扩大耕地面积。统和七年（989年）六月，"诏燕乐、密云二县荒许民耕种，免赋役十年"（《辽史》）。统和十三年（995年）六月，又"诏许昌平、怀柔等县诸人清业荒田"（《辽史》）。唐代时密云县与潞（今通县）的农业发展水平相当。而燕乐县与昌平县发展水平相当，比较低下。因此，辽代统治者便重点发展昌平、密云、怀柔、燕乐这些半山区和山区的农业。辽代统治者在鼓励农业生产中固然不放弃统治特权，但也注意给农民以起码的生产条件。统和十五年（997年）"禁诸军官非时攻牧妨农"（《辽史》），又诏免南京贫民旧欠义仓粟，以减轻农民负担。南京是契丹农业最发达的地区，在圣宗中后期累累有大熟之年（《辽史·道宗本纪》）。燕云山区的寺田经营也引人注目。如位于"渔阳古郡之西北"的上方威化寺，"野有良田百余顷，园有甘栗万余株"。说明其农业生产已颇具水平。

契丹统治者的武装力量以骑兵见长，在以幽州为南京后即禁止农民种稻。辽景宗保宁八年（976年），南京留守，汉族官僚高勋"以南京郊内多隙地，请疏畦种稻"，当即遭到契丹族大臣耶律昆的反对，认为此奏"必有异志，果令种稻，引水为畦，设以京叛，官军何由而入？"（《辽史》）。直到咸雍四年（1068年），为了维持辽南京地区最基本的经济需求，增加粮食供应，辽道宗不得不顺应时势，放弃种稻禁令，诏曰："除军行地，余皆得种稻"（《辽史》）。由此，幽燕地区的水稻生产又得到恢复，并成为南京近郊的主要作物。但大面上的作物还是以粟、黍为主,还有菽、麦、荞麦、高粱等。蔬菜、水果类有较大发展,蔬菜生产品种达50多种,水果主要有桃、石榴、西瓜等。位于南京的"内果园"又称"南菜园"是北京地区最早建立的皇家果蔬花木生产基地。据《燕州国志》记载:"析津府户口三十万,大内壮丽,城北有市,膏腴蔬菜瓜果实稻粱之类靡不毕出,而桑柘麻麦牛豕雉兔不问可求,水土甘厚,人多技艺","锦绣组奇,精绝天下"。但远没有超出唐代幽州地区农业发展水平。

燕京深山区多松林,半山区则多果木,平原地带以桑榆柳槐以及桃李居多。辽代重视植树造林,许多新建寺院都建有自己的林场。对果树栽植关注有加。重熙二十二年(1053年),政府曾"诏内地州县植果木"。在南京首创"内果园",专为皇室开辟果木林园,以供宫廷果品需要。在燕京地区种植的果木中以栗为最,出现了许多"栗园"。由于栗树种植面积大,产量多,成为辽代政府一项重要收入来源。据《辽史·百官志四》记载"辽南京设置有栗园司,典南京栗园",设立专门机构"栗园司",负责管理栗园。幽燕地区素以枣、栗著称,动辄千株,所在多有。《光绪顺天府志·地理志九》记述道:清宛平县治西四十四里有栗园,辽置栗园司。四十五里卧龙岗西南,亦有栗园村。北京地区至今有许多以"栗园"命名的村庄,其中不少是辽金时期留下的。燕京地区的果品还有桃、杏、李、柿、枣、樱桃、梨及各种瓜果。从北京门头沟区斋堂辽墓壁画上一侍女手捧果盘中有西瓜可知,西瓜是由回鹘人于五代时从西方传入内地的。胡峤在《陷北记》写道:西瓜的种植方法,是"以牛粪覆棚而种"。

辽代在五京之内,都在城中辟出菜圃以供宫廷需要,许多地主庄园和寺院也有专门的菜园。以花卉为业的园艺也相当发达。相传关外的上花园、下花园就是肖太后种花的地方。怀柔、延庆也都有"肖太后花园"。在各种花卉中,契丹人最喜爱牡丹和芍药。当时燕京长春宫牡丹最盛,《辽史》记载,圣宗在统和十二年三月,便曾专至长春宫观牡丹。

畜牧业发达

本来契丹人对燕山地区的牧地垂涎已久。当燕地归入契丹以后,畜牧自然有所发展。在大安年间,"燕地遣括开荒使者驻至(三河县),按视阙土,以豪民所首,谓执契不明,遂围以封官,旷为牧地"。燕地则在山坡荒地上成群的放牧，以养牛、马、驴、骡等家畜为主。

关于渔业，未见有开塘养鱼的记载。但施网捕鱼当是常事，因为燕地湖河、沼泊很多，有水便有鱼虾，捕鱼摸虾古来有之。

手工业生产有了进一步的恢复与发展

辽金时期，北京地区手工业比较突出的是丝织业、酿酒、陶瓷业和冶铁业等。

丝织业仍是幽州地区传统手工产业，唐末五代初幽州丝织业曾一度中衰。辽南京时工巧细致，技术日益改进，丝织业生产有了进一步恢复和发展，技艺则更上一个台阶，丝织品质量有了惊人的提高。1005 年，宋真宗曾把辽所赠送的精美丝织产品同前期辽所献的进行比较，指出过去的丝产品质地粗劣，而现在的则工巧细致，"盖幽州有织工耳！"（《宋会要辑稿》）。丝织品的染色和纺织技术已十分成熟。麻绦织业在辽南京仍占主导地位。南京不仅以"桑柘麻麦"著称，而且麻布更是广大劳动生产者的最基本的需要，麻布生产量一直较大。

酿酒业很发达。用金兰水酿成的金兰酒，味极醇厚，极负盛名。

制瓷业。制瓷是辽代南京一个新兴手工业。现已发现门头沟区龙泉务村、房山区磁家务村、密云县小水峪村、平谷区寅洞村等均有辽代古窑遗址。燕京瓷窑以烧制白瓷为主，并烧青釉瓷和绿、黑、褐色釉瓷，有的还烧成琉璃制品。

冶铸业。辽代北京地区矿冶已很发达。2005 年，延庆县大庄科乡发现辽代矿冶遗存，经 10 年开发出土了辽代"钢铁工厂"。虽然炼铁的炉口、炉腰已缺失，但鼓风口、出铁口、出碴口一应俱全。炉膛有三人可站的空间。据推测每天产量大约在 1.5 吨，绝对称得上当时世界第一。

开发人员在这里还发现有当时的矿山和小作坊。据专家们研究，其产品主要是兵器。但也不排斥制作农具（《北京日报》2015 年 4 月 10 日）。在京郊通县、顺义、怀柔、房山等地出土的辽代铁器有犁铧、犁镜、耘锄、镐、铡刀等铁具和铁水盆、革刀、剪刀、三足六鋬釜等器具，说明当时冶铁业十分繁荣。其数量之多，品种之繁，质量之高都是前代所不能比拟的。值得铭记的是，这些铁器都是民间手工业作坊的产品，而不是官方产品，表明冶铁铸造技术已普及到民间。密云县依托银冶山的银矿开办有银采冶业，为金银器的制作奠定了基础。辽南京有金银铺专门制作金银器物，形成专业化。尤以金银马具制作数量和种类丰富，有鞍桥、带饰、缨罩、银铃等，被誉为当时"天下第一"。1963年，北京顺义县辽净光塔塔基中出土了银座水晶塔、凤纹银盒、荷叶纹银盒等7件。1977年，房山北郑村辽塔重熙二十年（1051年）的地宫中出土了八曲银碗、八曲银盘、银佛幡、银树等。可见辽南京银冶业亦发达。

此外，辽代南京地区的石刻和雕版印刷业、建筑业等都在兴起。

商业发达

辽代南京已经出现了政府管理的市场。《契丹国志》载："燕京析津府户口三十万。城北有市场，陆海百货，聚于其中，僧居佛寺，冠于北方。锦绣组绮，精绝天下。膏腴蔬蓏、果实、稻粱之类，靡不毕出，而桑、柘、麻、麦、羊、豕、雉、兔，不问可知"。可见，燕京市场十分繁荣。除了正式的大市场之外，燕京的许多街道两旁，店舍栉比，百肆具列。绢帛、锦缎、瓜果、肉食、山货等和各种日用品都有专门店铺。当时东门内靠近大市场檀州街等地，是商业最繁华的地方。辽代燕京外各州县都有自己的市场或集市。宋人刘敞使辽，归程中过檀州（今密云），适逢州城早市，于是作《檀州》诗，其中描写集市情况说："穷谷回看尽，孤城平望遥，市声衔日集，海盖午时消。"意思是走出无穷的沟谷之后，来到山城檀州。正当州府开衙之日，又逢山城集市，叫卖声声，十分热闹。一个山城早市如此繁华，平原地区集市的繁荣景象就可想而知了。秦大芝在《北京商业史》中写道："城市市场上货物内容丰富，可以满足多种需求。有燕京盛产的黍、稷、稻、麦等粮食，还有大量的林木园艺产品，如栗子、枣、桃、杏、柿子、樱桃、梨和瓜类、蔬菜等。至于契丹人所食的牛、羊、兔、鹿、熊、雁、豚、貂等种类的肉产品此时也成为了市场上的大宗产品。除了农副产品，居民所需的各种纺织品也是应有尽有，'冠于北方'"。物质的丰富和技术的进步，都是商业发展的重要推动力。

城乡商业的繁荣促成朝政的税收成倍增长。《全辽文》所载《张绩墓志》云：兴宗重熙六年（1037年），张绩"充燕京管内都商税判官，吏不敢欺，商修所鬻，市征倍入，府库无虚，以出钱三百万余，不满考而勾赴中堂"。

但于德源先生在 2008 年出版的《北京史通论》中则写道：辽代南京"实际商业贸易水平已经远远低于唐代的水平"。他引证于北宋真宗大中祥符初年（1008 年）路振《乘轺录》中记述：辽南京城内，"列肆者百室"，唐幽州城内 26 种行业，此时平均每行业不到四家店铺。究其原因：一是辽宋分据阻断南北商贸流通；二是苛刻商税；三是官吏贪污搜刮，积重难返，加重了对商业的摧残。

交通运输业

辽代的城乡及燕京对外交通比较发达，从西北出有居庸关，东北出有古北口，向南有大运河水运，西南出有房山马道等。

京西门头沟区从辽代以后，一直是北京城的煤炭供应基地，这些煤炭产地大多在深山之中，过去交通运输方式，主要以驴、骡等牲畜运输为主，驴骡运输日夜不停，久而久之沿途就形成了商道。山里的干鲜果品和土特产品亦通过商道外运，城里的食盐、布匹及日用百货也由商道运进山村。

自然灾害

辽代初期，南京地区的自然灾害仍以水灾为主。自辽穆宗应历三年（953 年）至辽圣宗统和十二年（994 年）的 41 年间，共有 5 个发生水灾的年份。统和十一年，桑干（今永定河）泛滥成灾，今北京延庆县禾稼荡然无存。洪水乘势而下，给平原地区造成巨大危害。次年大水，今北京通州南漂溺三十余村。1008 年，干旱。辽遣使赴北宋购麦种，补种春小麦，以度荒年。这是史籍中首次出现该历史阶段有干旱的一年。辽道宗咸雍四年（1068 年）、大康八年（1082 年）发生过两次因降雨所致的水灾，大安十年（1094 年），有"淫雨作阴"的涝灾，并伴有疫病流行，以致饿殍枕藉，死者达三千余人。

总之，契丹统治的 200 年，辽代燕京地区在一系列开明朝政的鼓励下，农业、农村经济在较长的社会稳定环境下发展。"东自碣石，西彻五台，幽州之地，北限大山""山之南地则五谷百果良材美木，无所不有"（许亢宗《宣和乙巳奉使金国行程录》）。辽国生产的粮食自给有余，国库中贮存的粮食不仅可以用来赏赐大臣，赈济灾民，还用以支持周边民族。景宗保宁七年（975年），"汉（北汉）有宋兵，使来乞粮，诏赐粟二十万斛助之"。开泰九年（1020年）"燕地饥，户部副使王嘉请造船，募习海漕者，移辽东粟饷燕"，只因"道险不便"未能实施（《辽史·食货志上》）。但是，辽国农业的发展不平衡，草原地区以畜牧业为主；燕山山区，畜牧业与农业兼顾；长城以南则以农业为主，加上一部分畜牧业和果树业，"其人耕稼以食，桑麻以衣，宫室以居，城郭以治。"而"大漠之间，多寒多风，畜牧畋渔以食，皮毛以衣，转徙随时，车马为家"（《辽史》）。在其社会经济中不仅有以农村经济为基础，还有寺院经济。史料记载和考古发掘的实物都可以证明辽南京地区是辽国境内最富庶的区域，这里的农业、园艺、畜牧业，以及工商业等都比较发达，物产多样性，小农经济的商业化有了明显的提升。其丰富程度在辽国境内是首屈一指的。

（二）金代

1122年12月，金太祖阿骨打率兵攻陷燕京，致辽代灭亡。

金代是女真人阿骨打联宋攻灭辽政权后，于1115年建立的女真政权，国号金，都于会宁府（今黑龙江阿城县南），1153年（贞元元年），完颜亮正式迁都燕京，改燕京为中都，统十四州和大兴府。从此，北京开始了正式成为封建王朝中心的历史。金中都是在北京原始聚落的旧址上发展起来的最后一座大城，居民总计225 590户，成为当时北方最大的城市和封建政治经济中心。

农业政策及阶级关系

受战争的破坏，金初的中都地区，"市井萧条，草莽葱茂"，农村呈一片破败景象。为了尽快恢复农业生产，发展城乡经济，金朝取得燕京后，采取了一系列刺激和发展经济，特别是农业的政策。主要有：

（1）减轻徭役。大定元年十一月，诏中都转运司"（今后）凡宫殿张设毋得增置，无役一夫以扰百姓"。九年五月又重申："自今在都浮役，久为例者仍旧，余并官给庸直，重者奏闻"（《金史·世宗本纪上》）。

（2）禁止军人扰动地方，破坏农业生产。天辅六年十一月诏，"燕京官民，王师所至，降者赦其罪"，七年正月又诏曰："诸州部族归附日浅，民心未宁。今农事将兴，可分遣谕典兵之官，无纵军士动扰人民，以废农业"（《金史·太祖本纪》）。

（3）释放奴婢。天会三年，"诏权势之家毋买贫民为奴，其胁买者一人偿十五人，诈买者一人偿二人，皆杖一百"（《金史·太宗本纪》）。大定三年十一月诏："中都、平州及饥荒地并经契丹剽掠，有质妻子者，官为收赎"（《金史·世宗本纪》）。四年九月又诏："平、蓟二州近复蝗旱，百姓难食，父母兄弟不有相保，多冒鬻为奴……可速遣使阅买其数，出内库物赎之"（《金史·世宗本纪》）。

（4）推广先进的农耕方式——区田法。章宗明昌五年规定：凡农田百亩，如果是濒河易得水之地，须区种三十亩，多种者不限，无水之地，地方官吏也要依法劝民区种。承安元年，又规定男子年满十五岁以上，六十以下有土田者，每丁区种一亩，丁多者限五亩止。为了推广区种法，金章宗还"观稼于近郊，因阅区田"（《金史·章宗纪》）。

（5）鼓励开垦荒地。金政府规定，"开垦荒地，以最下第五等减半定租，八年以后始征。作为已业的土地以第七等减半征租，七年始征""自首冒佃比邻地者，输官租三分之二"（《金史·食货志》）。

由于金朝政府的刺激政策和广大人民的努力，中都地区的农业与农村经济迅速得到恢复与发展。史载当时社会出现了"风雨时，年谷丰，盗贼息，百姓安"（《金史》）的景象。

在唐辽时期，中都地区农村即已确立了封建的生产关系，农村社会以地主、农民两大阶级为主体并存。金王朝定都中都后，又将奴隶制下的奴隶主猛安谋克户大量迁入，他们使用奴隶进行农业生产。此时的中都农村，人们的身份构成出现五种类型：

地主。他们是农村土地和财富的主要占有者和蓄积者。金中都农村除了辽代迁移来的大批奴隶主贵族仍凭借政治权势占有大量土地外，到金代又增加了许多新地主，形成了一个不小的统治阶层。

猛安谋克军事贵族。金王朝定中都后，即将本族的大量猛安谋克户迁入，并将农村中的大量土地括为"官田"，分给他们，由使用的奴隶进行劳动。

农民。他们耕种的土地，佃自地主、猛安谋克或官府，依靠租佃土地耕种而生活。

奴隶（农奴）。猛安谋克用家庭生产的奴隶。靠他们耕种从政府分得的官田。

自耕农。拥有仅供自己耕作的少量土地的农民，他们的状况是"无田妻啼饥，有田稻中番泥等为饥所驱，贫富亦两齐"（《滏水集》之《听雨轩》）。此诗表明自耕农并不比无地农民好多少。

土地占有形式，主要有官田、私田两种。官田，即指金王朝国家所有的土地，多为官方所拘括的荒地、闲地、牧地，以及逃亡、绝户的土地没入官者，还有僧尼道士的土地。官田的用途：作为各级统治机构办公室的开支（职田）；作为养士之用（学田）；分给猛安谋克户作为他们谋生之用；招募佃户耕种由官方收取地租等。私田，具有政治权势者占官田为私有。到大定末年，"随处官豪之家多请占官地，转与他人种佃，规则课利"（《金史·食货志》）。

金政府自己也经营土地。方式之一是屯田。金代"屯田之所，自燕山之南、淮陇之北，皆有之，多至六万人，皆筑垒于村落间"（《大金国志》）。方式之二是出租。不过租佃者皆豪民大户，这些大户，"租佃官田岁久，往往冒为己业"（《金史·食货志》）。官田中用作职田、学田的部分，由政府租佃给农民耕种，官方收租；其他部分也是直接租给无地、少地的农民耕种而收租。

金中都的小农经济

（1）停滞期。海陵王时期，大兴土木建设中都，为修建宫室、扩建都城，征集军民120万人，连续修建数年，不仅使大批劳动力离开农村、农田，还要消费大量财物。同时还要准备侵宋战争，又在中都地区大量征兵，凡是年满20岁以上、50岁以下的，都必须征入军队当兵。这样，农村只有老、幼从事农业生产。

物力负担苛重。修建宫室，扩建都城所需木材、砖、石等都由民间承担；为侵宋战争亦从民间索取军费及物资等，造成"民皆被围，衣食不给"（《三朝北盟会编》）。中都地区人民在工役、兵役、赋税、借支、物力等五个方面的搜刮之下，大批破产、逃亡，田地不能耕种，大量农田荒芜，经济停滞。

（2）恢复期。海陵王侵宋，兵败被杀，金世宗即位后，"用度不足，百官未给全俸"。到大定四年，中都的漕运还不能通。这种局面，迫使金廷在中都采取一系列恢复经济的措施：

一是保护生产力。对因灾荒及破产、逃亡人民沦为奴隶的，进行赎、放。

二是免税及赈济。金世宗一朝多次实行减、免租税，以减轻人民负担，保护农业生产。

三是重视农业。金世宗亲自到中都近郊去观察农耕，如大定三、四、七年都有金世宗到近郊"观稼"的记载。他还屡次诏示官吏防治农业灾害（水灾、蝗灾等）及毁坏农作物（行为）、惩罚辍耕等。如大定三年三月，"中都以南八路蝗，诏尚书省遣官捕之"。同年五月，"中都蝗。诏参知政事完颜守道按问大兴府捕蝗官"。十九年二月，上如春水，见民桑多为畜啮，诏亲王公主及势要家，牧畜有犯民桑者，许所属县官立加惩断。二十五年的一次出猎中，"见田垅不治，命笞田老"。惩罚不勤耕作的人等。这些做法，对生产的恢复起了积极的促进作用。同时，还采取优惠税收的办法激励手工业与商业的发展。使中都地区的经济恢复收到一定的成效，人民生活也有了一定改善，"家给人足，仓廪有余"（《金史》）。

（3）发展期。这时已进入金章宗时代。大定二十九年，金章宗即位，他采取两项措施：一是解放生产力，于即位当年二月就"诏宫籍监户旧系睿宗（金钜宗父）及大行皇帝（金世宗）、皇孝（世宗子、章宗父）之奴婢者，悉放为良"（《金史·章宗纪》）。同年十一月，再次下诏放免二税户民，还陆续放免宫女达数百人出宫为良。奴隶解放为民，对促进中都地区的农业、手工业、商业发展有积极作用。金章宗时鼓励发展商贸业和手工业，使城市商人、工匠、伶人及雇工等"比以前百倍地增加"。

（4）萧条期。金章宗后期，政治腐败，加之战乱，中都经济开始衰败，重蹈封建王朝兴衰的覆辙。到金宣宗时，经济上已濒临崩溃。"田之荒者动至百余里"（《大金国志》）。是时，"米价踊贵，无所从籴，民粮止两月又夺之"（《大金国志》）。

因地制宜发展农田水利

金代的农田水利已注意因地制宜的布局：

中都城北的农田水利。金中都城北是历代兴修农田水利工程地区，水源丰富。金大定年间就"引宫左流泉溉田，岁获稻万斛"（《金史》）。金承安二年"敕放白莲潭（今北京后三海及北、中海）东闸水与百姓溉田"

（《金史·食货志》）。中都城北推行引水溉田使这一地区种稻有了发展。

中都城西的灌溉区。大定二十七年（1187 年），金廷宰臣奏称："孟家山金口闸下视都城，高一百四十余尺，止以射粮军守之，恐不足恃。倘遇暴涨，人或为奸，其害非细。若固塞之，则所灌稻田俱为佳地，种植禾麦亦旷土"（《金史·河渠志》）。可见中都城西直至孟家山（今石景山）一带，便成一片稻田。

城南水旱耕地。金承安四年（1199 年）将城南浦河、长河及细河以东辟为大片水旱农田，并利用卢沟河及其他河流之水进行灌溉，直到金末，这一带地区仍引卢沟河水灌溉。

农业技术的进步

晒种防蛀。小麦是中都地区重要作物。小麦留种需先"晒大小麦，薄摊，取苍耳碎剉，拌晒之，至末时，及热收，可以二年不蛀。若有陈麦，亦须依此法更晒，须在立秋前。秋后则虫生，恐无益矣"（《农桑辑要》）。

在耕作方面，总结出"秋耕宜早，在春耕宜迟"，以及"犁深，耙细"的经验，并在中都地区被广泛应用。

防旱保墒。泰和三年（1203 年）"遗官行视中都田禾雨泽分数"。即察看土壤中的水分状况。反映出金代农耕中已注意到防旱保墒的做法。

区种法。金中都于明昌五年（1194 年）奉到谕旨，实行"区种"，但经多年试行，农民不见效益未能推广开。

农业工具齐全，并按功用配套。从北京地区以出土的辽金时代铁器看，其数量之多，品种之繁，质量与水平之高都是前代所不及的。据专家考证，这些铁器都是民间手工业作坊的产品，并不是如汉代那样主要由官方手工业作坊生产。这说明辽金时代，冶铁及铁器制造技术已普遍被民间所掌握，并用以创业。出土的金代农具有铧、犁碗、蹚头、牵引、锄、镬、镰、镐、锹、铲、铡刀、垜叉等，比起宋、辽时期的农具不但在种类上增添了很多，而且在结构上也有很多改进。农具种类多、规格、型号多样，表明农事作业分工较细，亦说明了农业当有新的发展。

种菜技术有所进步。种茄子，"茄初开花，斟酌窠数，削去枝叶，再长晚茄"。种萝卜"宜沙软地，五月犁五、六遍，六月六日种。锄不厌多，稠即小间，拔令稀。至十月收，窖之"。种蒜方法，"作行，下粪，水浇之"。

种葱，"炒谷搅匀，塞耧一眼于一眼种之，每月出葱，取其塞耧一眼之地中，土坑之"。

农业发展，产品丰富

金代历史上的女真族是渔牧民族，迁都燕京后因生存环境发生了变化，农耕取代渔猎成为金代整个社会生产中最重要的一个部门，必然对农业生产给予高度重视。金太祖阿骨打在天辅七年（1123年）诏曰："诸州部族归附日浅，民心未宁。今农事将兴，可遣分谕典兵之官，无纵军士动扰民，以废农业"（《金史·太祖纪》）。金太宗完颜晟"分遣使者诸路劝农"（《金史·太宗纪》）。金世宗多次"观稼于近郊"（《金史·世宗纪》），令"每岁遣官劝猛安谋克农事，恐有烦扰"。

在女真人入主后，辽代南京路留下牧地有"六万三千五百二十余顷"（《金史·食货志》）。金世宗时曾下令"禁侵耕围场地"，围场周围五里之内不得耕垦。后来因觉得"禁猎地太广，有妨百姓耕垦""遂以四外猎地与民"（《金史·移刺子敬传》），缩小了禁地面积。自熙宗始逐渐驰放禁地，"以京西鹿囿赐农民"。金章宗时驰放禁地进一步扩大，明昌四年（1193年）"谕点检司，行宫外地及围猎之处悉与民耕，虽禁地，听民持农器出入"。明昌五年又"诏罢紫荆岭（中都西部，今房山区西南）所护围场"。次年又令"行宫侧及猎所有农者勿禁"。承安四年（1199年）又命"自蒲河至长河（中都城南南苑一带）及细河以东，朕常所经行，官为和买其地，令百姓耕之，仍免其租税"（《金史·章宗纪》）。为了进一步扩大耕地面积，政府还采取奖励垦荒，规定"凡官地，猛安谋克及贫民请射者，宽乡一丁百亩，狭乡十亩，中男半之。请射荒地者，以最下第五等减半定租，八年始征之。作已业者以第七等减半为税，七年始征之"。

对于猛安谋克户，为鼓励其进行农业生产，政府出台了一些优惠政策，如"无牛者官给之""土薄者易以良田"（《金史·食货志》）。

由于金代重农且政策措施到位，卓有成效地调动百姓从事农业生产的积极性，使燕云地区成为全国农业生产最为发达的地区。金世宗时，燕京太宁宫附近引流泉溉田，岁获稻1万斛（《金史·仅言传》）。民间种植水稻比较普遍，"东自碣石……幽州之地，沃野千里……山之南，地则五谷百果、良材美木，无所不有"。到金代末，则到处是"草莽弥望，狐兔出没"

的荒野一片。

由于金代前期采取惠农政策和技术改进，以及广大人民努力，中都地区的农业生产迅速得到恢复和发展，耕地面积增加，户口增殖。据《金史·地理志》记载：金朝最盛时期，中都路户口总数达 840 576 户。其时，中都郊区的农民以种植稻麦桑麻为主，兼产瓜果蔬属。另据史料考证显示，金代初中期农业生产发展水平略高于辽代。中都地区的农产品，包括粮食、蔬菜、果品，均较丰富。其粮食类有：稻米是金中都地区主要农产品之一；小麦，南宋史节到金中都金方用白面及饼之类食品招待，而显丰咸；还有黄米、黍、粟；豆类有绿豆、小豆、赤豆、豌豆等杂粮生产与供给。

中都地区农作物产量基本保持北宋时期水平，大约亩产一石至两石左右，水田亩产达三石。

蔬菜类主要有白菜（菘），又分白口白菜、青口白菜等；王（黄）瓜、萝卜（莱菔）有红、白二种；葱、韭、蒜、生姜、茄子、苜蓿菜等。

金时中都还注意发展药材，时有滑石根、半夏、苍术、薄荷、五味子、白牵牛等作为经济作物。

中都地区生产的果品有：西瓜、葡萄、枣、栗、梨、桃、杏、李、山楂、柿等，其中枣栗最为有名。南宋使臣范成大写诗赞曰："紫烂山梨红皱枣，总输易栗十分甜。"

重视种桑养蚕。金代将种桑养蚕列入法令。"凡桑枣，民户以多植为勤，少者必植其地十之三，猛安谋克户少者必课种其地十之一，除枯补新，使之不阙"（《金史》）。对栽桑树，金政府多方注意保护，是出于桑有多种利用价值：树干可当木材，桑椹可当果实，桑根白皮皆入药，桑皮可造纸，桑木可为弓弩造车轮等，叶可养蚕。金代出现许多专门的"蚕室"。

据有关学者研究指出，辽代今北京地区农业人口是唐代相应州县人口数量的1倍至4.8倍不等，而金代今北京地区人口又是辽代的2.5倍。这种农业人口数量的不断增长，从一个侧面反映了当时社会的稳定、农民还乡归田，开荒种地，农业有了长久的发展。

民间手工业的发展

金中都的手工业虽以官营为主，但民间手工业也在某些行业有所发展。

金朝是支持民间手工业的。金大定三年（1163 年），"制金银坑冶，许民开采，二十分取一为税"（《金史》）。大定十二年（1172年），这时，金银矿冶彻底放开，甚至连5%的低税也不收取。"诏金、银坑冶，听民开采，毋得收税"（《金史》）。金世宗认为："金银，山泽之利，当以与民，惟钱不当私铸。今国家财用丰盈，若流布四方与在官何异？"（《金史》）。不过之后朝廷又收回开放。到大定二十七年，尚书省奏："听民于农隙采银，承纳官课。"此奏只允许在农闲时去开采银矿。到明昌三年，"封诸处银冶，禁民采炼。"但禁而不止，"而无杜绝之实"。

（1）纺织业。金代中都的民间的纺织品主要有绫、罗、锦、绢等，但规模不大。这一时期由于北宋工匠的涌入，使得纺织技术和花色品种增多。仅由民间手工业生产的庶人衣着的纺织品就有霖绸、绢布、毛褐、花纱、无纹素罗、丝绵、芝麻罗等诸多品种。在纺织技术上有新的发展，其代表新工艺的织品叫"缂丝"。1955年，北京双塔寺出土的丝织物中有金代的绸缎绣花、缂丝以及丝金绞线等，制作精巧细腻，十分精美，反映出金朝丝织业达到了很高水平。

（2）陶瓷工业比较发达。在京郊曾发现多处金代窑址，如在门头沟龙泉务村、房山磁家务村、平谷刘家店乡寅洞村等地都发掘出金代瓷窑和瓷产品。且烧瓷技术、产品种类比以前有所扩大和发展。不论它们是官窑还是私窑，窑址都在农村，以村民为工。

（3）酿酒业发达。金代海陵王时严禁民间私人酿酒。到了金章宗时，由于农业生产发展了粮食除满足食用之外，已多有剩余，也就允许百姓自行酿酒。金代中都地区所产的酒不仅数量大，而且质量也好，因而享有盛誉，当时有所谓"燕酒名高四海传"（金·元好问《中州集》），醽醁、鹅黄、金澜酒均为名优特产。金章宗有诗云："三杯淡醽醁，一曲冷琵琶。"完颜璹诗云："新诗淡似鹅黄酒，归思浓如鸭绿江。"

酿酒业的发达带动城乡酒楼（馆）酒肆的兴起。据史料记载，当时不仅闹市区有，在僻静的山林也有。"山花山雨相兼落，溪山溪云一样闲。野店无人问春事，酒旗风外鸟关关""暖日园林可散愁，每逢花处尽迟留，青旗知是谁家酒，一片春风出树头"（金·元好问《中州集》）。这些吟咏酒肆的诗句，反映了中都地区民间酿酒业及酒楼业的盛况。

（4）铁器制造业。金代中都的铁器制造业发展很快，产品有生产工具、车马具、生活用具及民间制造兵器等，但金政府规定，民间造车，"马鞍许用黑膝，以骨角、铁为装饰，不得用玉及金、银、犀、象饰鞍辔"（《金史》）。

（5）采煤业。金中都门头沟地区采煤业的兴盛在于这时两大用场的兴起：一是民间出现以煤为燃料的暖炕。金代诗人赵秉文《滏水文集》中有诗曰："京师苦寒岁，桂玉不易求；斗粟换束薪，掉臂不肯酬。日巢五升米，未有旦夕忧；近山富里䁖，百金不难谋。地炕规玲珑，火穴通深幽；长舒两脚睡，暖律初回邹。门前三尺雪，鼻息万鼾齁；田家烧榾柮，湿烟泫泪流。浑家身上衣，炙背晓未休；谁能献此术，助汝当袋襕"。此诗写的是中都西山所产"黑䃤"，可以供燃烧精致的地炕，使卧者可以舒服地安睡。这就是煤。二是用以画眉，名曰眉石。《日下旧闻考》引《燕山丛录》："宛平西斋堂村产石，黑色而性不坚，磨之如墨。金时宫人多以画眉，名曰眉石，亦曰黛石"。《析津志》："画眉石出斋堂，其石烧锅铫盘虽百年亦不损坏，以此得名"。可见"画眉石"，亦称石墨，即是煤，它既可用作妇女化妆之用，又可作燃料。

（6）铁器制造业。农家用铁器农具及铁制生活用具等，各地都有铁匠铺进行铸造。

商贸业

金代中都成为四方人士和商货汇集地，市场繁荣程度不减于唐代"幽州市"，市场上数量庞大的城市居民的日常生活用品占主要地位。金代，中都城区官方财政收入中，盐税第一，酒税第二，商税第三。此时，通州成为郊区及外埠粮食集散市场。

从海陵王建都起，不仅在中都发展商业，还把商业中的许多门类，由官方控制，垄断利润。《金史》记载："海陵迁中都，徙榷货物以实都城，复钞引法"。榷货物就是官卖，由官方专卖货物，以增加国库收入。中都商业的规模比唐幽州、辽南京更大、更广泛、更兴旺。中都地区各州县的手工业、商业也很发达，各州县不仅向中都提供货物，同时也是中都商品出入门户。金章宗时中都人口已达80万，对农产品的消费大增，每月仅需粮食即达40万石。肉类、蔬菜、果品市场亦为红火。其来源郊区是一个基本产地，上市的农产品有大米、面和杂粮，以及各种蔬菜——葱、蒜、韭菜、白菜、苜蓿、萝卜、黄瓜、茄子、葫芦等；水果有桃、李、瓜、梨、枣、杏等及干果、栗子、榛子、杏仁等；肉类主要是牛、羊、猪肉等。手工业品有农用铁器、衣着用的丝麻织品；还有酒类等。马是"代劳致远者"，又是民间的畜力者，也是郊区上市的商品之一。

自然灾害

金代，中都地区旱象明显，伴以大旱风。自金海陵王贞元三年（1155年）至金宣宗贞祐二年（1214年）的59年间，中都地区共有37个灾害年份。其中，旱、蝗、风灾害年份20个。1155—1164年，连续发生5次旱蝗之灾。1202—1211年的10年间，断续发生7次旱、蝗、风灾。金章宗明昌四年至六年（1193—1195年），出现了连续3年的洪灾。受北方季风气候影响，金代中都地区呈现多春旱而夏秋涝的特点。

金中都总体经济状况可以从契丹贵族耶律楚材上书中看到："陛下将南伐，军需宜有所资，诚均定中原地税、商税、盐酒、铁冶山泽之利，岁可得银五十万两，帛八万匹，粟四十万石，足以供给，何谓无补哉？"（《元史·耶律楚材传》）。这段上书之言，是针对蒙古族主张"汉人无补于国，可悉空其地以为牧场"，把蒙古族的放牧方式强制推行于汉地而提出的。虽为上书驳语，但却真实地表达出金代中都地区社会经济的厚实底气。同时也表明金代京畿小农经济中商品化程度有了较大提高。

（三）元代

元代是中国北方的蒙古族登基的国体。1215年，蒙古族军队攻下金中都城，改置燕京路，总管大兴府。忽必烈即汗位后，1264年将燕京路改名中都，府名仍为大兴。1271年正式国号为"大元"。1272年，改中都为大都，正式定为元朝京城。据史料记载，元新建的大都城是当时世界上最雄伟的城市，西方人称之为"汗八里"。

涉农政策

蒙古族崛起于朔漠，是个马背民族，素以游牧为生，"其俗不待蚕而衣，不待耕而食"（《元史》）。在以弓马之利取天下之后，起初蒙古族对农业并不重视，让大批农田"使草木畅茂，以为牧地"。直至忽必烈即位方"重农桑"作为新政之一，"首诏天下，国以民为本，民以衣食为本，衣食以农桑为本"。于是颁发《农桑辑要》之书于民，俾民崇本抑末。至元十五年（1278年）春二月，仿照汉族帝王亲自祭祀"先农"，让"蒙古胄子代耕籍田"。忽必烈以后的元代诸帝，也基本上沿袭了其重农政策。即位的成宗铁穆耳在即位的诏书中说："国用民财，皆本于农，所在官司，钦奉先皇帝累降圣旨，岁时劝课，当耕作时，不急之役一切停罢，无致伤农。公吏人等，非必须差遣者，不得辄令下乡。……毋得纵放头匹食践损坏桑果田禾，违者断罪倍还"（《元典章》）。对已占为牧场的农田，令其适当清退，"听民耕垦"（《元史·世祖纪》）。进入中原发达的农耕地区后，在汉地先进的农业经济影响下，元朝统治者最终不得不放弃其落后的游牧生产方式和生活陋俗，而采取以"农桑为急务"的农业政策。元中统二年（1261年），设立劝农司，派出劝农官赴各地整顿农桑。后又成立司农司。官员也由临时差遣变成了固定官衔。元世祖给南宋降将的诏书中说："今欲保守新附城壁，使百姓安业力农，蒙古人未之知也，尔熟知其事，宜加勉诲"（《元史·世祖纪五》）。有农史学者称其为"元蒙正式采纳农耕方式的宣言"。至元二十三年（1282年），诏以大司农司所定《农桑辑要》颁行各路。由此，司农司成了元政府督促检考农业，推广农业技术的机构。

元政府鼓励发展农业政策，主要有：

（1）禁止蒙古军和诸王贵族把农田变为牧场，随意放牧或向农民索要草料，践踏农稼破坏农业生产的行为。元世祖时多次重申"戒蒙古军不得以民田为牧田"，不得废耕田为牧场，不得因田猎践踏田亩的禁令。这条禁令终元一代，时有重申。

（2）鼓励开垦荒地。金元之际，战争频繁，使得北方耕地大量荒芜，居民逃散，"十年兵火万民愁，千万中无一二留""无限苍生临白刃，几多华屋变灰尘""土旷民贫"是普遍现象。为了推进开垦，元朝规定，各地方官府要查明荒地数量，"给付附近无地之家耕种为主，先给贫民，次及余户""据祖业或立契买到土地，近年销乏时暂荒闲者，督勒本主立限开耕租佃，须要不致荒芜"（《通制条格·农桑》）。民自买荒地旷土开耕，可以享受延期课税的惠遇，贫困户开荒地，政府还可以供给牛具、农具和种粮。

（3）禁止蒙古军和地方官府扰民，减轻农民徭役负担。世祖至元二十四年，尚书省奏准："昔宝赤每个别行的每，但外头出去呵，百姓每根底草料茶饭鹰食要有，俺商量得，自今以后，无俺书文呵，不拣谁根底不教与呵，怎生，奏呵，是也，休与者，么道圣旨了也，钦此"（《通制条格》）。

大德九年，元政府又下令："仲春以后，此农民尽力耕桑之时，其勒有司，非急速之务，慎毋生事烦扰，或有小罪，勿禁系妨其时"（《通制条格》）。

（4）在农业组织方面，元政府在北方乡村普遍建立村社机构。元初，北方民间有自发组织的"锄社"，"先锄一家之田，本家供其饮食，其余次之，旬日之间，各家田皆锄治""间有病患之家，共力锄之"，从而做到"亩无荒秽，岁皆丰熟"（《元典章》）。元政府在此基础上加以整治，发展为村社组织。即规定："县邑所属村疃，凡五十家立一社，地广人稀居垦荒耕作，各自为社者所""其合社者，仍择数村之中，立社长官可长以教督农民为事"。村社农民在社长带领下垦荒农作，修治河渠和经营副业。村社还是一种互助组织，"社中有疾病凶丧之家，不能耕种者，众合力助之，一社之中灾病多者，两社助之"（《元史·食货志》）。

此外，元政府为了鼓励农业生产，还释放奴隶从事农业劳动，兴修水利和大兴屯田等。

劝农、赈灾

元世祖忽必烈即位后，实行多项劝农措施。中统二年（1261年）四月，忽必烈即令燕京等路宣抚司派官到农村"劝农桑，抑游惰"；同年八月，设主劝农司专司劝课农桑。至元七年（1270年）十一月，申明劝课农桑，赏罚之法；到至元二十三年（1286年）二月重新恢复大司农司，专掌农桑；多次下令禁止破坏农业生产的各种不法行为，不许百姓随意屠宰牛马，即使有病，也只能杀掉自食，不能出卖，违者受到重罚，以保护耕畜；对基层官吏加强管理，凡农忙时，不许其无故下乡扰民，妨碍农务；刊颁农业书籍，推广先进技术；遇到蝗害时，命地方官吏组织农民捕灭害虫；对涉及农业生产的商业贸易，减收或免收商税；政府将官牛租给农民，以帮助农民进行生产；兴修水利设施，保证农业浇灌或排涝。可见，元朝大都地区虽由游牧民族统治，但其前中期在劝课农桑、发展农业上还是下功夫的。

利用村社制度重新编制劳动力，利用集体联合的力量共同解决劳动力的不足问题，这在封建社会是劳动组织化的创新，对恢复生产和发展生产都有积极意义。

土地占有形式

基本上是沿袭国有（公田）和私有（民田）两种形式并存。公田包括山林、池治、荒地、屯田、公廨地、官员职田以及学田等。民田包括地主的土地和自耕农的小块土地等。元代大都地区的政府机构多直接占有土地作"职田"和"学田"。大都周围五百里内，除了官设打捕人户外，"不论何人等不得放飞捕鸡兔"（《通制条格》）。后来这一禁令范围一度扩展到八百里以内。这样，庞大的地域、方圆几百里地的山林土地都转变成了统治者的专用猎场。

屯田有军屯，由军士垦荒种田，耕具、种粮由政府提供，收获物全部交公，再政府按季拨给军饷。民屯，由民人自备耕具、种粮开荒种田，收获物与官分成，"所得子粒，官得十之四，民得十之六，以免屯户徭役"（《元史·世祖纪四》）。

元大都地区军屯表

屯军名	屯军数（人）	屯田数（顷）
左卫屯田千户所	2 000	1 310.65
右卫屯田千户所	2 000	1 310.65
中卫屯田千户所	2 000	1 037.82
前卫屯田千户所	2 000	1 000
后卫屯田千户所	2 000	1 428.14
武卫屯田万户所	3 000	1 804.45
左翼军屯田万户所	2 051	1 399.52
右翼军屯田万户所	1 540	699.50
忠翊侍卫屯田所		2 000
右卫率府屯田所	3 000	1 500

注：引摘自《元史·兵志三·屯田》。

职田由政府募民户耕种，所收地租交给官吏为俸禄，官吏退职和解职后，职田即须交还政府。但到元朝后期，有些职田则逐渐演变为官吏的私有财产。

寺院占田。元代统治者崇尚佛道，在他们庇护下，寺院通过各种途径占有大都地区大量土地（赐田），并受元政府保护。如大庆寿寺，"园有树栗，野有来牟（麦），环布近郊"。大圣万安寺，有"耕夫指千"。元代统治者给予大都寺院的赐田见下表。

元代大都寺观赐田表

年代	寺观名	地点	赐田数（顷）	出处
世祖时	大圣万安寺	京畿良田	150	程钜夫《雪楼集》卷7
	大护国仁王寺	大都等处	水地 28 663 351 顷 陆地 3 441 423 顷	程钜夫《雪楼集》卷9
世祖至元十一年	太一广福万寿宫	大都城内	赐太一真人李居素第一区	《元史·世祖纪》
成宗大德五年	昭应宫	大都高粱河	100 顷	《元史·成宗纪》
成宗大德五年	兴教寺	田 10 顷		《元史·成宗纪》
	万安寺	田 600 顷		
	南寺	田 120 顷		
仁宗至大四年	大普庆寺		田 800 顷，氐舍 400 间	《元史·仁宗纪》
仁宗皇庆二年	大普庆寺	益都	田 470 顷	《元史·仁宗纪》
泰定二年	永福寺		田 100 顷	萧坝《故宫遗录》

注：孙健，《北京古代经济史》。

元代统治者对贵族官僚实行赐田制，依官职品位分别赐给土地。

元代大都官僚赐田表

年代	受赐者	所在地	田数及户数	出处
世祖至元三年	刘整	畿内良田	田 20 顷	《元史·世祖记》
至元十年	阿尼哥	水砬一区 大都近	50 顷	程钜夫《雪楼集》卷7
至元二十一年	水土哈	郊田	20 顷	《元史·水土哈传》
至元二十九年	高兴	大都良田	10 顷	《元史·高兴传》
成宗至大元年	乞台普济	固安川田	200 余顷	《元史·成宗记一》
顺帝至元元年	伯颜	蓟州宝坻稻田提举 司所辖田土	不详	《元史·顺帝记一》
	贾答剌罕	大都	赐户 14 户	《元史·食货志》 《岁赐》
	布八大儿赤	大都	赐户 84 户	
	秋拉哈儿	大都路	赐 21 户	
	昔里赤万户	大都	赐 79 户	
	徐都官人	大都	赐 31 户	

注：孙健，《北京古代经济史》。

土地兼并是封建社会经济发展中土地集中于少数权贵的基本规律，元代中期以后，土地兼并狂潮开始席卷大都地区，如忽必烈时权臣阿合马，

"民有附郭（大都城郊）男，辄取为己有"（《元史·阿合马传》）。"都城种苜蓿地分给居民，权势因取为己有"（《元史·马绍传》）。为了抑制土地兼并，元政府多次下令禁止，但遭抵制，效果不大。

赋税制。分地税和丁税两种。每亩地税分上田三升、中田二升半、下田二升和水田五升。到"至元十七年，全科户每丁粟三石，驱丁粟一石，丰科户每丁粟一石"。

劳动者及其素质

这时的农村劳动者统称为农民，还有从外地迁来的工匠等。为了提高劳动者的科学文化素质，至元二十三年（1286年）六月，忽必烈下令，"诏以大司农司所定《农桑辑要》书颁诸路"（《元史·世祖本纪》），推广先进的生产经验。从世祖到顺帝时，由大司农司所定的《农桑辑要》经过多次印刷颁布，总数约在2万部左右，大约每隔五六年，就颁行一千四五百部（缪启愉《元刻农桑辑要校释·附录》）。至元二十三年还由政府出现组织编制并颁布《农桑之制一十四条》。这是元朝政府管理农业的纲领性文件，发给各路，依例实行。延祐五年（1318年）元政府又将首好谦所编《栽桑图说》刊印一千部，"散之民间"（《元史》）。致和元年（1328年）正月，再次颁行《农桑旧制》十四条于天下。此后，又于天历二年（1329年）和至正二年（1342年），两次重颁《农桑辑要》。再就是元代农学家王祯撰成《王祯农书》，现存的共11万字左右，共分三部分："农桑通诀"贯穿着农本观念天时、地利、人和的"三才"思想。论述的范围极为广泛，包括：农事起本、牛耕起本、蚕事起本、授时篇、地利篇、垦耕、耙耢、播种、锄治、粪壤、灌溉、劝助、收获、蓄积、种植、畜养、蚕缫、祈报等，体现着农林牧副渔大农业的思想。另两部分是"百谷谱"和"农器图谱"。三部分内容都蕴含着劳动人民在各方面创造和积累的先进经验和技术。此书是当朝倡导劝农的读物，在历史上传播比较广泛。从元朝政时的这种作为似可谨慎推测，元代农业经济兴旺发达与其有一定关系。通过颁布农书和劝农文来推广农业技术当是元代重农思想体现。

农业科技进步

（1）由农学家出面总结撰写集前代农业生产技术经验大成的农书。其中受到元朝政府重视的有三部农书：一是在大都由大司农司编定并刊行全国的《农桑辑要》，是书共七卷分为典州、耕垦、播种、栽桑、养蚕、瓜菜、果实、竹木、药草、孳、畜等十大类。后人评为："详而不芜，简而有要，于农家之中，最为善本"。书成后，元朝政府曾多次在大都刊行，对当时农业生产助益颇多。二是在大都刊行鲁明善的《农桑衣食撮要》。书共二卷，按照四时季节变化，分别十二个月将农事加以安排，极切于实用。三是王祯编纂的《王祯农书》，在社会上传播甚广。

（2）在水利工程学方面设计技巧极高。著名科学家郭守敬经过大量的实地考察、勘测，首先确定运河的水源为大都西北的神山泉、双塔河、榆河、一亩泉及玉泉等河流。其次，经测量后确定运河的河道位置，即昌平白浮村引水，不是直接向东南的大都而来，而是向西、再向南、向东。其河道的位置正好沿着京西地势的等高线而行。既可减少打洞、挖沟及架设渠梁等大量土木工程的耗费，又保证了运河用水的通畅，表现出极高的水利工程学的设计技巧。通惠河与会通河的开凿成功，正是元代水利工程技术高度发展的结晶。

（3）《授时历》的修订成功。郭守敬等人"遍考历书四十余家"，最后写成了《授时历》对农业生产正确把握天时、地利指导农业生产也是不可缺少的。

（4）农业品种（包括农作物品种和农产品品种）繁多，性能优良。元代以前，今北京地区农作物品种较少。元代，随着大都与各地频繁的经济交流，农作物品种遂大有增加。其粮食作物除主栽的谷、麦、稻以外，还有多种作物及品种。作物还有高粱、菽豆等；品种就更多了，仅谷子品种就有近20个，谷类有：耐旱，不畏猛风烈日的高苗青、诈张柳、撑破仓等6种，宜于在平川种植；秆粗耐风的八棱、狗见愁、饿杀狗等6种，宜于高坡地种植。毛谷专门作为贡品进上。还杂种白糖、临熟变、狗虫青、奈风斗、麻熟等品种。黍类有糯黍、小黍、秫黍。麦类有大麦、荞麦、燕麦、小麦等；菽豆有十余个品种：有黑豆、小豆、绿豆、白豆、赤豆、红小豆、豌豆、板豆、羊眼豆、十八豆10余个品种。蔬菜及瓜类有30多个品种，蔬菜类有：白菜、甜菜、蔓青、王瓜、萝卜（红、白二种）、茄子（白、紫、青）、赤根（即菠菜）、冬瓜、稍瓜等30多个品种，还有野菜：蕨菜、山韭、马齿苋、七击菜等40余种。到元代，果树有10余个树种，数十个品种，其数量之多、品种之繁，远远超过以前各朝代。枣、栗仍是这里的著名特产，果类有：葡萄（有如马乳者为贡品，色紫、小核）、苹婆、桃（10 余种）、栗、西瓜、甜瓜、胡桃、香水梨、榛等 10 余种。元大都农作物种类繁多，实非前代所有。出现了一批著名的栗园：诸如西山栗园、斋堂栗园、寺院栗园、道家栗园、庆寿寺栗园、紫荆关栗园等。这些栗园每年所收的栗子，少则数十斛，多则数千斛。时人作诗盛赞大都水果产品之丰云："西瓜黄处藤如织，北枣红时树若屠"（《增订湖山类稿》）。"桃李大于拳，枣栗充饥粮"（元·《揭文安公全集》）。

（5）生产工具有较大发展。元代大都地区生产工具和生产技术日益得到改进，农具种类增多。已出上的元代农具有犁铧、耧铧、犁镜、铲、耙、铡刀等。以犁的改进最为明显——犁铧的刃和铧身是分铸套合的，随时可以斟换新刃，犁镜系在犁架上，视土质的软硬可以任意调节角度。犁镜可使铲土翻转让上下土翻个个。在耕作技术方面，广泛推广秋耕制度，"掩阳气于地中，蝗蝻遗种皆为日所曝死，次年所种，必胜于常禾也"（《元史·食货志》）。

农业生产较前代有较大的发展

（1）水利建设的规模远远超过前代。元政府认识到"农桑之术，以备旱日莫为先"。因此，大力提倡兴修水利。"凡河渠之利，委本处正官一员，以时浚治"，当民力不足以应付时，由提举河渠官"相其轻重，官为导之""地高不能上者，命造水车""贫不能造者，官具木材给之，俟秋成之后，验使水之家，俾均输其值""田无水者凿井，井深不能得水者，听种区种"。元顺帝至正十二年底（1352 年），中书省脱脱言："京畿近地水利，招募江南人耕种，岁可得粟麦百万余石，不烦海运而京师足食"（《元史》）。转年正月，命分司农司主管"西自西山，南至保定、河涧，北至檀顺，东至迁民镇"范围内的官地及军管各处屯田，招募江南人来营造水田，从江浙、淮东等处招募能种水田及修筑围堰的农夫各一千名为农师，教民播种。大兴水利与引入农师，有力地促进京畿农业的发展，也有力地促进首都市场的繁荣兴旺。在元朝统治的百余年中，元政府集中了大量的人力、物力、财力对境内的浑河、坝河、金水河、双塔河、卢沟河和白河都进行了大规模的修治；至元三年，浚治双塔河"凡闭合水口五处，用工二千一百五十五"，至元二十八年，都水监郭守敬奉诏兴修通惠河，"疏凿至［大］都河，改引浑河水溉田"。元代大都地区水利的大量兴修，既基本上解决了水患之虞，又有利于灌溉农田，为恢复和发展农业生产创造了优越条件。

（2）"水深土良厚，物产宜硕丰"。大都地区"雨济土沃，平平绵绵，天接四野"（黄仲文《大都赋》）。河湖兴利避害，便呈现"物产宜硕丰"。

（3）五谷丰登，六畜兴旺。粮食作物谷、麦、黍、稻、豆的种植是大都农业的主要部分，品种繁多。谷（粟）类品种有"抗猛风烈日，宜种植于平川"的高留青、诈张柳、撑破仓、圪垯青、鹅儿黄、红镯脑；有适于高山地区种植的八楞、斩子、皮包、贾四、狗见愁、饿杀狗等。黍类品种有适于酿酒的糯黍，"粒大而谷壳厚"，宜食用的小黍和秫黍。豆类作物有黑豆、小豆、绿豆、白豆、赤豆、豌豆、板豆、羊眼豆、十八豆等。麦类有大麦、小麦、荞麦、燕麦等。当时农业产量就"百亩所收之子粒"来看，"好收七八十石，薄收则不及其半。"

在粮食生产中，由于大都地区有一定的水利灌溉条件，所以水稻种植也有相当规模。随着通惠河的修治，稻田更有所发展。元大都地区出现了专门生产稻米的"稻户"。据史料记载，至元二十七年（1290年）七月，"蓟州、渔阳等处稻户饥，给三十日粮"（《元史·世祖记》）。元文宗天历三年，大都西郊（今海淀一带）已开辟了大片稻田。《朴通事》中有一处说："我家里一个汉子，城外种稻子来"。另一处说："老农在城外刘村种田，到秋，他种来的稻子，诸般的都纳了租税。"从这条材料表明大都城郊的水稻种植已相当普遍。元末农民起义爆发后，为了解决北方粮食问题，至正十三年（1353年），元政府在"西至西山，东至迁民镇，南至保定，北至檀州（今密云）顺（今顺义区）"的广大地区推广水稻种植，并招募江南农民来指导。"立法佃种，岁乃大稔，年收稻谷二十万石"（《元史·脱脱传》）。其时，除了城郊外，檀、顺、范阳等州县等都是著名的水稻产区，"范阳去都百里而远，土风宜麦与稻"（《秋涧先生大全集》）。据资料显示，当时粮食亩产高则1石有余，少则3～5斗。在元代大都的粮食作物中，水稻占有很重要的地位。大都及其周边地区发展稻作，目的在于解决大都等地的粮食供应问题。至正十二年（1352年），因海运不通，京师阙食。元末，也因为江南海运不继，元政府在大都附近开垦农田，从江南"招募能种水稻及修筑围堰之人各一千名为农师，教民播种。"

元大都是当时北方最大的城市，号称"人烟百万"。为适应大都居民人口增加对蔬菜的需求，促进都城郊区蔬菜园艺业有了较大发展，出现了"治蔬千亩畦，可当万户之禄"。家种的蔬菜的种类及品种很多，有园圃栽种的白菜、苦荬、甜菜、蔓菁、茼蒿、葫芦、萝卜、葫芦菔、王瓜、天青葵、茄、菠菜、青瓜、稍瓜、冬瓜、葱、韭、蒜、苋、瓠、塔儿葱、回回葱等24种。还有野生的蔬菜：牡菜、蕨菜、山韭、野蒜、豆芽、山葱、高丽菜、苦苗、七击菜等40余种。

元代鼓励植树造林发展林果业，"种植之利，每丁岁种桑枣二十株，土性不宜者，听种榆柳等"。种植果木者每丁十株，"皆以生成为数，原更多种者听"（《元史·食货志》）。元政府还规定在人都州县城郊、河渠两岸、急递铺、道店旁，官和民都可以合种榆树、柳树和槐树，由官府统一派人护长成材。官种的归官，作为修堤、桥梁的材料，百姓种的归百姓所有（《通制条格》）。元政府的鼓励政策刺激了大都地区林业的发展，当时大都城内外街道河渠两岸，以及田垄之间，往往都是绿树成荫，郁郁葱葱。果业的发展尤为突出，当时种植的果树就有桃、栗、枣、梨、杏、葡萄、频婆、榛等品种。仅桃类就有饷丝桃、麦熟桃、大举桃、山红桃、鹦嘴桃、细桃、五月桃、冬桃等十余种。枣、栗是传统特产名品，元代在城郊出现了十几处栗园，《析津志辑佚》中写道："紫荆关下有栗园尤富，岁收栗数千斛"，还有西山栗园、斋堂栗园、庆寿寺栗园、道家栗园、寺院栗园等19处及西瓜、甜瓜等瓜类果品。元大都农业植（作）物种类繁多，时非前代所有。

渔亦成业。元代北京地区湖泊水域纵横，为渔业发展的有利条件。当时渔业分两种即家庭养鱼和湖河捕鱼。元政府规定："近水之家，又许凿池养鱼并鹅鸭之数，及种蒔莲藕、鸡头、菱、蒲苇等以助衣食"。大都地区设有专门的打鱼户，元政府设置鱼官加以管理。鱼官设立，鱼牙对捕鱼者征收捕鱼税，"其鱼牙岸例，依宣课三十分之一"（王恽《秋先生大全集》）。

元大都地区的畜牧业也很发达，饲养的牲畜主要是牛、马、羊、骡、驼、驴、猪等，其中马的饲养量最大，大都一带养马近10万匹，平均二三户就养马1匹，大都驿养马数量最多时达1 037匹，驴20头。元政府还经常把马、羊等官家牲畜强制发给农民饲养，由宣徽院统一管理"抽羊分马"事例。除了官营牧业外，私人畜牧业也有发展。蒙古贵族在大都附近大量圈占耕地，废耕成为牧地放羊牲畜，元世祖时，赵世麟上疏说："今王公大人之家，或占民田数千顷，不耕不稼，谓之牧场，专放孳畜"（《续通典》）。可见元代大都郊区私营畜牧业规模也很可观。据元代史料显示，畜牧业在元大都农业中占有相当重要的比重。

手工业发达

据史料记载大都是元代北方最发达的手工业中心城市，它几乎集中了当时最重要的手工业行业，涉及到城乡都可干的手工业行业有纺织、矿冶、采煤、酿酒等。它的发展反映着元代手工业的最高水平。元代大都地区手工业分为官办与私办两种并存，但对私人手工业限制过多，进展不大，官办手工业则由于大都的政治中心地位的影响而得到快速发展。官营手工业的特点是部门全、规模大、管理完善（《元史·百官志》），为皇家和政府提供良好服务。私营手工业主要是纺织、酿酒、采煤和日常农业用具和生活用品等行业，满足民间需要。

元大都地区的民间手工业生产形式主要有三种：一是以一家一户小生产方式为基础的家庭副业；二是以个体工匠和私人手工业作坊为主体的私营手工业；三是由贵族官僚、寺观独立经营的手工业。

（1）家庭副业手工业。这种经营形式以农村为多，因其既为家庭副业，就必须有与其相对的主业。就农村而言，在封建社会里农业始终是主业，自古就有家庭中"男耕女织"一说。男耕是主，女织为副。如良乡县周氏，夫殁后，"力耕织，养姑三十余年"（《良乡县志》）。当然也不排除都城中的家庭手工业。

（2）个体工匠和私人手工业作坊的手工业。与前者不同的是这是一种较为专营、多具备一定技艺、以盈利为目的、商品化程度较高的私营手工业。元大都地区私人手工业经营形式有两类：一是以本身劳动力为基础的个人手工业；二是以占有生产资料和生产手段的手工业作坊。这些手工业一般是作为农村副业的形式而与农业相结合；也由很大一部分是离开农业而独立的小手工业者和手工业作坊。个体工匠多为所谓的手艺人，他们不论城里还是在农村都以家庭成员为劳动力，亦可通过收"徒弟"找帮手，生产中或以生产专门手工业品出卖，如农村的铁匠铺，有专制农具的，也有专制民间生活用品的等。或承接城乡居民来料加工业务，如磨坊替居民加工粮食——磨面、碾米、榨油等，一般规模较小。私营手工业作坊，一般具有一定的生产规模与分工。在这类作坊中，除主人具有一定生产资料与技艺外，往往还要有一定的雇工从事生产。这类私人手工业作坊在城乡都有。城市私营手工业作坊的雇工多数是来自城郊的破产或半破产的农民。

（3）贵族官僚、寺观独立经营的手工业。他们的经营管理具有相对的独立性，且其产品多由自己支配，并得到官府保护，并可享受免税优待，一般的私营手工业根本无法与其竞争。

大都的手工业部门，主要有织造业、矿冶业、采煤业、酿酒业等，十分发达。

（1）织造业。丝麻纺织是大都地区的传统手工业。但到元代至元时期，发展规模更为庞大。至元二十六年（1289 年），岁赐仅币帛达 122 800 匹（《元史》）。元代织锦的花纹名目有 45 种之多，诸如紫大花、五色簟纹等。元代丝织业在宋代基础上普遍得到发展，织物品种和精美程度都达到了新的高度。丝织业技艺的提高显示出民间手工业工匠卓越的才能。在大都农民的科差中，有一项丝科负担，政府税赋允许民间折绢交纳，这说明大都农村地区的丝织业已相当发达。《元史·食货志》记载：元世祖忽必烈中统四年（1263 年）征丝 71.2 万余斤、纱 5.6 万锭。至元二年（1265 年）征丝 98.6 万余斤、纱 5.6 万余锭、布 8.5 万余匹。至元三年（1266 年）征丝 105.3 万余斤、纱 5.9 万余锭。至元四年（1267 年）征丝 109.6 万余斤、纱 7.8 万余锭。《马可·波罗行记》中记述道："百物输入之众，有如川流之不息。仅丝一项，每日入城者计有千车"。据译者冯承钧推测，每车不过 500 千克，则每年共有 18 万吨丝进入大都。这表明元代桑蚕业相当发达。丝产品多了不仅出自都城官作坊，还有大量城乡私人作坊在经营丝织手工业。

（2）矿冶业。元代京畿矿冶业比较发达。但元初主要由官府经营，曾在燕南、燕北总设铁冶 17 处，每年课铁 1 600 余万斤，冶铁人匠达 3 万余户，他们中多为签拨的民户，也有是罪人和孛兰奚人户。中统二年后，"仅存留三五处，依例兴煽"，其余的"许诸人认办课额兴煽小炉，或抽分本货，或认办钞数"（王恽《秋涧集》）。几乎差不多全部变成了民营。至元十一年（1274 年），"听王廷壁于檀州奉光等洞开采铜银矿"，以后又正式下令矿冶业"听民煽冶，官为抽分"。政府也开始把一些经营成本过高的官营矿山改为民营。元世祖时，大都路綦阳镇附近有四个官营铁冶，拥有9 950余匠人进行生产，但由于产品的价值反不及改为民营纳课的收入，因此王恽建议："罢去当差，许从诸人治窑冶煽炼，据官用铁货，给价和买，深是官民两便"（王恽《秋涧集》）。其他如珍珠、朱砂、水银、钒矿等也听民开采，"以十之三输官"《元史·食货志》。矿冶基地都畿铺地区，不论是官办还是私人民办，其劳务主要靠当地农民。

（3）采煤业。北京地区使用煤炭始于元代。幽燕地区发展到元大都时代，煤已成为大都居民重要的燃料来源之一。《朴事通》中有"煤场里推煤去"的记载。城市也普遍使用煤炉和烧煤坑。严廷高的《燕山寒》曰："地穴玲珑石碳红，土床芦葦觉春融"；顾阳玄《渔家傲·南词》中："暖坑煤炉香豆熟"；张仲举有"土床炕暖石窑碳，黍酒香注田家盆"等诗句，都说煤给人们生活带来了温暖与薪源。宫廷也用煤，柯久思《宫词十首》曰："亘深囤步玉阑东，香烬龙煤火尚红"。久居大都的马可·波罗在他的游记中写道："契丹全境之中，有一种黑石，采自山中，如同脉络，燃烧与薪无异，其火候且较薪为优，盖若夜间燃火，次晨不息，其质优良，致使全境不燃他物"。

西山的煤运，丞相脱脱曾设想开通浑河水运进城，因设计欠善未果。靠民间车牛运输为主，次靠骆驼运输。元代采煤业虽为官办，但其用工则为民人。时门头沟地区隶属宛平县，史料记载宛平县的当地人以采煤为业，他们"操锤凿穴道篝火，裸身而入，蛇行鼠伏，至深入数十里始得之"，然后"负载而出，或遇崩压，则随陨于穴。故其沾污憔悴，无复人形"（《顺天府志》）。据《元一统志》记载：宛平县西45里大峪有产黑煤小窑三十余座，大峪西南50里桃花沟有产白煤小窑十余座。斋堂地区产"水火炭"，有炭窑一所。这些煤窑的开采及把煤炭运送到大都城和县都由民口来办。这虽是苦役，但在当时的社会制度下也是农村农民就业求生并为社会创造财富的产业。据元末时熊自得《析津志》记载："元大都城内有专门经纪煤炭的商人，'每年至九月间买牛装车，往西山窑头载取煤炭，往来于此……冬月，则冰坚水固，车牛直抵窑前；及春则冰解，浑河（今永定河）水泛则难行矣。往年官设抽税，日发煤数百，往来如织'"。在西山煤业发展中，虽多为官办，但所用劳动力还是要靠当地的农民当差，农民从艰辛劳动获得一定收益。

（4）酿酒十分发达。酿酒业是大都重要手工业门类。官府、贵族官僚、寺院和民间都有人从事经营。元大德八年（1304 年），大都酒课提举司设有官槽房 100 所。按每所日酿酒 25 石计，100 所槽房日可酿酒 2 500 石，月可酿酒 75 000 石。贵族马扎尔台在通州开"槽房，日至万石"，年产量可达 360 万石。大都民间制酒作坊达百数个，"京师列肆百数，日酿有多至三百石者，月已耗谷万石。百肆计之，不可胜算"（元·姚遂《牧庵集》）。每月耗谷万石，一年需 12 万石。百肆计之，一年则需 1 200 万石，可见大都城乡酿酒业之盛也。酿酒固然是一种奢侈品，需要消耗大量的粮食。仅就乡村酿酒业的兴旺，从一个侧面反映农业的发展，农家有粮除糊口之外，还可用于酿造业，以从中增加收入。当然，至元十四年（1277 年）三月，耶律铸等人就指出："足食之道，唯节浮费，靡谷之多，无逾醪醴曲蘖"（《元史》）。

从元朝始，大北京地区出现"烧酒"。李时珍在《本草纲目》中写道：烧酒"非古法也，自元时始创其法，用浓酒和糟入甑，蒸令气上，用气承取滴露。"

（5）粮食加工业。城乡都有粮食加工业，只是规模不等而已。通惠河畔水流充足，水碾、水磨为盛；西山斋堂村有水磨，"日夜可碾三十余石"；有的磨坊"以牛、马、驴、骡拽之，每碾二、三匹马旋磨，日可二十余石"（元·熊梦祥《析津志辑佚》）。

（6）编织业，亦是城乡都有的手工业。编织的原料有荆条和蒲草等。产品主要有笆、筐、瓜篮、雀笼、米囤、粪筐、挑菜筐等。就原料与耗工来说，这种手工业当是农村的长处，也适合于农村家庭经营，但从史料上难觅讯息。

（7）陶瓷及琉璃烧制业。《元史·百官志六》中记载道："大都四窑场领匠夫三百余户"，专门生产制造素白琉璃砖瓦，属于朝廷少府监管辖，设置于 1276 年。生产原料就是京西对子槐山盛产的坩子土。这是琉璃瓦生产的有利条件。从元代起，京西门头沟琉璃渠村即开始烧制琉璃。据《琉璃厂小志》记载，元代建都北京，名大都城，设窑四座，琉璃窑为其中之一，分厂在三家店（即现在的琉璃渠村一带）。清乾隆年间北京城内琉璃厂迁至琉璃渠，琉璃渠扩大规模，成为皇宫建设专用琉璃的生产基地。琉璃渠村作为琉璃之乡而闻名遐迩，被誉为"中国皇家琉璃之乡"。

商贸业繁荣

据史料记载，大都城内当时有几十处专营某类商品的市场，与农业相关的有：米市、面市、蒸饼市、菜市、果市、羊市、马市、牛市、骆驼市、驴骡市、鹅鸭市、鹁鸽市、猪市、鱼市、柴草市、柴炭市、农具市等，还有花市。同时，元政府对大都市场上的涉农产品除酒醋之外，若鱼虾药果之属，以及蒿席、笤帚、柴炭、麻线、苧棉、草索、麹货、铁器等，皆为不合税之物，"比于明崇文门税课，条目疏矣"（《日下旧闻考》）。这些市场的开放免税对搞活农村产品上市创造了条件。可以想见都市市场繁荣也必带动乡村集市的繁荣。终元之世，大都城郊的集市贸易一直比较兴旺，并且四时不同，亦自有不同的农产品上市。春节时，有菱米、核桃仁、鸡头米、栗仁、笋、蔓菁、芹菹、韭黄、芦菔、鲔鱼、牛、马、羊、鹿等；到端午节时，卖凉糕、香粽、桃、李、甜瓜、西瓜；胎心菜、蒜、茄、韭、葱、苦菜等。六月进菜果、桃、李、瓜、莲、茄、青瓜、西瓜、甜瓜等，"凡果菜新熟者，次第而进"。"是月也，京师中多市麻泥、科斗粉、煎茄、炒韭、煎饼"。八月，"市中设瓜果、香水梨、银丝枣、大小枣、栗、李子、红果子、松子、榛子诸般时果发卖"。《析津志辑佚·物产》中曾讲道：那时时令蔬菜瓜果和鲜花，都是本地的菜畦、花圃、果园所种莳，或野生于山间郊外。据史料记载，元大都地区的蔬菜，品种之多，为北方各地之冠。除前面提及的由农民种植的三十余个品种外，还有采集的山野菜，如牡菜、蕨菜、马齿苋、山石榆、黄必首、养术首、山药、紫团参、沙参、山蔓青、沙荠、地椒、山葱、戏马菜等，它们是为大都地区贫困民众荒年提供的主要食物，也为市民提供廉价的菜肴。大都地区的花卉，亦盛一方，一年四季不断。春季有桃花、李花、杏花、梨花、紫荆花、石竹花；夏季有牡丹花、芍药花、马缨花、紫藤花、石榴花、合欢花、玉簪花、山丹花、荷花等；秋季有菊花；冬季有梅花，以及一年多次开花的月季等。

大都市场的木料（材）也很丰盛。本地区的木材有椴木、榆木、槐木、松木、桑木、梨木、杨木、柳木、椿木、桃木、桦木等。

作为药材的草木有黄精、半夏、柴胡、升麻、薄荷、当归、苍耳、黄芩、地黄、五味子、乌头、茯苓、防风、大黄、榆仁等数十种，都是大都地区民众平日生活中的常用之物。城郊农村都可采集供给。

在大都地区果品生产中不仅树种、品种丰富多彩，而且有不少名特果品，枣、栗早在唐代即为贡品，此外还有御桃、香水梨、核桃、金丝小枣等当朝贡品。

元大都城郊的商业也很繁荣。"次汗八里大城之周围约有城市二百，位置远近不等，每城商人来此买卖货物，盖此城为商业繁盛之城"（《马可·波罗游记》）。城郊农村有定期的集市，在平则门外，西镇国寺，每年二月初八，"寺之两廊富甚太平，皆南北川广精麄之货，最为饶盛，于内贾商开张如锦，咸于是日，南北二城，行院社直杂戏并集。"到元中期，官府害怕"起立集场"，会"走透课程，滋生盗贼"，而取缔农村集市，但也未能阻止集市贸易的发展，到终元之世，大都城郊集市贸易仍然相当繁荣。

黄仲文在《大都赋》中说："治蔬千畦，可当万户之禄"。在大都城郊区有以蔬果经营为业者，那些时令蔬菜瓜果和鲜花都是本地的菜畦、花圃、果园所种莳，或野生于山间郊外。他们的产品都是自产自销的。根据记载，"考之国初，典兵之官，视兵数多寡，为爵秩崇卑，长万夫者为万户"（《元史》）。可见较大的蔬菜经营者一年的收入是相当可观的。

随着城乡商业的发展，大都城乡市场出现了专门从事为交易双方中间服务的中介组织"牙行"和"牙人"。牙人一手包揽买卖双方"上下其值"，以肥私囊。至元二十三年（1286 年），牙行因损人利而受到限制。

从农村手工业受限而不衰看，郊区手工业品也是大都市场上的重要资源之一。

自然灾害

元代自世祖至元八年（1271 年）改国号为"元"，至元亡的 98 年间，共有 52 个年份在大都地区发生轻重不同的水灾，水灾年份约占元代总年份的 53％，旱灾有 23 个年份，占 24％。水灾发生的频率约为 2 年一次。大强度降雨、山洪暴发与河流决堤，是造成大都地区水灾的主要原因。发生在阴历五月至八月间的夏、秋季水灾约占全部水灾的七成以上。宛平、大兴两县水灾最多，最为严重的一次水灾，为元世祖至元九年（1272 年）六月，"京师大雨、坏墙屋，压死者众"，造成卢沟河暴涨，以致金口河泛滥成灾。元代期间，大都地区共有 28 个年份发生蝗灾，虫群遮天蔽眼，良田顿时成为荒野，饥民捕蝗为食。元代，以减免租税征收，储粮减价出售，度过饥荒。并设立常平仓，以备灾荒。

元人崛起于朔漠，本为一个游牧民族，但契丹贵族耶律材上书道："陛下将南伐，军需宜有所资，诚均定中原地税、商税、盐酒、铁冶山泽之利，岁可得银五十万两，帛八匹，粟四十万石，足以供给，何谓无补哉?"元世祖时，汉人学者许衡上疏说："考之前代，北方之有中夏者，必行汉法乃可长久……使国家而居朔漠，则无事论此也，今日之治，非此奚宜"(《元史·许衡》)。在这些人上疏诉说下和在汉地先进农业经济影响下，元朝统治者，最终放弃了落后的游牧生活方式和陋俗，而采取"农桑为急务"的农业政策，并先后实施一系列扶农惠农、涵养民生的措施，能在较长的时期内维持农村经济持续发展，使大都地区物产空前的丰富、市场繁荣，招来国内外南来北往、东西方交流的商客。大都不仅是全国的政治、文化中心，也是当时世界上著名的经济中心之一。马可·波罗在他的行记中详尽地描述了大都的繁华，称它是"世界诸无能比""商业繁盛之城"。据马可·波罗所记："汗八里（大都城）城内外人户繁多，有各地来往的外国人，或来人贡方物，或来售货宫中。外国画价异物及百物之输入此城者，世界诸城无能与比"。凡世界上最为稀奇珍贵的东西，都能在这座城市找到。

从马可·波罗这段记录中似可认定，大都的繁荣昌盛吸引了"世界上最为稀奇珍贵的东西"，那么输入"稀奇珍贵东西"者的期待：一是换取大量的货币，二是从大都换取他们喜爱的东西。也只有能从大都获得预期满足，他们才能不远万里把自己的稀奇珍贵的东西输到大都来。我们从中也可确认元代盛时经济的繁荣昌盛，而其基础在农村经济的发达。小农经济的商品生产是农林牧副渔及手工业、商业全面走强，内外交流发达，营造出"世界诸无能比"的大都市场。

元朝末年，皇室腐败，统治集团内部帝党与后党的纷争，引起了为争夺帝位的宫廷斗争及军阀矛盾；财政崩溃，入不敷出，农村地主贵族残酷兼并土地，封建生产关系严重扼杀农村社会生产力，使农村经济回落低谷。

六、明及清前期的小农经济（1368—1840 年）

（一）明代

元至正二十八年正月（1368 年），朱元璋在应天（今南京）登上皇帝的宝座，定国号大明，建元洪武，定都应天，建立新的封建王朝，"颁即位诏于天下"。同年八月二日，明军夺取大都。从此，宣告元朝统治的灭亡。在北伐开始之前，朱元璋便强调：北伐的目的就是"逐胡虏，除暴乱，使民皆得其所，雪中国之耻"。攻克元大都，建立北平府，在明初北平府只是一个北方重要军镇，为燕王朱棣的驻地。建文四年（1402年）六月十七日，朱棣夺取皇位登上皇帝宝座，是为明太宗，改元永乐。永乐十九年（1421年）正月初一，正式迁都北京。在迁都之前采取了一系列措施。

（1）提高北平的政治地位。永乐元年初，诏以北平改为北京，永乐十九年，改北京为京师。到英宗正统时，领有与今日北京有关的县：大兴、宛平、良乡、昌平、顺义、怀柔、密云、通州、房山等。

（2）恢复幽燕地区的经济，充实北京及周围地区的劳动力。朱棣采取的办法之一就是移民充实劳动力，尽量给予北京地区以比较宽松的经济政策。明成祖在迁都前后，即数次从山西、山东、江南向北京地区移民。明政府对北京地区的农民也采取比较宽松的税赋政策，规定农民在规定数额以下开垦的土地永远不需缴纳税赋，即所谓"额外开垦，永不起课"（《农政全书·农本国朝重农考》），以推动农民的生产积极性。所以自明朝建国起直至宣宗宣德之世（1368—1435年），北京地区农业恢复发展很快。

元末明初，由于战乱，北平地区出现了大量荒田，人口亦十分稀少，"市廛尚疏"。明初为了尽快恢复北京的经济，以招携流亡和移徙人民垦荒复业，达到"官不缺租，民有恒产"。特别是从外地大批移民到这里来垦荒屯田，如"徙浙江等处富民三千八百余户以实京师"（孙承泽《天府广记》）。洪武四年（1371年）三月，"徙山后民万七千户屯北平"，同年六月，徐达驻军北平，"徙北平山后之民三万五千八百户，十九万七千二十七门，散处卫府，籍为军者给以粮，籍为民者给田以耕。（徐）达又以沙漠移民三万二千八百六十户，屯田北平府管内之地，凡置屯二百五十四，开田一千三百四十三顷；大兴县四十九屯，五千七百四十五户；宛平县四十一屯，六千一百六十六户；良乡县二十三屯，二千八百八十一户；通州八屯，一千一百五十五户；昌平县二十六屯，三千八百一十一户；顺义县一十屯，一千三百七十户。"在以汉族为主体的广大北方各族农民的辛勤开垦下，荒地、闲田不断开垦出来。洪武二年（1369年）北平府所报民地仅为780顷，洪武八年（1375年）则猛增到29 014顷。到洪武二十六年（1393年）

已达 7 万顷（《顺天府志》）。

明初向北京移民的重点地区有山西、江浙。山西向北京移民规模最大的有三次，建文四年八月，成祖下诏："徙山西民无田者实北平，赐之钞，复五年"。永乐二年九月，又下诏："徙山西民万户实北京"。永乐三年九月，再次"徙山西万户实北京"。这三次大移民，加上洪武期间的移民，大大增加了北京地区的劳动力。永乐元年七月，"徙直隶苏州等十郡、浙江等九省富民三千八百余户以实北京"（《明史》）。这种南北大徙移，乃固京师是"天子之宅""良以根本重地，与他处不同耳"（沈榜《宛署杂记》）。

"山西多少县，大兴多少营"。这句话在京南大兴区流传已久，从当地的地图仍可得到惊人的印证。这些密集的以"营"命名的村庄分布大兴区东南部，以采育为中心，沿凤河两岸自西北向东南部依次排列，其中很多直接以山西县名命名。它们是明初自山西向北京移民在这一带所留下的历史地理基因。2012 年 7 月 29 日的《新京报》刊登了"大兴区'七十二连营'分布图"。

这样做不仅大大充实了北京的经济能力，而且促进南北文化的大交流、大发展。为此后北京地区数百年发展奠定了基础。据吴宽著《瓠翁家藏集》记载：到弘治时，北京已是"生齿日繁，物货益满，坊市人迹，殆无所容。"

（3）减免赋税，赈济百姓。在《明史·成祖本纪》中，从建文四到永乐十九年正式迁都，此类记载颇多，永乐三年正月，诏免顺天、永平等地田租二年。永乐六年二月，除北京永乐五年以前逋赋，免诸包课税三年。六月，复诏罢北京诸司不急之务及买办，以更生民困，流民来归者复三年。七年，成祖以北伐行至北京，大赏官吏军民。九年，宽北京谪徙军民赋税。十年，免北京水灾租税。十一年，令北京民户分养孳生马，著为令。十二年，益蜀北京州县租二年。十三年，以北京地震，赈顺天县饥。十四年，以北方灾免河南、山东、北平永乐十二年逋租，并发粟一百三十万石以赈济。此年北方蝗虫灾害发生，专遣使去北平州县等灭蝗，等等。由此可见，明成祖在恢复北方经济方面，确实做了很大努力。在十几年的赈济下，北京的经济面貌有了很大改观。

（4）疏通运河，以济漕运。北京的漕运，历史上一向由河、海两道而来。元代由于运河淤积，年久失修，不能航行。成祖决定迁都北京，便决定整修运河，以方便从南调运粮食供给。

明太宗在做好充分准备的基础上迁都北京。这时北京郊区（农村）的最大变化就是劳动力显著增加，荒地闲田得以开垦。农业生产开始恢复与发展。

土地制度

洪武二年（1375年）刚占领北京地区时，所建的北平府范围包括后来顺天府在内的京畿八府，全境只有在编农田七百八十余顷。但到洪武八年（1381年）北平府官私农田就已发展到二万九千余顷，其中民田占90％以上。洪武末年，北平府官私农田已有二十四万七千余顷（《顺天府志·永乐大典本》），是元末的317倍，是洪武八年的近10倍。这是和当时规定的洪武十三年以前开垦的农田可以税缴租三年和后来"额外开垦，永不起课"政策的良性刺激有很大关系。到了明代末年，仅顺天府一地就有农田八万一千余顷，少时也有六万八千余顷，最多时达到九万九千余顷（万历《明会典》），这是前代所不能比拟的。而且这个数字一直保持到清朝260余年统治始终。

有史书称明代皇家、贵戚、太监庄田是明代北京农业中的一大特征。

官田与民田。明代的土地有官田与民田两大类。其中民地占有很大的比重。《图经志书》载洪武二年初民地七百八十顷之多。洪武八年，北京实有土地二万九千多顷，其中官田一百五十五顷之多，而民地则为二万八千多顷，占官私农田的90％（《顺天府志》）。作为京县的宛平县，在嘉靖年间，官民田共三千四百多顷，其中官田占了六十七顷多，而民田为三千三百多顷（沈榜《宛署杂记》）。为了鼓励有劳力之民垦荒种地，明政府规定"民间新开荒田，永不起科"（《明经世文编》）。官僚在京的私有土地亦称民地。明初的官僚在京任职的期限很长，有些人以北京为家，在京郊置有果园、菜圃、耕地和坟地（孙承泽《春明梦余录》）。

"禁地"与牧羊场。"禁地"属于官田性，又称"禁场"，是明皇家和官府在北京近郊圈占用于皇家畜养场、牧羊场、菜地和果园等。分别属于上林苑监的蕃育、嘉蔬、良牧、林衡四署。专司畜养鹅鸭鸡的为畜养户，牧牛放马的为牧养户，种菜的为菜户，培植果园的称园户。明代北京的牧马场大小共有57处，朝阳门外当时还专门供饲马的城郊苜蓿地。东直门外有牛房草场地，而西琉璃厂有羊房草场地。皇家的马场设在通州的坝上乡和安德乡，牧马场占地三万顷。

皇庄与庄田。从永乐年间在京郊设立皇庄，孝宗弘治二年（1489 年）仅京畿一带就有皇庄五处；孝宗弘治十八年，在大兴县就设有皇庄七处。武宗时，皇庄扩展到三十一处。据正德九年统计，皇庄在京畿共占地三万七千余顷（徐孚远《皇明经世文编》卷 202）。据嘉靖年间统计，三宫庄田共有一万六千一十五顷（沈榜《宛署杂记》）。自成代年间至嘉靖初年，皇庄、宫庄在数十年之间，侵占土地之数已超过原额面积十倍之多（《皇明经世文编》）。皇庄之外，皇亲、贵戚、大臣、内监在北京亦争庄田。弘治二年，畿内……贵戚、中官庄田三百三十有二，其地三万三千余顷（《明史·食货志》）。

寺田。明代北京城郊有寺院约五六百所，它们都受有官赐土地，亦称"香火地"，用以种粮、种果、种菜等。如万寿寺置果园、白地五顷五十亩，又买宛平县香山乡张花村民庄房果园四顷二十亩，共有庄房果园九顷七十亩，皆为差粮俱免。香山碧云寺，"田土之广，比之诸寺，特为极盛"。

屯田。明代北京的屯田有军屯和民屯。明建都北京后，在北京地区设置了 78 卫，共有军士 48 万人，每卫都分有土地进行耕种，以解决部分军饷问题。

民屯。洪武时，"北方近城地多不治，召民耕，人给十五亩，蔬地二亩，免租三年"（李洵《明史食货志校注》）。徐达平定蒙古之后，"徙北平后民三万五千八百余户，散处诸府卫，籍为军者给衣粮，民给田。民以沙漠遣民三万二千八百余户屯田北平"（李洵《明史食货志校注》）。"凡置屯二百五十四，开地一千三百四十三顷"（《明太祖实录》）。洪武五年七月，"革妫川、宜兴、兴、云四州，徙其民于北平附近屯"（《明太祖实录》）。永乐洪熙时，曾多次推广民屯，继续各地的人民等赴京屯田。永乐二年九月，"徙山西民万户实北京"。永乐三年秋九月，"徙山西民万户实北京"（《明史·成祖二》）。到成化弘治时，北京附近的屯田，十之五六被豪强军官所吞没（《西园闻见录》）。到了弘治十六年（1503 年），明政府把顺天府的军屯地一律改为折银，计余粮一石，纳银二钱。每个卫所原额田五十亩。共纳银一两二钱（《明孝宗实录》）。至此，军屯制已名存实亡。

明代的地租形式以实物地租的分成制为主，即"依主佃分数收之"

（《明太祖实录》）。到明中叶以后，随着商品经济的发展，也出现以货币交纳的地租形式，所谓"子粒银"，按当时粮价折算。

当时农民负担最重的是名目纷杂的差役。诸里甲之役、修河之役、修城之役、修仓之役、运粮之役，以及政府各徭役等。顺天府还负担一项特殊料差，就是代官养马。正统末年，明政府又把两万匹马分派给顺天府民户寄养，大约每五十亩养马一匹，谓之"寄养骑操马"（陆容《菽园杂记》）。

由于租银、马价、力差、银差、包税包役等重压盘剥，顺天府农民不堪其苦。明末，许多人终不免于逃之。

郊区村落的发展

明代以前，京郊已有相当多的村落分布。明初，由于战争北京四周田多荒芜，居民稀少。为了重新振兴京畿经济，从外埠徙民进京落户。今大兴区采育一带，元时尚为永定河故道所经遗留的荒沙地。永乐二年，从山西等地移民至此，于是在这一带荒芜地上出现了村落。今顺义区的西北部有许多村落如绛州营、稷山营、夏县营等，也是明代从山西移民来此而形成的。永乐十二年，因延庆"厥土旷沃、群山环峙"，于是"遂创州治，迁民以实"（《延庆州志》）。洪武四年从张家口、承德、内蒙古等地移民32 800余户，置254屯。其中大兴县49屯5 745户，宛平县41屯6 166户，良乡县23屯2 881户，顺义县11屯1 370户。其余分布于固安等地。明代因经大量从外地向此移民，以及皇庄、官庄、军屯等促进了村落的发展，涌现出许多新的村落，奠定京畿农村经济发展的基础。

惠农政策

明王朝为了鼓励外地农民到北京屯田、务农，颁布了一系列的优惠政策。洪武时，按中书省奏："凡官给牛耕者，请十税五；自备者，十税三"。又"诏县勿征，三年后亩收租一斗"（《明太祖实录》）。永乐时，宽北京迁谪军民赋役。初，敕户部称："谪徙北京为民及充军屯种之人，初至即责其役，必不能堪，其议宽之"。于是户部议："自愿北京为民及免杖而徙者，五年勿事；免徒流而徙者，三年勿事；充军屯田者，一年后征其租"。明成祖对户部此议从之，并指出："惟充军屯田者，命二年后征租。仍命户部戒伤郡县，务宗宽岫，毋事虚文"（《明太祖实录》）。永乐十年（1412年）正月，令"当笞者"的"罪人免罪"，鼓励他们带上家属到北京周围授田，"令挈妻子徙北京、良乡、昌平……为民，授田耕种，依自愿为民种田，例给路费，三年始供租调"（《明太祖实录》）。宣德时规定"民间新开荒地，永不起科"（《明经世文编》）。这些政策吸引大批外地移民到北京地区垦荒种田。人口的大量移来，土地被大量开垦，大大加速了北京地区农业的恢复和发展。

农业技术进步

明朝中叶以后，农业技术又有长足进步。

引进、推广农业优良品种。玉米、甘薯、棉花等都是在明代由国外引入并先后在全国各地陆续推广种植。据学者万国鼎在《五谷史话》中介绍，玉米和甘薯都是源出美洲，玉米最早传到我国的是广西，时间是1531年，距离哥伦布发现美洲不到40年。到明代末年（1643年为止），它已经传播到河北、山东等十省。甘薯引入北京地区有两种说法：一说最早是广东东莞县人陈益于明万历八年（1580年）去安南，万历十年（1582年）引入家乡。万历二十一年（1593年），福建长乐县陈振龙从吕宋（南洋）引四甘薯，之后他的子孙（陈树）将其"传到北京齐化门外、通州一带"。二说是明万历二十年由海商陈振龙自文莱引进，万历三十八年（1610年）徐光启自家乡上海引进北京，并解决了甘薯窖贮和暖棚育苗问题。期间，还引进番茄、马铃薯、油果花生、向日葵、辣椒、南瓜、丝瓜、四季豆、苦瓜、甘蓝、菜豆、烟草、菠萝等蔬菜瓜果良种，丰富了我国和北京地区的农业种质资源。

出现了一批高水平的农业科学技术著作。徐光启的《农政全书》，共60万字，广泛搜集、记载了我国历史上和当时有关农业的政策、制度和科学知识，是一部名副其实的"农业百科全书"，在农学史上占有很重要的地位。内容包括：农本、田制、农事、水利、农器、村艺、蚕桑、蚕桑广类、种植、牧养、制造、荒政等12个领域。宋应星的《天工开物》，其中农业科学知识与技术经验占有很大比重，是一本不论在我国还是在世界科技史上都占重要地位的科学著作。此外，还有朱棣的《救荒本草》、耿荫楼的《国脉民天》和《沈氏农书》，以及邝璠的《便民图纂》等。还有一些花卉、园艺、种树之类的书，均从不同角度反映出当时农业科学技术的发展水平，供人们学习与应用。

注意选种，重视"养种田""好种出好苗"。明代总结出"生人不能久生而五谷生之，五谷不能自生而生人生之，土脉历时代而异，种性随水土而分"的科学经验（宋应星《天工开物》）。

首次提出京东种植水稻规划。明神宗万历三年徐贞明经实地调查二个月，"遍历山海之境"，见密云县燕乐庄、平谷县水峪寺、龙家务等地"泉从地涌，一决而通，水与田平，一引而至"，上书朝廷，主张在京东、畿辅发展水稻，先被工部尚书郭朝宾以"水田劳民"为由驳回，人被贬。后至万历十三年被召回，其年九月，受命少卿兼监察御史领垦田使，主持京东水利。他招募人马，开垦水田三万九千余亩。

"西学东渐"，近代科学开始传入。"西学东渐"的先行者是意大利的传教士利玛窦，他于 1582 年（万历十年）进入中国，万历二十八年入京。他不仅传教，更传西方近代自然科学——天文学、几何学、数学、测量学、地理学等。这些虽不直接关乎农业，但对催化国人的文化思维是很有好处的。

农业生产发展、农产品丰富

明代，北京地区通过移民增加劳动力，以及实行军屯、民屯，农业生产逐步恢复和发展。特别是迁都北京后，京畿的商品经济得到进一步发展。小麦是北京地区主要的农作物和产品，此外，还种植有大麦、荞麦、小米、高粱、豆类等杂粮。小麦的耕作技术已经超过南方。"农人左手扶器盛种，右手握而匀掷于地即遍，则用耙耢复之，又颇省力，此北方种麦之法……苕力省而功倍，当以北方为法"（徐光启《农政全书》卷 26）。小麦和杂粮主要是农民自用和完纳租税。

顺天府所属各县在明初亦已开始种植棉花（《顺天府志》）。棉花是明代北京地区与芝麻同等重要的经济作物。《顺天府志》记载明北京大兴、宛平、怀柔、良乡等县都种植棉花。《宛署杂记》记载，明万历期间，北京地区所产棉花与芝麻同为上供皇家的物品，民间较少享用。

明代北京的农产品各县不尽一样。据明《顺天府志》（永乐大典本）记载，明宛平县种植的农作物有：粟、黍、稻、大麦、小麦、脂麻、蜀黍、绿豆、黑豆、白豆、荞麦、棉花。果木有：桃、杏、核桃、枣、栗。还有桑、丝、绵、绢、布等与农业经济相关的作物和产品。脂麻即今芝麻，古称胡麻。蜀黍又书蜀秫，即今高粱。大兴县种植的农作物与宛平县相仿，为：粟、黍、大麦、小麦、稻、蜀黍、黑豆、白豆、绿豆、脂麻、棉花。果木有：枣、核桃、桃。还有桑、丝、绵。怀柔县因地处山区，农业经济略欠发展，农作物品种也比平原地区略少，有：粟、黍、大麦、小麦、黑豆、绿豆、脂麻、蜀黍、棉花。良乡县农作物有：谷、黍、大麦、小麦、蜀黍、脂麻、豆、棉花。昌平县农作物有：粟、稻、黍、二麦、杂豆、脂麻、蜀黍。果木则有：枣、栗。此外还有山椒。

明代，北京城市人口大增，为了满足北京粮食等农产品供应，减轻江南漕运负担，洪武四年（1370年）驻师北平的徐达，散处卫府，"籍为军者给以粮，籍为民者给田以耕"。又以沙漠遗民屯田北平府管内之地，开垦城郊荒地，人给十五亩，蔬地二亩，有余力者不限顷亩，皆免三年租（清·璜《续文献通考》）。万历年间由于徐贞明的大力倡导，出现兴修水利开垦稻田的热潮。其时动作最大的要数延庆州的水利开发。万历四十四年怀隆道胡思伸见到延庆州山川秀丽，"乃相度地势，调遣官军，开稻田以裕民主，修楼堡以报民命"（清·李钟偗等《延庆州志》）。据胡思伸《新垦水田碑记》，当年垦田的成就："其一是把海陀泉的水引到古城，疏浚了从双营到延庆州城的十里河渠，沿途开垦可以灌溉的水田五千余亩；其二是利用佛峪泉的水源，通浚河渠引到数里外的张山营，最远到达集贤屯，开垦稻田一千余亩；其三是引出北山下的蔡泉等水源，在东起中羊坊，西到张山营，南到宋营、上下板桥及英家营、郎家庄、小河屯的范围内，开垦稻田一万四千余亩"。经过这样一番治理，延庆及周边地方共开垦了水浇地或水稻田不少于八万亩，并产生了明显的效益。《新垦水田碑记》中写道：首先是"水绕郭壕，大培地脉"；其二是"沙碛萑苇之奥，悉化为膏腴"，垦出八万亩稻田；其三是"顷岁获稻粮数十万石，往时米价涌沸，自稻田开而斗斛平，家给户足，人心安堵。遥望东路畦疆，不逊江南，即遇旱魃，有恃无恐"；其四是"其于御敌尤善。敌故利骑不利步，今尽地而沟洫之，敌不得长驱。是闾井之界皆为金汤，私公两利，莫此为甚"（清·李钟偗等《延庆州志》）。

明万历年间蒋一葵《长安客话》中还写道："环湖（昆明湖）十余里，

荷蒲菱芡，与夫沙禽水鸟，出没隐见于天光云影中，可称绝胜。"由于引入南方熟悉水田之人开发水利，昆明湖一带的水洼被开垦为稻田，呈现出一派好似江南水乡的田园风光。

由于南来的军士以及南迁的农民带来了南方种植水稻的经验，水稻生产有了新的发展，使北京地区的水稻生产不仅有面积上的扩大，更是生产技术水平的提高。"积水潭水从德胜桥东下，桥东编有公田若干顷，中贵以水为池，以灌禾黍""三圣庵在德胜街左巷，后集观稻亭，北为内官监地，南人于此艺水田，粳秔分塍，夏日桔槔声不减江南"（《古今图书集成》）。草桥亦是水稻产区。"草桥众水所归，种水田者，资以为利"（《古今图书集成》）。海淀亦是水稻重要产区。"帝京西十五里为海甸，……丹稜沜，沜之大以百顷，十亩潴为湖，二十亩沉酒种稻，厥田以上"（孙承泽《春明梦余录》）。房山县大石窝所产石窝稻，"色白粒牛角，味极香美，以为饭虽盛暑经数日不馊"（《燕山丛录》）。此外，玉泉山下一带、西苑、先农坛等都是著名的产稻区。京东城为新辟水稻产区，且产米尤著。万历时御史田生金指出："迩来垦城地熟者十八九，京米之不甚贵"，皆由于此。可见，京米除部分"供御用"外，大部分进入京城市场。

北京城市的快速发展，人口的迅增，社会分工加剧，出现大量手工业者和商人的存在，需要粮食和副食品以维持生活，于是农业生产各部门也就适应新形势的发展而活跃起来，商业性农业也随之发展壮大。就北京地区而言，京郊的蔬菜、莳花及果园生产亦随着京城人口增加及需求增强而兴盛。为供应人们吃菜，在京城的四郊开辟了大量的菜田。北京西郊和南郊水泉丰富的地区都成为著名的产菜区。蔬菜产品有丝瓜、黄瓜、姜、豆芽、扁豆、韭菜、蔓菜、芹菜、茄子、山药、菠菜、荠菜、白菜、土豆、芫荽、大蒜、葱、茴香、胡萝卜、水萝卜、银苗菜、羊肚菜等。为了满足达官显贵穷奢极欲的享受，蔬菜生产方面的温室技术十分流行，"元旦进椿芽、黄瓜……一芽一瓜几半千钱"（刘侗《帝京景物略》）。当时郊区蔬菜生产主要是供应城市居民生活需要，具有鲜明的商品生产性质。在宛平、大兴二县所编的一百三十二个行业中，蔬菜生产与上市营销是其中之一。明万历十年（1582年）万历皇帝应顺天府所请，免去本少利薄的杂菜、豆腐等三十二行的税银。农民进城卖菜，看守九门的各官不得勒索抽分（沈榜《宛署杂记》）。这就进一步激励了近郊农民生产经营蔬菜的积极性。种菜上市销售收益较种粮食高，种菜是郊区农民主要收入来源。孙承泽在《春明梦余录》写道："居民咸莳蔬为业，沟塍畦畛甚好，比数十畦，则置井及桔槔，蔬不一品，或秀或蘷，生意皆津津。"据史料显示，京郊菜园里的菜是京城百姓所食蔬菜的主要来源。每天早上郊外的菜农或推着小车或挑着架筐，经过东西南北的各个城门，将各种新鲜蔬菜源源不断地送到城里的菜市、菜摊儿上，也有的沿街叫卖。有些菜园把式因为种的菜品种多，人又和气，常有城里人直接到园子里买菜，尤其是每年十月底，大白菜、大萝卜、大葱、土豆下地后，一些城里人成车地将冬储菜往家里拉。这时候是菜园里最忙的季节。

菜田，按照坐落地段的不同而分为三等：近郊菜田为上等；稍远的分属中、下等（张廷玉《明史·食货志》）。按其经营性质，分为民营和官营两类。民营菜田有"蔬百畦可当帛"之说（王嘉谟《石瓮记》）。大意是说：种植100畦蔬菜，可以得到相当于25匹丝织物的报酬。

永乐年间在原宣武区南建有官办南菜园，并在此设立嘉蔬署，辟菜园百余顷，且从山西移民居住于此，专为朝廷种菜。此后相继在附近又开辟出多个菜园，逐步形成以种菜为业的村落，之后便陆续出现不少菜园子，大的菜园面积有二三十亩，小园只有几亩。这些菜园子既有专为宫廷种植蔬菜，也有私家菜园，所产菜多"自产自销"，进城出售。

明代强化了宫廷蔬菜的供应体制，在"上林苑监"中特设"嘉蔬署"等管理机构，并在城近郊区的菜户营一带建立起官办的皇家蔬菜生产和贮藏基地。相当于今日的广安门以南、以西，草桥以北，以及丰台区凤凰嘴村一线以东的广大地区，总面积为一百一十八顷九十九亩九分（张舜《京师五城坊巷胡同集》），约合1.2万亩。为了种菜，明初从山西征调菜农900户约2 000余人，来京担负蔬菜生产任务，专门供应宫廷需要。明末，北京地区的蔬菜种类不但超过南方，而且在品质方面，黄芽菜（即大白菜）等蔬菜也成为海内的"绝品"（史玄《旧京遗事》）。

明代把流通领域的一百三十二种行铺分成三等九则，分别进行管理。其中的"杂菜行"属于下等（第二等）中的第七、八、九则，经营"杂菜"的铺户，每户每年需缴纳税银1～3钱（沈榜《宛署杂记·铺行》）。

明代蔬菜的商业运作。一是进入批发菜市，其市场有菜市口、红桥、蒜市口等；二是菜农运菜进城设铺销售，有时纳税；三是菜贩挑菜走街串巷随声叫卖。市售蔬菜价值受季节影响较大。

明代北京的窖藏技术已较为发达。每逢冬春两季，大白菜等主要菜品多入窖贮藏，以自然冰为蓄冷剂。

明代北京地区的果木生产，除了传统的枣、栗、榛、核桃、杏、李之类以外，还有梨、苹果、桃、沙果、葡萄、樱桃、胡桃、火腊槟、西瓜等。明人史玄曾对北京出产的水果与南方作比较，他认为："京师果茹诸物，其品多于南方，而枣、栗、梨、杏、桃、苹婆（苹果）诸果，尤以甘香脆美取胜于他品，所少于江南者，惟杨梅、柑橘。而北方又自有榛、栗、松榧三属，韻味清远，不相下而相敌也。果属以杏为多。"刘侗在《帝京景物略》中云："香山，杏花香也。杏花香十里，一红一白，士女群游，言西塞诸山之饶于杏矣。苹婆树，城南韦公寺者各高五六丈，花时实时，焰光映日。葡萄、石榴，皆人家篱落间物，但不能遍植山谷。其逊于江南者，有樱桃而酸涩也"。明万历年间，密云县不老屯的黄土坎鸭梨、大兴县庞各庄西瓜和梨花村的金把黄梨成为奉往皇宫的贡品。明代也像辽金那样在京畿发展规模经营的板栗园，收益颇丰。

据怀柔县志中记载：怀柔南北两沟（渤海、九渡河）早就种植"虎爪栗子"。明朝时渤海镇地区曾建有 4 个专门筛选板栗的榛厂，用于供奉朝廷特需和明皇陵祭典；九渡河镇水长城脚下至今仍尚存一片大明板栗园，尚有明代板栗树 80 余棵，占地 4 公顷，树龄均达 500 年以上，年年挂果，树均年产板栗 30～35 千克。且具有颗粒小、味道美、耐贮藏的特点。在明、清代南北两沟栽种的板栗 4 万多株，家家户户都有栗树园。

丰台以花著名，花卉产品主要集中在丰台草桥一带，这里"方十里，皆泉也。……土以泉，故宜花，居人遂花为业。都人卖花担，每辰千百，散入都门"。草桥花卉，种类繁多，每种花卉又有不同品种。时人有将其按时节列出花品名称：入春时的梅花有九英、绿萼、红白缃等，山茶花有宝珠、王茗，水仙花有金钱、重胎，探春花有白玉、紫香。中春时的花卉海棠花有西府海棠、次贴梗海棠、次垂丝海棠，丁香花有紫、白两种，还有桃花、李花。春末时则有牡丹、芍药、李枝。夏季花卉，除石榴外都为草本花卉。花备五色者有蜀葵、乌斯菊、望江南。秋季花卉有红白蓼、木槿、金钱、秋海棠、木樨、菊，其中菊花品种最为繁多。百花之中，根茎叶花俱香的要数夏荷秋菊；花期最长，可历春、夏、秋三季的要数长春、紫薇、夹竹桃；花开花谢始终散发香气的要数玫瑰。

《古今图书集成》中记载："每月初三、十三、二十三以车载杂花至槐树斜街市之，桃有白者，梨有红者，杏有千叶者索价恒浮十倍，日映则虽不得善价亦售矣。"草桥"十里居民皆以莳花为业""牡丹与芍药，载如稻麻"。

从辽金起，花卉生产一直与蔬果一样成北京地区商品性农业生产中的重要产业。虽然它的生产规模与上市量没有蔬果那么大，但却也是京城不可或缺的观赏之物，是部分具有擅长技艺农民的营生之业，并日益繁荣。

以养马为首的畜牧业

明代北京地区的畜牧业以养马为首。由于边防需要，明政府规定北京地区的田地一半用于农田，应差征粮；一半为牧地，免租养马。根据万历《顺天府志》所载：明代北京地区各县按丁口为政府饲养马匹，数量是相当大的。大兴县养马365匹，昌平县651匹，平谷县749匹，宛平县916匹，怀柔县1 109匹，密云县1 710匹，顺义县1 923匹，房山县1 219匹，良乡县1 486匹，通州（包括潞县）2 538匹（万历《顺天府志》）。可见，明代特别是万历年间，养马的数量是很大的。后来由于马政管理不善，各县养马数量有所下降。据史料显示，养马户多贫困之家，官吏盘剥，饲料不足，所养马匹十分瘦弱，不堪军用。

当年，北京城九门之外共设大小牧马草场57处，由政府直接牧养马匹。东直门外的郑村坝（今东坝）一带为御马苑，专门收养御马，"大小二十所，相距各三四里，皆缭以周垣，垣中有厩，垣外地甚平旷，自春至秋，百草繁茂，群马畜牧其间"（《大明一统志》）。据《宛署杂记》记载，正德年间，宛平县有养马地一千四百二十余顷，养马九百十六匹。明朝永乐年间（1403—1425年），上林苑在顺义县衙门村设良牧署，四周大片土地皆为牧场。相传牧场内共有36圈。至今仍有马圈、驴圈、官猪圈等为村名。

明代，民间私养的牛、羊、骆驼、驴、骡也很多。骆驼当时还是很重要的交通动物。

民营手工业日益兴盛

明代北京手工业中，发展比较重要和突出的是冶铁、采煤和工艺品制造业。

明代城乡手工业亦分为官办与民办两类。明前期，北京地区手工业以官办为主，经营的行当很多，是一种自给自足的封闭体系，是封建自然经济的一种组织形式。官办手工业的基础是手工业者无偿服役的工役制度。明代中期以后，随着生产力的发展，商品经济和货币关系迅速发展，资本主义萌芽已经依稀的出现，这一切都向官办手工业提出了严重的挑战。在商品经济繁荣的直接冲击下，明末北京城里的官办手工业无可奈何地走上了衰落的地步。随着官办手工业的衰落，民营手工业日益兴盛。民营手工业又分为京城内居民和外表游离于城市的民间手工业，还有城郊农村民营手工业。孙健在《北京古代经济史》中写道："明末，私营手工业开始走向繁荣，弘治年间北京居民，'素无农业可务，专以懋迁为主'（《明经世文编》），经营工商业已成为居民的主要经济活动"。这时的农村手工业主要有：

（1）家庭纺织业繁盛。昌平出脂麻和麻布，宛平县出脂麻、丝、绢、绵、布、蓝靛等。不过，明代北京农村的绦织业还只是家庭副业，没有同农业相分离，无数的农村妇女是这种纺织劳动的主要承担者。如密云县周孝氏，"纺织针类，操作勤劳，一家得以温饱"（《密云县志》）。昌平方氏，"日事纺绩，抚子琦成立，苦节终身"（《昌平州志》）。明代民间纺织品如果出卖，明朝政府还对总的质量有所规定："绢布之属纰漏薄短狭而卖者，各笞五十，器用布绢入官"（《明律集解附列》）。

（2）京郊的采矿业兴盛。冶铁是北京地区从战国以来的传统手工业。但到明代，铁冶铸业则更加发展，铸造制作工艺更高。现存于海淀大钟寺的明代永乐年间铸造的大钟高 6.75 米、径 3.3 米，重 46.5 吨，号称钟王，举世闻名。清水村有铁冶于工作坊。其他采矿业有：昌平县城西南 35 里苏家坨有硝场，专司熬硝；宛平县颜老山有银冶及七宝良磁、琉璃和画眉石。京西门头沟地区以采煤业更为发达。京师人口众多，销售市场广阔，邱浚指出："今京师军民百万之家，皆以石煤代薪"（《万历实录》）。明代，北京地区的产煤地主要是房山马鞍山、周口店，以及门头沟斋堂等地。宛平、房山开采的煤窑有数百洞。明初，采煤业由官府垄断，随着商品经济的发展，官营煤窑逐渐走向衰落，私营煤窑蓬勃兴起。可见随着历史的进步，民力也随之走强。明代中叶，民窑大有代替官窑之势，反映出农村经济在历史进步中走强。明万历时期，西山等地的采煤业，"官窑仅一、二座，其余尽是民窑"（《万历实录》）。

民窑的经营方式大多为合股联合经营。民营煤窑的劳动者多为雇工，他们大多是煤矿附近无地或少地的农民或是由河南、山西来的破落农民。私营煤窑的生产技术落后，工作条件极差，洞穴矮小，通道狭窄，采煤工们只能蛇行鼠伏的爬行将煤筐拉出窑洞。

（3）烧窑业发展很快。辽、金、元、明在北京接连大兴土木，搞基础城池、设施建设，需要大量的砖、瓦、沙、灰、石等。其中除沙、石靠山采伐外，砖、瓦、灰都需要立窑烧制。这些粗活多由农村经营。到明代，北京郊区烧窑业发展很快，有灰窑、砖窑、瓦窑，它们都就地取材进行烧制。京郊的马鞍山、磁家务、周口店、怀柔石厂等均为烧石灰的基地。

（4）采石加工业。明代北京营建所需石料，尤其是大型石料，主要取于三山一窝——即房山马鞍山、顺义牛栏山、怀柔石径山和房山大石窝。据史载："白玉石产大石窝，青砂石产马鞍山、牛栏山、石径山，紫石产马鞍山，豆渣石产白虎涧"。大石窝位于房山西南 40 里黄龙山，"前产青白石，后产白玉石，小者数丈，大者数十丈，宫殿营建多采于此"。明朝迁京后所用石料大部分是房山大石窝采运来的汉白玉、青白石等。建于明代的采石场就专门采集马鞍山出产的青砂石和紫石，并全部为朝廷所用。

（5）酿酒业。明代北京城内郊酿酒业十分发达，城内城郊到处都有官民办的酒坊、酒店酿酒售酒。官办酿酒业主要自己消费。郊区农村酒坊规模不大，但为数不少，主要用于销售，其最流行的是用高粱酿制白酒，俗称"烧"，亦称"烧刀"。

明代北京手工业中，工艺品制造业也很发展，其中景泰蓝是盛行的一种新工艺品；而以漆器制造最为著名，超过了前代的水平。再就是花梨紫檀家具制造业。不过这些产业主要集中官办作坊，民间也有作坊，但不成大器。

据万历十年（1582 年）调查，京师宛平、大兴二县共有铺行一百三十二行。在审编中被裁撤了三十二个行，还保留有一百行。可见，明代农村手工业也是比较发展的。

商业繁荣

明初，北京因兵火战乱，"商贾未集，市廛尚疏"（沈榜《宛署杂记》）。

明成祖迁入北京后，北京地区农业繁荣，手工业迅速发展，又是天下富商巨贾相聚之地，便刺激商贸繁华。据万历十年（1582年）统计，北京地区的私人工商业户有3.4万多户，占当时工商业店铺总数的86％。他们大多店铺不大，资本有限，以靠自己以及家庭成员劳动为主，即有招学徒、伙计或一二人，或二三人，为数寥寥。但他们经营的行业则相当广泛。在这些行业中既有京城市民干的，也有京郊农户干的，还有外埠来京人员干的。正如将一葵所云："天下士民工贾，各以牒至，云集于斯；肩摩毂击，竟日喧嚣"。也如谢肇制所说："市肆贸迁，皆四远之货；奔走射利，皆五方之民"。明中叶以后，市场上货物品种繁多，"人生日用所需，精粗必备"（沈德符《万历野获编》）。无论服装鞋帽，还桌椅板凳、花鸟鱼虫、干鲜果品、粮食蔬菜、鱼虾野味、马牛猪羊、书籍字画、珠宝玉器、药材漆蜡、丝绸匹缎、瓷器木料、草柴煤炭、古玩珍宝等等，应有尽有。

明代张瀚对当年京城商贸繁荣的原因分析得透彻。他说："京师负重山，面平陆，地饶黍谷驴马瓜果之利，然而四方财货骈集于五都之市。彼其车载肩负，列肆贸易者，匪仅田亩之获；布帛之需，其器具充栋与珍玩盈箱，贵极崑玉、琼珠、滇金、越翠。凡山海宝藏，非中国所有，而远方异域之人，不避间关险阻，而鳞次辐辏，以故畜聚为天下饶。"

据史料记载表明，京城拥有一百三十二行，据万历十年（1582年）调查，在宛平、大兴二县也同样存在，说明当时城乡间商贸是相通的。事实上在北京城内有许多与农村、农业产品相关的商贸行铺，其商品故有外来的，但也必有京郊农村、农业产品，诸如那些需求量大面广的鲜鱼、水菜、活的牲畜、禽类以及柴草等，在交通运输不便的年代里靠外埠就困难了。

在京城商业不断发展的影响与带动下，使得京畿的一些物流要道，也形成了喧闹的集市。如通州不再仅仅是粮食集散中心，而成了"百货汇集处"。万历年间有人记录通州等地的情形："张家湾为潞河下流，南北水陆要会也。自潞河南至长店四十里，水势环曲，官船客舫，漕运舟航，马并集于此。弦唱相闻，最称繁盛"。又："河西务，漕渠之咽喉也。……两岸旅店丛集，居积百货，为京东第一镇"。李贽有诗云："铁瓮新城十万家，闾阎旧俗竟繁华。隄连第宅公勋店，岸拥旌旗使者舟差。税榷五材充国计，商通四海足生涯。会同诸夏咽喉处，名利烟波炫晚霞"（蒋一葵《长安客话》）。郊外的许多寺庙胜景处，也出现定期的繁华集市。如戒台寺，"自四月初八说法起，至十五日止。天下游僧毕会，商贾辐辏"。此外，郊区县城及乡村集镇也都有商铺或集市。可见，京郊此时也出现了新的繁华商业区，开展有地方特色的商贸交易。

自然灾害

明代北京地区灾害种类多、发生的频率高。明代 276 年中，北京地区发生的水灾年份为 116 年，约占明代总年数的 42％。发生旱灾的年份为 160 个，约占明代总年数的 58％。发生风灾的年份为 95 个，烈风、风霾、沙暴等灾害占明代总年数的 34.4％。地震有 91 个年份，占 33％。无灾害记录的年份，仅有 35 年。灾害频发期，在明宣德至弘治年间、嘉靖年间和万历至崇祯年间。灾害分布地域广、密度大。一旦灾害发生，波及北京大部分地区或全部，通州、密云、怀柔、昌平、宛平、良乡水灾多。一些灾害的伴生现象明显。特大水灾，有 1428 年、1439 年、1470 年、1517 年、1553 年、1554 年、1587 年、1607 年、1611 年 9 个年份。大都是连续数月暴雨、淫雨连月，河流多处决口。北京全境受灾，田禾尽淹无收、房屋坍塌、人畜淹毙、损失巨大。大量饥民流离载道、填集京师、"米价增十倍""民多饿死者"。特大旱灾，有成化年间持续 16 年的大旱期、正德至嘉靖年间持续 13 年的大旱期、隆庆四年至万历十八年持续 20 年的大旱期、从万历二十六年开始连续 13 年的大旱期、万历后期到天启四年连续 11 年的大旱期，崇祯在位 16 年，前后有两个连年干旱的大旱期。史称"风旱异常""沙尘弥天""畿辅田里、二麦尽槁""大饥、饿殍遍野""人相食、草木俱尽"。明代为北京地震多发期，强震有七次。天启六年（1626 年）五月六日 10 点，昌平、密云、京城同时大震，当在 7 级左右。

就比较而言，明朝的政局较长的时期内保持相对稳定，农本思想与采取的惠民政策措施在较长的时期内具有连续性，人民有较安定的休养生息环境。大量移民于京郊不仅解决了京畿劳动力缺乏问题，还带来了先进的生产技术和手工业技艺，对促进京畿工农业生产起着重要的作用。由于城市人口的快速增加，对农产品的需求呈现出量的增长和质的提升，促进了京畿农作物品种多样化和园艺业的快速发展，促进了垦荒屯田，扩大水稻、玉米、甘薯等高产作物推广应用，大力提高粮食产量。引进、发展棉花生产和棉纺手工业及大力发展蔬果及花卉生产，以适应都市市场需求，从而进一步扩大了商品性农业生产。为适应新型市场需求，进一步提高京畿农业生产力水平，在推广先进技术的同时，还出现了农业的功能性区域布局——东北郊有 15 个村建立"御马苑"专门"牧养御马"；西南郊外为嘉蔬生产地；各村居民多为菜户，专供皇宫食用；东南郊、南郊除菜农之外又有花农，专门培育花卉，供宫廷观赏；北郊则多牧羊奶户。明代京城四郊划分为功能不同的农业、牧业及园艺产业，可说是农产品生产基地建设的启蒙。在都市商贸中心的影响与带动下，京畿农村经济的综合实力也随之不断有所提升。在小农经济的发展中呈现出明显的商业性经营，一些经济作物、畜禽生产及手工业商品化开始走强。

（二）清代前期

从 1840 年起中国进入近代社会。以此，把清代划分两段，即 1644—1840 年为清代前期，1840—1911 年为清代后期。清代前期仍属古代范畴，而其后期则属近代范畴。本册对清代前期仍沿袭古代农村经济史的脉络处理。

1644 年 10 月 30 日，大清福临到京定鼎登基。宣布"告天即位，仍用大清国号，顺治元年"。清王朝统治了中国 267 年。从 1644—1840 年的清朝前期，在近二百年的时间里，商品经济较以往各朝代有了很大的发展，京郊农村社会经济发生了深刻变化。

农村的阶级关系

清代北京农村的两个基本阶级即地主阶级与农民阶级。前者依仗权势大量兼并而拥有大量土地及对土地的租佃或买卖的自主权，而农民则存在三种情况：一是拥有少量只够或难以养生的土地和极为有限生产资料的自耕农；二是只有简单的生产工具而没有土地或有不足以养生的土地，而靠租佃土地耕种的佃农；三是既无土地又无简单生产资料者，靠出卖劳动力而求生的雇农。这两个阶级的共生就构成封建租佃剥削制生产关系。就清代北京农村的居民而言，又存在旗人与民人的划分。民人即指由地方政府管辖的编户居民。旗人指登记在八旗档册中的居民。即所谓"在档者为旗，不在档者为民"。清代，在京畿农村乡居的旗人主要有内务府所属的大粮庄庄头、园头及亲丁、壮丁，部分银庄庄头及亲丁、壮丁，投充户及其他各类户，各王庄庄头、园头及亲丁、壮丁、闲散旗人、旗人家仆、汉军旗人，以及八旗罢黜之废员等。

大粮庄庄头特别是"老圈庄"庄头，大多为"从龙入关"的世仆，尽管他们编在上三旗包衣管领下，属皇家奴仆之列，但在皇庄中，享受管理壮丁、招佃承种、收租取税的极大权力。连地方官都无权干予他们的差务，利用这些权势，有的庄头成为横霸一方的恶棍。

由于清代京畿85%以上的耕地被旗人占有，而以北京顺天府的比例最高，如良乡全部土地被圈占为旗地。大兴、宛平、通州、昌平、密云、怀柔、平谷等州县90%以上，甚至高达95%的农田被占为旗地。因此，清代八旗贵族、官兵占据旗地就成为清代北京农业中的一大特征。他们就成为郊区大小不等的地主，而广大民人中的多数就成为佃农。但这并不意味着民人中没有地主，只能说民人中地主所占比重小。其实亦有"膏腴万顷"的民人地主，这就是《啸亭杂录》中所记载的"怀柔郝氏"。他以"皇帝尝驻跸其家"。不过，清代民人中的地主多为"二地主"——他们本身并不拥有土地，而是依靠承揽旗地，取得对土地的支配权和使用权，雇佣佃农耕种土地，除完纳旗租外，将剩余的地租归为己有。因而，就其阶级地位而言，应为地主。由此可见，清代京郊民人中既有承揽旗地发财的"二地主"，也有广大佃户。前者是少数，后者是大多数。

清朝迁都北京后，为了安置八旗贵族、官兵，强占京畿官私土地无偿分配给八旗各部，其圈地自清世祖顺治元年（1644年）至清圣祖康熙八年（1669年）才最终结束，前后持续了45年。大兴县在前两年被圈占的土地占全部圈充地的92%以上（《八旗通志初集》）。在圈地过程中，一部分京畿自耕农和地主为了维护生计和免遭离乡背井之苦，就将土地投献旗人奴主门下，成为带地投充户。当时汉大臣孙嘉淦在奏议中说："查民人投充旗下，原非得已，或地已圈，无处栖身。乃投充以种地；或地尚未圈，恐被霸占，因投充以保家"（《孙文定公奏疏》）。事实上，无论带地还是无地，投充户的身份都是旗人家奴，可被主人买卖。直到康熙以后随着社会经济的恢复与发展，落后的旗地庄田制度终于陷于瓦解，封建租佃制最终在京畿农业经济中占据了统治地位。至咸丰朝时"除王公庄田外，允许普通百姓和旗人之间可以买卖旗地"，史称"旗民交产"（《畿辅通志》）。

旗地的经营方式，有关清代档案《朱批奏折》乾隆五年四月十二日）记载："我朝定鼎之初，虽将民地圈给旗人，但仍系民人输租自种。民人自种其地，旗人坐取其租，一地两养，彼此相安，从无异说"。又有档案《朱批奏折》乾隆元年三月一日）记载："至于民种旗地，包收交租，其中情节不一而足。盖因直隶近京五百里之内，多系旗圈，民人若非佃租旗地，无可栖止耕种养生。有预交一年租银者，俗谚谓之压季；有预交三年、五年租银，几乎抵清者，俗谚谓之两不来。若使各如期约，彼此原属相安"。由此可见，清初北京农村尽管由于圈地和投充，绝大部分耕地的所有权由民间转入八旗。旗地庄园的生产关系依然是租佃制封建生产关系。

就北京来说，直至清朝以前尚未见有官方划分城区与郊区的诏文。直至清代雍正十一年（1734 年）方有明确规定："嗣后悉照京营旧，凡城属地方，有越出京营界外者，就近各归大（兴）、宛（平）二县管辖；大、宛二县地方，有夹杂京营界内者，就近各归四城管辖。各按界址，树立石碑，永远遵守"。据称，如此明确划定城市郊区的行政界线，及属地功能，是我国城市发展史上的第一次。至嘉庆年间，仅城属东郊、东南郊、南郊、西南郊就有村庄四百余处（《大清会典事例》）。韩光辉在《从幽燕都会到中华国都》中写道："北京城市郊区在元大都时已初步形成""清雍正中勘定的北京城属行政界线是当时世界上最早的城市郊区界线，清代北京城属就是世界上最早的城市郊区"。

土地占有制度

清朝定都北京后便大规模圈地和民人带动投充，清代京畿地区 85％以上的耕地，为清廷和八旗所有。其中，属皇室所有的，归内务府管辖，称为皇庄，或内务府官庄；由清帝按爵位等级分配给王公贵族的地，称为王庄；为八旗官庄所有的，称为旗地。三种占地其经营方式不尽相同。

（1）皇庄或内务府官庄。因经营内容不同又分为庄——有粮庄，又称大粮庄。乾隆十年（1745 年）前，畿辅地区的大粮庄约有三百二十余个，所占地亩极不统一。其后续增的粮庄都是在"存、退、余、绝地亩"上，按照整庄十八顷、半庄九顷的统一标准逐渐安放。纳银庄又称钱粮庄，是由带地投充旗下的近畿百姓拼凑起来的，共有庄百三十有二，总计有 1 620.59 顷，纳银 18 674 两。

大粮庄的土地都租细给民人耕种，耕种缴纳实物。例如康熙五十一年（1712 年），曾规定：一等庄，岁纳粮二百五十石；二等庄，二百二十石；

三等庄，一百九十石；四等庄，一百二十石。均每石折米五斗。半分庄，岁纳粮六十石，秣秸一百四十束。除了纳粮之外，关内粮庄还要交纳猪只、秣秸，有的还要交纳红、白黏谷。

此外京师近郊还设几处大粮庄，为皇室提供特殊服务，主要有：关内的大粮庄主要分布在顺天、保定、河间、永平等府。设于北京地区，有案可查的清初大粮庄可见下表。

清初大粮庄列表

单位：亩

县名	庄头数	共领地数	领地最多数	领地最少数
通县	50	18 715	4 055	14
大兴	30	16 740	1 870	2
昌平	10	5 391	1 285	28
顺义	29	33 167	3 820	68
密云	11	7 742	2 028	49
怀柔	8	5 823	1 560	92
平谷	8	6 714	2 476	42
宛平	22	11 653	1 368	6
房山	18	9 638	900	44
良乡	18	12 150	3 282	24
延庆	3	2 212	1 138	363

资料来源：摘自《清代的旗地》。

这里需要说明，此表所载各县庄头的领地亩数，只是他们在那一县领有的土地数，并不一定是他们领有的全部土地数。实际上，很多庄头的土地往往分散在两三个乃至四五个县中。现根据《内务府会计所属庄头造报地亩清册》提供的材料，列举一些个案加以说明。庄头于至诚，管辖的粮庄划为头等，有地5 158亩，分布在顺义、通州、大兴三处，此例可做为老圈庄的代表。庄头杨群祥，管辖四等粮庄一个，有地1 827亩，分布大兴、顺义、昌平三处。

南苑粮庄、畅春园西厂稻田庄、房山县稻田庄两所、朝阳门外八庄，主要种植黍、稷、稻、梁之属。

园有菜、瓜、果之分。其果园由内务府掌仪司负责管理。清廷在南苑内安设果园头五名，"各给南苑内地一顷十九亩，养赡家口地二顷十亩，每年园内所有青皮桃、秫秸叶桃、关东马儿李子，尽其所得，交送清茶房承应，不交别色果品，亦不征收地亩钱粮，其编查壮丁等事，俱同果园陈丁"（《钦定总管内务府现行则例》掌司仪卷）。

宛平县葡萄户。顺治二年（1645年）阎思印带地投充内务府掌仪司正白旗葡萄户园头。其地坐落宛平县核桃园村等四个村中，总计大、小十八段，计七顷七十七亩（《清代的旗地》）。

菜园、瓜园。皇庄中的菜园、瓜园属内务府会计司掌管。清初设立菜园，"于额丁内选堪用者为园头，并园头本身共丁五名，给种菜田十九垧（114亩），口粮田各五垧（60亩），牛二头，蒲帘一百二十五件，夹篱帐菝秸三千五百束"。康熙三十三年（1694年），内务府设立菜库。"定额设菜园头六十一名，每名给畦地一顷八十亩，如附近无畦地，每亩给旱地五亩。瓜园头三十一名，每名给地一顷八十亩。安肃菜园头四名，每名给地九顷，所交蔬菜瓜豆，每年增减无定额。不久，又于北京近郊设立丰台菜园"，每菜园头各给地四顷，内畦地一顷八十亩，井六眼，每人给牛四头、房三间（《雍正大清会典》）。

户、丁。皇庄中还设有各类户和丁，诸如鹰户、鸭户、鹌鹑户、蜜户、狐皮户、网户、雀户等，统属于都虞司。另有灰丁、煤丁、炭丁等，则统属于营造司。

（2）王庄。旗地中属八旗王公贵族所有的庄田，称为王庄。王庄的分配是由清廷按爵位的高低，用法令的形式颁布的。王庄同皇庄一样是通过圈地和投充而获得的。王庄土地的配额，顺治二年（1645年），清廷规定"给诸王、贝勒、贝子、公等，大庄每所地四百二十亩至七百二十亩不等，半庄每所地二百四十亩至三百六十亩不等，园每所地六十亩至百二十亩不等"（《清朝文献通考》）。

（3）旗地。八旗官兵分领的圈地或投充地，称为一般旗地。清军入京后，清世祖诏令："凡近京各州县民人无主荒田及明国皇帝、驸马、公、侯、太监等死于寇乱者，无主荒田甚多，尔布可概行清查，如本主尚存，或本主已死而子弟存者，量口给，其余田地，尽行分给东来诸王、勋臣、兵丁等"（《清世祖实录》）。于是，空前野蛮的圈地暴行席卷京畿各地。到康熙八年，八旗共圈占土地十五万三千四百六十七顷十六亩、其中八旗宗室王公贵族占地一万三千三百三十八顷四十五亩，八旗官兵占地十四万一百二十八顷七十一亩（《畿辅通志》卷95）。占地以"顺天府（治北京）境内圈占为多"。"顺天府实剩民田仅仅有六千五百二十八顷三十九亩"（《畿辅通志》）。旗地的分配，依袭清军入关前计丁授田的办法。即八旗壮丁每人给地三十亩。参领以下官员各给地六十亩。副都统以上官，各给园地一百八十亩，地六十亩。据清代文献记载，"各旗官兵分拨庄田以顷计者，十四万九百有奇"（《石渠余记》）。依据《八旗通志》中的数字计算出京畿地区的大兴、宛平、良乡、通州、潮县、昌平、密云、顺义、平谷、怀柔、房山共有八旗一般旗地三万一千二百余顷，约占一般地总数的百分之二十二（《八旗通志》）。光绪《通州志》记载："国朝近京五百里州县均有旗圈地亩，通州距京密迩，圈投者多"。作为京畿首地的大兴县，"旗屯星列，田在官不在民"（《大兴县志》）。顺义县，"四向环山而封内编饶，平芜其间瘠土固伙，而腴田正自不管，但以旗圈残，所余无几"（《顺义县志》）。平谷地产，"向称旗七民三，亦可见旗地之多"（《平谷县志》）。密云、怀柔等县也是白旗圈地之后，所余民田无几。良乡"虽弹凡小邑而地近京畿，差徭繁剧，民力久不能支，由前清入关之初，膏腴之田尽被圈入，竟将阖县民粮全行撤销"（《良乡县志》）。

清初顺天府圈充土地统计表

单位：顷

州县	原额	圈充	实剩	圈充占原额（%）
大兴县	1 909.63	1 810.30	99.33	94.80
宛平县	3 272.56	3 016.29	256.27	92.17
良乡县	2 918.24	2 918.24	无	100.0
通州	7 439.77	7 365.65	74.12	99.00
昌平州	2 888.70	2 885.93	2.77	99.90
顺义县	2 486.88	2 486.88	无	100.00
密云县	2 733.43	2 707.91	25.52	99.07
怀柔县	1 392.22	1 276.11	116.11	91.66
房山县	1 767.37	1 392.05	375.32	86.52
平谷县	1 124.30	1 069.36	54.94	95.11

资料来源：引自于德源《北京农业史》，人民出版社，2014年。

清（乾隆年间）顺天府所属北京地区州县旗地、旗租数字表

州县	旗地（顷）	额定旗租（两）	扣纳民粮银（两）	应征租银（两）
大兴县	258.33	2 927.72	2.32	2 924.40
宛平县	224.04	2 117.41	9.11	2 108.30
通州	726.63	5 885.53	16.93	5 868.60
良乡县	180.73	2 403.37		2 403.37
房山县	213.44	2 713.64	49.01	2 664.63
昌平州	358.05	3 590.78	0.60	3 590.18
顺义县	861.02	7 391.34		7 391.34
怀柔县	173.82	1 846.40		1 846.40
密云县	230.87	2 179.82	3.27	2 176.55
平谷县	136.26	1 867.29	0.09	1 886.20

资料来源：摘引自《畿辅通志》卷95。

　　清初不仅圈占土地，还分占山林。"昌平之民，惟籍山林樵采易米资生"，但因"各王爷有分管山场之举，必有不容樵采之禁"，以致"看见入山伐木挑柴者，夺斧鞭笞，樵夫抱头弃窜，又断一条生路"（《清代档案史料丛编》）。

　　对于清朝的圈地制度，时有评说："夫土地人民者，乃皇上之大宝。皇上统辖万里，咫尺之地亦为君土，匹夫之空亦为君民。此乃天经地义，定而无疑之理矣。然今投充各族之人，既非皇上之民，投充之地，亦非皇上之地。多投充旗下一人，皇上则少一人之税；多投充旗下一地，皇上则减一地之赋"（《清代档案史料丝编》）。

　　由于旗地制度代表着落后的生产关系，且满旗入关后又是采用暴力手段把民田圈占，并推行落后的生产关系，结果造成了社会的大动荡，使社会生产力遭到了很大破坏，落后的旗地庄田制度也就随之瓦解，使封建的租佃制的地主经济又在以北京为中心的京畿地区占据了统治地位。乾隆中期以后，封建贵族地主对劳动人民的掠夺与日俱增，使农民和小手工业都陷入更加困苦的境地。在农业方面，连京郊八旗旗丁都进入贫困化。汉族小自耕农在地主兼并下纷纷破产，"旧日有田之人，今俱为佃耕之户"，田土多归富户所有。据昭梿《啸亭续录》记载：当时怀柔，一郝姓大地主"膏腴万顷"，北京城"米贾祝氏""富逾王侯"，而"宛平查氏、盛氏富亦相仿"。

　　在人民反抗怒潮的冲击下，清政府被迫在康熙二十四年（1685年）基

本上停止圈占土地和房屋，到雍正初完全停止，不久又限制投充和修改了"逃人法"。康熙末年和雍正初年，清政府前后颁布了"盛世滋丁，永不加赋"的命令和"地丁合一"的制度，减轻了人民的赋役负担。同时，清政府还在近畿一带兴修水利和奖励垦荒。康熙年间，顺天府耕地面积迅速扩大，到嘉庆二十五年（1820年）"顺天府耕地达六万二千一百二十一顷四十七亩"（梁方仲《中国历代户口、田地、田赋统计》）。到光绪七八年间"增达六万六千二百零九顷八亩"（《光绪顺天府志》）。到清末，顺天府共有旗地、部分官地及民地总计八万七百四十六顷九十四亩，与明代水平基本相同。这些措施对安民养息，恢复北京地区的社会生产起了积极的作用。至雍正时，仅顺天府所属州县稻田已增加到13.3万亩，"中熟之岁，亩出谷五石，为米二石五斗，凡三十万二千五百石"，收获不少（《顺天府志》）。

农业生产的恢复与发展

清代顺治时采取圈地政策，其时旗人占有大量土地，并实行庄头管理制度，使汉民苦难不堪。清乾隆时在赎回的旗地里停设庄头，禁止满州贵族和庄头"增租夺佃"和革除衙门白役等，"一招民种，复为沃壤，若在庄头，则渐成荒芜"（《八旗通志》）。过去近畿一带有许多荒沙地，到了康熙中朝以后，都被农民逐渐开辟出来，成为可耕地。大兴县在康熙时一共开垦了一千二百零一顷十六亩，宛平县垦辟了四百零八顷九十五亩。乾隆时仅京南一带就开辟了几千顷水稻田。有荒地经垦复后不到三五年又重新变成了上等沃地，从而大大提高了近畿一带农业产量。雍正年间因永定河的修治，水田很快增加到十三万三千余亩。到乾隆时代，北京"苑囿以南，淀河以北，引潦顺流，杭稻葱郁"。水稻的收获量，据《顺天府志》记载："中熟之岁，亩出五石"。比麦和高粱、黍的产量高出几倍。

（1）清代当政皇帝重视农业、亲驾督促。在康（雍）乾盛世间，农业得到迅速的恢复与发展，这是与当政皇帝对农业的重视与亲驾督促是密切相关的。康熙年间，为了缓和民族矛盾和阶级矛盾，除停止圈占民地以外，又宣布："以直隶废藩田予民"，且免缴租，"视民田输纳正赋"曰更名田。还"禁八旗以奴仆殉葬"等（《清史稅》）。顺天府地区民人开垦荒地量大为增加。康熙皇帝对于农业生产非常重视，经常出城观稼，劝督农耕。《清圣祖实录》记载有他出城观稼（禾）的行迹：康熙十一年五月，"幸德胜门外观麦";七月，复"德胜门外观禾"；康熙十二年四月，"幸郊外观禾"；八月，复"幸西郊观禾"；康熙十四年闰五月，"幸玉泉山观禾"；康熙十七年五月，"幸西郊观禾"；康熙十八年五月，"出阜成门观禾"，又"出朝阳门观禾"；康熙十九年四月，"幸西山一带观禾"。遇到灾害性气候便派侍卫或者亲自出城视察农作物生长情况。康熙十二年三月，北京地区霖雨大作，他派"一等侍卫对泰等出郊看视田苗"。康熙十五年二月，他从北京城至沙河巩华城的路上，对扈从诸大臣及侍卫等说："朕周视沿途，田间春麦正当盛长，著传谕扈从官员人等，悉循路而行，句得蹂践春田，其严禁之。"康熙二十九年四月，北京地区遭遇春旱后，连日大雨，田野沾足，他"出正阳门，至南苑观禾，"在出巡时，就严格要求随从人员爱护农田，对于民间疾苦，也知体恤。康熙皇帝注意保护农民的生产积极性，对于农民私自开垦的土地，鼓励自首起科。一位昌平州民冯三等人自首历年开垦私地 121 顷。直隶巡抚于成龙疏报惩罚治罪。康熙则不允，认为如追征历年积欠田赋钱粮，农民难免一时破产丧家。于是传旨："冯三等既行自首，免其按年追征，该管官员不必查取职名。嗣后民人自首地亩，不必拘定年限，俱自出首之年起科，该管官员亦免议处。"（《清圣祖实录》）。结果既查出民人隐瞒新开私地，又保护了他们的生产积极性。康熙南巡时注意搜集当地农业增产的经验，回京后教玉泉山地区农民学用南方用猪毛、鸡毛等农业废弃物发酵温和玉泉水寒不发稻苗的问题，从而促进"禾苗茂盛，亦得早熟"。他还在丰泽园内培育早熟、质优的"御稻种""令民间种之"。他重视农田水利建设，化水害为水利，发展稻米生产。雍正皇帝之世，进一步加强对京畿水利的开发与管理，实行"愿耕水者，皆给以农本"。乾隆皇帝之世，清朝国力经半个多世纪的经营达到鼎盛。清政府为了便于京师"浮漕、利涉、灌田"，曾对京西海淀一带水系进行整顿。乾隆十四年疏浚昆明湖，提升诸泉水库容，充济京东通惠河水量，使海淀区"水田日辟矣""新开水田，畦畛弥望"。乾隆三十八年，疏浚右安门外凉水河，"自凤泉至马驹桥，浚河八千余丈，修葺桥闸凡九，新建闸五，其河旁稻田数十顷，既垦且辟，益资灌溉之利"（《日下旧闻考》）。

清代农业的发展投入一系列软"实力"，诸如实施以"足农为首务"的"农为政本"的治国方略；调整土地关系与主佃关系，调动自耕农与佃农发展农业生产的积极性；减轻农民税赋负担，调动农民生产积极性；重视

"民以食为天"的粮食问题，稳定社会经济发展的基础。康熙曾言道："农者，所以食也，农事伤则饥之源"，"国家久安长治，莫不以足民为首务。必使田野开辟，盖藏有余，而又取之不尽其力，然后民气和乐，聿成丰享豫大之本。"乾隆为了确保粮食生产，不仅重农抑商，还下令烟地改种粮置地。乾隆八年，议准，"野外山隰土田阡陌相连，宜于蔬谷之处，一概不许种烟。凡问来种烟之地，应令改种蔬谷。"康乾重农促成较为安定的一百年的"康乾盛世"。

（2）治理永定河，兴修水利。清初，对北京地区人民的生活、生产影响最大的是浑河（即现今的永定河），正处在"延徙弗常"时期，几乎是每十年改道一次。清朝统一全国后，治理浑河的问题提到议事日程上来。康熙曾说："今天下无事，惟治河最要"。康熙把治理浑河，视为众河之首。他写诗道："吾想畿内不能防，何况远河惟与黄""岂辞宵旰苦，须治此河安"（《畿辅通志》）。

清代康熙帝在视察永定河时，即曾亲自用数学测量水位和堤坝，并计算水的流量。在疏通西郊万泉河时，康熙命令南怀仁前往测量绘图，准确计划需用的工料和工时，保证了工程的顺利进行。在整治浑河时，他倡导采用"引清冲浊"的技术措施，减少河底沙淤的速度，使永定河大约平稳了三十年。

清代第一次大规模治理永定河，是康熙三十七年（1698年）。这年三月二十六日，他对直隶巡抚于成龙说："朕经行水灾地方，见百姓以水藻为食，朕曾尝之。百姓艰苦，朕时在念。是以命尔于雨水之前，速行浚河筑堤，使田亩得耕，百姓生计得遂"（《清圣祖实录》）。同年七月二十一日，于成龙疏言："霸州等处挑浚新河已竣，乞赐河名，并敕建河神庙"。康熙决定赐改浑河之名为"永定河"，并谕令建庙立碑（《清圣祖实录》）。这就永定河之名的来历。

在修浚永定河的工程中（从康熙三十八年十月十日到康熙四十年四月二十日），康熙帝曾六次亲临现场巡视。最后一次（第六次），他来到新挑河道处，他看到因有莽牛河的冲刷，永定河"水流既直，出柳岔口亦顺，河岸较前甚高，而河亦深"，甚为高兴。五月二十六日，李光地上疏，奏报永定河河工全部告竣（《清圣祖实录》）。治理永定河是使郭家务以上河道固定下来，避免了大范围的迁徙无常，并采用了引清冲浊的措施，减缓了河底沙淤的速度，使得永定河平稳运行。

然而，永定河尾闾的沙淤问题并没有解决。此后，清朝各代几乎都围绕这一中心问题采取治理措施，不断筑堤，改变尾闾的河道。这种不断治理，为北京地区农业除了水害。

（3）开垦水田，发展稻业。清廷在京畿地区推广水田，自康熙年间就已经开始。康熙十一年（1672年），山东道监察御史徐越在其奏折中，充分论述了京畿地区农业发展的潜力。他认为"冀州之城，古称燕赵，从来膏沃自给，不尽仰食于东南"。他以密云等地为例，称那里"泉从地涌，水与田平。稍施疏决，即归亩圳。今听其漫野而去，故阴雨稍勤，土膏方能润泽，旬日不雨，禾苗遂虑焦枯。此近水而不知水利者也。若于近泉之处，为坡为塘，蓄山之水，以备亢旸，则风瘠之场，灌溉有资，而山硗为沃野矣"。此外，他还疏言道："视水为害而无利"地区和"受水之害而不能取水之利"地区的情况，认为关键在于兴修水利。并进而言道："积漕利国、富旗安民，莫有过于大兴畿辅水利者也"（《存庵奏疏》）。此议受到清廷的重视，从康熙年间起即开始在京畿地区大力兴修水利，积极推广水田种稻。到雍正年间，则大规模地经营水田。雍正三年（1725年）十一月，命怡亲王允祥、大学士朱轼查堪直隶河道及水利。此二人出京"冲寒往返"，三月之久。最后向雍正上了《营田疏》。"疏"中说道："水其为害者，由人之不能用水也""农田之利兴，则泛滥之害消"。由此，他们建议在畿辅地区，择沿河濒海、施功容易之地，各设田营专官，经划疆理，招募南方老农，课导耕种。如有力不能办者，动支正项，代为经理。田熟，岁纳十分之一，补库帑足额而止。同时，在疏中，他们还专门批驳了两种惑民之说。一为"北方土性不宜稻"，一为"北方之水暴涨则溢，旋退即涸，能为害，不能为利也"（《皇朝政典类纂》）。他们还引证林则徐的《畿辅水利议》中"天下有水之地，无不宜稻之田"，而明确提出："内地无论已，迪化在沙漠之地，而有泉可引，宜禾，赐以嘉名"（《光绪顺天府志》）。雍正四年（1726年）对允祥和朱轼的《营田疏》采取积极的支持。谕昌称《营田疏》"甚为明晰"，并说"怡亲王等于去冬今春，奉命察堪水利，前后往返三月余，而且直隶地方东、西、南三面数千里之广，俱身履其地，不惮烦劳，凡巨川细流，莫不穷源竟要。且因地制宜，准今酌古，曲尽筹划，以期有益民生，公忠为国，甚属可嘉"（《皇朝政典类纂》）。在雍正的谕准下，这一年，成立了营田水利府，以怡亲王董其事轩观察史一。根据清代文献记载，在这次推行水田的大胆尝试中，北京地区的水利建设和农业生产都获得显著的发展。房山县引拒马河、挟河之水，源流盛大，引用不穷。开渠设闸，随取而足，治西南广润庄、高家庄等处开辟稻田二十顷四十二亩六分，农民自营二顷十二亩八分。县治西南良家庄、长沟村又辟稻田二顷八十九亩，农民自营四十亩十余里畦塍相望，较玉塘泉之利更广矣。平谷、宛平等县都在积极兴修水利，发展水田。据史料记载，未修水利设施的"水占地"，每亩售价仅二百钱，尚无要者；一成水田，"亩易银十两"。亦即水田的价格是"水占地"的五十倍。石景山有庄头姓修，能自引浑河灌田，比常规农田亩收数倍，旱涝不致为灾。乾隆十年，在瓮山前，芟苇菱，浚沙泥，疏导玉泉诸派，汇于西湖，易名曰昆明湖。此后，在东堤拦阻下，水位日增，昆明湖犹如一座水库。存储其中的玉泉山水东流，经由长河，引入京城，并于沿途灌溉耕地，两岸"水田日辟"。万泉庄水系源于海淀迤西的巴沟低地。那里不但有平地涌出的泉流，还有长河东堤泄出之水。乾隆年间，将这段河流，引导过海淀镇，北流东转，经万春园之南，再北转入清河。使本为沼泽、浅湖的巴沟低地逐渐辟为稻田，成为著名的"京西稻"之乡。

清代康乾期间除大兴永定河水利工程外，还因地制宜开展了区域性水利工程。据清代地方志记载：房山县"埝儿河会诸山涧溪，于周口店作沟洫，浸灌园畦"。顺义县"灵迹泉涌出西流，溉稻田五十余亩"。怀柔县城外有宝带渠，"县人钟其溁凿渠引水，碱土遂成水田"。昌平县"黑泉在治东南西小口，乡人开渠引流，蒔稻菱藕之属。百泉庄、马池口、凉水河村、大小汤山、芹城、暴榆泉、黑泉、太舟务、渤海所俱有稻田。"平谷县"灵泉出县治东北二十里，灌溉田园，多赖其利。"

右安门外西南，泉源涌出，为草桥河。接连丰台，为近郊养花之所，京师花贾，皆于此培养花木，四时不绝，而春时芍药尤甲天下。有的村民是半种花木，半种瓜菜。由于水清土肥，故种植滋茂，春芳秋实，鲜秀如画。

（4）推广良种和先进技术。清康熙帝为了推广水田，发展京畿地区水稻生产，十分注意把南方种植水稻的经验介绍到北方来。他在南巡时，见农民舟中装满猪毛、鸡毛。经问知：福建稻田以山泉灌之，泉水凉，不发苗，施用猪毛、鸡毛后，地发暖，禾苗茂盛，亦得早熟。回到北京后，他就在玉泉山下，"将玉泉山泉水所灌稻田，亦照此法"。结果，取得了成功。

玉泉山水稻果然早熟丰收（《清圣祖实录》）。康熙帝在丰泽园里还亲自进行水稻选种，并培育出适合北方种植的水稻新品种——名曰"御稻米"，其产量虽不比百姓所种稻高，但其品质比旧品种已有很大进步，米色微红，粒长气香而味腴，而且成熟期早，对于北方降霜期较早的地区来说也是一大优点。康熙帝创造的水稻选择育种法在农学界传承不已。

宛平县产稻，有糯、粳二种。昌平州出产膳米。房山县产红、白二种稻，县中白玉塘水田所产米，更是"珍贵异常品"，被康熙帝赐名为"御塘米"，并命专供皇宫食用，时称"贡米"。康熙在丰泽园培育的御稻种，随着水田的扩大而在宛平、房山、海淀、涿州等地得到推广应用，其米"微红、粒长而味腴，四月插秧，六月可熟"，当地人们视此稻米极为珍贵。

在引种推广中值得一提的是玉米、甘薯、棉花三种高产作物。尽管它们早于明末引进，但未大面积推广。至清代则逐渐在北京地区广为种植，尤其玉米作为一种耐旱、抗涝的作物品种在北京地区广泛种植，其在粮食生产中被排在麦、稻之后，粟之前，到清代后期则排在首位。因为它不仅适应性广、产量高，有利增产粮食，减轻南粮北运的压力，还是饲养之王。北京地区沙地、岗坡地多，而甘薯具有耐旱、耐瘠且易于在旱薄地生长，当时北京大兴、房山、良乡、密云等多沙土地的地方都有种植。棉花是很好的纺织工业原料，从清代渐受重视而作为一种商品作物进行推广种植。

京郊经济作物有很大发展。北京地区的蔬菜生产已进入商业性经济作物行列受到重视。当时把菜田划为"御用"和"民用"两类。前者专门为宫廷服务，称为"御用瓜菜园"，共计有93处，占地面积达628顷，约合6.28万亩，相当于明代的5.2倍。主要分布在南苑和菜户营等地，每年生产蔬菜50多个品种（昆冈等《清会典·内务府》）。民间的菜园散布在城近郊区，常年上市的"蔬属""瓜属""果属"菜50多种。清代，除了南、北菜园外，咸丰年间还在西直门外高粱桥附近也开发有菜田，号称"张姓菜园"，张家祖上三辈都是种菜的，是京城有名的"菜把式"。每到冬天还弄上两分地的暖棚子，种植些细菜，如西红柿、黄瓜、柿子椒等，到了腊月二十几就向王府里送，颇受御膳大总管认可。据传咸丰皇帝尝后甚喜，便封张家菜园为"上园"，所种的菜全部为宫中御用，并赐金匾一块，上题"上园"二字。之后，附近的村子就被改为"上园村"，一直延续至今。为了增强抗争，清代郊区菜农开始自行组建同业组织——"同行"。到清咸丰六年（1856年），加入"青韭园行"的菜农达70余家。

清政府为管理蔬菜交易，清初设立了"蔬菜牙行"93家。到乾隆年间裁撤了63家。"牙行"凭着"牙帖"作中介交易。

清代蔬菜流通：一是在京城内继续设有蔬菜批发交易市场，集中批发交易；二是零售商开"菜局"或"菜床"或"菜铺"或"菜棚"，坐行销售；三是"菜挑""菜车"走街串巷叫卖。菜价因季节而变（升或降）。五月生产旺季，每斤萝卜、芹菜不过100文、140文，而到了一月生产淡季，则均达200文。

清代，京郊经济作物亦称商业性作物种植也有很大发展。旗地中建有许多果园，水果产量有了大幅增加，品种也更为丰富。棉花和染料的种植，较明代有大幅增加。为了满足城市人口大量增加的需要，近郊菜农进一步改进和扩大了温室生产技术，使一些蔬菜的供应四季不断。花卉是都市不可或缺的植物产品，到明、清时代，皇室仕宦之家的花圃规模之大，寺院中花卉栽培之盛，自不消说，就是民间种花也很盛行。著名的丰台种花业，十分兴盛，培育出许多奇葩异花，其知名的花卉有牡丹、芍药、白兰花、桂花、梅花、茉莉花、一品红、石榴、碧桃、荷花、月季、菊花等。这些传统名花都盛于"丰台十八村"。清·于敏中等《日下旧闻考》中记载道："京师右安门外十里曰草桥，居人以花为业，都人卖花担，每辰千百，散入都门；所栽种类与品种很多，一年四季花卉不断；花农们侍弄花卉，废晨昏者半岁，而终岁衣食焉"（《帝京景物略》）。"花分季上市，入春而梅、而山茶、而水仙、而探春，中春而桃李、而海棠、而丁香，春老而牡丹、而芍药、而李枝。入夏榴花。外皆草花，花备五色者蜀葵、莺粟、凤仙、三色者鸡冠，二色者玉簪，一色者十姊妹、乌斯菊、望江南。秋花耐秋者红白蓼，不耐秋者木槿、金钱，耐秋不耐霜者佛桑、榕树""今京师腊月郎卖牡丹、梅花、绯桃、探春诸花，皆贮温室，以火烘之，所谓堂花，又名唐花是也"。草桥地产名花深受清皇赞颂。乾隆二十四年戏咏唐花诗："燃煴嫋嫋万芳新，巧夺天工火迫春。设使言行信臣傅，怜他失业卖花人"。康熙御制千叶莲诗："禁苑初秋玉殿凉，绿荷经濑遞清商。千英水面重重艳，几度风前柄柄香。宫女移船摇绀叶，近臣载笔咏红芳。定心坐对西山静，不管稼纤映夕阳"。草桥接连丰台，为近郊养花之所。元人园亭皆在此。今每逢春时墙外俱水田种稻，至蒋家街，为故大学士王熙别业。向时亭台极盛，今赤荒芜矣。其季家庙、张家路口、樊家村之西北地亩，半种花卉，半种瓜蔬。刘村西南为礼部官地，种植禾黍豆麦。京师花贾皆于此培养花木，四时不绝，而春时芍药尤甲天下。泉脉从水头庄来，向西北流，约八九里，转东南入南苑北红门，归张湾。水清土肥，故种植滋茂，春芳秋实，锦秀如画（《日下旧闻考》）。清乾隆帝四十一年咏诗道："广甸迤逦临丰台，丰台村景殊他哉。郭驼遗风杂树种，殷七妙术繁花开。花开树种今复古，村人世业如商贾。何不治田为农夫？惜矣垦殖斯膏土。更思敷治在顺民，百万亿分斯一分。所失或多得或少，法令禁制徒纷纭。冬雪春霖今岁好，嫣红姹紫看夹道。黄筌画中五里行，李贺诗囊亦不少。胜朝酬皆多雅人，饮酒挟妓遨游频。百年来却鲜继者，亦足以见风俗淳"。

至明、清时，花卉栽培已形成京郊农业中的一分支，经营花卉栽培的经济收益往往相当可观。一株腊梅价值可高达"白金一锾"。

丰台地区花农们在长期的养花实践中，积累了许多宝贵的经验，使养花技术不断提高。据传，有以下几个方面：一是保护地栽培技术。为了满足人们对花不仅要鲜美娇嫩，而且要四时不绝。花农们创造了保护地种花技术。清·赵翼在《陔余丛考》中记载道："凡花之早放者名堂花，其法以纸糊密室，凿地作坎，编竹置花其上，粪以牛溲硫磺，尽培溉之法。然后，笕沸汤于坎中，少俟熏蒸，则扇之以微风，盎然盛春融淑之艺，经宿则花放矣"。据史料记载，明清时唐花的培植已十分普遍。《宸垣识略》中记述道：到清朝时，"杂种花树，凡苏杭所进盆景，皆付浇灌培植。又于暖室烘出芍药牡丹诸花，每岁元夕送大内陈设"。二是改进繁殖技术。明代以前，栽培菊花基本上是采用分株法繁殖，扦插法虽有应用，但不普遍。到了明清时就大量采用扦插法，特别是水插法可以快速而大量的繁殖那些珍贵的花卉。三是改进栽培管理。除采用多次摘心法以培养大丽菊以外，还根据品种的特性经两次摘心，以培养类似今日的三权九顶菊。对菊花不仅按它的生长发育需要进行施肥，还要因品种不同而异。如粗瓣花种性好肥，除盛暑外，应经常施肥，肥越足长势越好；细瓣花则只可在初种时施一二次稀薄的肥水。

清代京城花市较前更为繁荣、发达。清人钱泳《履园丛话》云："丰台在京城西便门外，为京师看花之所，凿池开沼，无花不备，而芍药尤胜于扬州。"夏仁尧《旧京琐记》云："市间花事，城外旧集于崇外之花市、宣外之土地庙，城外则东为隆福寺，西为护国寺。"何则德《话梦集》云："上地庙在宣南下斜街""左近花厂林立，资本颇钜，秋间卖菊以千万盆计。"劳之辨《上元杂咏》云："灵祐宫前市鳌山万树花。千金争索价，卖人王侯家。迎春花早发，满担入铜街。二八谁家女，贪看落髻钗"。见著于《北京农业经济史》的就有 62 种（不含品种），加之品种就数不胜数了。

清代温室栽培技术不仅用于蔬菜，更用于种花。清人《燕台口号一百首》有云："大街明月小车廻，灯市人从菜市来。最是唐花遍烂漫，却烘地窖借春开。"作者自注云："花匠于冬月烘开春花，每得善价，即所谓唐花也。"

清代北京各郊区州县的农作物大致相类，但根据具体地理环境又略有不同，种类极为丰富，可称得上是古代农作物的集大成者。康熙《顺义县志》载，该县物产中五谷类有：谷（各色俱有）、黍、稷（即粟）、水稻、红旱稻、白旱稻、大麦、小麦、莜麦、薏苡、蜀秫（即高粱）、豆（各色俱有）、秔（红、白二种）、稗子、芝麻、胡麻（亚麻的一种）、苏子（即紫苏）、白麻；花果类有：小绣球、玫瑰、敷地锦、甘菊、爬山虎、菊、莲、葵、芍药、鸡冠、榴、玉簪、碧桃、探春、百日红、海棠、穿枝莲、江西腊、罂粟、地棠、凤仙、蜀葵、十姊妹、蔷薇、剪秋罗、十样锦、石竹、月月红，以及梨、桃、核桃、栗、樱桃、葡萄、枣（红、白二种）、柿、杏、李、无花果、沙果、苹果、荸荠、郁李、酸枣；蔬菜类有：冬瓜、西瓜、南瓜、丝瓜、王瓜（即黄瓜）、甜瓜、芥、葱、蒜（紫、白二种）、瓠、葫芦、水萝卜、韭、胡萝卜、芹、红萝卜、茄、苋菜、莴苣、蔓菁、长豆角、短豆角、菠菜、黄芽菜、箭杆菜、绿豆芽、黄豆芽、豆苗菜、杏叶菜、白花菜、蘑菇（有各色）、屈麻菜。康熙《怀柔县新志》载，该县物产中谷类有：水稻、旱稻、黍（有各种）、大麦、小麦、高粱（有各种）、荞麦、黄豆、黑豆、赤豆、绿豆、芝麻、苏子（取油用）、观音粟；蔬菜类有：扁豆、豇豆、豌豆、蚕豆、黄芽菜、白菜、莴苣、山药、蘑菇、蔓菁、萝卜（红、白二种）、葫芦、苋菜、茄子、蕨菜、芥菜、芹菜、龙牙菜、韭菜、蒜、葱、黄瓜、丝瓜、瓠、生瓜、南瓜、冬瓜；水果类有：杏、李（有各种）、沙果、樱桃、郁李、苹婆果、槟子、桃（有各种）、柿（有各种）、梨（有各种）、核桃、枣、酸枣、瓶儿枣（其比平常枣大而圆，顶部突起如瓶之有盖）、栗、葡萄（有绿色、白色、牛奶、玛瑙各种）、琐琐葡萄、杜梨子（一名倒挂果）、榛、香瓜、西瓜；花类有：牡丹、芍药、迎春、十姊妹、碧桃、蔷薇、月季、剪春、百日红、玫瑰、玉簪、千叶莲、石榴、六月菊、八仙、山丹、珍珠、凤仙、夜落、金钱、鸡冠、金盏、石竹、丁香、葵、菊、萱、扁竹、木槿。乾隆《延庆县志》载，该县物产中，谷类有：谷、黍、稷、稻、粱、粟、麦、秫、黑豆、黄豆、绿豆、小豆、荞麦、胡麻；蔬菜类有：葱、韭、蒜、瓠、茄、芹、蕨、薇、芥、苋、蕹、葫芦、豇豆、扁豆、豌豆、白菜、莴苣、菠菜、胡荽、山葱、山韭、龙芽、木耳、黄花、白萝卜、红萝卜、山菠菜、玉蔓菁、拳头菜、王瓜、菜瓜、丝瓜、南瓜；瓜果类有：西瓜、甜瓜、桃、杏、李、梨、枣、榛、胡桃、沙果、葡萄、忽喇毕、苹婆；花类有：菊、葵、莲、芍药、萱草、鸡冠、玉梅、腊梅、蜷丹、山丹、松丹、金盏、凤仙、石竹、蔓枝莲、珍珠花、丁香花、六月菊、金雀花、乌斯菊、水红花、白玉簪。雍正《密云县志》载，该县物产中谷类有：谷（各色）、黍（各色）、稷（二种）、稻、大麦、小麦、荞麦、粱、草黍、蜀秫、豆（各色）、粳米、稗、芝麻、苏子、麻子（二种）、薏苡米；经济作物还有棉花。光绪《密云县志》中的有关记载可为补充，谷类有：谷（其种不一）、黍（其种不一）、稷（二种）、大麦、小麦、莜麦、粱、草麦、蜀秫、豆（其种不一）、芝麻、麻子（二种）；蔬菜类有：芥、葱、菠菜、白菜（即菘）、山药、瓠、蒜、韭、芹、茄子、葫芦、萝卜、苋、瓜（各种）、莴苣、蔓菁、黄花、龙芽、椿芽、葱（充贡品）、薇蕨菜（充贡品）、木耳、蕈、猴头蘑、米心菜。《光绪昌平州志》载，该县物产中，谷类有：粟、黍、稷、水稻、旱稻、粱、小麦、小麦、蜀秫、玉蜀秫（有黄、白二种，俗呼为玉米）、荞麦、豆（有五色，又有大小之分）、芝麻、苏子；蔬菜类有：芹（有园芹、野芹之分）、白菜、菠菜、菁、荼、蔓青、萝卜、胡萝卜（有黄、紫二色）、蕨、芥、山药、葫芦、瓠、莴苣、黄瓜、稍瓜、南瓜、倭瓜、冬瓜、茄、丝瓜、木耳、葱、蒜、薇、花椒、秦椒、土芋（一名土豆）、茴香、鲜蘑菇、人苋菜、笔管菜、茨椿头、乐利菜；果类有：苹婆果、沙果、杏、梨、核桃、葡萄、枣（白浮、白羊城、崔村枣树最多）、栗、榛、杜梨、桃、李（皂角屯贡李最佳）、石榴、樱桃、山楂、柰子、槟子（俗名虎喇槟）、柿子、羊枣、白果、无花果、桑葚、香瓜、甜瓜、西瓜、瓯梨、文官果、山葡萄、阳桃；花卉类有：芍药、秋海棠、荷、榆叶梅、丁香（有紫、白二色）、菊、玉簪、迎春、凤仙、探春、长春、金钱、金银藤、木瓜海棠、黄刺梅、荷包牡丹、石竹、木槿、月季、金盏、玫瑰、十样锦、紫荆、郁李、蝴蝶花、马兰、江西腊、红蓼、转枝莲、鸡冠、北茉莉、百日红、莴苣莲、琼花、虞美人、翠雀、墨葵、夹竹桃、鼓子、望江南、八仙、珍珠花、翠蛾眉、蜷丹、合欢。

（5）畜养业发达。清时除在北京附近设立皇家苑囿饲养动物，还在燕山以北开辟围场，饲养不少家畜和野生动物——主要是为皇家打猎游乐而为。由于畜牧产品丰富，促进了畜产品的加工业的发展，如制革、毛纺织工业等。养马是清朝的一项重要养殖业。

清代从前期起，养殖业的内容比较丰富，不仅养殖六畜（马、牛、羊、鸡、犬、豕），还盛养殖宠物如狗、鸽、金鱼、玩虫等。且具创新性，培育出一些独特的家养动物。皇庄中设有户，户则有蜜户——专门从事养蜂酿蜜；鸭户、鸦鹘户、鹰户、鹌鹑户、狐皮户等，专为皇家饲养鸭、鸡等禽类产品，以及顽鸟、狐皮等。同时，在民间还有通过引进、培育而发展一些新的养殖动物及其产品。

北京鸭的培育与养殖。北京鸭的来源有两种说法：一说是公元 15 世纪明代由南京迁都北京后，随着漕运粮食进北京，往来于运河的船工从南方带来一种白色"湖鸭"，经过风土驯化，在北运河一带系列培育而成，成为今日北京鸭的祖先。另一种说法是北京东郊潮白河所产的"小白眼鸭"，老鸭工们称之"白河蒲鸭"经驯化培育而来。至今还有称"北京鸭"为"白河蒲鸭"的。后来皇宫发现京西玉泉山下泉水丰富，水草繁茂，鱼虾很多，而且西边靠山，冬季可防御西北风，严冬泉水不冻，夏季凉爽，很适合鸭子生长发育，就令把潮白河的鸭子迁到这里喂养。经过劳动人民长期选优去劣的培育，就逐步形成全身白羽、黄喙、黄蹼、体形肥大、生长快、肉质美的"北京鸭"。在饲养中劳动人民还创造出"填鸭"的育肥技术。即把配制好的饲料，用手把每只欲催肥的鸭子嘴打开把饲料塞进嘴里强制它把食吞下去，并吞饱。这样"填"出来的成鸭，个大、体胖、肉多、皮下脂肪厚，用作烤鸭，可形成外焦里嫩。吃起来，皮呈酥脆、肉鲜嫩可口，成为"全聚德"北京烤鸭的固定原料，曾在海淀玉泉山下、市内护城河、丰台莲花池、朝阳门一带广泛饲养，并一直传承至今。"北京鸭"为清朝"贡品"。

北京油鸡的培育与养殖。据王静介绍：北京油鸡是明代从山东等地引进的"九斤黄鸡"的变种，经北京地安门、德胜门外的小清河、海淀、洼里等地劳动人民的驯化，培育而成，它以肉质鲜美、营养丰富，特别是其蛋的品质上佳，是鸡之佳肴中的上品，亦是清朝贡品。爱新觉罗·溥杰为其题名"宫廷黄鸡"。它以"三黄"和"三毛"为特点，其"三黄"为黄羽、黄喙、黄胫；"三毛"即凤头、胡须和毛腿。同时期，百姓中养殖鸡中还有"九斤黄""芦花鸡""柴鸡"等。

北京狗及其养殖。北京狗源自中国本土。北京周口店是狗的驯化过程的真正发源地。在近 30 万年前，有两种动物与"猿人洞"中的"北京人"形成某种共生关系，有可能成为狗的祖先：一种是爱吃死尸的中国鬣狗，洞中有其遗骸 2 000 副以上，且相当多为完整的骨架；另一种是变异狼和学名叫"北豺"的北方小狼。这种共生关系，就包含着驯化的某些最初萌芽。到"山顶洞人"时期，狗的驯化就更为进步。据白景煌著《养犬与疾病》一书介绍：1860 年，英国人在北京皇宫里发现有五种北京狗，即北京狗（猾儿，个儿较大型）、北京狗（猾儿，个儿小）、北京小哈巴狗、北京狮子狗（毛特长）及蝴蝶犬。因此，这五种北京狗成为最受欢迎的玩赏狗。古时养狗，一是看家护院；二是作为宠物玩赏；三是狩猎和巡警；四是肉食和用其皮毛等。狗是中国传统养殖中的"六畜"——马、牛、羊、鸡、犬、豕中之一。

养鸽业。我国是家鸽发源地之一。据鸟类学家郑作新报道，中国鸽有13 种。它的野生祖先广泛地分布在我国北方和西北地区。清代张万钟所著《鸽经》被认为是世界上最早的一部关于鸽品种的专著，其中搜录有鸽子品种 42 个。清末光绪年间富察敦崇著《燕京岁时记》中，记载当时京师的鸽子品种达 39 种。寻常者有点子、玉翅、凤头白、两头乌、小灰、皂儿、紫酱、雪花、银尾子、四块玉、喜鹊花、跟头花、脖子、道士帽、凫背、倒插儿等名品。其珍贵者有短嘴、白鹭鸶、白乌牛、铁牛、青毛、鹤秀、蟾眼灰、七星、铜背、麻背、银楞、麒麟、斑骊、云盘、鹦嘴、白鹦嘴点子、紫凫、紫点子、紫玉翅、乌头、铁翅、玉环等名色，真可谓绚丽多彩。清代养鸽盛行。一些有名的鸽贩子差不多全是旗人，他们先前大概都是养鸽子玩鸽子的行家，后来由于家道变故，入不敷出，干脆就转为贩鸽谋生。那时的隆福寺、白塔寺、护国寺、花市等处的庙会都有鸽子市。北新桥东宝公寺门前还设有专营鸽子集市。在农村养鸽多为自食而已。

金鱼养殖业。养金鱼在中国已有两千多年的历史。北京城里养金鱼也有数百年之久。在金中都时期就在崇文门地区建立了金鱼池。元大都时在太液池等处饲养金鱼。明朝时期养金鱼的风气更盛。位于天坛北边的金鱼池占地几十亩，有一百多个养鱼池，清朝金鱼池的居民仍然以饲养金鱼为生，除了将上等的金鱼进贡于朝廷外，就是上市叫卖。北京地区饲养的金鱼分为"草金鱼"和"龙睛鱼"两大类。"草金鱼"就是和鲫鱼在形态上差不多，尾鳍已开始分岔，体形较小的金鱼。"龙睛鱼"是金鱼池一带的专业户所饲养，体长有超过一尺的，眼睛大多凸起，故总称为龙睛鱼（余钊《北京旧事》）。

　　捕虫业。潘荣陛在《帝京岁时纪胜》中写道："都人好畜蟋蟀，秋日贮以精瓷盆盂，赌斗角胜，有价值数十金者，为市易之。"有玩虫者，就有经营玩虫者，也不失为民人给出一条经营之道。北京在历史上一直存在两种玩虫，一是蝈蝈；二是蛐蛐，也叫促织。人们对这两种虫的宠性是：前者是听其叫声，以叫取悦；后者是观其所"斗"而取乐。这两种玩虫资源是野生。通常是乡下人适时捕捉进城卖。尽管从业者有限，但也毕竟是农民中一些人一年一度的经济活动。斗蟋蟀始至南宋。清代斗蟋蟀的风气更盛，不仅王公贵族玩蛐蛐，官僚政客玩蛐蛐，商人艺人玩蛐蛐，连平民百姓、市井小儿也玩蛐蛐，为全民活动。农民按季节进行捕捉到城里卖。密云县葫芦峪村的蝈蝈，以"蓝脑门儿、粉肚皮儿、黑上背儿、膀大翅长、叫响亮、寿命长"而享誉京城，被皇帝封为"京东铁蝈蝈"。村民每年6—7月挑担步行去北京官园、龙潭湖一带叫卖，一声"葫芦峪铁蝈蝈"，便被抢购一空。直到21世纪以来，该村每年蝈蝈收入还有近20万元。

　　市人爱斗蛐蛐，京畿又有出产蛐蛐良种资源，这就为一部分城乡劳动者开拓了一条副业之道。蛐蛐虽为野生到处可见，但能被玩者看好的不多。不过据资料记载，北京地区确有几处天生良蛐产地。一是西山地区的寿安山、黑龙潭一带"都出佳种"。二是昌平区十三陵地区出产的蛐蛐亦佳（余钊《北京旧事》）。三是永定门外胡家村蛐蛐，人称"善斗，胜他地"。捕捉者看好三种：肥大色泽如油曰油葫芦，首大者曰榔子头，锐喙者曰老米嘴。在这些蛐蛐中玩者又看好号称红麻头、白麻头、青项金翅、金丝额者为上。它们中尤以首项肥、腿胫长、背身阔者最为值钱。玩蛐蛐、捕蛐蛐，至今仍不为一份小业。

　　乾隆中期以后，封建贵族地区对劳动人民的掠夺与日俱增。大商人也通过种种盘剥使农民和小手工业都陷入更加困苦的境地，阶级矛盾开始尖锐化。北京地区社会生产的发展缓慢。在农业上，北京城郊的八旗旗丁进一步贫困化，很多汉军被迫出旗为民，到外地去谋求活路。汉族小自耕农在大地主的兼并下纷纷破产，卖掉自己的土地。昭梿著《啸亭续录》记载：直隶怀柔有一姓郝大地主"膏腴万顷"，北京城"米贾祝氏"富逾王侯，而宛平查氏、盛氏富亦相仿。在农民和旗丁的破产、逃亡情况下，近畿一带大量可耕地变为荒地。1771年（乾隆三十六年）大学士刘统勋上奏清廷说：宛平路抛荒之地顷亩颇宽，沙压碱耗之余，遂成闲废。1785年（乾隆五十年）直隶各路报荒的旗民各项地亩共一万二千余顷，这些荒地有一部分是在北京近郊的。民心不安，土地荒芜，农业趋于衰退。

清代前期的手工业

清代北京地区手工业在康熙、乾隆盛世达到鼎盛时期，最为突出的是宫廷手工艺品制造在规模上和技术上都达到空前未有的水平。但与一般城乡民生相关的还数棉纺织业、采煤业、制药业和粮食加工业。

清代前期京师的手工业，经明末清初的破坏之后，到康熙时期基本恢复起来，乾隆盛世达到鼎盛时期。清前期的京师手工业仍然沿袭官营和民营两种。官营手工业日渐衰落，民间手工业则逐渐扩大，数量上比明代有所增加。

清代官营手工业主要是为皇宫和皇亲国戚及达官贵人服务，与市场几乎关系不大。

清代前期，政府虽然在一定范围内鼓励手工业的发展，但从总体来看，对手工业的控制还是相当明显的。如雍正五年（1727年），雍正帝谕内阁："朕观四民之业，士之外，农为贵，凡士工商贾，皆赖食于农，故农为天下之本务，而工贾皆其末也。今若欲于器用服玩之物，争尚华巧，必将多用工匠。市肆之中，多一工作之人，则田亩中少一耕稼之人"（《清世宗实录》）。可见，清政府还是执行传统的"重农抑末"政策。其"末"者手工业为其之一也，不许民间随意开办铺户作坊。后来乾隆帝也说："朕欲天下之民，皆尽力南亩，历观各朝，如出一辙。"

煤矿业。清代鼓励民间开采京畿煤矿和其他矿产。顺治十年（1653年），工部题准："煤税累民，概予豁免"（《光绪大清会典事例》）。乾隆四十五年（1780年）复准："怀柔县北阴背山，开采煤窑。如果无碍田庐坟墓，产煤旺盛，不惟满兵生计有益，即怀柔一带商民，均沾其利。令地方招商试采"（《光绪大清会典事例》）。因煤薪事关广大城乡居民的燃料问题，需求量大，单靠官营是不够的。因此，清代允许民办煤窑，采煤上市。

乾隆二十七年（1762 年）的档案记载道：京畿西山、宛平、房山共有旧煤窑 750 个，在采煤窑 273 个。

乾隆二十七年（1762 年）西山、宛平、房山煤窑统计表

地区	旧有煤窑数	废闭煤窑数	停止未开煤窑数	在采煤窑数
近京西山	80	70	30	16
宛平县	450		330	117
房山县	220	50	80	140
合计	750	120	440	273

资料来源：章永俊，《北京手工业史》，人民出版社，2011 年。

当时民间开办一座煤窑需启动资金白银 1 000 两左右，窑主开窑主要采取分股合伙的集资形式，并在契约中严格规定权利和义务。由于开矿利润丰厚，一些旗人军官、官僚、贵族都强行入股或占股，侵占煤窑的利润。

清代前期，京畿采煤业仍相当落后，主要为手镐刨挖，人力背拖筐篓或用口袋运输，油灯照明，以自然或人工通风排水。窑工们的劳作是极为辛苦的。京畿窑工日工价有 70 文、80 文、115 文不等。

清代京西煤窑规模较大，"大者一二百人，小者八九十人"（《清代钞档》），中等规模投资亦在银千两左右。这已具有资本主义萌芽。

纺织业。清代民间纺织业是开放的。从明朝开始引种棉花以来，清代的棉花生产有了较大发展。过去农村的家庭纺织原料是丝，到了清代则转为以棉麻纺织为主。据《良乡县志》记载："白氏，廪生宁国璧妻，璧卒时，氏尚年少，贫无恒产，抚育子女，专务绩纺以供衣食，……历四十余年如一日""胡氏，家贫无依，以女工自给，苦节三十余年""王氏性贤淑孝敬，精女红（夫死）十余年，自食己力，竭十指之资，以侍孀姑，孝行苦节"（《良乡县志》）。京畿民间还制作有冬夏用的帽兜，"北地冬用毡帽兜，以蔽风雪。夏以油绸遮雨，外项与内项相符，不容僭越，奉承士大夫者曰冠上加冠"。是时，宛平县、良乡县、怀柔县等顺天府属县都盛产棉花或棉布（《图经志书·顺天府部》）。棉纺织业成了清代农村最重要的家庭副业。

酿酒。酿酒在京畿比较普遍而且很兴盛。清乾隆年间出版的潘荣陛《帝京岁时纪胜》一书中记载道："至于酒品之多，京师为最。药酒则史国公、状元红、黄连疸、莲花白、茵陈绿、橘豆青，保元固本，益寿延龄"。其中海淀产的莲花白酒最令人青睐，有诗云："芳邋开食笋，美娘泛莲花。令节客同醉，先生书满家。"（清·黄钺诗）。通州出"东路烧酒"，南路"良乡酒为京师冠。大凡往者，皆与红友论交耳""良乡黄酒远迩驰名，京师尤重""房山邑杨姓酿酒，称房酒。色如赤金，味冲和颇醇，价高他酒，皆隔年煮者。一种有藏数年真良酝，辇下贵人素知者，间觅一二，他客无从得已"（清·宋起凤《槐说》）。京畿酿酒既有进城销售，亦有就地销售，或供酒馆使用。

石材及石灰业。清代前期亦大兴土木，需要石材和灰料量很大。这就为"靠山吃山"的农民们拓展了采石及其石料加工业，石灰烧制业等。

造纸业。清末民初，房山县长沟镇有四个村（北正村、纸坊村、潘家庄村、曹章村）从事造纸业。到民国初，四村的造纸作坊组成了房山地区最早的造纸工业雏形，但设备简陋、规模不大，产品也较低级，但却跳出了传统农业圈子，成为最早萌生了房山民间工业的幼芽。其生产流程大体分为三段：先是将麻类植物，如亚麻、苎麻或破旧麻布、麻袋等原料剁碎，然后再碱水里煮，晒干后再捣烂；再就是添加辅料搅拌成纸浆；最后用头发丝般细的抄浆器将纸浆抄出，晒干成纸。纸坊设备十分简陋，搅纸的坑是用石头打制成的凹形坑，半腰深。搅拌纸浆完全靠人力用如同船桨般的木板子在池中搅拌，人们通常称为"搅线"。纸浆坑两边的工人们有几十人轮着搅，边搅边喊号子，一人领唱，大家附和。号词是："一来二来搅三来，四五六七八九来"，场面很气势。搅好的纸浆用抄浆竹帘抄出，贴在墙面上晒干，即成成品纸。作坊主对工人实行定额管理，每个抄浆工人每天定额是二刀纸，一刀一百张。这纸坊一直延续到1949年后。当然后来的工作条件大有改善，采用涡轮机代替人工搅拌，作坊也改名为"纸厂"。

北京的制药业虽多集中在城镇中等以上的药铺中，但所需的中药材则大都由农村来，也从河北安国县等地采购。

老北京的手艺

在古代手工业发展中最具创意与创新的手工艺品莫过于明、清时发展起来的"燕京八绝",即景泰蓝、玉雕、雕漆、金漆镶嵌、花丝镶嵌、宫毯、京绣、牙雕。

商业昌盛

清代京师号称天下货物总汇之区,商业的繁荣远胜历朝。在京城商业带动下,京畿农村的商业活动亦随之繁荣,京郊上市产品主要是薪碳,其中煤为主,这是市民每日生活中所必需的。蔬菜、粮食及花木,在这三者中,市民讲究鲜鱼水菜和鲜花。因此在那交通不便,又无低温贮运设施的年代里,主要靠京畿农村农民生产和供给。

粮食虽便于贮运,但一些优质稻米、白面等还得由京畿农村供给,如贡米、贡小米及一些优质杂粮等。北京蔬菜的交易,皆由经纪性质的菜行所包揽。京城附近所产的各种蔬菜,必须经领有官府所发牙帖的菜行销售。"自有明以迄清代,数百年间,相沿未改,其时领有牙帖之菜行,凡七十六家"(《北平市工商业概况》)。京城菜市场上来自南方的蔬菜比较昂贵,如生姜、荸荠、冬笋等,"非燕地所产,故价踰珍惜"。而本地产的大白菜、菠菜等则比较便宜,几个铜钱就可买一大筐。冬天的韭菜,因是"地窖火炕所成也",所以较之其他菜要贵一些。

鱼禽蛋肉诸类产品亦比较丰富。鲩鱼、黄鳝、白鳝、乌鱼等样样都有。京城鸡比较便宜,因"京师美馔,莫妙于鸭",尤其是烤鸭最佳,贵的一只鸭值千余钱,折银近两,相当于当时二十五斤猪肉或五十斤面粉的价值。养鸭者不但分布于市郊,沿护城河一带亦有养填鸭。

京城花市的花木多由丰台花农或花商经营。当时社会上流行语是"惟丰台芍药甲于天下"。丰台花卉除向宫廷送、花市卖,还挑着花担串着胡同叫卖。

每年秋冬腊月,农民或市民挑着核桃、柿饼、枣、栗、干菱角米等农产品进胡同"叫而卖之"。

城里人喜欢斗蛐蛐、玩蝈蝈,乡下人每到晚秋就抓蝈蝈、挖蛐蛐进城卖。经营人多了京城也就出现花鸟鱼虫市场,来这里经营(卖主)多为农民,以期挣点小钱。

总之,随着京城市场的扩大,也就带京畿农村商品生产和商业性经营的活跃,农村经济也就相应的得以搞活与壮大。

自然灾害

清代 268 年中，有 228 年在北京地区发生自然灾害。以洪涝和干旱最为突出，差不多每两年就要各发生一次。旱涝交替或先旱后涝。其次为雹灾、地震、蝗灾、风灾等。水灾，有 5 次特大水灾，为 1653 年、1668 年、1802 年、1890 年、1893 年。如光绪十九年（1893 年）六月十九日，李鸿章有奏章道，"入伏以后，霪霖不休。六月初八、九至十二、三、四日昼夜大雨、势若倾盆。加以东北、西北边外山水暴发，奔腾汇注，各河同时狂涨，惊涛骇浪，以致永定、大清、滦河、北运、南运、潴龙等河，纷纷漫溢、洪流四注，沿河州县猝被淹灌，庐舍民田尽成泽国，农具、粮、禾、屋漂没殆尽，平地水深数尺至丈余不等，津郡地势极洼，诸水汇归，几无干土。兼以海潮顶托、宣泄尤难，上下数百里一片汪洋、弥望无际。"这几次特大水灾，北京城西南都是重灾区。清代北京地区有 4 个年份发生过特大旱灾，分别是 1689 年、1832 年、1867 年、1876 年。1876 年《清德宗实录》记"近畿一带，六时亢旱。直隶、山东两省暨豫省、河北等府，亦复雨泽愆期，被旱地方较广，粮价日增，民食艰难，间阎不免苦累"。清代北京地区进入地震多发期，清代有 39 年发生过地震，差不多每隔 8 年就有一次。康熙十八年（1679 年），北京地区发生 8 级地震，震中为平谷西南局坊，可及东至奉天之锦州、西到豫之彰德，及数千里。《通州志》记载"凡雉堞、城楼、仓廒、儒学、文庙、官署、民房、楼阁、寺院，无一存者"。"四面地裂黑水涌出丈许，月余方止，压死人民一万有余"。"城内火起，延烧数十处。"

清初的大规模圈地和民人带地投充，清代京畿地区 85％以上的耕地为清廷和八旗所有。据方志记载，距京密迩的通州，"圈投者多""实在民地无"。称为"畿辅首地"的大兴，"旗屯星列，田在官不在民"。顺义县"但以旗庄圈残，所余无几"。房山因圈占，土地"土地十耗其七"。平谷与房山相同，圈占后，地产为"旗七民三"。密云"自节次圈丈、投充、冲压之后，所余民田不过六分之一"。怀柔"旗圈之后，所余无几"。延庆设立旗庄地后，"民地更少"。圈地所及，不只耕地，从"京城内外无主园地"，到郊里山林川泽，也都被满州贵族所占，使贫穷农民断绝了谋生之地。

"圈地"给京畿农村带来了深重的灾难。"圈地令"颁布不到半年，京畿三百里内，"其地之圈入东兵者，谷种牛力业已付之东流。其地未圈入者，观望疑虑，又安望有西成""目今青黄不接，众口嗷嗷，鹄面鸠形，昕不保夕"。大规模圈地使京畿地区人民流离失所，苦不忍言，时而爆发反抗清朝统治者的斗争，致使清初农村经济恢复缓慢。到清代中叶以后，京师农村产生一个重要现象是旗地被通过各种形式典卖给民人，它标志着旗地制度已开始进入逐步瓦解的阶段。但农村的生产关系仍是封建租佃制。

　　清旗地制度自创始后经历了"八项旗""旗民交产"两次大的本质性的变革。自乾隆初年以后，清政府动用内帑赎回的旗地，不再发给各旗，而是令佃农租种，收取租银发给各旗，称为旗租，旗租计有八项——即存退、庄头、屯庄、另案、公产、三次、四次、奴曲，故称八项旗租。

　　康、雍、乾时期，北京地区处于和平安定的环境中，加之清廷在京师旗地普遍采用与较高生产力水平相适应的租佃制，京郊农民生产积极性得以恢复。本来"渐成芜废"的耕地，又"得为沃壤"。

　　清代前期农业的发展与治水工程的进行有着密切的关系。康熙曾讲道："今天下无事，惟治河最要"。并吟诗道："吾想畿内不能防，何况远河淮与黄""岂辞宵旰苦，须治此河安"。在永定河治理过程中，康熙曾六次亲临现场视察督查，使工程进展顺利。水利事业的改善，以大力推广水稻种植和玉米、甘薯、棉等高产作物与经济作物，蔬菜、花卉的供应四季不断。

　　清代前期，北京手工业在传统的基础上发展到一个新的繁盛阶段。其生产水平和组织形式，都表现出与以前任何朝代所没有的一些特点。商业的繁荣远胜于历朝。城市带动农村经济进一步搞活——商品性经济作物生产和传统农业之外的多种经营产业有了开拓性发展。小农经济中已分化出从事经济作物种植、畜禽养殖的专业户，以至专业村；出现新兴的棉花、花卉商品生产基地；民间手工业已走出自给自足而进入商品开发——如合资开矿（煤矿、铁矿等）；城乡已形成以京城为中心、近郊、远郊城镇相结合多层次的商业交易体系，显现出京畿小农与城市共荣的前景。

　　清代编辑或著作出版专业和综合农书35种之多，其中工程浩大的《四库全书》，共收入3 461种书，计79 309卷，其中也集纳有清代以前的古代农书。《四库全书》在传播农业科学技术方面也发挥着一定作用。清代乾隆二年（1737年），皇帝弘历召集一班文人，编辑一部分量很大的全国性整体农书，1742 年完成见赐名《授时通考》。在我国传统形式的大型农书中以它为最后一部。此书传递当朝农本思想"敬授民"——把适宜的耕种机会，布告给大家知道。全书共分为天时、土宜、谷种、功作、劝课、蓄聚、农桑等 8 个门。此书虽属引文编纂，没有什么新颖的材料和独到的见解，但毕竟所引的农书都是一定时代（期）农业技术的进步和有益经验的集大成者。

第五章　机器与近代科技时代的小农经济

　　机器是西方近代科学技术物化的结晶，农业机器是农业生产工具发展中又一次飞跃。它的出现促进西方一些国家小农经济走向资本主义大生产。

　　西方近代科学技术的兴起是 15 世纪下半叶开始到 19 世纪末叶，是同资产阶级一起伴生的。18 世纪中叶，随着资本主义工业的发展，为了解决动力机械问题，英国工匠瓦特在他工作的基础上，发明了蒸汽机，从而导致从英国开始席卷西欧的工业革命。在这场革命中相继研制出以蒸汽机为动力的拖拉机及与其配套的农机具，以适应近代资本主义大生产运动，使欧美农业率先进入机械化发展新阶段，空前提高了农业劳动生产率和土地产出率。列宁在 1893 年《论所谓市场问题》中指出："机器劳动的时代替代手工劳动根本不'荒谬'，相反地，这正表现了人类技术的整个进步作用"（《列宁全集》第一卷）。毛泽东对农业机器的作用亦有精典性表述，他指出："农业的根本出路在于机械化"。

　　中国的近代包含着两层意思：从时间讲，指的是 1840 年鸦片战争至 1949 年中华人民共和国成立这个社会阶段；另一层意思是讲中国近代的农业和由西方近代科学技术武装起来的中国的近代农业。中国古代近代农村经济的主体是农业经济。因此，上述的中国近代农业也就是近代农村经济。

　　鸦片战争打开了大清闭关锁国之门。随着西学东渐，西方近代科学技术开始传入我国。19 世纪 50 年代，魏源说："（西方）农器便利，不用耒耜，灌水皆以机关（械），有如骤雨"（魏源《海国图志》）。60 年代，王韬建议政府购买西洋机器，"以兴织维，以便工作，以利耕播"（王韬《理财·弢园文录》）。1894 年，孙中山在上李鸿章书中即提出要讲求"农器""非有巧器，无以节重劳，非有灵器，无以速其事"。这里所讲的农器即机器。在各方动议下，我国从 19 世纪 90 年代前后开始，到 1910 年从西方引进几十种农业机械，包括有农业耕、种、收机械和农产品加工机械如碾米机、磨麦机、轧花机、割草机、刈麦器等，进行试验推广。之后北京、沿海等地区仍有引进，尽管在整个农业领域中所占比重甚微，直到1949年，北京地区仅有10台美制拖拉机及配套农具，虽然影响尚不及西方近代技术，但毕竟是我国近代农业生产工具向机器时代迈进的开端。

史学界将1840年鸦片战争以后到1949年中华人民共和国成立这一段历史时期称之为中国近代史。这一段历史时期包括了清代后期，即1840—1911年及1912—1949年中华人民共和国成立前的民国时期。在1840—1949年这一时期之前，西方一些发达国家的社会生产力已由传统的体力、经验转变为科学技术的应用。就农业而言，西方一些国家已用近代农业科技来武装农业，使原本落后于中国的农业一跃而领先于中国农业。在1840年之前，清政府采取闭关锁国政策，使曾以精耕细作著称于世的农业大国止步不前，固守在"经验"的基础上，墨守成规。在明代晚期，西方传教士利玛窦来到中国传递来了西方近代科学技术及其在农业等经济领域应用，并取得成就，随之就出现"西学东渐"。这些成就首先在我国的农学界和清廷一些开明人士中引起关注。1840年，鸦片战争使中国沦为半殖民地、半封建社会，给人民带来更加深重的苦难，冲破了清朝闭关锁国的禁锢，打开了"西学东渐"和"走出去、引进来"的大门，是中国历史走向近代的开端。中国社会性质和经济形态的巨大变化，也带动着作为国家首都北京的农业与农村经济随之呈现新的变化。新的生产力的崛起与发展也标志着社会历史发展进入一个新阶段。

"西学东渐"与近代技术引进及应用，促进了晚清朝廷有识之士的变法维新，从而推动了中国的传统农业由经验农学向实验农学转变，由使用畜力和手工工具向机械化农具转变；由自给性生产向商品性生产转变。总之，出现了传统农业向近代农业转变的历史性变化。在这段历史时期，西方近代技术的传入，引起我国实验科学的兴起，对当时的农村、农业也产生一定的正面影响。如一些动力机械、动植物优良品种、化学肥料、农药等的引进与应用，都显示出其先进性——提高劳动生产率和农业生产质量与效益等。这一时期，北京地区农村经济的基本特征是：引进西方近代农业机械和近代农业科学技术，如良种、化肥、农药等，并进行局地试验、推广；随着商业性经济作物，如棉花、染料植物的引入，打破了自然经济的狭隘界限，商品生产及农业企业性经营形式的出现，农业经济作物如棉花、染料等，以及奶牛等出现发展势头；农业生产力开始由传统经验向近代科学技术转变，农业的商品性日益增强。只因时值社会动乱，使国内科学实验活动难以形成洪流。但已展现出实验科学为我国发展近代农业和农村经济的先导作用，预示着、也孕育着我国农业生产力的新的飞跃。

西方近代自然科学发端于 14 世纪末、15 世纪初。哥白尼（N. Koppernigk，1473—1543）经过三十年的观测和研究，提出了宇宙太阳中心说。他的《天体运行》一书出版，推翻了统治中世纪达千年之久的托勒密地球中心说，给宗教神学的思想统治以沉重打击，为自然科学的发展扫清了思想障碍。"从此自然科学便开始从神学中解放出来"，沿着正确的轨道，"大踏步地前进"（恩格斯《自然辩证法》）。

就近代技术而言从哥白尼到牛顿和林奈，即从 16 世纪到 18 世纪中叶，是西方近代自然科学发展的第一阶段。在这一阶段中取得与农业有关的自然科学技术成果有：瑞典博物学家林奈（C. Linnee，1707—1778）创立的动植分类体系。他把动植物按照一定的规则分成纲、目、科、属、种（后来居维叶在"纲"前面又加了"门"），并利用双名法，奠定了生物分类学的基础。应该说，中国早在 16 世纪，明代李时珍在其所著的《本草纲目》巨著中即已有动物、植物、矿物的分类方法，书中所载内容比林奈的《自然系统》要丰富得多。

这一时期自然科学发展的突出特点，是实验方法成为科学研究的普遍的、有效的方法，它和数学方法的结合，成为近代科学的显著标志，使近代自然科学才唯一地达到了科学的、系统的和全面的发展（恩格斯《自然辩证法》）。实验的基础在有相应的机构与工作条件。1666 年法国创立了巴黎科学院；1700 年，普鲁士成立了柏林科学院等。此前还有意大利罗马的实验学社，即"齐曼托学社"。由此可见西方从近代科学的出现，科学技术事业便成一项独立门户的社会活动。

从 18 世纪中叶到 19 世纪末，是近代自然科学发展的第二阶段。在这一百多年里，科学以前所未有的速度发展。其中与农业相关的科学研究成果也纷纷涌现，诸如：德国有机化学家维勒（F. Wohler）人工合成尿素（后来用于农业的化肥）；德国化学家李比希研究提出了植物"营养学论"和"最小元素律"等，为近代农业的科学施肥提供科学理论依据。18 世纪中叶，英国工匠瓦特（J. Watt）发明蒸汽机，是人类继发明用火之后在驯服自然力方面所取得的最大胜利，为"汽动运动"农业机械的研制与应用作出了开拓性贡献。1838年，德国植物学家施莱登（M. Schleiden）提出了植物细胞结构理论，证明细胞是植物体组织结构中的最基本的单位。第二年，动物学家施旺（T. Schwann）证实细胞也是动物组织构成的共同特征。细胞学说的建立揭示动植机体的统一性，打破了动植物的森严壁垒，使"机体产生、成长和构造的秘密被揭开了；从前不可理解的奇迹，现在已经表现为一个过程，这个过程是依据一切多细胞的机体本质上所共同的规律进行的"（恩格斯《自然辩证法》）。

生物进化论的确立，是19世纪生物学家的最大成果。1809年，生物进化论的先驱者拉马克（J. Lamarck），通过对家畜和农业植物变异性的观察、研究、发表了《动物哲学》一书，从多方面论述了自己对生物进化的见解，提出了"用进废退"和"获得习性遗传"理论。1859年11月，达尔文（C. Darwin）经过长期的环球旅行考察，撰写、出版了《物种起源》一书。他以大量确凿的事实和严整的理论，阐述了生物界千万种不同的动植物，包括人类在内，都由简单到复杂、由低级到高级发展进化而来的，生物内部的生存斗争和自然选择在生物进化过程中起了重要作用。这就"推翻了那种把动植物看作彼此毫无联系的、偶然的、'神造的'、不变的东西的唯心观点，第一次把生物学放在完全科学的基础上"（《列宁选集》第1卷，人民出版社，1972年）。细胞学说、生物进化论和能量守恒与转化定律一起是19世纪自然科学的三个伟大发现，对传统农业近代化，并走向现代化，奠定了坚实的理论基础，引领着"第一生产力"的不断创新与提升。

这一阶段的科学技术对生产的指导作用明显加强，突出表现为科学走出实验室，加速投入生产过程，并带来了生产力的迅速发展。

从西方近代科学技术崛起与发展看，我国的近代　无论是从社会发展，还是自然科学技术的发展都比西方晚了很多。而鸦片战争，使"西学东渐"，近代科技进入中国，推动中国的传统农业向近代农业转变——即由经验为支撑的农业向近代技术为支撑的农业转变。

一、清后期的小农经济（1840—1910年）

鸦片战争的失败，暴露出清王朝的腐朽，不堪一击；也是中国时局面临大变的一个信号。从此中国历史进入了一个新的大转折。在半封建、半殖民地的逆境中，却也透射出科学兴起的曙光。在中国传统农业处于困境、无力应付的境况下，西方的近代农业在近代自然科学技术的支撑下，则获得迅速发展。清朝统治者从中悟到要致力于洋务，就需要借助些自然科学知识，如近代数学、天文学、地理学等。由此，近代农学知识便也开始随着生物学一起传入。

传统农业与西方科技的引入

据中国农业博物馆编写的《中国近代农业科技史稿》介绍：1858年传来英国出版的《植物学》一书，介绍了植物组成的细胞学说；1877年又传入了英国的《格致汇编》中的《农事略论》，文中扼要介绍了农业化学，特别介绍了德国化学家李比希及其学说——其核心是提出了农业作物对养分需求的"最小养分律"；还介绍了西方的新式农具如轮犁、播种机、收割机、耙车、打麦机等，以及以蒸汽为动力的脱粒机、绳索牵引犁等。农业化学明确提出农作物在生育过程中需要营养及其可吸收的营养元素与需求量、各元素间的配位比例等。文中说道："凡泥土之原质，各不相同，而农家须知何种土质能生何种植物，如其泥土之原质与欲种之物不合，或缺所需之料，则必添补或加砂灰粉炭等质，使所种之物茂盛，或壅粪等料使所种之土肥沃，故农家能将泥土划分以知其可种何物，则不致有误"。这是用近代科学对土壤、肥料同作物生长关系的说明。特别是李比希的植物营养元素归还学说以及"作物产量受相对含量最少的养分所决定"这一"最小养分律"发展了植物营养学说，开拓了农业化学学科，把栽培耕作科学技术推上了近代阶段。李比希说："农业是一种技术，同时又是科学。它的理论基础应当包括对植物生活条件、生命元素起源和营养元素来源的认识。"在其理论指导下，欧美国家的农业经营者根据植物营养所需，添加各种元素，提高了作物产量与品质，促进了休闲耕作制的解体。在农具方面，西方在《农事略论》中不再津津乐道于手工铁器农具和牛耕，而着力于探索和创造"气机运动之器具"，即创制以蒸汽为动力的农具。

中国是个农业古国，有上万年的农业历史。在新石器时期，"北京人"的后代们已发明切、钻、琢、磨等创新技术，制作出具有一定"力学"原理的新石器，如石刀、石斧、石磨、石锄、石镰等新石器。并把它们按作业要求制作成不同形态的石器，用起来，比旧石器更方便、省力，同时也明显地提高了劳动生产效益和效率。春秋战国时期，我国的古代学者已提出以"天时、地利、人和"为核心的"三才论"，并在农业生产上使用铁器和牛耕，以及施用粪肥。早在 1 200 年前，中国就使用种肥、基肥、追肥等先进施肥技术。《韩非子·解老篇》指出："积力于田畴，必且粪灌"。《荀子·富国篇》更明确指出施肥可以增产（"田肥以易，则出实百倍……多粪肥田是农夫众庶之事也"）。但这里只是凭经验认定种庄稼需要肥，但直至传入化肥之前，人们当不知需要的养分元素是什么？它们又如何配位有效？农作物单株选择法比欧洲早 100 多年，从理论上只知"种瓜得瓜、种豆得豆"和"一母生九子，九子各异"的伦理，却不知生物中普遍存在的遗传与变异规律。用水力驱动石碾比欧洲早 900 年，却落后欧洲创制"蒸汽机运动器具"等。

总之，2 000 多年来，我国的传统农业发明创造了一系列的农业技术，其中不少技术诸如垄作栽培、梯田圩田、绿肥轮作、间作套种、生物防治、温室种菜、针灸治病（兽医）、种桑养蚕、种茶制茶、池塘养鱼、果蔬保鲜等在当时都处于世界的前列，而在理性认识上则寥寥无几。

传统农业在技术上取得的不少成就，获得不同时期国际著名科学家的高度评价。英国生物学家、进化论的奠基人达尔文说：选择原理成为有计划的实践，差不多只有 75 年之久，但这一原理并非近代的发现，我看到过一部中国古代的百科全书，清楚地记载着选择原理。（达尔文《物种起源》）。日本学者熊代辛雄说："中国农法的特征是在施肥的基础上，形成了连续种植谷物的农业技术体系，它不仅提高了土地利用率，也为开展多熟种植创造了前提。此外，还因采用间、混作和移栽，就使土地利用率达到了相当高度，从而能最大限度地有效利用空间"（熊代辛雄《论旱地农法中精耕细作的基础》）。德国著名化学家，土壤元素归还学说的缔造人李比希说："（中国农业）是以经验和观察为指导，长期的保持着土壤肥力，借以适应人口的增长而不断提高其产量，创造了无与伦比的农业耕作方法"。英国科学史专家李约瑟说："中国人民的发明就多了，这些发明从公元 1 世纪到 18 世纪期间，先后传到欧洲和其他地区，这里包括龙骨车、石碾和水力在石碾上的运用，水碓、风扇车和簸扬机、活塞风箱、平纺织机和提花机，托重牲口用的两种高效马具即胸带和套包子，所有这些例子有一个共同之点，就是在它们应用的时候，确实早于它们在世界其他部分出现的时期，有时甚至要早得多"（李约瑟《中国科学技术史》）。以上事实说明，中国传统（古代）农业，无论在科学技术上还是在经济上，都做出过卓越的成就和贡献。

但是，这种以经验为核心的传统农业在1840年以后，碰到了一系列的矛盾，而这些矛盾，凭传统农业自身的经验则是难以解决的。其时最突出、也引人注目的问题是人口快速膨胀，到道光时（1821—1851年）人口已达到4亿。史料中曾有人统计过，如果以明洪武十四年（1381年）的5 987万人为基数，到道光十四年（1834年）的453年中，我国人口增长了5.7倍。这样大的人口数和这样高的增长速度，在中外历史上是没有过的。明洪武十四年时，全国人均耕地面积为14.56亩，到清道光十四年时则下降到11.65亩，这个人均耕地面积的数字，比现在世界人均耕地面积数字低得多。考证我国古代农业生产中粮食增长情况：战国时期亩产约为42.5千克左右，汉代提高到60千克左右，清代约为75.5千克左右（以上均指的是北方地区）。自战国到清代的2 000多年中旱地粮食亩产量增长了77%。就其基本经验就是保持了"地力常新壮"的状态，使耕地的复种指数不断提高。尽管低水平供给养活不断增长的人口，但人多地少对传统农业来说，则是难以解脱的压力。特别是清康熙以后，人口膨胀，人多地少的矛盾达到了空前尖锐的程度。

明、清人口、耕地简表

公元	王朝纪元	人口（万人）	耕地	人均耕地（市亩/人）	资料来源
1578	明万历六年	6 069	70 139万明亩（6 389万市亩）	10.52	《明史·货食》
1708	清康熙四十七年	10 378	62 113万清亩（57 206万市亩）	5.5	《清世宗实录》
1766	乾隆三十一年	20 809	74 114万清亩（68 287万市亩）	3.27	《清实录经济资料辑要》《清朝文献通考·田赋》
1808	嘉庆十三年	35 029	79 152万清亩（72 899万市亩）	2.07	《清实录经济资料辑要》《清朝文献通考·田赋》
1841	道光二十一年	41 345	74 200万清亩（68 338万市亩）	1.64	《清实录经济资料辑要》《清朝文献通考·田赋》

注：明、清田亩均为二百四十步，与今市亩比值为1∶0.921 6。

资料来源：引自《中国近代农业科技史稿》。

对此情况，乾隆皇帝惊叹道："各省生齿日繁，地不加广，贫民资生无策"（《乾隆朝圣训》）。到道光、咸丰时期，情况更为严重。当时有人记载说："山顶已殖黍稷，江中已有州田，川中已辟老林，苗洞已开深箐，犹不足养，天地之力穷矣"（汪士铎《乙丙日记》）。

据许璇《粮食问题》记载，从康熙末年，我国即开始从暹罗进口洋米，以后洋米进口有增无减，到 1896—1900 年期间，我国洋米进口量达到 594 万担，比开始的 1867—1870 年所进口的洋米 38 万担增加了 14.63 倍。由于粮食不足，随之而来的便是粮价飞涨，从史料看，顺治、康熙前期，米每公石为制钱 614 枚，而到嘉庆、道光时，粮价为制钱 3 267 枚，上涨率达 532.08%。

从史料看，还可知在当时的农业技术水平情况下，维持一个人的生命所需要的耕地，在明末清初为"百亩之土可养二三十人"，即每人需 3.3～5 亩；乾隆时，有人估计是"一人之身，岁得百亩，便可得生计矣"。到道光二十一年时，人均耕地仅有 1.64 亩，这个数字大大低于维持生活所需的土地数。这种人多地少的矛盾空前尖锐起来，而凭经验的传统农业已难以解决当时缺地、缺粮的民生问题，这就是促使人们去着力寻求解决一矛盾的新途径——能使有限的土地生产更多的粮食及人民必需的农产品，并能提高农业附加值和劳动生产率。

鸦片战争后，中国对外丝茶贸易的衰落，更激起了人们改良农业技术的要求。

丝茶本是中国对外出口贸易中的主要输出物资，在我国对外贸易中占有极为重要的地位。据《中国近代农业科技史稿》引用姚贤镐编《中国近代对外贸易史料》的资料表明，1867 年，我国出口商品的总额为白银 5 215 万两，其中丝茶货值为 4 587 万两，占总数的 87.95%，当年贸易顺差为 388 万两。而到 1893 年，我国出口丝茶额在总出口额中则下降到 48.31%，出口货值为 5 634 万两，而同时输入的商品货值增至 2 683 万两，出现贸易逆差（即亏损）2 049 万两。据史料分析，我国丝茶对外贸易的衰落，主要原因就是加工技术落后，产品难以和国外竞争。日本松永伍作在《论清国蚕丝》中说："（中国）从来缲丝之法，……约合茧二十或二十五枚为一丝，渐次其茧数减少，则约五六枚为一丝，故其丝粗细不匀，……因缲丝极为粗，故价极廉，输出欧美诸国，皆以为下等，不如爱日本丝也"。

国人罗振玉说："中国手缫之丝，输出海外，其价教汽机所制者才十之五六，推其原故，水色不洁一也，粗细不均二也，装束不如法，不合西人之用三也。……试观日本人缫丝之输出欧美者，其价高于华丝约十之二三，其故可知"（《农学报》，光绪二十七年正月中）。张之洞说："须知中国茶叶所以至今胜洋茶者，乃中国土性天气使然，至于人工烘制，则人事之不齐，断不若机器一律，若中国仍用旧法，洋商必借口人工不能停匀，制法不能干净，竭力传播煽惑，务使各国尽销洋茶而后已，……我若改用机器，是制法与彼同，而茶制彼胜，又何能与我衡产?"（《农学报》，光绪二十五年七月下）。

在中国传统农业处于困境、无力应对困局的情况下，西方国家的农业在近代自然科学技术的装备下，得到快速发展，这对欲走出困境的中国来说无疑是一个巨大的诱惑。随着西学东渐，西方近代农业科学技术便开始传入我国，激起一批有识之志借助西方近代农学及技术立志变法维新。首先是罗振玉创办《农学报》，其方针是"以明农为主，兼及蚕桑畜牧不及他事""详载各省农政，附本会办事情形，并译东西农书农报，以资讲求"（《农学报略例》）。《农学报》的创办与发行，在社会上产生积极影响，清政府的地方官吏对它极为重视，纷纷加宣传与推广。杭州太守林迪匠就宣传说："新出农学报，讨论农田水利，树艺牧畜，并取古今中外良法，最为切实有用"。1903 年，北洋官报局似防《农学报》办农报，上奏清政府说："近数年来，东西各国农书农报，多已由上海《农学报》翻译，该报自丙申创设至今，业经发行多册，其已出之报，并已辑为农学专书数十卷，新理、新法搜采无遗，流布极为广远"（《农学报》，光绪三十年六月上）。

变法维新，促进清政府对近代农业的提倡。1840 年以后，一些受西学影响较深的中国知识分子，已看清西方近代农业胜过中国传统农业，纷纷提出学习西洋农业技术的建议或倡议。起初，由魏源等知识人士只就技术论技术倡导学习、引用西学，引起正受内外交困的清廷重视。正如孙中山先生所指出的："我国家自欲引西法以来，惟农政一事，来闻仿效，派往外洋肆也学生，亦来闻有入农政学堂者，而所西儒，亦来见有一农学之师"。

随着洋务运动的破产，清政府兴办工业以"求富"的幻想也破灭了，学习西方近代农学被提到议事日程上来。1894 年，孙中山在上李鸿章书中说：在西方"电力能速农物之成熟""农学既明，则能使等之田，产数倍之物，是无异将一亩之田，变为数亩之用"；同时还提出要讲求"农器"，因为"非有巧器，无以节重劳，非有灵器，无以速其事"。1895 年，康有为在上清帝第二书（即公车上书）中，明确提出学习西方近代农业的具体意见，他说："外国讲求树艺，城邑聚落皆有农学会，察土质、辨物宜，入会则自百谷、花木、果蔬、牛羊牧畜，皆比其优劣，而旌其异等，田样各等，机车各式，农夫从可以讲求，鸟粪可以肥培壅，电气可以速长成，沸汤可以暖地脉，玻罩可以预寒气，刈禾一人兼数百工，播种则可以三百亩，择种一粒，可收一万八千粒，千粒可食人一岁，二亩可养人一家，瘠壤可变为腴壤，小种可变为大种，一熟可为数熟。吾地大物博，但讲之未至，宜命使者择其农书，遍于城镇设为农会，督以农官，农人力薄，国家助之，比较则弃稆而从良，鼓舞则用新而去实，农业自盛"。《农学报》序中说："西国地文学家谓尽地所受日之热力，每一英里，可养至一万六千人，今以中国之地，养中国之人，充类尽义，其货之弃于地者，岂可数计"。又说："西人推算中国今日之地，苟以西国农学新法经营之，每年增款，可得六十九万一千二百万两，虽生齿增数倍，岂忧饥寒哉"（梁启超《农学报》序）。同年，张謇在《清兴农会奏》中说："考之泰西各国，近百年来，讲究农学，务臻便利，亦日新月异而岁不同，其见于近来西报者，讲以中国今日所由之土田，行西国农学所得之新法，岁增人款可六十九万一千二百万两，然则地宝自在，人事可为"。以上这些看法或见解，反映了当时思想先进的中国人对西方近代农学的仰慕和期盼，也反映了国人热切地希望学习和发展西方近代农学来改进与提升中国农业，解决人多地少、粮食不足、土产不兴、财政匮乏的迫切心情。这种社会需求，到 1898 年"戊戌变法"时开始变为现实，民间的要求变成了政府的政策。

1898 年，光绪皇帝接受维新派康有为等人的变法建议，颁发了《明定国是》诏书，决定变法。其中关于农业改革方面的内容有：①"劝谏绅民兼采中西各法"，兴办农业；②编印"外洋农学诸书"，引进西方近代农学；③"于京师设立农工商总局……各省……设分局"；④"设农务学堂"，兴办农业教育；⑤"广开农会、刊农报、购农器，由绅富之有田业者试办以为之率"，采取各种措施，引进和推广西方近代的农业科学技术（朱寿明《清光绪朝东华录》）。从此，近代农业便在我国迅速发展起来。"戊戌变法"虽只"百日维新"而新政失败，但引进和推广西方农业科学技术改良农业没有停止：1899 年，慈禧"懿旨劝农设学"要上海农学报广译报章；1903 年，提倡兴办实业学堂；1906 年提倡兴办农事试验场；1907 年提倡设立水产讲习所试验场和农民讲习所试验场，各省设立农会等（朱寿明《清光绪朝东华录》）。这表明，"戊戌变法"失败后，传统农业向近代农业转变在清末已成为一个不可逆转的趋势。

从 1898 年"戊戌变法"到 1911 年宣统皇帝逊位的 14 年中，近代农学的引进和近代农业的建设，在我国都有了明显的发展。

（1）引进和传播西方农学知识。罗振玉主编的《农学丛书》共搜集西方近代农学的 111 种，全面介绍了农业原理、作物各论以及相关的土、肥、水、气和林、牧、副、渔等方面的科学知识。1903 年，范迪吉等人翻译日本《普通百科全书》100 册，其中多为农业学科教科书，如《植物新论》《植物营养论》《农艺化学》《土地改良论》《肥料学》《畜产各论》《应用机械学》等方面的学科知识，以扩大人们的视野。

（2）引进、传播近代农业技术。引进近代农业机具，有农业机械、缫丝机械、碾米机械、制茶机械、畜力机械等。创办农事试验场。当年农工商部农事试验场就设在北京（1906 年）。其他如湖南、河北、山东、山西、福建、辽宁等省都建立农事试验场，实验分五大类：谷麦、蚕桑、蔬菜、果树、花卉。兴办农业学校。1905 年在京师大学堂设立农科大学。到 1907 年，全国农业学堂已有 95 所，学生 6 068 人，这些学校包括高、中、初等级别，也包括农、林、蚕、鱼、兽医等不同类别。创办农学会，到 1907 年，除北京外其他各省建立的农学会在 28 个以上。农学会不仅传授科学技术，还承办各地欲引进的技术实验。到 20 世纪初，据不完全统计，成立的农业公司约有 90 多个，有合股经营，有专业经营，商品性生产的，如垦殖、树艺、蚕种、种桑、畜牧、渔业等。

近代农业史家的评论道：虽然清末我国的近代农业还处于一个草创的历史阶段，但这一时期引进的近代农学和技术，开阔了人们的视野，更新了人们的农业经营观念；农业学校的建立，培养了一批崭新的农业人才。据统计，1892—1907 年，我国从国外引种达 40 次，引进良种计有 20 类；而同一时期从国外引进农机约有 23 次，至少有 26 台件。在戊戌变法期间，官派出国留学学习农学者达 200～300 人。可以说，清末为我国近代农业的发展起了奠基的作用。

近代北京农业的基本状况

地主所有制仍占有主要地位，贵族庄田所有制显然居于统治地位。如房山县，庄田旗地"十耗其七"。道光中期，历任大学士、总督的琦善一家占地256万余亩，即便咸丰、同治以后，旗地虽然已逐渐向民地转化，但主要是转移到汉人地主手中。据石赞清《豫筹河患疏》中载："卢沟以下至下口，宽四五十里，长五六十里，原来大部系旗产，尽皆膏腴。咸丰年间，多被监生影射占种"。到清末"近京五百里之旗地大半尽典于民"（《清朝续文献通考》）。庄田旗地的转移，主要发生在地主之间，土地所有制性质没有发生根本性变化。

光绪二十八年（1902年）以后，清政府为了增加租税收入，准许纳银领耕，有的官员凭借权势，一次即领耕1 000多亩，造成北京四郊土地，非"非官署之领用"，即"豪贵之私有"。出现了"田归富室，富者益富，贫者益贫"。

（1）自耕农负担加重。清朝后期，京城地主"用度之奢侈，百倍前人"。为了满足私欲，便变本加厉地榨取农民血汗。手段就是"逐佃增值"；官田、旗地则通过清查"浮地"来加大征租面积。沉重的地租剥削摧残了农业生产力，整个佃农阶层的经济地位每况愈下，普遍陷入日益严重的贫困状态。清代前期农业有所发展，粮价不高，而后期粮价则涨了很多。

清前后期北京地区粮价比较

单位：粮（仓石）、银（两）

时间	高粱	小麦	小米	黑豆
乾隆四十二年（1777）	0.7～1.19	1.00～1.61	1.10～1.60	0.75～1.70
嘉庆九年（1804）	0.95～1.45	1.37～2.21	1.51～2.11	0.96～1.84
道光二十年（1840）	1.00～1.68	2.07～3.60	1.60～2.80	1.17～3.10

资料来源：引自孙健，《北京古代经济史》。

（2）农业生产衰退。近代北京地区农业生产落后（衰退），集中表现在：尽管西方近代技术和农学思想已引进，但农民在苛刻的剥削下无心、无力接受、采用新技术，农业活动仍然停留在以经验为主的传统农业阶段，具有明显的保守性。

（3）农具、耕畜质量差，数量少。农民使用的农具还是千年不变的铁木手工工具——镰、锄、镐等。农民无力养牛，无力耕田翻土，全靠人力。农民无力养牛或其他牲畜，致使肥料缺乏，庄稼秸秆用作燃料也无力回田，造成土地瘠薄。

（4）水利日渐破坏，灾荒频繁。道光、咸丰以来，军需浩繁，"兼顾不遑"，例定岁修之费"层叠折减，河务废弛日甚"。到同治十年（1871年）前后，凡永定河、大清河、滹河、沱河、北运河、南运河五大河系及附属五大河系的60多条支流，原有闸、堤、埝无一不被破损，减河、引河无一不堵塞，每遇积潦，即横冲四溢，淹没农田。这是造成农业生产衰退的又一重要原因。

（5）频繁的自然灾害。1912年，潮白河在顺义县李遂镇决口，潮白河自此改道，河水漫浸了400多个村庄，五六年后还不能耕种，直接影响农田产量，导致农业生产衰退，农民贫困。

商业性种养业有较大发展

清代沿袭明制，实行以大米为主的南粮北运。京畿的粮食生产有两宗：一是以青龙桥、顺义东小营等地种植御用稻米（或称贡米）；二是生产大宗杂粮，以弥补外运短缺的杂粮，以小麦、玉米、高粱等高产作物为主，以解京城市场供应问题。还生产经营经济作物。由于受外国资本主义经济侵略的影响，京城对经济性农产品需求日趋旺盛。如果蔬、棉花、花卉等靠外运进京比较困难，主要靠就地供给。再就是外国资本通过买办性商业，从四乡收购花生、黄豆、鸡蛋等装运出口；在产地附近开设工厂，对丝、棉、烟、蛋等农副产品就地收购与加工制造。商业流通及经济效益的提升，促进经济性种植业的发展。

鸦片战争后，随着外国资本入侵，棉纺织产业兴起，对棉花的需求剧增，刺激着植棉业的发展。而我国原先栽培的亚洲棉（中棉）退化严重，产量很低，品质也差，不堪供纺细纱之用。因此，在光绪十八年（1892年）开始引种美国陆地棉试种。到光绪三十年（1904年）清政府的工商部即从美国输入大量陆地棉种子，分发国内多个省种植，并开四个棉业试验，以试验引进陆地棉为其主要任务。当时北京地区就建有棉业试验场，他们除了承担棉花引种试验任务外，还要负责指导乡间农民种棉。这是京畿新型的商业性种植业。并延续到民国时期及解放后的一段时期，成为京郊一项重要的商业经济作物或产业。

19世纪80年代，北京地方官员开始推广蚕桑种植。光绪七年（1881年），在京城大李纱帽胡同设立蚕桑局，在教子胡同设立桑园，顺天府尹周家楣主其事，"躬督眷属，饲蚕成茧，抽丝织绸。"

为适应近代北京吸烟嗜好的兴起，烟草种植业面积日益扩大。因其收益远高于其他作物的种植，特别是高于粮食，光绪年间，烟草生产成为昌平州的著名物产。

京城规模扩大，随着内外来京交流和商贸业的兴旺，城市人口快速增加。据1908年（光绪三十四年）民政部统计，这一年，京师内外城人口总数761 106万人，其中内城（男女）人口为456 502万人，外城男女人口为304 604万人（《中国历代户口、田地、赋税统计》）。据1909年（宣统元年）民政部统计，是年顺天府20余州县的人口总计为3 734 716万人。人口剧增就大大提高了对农产品的需求，其中粮食可以也便于从外埠调运，可那些鲜菜、鲜花、活鱼、鲜果在交通不甚发达的时代靠漕运进京则是一件难事。因此，清朝后期在农业整体萎缩的情况下，这些经济性比较强的种养业则是在本地发展的。

商业性菜园业很发达。据《京畿辅通志》记载：近代北京城内外都有以种菜为业的农户；有许多规模不等的官、私菜。城郊还有许多地窖、火坑设备的温室菜园。蔬菜的温室栽培技术在清代北京很时兴，能在冬天供给韭黄、蒜黄、胡瓜之类的新鲜蔬菜。

清人夏仁虎《旧京琐记》云："蔬果之属以先时或非时为贵，香椿、芸豆、菱藕之类皆是也。有所谓洞子货者，盖于花洞中熏配而出，生脆芳甘，其价尤巨。王瓜一茎，食于岁首或值一二金。戚家蒋氏昔为御果商，方其盛时以王黄作馈岁之品，一盘之价至数十金，几至破产。"

当时北京地区种植的蔬菜繁多，有文字可查的有葱、韭、蒜、青菜、白菜、油菜、瓢儿菜、甜菜、苦荬菜、莴苣菜、扫帚菜、蕨、蔓菁、苋菜、黄花菜、菠菜、菱白、芹菜、茄子、辣椒、蘑菇、苤蓝、萝卜、薯蓣、芋、百合、豆芽菜、笔管菜、栏菜、木耳、龙须菜、苜蓿菜、甘露等。

干鲜果品是城市供给中不可或缺的。清代时，特别是后期，农民们多青睐于种植果树。也由于历史的地缘条件适宜，京畿地区果树资源比较丰富，干果有板栗、核桃、杏仁、榛子、银杏等；鲜果有桃、杏、李、梨、樱桃、苹果、柿、山楂、海棠等。其中不乏有名特果品，诸如金丝小枣、板栗、磨盘柿、八棱海棠、铁吧哒杏、碧霞蟠桃、庞各庄西瓜、白桑椹等，成为清代的"贡品"。北京产板栗早在唐代即为"贡品"。其时，怀柔县果林资源丰富；良乡县板栗栽培历史悠久，板栗之乡多出富裕之户；密云县果树以小枣、鸭梨、板栗为多；平谷县素称"花果之乡"，主要果品为柿、梨、核桃、红枣、红果等。时年平谷县志载："满洲花果，木材既不胜其用，而果品获利更越乎农耕。"

渔业中除金鱼类由人工饲养以外，食用鱼类多为河湖捕捞。通县处于九河之梢，多河富水，地势低洼，水草丰富，很多农户"靠水吃水"，以打鱼摸虾维持生计，渔业十分兴盛。房山拒马河、怀柔汤河、昌平沙河、顺义潮白河等地区农民捕鱼为业者亦多。

畜牧业，曾以养马为主，清朝前期在京畿建有专门的养马场。到清末，因交通方面有了铁路，养马业也随之萎缩。而奶牛饲养业逐渐兴起。本市饲养奶牛大致是从 1860 年或更早一些开始。当时养的是蒙古牛，后来才从国外引进少量荷兰奶牛。清华大学为供内部需要曾引进荷兰牛建立起自己的奶牛场，其饲养量也只有几十头。

民间手工业有所发展

1840 年鸦片战争后，在外国资本主义侵袭下，京师原有的各种类型的手工业，由于所处的地位和条件不同，其厄运各异。有行业，如一些与洋货相比见绌的土布、土纱、铁器等，因为受洋货排挤而减产或停产；一些手工艺高超，又见鲜明民族风格的传统手工艺产业，如地毯、景泰蓝、雕漆、玉器、绢花等，得到持续发展，因它们具有出口竞争力。有的行业在新的原料、工具和市场需求的刺激下，有了新的发展。民间手工业经营有两部分阵地，一是京城市民或外地来京民人开办的手工业；二是农村家庭或农民合伙办的手工业作坊、铺店。有关史书或史料对城市里民间手工业情况记载较多、较详尽，而对农村民间手工业记载几乎空白，或从一些带"土味"的字眼中揣测。如编织筐篓，这种东西"土味"十足，原料出自农村，尤以山区为多，手艺粗放，价值不高，城里人会干的不多，至少受用料不便制约。再就制砖、制瓦，需要宽旷的场地和取之不竭的泥土。这是城里人办不了的。当然历来有官窑，但为数不多，广大农村用砖瓦还得靠当地砖瓦窑出活，等等。

据史料记载，清朝后期，受洋货冲击严重，官办手工业衰落，而民间手工业多数与北京人民生活息息相关的日用手工业，以及需要专门手工艺的手工业，在晚清仍普遍得到发展。如朝阳门外六里屯手工生产的瓦盆、泡菜坛、花盆等因需求增加而产量大增；京西砂锅村，以生产砂锅最为有名，其砂锅、砂吊等持续扩大生产。农村乡民家庭手工业，利用当地的原料编织煤筐、背筐、抬筐、提篮等；利用树木资源制作木器家具或铁木农具等。棉纺织也是农村家庭手工业中比较普遍的产品。它们虽土比不上洋货进不了城市，但是农村居民还用的上、买得起。有需求就会有商机。京郊山区制作的"山货"品种繁多，有扁担、大勺、水勺、麻绳、麻袋、簸箕、箩、柳条箱、笤帚、笼屉、筛子、提盒、竹盆、竹篮、荆条筐、苇帘、挑筐等。它们虽土，但适用，市市不可缺。

至于近代官办工业、洋人资本渗透等，其经济脉络与农村经济有牵连的大概有两个方面：一是由农村提供原料，如洋人开办棉花缫织业，需要农民种植棉花，提供棉絮；二是提供廉价劳动，如洋人开办的棉纺业、采煤业等所用的劳动力，基本上就地从农村中解决。

商业发达。晚清北京的商业十分发达。庙会作为城市中民间贸易的传统形式，依然发挥作用，街市店铺生意更加兴隆。遍及九城大街小巷的大小店铺"约有千家以上"。且"行业齐全，种类繁多，为市民生活所必需"。从商品透出的"土味"或"土气"看，与农村手工业产品相关的至少有：草木、粮食、蔬菜、干鲜果品、棉花、席子、竹帘、笼屉、油篓、筐、木桶、风箱、竹篮、锄头、镰刀、石磨等。昌平州沙河逐渐发展为商贸中心，清末京张铁路的建成，沙河设有火车站，使其集市贸易空前繁荣。沙河地区的居民有耕地的农民、打鱼的渔民、使船的船工、扛粮食的搬运工、经商的商人和手工业工匠等，一个乡镇从事工商业手工业人数达七八百人。赶集日，上市粮食每天几百担，秋收后每天达千担，甚至数千担。从周围农村及外埠而来，使沙河成为京北重要粮食集散地，从而带动沙河农村经济的快速发展。

鸦片战争的失败，使中国沦为半封建半殖民地社会，但同时也被动地打开了清代闭关锁国的国门，让西学东渐，使国人呼吸西方近代实验农学和技术的新鲜气息，激起知识界和维新志士立志"洋为中用"。开创我国科学与教育事业。由此，在开放、引进的同时，创建起我国的"农学会"，办起洋为中用的《农学报》，建立起一批农事试验场和农业学校，开天辟地的既搞科学研究、技术推广，又培养农业人才，着力推进以经验为支撑的传统农业向以实验技术为支撑的近代农业转变。也正是从西方近代技术的引进和结合国情的开拓创新，使我国的传统农业跨入近代农业阶段。近代实验农学与实验技术替代实践经验，出现了一些专业农区，而促使皇庄、旗地制度的瓦解，农业开始向现代城市郊区农业演变。清朝后期沦为半殖民地社会，在西方资本及洋货的冲击下，京畿农业生产力衰落，粮食中的水稻种植面积大减，而寄予南粮北运，杂粮——玉米、甘薯、高粱、豆类等仍有所发展。这一方面是广大百姓解决温饱的需要，它们产量比较高，价格比较低；另一方面杂粮生产比粗放、容易管理。更受市场需求、生产者又有利可图的是那些商品性种养业。它们中有棉花、蔬菜、花卉、果品等，这类农业生产所以还在蓬勃发展的，因为它们受到京城市场的青睐。京郊这方面的农产品种类已相当丰富多彩，品质也有所改进与提高，农民的生产积极性也比较高。

从封建社会兴起到清代的结束，从国家到农村，农业一直是经济命脉的主体，手工业、商业只是渐进增量的支脉，是属于"以农为本"主体思想指导下的"放开搞活"。在整个封建社会时期，农村经济的本质是农业经济，有史料显示农业经济约占农村经济总量中的80%～90%，工商业只是有益的补充。

二、近代民国时期的小农经济（1911—1949 年）

从 1912 年中华民国肇建至 1948 年年底北平和平解放的 37 年间，北京经历了北洋军阀政府建都和南京国民党政府设市的两个主要历史阶段。其中于 1937 年 7 月至 1945 年 8 月间，曾为日本侵略者占领的沦陷期。在复杂的政治环境中，京郊农村经济的境遇艰难是可想而知的。

村落趋于萧条。村落是农村经济的基本单元与依托，村落的兴衰是观察农村经济兴衰的"晴雨表"。学者尹钧科著《北京郊区村落发展史》中写道："借着清代后期人口的急剧膨胀和村落持续发展的巨大惯性，民国前期，北京郊区村落在艰难的社会环境中保持着缓慢发展的势头。但后来发展停业，而趋于萧条。"其主要表现：第一，京郊各县户口由增长转入减缩。"户口的增减是影响村落兴衰的最直接最活跃的因素。"第二，京郊农民构成的变化反映了农业生产的衰退。据调查，1934年北京郊区自耕农占总农户的66.9%、半自农耕占12.4%、佃农占13.9%。至1947年，情况发生很大变化。以西郊为例，1947年自耕农占总农户的比例由1934年的73.1%降为34.41%，半自耕农由11.4%上升为41.3%，佃农由14.8%上升到23.3%。这种变化反映了当时京郊农村土地占有状况和阶级关系的恶化，对村落的衰退产生直接影响。

土地占有及租佃制度

土地是农村经济的命脉，是农业生产的基本资源。土地问题是影响农业和农村经济发展的一个主要问题。但从前代就存在的土地分配不均和租佃制度不合理的问题，在民国时期依然存在。西郊自耕农减少，佃农增加。这种趋势表明地主、富豪兼并土地在加剧。租佃制仍是部分农民营生，是地主剥削农民的主要办法。地主对农民剥削：一是租佃土地，收取土地收获之半的地租；二是对租佃一顷以下土地者，要自备农具、种子、肥料、牲畜，对不备者地主可向需者放高利贷。这种不合理的租佃制度，导致农民生活贫困化，农业劳动力质量不断下降。但租佃户以不施肥、不多用人工耕作，能收多少算多少，以最小成本换取最大收益。地主把土地出租出去坐以收息，不管种好种坏，更不愿投入，这样的恶性循环使土地越种越薄，导致农业生产衰退。

1927年，全国81%的耕地集中在仅占人口14%的地主、富农手里。他们把土地分成小块租给农民耕种并收取占全年收成量一半以上的高额实物地租。据黄宗智著《华北的小农经济与社会变迁》中引用1936年"满铁调查的33个村庄社会经济轮廓"所涉及北京地区的5个县6个村小农经营情况，如下页表：

1936 年满铁调查的 33 个村中涉京六村小农经营情况表

村别	总户数（个）	总耕地（亩）	地主户数	租地占耕地（%）	各阶级农户数				每人耕地亩数（亩）
					自耕农（%）	半自耕农、佃户（%）	年工（%）	打短工（%）	
昌平阿苏卫	102	1 527	0	?	63.6	27.3	9.1	30.3	2.5
平谷胡庄	218	2 400	0	<10.0	89.0	6.4	4.6	45.9	2.3
平谷北大关	98	2 438	0	8.2	49.0	40.8	10.2	41.8	4.0
顺义沙井	67	1 182	0	17.2	44.8	22.4	32.8	55.2	2.5
通县小街	164	2 692	1	41.2	30.4	62.2	7.4	19.3	2.7
密云小营	195	3 025	3	34.5	45.0	55.0	?	?	3.3

解决土地问题，就得否定租佃制度。国民政府曾经颁布佃农法，1946 年施行减租，但都没有解决问题。

劳动力及其技术素养

1911—1949 年，京郊农业劳动仍停留在手工劳动阶段，因此，农业生产力主要是随着农业劳动人口的增长而相对发展的。据史料记载，1934 年和 1947 年两次对西郊人口调查，第一次农户占总户数的 30.6%，农业人口占总人口的 37.4%；第二次调查，农业人口占总人口的 42.6%。这说明京郊农业劳动力是不断增加的，农业生产力也是相应地有所发展。由于人多地少，靠耕种土地不足以养人，许多农民便进城经商、佣工、学手艺（徒）以补家庭经济困难。京郊农业劳动力向其他行业转型，农业人口比例降低。如北郊八家村原有农户 58 家，民国时仅剩 24 家，占全村总户数的 41.4%。大兴县前高米店村外出人员占全村总人数的 53.8%，其中到北京谋事者占 22.4%。这表明，远郊县农业人口也向北京城内流动。

农具与动力

京郊农业生产工具仍主要是畜耕与手动工具。耕畜有骡、马、牛、驴，不耕地时，马用来拉大车，驴用于短途运输。据 1939 年调查，京郊耕畜的数量比较少，每头耕畜平均负担的耕地为 29.61 亩，其中东郊为 43.28 亩；西郊 64 家农户耕畜平均负担耕地为 39.75 亩；南郊为 19.96 亩；北郊为

31.9 亩。清华园附近土地的耕畜平均负担耕地 31.76 亩，顺义为 29.04 亩，通县为 78.48 亩，密云县为 10.29 亩，怀柔县为 16.32 亩，良乡为 69.48 亩，房山县为 26.25 亩。畜力负担过重，表明耕畜数少，亦表明农业生产力水平较低。乡间小农，贫穷无力买牛者，类皆向邻近雇牛耕田，凡耕田日，给价若干。1926 年工价高涨，雇牛耕田一日，须给价约 2 元。农业工具方面，已出现大车、水车等"土中先进工具"，至于犁、耧、碾、磨等，也只有有钱农户可单独选购，贫穷户只能几家合资购买共用。20 世纪三四十年代，近郊开始使用橡胶轮胎大车和管状水车、机压水井。而同期美国的农业已基本上实现了机械化，相比之下，京郊农业整整落后了一个时代。

民国时期西方水利科技的广泛传授，造就了具备很高水准的北平地区水利规划。抗战爆发前京城四郊农田实行井灌与引河水灌溉相结合。"菜园之水，皆仰给于井。""水田之灌溉，专恃沟流，或佐以水车之力，故皆近河或泉源旺处。"

1934 年北平四郊灌溉面积统计

郊别	农地面积（亩）	灌溉面积（亩）			灌溉面积占农地面积（%）
		井灌	河流灌溉	共计	
东郊	79 482	3 995	130	4 125	5.2
西郊	69 504	7 884	7 846	15 730	22.6
南苑	55 274	71 840	482	12 322	22.3
北苑	54 547	3 108	2 064	5 167	9.5
四郊合计	258 807	26 822	10 522	37 344	14.4

在四郊之外，农田水利建设不乏有创造性的成绩，宛平县的水利合作社就是范例之一。民国初时，张博才创设永济水利合作社，利用铁制虹吸管汲取永定河水灌溉农田。1929 年由齐久荣、张子忠发起芦堂水利合作社，将 2 000 多亩沙地改良为可耕地。这项事业到 1938 年仍在继续（吴文涛《北京水利史》）。

京郊湖河较多，地下水也较丰富，平原地区即广泛凿井，使水利灌溉面积不断扩大。这时的菜地主要用井水，西郊靛厂村以种菜为主，平均每 7 亩地就有一口井。据统计资料显示，当时近郊区 25.9 万亩耕地中，井灌田 2.7 万亩，河流灌溉面积 1.1 万亩，灌溉面积占耕地面积 14.4%。

近代农业科技的发展与应用

进入近代后，北京作为国家的首都确实打开了城门、走出国门引进了西方近代农学和许多实用技术；创建起一批培养农业人才的学校和独立的农业科研与技术推广机构；创办了农业刊物和编辑出版了一批农学著作等，归纳起来大致有以下九个方面：

一是传来了实验农学替代经验农学。二是引进机械化农机具替代畜力和手工工具，以提高劳动生产率。三是引进生物学知识和技术，使人们对农业生产中一系列生物现象不仅知其然，还知其所以然，掌握农业生物的遗传与变异的客观规律，更加有效地推进物种改良与应用。四是引进农业化学知识，开始从种田"粪大水勤，不用问人"的经验中走出来，实行看天、看地、看庄稼，科学配方，合理施肥。五是引进动植物优良品种，促进农业高产、优质、高效，同时增加农产品的多样性，丰富人们的生活需求。玉米、甘薯、棉花等粮棉作物虽引于明代，但真正大面积推广应用还是在清代后期。六是农业科研与推广。1906 年，清农工商部在北京利用西直门外三贝子花园废址（今动物园）辟地 600 余亩，成立农事试验场，场内设有树艺、蚕桑、畜牧、博物等科。农事试验场的职责是既搞科研（实验研究）又搞新技术推广。七是创办农业教育。1905 年，清政府在京师大学堂设立农科。农科内最初只设有农学及农艺化学二门，这是我国最早的三年制农科大学。这是第一所中央设在北京的一所农科大学。八是派遣出国留学，培养近代科技人才。九是创办了我国第一份农学杂志《农学报》。它"以明农为主，兼及蚕桑畜牧不及他事"，"祥载各省农政，附本会办事情形，并译东西农书农报，以资讲求。"从光绪二十三年四月（1897 年 5月）创刊到光绪三十二年十二月（1907 年 1 月）停刊，出版时间长达 10年，共出 315 期，北洋官报局在申办农报上奏清政府折中说道：《农学报》"已辑为农学专书数十卷，新理、新法搜集无遗，流布极为广远。"可见《农学报》在社会上的影响及在传播近代农学中所作的贡献。

北京地区陆续建起一系列农林牧试验机构。1906 年，清政府农工商部在北京地区建立国家级农事试验场，专门从事谷麦、蚕桑、蔬菜、果树、花卉五大类试验，均就各省搜到物品，以及外洋各国选购的种子，分别实验，以相土宜，而兴地利。这是北京地区最早建立的农业科研推广机构。

辛亥革命后改称为中央农事试验场，直属农商部管辖。1912 年 8 月，北洋政府农村部在北京天坛设立林艺试验场，翌年在西山设立分场，负责北京附近的育苗造林试验。这是我国最早建立的林业试验研究机构。1915 年 6 月北京林艺试验场改为农商部第一林业试验场，从事林业、花卉试验研究及相关技术推广。1914 年，国民政府在北京设立棉花试验场，从事国外引进棉花新品种的试种与推广工作。1929 年，创立的国立北平研究院内设有与农业相关的生物学、动物学、植物学等研究所，从事生物、动物、植物等方面的学术研究。中法大学引进作物优良品种，在清河农场搞试验。1934 年，国民政府又在安定门外地坛设立第四农事试验场，从事农事试验示范工作。1939 年，日本侵华时，于北平建立华北农事试验场。1945 年 8 月，抗日战争胜利后，将其分为农事试验场、林业实验所、畜牧实验所、兽医防治处四个单位。1949 年，北平解放后，改建为华北农业科学研究所。

在远郊昌平、怀柔、密云、顺义、平谷、大兴、通县、宛平县等县设立农事试验场。密云和大兴县试验场有耕地 40 亩，其他县的试验场都在 10 亩左右。设在良乡黄辛庄的种子繁殖场，引种美棉和玉米良种，试验推广新式农具——脱粒机、喷雾机等。宛平新房庄设有农业推广所，改良大青豆和小麦品种，引种美棉和玉米良种，并进行科学试验。

这些试验场、所在人员、资金等紧缺的情况下还取得一些可供应用的技术成果。培育、推广一批农业良种：冬小麦良种"燕京 99 号""农大 1-10 号"等；玉米有"华农 2 号"；杂交玉米"236"；红高粱"129 号"；谷子"燕京 811"；"北京长绒棉"以及由美国引进"德字棉""斯字棉"等。在种植方式上：试验推广小麦、玉米或谷子、玉米或豆类、玉米等间作套种，以提高农业的复种指数。果树修剪方面，创造了桃树立体结果、高产的"自然杯状型"的整形修剪技术，并引进了高产优质的"大久保"桃新品种，及"红星苹果""玫瑰香葡萄"等。畜牧方面：引进荷斯坦奶牛良种，为后来繁育建立中国荷斯坦奶牛奠定了基础。1924 年，北平中央防疫处研制成功马鼻疽诊断液和犬用狂犬疫苗。水利方面：在潮白河建成钢筋混凝土结构的苏庄闸，这是本市第一闸。肥料方面；虽然引进化肥理念和技术，但因其价钱较贵，生产量又少，农民很少应用，仍以人粪尿和牲畜粪便及土杂肥为主。这类废料来源多、无需购买、又容易制作，一般大田用土粪占 55％。京郊粮田播种时平均每亩施土粪 2 500 斤。牲畜粪主要是猪和马粪。马粪多从南苑兵营购买。

民国时期，农事试验场为北京地区宣传、推广农业科学技术，提供了大量的试验资料。农事试验场对土壤、肥料、水利和饲料都进行了分析；对北京地区土温室、粪干、坑土、除虫菊的栽培等做了改良研究并推广；对主要作物病虫害进行科学定名、分类。1928 年，北平大学农学院从各省和外国引进作物良种、农业技术。30 年代，又在北京成立第一个土壤研究机构——中央地质调查所土壤研究室，该室先后有 18 位专家分别在棉作、麦作、农业综合调查、兽药、微生物学、水稻、果树、蔬菜、病虫害、农业经济、土壤学、肥料等研究中作出成绩。燕京大学师生在清河试验场，与金陵大学合作，从事小麦、谷、高粱的选种试验，使小麦产量比以前提高 20％～24％；谷类增长 24％～34％；高粱增加 30％。新品种不仅产量高，而且在抗旱、抗风、抗病虫害方面都有一定能力。这些事实为封闭的京郊农村吹来一股农业科学技术新风，只是它还比较微弱，还不可能遍及整个京郊地区。

京郊农业耕作法沿用传统的深耕、细作、中耕、轮作等。由于人均耕地减少，耕作集约化程度有所提高，多采用套作、间作等方法，以提高农田的复种指数。据北京大学农学系的调查，靛厂村多为一年两作，复种指数为 160；鲁古村为二年三作，复种指数为 130；前高米店村复种指数为 120。而当时的远郊县复种指数和土地利用率都比较低。

应该说：北京地区历经近代百年，占有国家首善之区之便，在引进、消化、吸收近代农业科学技术发展方面取得一定成效。只因近代"三座大山"的压抑，人民贫困，广大农村无力接受近代科技用于农村经济建设。

农业教育

中等农业教育。从进入近代社会起，从国家管理层面就意识到创办农业教育的重要。北京地区最早创办的中等农业教育始于宣统元年（1909 年）。当时在大兴县黄村建立了"顺天中等农林学堂"，分预科、本科和农林讲习所。1918 年 1 月改为"京北甲种农业学校"，设农科、林科；1934 年改为"河北省立黄村初级农业职业学校"。1942 年，日伪政府在通州建立"河北省立通县农业专科学校"，分初级、高级两部。抗日战争胜利后，

1946 年，该校与黄村初级农业职业学校合并更名为"河北省立黄村高级农业职业学校"。

创办农业大学堂。1902 年，由京师大学堂设立农科，内分农艺、农化、林学、兽医四目。1905 年由京师大学堂农科改建为农科大学。辛亥革命后，京师大学堂改为北京大学。1914 年，北京大学农科大学改为国立北京农业专门学校。1923 年又改名为北京农业大学。

农业生产及主要农畜产品

民国时期，北京郊区的农业生产，有一部分已逐步脱离了传统方式，引进推广了一些农业科学技术，在品种改良、耕种方法、施肥方法和施肥量等方面，都比过去有所改进，从而提高农作物单位面积产量。农作物生产的总体格局是，以玉米、高粱等高产作物占第一位，据河北省棉产改进会对京郊农作物调查，玉米、高粱种植面积占耕地的 58.5%；谷类占23.75%；小麦占 9.91%；以下依次是豆类、甘薯、花生、棉花分别占耕地面积的 4%、1.88%、1.63%、1.52%。水稻、蔬菜、水果等也占有一定面积。

玉米根深叶茂，耐旱力强，又是高产作物，受气候影响小，可种在无灌溉水的山坡地上，也可种在水浇地上，适应性广，比较稳定，亩产达到100 多斤，粒粒可食，秸秆可做饲料，亦可做烧柴，很受社会欢迎，种植面积不断扩大。高粱皮实也高产，但不好吃。谷子好吃，但产量比较低，种植情况不如玉米。到 1943 年，种植面积下降，高粱占 7.3%，谷类占18.7%，亩产量也较低，分别为 85.5 斤和 94.5 斤。小麦由于商品率提高，种植面积逐渐扩大，到 1943 年占 18.9%，亩产达 67.9 斤。

甘薯是高产作物，既耐瘠又耐旱，喜欢沙壤土，适应性广，既可食用，又是养猪的好饲料。民国后期种植面积增加，使得高粱、谷类种植面积逐渐缩小。其时永定河沿岸的沙土地种植较多。

棉花是民国时重要的经济作物，并开发植棉区，推广美棉新品种。1914 年，北洋政府农商部颁布《植棉制糖牧羊奖励条例》，激励农民种植棉花。1933 年 10 月，国民政府设立棉业统制委员会，管理棉花推广工作。北平设立棉产改进所，在四郊劝种棉花。在发展棉花种植的同时还试验、推广靛青（染料）植物的种植。北平市农事试验场办理委托示范农场，向农民提供美棉良种，指导棉农种植。据统计，当时京郊劝植棉农户达 409 家，播种面积为 1 630 亩，发放棉种地面积就由 635 亩增加到 2 000 余亩。由于政策推动，棉花种植发展较快，据 1936 年统计，四郊种植美棉 6 425 亩，年产 20 万斤；植中棉 892 亩，年产 3.1 万斤。日伪时期，棉花播种面积扩大占四郊耕地面积的 3%。

蔬菜生产有较大发展。据 1933 年统计，蔬菜种植面积达 4.6 万亩，占耕地面积的 17.8%，以大白菜为主，种植面积达 1.7 万亩，年产 3 465 万斤，其次为黄瓜、菠菜、扁豆、茄子等。蔬菜温室栽培以西便门、阜成门外一带最多，小马厂村家家有菜园和温室设备。

京郊农作物的分布。玉米种植面积在四郊所占耕地面积分别为：西郊 11.6%；南郊 24.6%；北郊 21.1%；东郊 42.1%。小麦种植面积各占耕地面积分别为：西郊 36.2%；南郊 22.4%；北郊 20.9%；东郊 20.5%。谷类种植面积分别为：西郊 40.2%；南郊 10.9%；北郊 21.8%；东郊 27.1%。水稻主要分布在西郊和南郊。棉花集中在南郊和北郊，东郊和西郊比较少。花卉经济作物分布在北郊，东郊胡家园、线市庙一带，南郊镇国寺、赵村店、玉泉营各村多栽培花卉。西郊沙土适合种甘薯、花生；玉泉山、昆明湖一带，和阜成门外罗道庄一带多泉水，适合栽培水稻。菜地需要土肥、水足和运输方便等条件，一般分布在近城十里之内，其中西郊菜地面积较大，广延于十里之外。东郊地下水位高，菜地少。从总体上看，民国时期京郊菜田分布已形成围城环状带。

远郊各县农作物耕地面积占总面积百分比

单位:%, 亩

县名	小麦	玉米、高粱	谷类	豆类	棉花	花生	甘薯	蔬菜面积
顺义	2.25	47.25	20.00	19.25	0.37	4.00	0.00	6 000
大兴	17.17	55.00	19.75	7.34	9.57	3.42	0.70	1 950
良乡	11.27	58.25	14.75	10.00	4.93	10.00	1.00	4 070
昌平	3.94	44.50	30.50	9.05	0.56	6.89	1.59	1 600
平谷	9.74	33.67	29.33	8.00	13.29	4.00	3.33	1 000
房山	15.48	58.33	24.00	5.33	4.64	6.70	1.00	5 580
宛平		48.33	25.00	9.00	2.35	10.88	1.00	1 425
密云	1.66	36.93	32.18	14.94	0.12	6.86	4.87	550

县名	小麦	玉米、高粱	谷类	豆类	棉花	花生	甘薯	蔬菜面积
怀柔	3.92	38.47	29.80	5.39	0.60	2.44	1.66	700
各县平均	8.18	46.75	25.03	9.81	4.05	6.13	1.89	2 541.70

资料来源：曹子西主编，《北京通史》。

从上表可见，各县平均数值中，玉米、高粱占种植面积的十八分之一。据 1928 年统计资料显示，各县农作物平均亩产量，小麦以顺义和怀柔最高为 100 斤；玉米以怀柔最高为 230 斤；昌平第二为 225 斤；高粱以昌平最高为 195 斤；谷类也以昌平最高为 232 斤；豆类也是昌平最高为 238 斤；棉花以大兴最高为 93 斤，通县次之为 55 斤。各县农作物平均产量玉米 144 斤，高粱 129 斤，谷类 176 斤，小麦 82.5 斤，豆类 132 斤，棉花 46.4 斤。远郊农作物平均单产除棉花外都低于河北省平均水平。

棉花因商品价值较高其种植发展较快。南苑是大兴县的主要产棉区，1935 年成立棉花试验场，棉田占耕地面积的 30% 以上。宛平县在 1929 年以后引进美棉种，种植以庞各庄最多。其他如通县、平谷的棉花种植也都有所发展。

大兴等县棉花生产比较表

县名	1919 年		1936 年	
	播种面积（亩）	年产量（斤）	播种面积（亩）	年产量（斤）
大兴	600	60 000	12 840	2 459 700
宛平	200	15 000	28 129	658 200
通县	356	—	29 550	732 800

资料来源：曹子西主编，《北京通史》。

民国期间，北京地区商品性农业有了较大的发展。棉花已成为京郊农业中最显眼的商品生产产品。由此，农业中的商品生产开始浮出水面。黄宗智在其所著的《华北的小农经济与社会变迁》一书中引入 20 世纪 30 年代人类学家于 1933 年在中国河北、山东调查的 33 个村庄"商业化程度"资料。其中按经济作物种植面积达到总种植面积 10% 以上即进入"中等商业化村庄"和"高度商业化村庄"，低于 10% 的为"商品化程度低的村庄"。北京地区被调查的有 6 个村庄，它们是昌平县的阿苏卫、平谷县的胡庄村被列为低的村；平谷县大北关、顺义县的沙井、通县的小街、密云县的小营四村被列为中等村。

村庄分类

商业化程度较低的村庄 （经济作物占播种面积10%以下）			中等商业化的村庄 （经济作物占播种面积10%～30%）				
类目	阿苏卫 （昌平）	胡庄 （平谷）	类目	大北关 （平谷）	沙井 （顺义）	小街 （通县）	小营 （密云）
主要作物占 播种面积（%）	玉米 34 粟 22 高粱 19	高粱 25 粟 25 玉米 17 大豆 8	主要作物 占播种面积（%）	粟 36 高粱 20 玉米 10 棉花 11	玉米 36 高粱 20 大豆 16 小麦 12	玉米 38 棉花 27 粟 6 高粱 4	粟 30 高粱 20 花生 10 玉米 10
户数（户）	102	213	户数（户）	98	67	164	195
非农业产品（%）	2.9	0.0	非农业产品	0.0	13.7	20.7	21.0
总耕地面积（亩）	1 527	2 400	总耕地面积（亩）	2 438	1 182	2 692	3 025
每人耕地亩数（亩）	2.5	2.3	每人耕地亩数（亩）	4.0	2.5	2.7	3.3
县城距离（公里）	15.0	12.5	县城距离（公里）	5.0	2.0	3.0	17.5
在村地主数	0	0	在村地主数	0.0	0.0	1.0	3.0
经营式农场数	0	0	经营式农场主数	3	1	2	2
租地占耕地（%）	？	<10.0	租地占耕地（%）	8.2	17.2	41.2	34.5
自耕农占比（%）	63.6	89.0	自耕农占比（%）	49.0	44.8	30.4	45.0
半自耕农、佃农占比（%）	27.3	6.4	半自耕农、佃农占比（%）	40.8	22.4	62.2	55.0
年工占比（%）	9.1	1.6	年工占比（%）	10.2	32.8	7.4	？
打短工农户占比（%）	30.3	45.9	打短工农户占比（%）	41.8	55.2	19.3	？

资料来源：黄宗智著，《华北的小农经济与社会变迁》。

从上表的比较中解读"商业化程度"，主要表现：一是粗细粮作物种植所占比重。有史料认为清代已有粗粮与细粮这种粮食上的社会等级之分。小麦是城市和上层阶级的食粮，高粱、玉米、白薯是贫民的食粮。当时社会流行"富家多食麦，贫者以高粱为主食""富者稻米为饭，麦面为饼，贫者食黍粥豆渣。"二是经济作物——棉花、花生等在农业中所占比重在提高。一般而言，经济作物的商品性强，在不得温饱的年代里农民种植经济作物一是城市需求，二是换取钱币（硬通货）。在该调查中，高粱地转种棉花，每亩纯收入比高粱高出一倍多（棉花每亩总收入 17.7 元，高粱只有 6.1 元，前者纯收入 11.4 元，后者只有 4.9 元）。

商品农业还在于规模经营，可以有较高的效益。20 世纪 30 年代京畿出现了经营式农场与家庭式农场，农场主可称"财主"但不是地主。当年日本调查员在京畿顺义县沙井村曾问及农民什么样的人可以称为"财主"？村民回答说："有土地 100 亩以上的人"（黄宗智《华北的小农经济与社会变迁》）。这在当年北京人均占有土地只有 4.2 亩的情况下，能拥有百亩以上土地的家庭可算是规模经营了。如当年被调查的平谷县大北关村的农场主张彩楼，在 1936 年时有地 218 亩，除租出 30 亩外，其余的均由自己耕种。家中成员 14 人，有 3 个成年男子劳动力，另外雇佣 4 个长工，大部分田地种植粮食，供自己消费，即 25％种小米，16％种高粱，17％种玉米，9％种大豆。经济作物以棉花为主，占种植面积的 19％，芝麻（油料）则占 5.3％。除这些经济作物外，1936 年他还养猪 22 头。张彩楼的现金收入（535 元），主要来自棉花（314 元），部分来自养猪（141 元），小量来自地租（71 元）。凭这样的经营方式，他在近 20 年间，把自有土地从原来的 150 亩增加到 218 亩。

据调查资料显示，当时农村的规模经营或"富户"有两种形式，一种叫经营式农场，其"富户"称为"经营式农场主"，他们一方面靠自家劳动，一方面雇佣劳动力耕作土地。这类经营式农场主的数目远远超过出租地主。在这两种"富户"中，二者的比例约为 3：1。而他们的发家形式是不同的，地主全靠土地出租或雇工耕作，靠剥削农民剩余劳动及产品致富；而经营式农场主大部分是从小农出身，因商业性农业获利而增置土地。他们在家庭经营的基础上适量雇佣劳动力耕作。另一种形式叫家庭式农场——不论其土地是自有的还是租入的，其农户是贫穷的，还是富有的，都是主要靠自家劳力耕作的农场，主要目标是维持生计，并获得利润。而经营式农场则更着力于满足自己消费的同时，追求更多的利润，因此它的农业商品化程度远高于家庭农场。

在同一调查中还表明，两种经营形式其劳动生产率大不一样。在同一个村内，经营式农场一般规模较大，每个成年男子所耕亩数，要比村内一般农户成年男子多。两者之间的差别相当大：皆多出 40％～100％；大农场比小农场要多出一倍至一倍半；经营式农场上每个劳动日的总收入比小家庭式农场高出很多（1.46∶0.62）。

此外，一些官僚、富商开始投资农业，建立农垦公司。1919年邱润初、王廷桢等五十余人发起集资，购南苑耕地一千余亩，成立华北垦牧公司，聘请外国农业专家任技师，传授美国农业技术（《中国实业新报》，1920年）。1926年成立的利民农垦公司，开垦永定河两岸荒地。

资金投入是农业再生产的必要物质基础，这是一般农户力所不能及的事情。就是拥有土地的自耕农也是很少有能力向土地投入。据《河北省怀柔县事情》刊载的调查资料，怀柔县一个自耕农有耕地100亩，支出的农田经营量只占全部收入的7.7%。在当时社会条件下，农民种田需要投资的方面很多，款项筹集确不易。民国时期，北京西郊农民以合作方式自筹资金——向金城银行借款投资。其用途有：肥料支出占48.5%，购买农具支出占4.45%，造水车占11.09%，还债占12.22%。这些投入主要是为农业再生产服务。由于农民底子薄，农业利润有限，多数农民还是难以为继的。

畜牧业以家禽家畜为主。京郊地区的畜牧业以家禽为主。家禽有鸡、鸭。家畜有猪，已引进大白猪、长白猪等优良猪种来改良本地猪种，还有羊、骡、马、驴、牛、骆驼等。饲养奶牛业有了较快的发展。清华大学教授余振镛开创科学饲养法，从国外引进优良种牛，推广国外的经营方法和饲养技术，在建牛舍、通风、光线、温度、牧场以及处理挤牛奶的用具、卫生消毒措施等方面，改变了清代以来的粗放经营。随之，一批近代化的牛场纷纷建立，时有北京大学农学院牛奶场、燕京牛奶场、太和牛奶场、逢源牛奶场、福生牛奶场、北京模范牛奶场等。全市牛奶场发展到百十家，奶牛1 800头，日产鲜奶1.2万磅。饲养"北京鸭"专业户，多集中在东郊、北郊一带。东郊养鸭户秋后多至南郊凉水河放养，春暖始归。北郊则利用玉泉山水系放养，这里水草丰盛，鱼虾多，又创有"填鸭"的经验，形成天然的"北京鸭"养殖基地。

从1917年起，直隶提倡养蜂，京津间渐已接踵兴起。其中北京规模较大的为北京之兴农养蜂场和北京香山慈幼院。其他还有西直门外中央农事实验场（20群）、东直门内俄国教堂（38群）、北京喀利沁王府（20群）、屈瑞亭西山蜂场（36群）、颜损夫北京蜂场（24群）、良乡孙聿修养蜂场

（20 群）、南口徐岱明蜂场（10 群）、斋堂贾蕴朴蜂场（14 群）。还有只养1～2 群以至 10 群以下者约 40 处（章有义《中国近代农业史资料》）。

民国时期工业在北京（北平）经济中逐渐占据重要地位

（1）重工业。"民国时期的重工业，主要包括煤炭、电力、冶金、机械和建筑材料等行业。"它们大部分属于官营或中外合资，但也有民营重工业企业。据调查统计，1937 年城郊区民营重工业工厂有 140 家，资本总额112.6 万元，年产值 233.6 万元，工人总数 1 865 人。到 1942 年，日本人调查显示，城郊区民营重工业工厂有 200 家，总资产额 1 585 万元，年产值 1 239 万元。到 1949 年，据北平市人民政府工商局统计，城郊区重工业工厂有 831 家，资本总额 3.6 亿元人民币，工人总数 4 185 人。可见民国时期城郊重工业工厂发展是比较快的。到 1942 年比 1937 年平均每年增加 12家工厂，资本增加 13.1 倍，年产值增加 4.3 倍。1949 年民营工厂数量比1937 年增加 4.9 倍，工人数量增加 1.2 倍。据史料分析指出，民营重工业工厂大部分是小工厂，有 66 家的工厂是手工业工厂。比起官营工厂和中外合资工厂，民营工厂规模小，但数量多。

远郊县的民营铁工、砖瓦业和车辆工厂都是民国时期发展起来，基本上都是手工业。据河北省 1929 年统计远郊民营工厂 57 家，资本平均额约10 000 元，年产值 10.1 万元，工人总数 429 人。从统计数看，远郊区县民营工厂数量少，但比清末有了一定的发展。乡村采矿与冶炼业有发展，据《光绪·顺天府志》载："金、银、铜、铁、锡、画眉石同出斋堂。"可见斋堂地区的矿产资源之富，并得以开采冶炼。"银冶在城西北颜老山，铁冶在城西北清水村。"采矿业中最发达的是采煤业，从元代就有大量煤炭运往大都，"日发煤数百，往来如织"。到了明清时期，"京师不尚薪而尚煤"，而斋堂就是北京重点产煤地区之一。

斋堂还产眉石，金代宫中妇人多用以画眉，这就为斋堂地区开拓了新的矿业——开发画眉石。画眉石为黑色也有青色，"磨之如墨，拾之染指"。金时宫人用以画眉显美，"名曰眉石，亦曰黛石"。由此受到世人青睐而成商品。

（2）轻工业。其生产门类比较齐全，有纺织、印刷、毛皮、服装、鞋帽、食品、酿造、肥皂、火柴、编织等。据刘大钧调查统计，1937 年民营轻工业工厂有 1 036 家，工人 1.6 万人，资本总额 757 万元，年产值达 1 271 万元，远远超出同期民营重工业工厂的状况。1949 年，据北京市人民政府统计，民营轻工业工厂有 2 248 家，工人 1 万余人。在这 11 年当中，工厂数增加了 1 倍多，工人减少了 6 000 人。

远郊区各县的轻工业民营工厂，据河北省统计，18 个行业共有厂家 817 个，资本总额为 223 万元，工人有 5 904 人，大多数是无机器设备的手工业工厂。

（3）传统手工艺。主要包括玉器、地毯、珐琅、雕漆、刺绣、纸花、玩具等行业。据 1932 年调查，传统手工艺共有厂家 2 217 个。据张光钰调查统计，1948 年传统手工艺有厂家 871 个，比 1932 年减少 1 346 家。

而章永俊在其《北京手工业史》一书中则通篇没有提到"重工业"和"轻工业"，仍称"手工业"。他在文中写道："民国时期，手工业在北京（北平）经济中依然占据着重要地位。直到 1948 年，北平的工厂厂家中，不用发动机，雇工不满 30 人的小手工业工场作坊仍有 223 家，而合于工厂法的工厂数额仅有 49 家。小厂小作坊手工业占总数的 81.99%，（工厂）工业占 18.01%，显然，手工业在北京整个工业生产中占有较大的比重。"此叙述则是着眼于"不用发动机，雇工不满 30 人的"小厂小作坊及手工操作而言，仍延称手工业。二者反映的事实是一致的。学者曹子西主编的《北京通史》在叙述北京近代工业史时，明晰地划出"城郊"和"远郊县"的情况，可使人们对民国时期的北京农村经济有一个更直接的了解和认识。

商业呈现新气象

商业的繁荣开拓首先从城市开始。据史料显示，清末宣统年间（1909—1911 年），全市有 40 个行业，4 541 家商铺（《京师总商会各行商号》）。1935 年，商业行业增加到 92 个，商铺有 1.2 万家（《冀察调查统计丛刊》）。另据北京市人民政府统计，到 1949 年年初，全市商业行业工种 128 个，有商铺 7 万余家（《北京市综合统计》）。1949 年商业行业数量比清末增加 2.2 倍，商铺数量增加 14.6 倍。商业从业人员，1925 年占全市人口的 13.9%，至 1948 年发展到占全市人口的 19.3%。

关于商品销售情况，1939 年，从商品销售额的数量推测，近郊消费品占 78%，生产资料占 22%。其中粮食占 51%，副食品占 20.26%，日用品

6%，其他占9.01%。可见当时城近郊区消费品中粮食与副食品共占有消费总量的71.26%，亦即表明当时消费品主体是农产品。1944年调查城区每年消费粮食26万吨，郊区12.9万吨，其中部分杂粮来自郊区，但大部分则由外埠输入。白面和大米部分依靠进口。

来自郊区在消费品中有无烟煤。城市每年工业用煤和民用煤大约100万吨，其中无烟煤占75%，全部来自京郊门头沟、坨里、房山和山西阳泉。兽皮：年输入牛皮约4万张，从郊区运入1万张；年消费羊皮4.3万张，从近郊运入1.3万张，从远郊运入3万张；山羊皮从近郊运入4 000张，其他从远郊区运入。狗皮：从郊区运入2万张，当年自销5 000张，其余1.5万张转销外地。

民国期间，北平批发市场有12个，其中粮食、食油、猪肉、砖瓦、蔬菜、干鲜菜6个市场都是四郊或远郊区供货。

远郊县商铺统计表

县名	商铺数（家）	资本额（万元）	店员人数（人）
通县	310	28	2 224
昌平	188	41	1 058
平谷	59	11	321
怀柔	48	5	145
顺义	134	12	710
密云	153	8	1 085
良乡	37	19	244
大兴	161	25	800
房山	595	173	3 430
宛平	316	32	1 498
总计	2 001	354	11 515

资料来源：引自曹子西主编，《北京通史》。

在这些行业中，以杂货店为最多，计854家，其次是药材店362家，纺织品店249家，粮店222家，煤炭石灰店134家。这与远郊区人们生产、生活状况是适应的。

由于北京城市的发展、商贸业的兴旺，相应的带动郊区农业生产商品化的趋势日益加强。近郊及远郊区逐渐形成以粮食、棉花、蔬菜为主的服务城市的生产基地。①粮食：据调查推算，内外城区共114.2万人，平均每人每月消费杂粮（玉米、小米、豆类）19.12千克，一年消费量26.16万吨。郊区共56.16万人，一年消费12.86万吨。城乡共消费杂粮39万吨。另需面粉93吨、大米152吨，其大部分靠从外埠运入。郊区周围百里以内，用大车、驴驮、骆驼背等方式，向城内运粮，有清河镇的大米、小麦，长辛店的大米，东坝的玉米，采育镇的杂粮等。据20世纪40年代统计，各路每年运入粮食约37万吨，从北京向其他地方转输2万吨，在城内消费35万吨。这其中从北京郊区运入的占5%。②棉花：据1935年统计，从南苑运销北京的棉花有4万担；从清河镇运销北京的棉花有100万担；从海淀贩入有300万担；由圆明园运入1 300万担。一般说来，从广安门运入城的棉花占80%；从东便门入城的占15%；其余各门运入量占5%。③蔬菜：北京城内蔬菜消费量，据1919年统计，每月4.1万斤，折合人均每天只有0.13斤。京郊蔬菜产量，据1934年统计共7 283.6万斤，平均每天20万斤，按当年的人口计算，人均每天也有0.13斤。京郊生产的蔬菜每年冬季还贮藏一部分，陆续运往天津、上海等地。北京郊区生产的蔬菜一般由菜贩子从产地市场收购，然后运到批发市场出售。也有些菜农自己将蔬菜运到产地市场，售予菜贩子；或由自己直接运到附近集市上出售。④肉类：据1914年统计，每月全市屠猪600口，羊8 000只，全年屠猪21.9万口，羊为292万只。1934年，按牲畜屠宰税值（包括郊区）逆向推算，猪为38.2万口，羊为28.4万只，牛为1.09万头。另据先农坛屠宰场1938年统计，全年屠猪25.5万口，羊16万只，牛1.3万头。这些被屠宰的牲畜有外埠运入，亦有京郊运入。牛有通县赶运北京的，亦有郊区其他县赶运北京的。猪有来自平谷、密云、通县、顺义、怀柔等地的。1937年输入北京的牛共1.5万头，从京郊运入的占1 500头；输入的猪25.7万口，从京郊运入的2万口。此外还有鸡、鸭蛋、驼羊毛绒类、牛皮等畜产品，其产地有外地的，也有北京近郊和远郊区所产的。

从史料评点看，民国时期北京郊区的农业生产服务城市的性能明显有所加强，其特点：一是显示商品化的趋势。就粮食来看，1942年和1943年近郊及远郊怀柔、顺义、大兴、良乡、房山的小麦的播种面积比1936年有所扩大，农民生产小麦主要是为了出售；在水稻产区，稻谷商品率高达92.1%，在其他地区也占51.7%。小麦商品率为63.3%，花生商品率仅次于小麦。蔬菜商品率更高，产地商业化更为明显。北京城内蔬菜基本上由四郊供应，未见有外地输入蔬菜的记载。清末民初时，丰台附近的草桥、黄土岗一带已形成了北京地区花卉生产经营基地。基地内建有燃料加温的温室及冷洞子。暖洞子专供冬季鲜花及牡丹、迎春、碧桃等名贵花卉的催熟，以便提早上市；冷洞子则专供多年生草木花卉及小灌木越冬。基地内聘有"花把式"从事花卉的栽培管理。生产的花卉主要销往北京城内。与之配套，城内设有专门的销售点名曰"花厂"，多设在隆福寺、护国寺、土地庙三大庙会附近，花厂占有小块土地，并建有温室，以供花卉在出售前"假植"或修剪复壮用。民国以来由于城市文化的发展，花卉的需求量增大，就促成京郊花卉生产商业化经营及其生产规模的扩大。

二是出现了以北京城市需求为目的的农业生产格局。北京经历了六朝国都（包括辽代的陪都）的演进和建设，北京城市的人口"有史籍记载约30万之众"（齐大芝《北京商业史》）。到日伪占领时的民国时期，据调查推算，北京内外城区共114.2万人（《北京通史》）。人口的扩增对农产品的供给也随之日益扩大，并要求农产品营运便捷、新鲜，同时因地制宜，发挥产地优势。这就促使农业产业布局呈现出以城市为中心的环状特点。从内环到外环，人均占有耕地由少到多；集约化水平由高到低；农业产业由蔬菜为主地区，到以粮棉等作物为主的地区；畜牧业从以猪、鸡、鸭为主的地区，到以羊、牛为主的地区，一环扣一环，显示出一种放射性的、环状布局。

三是农村集镇快速发展。农村集镇既是农村居民集结群居的场所，又是农村产品进入流通的商贸集散地，是城乡交流、交易的纽带。如近郊的清河镇，有人口3 123人，其中商人占全镇人口的46.61%，工人占17%，农民只占11.41%。这里成为周围几十个农村的经济中心和商品集散地。镇中有商店158家，其中粮店占8.86%，吸引了周围40多个村庄的农民。此外郊区较有名声的集镇还有黄村、庞各庄、采育、马驹桥、南口、沙河镇等，它们都是在民国时期就有较大发展的集镇。

远郊县城和集市也都有较大发展。据调查，良乡、顺义等地在民国年间，集市数量都有所增加，一般新设集市在3～6个不等。县城集市的规模、交易情况与一般乡镇集市无大差别，多以粮食交易为中心，其次是牲畜市、蔬菜市、水果市、花市等，粮食交易中以玉米等杂粮为主，小麦次之。赶集的农民平均每人每次运粮 6～7 斗，最多 20 斗，少则 4 斗，到集市上出售。从集市买粮食的农民不多。牲畜交易中驴最多，其次为马、骡，牛比较少。家畜以小猪为多。蔬菜主要是白菜，农民平均每人每次用小车推 250～300 斤到集市上出售。交易兴盛时，有三四千人不等，赶集的农民大多居住在距集市 10 里内外，远的有 25 里的。房山长沟古镇已有 2 300 多年的历史，西汉时曾为西乡侯国县城。古城有东门、西门、南门三座城门，北边建造的停泊商船的码头。汉时，圣水河穿境南去，古城傍河而言，水路通畅，东抵琉璃河，南连"鸣泽渚""水乡泽国"，使古镇成为水陆交通运输的枢纽。那时帆樯林立，商贾汇聚，南北商品集散地的功能凸显。至明、清，通往山西的皇家驿站就设在长沟镇，同时运送修宫建陵的石料亦必经长沟，交通的便利使集市商贸繁荣。到清末民初时，长沟镇的集市有染行、皮麻行、酿酒行、典当行、药行、车行、烟行、屠宰行、盐行、绸缎行、茶行、杂货行、油行、饭铺、理发店、黑白铁铺、竹器铺、绒线铺、鲜果铺、皮货铺、旅店、点心铺、洗澡堂等。凡与民众生产、生活相关的各行应有尽有。其最大的行市是粮食和牲口。到民国年间，这里的集市商业以粮行为大宗，杂货次之。其他药行、盐行、布行与民众生活事关紧要的亦皆殷实。集市分二、四、七、九，附近开有多家菜园，凡有需求鲜菜者多集此购买。据资料记载，每逢集日，长沟镇集市十里街面人山人海，固定铺面和摊位数以百计，流动商贩不计其数。集市的火红带动了当地农户开办吃、住店铺业。延庆永宁古镇史称"国之藩篱"。永宁镇的集市贸易一直比较发达，其历史可追溯到以物易物时期，至春秋战国时期及秦汉起就日渐繁荣。汉时在这里开辟"胡市"，即汉族与北方少数民族公开进行交易。胡人——匈奴、鲜卑人等可用畜产品与汉人交换粮食、茶叶、纺织品、铁器等物。之后，这里的集市一直持续下去。到民国时期，永宁商业进入空前发展，到 1935 年前后，永宁城内有 12 个同业公会，大小商号 140 余家，经营品种多样，行业齐全，产品质量稳定，信誉良好。其中烧锅行、六米行、金银首饰行、皮毡行等最为著名；烧酒、香油、杏仁、中草药等产品最受青睐；胡麻、菜籽、布匹、棉花、煤油、煤炭等被大量购进、销售，呈现购销两旺。临街房屋几乎全部成了铺面门脸，大大小小的店铺比肩排列。北街从北到南400米，就有72家店铺。开集时间明代时规定每月6集已不能满足。清代中期到民国时期便改为农历每月单日开集，和延庆县双日开集错开，人们可在不同的日子分别赶两集。

四是租佃剥削仍制约农业生产效率的提高。民国时期仍是地主、贵族占有大量土地，并靠租佃土地剥削农民。在沉重的剥削下，农民既无力增加生产投入，也无意采用新技术，只有劳动力是主要的生产投入。郊区农业虽然向着现代农业缓慢的发展，但保留着传统农业的许多特点，生产效益难以提高。

民国时期，中国社会面临两种状况：一是处于半封建半殖民地社会，经历了十年国内战争、抗日战争和解放战争。这种影响全局的战争，严重地干扰着农业生产的发展。二是西方近代技术继续传入中国，推动中国近代农业科学技术的发展，并逐见成效。但受落后的社会制度的束缚和战争的干扰，人们无心也无力去采用先进生产力来装备农业。这就使一些在艰难中发展起来的科学实验场所因缺乏资金支持难以阔步前进，只能处于看摊维业的状态，即便取得成果也限于小范围内应用，甚至束之高阁。

随着西方资本与技术的进入和城市人口的快速增长，推进京郊农业由自给自足的自然经济快速转向服务城市的商品性农业。由此也带动农业结构的调整。如水稻生产缩减，大米由外埠运入，农民以杂粮为主，就地发展，政府倡导近郊发展蔬菜、花卉、猪、鸡、鸭生产，远郊发展杂粮、棉花、果品等生产。这样就形成近郊以鲜、活农产品生产为主，远郊以耐贮运及与农民生活紧关的杂粮为主，以及大牲畜等的环状布局。

尽管北京的近代农业与西方近代农业在技术层面上存在很大差距，如西方近代农业的理论基础是近代的实验农学，如生物进化论、植物营养学、生物遗传与变异及细胞学、动物学、植物学、物种起源等，以及近代机械与技术在农业上应用等，以促进农业生产力提高。1897年，梁启超在《农学报》序言中写道："西国地文学谓尽地所受日之热力，每一英里，可养至一万六千人，今以中国之地，养中国之人，充类尽义，其货之弃于地者，岂可数计"。又说："西人推算中国今日之地，苟以西国农学新法经营之，每年增款，可得六十九万一千二百万两，虽齿增数倍，岂忧饥寒哉。"北京郊区在近代农学和技术的影响与渗透下，民国时期的农业与农村经济已脱胎于以经验为基础的传统农业；农村经济的主体虽仍是靠农业，但农村工商业的贡献则日益壮大，而且农业的商品性也日益突显，农民虽然有更多的人家不足以自给自足，在地区间商品交换利润的差距中，一些精明的农民看到了好处，他们一边向城市出售自己的产品，一边向外埠购买自己需要的农产品，从地区差价中获取一定的利润，以资解自身生活困境。北京郊区农业和农村经济在艰难中缓慢前行。

附　　录

一、古近代北京地区人口的变迁

人是农村经济发展中的第一要素和原动力——生产者是农村经济发展中的创造者和动力源，消费者则是农村经济发展中的拉动力和以物聚财的蓄力。因此，对人口的摘引不限于农村、农民（也难寻到这类人口数字）。但古今学界的估算，其中农民约占80％以上，可见古近代人口的变迁即农业劳动者的变迁。

秦汉到民国北京地区人口变迁表

秦汉	东汉时，幽州辖域中有 14 个县在今北京地区，时有户约 124 740 户、人口 623 700 人	元代	大都：中统五年（1264 年）14 万人，到至元十八年（1281 年）88 万人，到泰定四年（1327 年）达 95 万人
魏晋南北朝	蓟城所在燕郡地区人口 52 000 余人，不足 13 000 户	明代	洪武二年（1369 年）36 900 余户，950 000 余人；到正统十三年（1448 年）发展到 273 000 余户，约 960 000 人
隋唐	幽州城及附近人口约 40 万（《北京通史》）记载；唐·贞观十三年（639 年）幽州领 10 县 21 698 户、102 079 人；到唐玄宗天宝中（742—759 年）10 县、67 242 户、371 312 人	清代	康熙二十年（1681 年）北京地区人口 1 643 700 人，其中城市人口 766 900 人；康熙五十年（1711 年）城市人口达 924 800 人
辽代	燕京析津府户口 30 万	民国	1942 年，300 977 户、1 656 025 人
金代	中都所在大兴府有 225 592 户、150 万人		

资料来源：齐大芝，《北京商业史》，人民出版社，2010 年。

二、古近代北京农村经济的参量资料

讲到古近代农村经济，首先必谈农业经济，讲到农业经济理应讲到粮食产量与人口、耕地面积等要素，因为作为社会科学概念，讲经济没有经济要素量的支撑，便成为概念游戏。当然，经济的实体——物质财富是客观存在的，耕地多少、亩产量高低，劳动者或生产经营者自然胸中有数，只是他们不论"经济"概念而已。农业经济作为社会学中一项重要领域，可惜未见有古近代北京地区农业专著，散落在其他史籍中多为增减的概念，难寻具体数的表述。在撰写《北京农村经济史稿（上册）》中，幸得农业出版社出版的《农业考古》1982 年第 2 期中登有中国农科院农业遗产研究室闵宗殿、北京农业大学农史研究室董恺忱两位农史学家共撰的《关于中国农业技术史上的几个问题》中讲道"北方旱粮的亩产量"，虽不是直点北京地区的史实，但北京地区则处于同境之中，且这里具有相当程度的"官办（样）农业"——如由官方直接组织开荒屯田、兴修水利、防灾治蝗、传授技术等，当是得天独厚的，其农业生产力水平当不会低于北方地区的平均水平，只可惜难寻准确数字摆了。为便于人们对古近代北京地区农业生产水平有所估量参照，遂将闵、董二先生关于"北方旱粮的亩产量"引录于下：

1. 战国

《管子·禁藏篇》说："岁兼美恶，亩收一石"。《汉书·食货志》记魏·李悝说：平年"岁收亩一石半"。按周制"六尺为步，步百为亩"，战国又长 22.5 厘米，约 0.675 市尺。一升约为今 2 市升，粟一市石约重 135 市斤。依此推算，战国亩产粟一石，合市制亩产 98.8 斤。魏国当时行"以二百步为亩"。故岁收亩一石半，合今市制为 74 斤。平均计算，战国时北方旱粮（粟）亩产约在 85 斤左右。

2. 汉代

西汉晁错说："今农夫五口之家；……百亩之收，不过百石"（《汉书·食货志》）。平均亩产一石。一汉石合今市制 0.342 石，亩产一石约合今 66 斤。这是汉文帝时的情况。到汉武帝时，推广代田法，"一岁之收，常过缦田一斛（石）以上，善者倍之"。亩产量为 132 斤；经营得好的为 198 斤。

东汉时，仲长统说："统肥硗之率，计稼穑之入，亩收三斛"（《后汉书·仲长统传》）。东汉一亩合市制 0.691 亩，一升合 0.198 市升。亩产三斛，合今市制为 116 斤。统观西汉时代，其平均产量估计为 120 斤左右。

3. 唐代

开元时，裴耀卿说："营公田一顷，……平收一年不减一百石"（《唐会要》卷八五）。即亩产一石。李翱说："一亩之田，以强并弱，……岁不下粟一石"（《李文公集》卷三）。一唐亩合市制 0.783 亩，一唐升合市制 0.594 升。唐亩一石约合今市制 116 斤，和汉的产量水平差不多。这应和唐的人均耕地要比汉代高 1.18 倍是有关的。

4. 宋代

北宋时，范仲淹说："中田一亩，取粟不过一斛"（《范文正公集》卷八）。南宋时，黄河南岸地区，"上田可收一石二斗，中田一石，下田八斗"（《金史》卷四七）。即平均亩产一石。按一宋亩合市制 0.896 亩，一宋升合 0.664 升。宋亩产一石，合今市制亩产 100 斤。

5. 清代

康熙时，"一夫所耕，终年二、三十亩，亩收上田一石三、四斗。下则七八斗"（《切问斋文钞》卷十五）。平均约为一石。又据《河南志》卷三："一夫耕田四、五十亩，亩收麦一石以上"。一清亩合市制 0.921 亩，一清升合市制 1.035 升。清亩产麦一石合市制 157 斤。如为粟，产量则为 151 斤。

由此可知，从战国至清代的两千多年中，北方旱作物的亩产量，从 85 斤提高到 151 斤，即增长了 77%。

《农业考古》1988 年第一期刊登的林椿《从农田历史亩产变化看未来农业技术革命的必由之路》中"我国粟、麦历史亩产变化情况"表亦可引为参考。表中只讲粟、麦——这是北京地区历史上典型的农作物，列出地区为从公元前 2255 年的夏至公元 1956 年的河北地区。

在这一期中还登载有中国社会科学院经济研究所吴慧先生对我国各代粮食亩产数字的估算表。

以上引录中虽无直指北京地区历代粮食产量，但具一定程度的参考作用——因为北京地区同属北方旱作农业区，生产着同类粮食作物，还有独厚的政府扶植。读者多少可对北京地区历史上的农业经济水平有一个基本估量。

关于原始农业的亩产量问题，西北农业大学尚定周、王有文二先生在《略论农业起源》一文中写道：产量极低，只相当于播种量的三四倍，后期也很少超过 10 倍（《农业考古》，农业出版社，1986 年第 1 期）。

三、北京古近代农村经济形态与要素的演进

（一）古近代北京农村经济形态演进

经济形态	时代	经营方式	经营内容	距今	时期
依存经济	旧石器	采集、渔猎	野生动植物	200 万年	原始集群
食物生产经济	新石器	刀耕火种（植物）、养殖动物（猪、狗）	人工种养动植物	1 万年前	原始公社
井田制经济	青铜器	井田制种养业	动植物	4 000 多年	奴隶社会
小农经济	铁器与畜耕	家庭私有制种与养及劳作	农业、手工业、商业	2 300 多年	封建社会
准技术经济	准机器	家庭经营（私有）	农业、手工业、商业	170 多年	半封建半殖民地
准市场经济	近代	家庭企业	农、工、商		

（二）农业生产要素的演进

1. 粮食作物的演变

新石器时代	粟、黍、小豆及榛子、栗（平谷上宅）	隋唐	粟、小麦、水稻、胡麻、豌豆、大麦、穬麦（燕麦）、荞麦等
商周时代	粟、黍、榛子、菽等；西周时房山长沟（古为西乡）即种稻	辽金宋元	粟、麦、稻、高粱、豆、麻等。到元代各类作物品种多样：粟有 18 种，黍有 3 种，豆类有 10 种
春秋战国	粟、黍、大豆、荞麦、大麻等（房山丁家洼）。《周礼·职方氏》记载："幽州……谷宜三种"。汉郑玄注："三种：黍、稷（粟）、稻"	明清	麦、稻、粟、黍、豆、高粱；开始引进玉米、甘薯、土豆等

秦汉	以粟为主，再就是黍、稷、稻、小麦	近代	玉米、麦、稻、粟、豆、黍、高粱、甘薯、土豆等
魏晋南北朝	"三更种稻，边民利之"，即以黍、稷、稻三种为主		从明代开始引进棉花、蓝靛等经济作物，到清代后期进入商业性生产，到民国时期形成商品规模化生产

资料来源：于德源，《北京农业经济史》，京华出版社，1998年。

2. 主要蔬菜作物的演变

新石器	蓟菜（菊科）、薇菜（豆科）等野生蔬菜（采集）	隋唐	有多少菜种未见资料，但新出现的菜有茄子、莴苣等，并出现春、夏、秋多季节播种栽培和"蔬菜行业"经营
商周	仍以采集野生蓟菜、薇菜等野生蔬菜为主	辽金宋元	有菜种约53种之多，新出现的有菘、甘蓝、豇豆、油菜、菠菜、胡荽、茼蒿、冬瓜、黄瓜、扁豆、芋头、旱芹、牛蒡、生姜、苦瓜、菜瓜、胡萝卜、木耳、海菜等。元大都城的蔬菜种类增至45科，总数超过140种。出现保护地栽培（大面积）
春秋战国	菽、葵、韭、薇、瓜、瓠、芦（萝卜）、葑（芜菁）、藕、荸荠、荸荠、芋头、菌等24种，仍以采集野生蔬菜为主	明清	明代北京地区生产的蔬菜大约114种以上，新出现的有丝瓜、黄瓜、豆芽、薹菜、芹菜、山药、羊肚菜、水萝卜、番茄等。清代北京地区蔬菜名录有59科208种（其中引进国外的68种）
秦汉	榆钱、葱、韭、菱角、芡实、芜菁、杂蒜、苜蓿、苍耳等。开始出现蔬菜露地栽培和少量的"温室"栽培	近代	民国时期北京地区蔬菜种类有190多种。新增的有10种：引入的有太谷菜、花生菜、金花菜、芥蓝菜、洋槐花、草莓和洋菌；有国内引入的榨菜、紫菜薹、白兰瓜等3种
魏晋南北朝	栽培和野生蔬菜种类达50～60种，并分9大类别，如叶菜、根菜、果类菜、辛香菜、辛辣菜、野菜、水生菜、多年生菜及杂菜等		

资料来源：张平真，《北京地区蔬菜行业发展史》，中国农业出版社，2013年。

3. 主要果品生产的演变

新石器	采集野生果实有朴树籽、山毛榉属果实、桑葚、柏科果实等	隋唐	枣、栗，桑蚕逐渐恢复与发展，五代时引进西瓜
商周	枣、栗等野生果品（采集）	辽金宋元	辽南京设置"栗园司"典南京栗园，此时出"炒栗"；金时期："凡桑枣，民户以多植为勤，少者必植其地十之三"；元代出现葡萄，另有苹婆、桃、胡桃、香水梨、榛。当然，亦有传统的枣、栗、杏等
春秋战国	枣、栗、桑、蚕（丝）、杏、梅等仍采集野生果品为主	明清	明代，除传统的枣、栗、榛、核桃、杏、李之外，还有梨、苹果、沙果、葡萄、樱桃、胡桃、火腊槟等。清代，除了上述果品外，还有银杏、石榴、杜梨、沙果、柿、松子、山楂、桑葚、猕猴桃、无花果、莲子等几十种
秦汉	枣、栗等，汉代出现大面积栗园、枣园；桑蚕业亦为发展	近代	北京中央农事试验场征集到果树165种，进入本市应用的有国光、红玉、青香蕉、金星、元帅等苹果；鸭梨、秋白梨等；水蜜桃、大久保桃、白桃、六月鲜、蟠桃等；玫瑰香、龙眼等葡萄
魏晋南北朝	果品延续传统。桑蚕业因气候由温润转为严寒而逐渐衰退		

4. 主要养殖的畜禽

新石器	至少有猪、狗、鸡三种，可能有黄牛、蚕等。是驯养猪、狗的源头	隋唐	马受重视，并引进胡马"既杂胡种，马乃益壮"，牛、羊、猪成为家养之畜
商周	除了上列畜禽外，出现了马、牛等	辽金宋元	马、牛、羊、猪、鸡、鸭等
春秋战国	出现"六畜"：马、牛、羊、鸡、犬、豕及鱼	明清	畜牧业不发达，但养马仍受重视。清代后期引进黑白花奶牛及大白、长白优良种猪。明清晚期分别培育出"北京鸭"和"北京油鸡"
秦汉	《周礼·职方氏》："幽州……其畜宜四扰"。郑玄注："四扰，马、牛、羊、豕"。引进西域"汗血马"	民国	引入泰姆华斯猪、波中猪、约克夏猪，并用杂交改良本地猪；引进荷兰黑白花奶牛、美利奴羊、来航鸡，并用其改良本地鸡等
魏晋南北朝	"六畜"中犬已退出畜牧养殖		

资料来源：于德源，《北京农业经济史》，京华出版社，1998年。

5. 农业生产工具的演变

新石器	经磨制的新石器——石刀、石镰、石铲、石斧、石磨等	隋唐	唐代出现曲辕犁由11个部件构成，使用灵活、方便；礰礋和砺石得到推广
商周	以新石器为主，出现青铜器。西周时还出现青铜钺——带铁刃的器具	辽金宋元	有耕播用的铧、犁、漏水器、长锄、手铲、耢、铡刀、叉——有双齿叉和三齿叉，及镐、凿等。金元时的农具与辽代相差不大
春秋战国	出现冶铁和铁制农器及牛耕；出现陶井	明清	从清代后期起开始引进西方农业机械
秦汉	西汉时出现由京郊清河镇米房乡出土的铁锄、镬、铲、铁制耧足等。还出现耦犁，二牛、三人、二犁为一组，每天可耕5顷之田	民国	引进西方拖拉机、畜力播种机、脱粒机等
魏晋南北朝	出现了水碓、水磨，利用水力进行粮食加工		

资料来源：于德源，《北京农业经济史》，京华出版社，1998年。

6. 主要农田水利工程演进

新石器	依山傍水，——历经300万年的永定河（母亲河）水系，趋利避害	隋唐	隋炀帝征河北百万余人开凿大运河北段，疏通南北漕运
商周	大禹"致力于沟洫"，即注意兴修排水工程，《考工记·匠人》中就记载有井田水利工程："九夫为井，井间广四尺、深四尺，谓之沟。方十里为成，成间广八尺、深八尺，谓之洫。方百里为同，同间广二寻、深二仞，谓之浍。专达于川，各载其名"。这里的浍、洫、沟等都是田间渠系中的逐级渠道	辽金宋元	辽辟荒泊池沼为水田种稻；金引宫左流泉灌田，岁获"稻万斛"，建立城西灌区；元引白浮村水开凿通惠河与会通河，蓄水北运河和农田灌溉
春秋战国	出现陶井进行提水灌溉或浇园圃。注意"以窦为突"，即注地排水。实行"垄作制"……	明清	明代开源（泉流）引水，辟荒种稻，仅延庆及周边即达8万亩；西湖一带辟水注为稻田，"环湖十余里"。清代，疏浚无定河为永定河，并广开稻田
秦汉	出现了人工提水机械——翻车；发明了水碓，利用水力进行农产品加工；兴修水利、引沽水和鲍丘水灌溉种稻；凿井提水	民国	京城四郊农田以井灌与引河水灌溉相结合，并引入西方水利科技

魏晋南北朝	修建戾陵遏、开凿车箱渠。水灌蓟城南北，"润含四百里，灌田万余顷"，垦荒种稻。这是北京地区出现的第一座规模较大的水利工程		

资料来源：以曹子西著《北京通史》为主，综合其他史料。

（三）手工业的演变

新石器	磨制新石器（包括农具、生活器具等）、制陶及原始纺织（织麻）与缝制等	隋唐	丝织、冶铸、制盐、陶瓷、石刻、雕塑、出现"唐三彩"，缫丝纺织等
商周	制作石器、青铜器、陶器、骨器、玉器；丝织等	辽金宋元	制瓷业、纺织业、制陶业、石刻、雕版印刷业、建筑业、石材业、酿酒业、采煤业、制毡罽业等
春秋战国	冶铁业及铁器、冶铜业及铜器、金银加工、制陶及丝纺	明清	建材与建筑业、矿冶业、酿酒业、雕漆、织锦、景泰蓝、牙雕、玉器、采煤、造纸印刷、织造业、地毯
秦汉	冶铁业、冶铜业及其制品；制陶业；玉器、漆器、制盐、纺织、石材开采及石工艺等	民国	成衣、鞋帽业、针织业、酿酒业、建筑业、地毯业、景泰蓝业、雕漆业、玉器业、织布业、制革业等
魏晋南北朝	冶铁，制作金银器、陶器、麻纺织、制盐等		

资料来源：章永俊，《北京手工业史》，人民出版社，2010年。

（四）主要商业活动的演变

新石器	交换——以物换物	隋唐	运河开通促进南北商业交易，幽州城区北面设立固定的"幽州市"。城内出现有白米、大米、炭、绢、肉、油等近三十个商行，经营相关商品
商周	出现以贝、蚌等为原始货币，进行青铜制品——礼器、酒器、农具、农产品等的交易的原始商业	辽金宋元	"城北有市，陆海百货，聚于其中""……锦绣组绮，精绝天下。膏腴蔬蓏、果实。稻粱之类，靡不毕出。而桑、柘、麻、麦、羊、豕雉、兔，不问可求"。金中都成为北方商业中心；到元代，大都成为北方最大的商业都会，出"百廛悬旌，万货别区"。出现几十处专营农产品的商品市场，诸如米市、菜市、马市、羊市、牛市、鹅鸭市、猪市、鱼市等

春秋战国	出现定期集市和"明刀"币，交易品有土产、黍、稷、稻、麻、枣、栗、铜器、铁器、陶器、珠玉、皮毛、工具、马匹、衣物等	明清	明代打破了"前朝后市"格局，出现了："四方财货骈集""百货充溢，宝藏丰盈"。到万历十年出现（宛、大二县）原编 132 个行业和批发市场。 清代，京师出现"人民商贾，四方辐辏""畿辅盈宁""商贾云集"。明清出现交易中介"牙行"
秦汉	除了农产品交易外，有多种手工业品，如玉器、铜器、漆器、铁器、石砚等；有衣料——绢、丝、棉、绫，以及稻米等	民国	仍以粮食和副食品为主要交易品；但市场商品出现结构性的行业变迁；交易中介——牙行业盛行，当时领有牙贴之药行，凡 76 家，"所取行用，按照经营额的 10% 收取"。
魏晋南北朝	出现"胡市"，这里输出的主要是粮食、铁器及本地产手工业品等		在民国之前，北京有五家鱼牙行

资料来源：齐大芝，《北京商业史》，人民出版社，2010 年。

四、北京市农业遗产资源录

资源类群	资源种群	品种	遗存足迹
粮食	黍、稷、稻	不详	《周礼·职方》
	小麦、水稻、谷子、高粱、豆菽等	不详	从东汉、隋、唐以来
	增加了玉米、甘薯	不详	明、清以来
	小麦	红芒白、大红芒、五花头、光头白、大白芒等 20 多个	《北京种业五十年》
	玉米	狗乐儿、白磁、把儿粗、火棒子、墩子黄、小八趟等 40 多个	《北京种业五十年》
	水稻	大红芒、小红芒、大白芒、黑马尾、紫紧箍等 10 多个	《北京种业五十年》
	谷子	紫根白、牛元黄、大白谷、小白谷、大青谷、气死水、海里站等 48 个	《北京种业五十年》

资源类群	资源种群	品种	遗存足迹
粮食	高粱	马尾巴、金钟白等32个	《北京种业五十年》
	甘薯	大白蛋、大红袍、猴蹄等4个	《北京种业五十年》
	花生	一窝猴、大八杈、小四粒、大花生4个	《北京种业五十年》
	大豆	大金坠、黑白黄豆、白门黄豆等10个	《北京种业五十年》
蔬菜	北京蔬菜生产：白菜、萝卜、王瓜、茄子、葫芦、葱、蒜、韭菜等24种	不详	已有2 000年历史 元《析津志》
	葱、韭、蒜、胡荽、白菜、油菜、瓢儿菜、蔓青、苋、黄花菜、茭白、竹笋、芦笋、茄、辣、荸、菌、芥、萝菔、胡萝卜、薯芋、芋、百合、椿芽、木耳、胡瓜、梢瓜、冬瓜、南瓜等五六十种	不详	清光绪年间《顺天府志》
	大白菜	大青口、小青口、抱头青、青白口、拧心青、铁皮青、翻心白、小白口、抱头白、拧心白等12个	《北京种业五十年》
	甘蓝	北京小白口、青白口、大青口3个	《北京种业五十年》
	菜花	金刚腿、迟笑花2个	《北京农业科学》（1994年增刊）《花椰菜》《北京种业五十年》
	茄子	五叶茄、六叶茄、线茄、七叶茄、灯泡茄、九叶茄、十一叶茄7个	《北京种业五十年》
	柿子椒	三道门、四道门、铁把黑、包子椒、弯把大甜椒5个	《北京种业五十年》
	萝卜	花叶红袍等17个	《北京种业五十年》

资源类群	资源种群	品种	遗存足迹
蔬菜	以熟食为主的	花叶红袍、板叶红袍等	
	以生食为主的	花叶心里美、板叶心里美等	
	以加工为主的	二缨子白萝卜、六缨子白萝卜、象牙白、露八分、露头青等	《北京种业五十年》
	兼用型萝卜	青皮青、紫芽青、时村白等	
	四季小萝卜	四缨、五缨、六缨、爆竹筒、算盘子等	
	胡萝卜	鞭杆红、二英子2个	《北京种业五十年》
	黄瓜	北京小刺瓜、北京大刺瓜等7个	《北京种业五十年》
	冬瓜	一串铃、柿饼冬瓜、枕头冬瓜、大车头、小车头5个	《北京种业五十年》
	藕	白莲藕、麻花藕2个	《北京市主要蔬菜品种介绍》
	韭菜	五色韭	《学圃余疏》
西瓜	庞各庄西瓜	大花铃、核桃纹、赖西瓜3个	元代《析津志》
果树	至1988年，有17科、33属的161个种或变种，资源丰富		全新世时就有核桃、柿树等；平谷上宅遗址有栗、榛等
	传统名特优果	御皇李等50个	《北京果树志》
	苹果	小苹果—绵苹果、槟子、香果、沙果、海棠5个	明万历年间《群芳谱》及清代。至今属7个山区县志物产部分
	梨	秋梨、雪梨、波梨、蜜梨、棠梨、罐梨、红宵梨、截梨、酸梨等	清代《帝京岁时纪胜》
		京白梨	门头沟军庄东山村千亩梨园
		黄土坎鸭梨	密云县黄土坎村
		红宵梨	主要分布密云、平谷北站山区已有900多年栽培历史
		金把黄鸭梨	大兴区庞各庄镇梨花村
		青梨、红梨、麻梨、蜜梨、秋白梨、京糖梨、鸭广梨、佛见喜梨、酸梨、小雪梨10个	

资源类群	资源种群	品种	遗存足迹
果树	柿子	磨盘柿（大盖柿）	《北京名果》：房山区大峪沟至少有600余年栽培历史
		八月黄柿、杵头柿、杵头扁、火柿、杵桃柿、金灯柿等7个	见《北京名果》分布房山、昌平、平谷等区县
	枣	白枣、酸枣、无核枣及葫芦枣等	已有千年以上的栽培历史（《尔雅》）
		郎家园枣	朝阳区郎家园一带
		长辛店白枣	丰台区长辛店乡朱家坟、张家坟一带
		洪村白枣	大兴区黄村镇洪村有一株300年枣树
		马牙枣、牙枣、枣枣枣、怀柔脆枣、瓶儿枣、酥枣、老虎眼枣、莲蓬子枣、苏子峪枣、无核枣、西峰山枣、密云小枣、缨络枣、太子墓枣、葫芦枣、磨盘枣、龙爪枣、泡泡红枣、菱枣等30个	至今仍散落在北京城乡农田或院落
	杏	《北京名果》：北京地区原产的杏品种（类型）近150个	北京城乡都有种植
		香白杏	门头沟区龙泉务村杏基地
		"铁吧哒"杏	顺义区北石槽镇"御杏园"
		北寨红杏	平谷区南独乐河乡北寨村由两株发展到万株
		骆驼黄	门头沟区龙泉务村生产基地
		火村红杏	门头沟区斋堂生产基地
		大玉巴达、串铃、蜜坨罗、金玉杏、黄尖嘴、红桃杏、苹果白、大黄杏、龙王帽、柏峪扁、北山大扁等16个	主要分布京郊山区

资源类群	资源种群	品种	遗存足迹
果树	樱桃	对儿樱、毛樱桃（野生）2 个	西山樱桃沟
	板栗	野生毛栗和栽培板栗	平谷区上宅遗址有栗属……遗存—见北京《林业志》
		燕红	由昌平区下庄村一株 40 年生母树，芽变后代培育而成
		燕昌、燕丰、银丰、燕山短枝、怀九、怀黄、燕山早丰等 9 个	分别来自京郊板栗产区的一些实生树的芽变培育而成
	核桃	北京《隆庆州志》称其为胡桃	《林业志》："全新世时期就有……核桃。"《中国植物化石》："早在 2 500 万年以前，北京地区就有核桃分布"
		灵水核桃	门头沟区灵水村农家实生品种选优而来
		坟庄核桃	密云县坟庄村出产
		花木核桃	怀柔地方产品
		麻核桃或玩核桃——狮子头、虎头、公子帽、鸡心等	
	李子	御皇李、青脆李、牛心李、雁过红、串鹊红等	距今 490 年前的《顺天府志》记载有这些李的品种
		麝香红李、卑角屯贡李、紫李、青李、白李以及水红李、小黄李、马牙李、大红李、扁李等 15 个	见于《北京果树志》
	桑葚	白蜡皮、大十	大兴区安定镇前后野厂一带
	山楂		清《帝京岁时纪胜》："山楂种二，京产者小而甜，外来者大而酸"
		金星	原产地怀柔
		寒露红	原产地房山、门头沟等地
		灯笼红	原产地门头沟区
		秋红	原产地怀柔、密云
		西坟实生	原产地怀柔西坟村
	桃	碧霞秋蟠桃	原产地平谷区刘家店村

资源类群	资源种群	品种	遗存足迹
花卉	北京《林业志》："辽金时期北京地区即有芍药、牡丹、荷花栽培。"清代，草桥一带生产的花卉有：桃、李、西府海棠、贴梗海棠、垂丝海棠、丁香、牡丹、梅花、报春、石榴、夹竹桃、无花果、玉簪、蜀葵、凤仙、鸡冠、米兰、秋海棠、水仙、菊花等。此外还有三色堇、翠菊、矮康等26种之多	长盛不衰的传统名品277个品种 1. 月季 2. 菊花 3. 芍药 4. 白兰花 5. 石榴 6. 碧桃 7. 桂花 8. 梅花 9. 茉莉 10. 一品红	到民国时期北平农事试验场花木有107种，其中：露地花卉（木）27种；室内花木23种；草本花卉41种；多浆植物16种 7大类146个品种 19个类型100个品种 6个品种 1个品种 2个类型10个品种 4个品种 4个品种 4个品种 1个品种 1个品种
	金顶玫瑰花	鸡爪枝型及小菊花、大菊花、多刺、扫帚5个品种	门头沟区妙峰山镇涧沟村特产
药用植物	据中国生产多样性保护基金会2005年组织的调研结果揭示，京郊有药用维管束植物2 148种，其中常用中药有258种，野生160种，主要用于药用的栽培种41种。另，京城四大名医用作鲜药的有20余种；受国家级和市级保护的有6种	受国家二级保护的有刺五加、黄檗、五味子、甘草、膜荚黄耆5种；受国家三级保护的有远志1种。佩兰、藿香、薄荷、芦根、生地、茅根、桑叶、荷梗、沙参、百合、何首乌、忍冬、侧柏、橙皮、车前草、蒲公英、地丁、马齿苋等20种可用于鲜药	药用植物种多为野生种群，其遗存多在山区，平原地区亦有，但易被人类视同杂草而铲除
绿化用乡土植物	据中国生物多样性保护基金会组织的调查，北京乡土植物中可用于绿化的资源比较丰富，且适应性强，其中可择用的有乔木86种、灌木86种、藤本植物19种	不详	大部分产于山区，城近郊亦有，但种类及其数量有限

资源类群	资源种群	品种	遗存足迹
食用菌	据上面同一调查显示，京郊大型真菌中可食用的有159种	有松口蘑、棕灰口蘑、蜜环菌、紫孢侧耳、侧耳、短裙竹荪、羊肚菌、鸡油菌、木耳、猴头菌、牛肝菌、白林地菇等	多产于山区，林地亦有栽培
国家及市级野生植物保护名录	野生植物资源是农业的生物基础。农业作物本来就是由野生型经人工培育演化而来的。发展农业不能不注意这些自然资源的潜在后继力。据上面同一研究显示，已列入国家级和市级一级保护的有28种，二级保护的214种	不详	散落在北京城乡、平原与山区，以山区居多
动物类	家养动物（包括实验动物）共有169种（品种）。但原产于北京且为特色名品的只有8种	北京鸭、北京油鸡、北京黑白花奶牛、北京绒山羊、北京金鱼、麋鹿、京叭（狗）	遗存足迹丰富
鱼类	《北京水产志》记载：北京地区鱼类种类有84种（1994），而先前（1984）出版的《北京鱼类志》综合1933年及其后的调研结果认定为38种。作为以本土化的资源考量，这38种可认性较大。因为这数与1933年调研结果只多出3种，那时人工引种养殖不多，后84种已进入引种人工养殖盛期，其"新贵"比较大。金鱼是一大亮点	北京金鱼经历数百年的养殖，逐渐形成自己的独特风格。金鱼养殖品种发展到200余个，归属为草种鱼、龙种鱼、文种鱼、蛋种鱼四大类。其中草种鱼20个品种、龙种鱼20个品种、文种鱼50个品种、蛋种鱼20个品种，其余未入图谱	分布于京郊各水域及城里湖泊

五、古近代北京农村经济图例

北京人的演进

古猿头像   北京人头部复原像   现代人头像

北京人的生活

周口店鸽子洞
（北京人头骨化石发现地）

原始人类在打制石器

北京人使用的打制石器   北京人的生活想象图

原始人类打猎归来

渔猎收获图

原始人类在烧烤食物

原始人类的篝火

采集

北京人的足迹

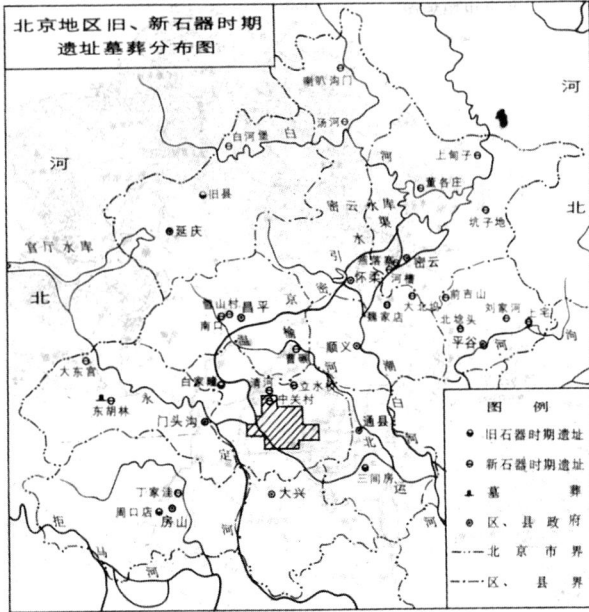

北京地区旧、新石器时期遗址墓葬分布图

北京市政区
(1988年)
1:75万

清顺天府形势图
（光绪三十四年）

<h2>北京历代沿革简表</h2>

时 期	年 代	所属行政单位	历史名称	所 在 地
商、西周	公元前16世纪至前771年	蓟、燕（匽）	蓟、燕（匽）	今北京市西南广安门一带、琉璃河董家林
春秋	公元前770至前476年	前期属蓟，后期属燕	蓟	今北京市西南广安门一带
战国	公元前475年至前221年	燕	蓟	今北京市西南广安门一带
秦	公元前221年至前206年	燕	蓟	今北京市西南广安门一带
西汉	公元前206年至公元25年	燕国、幽州、广阳郡（国）	蓟	今北京市西南广安门一带
东汉	公元25—220年	幽州、广阳郡	蓟	今北京市西南广安门一带
三国	公元220—280年	幽州、燕国	蓟	今北京市西南广安门一带
晋	公元265—420年	幽州、燕国	蓟	今北京市西南广安门一带
北齐、北魏、北周	公元386—581年	幽州、燕郡	蓟	今北京市西南广安门一带
隋	公元581—618年	涿郡	蓟	今北京市西南广安门一带
唐	公元618—907年	幽州、范阳郡	蓟	广安门外
五代（后梁、后唐）	公元907—936年	幽州、范阳郡	蓟	广安门外
辽	公元936—1122年	南京道、幽都府、燕京道、析津府	南京或燕京城内附：幽都县（后改析津县），宛平县	广安门外
宋	公元1122—1125年	燕山府	燕山府附：析津县、宛平县	广安门外

时　期	年　　代	所属行政单位	历史名称	所　在　地
金	公元 1125—1215 年	中都大兴府	中都城内附：大兴县、宛平县	广安门外
元	公元 1215—1368 年	前期称燕京，1264 年改为中都大兴府，1271 年改为大都	大都（前称为燕京、大兴府或中都大兴府），城内附：大兴县、宛平县	安贞门、健德门至今东西长安街南侧一线
明	公元 1368—1644 年	1368—1462 年北平府，1463—1644 年北京顺天府，城内附：宛平县和大兴县	北平府或北京顺天府，城内附：宛平县和大兴县	公元 1371 年将元城北墙内缩 2.5 公里，公元 1553 年在南城外增筑外城扩至今永定门一线
清	公元 1644—1911 年	京师顺天府	京师、顺天府，城内附：大兴县、宛平县	公元 1371 年将元城北墙内缩 2.5 公里，公元 1553 年在南城外增筑外城，扩至今永定门一线
中华民国	公元 1911—1949 年	京兆（1911—1927）北平（1928—1949）	京兆或北平，城内附：宛平县、大兴县	
中华人民共和国	公元 1949 年 10 月 1 日成立	北京		

"北京人"的生境

1. 源远流长的母亲河——永定河

据地质部门的考证，永定河的历史已有 300 万年。它全长 548 千米，是构成北京平原和华北平原的重要河流之一。

穿越太行山的永定河百里山峡

京西十八潭，永定河一段

2. "京西大峡谷"——人类文明的东方源头

京西大峡谷应与东非大峡谷——奥杜威峡谷，并称为人类文化起源的东西两大源头。在"京西大峡谷"内发掘出新旧石器时代文化遗址 40 多处，构成距今 1 万年至 200 万年前的连续系统的发展系列。2000 年为止，中国发现上百万年以上的古人类活动遗迹共 25 处。其中 21 处都集中在泥河湾。

永定河百里山峡——京西大峡谷

泥河湾——在北京西部 50 公里，桑干河、永定河中上游的泥河湾盆地

3. "负山带海、龙盘虎踞"的风水宝地

北京地位自古以来一直处于"西倚太行山，北靠燕山。"两山于南口相交，构成"东南北京湾"。此湾内古为沧海后为桑田，形成"北京小平原"。如今山地占 62%，平原占 38%。

雄伟的太行山（由南向北）

挺拔的燕山（坐北朝南）

与华北大平原相连的北京小平原

4. "龙骨山" —— "北京人" 的发祥地

周口店在北京西南 50 公里的房山区西山余脉龙骨山，东南面为永定河下游冲积平原。龙骨山多为石灰岩，海拔 150 米左右，有 5 个洞穴，最大的一个称为"猿人洞"，也称"周口店第一地点"。

60万～20万年前周口店 2 号洞遗址（猿人洞）

生 产 工 具

1. 旧石器时代——大致距今 100 万年

北京人所处的时代，在人类经济文化史上属于旧石器时代初期，而由"北京人"进化而来的"山顶洞人"则是旧石器的末期（距今 2 万多年）。

旧石器是古人类初始劳动的第一产物，它们的特点是用原始的打制方法而获得具有各种形状的石器，最大的是厚刃砍伐器，较小的有双刃尖状器，还有刃部锋利的刮削器和两端刃器等。这些工具主要用于砍伐树木、刮削兽皮和切割兽肉，同时也用作狩猎的武器。

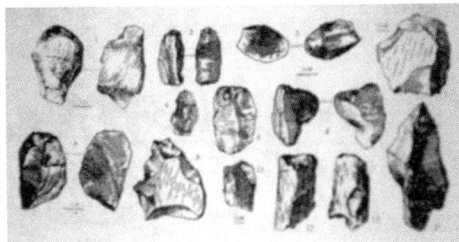

打造的旧石器

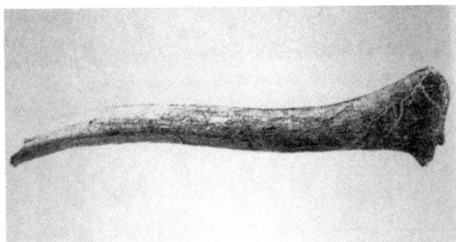

近 3 万年前的"山顶洞人"长矛

2. 新石器时代——距今大约一万年至四五千年

当时，人们以血缘为纽带结成原始氏族公社。他们所使用的生产工具是经切、钻、琢、磨四大创新技术制作而成的、具有不同形状和功能的细石器，考古学称其为新石器。北京地区已发现的新石器具有早期、中期、晚期系列。早期距今一万年前，如东胡林遗址出土的石斧、石磨盘、石磨棒等，晚的距今四五千年，直到夏商周时期的主要生产工具仍是新石器。

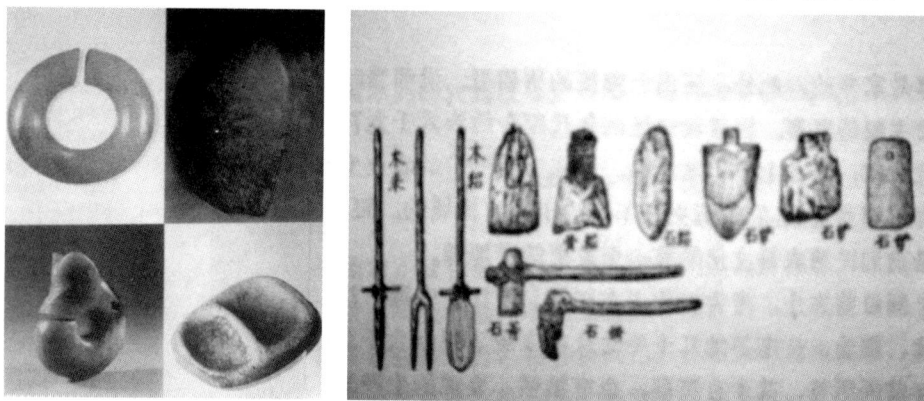

中国特色新石器技术创新：切、
钻、琢、磨四大工艺的综合创新

新石器

3. 青铜器时代——大约从公元前 2000 年初期至公元前 476 年

这一时期，我国进入奴隶制社会，即夏商周时期。从考古发掘出的材料看，当时的农具仍以石、木、骨、蚌器为主，青铜农具较少，京畿出土的只见刘家河的铁刃铜钺。

铁刃铜钺

4. 传统铁器时代——战国时期至清·道光二十年（1840 年）

恩格斯指出："铁使更大面积的农田耕作，开垦广阔的森林地区成为可能。"

根据考古发掘，北京地区多点位都发掘出春秋战国时期的冶铁及铁制农具，并随着社会的进步，铁制农具也日臻创新与进步。综合发掘出土的铁器分期如下。

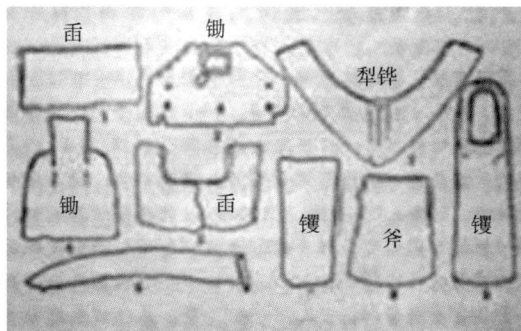

战国时铁器

汉代铁农具及牛耕

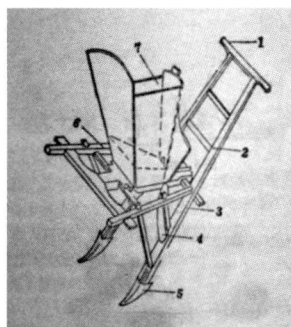

耧车

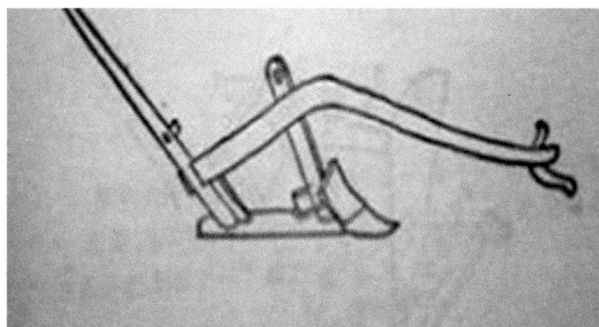

犁

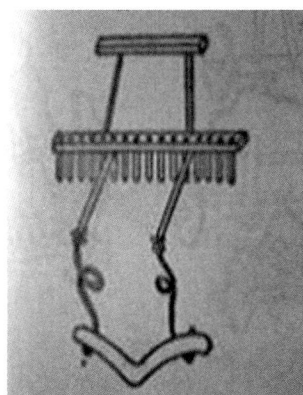

钞

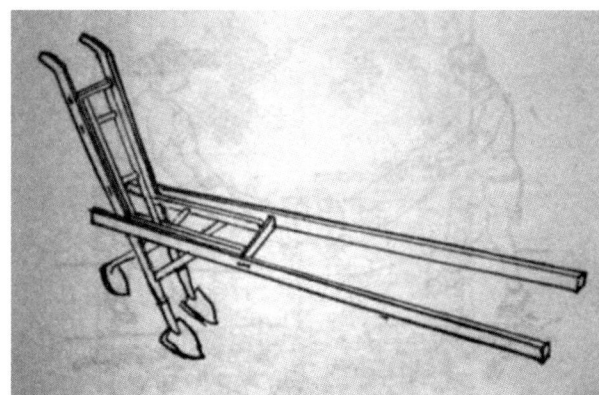

耘锄

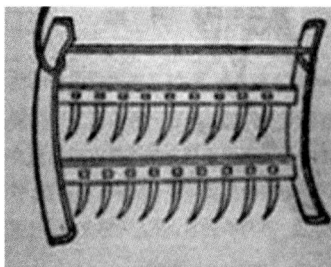

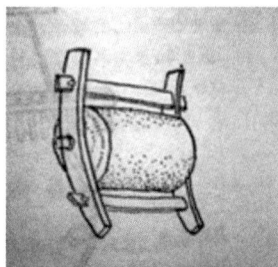

把   磢子

农业生产中的动力

1. 石器及青铜器时代的农业生产中的动力是人力

投石索狩猎图   休闲耕作示意图

2. 春秋战国起农业生产中的动力进入与畜力（特别牛耕）为主

牛耕图

农 业 生 产

新石器的发明，古人便发明了"刀耕火种"的原始农业。《新语·道基篇》载道："至于神农……乃求可食之物，尝百草之实，察酸苦之味，教民食五谷。"并"教民稼穑"。故有神农者，农神也！

远古的神农尝百草　　　神农尝百草　清人绘　　　神农教民稼穑

在京西大峡谷中，门头沟区东胡林——1 万年前
中国北方农业起源的源头之一

近 5 000 年前，"黄帝邑于涿鹿"
教民"艺五种"

房山长沟镇古代稻田插秧示意图

明代流传至今的栗园（怀柔九渡河水长城脚下）

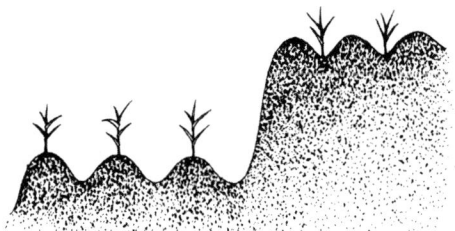

春秋战国时期的垄作法

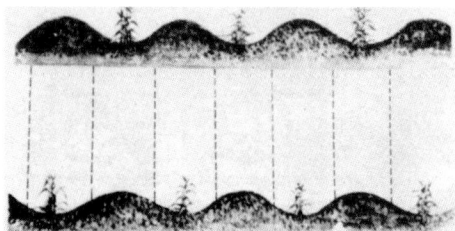

西汉代田法

风障阳畦栽培

汉代温室栽培（韭、葱、蒜）

冷床育苗

曲辕犁作业图（明·宋应星《天工开物》）

农 产 品 加 工

1. 石器时代

用火直接烤熟动物食品。在周口店 2 号洞第 10 层 46 万年前和距今 30 万年前的第 4 层都发现持续人工用火、存火遗存，留下的灰烬层厚达 6 米。

山顶洞人留下的灰烬层

山顶洞人生活场景

用针采集或狩猎来的树皮、兽皮缝制围身之物。

山顶洞人制作的骨针用缝制衣服

平谷上宅遗址人们下身围有缝制物

石磨盘与石磨棒

石臼、石容器

石磨

2. 封建时代

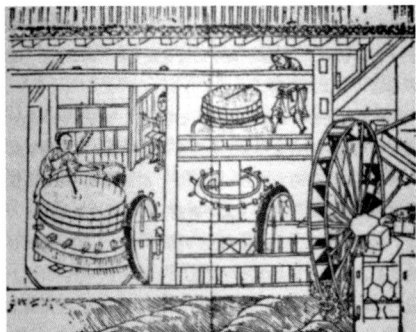

房山区长沟镇西乡县时期的水磨

碾子

远古纺纱示意图　纺纱画像砖（汉代）

原纺织机示意图

清·《三百六十行》图例

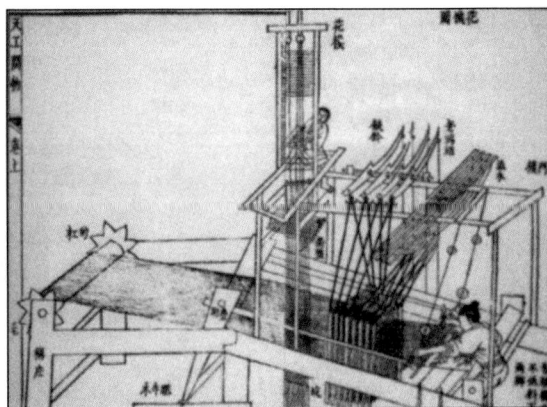

提花织丝

手 工 业

1. 石器时代

旧石器时代—打制石器。

周口店"北京人"早期使
用的大型石器——石锤

周口店"北京人"早期也
曾使用的大型砍斫器

周口店"北京人"后期旧石器
主流新变化:尖利器和细石锥

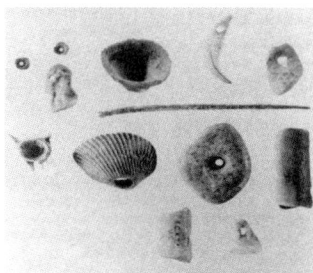

山顶洞人贝壳制作的饰品

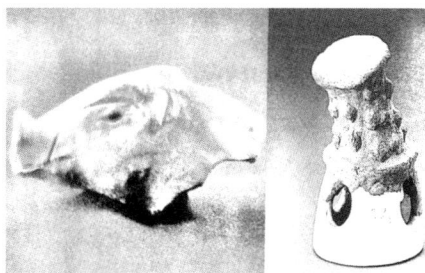

上宅文化中的陶猪头工艺品

新石器时代—制陶制品。

京北怀柔转年发现的"万年陶"
——平底直壁黑陶盂

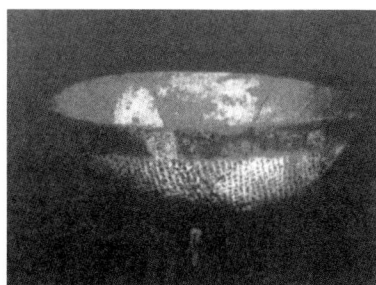

距今 9 000～8 000 年的镇江营一期文化
出土的红顶钵——彩陶文化的原始萌芽

2. 青铜器时代

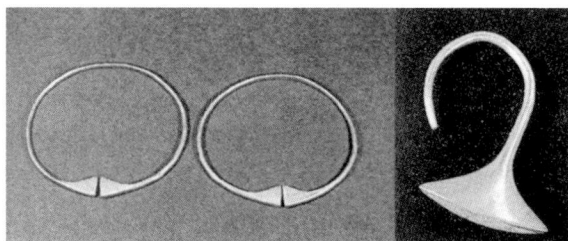

刘家河出土的金臂钏、金耳环

琉璃河出土堇鼎，其上铭文有助于证

1975 年琉璃河出土的矩鬲

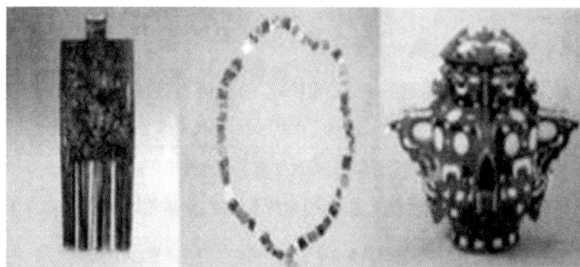

琉璃河出土的象牙梳、项链、漆器

陶壶

陶鼎

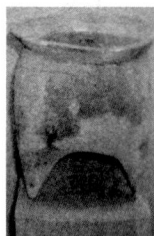

陶豆

3. 封建时代

在古代手工业发展中最具创意与创新的手工艺品莫过于明、清时发展起来的"燕京八绝",即景泰蓝、玉雕、牙雕、雕漆、金漆镶嵌、花丝镶嵌、宫毯、京绣。

玉雕

牙雕

景泰蓝

京绣

雕漆

金漆镶嵌

花丝镶嵌

宫毯

采　石　业

古时长沟地区开采巨石场

连车运巨石

商业（或交换业）

1. 货币的出现

据史料记载，早在"山顶洞人"时期即出现交换的萌芽。直到春秋战国时，燕国正式铸造"明刀币"。

秦始皇统一中国后便实行统一货币。由此以后的各代封建王朝都行统一货币。货币统一与广泛流通表明商业的兴起与发展。

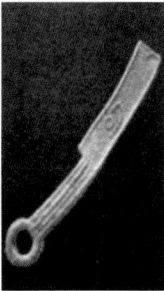

燕国明刀币

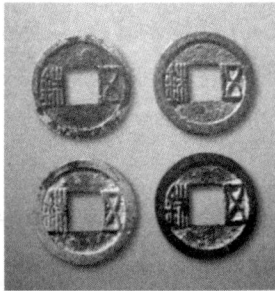

隋代五铢钱

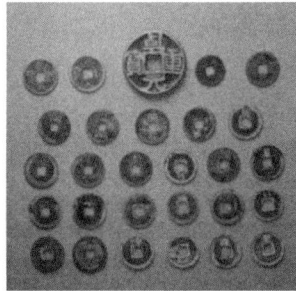

唐代货币

辽代"大康通宝"钱

清代货币

民国货币

2. 市场

汉朝的市场

街边卖烧酒的小贩。小的铁皮酒壶里装的是北方用高粱酿造的浓烈的老白干儿。

天安门外卖柿子的小商贩。树影后面隐约可以看见天安门城楼。当时的长安街还是土路。

房山区长沟镇——西汉时曾为西乡县。长沟自古即有大集，其市源于汉代，发迹于明、清，鼎盛于近代。历来即与河北省刁窝、码头、松林店并成为京西南四大名镇集市。

长沟大集

农业的非物质文化

天坛祈年殿——皇帝的祈谷神坛

社稷坛：由五色土组成，祭祀土地神宇五谷神

位于北海的先蚕坛，是以皇后为首祭祀蚕神的坛

清代皇帝与群臣祭祀先农坛

先农坛是明清两代帝王祭祀先农、山川、神祇、太岁诸神的地方，以祭祀先农之神为主

动物园图

　　此图为民国初年拍摄。此时，"农事试验场"（含万牲园）已改名为
"中央农事试验场"，大门上还悬挂着五色旗。后来这里又先后改名为"北
平农事试验场""国立北平天然博物馆""北平市农林试验场"等。1949年
由北京市人民政府接管后定名为"西郊公园"，1955年改名为"北京动物
园"。农事试验场或中央农事试验场是中国于清朝后期创办的第一所科研与
技术推广单位（机构）。

　　清末含万牲园内的观稼轩位于万牲园北围墙内，又名自在庄，轩前种
有菜圃。图为在观稼轩中观光游览的游客。

乾隆皇帝御笔亲题的
"耕织图"石碑

2004 年重修复建后立的耕织图碑记

主 要 参 考 书 目

［宋］陈景沂. 全芳备祖（影印本）. 北京：中国农业出版社，1982.

［明］刘侗，于奕正. 帝京景物略. 北京：北京古籍出版社，1983.

［清］陈宗蕃. 燕都丛考. 北京：北京古籍出版社，1991.

［清］于敏中，等. 日下旧闻考（1—4 卷）. 北京：北京古籍出版社，2001.

北京大学历史系. 北京史. 北京：北京出版社，1985.

北京市地方志编纂委员会. 北京志·农业卷·林业志. 北京：北京出版社，2003.

北京市地方志编纂委员会. 北京志·农业卷·农村经济综合志. 北京：北京出版社，2008.

北京市地方志编纂委员会. 北京志·农业卷·种植业志. 北京：北京出版社，2001.

曹子西. 北京通史 1—9 卷. 北京：中国书店出版，1994.

陈文华. 中国古代农业科技史简明图表. 北京：农业出版社，1978.

段柄仁. 北京古镇图志. 北京：北京出版社，2010.

范楚王，等. 悠久的中国农业. 北京：农业出版社，1983.

范瑾，张大中，等. 当代中国的北京. 北京：中国社会科学出版社，1989.

弗拉基米尔·卡博. 食物生产经济的起源. 黄其煦，译. 农业考古，1988（1）.

郭文韬，曹隆恭. 中国近代农业科技史. 北京：中国农业出版社，1989.

韩光辉. 从幽燕都会到中华国都. 北京：商务印书馆，2011.

侯仁之，金涛. 北京史话. 上海：上海人民出版社，1980.

侯仁之. 环境变迁研究（第一辑）. 北京：海洋出版社，1984.

黄宗智. 华北的小农经济与社会变迁. 北京：中华书局，1986.

金元浦. 北京：走向世界城市. 北京：北京科学技术出版社，2010.

黎虎. 夏商周史话. 北京：北京出版社，1984.

梁国宁. 园艺史话. 北京：农业出版社，1983.

梁家勉. 中国农业科学技术史稿. 北京：农业出版社，1989.

罗哲文，等. 北京历史文化. 北京：北京大学出版社，2013.

齐大芝. 北京商业史. 北京：人民出版社，2011.

钱光范，等. 春秋战国史话. 北京：北京出版社，1984.

上海复旦大学，等. 中国古代经济简史. 上海：上海出版社，1982.

沈镇昭，等. 中华农耕文化. 北京：中国农业出版社，2012.

斯塔佛里阿若斯. 农业的起源与传播. 李群，译. 农业考古，1988（1）.

孙健. 北京古代经济史. 北京：北京燕山出版社，1996.

王东，王放. 北京魅力. 北京：北京大学出版社，2008.

王文清，等. 西晋史话. 北京：北京出版社，1987.

王秀清，谭向勇. 百年农经. 北京：中国农业出版社，2005.

王占勇. 京畿古镇长沟. 北京：北京燕山出版社，2006.

西嶋定生. 中国经济史研究. 冯佐哲，等，译. 北京：农业出版社，1984.

阎崇年. 中国古都. 北京：中国民主法制出版社，2008.

阎万英，尹英华. 中国农业发展史. 天津：天津科学技术出版社，1992.

尹钧科. 北京建置沿革史. 北京：人民出版社，2008.

尹钧科. 北京郊区村落发展史. 北京：北京大学出版社，2001.

于德源. 北京农业经济史. 北京：京华出版社，1998.

于德源. 北京史通论. 北京：学苑出版社，2008.

余钊. 北京旧事. 北京：学苑出版社，2005.

张平真. 北京地区蔬菜行业发展史. 北京：中国农业出版社，2013.

张秋锦，等. 农本论. 北京：中国农业出版社，2008.

张秋锦. 毛泽东、邓小平、江泽民关于"三农"问题的部分论述. 北京：中国农业出版
社，2005.

张一帆，王爱玲. 创意农业的渊源及现实中的创新业态. 北京：中国农业科学技术出版
社，2010.

张一帆，赵永志，等. 北京农业上下一万年追踪. 北京：中国农业出版社，2012.

张一帆. 北京农业发展史. 北京农业科学，1994（增刊）.

张仲葛，朱先煌. 中国畜牧史料集. 北京：科学出版社，1986.

章永俊. 北京手工业史. 北京：人民出版社，2011.

章有义. 中国近代农业史资料. 北京：生活·读书·新知三联书店，1957.

中国农业博物馆. 中国近代农业科技史稿. 北京：中国农业科技出版社，1996.

朱祖希. 古都北京. 北京：北京工业大学出版社，2007.

自然辩证法讲义编写组. 自然辩证法讲义. 上海：上海出版社，1979.

古近代北京地区培育的农业精品

古近代北京地区地域不大，但自育自繁的农业产品丰富多彩，承载着"北京人"的智慧和劳作的辛苦，展示着北京悠久的农业文明。北京地区特有、特色、特质、特需农产品，可以追溯到上百年、甚至上千年，数百种农业资源，都曾做为"贡品"为历届朝廷重视，世人推崇。北京农产品加工工业发达，传统食品享誉京城内外。现选择部分精品，予以介绍，以彰显古近代北京人的光辉业绩。

御 塘 米

产于房山区黄龙山下高庄村白玉塘附近。产地水质优良，泉为地下涌泉，水稻长期生长在温度相对恒定条件下，泉水呈微酸性，含有多种矿物质和微量元素。

京 西 稻

原产于海淀区玉泉山、万寿山地区，分布在玉泉山水系流域。乾隆皇帝在颐和园外开辟稻田千余亩，种植其下江南带回的水稻品种"紫金箍"，所产稻米归皇室享用。

心里美萝卜

心里美萝卜产在大兴区西红门、高米店和海淀心里庄等地。其维生素C含量比梨高8 9倍，磷的含量高7倍。

五色韭

原产于大兴区瀛海庄一带，早期栽培者是清末同心庄丁姓农民。其色泽犹如野鸡脖子上羽毛的光彩，故又称其为"野鸡脖子"。

红头香椿

门头沟区雁翅镇苇子水村、平谷区峪口镇东凡各庄的红头香椿，栽培历史悠久，其特点是嫩梢、嫩叶均茶红色，盐渍后汁液呈红色。

京白梨

原产于门头沟区军庄镇东山村，有400多年的栽培历史。京白梨8月下旬果实成熟，完熟后呈淡黄色，酸甜可口。放置一周后肉滑汁溢，清香浓郁。

红宵梨

密云的大城子、平谷的镇罗营等地为主产地。该梨果实个大，皮薄，甘甜爽口，香味浓郁，肉嫩无渣，可贮到来年春天上市。

金把黄梨

大兴区庞各庄地区特产，以梨花村种植历史最为悠久，如今发展成为万亩梨园，存有百年以上古梨树3万棵，形成国内罕见的平原古梨树群落。

黄土坎鸭梨

密云黄土坎村的特产，据传该村种植鸭梨历史已有600多年。该梨果实个大，呈金黄色，果肉细嫩，含糖量高，果味甘美香醇。

磨盘柿

　　磨盘柿在山区普遍种植。房山区称为"磨盘柿"，门头沟、昌平、平谷等地多称为"大盖柿"，色、形、味俱佳。

郎家园大枣

　　郎家园枣原产于北京郎家园一带，是由野生种选育而来的，以地命名。其枣形细长，色浮，肉细，酥脆，甜如蜜。

菱枣

　　因其果实呈菱形而得名。菱枣最早在房山区云居寺一带种植。果肉甜脆。大石窝镇水头村一户村民院子旁至今还存留下一株已有几百年的菱枣树。

洪村大枣

　　大兴区特产，又称"洪村脆枣""贡枣"，因产于黄村镇洪村而得名。其枣个大、皮薄、核小肉多、质细甜脆，果实呈圆柱形，果皮褐色。

尜尜枣

　　原产于昌平区西峰山一带。因其果实两头尖，中间大，形似一种儿童玩具"尜儿"而得名。一般在9月上旬成熟，皮薄、口感甜脆，多汁。

香白杏

　　原产于门头沟区龙泉务村。果头圆形，黄白色，皮薄，肉质细，汁多，纤维少，酸甜适口，有独特的香味，是杏中上品。

北寨红杏

平谷区南独乐河镇北寨村特产。唯在此村生长，离开北寨即变口味。

御杏——铁吧哒

原产京郊怀柔和昌平等地，顺义区北石槽地区曾经引种。传说清乾隆年间，皇上微服私访途经此地，尝此杏顿觉一股鲜香沁人心脾，命笔一挥"铁吧哒"（满语，最好、第一的意思）三个大字，此名得来。

骆驼黄杏

农家品种，原产门头沟区龙泉务村，是国内外果实生长发育期最短的极早熟优良品种。果味酸甜适口，有香味，5月下旬成熟。

龙王帽杏

原产于门头沟区龙王村的农家品种。果实不宜鲜食，属仁用型杏。核仁饱满香甜。为我国著名的仁用杏优良品种。

燕山板栗

地处燕山腹地的怀柔区素有"中国板栗之乡"美誉，为北京市板栗出口基地。

京西核桃

门头沟区种植核桃已有1 200多年的历史。灵水核桃是当地特产，个大皮薄，以出仁率和含油量高而著名。该区清水镇燕家台村如今尚有全国闻名的"核桃王"，树龄已达三四百年。

虎头　　　　　鸡心

狮子头　　　　公子帽

樱桃沟樱桃

北京地区栽培樱桃的历史可追溯到300多年以前。海淀区香山脚下的樱桃沟，所产樱桃品质好，上市早。

文玩核桃

核桃分为两种：一种是食用核桃；另一种是文玩核桃。文玩核桃本名麻核桃。它们多为野生型，壳坚实、纹理深。分为狮子头、虎头、公子帽、鸡心四种。

八棱海棠

原产京郊延庆县八达岭镇帮水峪村一带。果实外观艳丽，果肉淡黄，肉质细，汁中等，味酸甜有涩味。较耐贮藏，采后置背阴处，可贮到来年二三月。

玉皇李

为我国古老的优良李子品种。产于密云县东邵渠镇的石峨村，延庆县的玉皇庙村。

月季

京城月季花历史悠久，有131种。丰台区则是其养花基地，已有700多年的历史。

菊花

菊花原产于中国，北京地区种植历史悠久，品种繁多，有101种。

庞各庄西瓜

　　大兴区庞各庄镇凭借永定河冲积所形成的沙土、沙性二合土、蒙金地，及土壤昼夜温差大，白天光照足而雨量偏少的水土条件，所产西瓜以质地沙、甜、脆、爽口著称，其生产历史已有600多年。

北京黑白花奶牛

　　20世纪二三十年代，俄国人、日本人先后把黑白花奶牛中引到北京，从此黑白花奶牛定居北京。

北京鸭（雌）　　　　北京鸭（雄）

北京鸭

　　北京鸭原产于海淀区玉泉山一带，肉质细嫩、鲜美、口感好、风味独特，适于人工填喂催肥和制成烤鸭。

北京油鸡（雌）

北京油鸡（雄）

北京油鸡

　　北京油鸡原产地是北京地安门和德胜门外的小清河、海淀一带。它是九斤黄鸡的变种，羽毛分黄色和红褐色两种。爱新觉罗·溥杰题名为"宫廷黄鸡"，以"三黄"和"三毛"为特点，其"三黄"即黄羽、黄喙、黄胫；"三毛"即凤头、胡须和毛腿。

宫廷金鱼

　　北京宫廷金鱼从金代至今已有850多年的养殖历史。明朝于成化二年指挥朱善建金鱼池。此池位于天坛附近。

北京烤鸭

北京烤鸭是以北京填鸭为原材料，进行挂炉烤制而成。北京烤鸭的创业人杨全仁，其店开业于清同治五年。原名叫"德全聚"，后改为"全聚德"。

糖炒栗子

糖炒栗子是深受人们喜爱的传统食品，最早始见于《析津日记》，书中记载：用麦芽或谷芽之类熬成的糖，并拌石子炒栗子。有850年的历史。

秋梨膏

秋梨膏是用延庆县产的秋梨切丝、榨出梨汁，加入蜂蜜和糖浆放进特制的铜锅内，用文火熬上12小时而成。前门大街上的"通三益"的秋梨膏最有名。

蜜饯果脯

蜜饯果脯是著名的北京特产。它是将各种水果晒干蘸上蜂蜜糖浆后制成的，具有防腐的效果。

山楂糕

山楂糕又叫金糕，将当地产的山楂去皮、去核后加糖，用食用色素和凝固剂熬制，晾凉后而成。

冰糖葫芦

冰糖葫芦是将京郊产的山里红洗净去核后，穿在一根竹签上，蘸上熬化的糖浆，糖浆晾凉后在山里红外面结成硬壳，口感酸甜。

永宁豆腐

延庆县的古镇永宁，相传在汉淮南王刘安时期就开始制作豆腐，距今已有两千多年的历史。到清朝的时候，永宁豆腐成了宫廷贡品。

此外，还有一些有资料可查的失佚的农业精品、或尚存而缺图的农业精品，亦列入名录。

1."丁家堡稻"又称"延庆贡稻"，产于延庆县丁家堡村蔡河西岸，古为贡品。现存六七百亩，稻米质地上乘。

2."清水稻"，原产于顺义区北小营东府村，古为贡品（已失佚）。

3."龙泉务稻"，原产于平谷区，古为贡品（已失佚）。

4."渤海所稻"，原产于怀柔区渤海所村，古为贡品（已失佚）。

5. 曾为名特蔬菜产品现已退出生产的有拧心青大白菜、青麻叶大白菜、北京刺瓜（黄瓜）、红头菠菜、鞭杆红萝卜、核桃纹大白菜、苹果青番茄、白花藕、青云店大葱等。

6. 串铃冬瓜，古传至今，以大兴礼贤地区为多。

7. 马牙枣，古传至今，产于海淀区北安河镇地区，古为贡品。

8. 荷包扁杏仁，古传至今，原产于怀柔区黄花城地区（又名北山大扁），古为贡品。

9. 坟庄核桃，古传至今，原产于密云县西田庄镇坟庄村，古为贡品。

10. 碧霞蟠桃，古传至今，产于平谷区刘家店镇，古为贡品，现在种植面积达万亩。

11. 苏子峪蜜枣，古传至今，产于平谷区苏子峪，古为贡品。

12. 观赏枣：瓶儿枣、葫芦枣、磨盘枣、龙爪枣（树冠枝杈像龙爪）、茶壶枣。它们既可食，又可观赏。

13. 香槟子，产于延庆县帮水峪村，传承至今，古为贡品。

14. 康庄西瓜，产于延庆县康庄镇，古为贡品，一度失传。

15. 小白莲藕，产于昌平区小汤山镇，古为贡品，已失佚。

16. 古代十大名花：月季（现为市花）、菊花（现为市花）、芍药、白兰花、石榴花、碧桃花、桂花、茉莉花、一品红、梅花。它们都是产于"丰台十八村"，闻名遐迩。

17. 受国家二级保护的地道药材：黄檗、五味子、甘草、膜荚黄耆、刺五加、远志等。

18. 鲜药：鲜凤兰、鲜藿香叶、鲜薄荷、鲜芦根、鲜生地、鲜茅根、鲜桑叶、鲜荷梗、鲜沙参、鲜百合、鲜何首乌、鲜忍冬藤、鲜侧柏叶、鲜橙皮、鲜车前草、鲜蒲公英、鲜地丁、鲜马齿苋等20余种。在北京地区既有种植的，也有野生的。

19. 小八趟（玉米），因其每穗结八行籽粒，生产者又称它为"八趟白"。原产于房山区，硬粒型，品质上乘。因其产量比不上同类的杂交玉米，从20世纪70年代起被逐渐退出，现已难寻踪迹。

北京农史研究丛书 ｜ 丛书主编：郭光磊

王振业 张一帆 廖沛 编著

北京农村经济史稿

下册

中国农业出版社

下册目录

绪　　论

　　1949 年 1 月 31 日，北京和平解放，掀开了北京历史的新篇章，为北京郊区农村的发展开辟了崭新的道路。从 1949—2009 年，郊区农村在新的历史起点上创造了光辉的业绩，走上了一条有中国特色的社会主义道路。

　　当代北京农村经济发展，可分为两个大的阶段：第一个阶段是，新中国成立后到 1978 年为北京农村经济发展道路的探索阶段，郊区农民翻身解放，创造出了水利建设和农田基本建设发展业绩，郊区农业和农村经济取得了一定的成就。第二个阶段是，从党的十一届三中全会以后到 2009 年，郊区农村家庭承包经营制度的确立及土地确权转让、农产品统购统销制度的取消、农业和农村产业结构的调整、农村农业市场化发展、农村税制改革、统筹城乡全面推进新农村建设等等重大举措，使得郊区农村经济出现了高速的发展和崭新的局面。都市型现代农业和农村经济的发展为服务首都展现出蓬勃生机和光明的前景。

一、以服务首都为目的的城郊型农村经济

　　古近代北京农村经济发展的历史证明，北京这座大城市的发展需求始终是北京农村经济发展的动力、核心内容。按照城市需求，发展农村经济是北京农村经济发展的重要特征。到了当代，这种特征变得更加鲜明了，成为了一种自觉行动。

　　当代，作为大城市的北京郊区农村，其功能与作用概括起来说主要有两个方面，一是服从大城市的需要，为大城市服务。二是在为大城市服务的过程中提高农村自身的经济发展水平和农民的生活水平。这两者是紧密联系在一起的。城市的建设和发展需要农村，而要使农村为城市服务得好就要顾及到农民的利益。

　　早在 1953 年春，中共中央就提出"大城市郊区农业生产，应以生产蔬

菜为中心，并根据需要与可能发展肉类、乳类和水果生产，以适应城市需要，为城市和矿区服务"。贯彻这一方针，中共北京市委、北京市政府（以下简称市委、市政府）明确提出"郊区农业为首都服务"的方针，要求"北京郊区的农业生产，必须采取供应城市的需要，与市政建设密切配合的方针"，要"有计划地发展蔬菜、水果、乳肉等生产"。当时郊区农村的范围较小，仅限于目前近郊部分。保障城市副食品需求，主要是蔬菜的供给，市委、市政府下大力量发展蔬菜生产，以保证城市居民的需要。此后二十多年里，郊区农村主要是围绕城市的需求而发展农村副食品生产。郊区的粮食生产则主要是保证郊区农民的自用。

新中国成立初期，城市居民需求不高，郊区农民生产什么就吃什么。20世纪50年代初期，郊区按照城市需求实行计划生产、计划调拨、计划供应。为了使市民能买到副食品，市政府一方面千方百计发展郊区生产，一方面实行计划供应，居民凭证、凭票，定量购买，持续了很长时期。1958年，全市蔬菜销售量53万吨，其中郊区提供51.7万吨，占97%，人均每天拥有蔬菜0.23千克。1965年，郊区收购蔬菜106.2万吨，当年全市蔬菜销售量91.5万吨，都是由郊区提供的，人均0.33千克。郊区提供猪肉3.5万吨，占全市销售量的50%，人均拥有8.9千克。鲜蛋0.7万吨，占全市销售量的35%，人均拥有2.6千克。郊区提供牛奶4768万千克，全市销售牛奶仅2811万千克。

改革开放以后，市委在1979年4月召开农村工作会，并于5月做出决定，具体布置贯彻落实党的十一届三中全会关于农业的方针政策，就贯彻郊区农业生产的方针问题，市委提出，"北京的农业要坚持为大城市服务的方针，逐步把郊区建成首都现代化的副食品生产基地"。1983年1月22日召开的全市农村工作会议上更加明确提出"服务首都、富裕农民、建设社会主义现代化新农村"的方针，从而把服务首都与富裕农民这两个方面的内容紧密联系在一起，成为一个有机的整体。这段时期，市委、市政府增加财政投入，装备和改进现代技术，实行国家、集体、个人一起上，大力发展蔬菜生产和工厂化饲养，取得明显成效，迅速改变了城市副食品短缺、吃奶难、吃肉难、吃蛋难、吃菜难的局面，结束了粮油副食品凭票供应的历史，成为了城市居民的福气。1990年，郊区每个农业人口提供的商品量为蔬菜784千克、肉49千克、鲜蛋58.6千克、牛奶54.5千克。郊区收购占全市销售的比重，即自给率达到蔬菜 98.2%、猪肉 72.9%、鲜蛋 108.1%、牛奶 130%，基本保证了城市居民日益增长的需要。

1992 年以后，北京城门大开，流通活跃，市场繁荣，郊区农副产品有出，全国各地农副产品有进。在这种情况下，1992 年 7 月市委更明确地把郊区农业和农村发展的方针充实为"服务首都、面向全国、走向世界、富裕农民、建设社会主义现代化新农村"。郊区农业和农村的发展不仅要服务首都，而且要面向全国、走向世界，以更广阔的社会主义市场经济的眼光看待农业和农村的发展。郊区农业和农村经济发展水平的提高，郊区农产品出口和种养业、籽种业的发展供应全国，显示出郊区服务功能的拓宽。

随着城市的发展，郊区农村适应城市发展的需要，不仅成为副食品供应的基地，而且承担着工业化的重任，还要成为生态环境的屏障和城乡居民旅游度假的胜地。北京城市建设的重点从市区向郊区转移。新的世纪，开发郊区、建设郊区、美化郊区，形成风景优美、环境优良的生态基地，形成具有特色的现代化产业基地，形成引进、聚集国内外最新农业科技成果的窗口，成为反映首都经济实力的主要增长区域。在此基础上，大幅度提高农民收入水平和生活质量。郊区农村的发展正在为城市的发展提供更高层次的服务。

二、北京农村经济发展经历的四个阶段

1949 年以来，北京农村经济经历了由自给、半自给的经济向计划经济再到社会主义市场经济，由传统手工业生产向机械化生产、由城市二元化结构向城乡一体化发展的转变，农村面貌发生了巨大而深刻的变化。大体经历了四个阶段。

一是，以农业为主的阶段（1949—1978 年）。

这一时期农村经济以农业为主，农业又以种植业为主，远郊的种植业又以粮食为主。生产手段开始基本以手工劳动为主，后期农业机械作业水平提高。多种经营虽有发展，但开始主要依附于农业，非农产业比重小。后期，农村社队企业有所发展。经济关系，开始以个体经济为主，但很快转到以集体经济为主，实行高度集中统一的计划经济管理体制。农业产出率低，农产品实行统购、派购、统销，农村经济发展曲折起伏。

1949—1957 年，郊区实行土地改革和农业合作化，广大农民翻了身，做了主人。土地政策符合农村实际，调动了农民积极性，农业和农村经济发展较快。

1958—1978 年，郊区农村经历两次大的曲折。1958 年"大跃进"和人民公社化，违反经济规律，造成生产力破坏，发生三年困难；调整经济政策，公社体制由"一大二公"退到"三级所有、队为基础"，大集体、小自由，度过了经济困难，到 1965 年生产得到恢复发展。1966 年的"文化大革命"，带来"左"倾思想泛滥，破坏了郊区农业和农村经济，生产下降；1970 年以后，郊区贯彻北方农业会议精神，农业和农村经济才有所恢复发展。但是"左"的指导思想并未根本转变，郊区农业和农村经济发展仍然缓慢。

这 21 年间，尽管农村经济发展曲折，但郊区农村水利建设和农田基本建设取得显著成就，农业和农村经济都有一定发展。农业总产值增长 1.7 倍，年递增 4.8%，到 1978 年为 8.9 亿元。1978 年，农林牧渔业总产值为 11.5 亿元，其中种植业占 76.9%、林业占 2.1%、畜牧业占 20.9%、渔业占 0.1%。农村社会总产值构成为：农业占 48%、工业占 28%、建筑业占 10.9%、运输业 10.4%、商饮业占 2.7%。农村经济总收入为 18.83 亿元。

二是，农村经济全面发展、农工商综合经营阶段（1979—1992 年）。

1978 年，郊区实行改革开放方针政策，郊区农业和农村经济得到了迅速的发展。首先，集体经济体制进行了改革。郊区农村初期实行专业承包联产计酬，后转向包干到户、家庭经营为主，同时完善统分结合、双层经营的体制。在出现轻农现象之后，郊区进行了土地适度规模经营的试验，初期很有成效。但对农民土地使用权的问题解决得不很好。二是大抓副食品生产，引进现代技术，实行"科教兴农"战略，建设副食品生产基地，菜、奶、蛋、肉、鱼、瓜果产量大增。同时，大力支持乡镇企业的发展，到 1991 年乡镇企业总收入达到 247.7 亿元，较 1978 年 7.8 亿元增长近 30 倍。三是加强山区建设，扶持荒山造林、绿化，展开基础设施建设，重点帮助 37 个贫困乡，以后又发展到 60 个乡，努力改变生产生活条件，取得了显著成效。四是扩大对外开放，引进资金、先进技术和设备，大办"三资"企业，扩大出口。到 1991 年郊区"三资"企业 676 家，出口企业 714 家，出口供货额达到 24.8 亿元。

这 13 年，郊区农村经济结构的调整，带来了快速发展。1991 年与 1978 年比较，农业总产值增长 1.29 倍，年递增 6.6%。农业总产值构成中，农、林、牧、渔各业的比重，由 1978 年的 76.9∶2.1∶20.9∶0.1，变为 51.7∶2.0∶42.9∶3.4。农村社会总产值达到 349.94 亿元，增长 13.46 倍，年递增 22.8%。其构成中，农业、工业、建筑业、运输业、商饮业各业的比重，由 1978 年的 48.1∶27.9∶10.9∶10.4∶2.7，变为 21.9∶60.8∶7.9∶4.5∶4.9。这一时期，农村"集体经济力量强、计划指导力量强、行政干预力量强、农村封闭意识强"的问题仍然存在，放开农民自主经营权还做得很不够。深化农村改革、促进农村经济进一步发展成为必然。

三是，农村经济向市场化转型的发展阶段（1993—2002 年）。

1992 年，建立社会主义市场经济体制的新阶段开始。市场化给郊区农业和乡村工业带来了发展的大好机遇，按市场经济规律进行结构调整和机制转换。当时，全国统一市场逐步形成，各地大量工农业产品注入北京，商品供应充足；而郊区土地价格、物质消耗高、人工成本高的劣势显现。如何适应新的情况，这一阶段郊区发生了新的变化：

（1）扩大郊区服务范围，面向国内、国际两个市场，发挥自身优势，发展特色农业，主要发展籽种农业，以种业优势占据市场。创汇农业、精品农业、设施农业、产加销一体化、观光休闲农业等等都有了迅速的发展。

（2）以提供副食品为特征的城郊农业，发展为都市农业。注重农业的生态功能和生活功能。农业的生产、生态、生活功能，把一产、二产、三产结合在一起，实现了郊区农业质的飞跃。

（3）郊区工业向开发区集中，优化配置生产要素，对乡村企业实行重组转制，在投资主体多样化基础上，实现企业体制创新，进行乡镇企业二次创业。

（4）农村经济体制开始新的探索。在延长土地承包制、确立农民家庭经营的主体地位的基础上，开始探索土地股份合作制，实行土地有偿转让，扩大经营规模。进行农村集体经营产权制度改革，量化集体净资产到农业户籍人口，设置个人股，或实行社区型企业股份合作制，以确保农民的利益。

郊区市场化带动了经济社会的新变革、新发展。2001 年与 1991 年比较，2001 年农业总产值 84.7 亿元，较 1991 年 39.6 亿元，翻了一番多，年均增 4.5%。2001 年乡镇企业总收入 1 133.5 亿元，较 1991 年的 247.7 亿元，增长近 4 倍。农村国内生产总值 1992 年为 155.3 亿元，2001 年为 615 亿元，增长近 4 倍。到 2001 年，郊区已经形成三、二、一产业格局。

四是，城乡统筹、协调发展的新阶段（2003 年以后）。

从 2003 年起，郊区进入城乡统筹协调发展的新阶段。按照中央部署，市委、市政府提出统筹城乡发展、统筹区域发展、统筹社会经济发展、统筹人与自然和谐发展、统筹国内发展和对外开放的"五统筹"方针，加强了对全市农业、农村、农民的"三农"工作的领导，郊区经济社会发展在突破城乡二元化格局有了显著进步。

这一时期，财政支农向"三农"工作倾斜。财政用于农业的支出大幅度增加，率先在全国实行免征农业税及其附加，启动新农村建设工程，以"亮起来、暖起来、循环起来"为内容的"三起来"工程扎实推进，建立生态补偿机制，给予山区生态林管护人员财政补助，加强农村公共事务的管理队伍建设，以花钱买岗位提供就业机会，建立和完善城乡统一的社会基本保障制度，改善农村中小学和医疗卫生条件。这一切都得到了郊区广大农民的拥护，使得郊区农村生产力得到新的解放，提高了他们从事农村各业生产的积极性，在农业和农村经济已取得改革开放新格局的情况下，继续向前大步发展。郊区农村坚持"多予、少取、放活"的方针，进入了"以工促农、以城带乡"的新阶段。

三、郊区农业从传统农业向现代农业转变、发展

新中国成立初期，郊区农村呈现出单一的种植业为主的格局。1949 年，按当时北京所辖面积统计，郊区耕地 7.4 万公顷，其中粮食种植面积 6.13 万公顷，占 88.8%。直至 70 年代中期，种植业的产值始终占农林牧副渔业总产值的 70% 以上，种植业使用的劳动力占农业劳动力总数的 90% 以上。

经过从新中国成立初期到 1979 年这 30 年的努力，郊区农业的机械化、水利化、化学化、电器化达到一定水平，处于全国领先地位。农业机械化水平提高，密植小麦机播，拖拉机机耕、耙、播一条龙综合作业，大马力拖拉机牵引深耕犁、深翻、治碱、改土等都在运用推广。1965 年，机耕面

积就已达到20.93万公顷，占耕地总面积的46.9%。到1978年，农机拥有量增加，农机作业项目进一步扩大，农业机械化水平已有明显提高。机耕面积扩大到32.17万公顷，占耕地的75%。机播面积扩大到24.6万公顷，占耕地的65%，机收面积扩大到3.5万公顷。兴修水利，大搞农田基本建设，主要是建设水库，整治河道，打井，机电灌溉面积扩大到27.13万公顷，占有效灌溉面积的79.2%，并在郊区进行了喷灌、滴灌试点。从1958年筹建第一家化肥生产企业开始，化肥使用进入了农家，氮素化肥使用量逐年增加。使用化学农药除治病虫害，到1978年已突破6.67万公顷。适应农业大发展和配合抗旱打井建设高产稳产田的要求，农电建设加快。到1979年排灌用电量达40 734万千瓦时，占农村用电65%。电网延伸到山区、半山区。

改革开放以后，农业生产条件更上一层楼。到2008年，农田水利建设得到加强，农田有效灌溉面积已占总耕地面积的90%。2007年年底全市节水灌溉面积已达到25.4万公顷，占灌溉面积的83%。农机装备水平显著提高。到2008年，北京市农机总动力已增至267.05万千瓦，比1978年增长41%。农机不仅装备数量增长，装备范围也在不断扩展，农机服务领域由粮食作物向饲草、蔬菜、花卉、林果产业发展，由产中向产前、产后延伸。设施农业全面发展，到2008年年底，郊区设施面积达到1.51万公顷，其中温室面积为0.68万公顷，大棚面积为0.61万公顷，中小棚面积为0.2万公顷，连栋温室面积为198.13公顷，设施农业的结构不断优化，瓜果类和花卉种植面积比重上升。设施农业的规模化、区域化特色逐步显现，形成了一批专业镇、专业村和"郊区南部、东北部两个设施生产区"、山区特色设施产业带，以及分布于各区县的设施农业生产园区、生产基地群落。

适应市场需求，农业结构调整步伐加快，1978—1995年，粮食耕地面积由32.59万公顷减少到25.9万公顷，减少了20.5%。粮食总产却由18.6亿千克增加到25.64亿千克，增长了37.8%。到2008年粮食耕地面积又有大幅度减少，但单产却比1995年翻了一番。农业向高质优化发展，籽种农业、设施农业、加工农业、创汇农业、观光农业、精品农业六种农业有了长足的进步。畜牧业发展迅速，随着现代化养鸡业、养猪业、奶牛业的发展，畜牧业改变了过去分散的、家庭副业式的生产方式，形成了专业化、规模化、商品化的生产体系。畜牧业的产值由1980年的3.98亿元，增加到 1995 年的 37.9 亿元，占农林牧副渔业总产值的比重由 26.6％上升到 41.9％，与种植业形成了农牧并举的局面。造林、绿化步伐加快。林业产值由 1980 年的 4 339 万元，增加到 1995 年的 1.6 亿元。全市林木覆盖率由 1980 年的 16.6％提高到 1995 年的 36.26％。林业成为山区一项重要的基础产业。林业生态体系、产业体系、森林资源管护体系、林业科技体系初步建成。到 2008 年，郊区农、林、牧、副、渔各业有了新的质的发展。2008 年在农林牧渔业总产值中，农业产值占 42.15％，牧业产值占 46.23％，林业产值占 6.75％，渔业产值占 3.22％，农林牧渔服务业产值占 1.65％。

郊区农业正在从传统农业向现代农业转变。新中国成立初期，郊区农业使用牲畜牵引的耕犁，以"粪多力勤"为特点的劳动密集型的传统农业正在过渡到机械化、水利化、化学化、电气化为内容的现代农业，并在向良种化、工厂化、市场化、信息化的现代农业大步前进。通过科研创新、引进培育，粮、菜、果、猪、奶牛、鸡、鸭、鱼等全部实现良种化。发展籽种农业，打造种业之都。2010 年，北京种业总收入达 145 734.1 万元，其中销往外埠的收入 80 536.7 万元。农业生产可以向工业生产一样在能容小型机械作业的室内安全生产，郊区设施蔬菜总收入已占蔬菜总收入的 43％。农业信息的占有量和运用水平大大提高，精准农业已成为信息技术的物化成果。以国内、国外两个市场的需求为导向，郊区农业生产发展到较高水平。

从 1978—2009 年，科技引进对农业增长中的贡献率由"五五"计划时期的 30.05％，提高到"十五"计划时期的 60％，贡献率增长了一倍，超过了土地、劳动力及物质投入要素的贡献份额。到 2009 年，科技进步对农业增长的贡献率达到 76.17％，科技创新体系，农村推广体系，社会化服务体系协同发展，在都市型现代农业中发挥着重要作用，引领着农业生产向优质、高效、高产、安全方向发展。

作为大城市的郊区农业有着自己的特点，不仅要为城市提供新鲜、卫生、无污染的农产品，而且还要作为都市的绿色景观，防治城市污染，营造宁静清新的生活环境，并且还要成为市民与农村交流，接触农业提供场所和条件，建设观光农业园、森林公园、农家休闲园等。农业集生产、生活、生态功能于一身。20 世纪 80 年代提出的城郊农业以及 1995 年又提出的都市农业，其内容都正在使郊区农业随着城市化和工业化的发展而有了新的认识和新的发展，郊区农业正在向更高的水平迈进。

纵观北京农业发展的60年，北京郊区耕地面积，1949年按现行辖区面积统计为53.10万公顷，到2008年减少到23.17万公顷，减少近2/3。而且近些年来，水资源匮乏，生态日益脆弱，农业资源锐减，但却创造出具有较高水平的农业现代化显著成绩，创造出郊区农业崭新的结构。

四、农村经济结构调整走向多元、合理、可持续发展

新中国成立初期，农村经济结构是第一产业占绝对优势的格局。表现为以农业为主，一些零星的小手工业、零售商业，也是以副业的形式依附于农业。1958年在人民公社化过程中，提出要逐步实现公社工业化，实行工农业并举的方针。农村兴起大办"五小工业"，一批农机具修配厂、土化肥厂、砖瓦厂、农产品加工厂等相继开办。但在以后的很长一段时间内，处在萌芽状态的农村工业受到严重挫折。直到1975年，市委发出了《关于加快发展农村社队企业的意见》，组织市属各工业局与郊区县区挂钩，市属工厂与社队挂钩，对口支援农村发展社队企业。到1978年，全市农村社会总产值中工业、建筑业、运输业、商饮业产值占51.9%。非农业的产值超过了农业产值。这一时期社队企业的发展还主要考虑增加农民的收入，强调以工补农、支农、建农，附属于农业产业。

改革开放以后，郊区农村实行联产承包责任制，调动了农民积极性，部分农民从土地上分离出来，向农业以外的领域转移，乡镇企业异军突起，在20世纪80年代前半期呈现出超常规发展，第二产业成为农村经济的支柱。乡镇企业实行自负盈亏、自主经营，充满活力。其后，乡镇企业经过改革管理体制，改进内部管理，提高技术水平，保持稳定的增长。进入90年代，通过深化改革，扩大开放，调整结构，转换经营机制，克服"村村点火、户户冒烟"状态，开发建设工业小区，大力发展"三资"企业，农村工业上规模、上水平，结构逐步优化。旅游业、房地产业、商饮服务业等第三产业迅速发展，成为农村经济新的增长点。

进入90年代中期以后，郊区乡镇企业中第二产业的发展速度放慢，同时第三产业的发展速度加快，这与北京城市功能定位和城市郊区化的扩散

效应有直接的关系。郊区农村工业化进程是具有城市带动型的明显特点。90 年代中后期，城市企业的转移逐渐完成，城市第二产业对郊区农村带动作用弱化，继之而来的是城市大量科技、教育、文化、体育等功能向郊区扩散、转移。现代服务业、物流业、文化创意产业等第三产业取代第二产业，成为郊区经济的主导因素。郊区二、三产业和城市工业、商业相互融合，相互依托促进，开辟了有中国特色的郊区工业化发展道路。以质量与效益为中心优化农村经济结构，促进了郊区农村经济健康持续发展。2009年，郊区第一、二、三产业占 GDP 比重达到 16.39：41.62：41.99。

五、郊区土地制度与经营制度的变革与创新

土地制度问题是一个极其重要的政治经济问题。它是指土地归谁所有和由谁使用的问题。问题的核心是怎样分配土地的生产成果，体现了土地所有者和土地使用者之间的经济关系。土地制度的变革意味着不同社会集团或阶级之间经济利益的再分配，并直接影响一个社会的经济发展速度。

新中国成立以来，郊区土地制度经历了三次根本性的变革。第一次是把封建性的土地制度变为耕者有其田的土地制度。到 1950 年完成了这一改革过程。这次郊区土地改革构成了从半封建半殖民地社会过渡到新民主主义社会的主要内容，意味着生产方式的变革。第二次是把耕者有其田的土地私有制变为社会主义集体所有制。1956 年完成了农业合作化，消灭了土地私有制。1958 年进而实现公社化，土地归集体所有，由集体使用。这次土地制度改革是从新民主主义的生产方式转为社会主义生产方式的一个重要组成部分。它一方面适应了当时提出的计划经济管理体制的需要，另一方面又通过强制性的农业积累，为国家工业化筹措了资金。但长期实行的人民公社体制，强调"大""公"，限制了生产力的发展。第三次土地制度改革是从 1982 年基本实现了联产承包责任制开始的，以土地所有权与土地使用权相分离为特征。这次改革是一项重大的政治经济政策，是社会主义生产方式下经济管理体制改革的一个组成部分。

改革开放后，联产承包责任制的实行，是一次深刻的土地改革，它取代了集体所有、集体耕种的人民公社土地制度，基本上采取了土地所有权与土地使用权相分离的土地制度。农民以承包的形式取得了集体所有土地

的使用权，可以自己享有生产成果，也可以在有限范围内以不同方式转让土地使用权。郊区实行联产承包制，调动了农民生产积极性，推动了郊区农业的迅速发展。

随着农业生产力的迅速提高和农村乡镇企业的迅速发展，农业比较效益下降，农民对土地的依赖性大大降低。郊区从1985年开始了农业适度规模经营的实验，并逐步推广。在一些第二、三产业发达、劳动力转移多的地区，形成了土地向种田能手集中的局面，1985年郊区承包土地2公顷以上的达到2 574户，户均经营规模3.7公顷，有的大户承包达46.7公顷。到1994年，郊区专业户规模经营土地的，占15％；专业队管理、按劳承包经营的，占郊区规模经营面积的32.7％；集体农场经营的，占郊区规模经营面积的30.4％。1995年郊区适度规模经营的粮田占粮田总面积的71.7％。郊区农业适度规模经营初步改变了农业特别是粮食生产规模狭小、分散的局面，促进了生产的发展，为推进农业生产经营的专业化、商品化和现代化，进行了有益的探索，方向是正确的。但当时过分强调发展集体经济和保障粮食生产，未能注意保障农民承包土地收益，多数集体农场管理跟不上，缺乏内在活力，因而未能坚持下去。到1996年，全市实行家庭承包经营的有2 751个村，涉及48.5万个农户，承包经营土地面积15.7万公顷，占郊区耕地总面积的一半。

按照党中央和市委要求，1997年和1998年郊区认真落实延长土地承包期政策，实行家庭联产承包责任制。到1998年年底，郊区实行家庭承包制的耕地，土地承包期延长到30年以上的平原区达70％以上、山区达到90％以上，并发放了土地使用权证书，统一了承包合同文本。到2002年，郊区2 234个村发放了土地承包经营权证书，403 595个农户领到了土地承包经营权证书。为了进一步稳定和完善土地承包关系，切实赋予农民长期而有保障的土地承包经营权，从2004年6月起，郊区全面开展了农户土地承包经营权的确权工作。2005年2月，完成应确权土地面积的98.9％，其中65.5％的集体土地分包到户由户直接经营，进一步明确了农民对自己承包土地的使用权、经营权。

诚然，随着农业现代化和农村城镇化的发展，农民固定在自己承包的小块土地上进行小规模生产经营已成为一种障碍。农民土地流转已成为必然，但必须确保农民承包土地的收益。从2004年8月起在农户土地承包经营权确权工作进行的同时，进行了农户土地承包经营权的转让，明确这一流转工作必须坚持依法、自愿、有偿的原则。农民在确权后自愿把土地流转给集体的，集体按农户享有的土地承包的收益，按年度兑现给农户。2005 年 2 月统计，这种情况大约占土地总面积的 29.3%。在集体经济实力较强的地区，农民土地承包权变为股权，参与集体资产经济收益的分配，这种情况占土地总面积的 5.2%。总之，不管采取何种方式都要确保农民土地承包经营权和农民在自己这块承包土地上的收益。2009 年 3 月，还集中组织了检查，切实保障农民权益。

总之，一方面要确保农村现有土地承包关系的稳定并长久不变，另一方面又要在依法自愿有偿、流转的基础上发展多种形式的适度规模经营，是必须坚持的两个基本原则。稳定和完善农村基本经营制度，有序地推进农村土地管理制度的改革，是一个需要长期探索又要积极努力的重要工作。把农村土地问题解决好，是建设社会主义新农村的重大课题。

六、新农村建设与城镇化的逐步深入

村镇建设发展的水平，决定于农村经济的发展，社会文明的演进。新中国成立初期，郊区农民政治上翻了身，分得了土地，生活有了改善，翻盖旧房、建筑新房的现象很为普遍，村村都有新气象。其后，农业合作化促进了农村建设，到 1957 年郊区农村基本消灭了草房，部分农民住上了砖瓦房。但当时土坯房、石头房是比较多的。在公社化和"文化大革命"期间，郊区农村建设基本处于停滞状态。

改革开放以后，郊区富裕起来的农民第一件事就是建新房，以改变居住和环境条件。为了克服乱占耕地建房的现象，市政府还做出了具体规定，并在 1982 年选定昌平县踩河、马连店村为新村建设试点。各区县按照市里的要求，开展新村试点村建设，到 1985 年新村建设试点达到 225 个，马池口、大稿村为"星火计划"新村建设科技示范典型村。截至 1984 年年末，郊区有三分之二的农民新建、翻建了住房。

1991 年，国家建设部和市政府确定通县瞳里为小康村建设试点村。同时各区县还确定窦店、南韩继、韩村河等 14 个小康村试点村。到 1995 年，郊区小康村建设工程取得很大进展。远郊县区农民建平房 33 393 户、

232 508间、261.5 万平方米、人均 25 平方米。全郊区建成新农村 333 个。韩村河建成住宅小区 11 个、518 栋别墅式小楼、21 栋多层住宅楼、总建筑面积 18.5 万平方米、人均住房面积 68 平方米。公共建筑和市政建设，绿化美化配套齐全、标准都比较高。

从 1995—2005 年，郊区新农村建设坚持完善、提高的原则，有新的进展。通州区疃里、西马庄、延庆县鲁各庄、小丰营，昌平区郑各庄等一大批新村或农民住宅小区成为郊区村庄建设的示范。农民住宅的建房质量、水平都有了较大提高。从 1997 年开始的以"五个一"建设为中心的郊区环境整治工作，使郊区农村面貌大为改观。每个村都确定一位环境建设负责人、一支精干的保洁队伍、一套必要的保洁设备、一个高标准的垃圾填埋场、一个好制度。村村"五个一"工程的展开，创造了郊区良好的人居环境，为新农村建设注入了新的活力。

从 2006 年开始，市委、市政府认真贯彻党中央《关于推进社会主义新农村建设的若干意见》，全面部署社会主义新农村建设，按照"生产发展、生活富裕、乡风文明、村容整洁、管理民主"的要求，安排都市型现代农业、"五项基础设施"建设、"三起来"工程、农村基层组织建设，社会主义新农村建设提高到一个新的水平。就"五项基础设施"建设来说，村庄街坊路硬化、绿化，解决农村安全饮水问题，建设污水处理设施，户厕改造，提高农户卫生厕所覆盖率，配备垃圾储运设施和设备等农村基础设施，得到显著改善。农村亮起来、农民暖起来、农业资源循环起来的"三起来"工程成效显著。村村通油路、村村通公交、村村通光纤网络、村村通手机信号、村村通广播电视。实施新农村电气化建设工程，电气化村 1 544 个。推进新型农村社区建设，不断提高农村的现代化水平。

城镇建设在新中国成立以后特别是党的十一届三中全会以后有了长足的发展。1958 年，市委制定《北京城市建设总体规划初步方案》，提出了要有计划发展一批卫星城镇。改革开放以后，郊区卫星城建设进入了以工业、科技园区经济带动的新阶段，郊区卫星城形成了相对独立、各具特色的新城。郊区中心镇建设和一般集镇建设快速发展。2006 年以来，市政府确定的远郊区 42 个小城镇建设成果显著。经过布局调整、审批规划、强化产业支撑、加大资金投入、深化政策引导、创新发展方式，这 42 个小城镇正在成为产业集聚区、转移人口的集中区、机制创新的示范区。2010 年 42

个重点镇企业总收入达到 1 006 亿元。到 2010 年，北京市乡村人口 275.3 万人，城市化率达到 86％，比 2005 年提高 2.45％。

七、山区经济有突破性进展

北京市山区面积 1.04 万平方公里，占全市总面积的 62％，主要为房山区、门头沟区、昌平区、怀柔区、平谷区、密云县、延庆县七个区县所管辖。北京山区面积占全市国土面积比例大，是北京的一个特点，也是北京经济社会发展的特有优势。

新中国成立后，山区人民开始了开发建设山区，改变山区面貌的征程。20 世纪 50 年代后期，山区掀起了兴修水利的高潮，从根治洪涝灾害入手，修水库、小水电站、综合治理小流域。60 年代初，山区开展了大规模造林、绿化荒山和栽植果树的工程。"文化大革命"后期，山区人民在农业学大寨过程中，治山、治水，改善生产条件。

改革开放以后，市委、市政府针对当时山区经济落后、人民生活贫困的状况，提出必须把山区建设当成一项重大的战略方针认真抓好。1985 年 11 月，北京市八届人大常委会做出了《关于帮助贫困山区改变面貌的决议》，确定了 37 个山区贫困乡做为重点扶持对象，安排专项资金，实行税收、信贷优惠政策，增加山区供电指标，建设山区公路，组织全市各有关部门集中精力重点改变这 37 个山区贫困乡的面貌。经过 4 年的努力，到 1989 年，37 个贫困乡提前 1 年全面实现了市人大提出的脱贫目标。同时，市委、市政府决定扩大扶持范围，增加了 10 个相对贫困的山区乡镇，纳入重点扶持行列。1991 年年初，市委、市政府提出了《北京边远山区乡村十年（1991—2000 年）致富工程纲要》，把开发建设山区做为全市一项重要任务，在原重点扶持的 47 个山区乡镇的基础上，增加了 13 个乡镇，使全市重点扶持的边远山区乡镇总数达到 60 个。其奋斗目标是，缩小山区与平原地区的差距，建设富裕、文明的社会主义新山区。1994 年年初为贯彻国务院工作会议精神，市委、市政府部署北京市边远山区"四四"奔小康攻坚计划，即用四年的时间，使边远山区四十万人实现小康目标，提出了资源开发、工业小区、搬迁、基础设施、"一帮一、同富裕"等五大工程。同时，建立小康基金，给予山区开发政策性贷款，实行优惠税收，优惠用电、通信费用，扶贫工业小区等政策。并出台了荒山、荒滩可以租赁的政策。从1997—2000年，在山区组织实施"山区水利富民工程"，组织动员山区农民、集体经济组织和社会力量大办"五小"（小塘坝、小水池、小水窖、小渠道、小泵站）水利工程，解决山区春旱缺水的困难，带动山区的基础设施建设和综合开发。从2000年第四季度起，又实施了为期三年的第二阶段"山区水利富民工程"，以集雨节水灌溉为重点，科学利用地上水，合理开采地下水，充分利用大气水和再生水，提高水资源的优化配置和综合利用水平，实现可持续发展。到2000年，郊区七个山区县区的89个乡镇农村经济营业总收入实现349亿元，比1995年增长65.4%，农民人均劳动所得3 954元，比1995年增长52%。山区114个低收入村全部超过1 500元低收入线。

为提升山区绿色生态保障建设水平，从2004年起，市委市政府建立了山区生态林补偿机制，每年拿出1.92亿元资金，补助从事山区生态林抚育、保护和管理的农民，使4万多山区农民养山就业，山区的生态林得到有效保护。2005年确定了山区产业规划目标，制定并实施了以发展主导产业为主要内容，以抓点带面为切入点的"十百千"产业致富工程，制定了《关于实施富民养山工程，加快山区发展的意见》，山区建设与发展逐步由资源开发向生态富民转变。2009年7条沟域产业经济带确定，打破行政区域界限，科学规划，综合开发，带动了山区经济社会协调发展。

到2009年，山区生态环境明显改善，95%以上的宜林荒山实现了绿化，林木绿化率达到71%，76.87万公顷生态林年增碳汇967万吨，山区77%的水土流失面积得到治理。山区特色产业快速发展，山区农村经济总收入达到3 929亿元，较2004年的2 534.42亿元增长56%。山区各区县加快实施"富民养山"工程，发展了具有自身特点和优势的生态特色产业。沟域经济已成为山区特色产业发展的重要内容，乡村旅游发展成为山区的重要产业。5万多山区农民搬出大山，社会保障等基本公共服务有很大提高。2009年山区农村居民人均年纯收入首次突破1万元，达到10 518元，从2005—2009年山区农村居民人均纯收入年均增长12.97%。但山区农民社会保障水平还不高，与城市居民、平原地区农民收入差距仍较大。固定资产投资与城区比较相差明显，生态、环境和人口压力仍然存在。

八、农民生活的变化与农村劳动力的转移

新中国成立初期，农民翻了身，生活得到初步改善。1952 年，农户年纯收入 190 元。到 1957 年，农民人均纯收入 135.79 元，较 1952 年增长 40%，年均增长 7%。1957 年农民人均消费支出 121 元，比 1952 年增长 89%，农民的温饱问题基本解决。但在"大跃进"、人民公社化时期以至后来的"文化大革命"时期，郊区农民收入处在增长徘徊阶段。到 1976 年，郊区农民人均纯收入 148.61 元，与 1957 年比较仅增长 12.82 元。人均年生活费支出 141.25 元，仅比 1957 年的 121 元，增长 20 元，平均每年仅增长 1 元。

改革开放以后，随着农村经济的全面发展，农民收入来源多元化，生活改善步伐加快，从温饱步入小康。1978 年农民人均纯收入 224.8 元，到 1995 年农民人均纯收入达到 3 208.5 元，17 年间增长 13.3 倍，年均增长 16.9%。扣除物价因素，实际纯收入增长 4.8 倍，年均增长 9.7%。1995 年，在农民人均纯收入中，生产性纯收入 2 973.3 元，包括家庭经营在集体组织的劳动所得 746.1 元，在企业与其他单位劳动所得 1 147.1 元。企业劳动所得上升到 35.25%，家庭经营收入所得上升到 33.7%。农民的生活消费支出发生很大变化。1978—1995 年，农民人均生活费支出由 185.41 元增加到 2 432.99 元，年均增长 15.4%，扣除物价因素，实际年均增长 9.2%。消费结构逐步升级，1978 年吃穿两项合计占生活消费支出的 74.6%，1995 年只占 60.77%。农民翻盖新房，购置家用电器，增加文化教育支出等都有相当大的增长，生活质量在逐步提高。

2003 年年底，党中央国务院发出《关于促进农民增长收入若干政策的意见》，提出"当前农业和农村发展中还存在着许多矛盾和问题，突出的是农民增收困难"，"要进一步增加做好农民增收工作的紧迫性和主动性"。为贯彻这一决定，市委、市政府于 2004 年 3 月 23 日发出《关于推进郊区城市化、促进农民增收的意见》提出关心农民生活、增加农民收入是农村工作的首要目的，是事关全局的大事。市委市政府采取更直接、更有力的措施，将中央的"多予、少取、放活"的方针细化、实化、具体化，力争使农民收入实现较快增长。按照国家规定，从 2006 年 1 月取消农业税，减轻

农民负担，使农民得到实惠。经过近五年的努力，2009年郊区人民纯收入达到11 986元，较2002年翻了一番，年均增长9％以上。农民收入结构显著变化，工资性收入占总收入的60.7％，家庭经营收入占14.3％，转移性收入和财产性收入有大幅度提高。农户家庭用于消费支出人均达到9 141元，其中交通、通信、居住、文教娱乐支出是消费支出中增长最快的部分。彩电、洗衣机、电冰箱、空调机、移动电话等现代家庭生活的耐用消费品走进了农民家庭。

2009年农民社会保障水平有较大提高。农村合作医疗覆盖率达到95.7％，农村合作医疗补贴标准达到420元。农村养老保障覆盖率达到90％，养老金月平均领取400元以上。远郊区农村低保标准从2005年的年人均1 580元，调整为2009年的年人均2 040元，近郊区实现城乡统一。农村社会救助全面落实。居民义务兵优待金、丧葬补贴标准实现城乡统一。

农村劳动力就业结构发生显著变化。新中国成立后很长一段时间内，农村劳动力固守在田间从事农业生产。1974年郊区有人口381万，其中从业人员为159.4万人，从事农业生产的有130.1万人，占从业人员总数的81％。改革开放以后，特别是1984年以后，党中央政策明确规定农村劳动力可以进城务工经营。郊区农民自由流动，或在本区、乡镇或到县城、市区从事非农产业。到2009年郊区农村劳动力向非农产业转移已经达到124万人，占从业人员总数的70％。从事一、二、三产业的人数，在劳动力总数中所占的比例分别为29.4∶22.7∶47.9。第三产业就业人数保持增加态势。农民从事二、三产业所得的收入已占农民收入的主体。农民的流动促进了城镇化。尽管郊区农民真正脱离土地转为城镇居民的农户还不多，但这种趋势已经形成。在农民进入城镇后，社保、医疗、就业、住房等基本问题解决以后，郊区城镇化进程还会加快。

根据联合国粮农组织规定，郊区农民的恩格尔系数到2006年已经降为32％，郊区农村进入富裕社会阶段。

总结六十年来，北京郊区"三农"工作成效显著。北京郊区农业现代化已有相当水平，代表着国家、农业发展的新成就，起着窗口作用。精准农业技术等一批高新技术率先在农业上应用，科技进步对农业的贡献率远高于国家计划达到的水平。在环区同纬度的情况下，农林牧副渔能够全面发展，实为少见。做为特大城市，郊区农产品提供首都市场占有率也比较高。农业环境友好，生态服务价值提升。农产品质量安全居于国内前列。农村产业结构趋于合理，郊区成为北京市第二产业发展的聚集地，全市工业向坐落在郊区的 31 个工业园区集中，几十家国际大公司在这 31 个工业园区落户，基础设施建设加快，市政配套设施逐步完善。郊区第三产业发展势头很好，商贸、餐饮、仓储、运输等传统产业在改造升级中稳步发展，以科教文卫为主要内容的高新技术产业、现代服务业和金融保险业逐步成为第三产业加速发展的重要力量。第三产业产值占农村 GDP 的比重超过40％。农民有了自己的美好家园，过上了小康生活，走上了幸福、富裕的康庄大道。

到 2009 年，首都经济社会发展已进入全面建设现代化国际大都市的新阶段。距离农村工业化、信息化、城镇化、农业现代化的高标准，都市型现代农业整体发展水平还有待提高，服务体系尚不健全，科研开发和成果转化能力需要加强，国际化开放性水平有待提高，转变发展方式、优化一产的任务相当艰巨。农村基础设施建设仍然滞后，长效管护机制需要不断完善，生态建设和环境保护与世界城市相比存在不少差距。城乡收入差距，农村不同区域的收入差距仍然较大，农民增收渠道还需拓展，提高新型农民素质还有很多工作可做。

总结历史经验，北京这座特大型城市，"三农"问题在北京经济社会发展中占有特殊重要位置。郊区面积大、资源多、发展潜力大，首都现代化建设中最繁重、最艰巨的任务在农村。没有农村的现代化，就没有首都的现代化；没有农民的小康就没有全市人民的小康。解决好北京的"三农"问题是全市工作的重中之重，必须统筹城乡发展，坚持把立足点放在加强"三农"上，国民收入分配要真正向"三农"倾斜，公共事业发展的重点上要切实放到农村，改善民生的举措要更多惠及农民，实行基本公共服务均等化，加快建立有利于资源要素向农村配置的市场机制，引导资金、技术、人才、管理要素向农村聚集，全面提升农村经济社会发展水平。加快转移农村经济发展方式，走资源节约、环境友好、生态文明的可持续发展道路。强化规划和科技支撑，发展都市型现代农业，促进一、二、三产业融合，推动农村经济结构调整和产业升级。加快推进城镇化，推动农村人口向城市化转移，同时推进新农村建设，保障农民利益，以农民为本，经济上保障农民的物质利益，政治上保障农民的民主权利，强化农民的主体地位，充分调动农民的主体积极性，使农民实实在在享受到改革发展的成果。

以改革为动力，推进"三农"工作。农村土地制度的改革，让农村土地流转起来，提高土地利用效率，实现农民的土地财产权益。村级集体经济产权制度的改革，清晰产权，量化到个人，农民以股东身份经营资产保质增值。培育专业合作化等各种组织形式，组织农民，聚集力量，增强参与市场竞争和抵御市场风险的能力。

北京郊区农村正在有中国特色的社会主义道路上前行。

第一章　国民经济恢复时期的
北京农村经济

（1949—1952 年）

中华人民共和国成立后，全国进入了国民经济恢复时期。从 1949—1952 年，也是北京郊区农业生产的恢复时期。新中国成立前的北京郊区农业和农村经济凋敝，生产力低下和落后。新中国成立后，郊区农村实行了土地改革，消灭了封建土地制度，广大农民群众政治上翻了身，农民发展生产的积极性高涨，排涝、抗旱，战胜自然灾害，郊区农业生产取得较快的恢复与发展，各项生产都超过了战前历史最高水平。

北平和平解放后，北平军管会管辖范围是：东起通州、经张家湾、马驹桥至大回城，南达黄村，西南经葫芦垡、岗洼至长辛店，西经潭柘寺至门头沟，北经沙河、小汤山至天竺。1950 年 8 月 1 日市人民政府决定城郊为七个区，分别是东郊、南郊（南苑）、西南郊（丰台）、西北郊（海淀）、北郊、西郊（石景山）、西郊（门头沟）。这七个区共 264 个村子、10 个关厢、6 个镇，共有人口 64 万人，其中农户 8.17 万户、农村人口 38.2 万人，耕地面积 111.02 万亩。1952 年河北省宛平县和良乡、房山两个县的部分村并入北京市郊区，农户增加到 12.63 万户，农村人口增加到 54.49 万人，耕地面积增加到 129.96 万亩。

一、新中国成立时，北平农村经济状况

新中国成立前夕北平农村经济关系和其特点

土地占有情况。当时，郊区农村实行的是封建土地所有制。郊区共有地主 4 906 户，北京郊区 56% 的土地被只占人口总数 9.3% 的地主阶级所占有，而占人口总数 43.8% 的贫雇农只占有 12.9% 的土地。地主阶级占有的土地质量好、产量高，当时郊区 89.3% 的稻田、58.3% 的菜园和 57.6% 的

水地被地主阶级所占有，贫雇农所占的土地主要是旱田、沙碱地（1956 年 9 月 17 日，中共北京市委农村工作部《关于北京郊区的农业合作化运动概况》）。地主中兼营商业或工业的占 29％，城内工商业资本家中，有 404 户在郊区占有土地 11 750 亩。市内一部分劳动人民在郊区占有少量土地，且又出租的约 5 500 户。郊区富农 2 181 户。例如，较远地区的地主占有土地的情况是：以槐房、巴沟、六郎庄、北坞、龙河、小红门、集贤村 7 个村子为例，人口有 14 537 人、土地为 29 729 亩，这 7 个村地主人口占 7.8％，却占有全部土地 44.1％，贫雇农人口占全村人口的 44.4％，仅占有全部土地的 9.3％。近郊，以百万庄、五路居、三里河、羊坊店、大火车站、侯庄、上园 7 个村子为例，人口有 12 100 人，土地为 9 707 亩，占有人口 2.1％的地主，占有全部土地的 19％，占有人口 57.4％的贫雇农和中农，占有土地 57.7％。无论近郊、远郊，地主占有的多是好地。远郊的 7 个村子，地主占有稻地的 65.8％。近郊的 7 个村子，地主占有水浇地的 25.5％，园地的 33.2％。这 14 个村子，地主土地的 51.2％出租给农民（1950 年 11 月 8 日，《北京市人民政府关于北京郊区土地改革的总结报告》）。

农村封建剥削的形式主要有地租、雇工、高利贷。①地租，一般为货币地租，也有实物地租的。租金视土地好坏、耕地条件而定。租额一般占农民常年土地收入的一半以上。收成好，采取四六分成方式，地主拿走六成；收成不好，用死租方式，佃户交纳一定数量的租金。地主往往在土地出租的数量上欺骗佃农，以"七当十"或以"八当十"，农民称之为"虚地租"。佃户以增施肥料、改良土壤、土质变好增产后，地主还要加大剥削量。②雇工，地主非出租土地雇工耕种，有长工、半长工、小工、短工之分。终日劳作，因病因事不能干活时，须找人顶替。20 世纪 30 年代，长工工资每年 8～30 个银元。农忙季节，雇短工的工价按农活而定，如收割小麦，每天工价 7～15 千克小麦。③高利贷，贫下中农向地主、富农借贷，利息通常是"大 3 分"（即月息 3 分）。到期不还，要利滚利（即计复利），或以地抵债。广大贫苦农民过着食不果腹、衣不遮体的日子。

北平郊区农村因靠近都市，农村生产商品化的程度业已显现。郊区菜园 24 200 亩，"三大季"土地（种两季庄稼一季蔬菜）116 200 亩。蔬菜产品主要供北平市内，还要供给其他临近城市。南郊有棉田 4 万～5 万亩，西郊、南郊的稻田 23 000 亩，永定河西岸出产的花生、白薯，西郊的水果、毛豆、荸荠等都是供给都市需要的商品生产。一些土地已开始使用电力水井、自流井、落稻机、剥米机等技术设备，丰台、西直门外菜园还有玻璃温室。

重视城乡关系，组建农村经济管理机构

北平和平解放前夕，任中共北平市委书记的彭真在 1948 年 12 月 29 日与市委政策研究室同志的谈话中提出：在我们进城后，有两个根本的问题需要研究，一是城乡关系问题。农民送给城市粮食，城市应该给农民一些什么东西呢？组织城市人民生产是我们的基本任务。把城里的工业品送到乡下，农民就高兴了，把城里的知识分子送到乡下，为农民服务，农民就痛快了，合作必须彼此互惠。彭真作为北平市领导人从一开始就关注城乡隔绝很久的这个问题，要改变城乡关系，从调动农民生产积极性、改善农民生活入手，组织城乡协调发展。另一个根本问题是经济领导权问题，他指出：进城后要掌握领导权，把旧的经济变为社会主义领导的经济。

在这一思想指导下，中国人民解放军入城后的第四天（2 月 7 日），即成立北平市合作社供销总社，有组织有领导的发展城乡生产。同时，由中共北平市委副书记李葆华主持多次召开郊区土地和生产会议，并于 3 月 19 日正式成立市政府领导下的郊区工作委员会，董汝勤任主任，负责北平郊区的生产建设和行政管理事宜。5 月 20 日，中共北平市委成立郊区工作委员会，以加强党对郊区的领导，柴泽民任书记。郊区农村经济在市委和市政府的两个郊区工作委员会领导下战胜困难、克服风险、走上正路。

1949 年 2 月初，中国人民解放军入城后，郊区农民兴高采烈、欢庆解放，普遍要求平分土地，但春耕生产就要开始，匆忙实行土地改革，必然出现忙乱现象。为了解决这个问题，既要触动封建生产关系，调动农民生产积极性，又要保证有秩序地展开春耕生产，4 月市委召开农田土地会议，确定以尽量不影响当年生产为原则，制定了一些临时办法，提出了"土地不荒芜，农民有地种"的口号，宣布了"谁种谁收"的原则，以稳定各阶层的生产情绪。其后，市委又做出正式决定，没收地主的土地及旧式富农出租的土地（限于农业之土地）归人民所有，由市政府管理并出租给原土地使用人，维持原来的耕种权，向人民政府交纳统一的租税，不实行平分，

谁种谁收。这样做的结果是没有出现解雇、夺佃的现象，未造成荒地，安定了农村秩序，为恢复发展农业生产创造了条件。

1949 年北平郊区先旱后涝。3—5 月，郊区春旱，降水量少，给冬小麦返青、拔青、灌浆及春播作物的播种、出苗造成不利影响。市人民政府连续几次召开研究农业生产会议，组织农民群众打井、点种、抗旱。7—8 月，降水比常年偏多 61%（日降雨量 136 毫米），暴雨成灾，通县境内潮白河大堤全线溃决，造成大涝。受灾面积 84 万亩，市人民政府积极组织郊区农民挖排水沟、疏挖河道。但仍有 35 万亩农田严重减产。南苑区灾情最重，一些农田绝收。全郊区收成只及常年产量的七成。

1950 年春荒。春耕播种、口粮都有问题。市人民政府组织干部深入到受灾严重的南宫村、团河村、西红门镇调查，了解村民需求，并开展工赈工程，开挖排水沟 116 222 米，农民工收入 180 万千克粮，南宫村收入最高每人达 125 千克。同时发放救济粮，老弱孤寡能够领到八九十斤粮食，可以维持到麦收。

1949 年北京农村经济状况

新中国成立初，郊区耕地 111.02 万亩。郊区农村的基础产业是粮食种植，为种植业的主体。1949 年，粮食作物种植面积 92.31 万亩，占总耕地的 80% 以上，总产量 0.41 亿千克，亩产 45.5 千克。禾谷类作物占有绝对优势，玉米作物占粮食作物种植面积的 36.1%。小麦占 13.7%，水稻占 0.8%，豆类占 10.4%，谷子占 15.2%，高粱占 9.8%，甘薯占 5.6%。一年一熟，以旱作为主，春播为主，大垅稀植，间作、混作比较普遍。玉米，以农家品种为主。菜田 3.84 万亩，年产 0.31 亿千克，平均亩产 1 621 千克，生产水平低。城区内有零星菜田，西部城墙外为"细菜区"，城东、城北部菜田少，多为"大路菜"。春秋两茬儿为主，大白菜、萝卜是主要品种，市场供应单一，4 月、8 月、9 月为鲜菜供应淡季。蔬菜保护地面积仅有温室 838 间、阳畦 4 785 个。赵辛店的大蒜、瀛海庄的"五色韭"、西红门的"心里美"萝卜和集贤庄的"鸡腿葱"为当时郊区的名菜。菜田多为菜霸控制，菜农、菜贩遭受中间剥削，限制了蔬菜生产的发展。

猪鸡饲养为一家一户生产方式，属家庭副业，饲料依附于农业生产。郊区农村养猪数量不大，商品率不高，1949 年交售商品猪 12.1 万头，饲养东北民猪、河北地区的土种猪。1949 年北平鸡蛋收购量仅为 176 万千克，人均占有鸡蛋仅 0.8 千克。"北京油鸡"为优良地方品种，主要在朝阳区洼里一带饲养，受群众欢迎。全市有 60 多家私人奶牛场，养牛 1 100 余头，产奶约 200 万千克，人均年占有牛奶 1 千克。饲养量少的仅有五六头，多的十几头。规模最大的福康奶牛厂，也只有百余头。奶牛厂场地狭窄、房舍简陋、饲料单一、卫生和防疫条件差，产奶量低。从 1860 年饲养奶牛到 1949 年将近 90 年的时间里，每年平均只增加 17 头。丰台区菜户营一带私人养鸭场年生产"北京鸭"6 000 只左右。

郊区农村传统手工业，有"四坊"（豆腐坊、粉坊、油坊、染坊）、煤窑、烧砖、钉掌、烧锅（制酒）、荆柳草编以及为城市名店老号内联升、同仁堂加工袼布、纳鞋底、加工药材等。农闲时间，农民从事副业成为维持生计所必需，但生产水平低下。

1949 年农村经济基本特征，是农民以家庭为单位，以自有或租佃的土地实行规模细小的农业生产和经营。农村以农业为主，非农产业比重很小。农业以种植业为主，与畜牧业、手工业和家庭副业相结合，手工劳动为主，农民从事个体经济，农民生产和生活必需品自给程度高，但所得很少。剩余农产品的市场交换、土地的买卖和劳动力的流动等都比较自由。农民生活困难。

二、土地改革顺利进行

《关于北平市辖区农业土地问题的决定》的公布及政策规定

1949 年在全国范围内取得胜利的大局已定。农村土地改革已由北方老解放区向新解放区土地改革转变，工作中出现许多复杂的新情况，需要及时调整方针政策。在北平和平解放前夕，1949 年 1 月 26 日，毛泽东为中共中央起草了给东北野战军和北平市委的电报，指出：我军进入北平，"乡村土地改革办法，绝不能施行于大城市附近"。"在大城市工作的作风绝不能搬用在乡村工作的作风。在大城市，凡是均须重新考虑，一举一动都要合乎城市的情况"（《毛泽东年谱下卷》，第 446 页）。毛泽东的电报，为中共北京市委领导全市工作，特别是京郊土地改革指明了方向。市委据此加强了对新形势下郊区土地改革等问题的研究。1949 年 1 月 6 日，中共北平市委书记彭真在良乡城关对准备进城接管的干部讲话时说："北平近郊今年是否分地，还没有决定，打算先调查一下，提出具体办法，以后解决。但必须宣传我们的土改政策。贫雇农组织好以后可以分地，对中农我们决定采取不侵犯态度，对其土地不动，团结他们。对地主不打、不杀，对地主的工商业也不侵犯"。1月中旬，郊区各区组织工作组下乡，发动群众摧毁伪保甲，建立人民的村政权，同时结合宣传土地政策，进行土地占有及经营情况调查。传达学习毛泽东的电报指示后，彭真责成当时任市委研究室主任的邓拓，进一步加强了调查研究工作。2月中旬，市委研究室对各方面调查情况及土改意见进行了汇总，并据此写出了《关于北平郊区土地占有关系及今后土地改革问题》的报告，报送市委，得到了彭真和大多数市委领导同志的赞同。经过反复讨论修改，市委于1949年4月底向中央上报了《关于北平市辖区农业土地问题的决定》。这一决定上报中共中央后，刘少奇于1949年5月18日批示："同意这个决定，在发布前最好能召集几个党外人士商量一下，如他们同意，便立即发表实施"。市委遵照刘少奇的批示多次召集党外人士座谈土地改革工作，听取意见。通过座谈，又增加了生产蔬菜的阳畦、温室等园艺土地不能动，有进步和改良设施的农田不能动等内容。1949年5月31日，北平市军事管制委员会颁布了《关于北平市辖区农业土地问题的决定》。

《关于北平市辖区农业土地问题的决定》的原则是：没收地主的土地和征收富农出租的土地归国家所有，由政府分配给无地或少地的农民使用，并不平分土地。根据这个原则，规定了12条处理办法：

（一）所有自耕农民之土地，包括富农自耕部分之土地在内，其耕种权与所有权一律照旧保持不变。

（二）没收所有地主之土地，并征收富农出租之土地，统一由本市人民政府管理并酌量出租。但对于需要依靠土地为生之地主，在没收土地时，应留给以大体与普通中农相等之一份土地；如有其他收入者，可酌量少留或不留予土地。

（三）在土地被没收与征收归公之后，不论原土地使用者为佃贫农、佃中农、佃富农或经营地主与农业资本家或其他土地使用者，也无论原来为公地或私地，一般维持原耕、原地不动。但恶霸等仗势侵占使用之土地，不在此限。

（四）凡使用机器耕种之土地，不论其土地所有权有无变动，一律原耕不动。

（五）农民耕种的地主和富农的土地，在没收归公之后，一律不再交地租，只向政府缴纳统一的农业累进税。其税则另定之。

（六）没收地主之土地时，租种该地主原有土地之佃户所使用的耕畜、农具应转为佃户所有。经区政府批准后，并得征收地主一部分粮食，分给缺少生产资金的农民，对于地主其他浮财，不再没收或征收。

（七）佃户已缴之押金及预缴之地租，地主应退还佃户，但如出租土地者为贫苦之老弱孤寡，无力退还时，应另行调处之。

（八）生活不超过中农水准，因缺乏劳动力，或因从事其他职业无力自耕而以少数土地出租者，其土地不在没收之列。今后其分得或留有之土地，仍可断续出租，其租额由东佃双方自行议定之。

（九）关于地主土地的没收与富农出租土地的征收，在政府领导下由区村农会执行之。农会尚未建立或不健全不能胜任时，由当地人民政府执行之，但须邀请正派农民积极分子或农民代表参加。关于地主富农成分之划定，由村农民大会邀集本人参加评定之，并应报告区政府批准，由村农民会贴榜公布之。区政府批准后如本人仍不同意时，得于贴榜公布后五日内向市人民法院提出申诉，在法院未判决前不得执行。

（十）人民对于土豪劣绅恶霸的罪行，有向人民法院提起控诉及要求赔偿之权。任何人不得加以阻挠。但群众不得采取吊打或其他直接行动，直接侵犯被控诉者之财权人权，应听候人民法院之判处。

（十一）一切可耕之荒地，在不妨碍城市建设与风景的条件下，由政府统一分配予缺少土地之农民使用。垦种荒地者，免税 1 年至 3 年，视其地质与位置而定。

（十二）本办法只适用于本市所辖地区内之农业耕作的土地，并自本日起施行之。

这一土改政策经过试点在实践中又做了若干补充，明确为实行"四不动""五动"的办法。"四不动"，即：中农的土地绝对不能动；为供给城市人民蔬菜而经营的园艺不能动；有进步或改良设备的农田不动；如果雇工不愿分租土地者不必。"五动"，即：对地主、富农或公有的荒地；对恶霸地主、富农强占、强租的土地；对地主、富农租入的公地及租入其他地主、富农的土地；对和尚、道士经营的庙地；对地主、富农无力经营或经营不良的土地等五种土地可以动（1950年8月8日，柴泽民《关于土地改革、农业生产、生产救灾工作的报告》）。对待富农，进一步明确只征收其出租的土地，对其自耕和雇工经营的土地及其他财产一律不动。还研究规定："凡土地使用者，在被没收与归公土地上一切科学技术设备（包括电力水井、温床等），不论是原有或新设，一律保护其所有权，如本人不再继续经营时，则在取得本人同意后，由新土地使用者以公平之价格购买之，如是项土地为城市需要收回时，则由人民政府收购之"；"凡投资经营之鱼塘，一律保护不动。地主出租之鱼塘，在废除其所有权之后，其投资经营者不论为何成分，一律维持原营不动"；以"现代科学技术方法经营之果园，一律保护不动"。

北平郊区实行的土改政策在坚持消灭封建土地所有制，是与一般农村土地改革相一致的。但考虑到城市建设和郊区特点，与一般农村地区的土改又有以下几点重要区别：

一是，不实行平分。征得的土地分配给无地和少地的农民使用。

二是，没收的土地实行国有，农民有使用权，无权买卖。考虑到大城市建设需要占用郊区土地，适应郊区人多地少的特点，又照顾到有先进设施的农田不能分配等情况，实行土地国有的这种办法，但农民分得的土地完全有使用权，完全摆脱了地主的束缚，从地主土地所有制解放了出来，积极性仍然会是很高的。

三是，只征收富农出租的土地。北京郊区富农人口为16 701人，占有土地88 700亩，其中出租土地20 500亩。土改征收的只限于这部分出租的土地。不动富农的自耕土地，保存富农的生产工具、资金和较为优良的生产条件，有利于恢复农业生产。也稳定了中农的生产情绪，有利于社会的安定。

四是，不动地主的底财及其浮财，利于地主将其底财、浮财转向农业生产或工农业活动。对于依靠土地为生的地主，还分给了与农民相同的一份土地使用，开始了他们的新生活。

五是，对地主的工商业也不侵犯，利于城市、街镇及乡村的大小工商业者经营自己的产业，尽早恢复工商业的发展。

全市郊区土改工作在经过一些准备工作后即将开始的时候，中共北京市委关于郊区特殊土地问题的处理办法又向中央做了报告，一是教堂的土地，凡出租或雇人耕种的，也要没收；二是回民地主的土地没收后要先尽回民与原佃户使用，清真寺的土地处理方法应征得回民同意；三是军田及机关、铁路、公营企业、工厂占有之公地，则仍由该部门管理和使用；四是地主在农村的房屋，除与工商业相联系的以外，一律没收及分配，但对于居住乡村之地主须分配一份房屋（1949 年 10 月 7 日，《中共北京市委关于郊区特殊土地问题的处理办法向华北局并中央的请示报告》）。

土改前的准备阶段

在市人民政府颁布了《关于本市辖区农业土地问题的决定》以后，于1949 年 6 月在郊区选择了巴沟、高碑店、平房、槐房、张郭庄、小村、北湖渠、东河沿、上岸 9 个典型村做土地改革试验，由市委郊区工作委员会直接领导。各区也选择了一至两个试验村，由各区负责同志带队组成工作组开展土改工作。例如石景山地区土地改革工作，先是在鲁谷村试点，总结经验。在此基础上，全区又办了 120 多人的土改干部训练班，学习政策，听取经验介绍。继鲁谷村试点后，区委书记常浦、区委副书记宋平又分别带队进驻非农业人口较多的模式口村和农业人口比重大的西黄村，再次进行土地改革试验，培训干部，为全区开展土地改革做准备。在试点过程中，检验了市委制定的土改政策是正确的，是符合郊区实际情况的。

组织培训干部，统一思想认识。在郊区农村参加土改工作的干部有469 名，其中有 135 人参加过老区土地改革。为了使全部参加土改工作的干部掌握在大城市近郊进行土改的经验，市委、市政府组织参加土改工作的干部反复学习土改政策和土地改革典型村的经验。当土改工作在全郊区普遍开展后，又采取了集中使用干部、分批进行工作的办法。集中这些曾参加过典型试验村的干部，分别成立工作组，每一个土改工作组由 5～9 人组成。每个工作组每批只进驻一个行政村。曾参加过市区两级典型村土改工作的干部成为了骨干力量，有的是土改工作组组长，有的是土改工作巡视员，协助各村解决问题，及时向上级反映情况，纠正偏差，保证了工作的顺利进行。

对群众广泛、深入地进行政策教育。开始，干部群众普遍存在着过"左"的情绪，有的想分地主所有的浮财、底财，还认为"不动富农自耕地、自营地，消灭不了封建"；有的还想动中农，想平分土地；有的还认为"坏人不打不吊，解决不了问题"。各区普遍召开农民代表大会，或召开包括有地主、富农参加的村群众大会，以及各种形式的座谈会，讲清政策，让贫雇农、中农了解，也让地主、富农摸到政策的底。经验证明，凡是政策宣传教育工作做得好的，土改工作就比较顺利，出现问题也容易解决。小红门村斗争恶霸时，群众激愤，一些人喊"用镰刀剐了他"，但是多数群众仍很理智，还是把这个民愤很大的恶霸地主送到了人民法院处理。

组织农会，成立农民自己的组织。在土改工作开始时，郊区263个村建立了农民协会，会员达到116 491人，占郊区农业人口的23%。郊区土改工作依靠农会发动、团结群众，正确贯彻政策，防止坏人捣乱，与驻村的工作组结合起来完成的。

1949年8月，在全市第一届各届人民代表会议上，通过了在郊区迅速实行土地改革的决议，市人民政府责成郊区工作委员会领导郊区农民进行。9月底，郊区土地改革的准备工作完成。

土地改革的有序进行及特色

1949年10月17日，中共北京市委郊区工作委员会召开郊区扩大干部会议，布置开展土地改革工作。中共北京市委书记彭真到会做了《发动农民自己动手消灭封建》的重要讲话，"我们要动手消灭封建了，在人民的首都是不允许封建势力存在的，消灭封建势力就是要实行土地改革""土地改革的目的，就是发展生产，打倒地主，分配土地"。彭真特别讲了土地改革的工作方法，一是要群众自己起来调查研究、分配，不要我们干部包办代替；二是要斗恶霸、斗特务，凡是妨碍土地改革，都要发动群众斗争，但不要乱打、乱杀；三是没收地主的土地、农具和分配，要分配公正，不要偏心。彭真还特别强调讲了"三不动"的政策，即：中农的一切不动，土地不动，财产也不动；工商业不动，地主富农的工商业也不动；地主在城内的房屋不动，市内的果园、菜地也不动。他解释"三不动"说："如动了地主、富农的工商业，则影响城市资产阶级，城市工商业者不安，则不能发展工商业，物价要涨，农民要吃亏，社会要退步""如果动了中农和工商业者，四个朋友就要减少两个或三个，而且生产力要遭到破坏"。会上，中共北京市委郊区工作委员会书记柴泽民对郊区的土地改革做了全面安排布置。会后，各区分别召开了农民代表会、村干部会和农民积极分子训练班，共产生农民代表近千人。

郊区的土地改革从 1949 年 10 月中旬开始，分三批完成，第一批有 73 个村，第二批为 102 个村，第三批有 88 个村。到 1950 年 3 月春耕生产开始前，土改工作全部结束，顺利完成。

郊区土地改革大体上有以下三个步骤：

第一，土改工作组到村，向全村居民包括地主在内，说明来意，讲明政策。根据村中多数农民的要求进行工作。有 66 个村子是从反恶霸斗争开始的。先把恶霸地主的气焰打下去，土改工作才会顺利进行。郊区土改中一共斗争了 130 名恶霸，其中有 40 名大恶霸交法院处理。在取得了反恶霸斗争胜利后，完成了成立村农民代表大会的工作。村农民代表大会一般由贫雇农占 2/3 代表、中农占 1/3 代表组成。

第二，进行划分阶级和没收地主的土地及其应没收的房屋、农具、牲口、粮食等工作。制定了划分阶级的标准及其政策，使农民接受。发扬民主，自报成分，由群众评定。注意到了区别主要劳动与附带劳动以及正确划分城区居民在郊区占有土地者的成分。在划分阶级后，有组织有秩序地接收了地主土地的"红契"以及地主的农具、耕畜及多余的粮食和房屋。

第三，分配斗争果实。首先分配土地，主要分配给无地和少地的农民。把土地按产量分为若干等级，照顾土地的远近，参照要地者的原有土地数量，以人口为单位进行分配。对于农具、耕畜、粮食和房屋的分配主要根据农民的生产需要和统算统分、公平搭配两个原则进行的。采取自报公议、农会（或农代会）审核、出榜公布。在取得全村农民同意后，给分得土地的农民正式颁发了土地使用证。

郊区土地改革是发动农民群众起来与地主阶级进行斗争的过程。实践证明，只有发动起群众，才能顺利地解决这一伟大历史任务。在市委、市政府的正确领导下，发动农民群众自己起来解放自己，是土地改革工作最重要的一条经验。在 1950 年柴泽民的《关于土地改革、农业生产、生产救灾工作的报告》中披露，经过八个月的土改运动，全郊区土地改革中共没收地主和征收富农出租的土地 394 796 亩，占当时郊区土地面积的 36%，大小农具 66 804 件、水车和大车 2 279 辆、耕畜 1 743 头、粮食 133 万斤、房屋 22 278 间。得到土地和农具等生产资料的农民共计 52 009 户、217 091

人（1950 年 6 月 7 日，《中共北京市委关于土地改革的总结向中央、华北局的报告》）。获得土地的农民觉悟得到提高。很多农民认为共产党是救穷人的，他们纷纷要求入党。土改第一批，被批准加入中国共产党的就有 668 人，建立了 70 个党支部。土改完成后，郊区有 222 个村建立了党支部。农民踊跃参加农会，青年踊跃参加共青团。他们成为了基层政权的骨干，生产战线的主力军。土改中充分发挥妇女的作用。妇女和男人一样在土改中参加选举、划阶级、抽补土改等工作，政治觉悟大大提高。她们积极参加生产，干劲很足。十八里店、旧宫等 18 个村统计，共有 4 700 多名妇女参加了农业生产。几千年来的土地的地主所有制及由此形成的土地的租佃关系在首都的郊区被彻底消灭了。尽管土地改革并没有触动农村土地的私有制，但通过平均地权实现了农民盼望已久的愿望，耕者能有其田，他们变成了自耕农。

土改以后划入北京市的远郊区县，分别属于山区老解放区、平原解放区和平原地区新解放区三种类型。这些地方的土地改革是由当时所属的省委、地委领导进行的。这些地区经过清算斗争和土地平分，彻底改变了地主富农的原有土地占有情况，满足了农民对土地的需求，废除了封建半封建的土地制度。

三、以农业为主的各业生产迅速恢复与发展

郊区土地改革的完成，农民在政治上、经济上彻底翻了身，农村发生了翻天覆地的变化。郊区土地占有关系发生了根本性的变化，长期被束缚的农村生产力得到了历史性的大解放，激发了农民的生产积极性。

奖励农民和农业经营者

1950 年 4 月 11 日，北京市人民政府发布《关于对农民及农业经营者发展生产奖励办法》的布告。规定：①凡本市国有土地已分配给农民使用，在领得国有土地使用证后，即取得长期使用权。②国有土地使用者，为增产而添置的技术设备（如水井、温床、暖室等）统归其私有，如市政建设或工业发展必须征用其土地时，应由征用者予以公平合理的补偿，其为生产实行土地改良者，如改旱田为水田，或改良土壤等，其土地改良之费用，

亦得以同样办法取得补偿。③农民私有之土地，或使用国有之土地，皆向政府交纳农业税。农业税按土地之常年固定产量计证。如因变耕互助、深耕细作而增加产量时，其超过部分免征农业税。经政府批准开垦国有荒地及无人耕种之碱地、河滩为良田者免征农业税三年，并拥有长期使用权。④凡经营菜园、果园、鱼塘、藕池者，一律按其总产量的常年批发价平均减半折米计证农业税，以示奖励。⑤土改后劳力不足的农户，其土地仍可出租或雇工经营，地租与工资由双方议定。⑥借贷自由，利息由双方自由议定。市人民政府从经济上扶持翻身农户，实行了一系列有利于促进农业生产的政策措施。结合当时开展的爱国增产运动，市委、市政府还召开了郊区扩大干部会议，提出了1950年郊区农业生产要"增产一成"的任务。广大农民积极响应，掀起了生产高潮。郊区怡乐庄村向瀛海庄村提出挑战，决心不荒一亩地、不闲一个人，做到增产两成。1951年3月，门头沟区大峪村农业劳动模范冯德珍响应山西平顺县西沟村李顺达互助组在全国发起的挑战书，开始了北京郊区丰产竞赛活动。接着，殷维臣、霍凤岐、刘玉昆互助组也来纷纷应战。为此，市政府还制定了农业丰产奖励办法，支持爱国增产运动。为了加强对郊区农业和农村工作的领导，1952年9月，北京市人民政府农林局成立，具体负责郊区农、林、水利建设工作。郊区还召开农民代表会，开展增产竞赛运动。

发放贷款，解决农民生产上的困难。土改后的翻身农民缺乏生产垫本，再加上上年涝灾影响，生产出现不少困难。1950年8月，中国人民银行在六郎庄供销社试办信用合作业务。12月正式成立了北京郊区第一个供销信用部。到第二年4月，全郊区共建了12个供销信用部。各级政府在1950年春耕前协同合作社、银行发放各种贷款共折合1 886 146千克小米，除去解决了部分农民的种子、肥料的困难外，还增加了牲畜405头、水车511架、农具3 072件、添置和修理大车303辆。1951年3月底，合作社和银行共放出款物折合玉米32 569.5千克。此外，还大力开展农业保险业务，率先确定了普遍实行牲口保险、棉花保险。农户集体投保，检查牲畜健康，免费为牲畜医疗，承保牲畜占大牲畜总量的80%。棉花、小麦、水稻承保47 500亩，支付赔款远高于保费收入。

改善农业生产条件

兴修水利，扩大灌溉。1949年郊区水浇地仅有11.06万亩。其耕地还有不少为易涝地和盐碱地。水旱灾害经常发生，水利建设急需进行。1949年11月，开始修建官厅水库，其后修建永定河引水渠。整个工程在1954年5月完成，投资3 564万元。官厅水库位于洋河、桑干河、妫水河下游，解除了永定河下游地区和北京、天津两市所受的洪水威胁，水库蓄水，可供灌溉、发电。为减免潮白河中下游洪涝灾害，从1950年起，组织郊区农民和临近省份的农民开挖了潮白新河。随后进行的东引河扩大、青龙湾疏浚、牛牧屯分洪、黄庄洼滞洪等工程的完成，潮白河中下游地区的洪涝灾害大大减轻。疏浚凤河、坝河、月牙河、凉水河、北小河、羊桥河、莲花池七条河道74.925公里。挖排水沟454条、长351.127公里，12万亩农田免于涝灾。延长灌溉渠道50 142米。有农民12 000人参加，共获工赈小麦25万余千克，沿河一带4万多农民的农业生产得到保障。郊区农民凿自流井、砖井310眼、修理旧井422眼，扩大水浇地面积1 995亩。从1949年至1952年，郊区有水浇地面积增加到17.21万亩。

使用良种、增施肥料。当时白薯品种推广使用"胜利一百号"，增产八成左右。有计划地推出了优良甜豌豆品种、"华农二号"玉米、"华农一号""银坊水稻"等优良谷品种。推广的"811"良种谷，平均亩产超过当地谷的50%左右。推广小麦、玉米、蔬菜良种近1.25万千克。推广使用花生根瘤菌1万多亩。鼓励农民群众养猪，开辟农家肥料。市政府还贷给化肥1 000万千克（每亩施10千克）。郊区农田地力有所提高。改良种植制度。过去"宽行大垄"（行距为33～66厘米），1951年8月以来，推广密植，郊区的19万亩秋播麦中有1.2万亩改大行为小行，行距留到33厘米，每亩播种量增加。南苑区37个村种麦2.8万亩，其中有0.8万亩实行了密植。麦蚜、红蜘蛛、麦叶蜂等病虫害防治也取得好效果。

推广新式农具。农村使用农具，多是旧犁、旧耙，效率低。1950年3月，市政府在海淀区龙背村建立新区农具推广站，5寸步犁、7寸步犁、脚踏式打稻机、手摇锄草机、3齿耘锄、手摇玉米脱粒机等小型农具得到推广。1951年和1952年，推广各种新农具1 075件，其中新式步犁占589件。"小五轮"和"轻三轮"新式水车比旧式"大八卦"水车出水量多一倍，一般毛驴就能拉动。这种新式水车在1950年一年就卖出681台，到1952年又卖出1 166台。在新式农具推广上采取与银行贷款相结合的办法，不使农民负担重，为农民所接受。

农副业发展快

　　1950年，全年降水867毫米，仍是一个涝灾年。全郊区有36.7万亩农田受灾。大兴县连降大雨，有16.1万亩农田被淹。但由于土改后，农民生产热情高涨。在市区各级政府支持下组织起来战胜灾荒，灾情大大减轻。全郊区粮食种植面积128.6万亩，产量为0.91亿千克，平均亩产71.4千克；棉花3.9万亩，总产56.77万千克，平均亩产皮棉14.3千克；花生4.33万亩，亩产93.4千克；蔬菜种植面积扩大到6.3万亩，总产0.63亿千克，都较1949年有大幅度提高。1950年秋征任务完成小米945.6万千克，超额原定计划的34.47%。郊区出现了农民群众踊跃多交粮、交好粮的局面。1951年则是少雨年，年降水量440毫米。春旱、夏蝗、秋虫灾害多，但粮食作物仍获好收成，较上年增长22%。蔬菜种植面积、总产都较上年有大幅度增加。1952年，正常年景，粮食作物产量较上年增长35%。蔬菜生产有较大发展，菜田扩大到13.08万亩，较1949年增加4倍，蔬菜总产达到2.14亿千克，按当时的城市人口（258万人）平均，每人每天有菜400克左右，较1949年增加7倍。

　　组织副业生产，增加农民收入。1949年南苑灾区仅有一个村开展熬硝副业生产，1950年经区政府提倡发展到19个村。郊区农民开展纺羊毛、挑补花、磨粉、榨油、养蜂、养鸡、养鸭、编筐等副业，各区县供销社帮助解决资金和销路，农民收入增加。据统计，1949年每个劳动力平均年收入为129.8元，到1952年，达到204.7元，增长57.7%，可以不受冻饿之苦了。

1949—1952年北京郊区农村、农业情况表

	1949年	1950年	1951年	1952年
农户（万户）	8.17	9.43	9.18	12.63
农村人口（万人）	38.20	42.70	39.87	54.49
耕地（万亩）	111.02	108.63	101.36	129.96
粮食种植面积（万亩）	92.31	128.63	102.49	113.77
平均亩产（千克）	45.50	71.40	87.30	113.77
总产量（亿千克）	0.42	0.91	0.89	1.16
棉花（万亩）	3.95	3.97	6.53	7.35

	1949 年	1950 年	1951 年	1952 年
亩产（千克）	7.00	14.30	18.45	20.85
总产（万千克）	27.65	56.77	120.48	153.24
花生（万亩）	3.49	4.33	4.62	7.34
亩产（千克）	66.15	93.40	99.90	105.40
总产（万千克）	231.03	404.42	461.53	773.63
蔬菜（万亩）	3.84	6.38	7.33	13.08
亩产（千克）	830.20	996.75	2 242.70	1 617.10
总产（亿千克）	0.31	0.63	1.64	2.14

资料来源：北京市农业局编，《北京农业生产纪事》，1993 年 9 月。

四、农产品流通和税收政策

农产品流通

新中国成立前后，北京粮食匮乏严重，先后从外地调拨粮食以缓解危机。新中国成立后，北京市先后成立北京市粮食交易所和四个粮栈，规定粮食交易必须通过交易所进行，禁止场外交易和买空卖空。1950 年 1 月 20 日，北京市人民政府颁布《关于粮食交易所交易管理暂行规则的公布令》和《关于取缔非法商业行为暂行办法的指示》，以平息涨价之风。1951 年 4 月 2 日，中央将北京等城市的小麦、小米、面粉、大米价格直接掌握，不给地方机动权；可以机动的只有玉米、高粱。到 1952 年，市粮食公司的批发量已占全市粮食总量的 90％以上。北京市供销合作社在 1949 年 2 月 22 日成立，先后设立有粮栈、油盐门市部、菜站等，各郊区农村也成立了基层合作社。1951 年，郊区农村供销社已发展到 109 个基层社，占郊区 260 个行政村的 40％以上，有社员 8.9 万人，占农业人口的 25％以上。市供销合作社还设立蔬菜经理部，并在天桥、广安门、阜成门、东直门四个大菜市场设立菜站，经营蔬菜批发、稳定菜农的销路。

农业税收政策

主要有农业税、屠宰税与市场流通中的交易税。农业累进税，1949 年

11 月 22 日，北京市第二届各届人民代表会议通过了《关于征收农业累进税决议案》，并予以公布实行。规定依据常年产量，以 9 市斗（1 市斗为 10 升）玉米为一标准亩，每人全年平均收入扣除免税点后，所剩之标准亩为负担亩。根据负担亩的多少按税等计算，即得负担分数，按负担分数确定征税额。负担分数共分 13 等，最低的两个负担亩以下者按 0.8 分计；最高的 24 个负担亩以上的按 2 分计，不再累计，对虚报、瞒报者予以惩罚。根据北京市郊区常年最低产量及农民负担能力，1949 年在征收农业累进税 1 300 万千克小米的基础上减免 200 万千克小米。执行中央人民政府《新解放区农业税暂行条例》，1950 年 9 月北京市制定了《郊区 1950 年农业税征收补充办法》规定秋征税率为 10.95％，并制定了 21 级秋征税率累进表，起征点为玉米 68 千克。各阶层全年负担比例为：贫农 8％、中农 15％、富农 20％，负担最低者为 4.1％，最高者为 20.2％。根据中央政务院 11 月的指示精神，北京市决定随农业税附征 30％附加。后在 1951 年 6 月，北京市政府的农业税率改为最低 6％，最高 30％。实施附加农业税为 20％的 48 级累进税制。1952 年 6 月北京市按照中央要求取消了一些附加，起征点按照中央要求的 75.5 千克执行。对蔬菜定产时予以五折优惠。1949 年北京农业税收入总计为 803 万元，占本年度财政收入总数的 33.7％；1950 年农业税收入为 1 117 万元，占 17％；1951 年为 1 174 万元，占 8.4％；1952 年为 1 534 万元，占 7.3％。从 1949 年到 1952 年，农业税收逐年增加，但占全市财政收入的比例逐年递减。

屠宰税，从 1949 年开始征收。1951 年 5 月北京市颁布的《北京市屠宰税稽征办法》规定，屠宰税对全市普通食用牲畜开征，以猪、羊、菜牛三种牲畜为征税对象，对耕畜、运输畜的马、骡、驴、驼、耕牛等以及种禽、乳畜、胎畜采取限制宰杀；对老、弱、残不堪用的耕牛、马、骡、驴、驼等牲畜经屠宰厂检验或持有郊区乡、村合作社证明可以入场屠宰、照章征税。从 1949 年到 1952 年北京市征收屠宰税逐年增加，共853 万元。

交易税。北平解放后，交易税作为一种商税，按营业额的 4％向买方课征。1950 年 1 月 6 日市政府规定全面开征粮食及牲畜交易税。当年 7 月 1 日，市政府关于《调整地方税部分的布告》正式取消土布交易税，郊区只征收牲畜、粮食、棉花交易税，征收场所为市场和集市。同年 12 月，取消自由成交不纳交易税的决定。为减轻农民负担，1951年7月，市政府决定合作社为收购棉花所付棉农之粮食，免征交易税。收购备荒种子，也免征交易税。

创建国营农场

郊区土地改革期间，1949年10月至1950年4月在没收地主庄园的基础上，创建了8个国营农场，其中位于西郊的有彰化农场和温泉农场，位于南郊大海子的德茂庄、天恩庄、大生庄、钱庄子、龙河和大泡子6个农场。与接管原国民党和官僚资本的4个农场，即双桥、五里店、和义、香山，共12个国营农场。这12个国营农场共有耕地1.6万多亩，其中旱地占80％以上，除和义农场有少量稻田、彰化农场有部分菜田外，大部分农田处于低洼盐碱地区，土质贫瘠，春旱秋涝，以种植高粱、玉米和棉花为主。粮食亩产仅50千克左右，籽棉亩产四五十斤。1950年3月，国家农业部召开会议要求国营农场尽先使用先进技术、先进设备，发展农副产业。1950年10月北京市成立京郊农场管理局，在其后的工作中，国营农场事业得到了大的发展。

恢复和发展郊区农业和农村经济的一个基本条件，是按照党的方针政策，组织郊区农民开展废除封建土地制度的土地改革运动，大大解放农村生产力。北京郊区封建土地所有制严重地束缚着农村社会生产力的发展，是农村贫穷的总根源。把封建剥削的土地所有制变为农民的土地所有制，耕者有其田，农民成为土地的真正主人，是北京郊区农民翻身得解放的最主要最根本的任务。郊区有步骤有秩序地进行了土地改革工作，是大城市郊区土地改革的一次成功尝试。北京郊区土地改革运动是按照自己大城市的实际情况进行的，创造出了自己的经验。北京市的土地改革实践为全国大中城市郊区的土地改革提供了借鉴。1950年11月21日，中央人民政府政务院发布的《城市郊区土地改革条例》正是根据北京市土地改革的经验提出的。实践证明，土地改革促进了农村生产力大发展。1949—1952年，郊区的农业生产条件有所改善。水浇地面积从1949年的11.06万亩增加到17.21万亩，排涝能力有所增强。粮食作物亩产量由45.4千克上升到102.25千克，四年增长一倍多，总产量增长1.7倍。蔬菜生产发展更为迅猛，种植面积由新中国成立初的 3.84 万亩增加到 13.08 万亩，增长 4 倍多，亩产量增长一倍。这四年，北京郊区的农业生产是在严重雨涝灾害困难条件下稳步、高速增长。

第二章 社会主义改造时期的
北京农村经济

（1953—1957 年）

从 1953 年起，全国开始实施社会主义经济建设的第一个五年计划。这一年，中共中央正式提出逐步实现国家的社会主义工业化，逐步实现国家对农业、手工业和资本主义工商业的社会主义改造的过渡时期总路线，是党和国家一切工作的指针。1953—1957 年，在这一方针指导下，郊区农业和农村发生了很大变化。

这五年，郊区实现了农业合作化。1952 年，郊区农村试办了 10 个农业生产合作社，1953 年增加到 64 个，入社农户 1 004 户，占总农户的 0.8％。从 1954 年起，郊区互助合作运动稳步推进。到 1955 年上半年，农业生产合作社发展到 703 个，43％的农户参加了互助合作组织。入冬后，掀起了农业合作化高潮，短短一个多月的时间内，99.6％的农户入了社，组建起 429 个高级农业生产合作社。1957 年，在不断改进经营管理中趋于稳定。

从 1957 年起，北京市开始执行发展国民经济的第一个五年计划。规定郊区农业要为首都服务，要求郊区发展蔬菜、水果和肉、蛋、奶等副食品生产，以增加对城市的供应，并在发展生产的基础上改善农民的生活。为此，中共北京市委、市政府采取多项措施，兴修水利、推广农业先进技术、促进农业机械化、开发新菜田、发展多种经营，促进郊区农业生产的发展。从 1953—1957 年期间，1954 年发生严重雨涝灾害，郊区农村广大农民和干部在战胜严重雨涝自然灾害的情况下发挥互助合作的优势，农业生产稳步增长，粮食、蔬菜、鲜果成倍增加，初步缓和了城市的供应状况。1957年同 1953 年相比，农业总产值增长近 1.5 倍。

1956 年年初，河北省的昌平县和通县的金盏、孙河、上辛堡、崔各庄、长店、前韦沟、北皋 7 个乡划归北京市。郊区耕地面积由 1953 年的

127.6万亩，扩大到1957年的203.4万亩，农业人口由52.1万人增加到80.6万人。1957年9月，又将河北省大兴县的新建乡划归北京市南苑乡。

一、劳动互助组织的出现

农村经济发展面临的新问题

土改后，郊区农民生产积极性很高。但面临许多新的问题，这些问题急需劳动互助解决。郊区耕畜缺乏，仅以郊区海淀区为例，全区共有旱地170 232亩，水地6 418亩，园地2 523亩，但仅有骡马1 231头，驴牛1 820头。以平均每头驴或牛耕地旱地25亩，骡或马耕地80亩，或水地25亩，或园地15亩，计尚缺骡马763头。个别村甚至没有牲口，如集贤庄集庆村20多户，1 000多亩地，只有两头半牲口，铁匠营胡庄村30多户无一头牲口。迫切需要组织人畜力换工或人力互助，以解决群众生产中的困难。郊区地少人多，需要组织起来，使部分人从事农业劳动，部分人经营他业以补生活的不足。

还有一种情况，不容忽视。农民单干底子薄，一遇灾祸，就容易穷下来，借债、卖房、卖地，甚至给别人当雇工。郊区农村土改后，绝大多数劳动农民的生活改善了，但同时有些农民的日子又不好过了，有些人却成了新的剥削者。丰台区原白盆窑乡在土改后的1951年就有106户农民雇了86个长工，其中有6户中农上升为新富农。海淀区东冉村蔡文和，过去是贫农，土地改革后分了地，第二年他雇了两个长工和一个赶大车的工人，自己不参加劳动了。同时，就在这个村子里已经有11户土地改革前的贫农和中农卖地。朱凤雨过去给人扛长活，解放后分了房、分了地，但没有几年，又落得没有房子，没有地，给人扛长活了。当时，还有一种叫做"卖青"的高利贷，就是把秋天收获的稻谷预先以低价卖出，换取生产资金，秋收后再用收获的稻谷还账。海淀区六郎庄村就有242户农民"卖青"。东冉村乡19户贫农借高利贷1 470万元（旧币），10户贫农出卖土地16.4亩，8户中农出卖土地27亩（《北京农业社会主义改造资料·海淀区四季青乡农业互助合作的发展历程》）。郊区一小部分经济上升较快的农户开始买地、雇工、扩大经营，而另一部分因种种原因变得生活困难的农户则开始卖地、借债和受雇于他人，农村中的贫富分化正在私下里拉开。这种农户间出现的两极分化的趋势，是面临的一个现实问题，需要解决。

北京郊区最早的互助组是南苑区霍凤岐互助组。1949年春，天旱少雨，春播困难。南苑村农民霍凤岐联合了20多家农户，组织起了一个临时互助组。他们组织起来连续打土井三眼，点种棉花74亩。秋收后，有牲口的中农认为人畜换工不合理，退出了互助组，剩下的17户贫农既没有牲畜，又缺乏农具，凑钱买了头马驴，借了部分农具，组织人力，种上了小麦，完成了计划。土改后，互助组组员分得了两头骡子，解决了没有牲畜的困难。1950年春，他们全体成员民主讨论，订出了拨工、记工、退工、喂牲口、使用牲口的制度，努力做到公平合理，大家情绪很高。1950年，雨多，涝灾。霍凤岐互助组的317亩地，有70亩被淹，还收了347石粮食，平均每亩1.1石，比1949年增产一倍多。

组织各种形式的劳动互助和生产合作

早在新中国成立前期，中共中央七届二中全会决议就已提出，在一切实现土地改革的地区，必须谨慎地、逐步地而又积极地引导个体农业向着社会化、集体化方向发展，引导农民按照自愿互利的原则，组织各种形式的劳动互助和生产合作。1950年2月25日，市长聂荣臻在关于北京市人民政府1950年度工作计划的报告中提出：在土地改革后，开展大生产运动，发展农民互助组织。1950年3月中旬，中共北京市委和市政府召开郊区扩大干部会议，倡导农民组织起来，把分散的农民逐步引向集体的方向。当年春耕生产时，郊区已出现一批互助组，大体有三种类型：一是，海淀区一亩园的沈会和互助组为代表的互助形式，他们由8个雇工组成，在土改中分得34亩稻田，伙在一块儿种，按地亩出种子、肥料，共同劳动，精密计工，按技术高低及劳动力强弱民主评资。秋收后，按地亩均分。活儿干完了，还可以出去打短儿，挣的钱均分。二是，朝阳区十八里店村陈宝森互助组为代表的互助形式。他们以锄地多少为计工标准，每锄三亩地算一个工，骡顶5个工，驴顶3.5个工。每月结算一次，每年按麦秋菜三季齐工，少做工的补偿多做工的工资，记工公平合理。三是，石景山区古城村郝德斌的伙工组，互助干活儿，不记工。哪块儿地需要先干，就干哪块儿，直至把本组所有的地干完为止。这一批常年互助组或临时拨工组是农民群众自发组织起来的，他们在劳动互助中解决了生产和生活中的困难。

1950 年郊区建立第一批互助组后，根据中共北京市委的意见，市委郊区工作委员会提出了以下几条具体政策：坚持自愿互利，不能强迫命令包办代替，农民有参加和退出互助组的自由，互助组的形式是临时的，还是常年的，农民群众根据实际情况选择；开始应建立小型的，然后逐步发展，反对不顾生产力水平，追求大型、高级的形式主义做法；加强互助组内贫农和中农团结，不能因为中农有较多较好的土地和生产资料，而在生产互助中让中农吃亏，要做到互助互利；组织互助组干部既不能包办代替，又不能放任自流，要帮助农民群众研究办法、解决问题，总结经验，引导互助合作运动健康发展（1950 年 6 月 13 日，《中共北京市委郊区工作委员会关于目前郊区组织劳动互助中的几个问题》）。

贯彻中央北京市委的意见，在郊区党委和各村党支部的组织下，郊区农村互助组织如雨后春笋相继建立起来。海淀区榆树庄村组织了 13 个互助组，南苑区鹿圈村在霍凤岐互助组带动下组织了一批互助组，东郊区来广营村在土改中几户伙分了一头大牲畜，土改后以大牲畜为媒介，组成了 17 个互助组。1951 年春，临时互助组发展到 1 031 个，季节性或长期互助的有 331 个，有制度的较为健全的长期互助组 62 个。农业生产中的互助组，是在农民的土地、牲畜等生产资料和收获的农产品均属私有的基础上，在劳力、畜力、农具使用上实行换工互助，带有社会主义萌芽性质的生产劳动互助组织。这是一种不改变生产资料的归属、劳动者通过生产过程中的协作，以解决生产要素分布不均匀的经营形式。

1951 年 9 月，中共中央制定了《关于农业生产互助合作的决议（草案）》，明确提出了发展农业生产互助合作的基本方针、政策和指导原则。中共北京市委、市政府加强了对劳动互助组的发展和领导。到 1952 年 5 月底，全郊区已组织互助组 3 617 个，其中长期互助组为 1 198 个。组织起来的户数占农民总数的 36.7%，基础较好的村子，组织起来的户数已达七八成。

总结郊区掀起的组织互助组的热潮，在解决个体农民生产中起了很大作用。一是，组织互助组进行人畜换工、耕畜配套，保证了适时耕种。二是，互助组在田间劳动中有简单的分工，提高了工作效率。三是，常年互助组在完成田间耕作任务的同时，还因地制宜开辟副业门路，以增加收入。门头沟区栗元庄村赵德森互助组在完成春耕播种任务后，组织组员打石板，收入1 200多万元（旧币），平均每个劳力收入200万元（旧币）。有的互助组利用副业收入的积累，添置了农具、牲畜、大车等。四是，互相帮助学习生产技术。海淀区稻田、菜田居多。青年人缺乏种植技术。肖家河村有九户农民组成互助组，仅有一户掌握稻田全过程技术，但经过一年的互相学习，全组成员的生产技术水平得到提高。这个组的三等稻地，过去亩产稻谷100多千克，1951年达到每亩产稻谷250余千克。全组每亩稻田产稻谷305千克，而邻近的单干户亩产只有225千克。东北旺村互助组实行浸种防治病虫害和棉花密植技术，取得增产的好效果。同时，农业生产互助组的出现，培育了个体农民的集体主义意识，也为试办农业生产合作社，提供了经验，锻炼了骨干。

　　互助合作运动的开展，使农民的生产积极性高涨，郊区农业生产得到迅速恢复和发展。1952年粮食总产7.33亿千克，比1949年的4.17亿千克增长75.84%。蔬菜总产2.92亿千克，比1949年增长1.77倍，出售商品猪22.1万头，增长82.64%，农业总产值增长73.72%，年均增长20.21%。

二、农业合作化运动的兴起和发展

互助组不能统一安排生产、分配

　　郊区农民兴起的成立互助组的热潮，使得农村中出现互助帮工、人畜换工、合伙搭套等多种形式，解决了生产上的许多困难，发挥了很好的作用。但毕竟还是一家一户为一个生产单位，不能统一安排生产，还存在着一些问题：一是，互助组存在的问题得不到及时解决，而不能坚持巩固下来。海淀区苑家村组织的五个互助组，因牲畜、农具大伙合用，而没有具体报酬方法，在劳动中也不能贯彻评工记分、按劳分配的原则，大家有意见，组织起来不久就散了。二是，普遍存在劳动上死分死记，不能及时齐工找价，互助组难以巩固发展。海淀区东冉村有14个互助组，其中有13个互助组存在这种情况。三是，特别在菜田和稻田生产中，由于季节性更强，还有田间生产与上市推销的矛盾也使一些互助组不能坚持下来。海淀区巴沟村一遇灾害，自己抢着干自己的活儿，而不能互助。他们说：种菜要抢工、抢季、抢上市，一抢就散了，互助就丢在一边儿了。四是，互助组共同劳动，分散经营，也有矛盾。一些人给人家干活儿马马虎虎，给自己干活很认真，互助组也维持不下去了。海淀区西冉村互助组组长范忠贤在农忙时看到搞运输赚钱，便不顾组里的活，赶着自己的牲畜大车走了，结果组里扩大再生产的一些事情无人负责，影响了互助组的巩固发展。

北京郊区农业合作化运动历程

第一阶段从 1952 年春天开始到 1953 年春天，是农业生产合作社试验阶段。

在农村互助合作运动开展中，1951 年 12 月中共中央以草案的形式把《关于农业生产互助合作决议》发给各级党委试行，提出"党的方针是引导农民逐步地按照自愿和互利的原则组织各种形式的劳动互助和生产合作"，"启发他们由个体经济逐步过渡到集体经济的道路"。1952 年 4 月 29 日，中共北京市委郊区工作委员会《关于 1952 年开展互助合作运动的指示》提出在 1952 年每个区可试办农业生产合作社，并需派较强的干部领导，只许办好，不许办坏，无条件者可以不办。

1952 年春，郊区农村试办了第一批 10 个农业生产合作社。这 10 个社是丰台区黄土岗殷维臣社、陈留村刘庆常社、南苑区瀛海庄曾昭佐社和刘润社、海淀区东北旺村王岐山社、东冉村刘广伦社、石景山区八角村梁贵社、杨庄村于贵社、京西矿区何各庄村何振社、黄塔村杨永山社。这 10 个社规模不大，共计农户 103 家，其中最大的梁贵社为 23 户、最小的杨永山社只有 5 户，这 10 个社共有耕地 1 797 亩。他们采取了不同的分配方式，主要有 3 种类型，一是，按当年土地产量和劳动工分实行比例分配。二是，按查田定产的固定产量三成或四成实行土地分红，其余部分按劳分配。三是，土地不分红、按劳分配。这 10 个社有 8 个是土地入股、统一经营、地劳按比例分红的初级社，两个是土地不分红的高级社。他们都是在互助组基础上自愿结合的，有比较健全的劳动组织和评工计分等管理制度，有简单易行的财务收支制度，有统一的生产计划，还有由社员直接选举的社务管理委员会，各区委也选派了专职干部驻社指导，因此取得了试办的成功。

经过一年的试办，证明作为集体经济的农业生产合作社，确有优越性。一是，合理利用土地，不再吃啥种啥，而是土地入社，统一安排，地尽其利。二是，合理使用劳力、畜力和物力。根据农事需要，合理分工，因材使用劳力。三是，改进了耕作技术，使用新式农具，提高了生产效率。采用了浸种、拌种、合理密植、追施肥料等新技术，有的还添置了新式步犁、耘锄和喷雾器等新式农具，农作物产量有了较大幅度提高。四是，因地制宜，开展副业生产。合作社可以统一安排，开展大车运输、驮运、挖沙子、粉坊、豆腐坊、养猪等副业生产，增加了社员收入。参加合作社的农户都比单干时增加收入一至两成，最高可以达到一倍以上。

石景山区八角村梁贵农业生产合作社是当时郊区农村最大的合作社。入社农户49家、土地800多亩，劳动力增加到近百人。为了加强对入社土地和劳动力的管理，他们实行劳动定额管理，效果很好。其内容是划分四个耕作区，并编成四个作业组，每天由组长派工，根据当地主要的活茬分别定出工作量的标准和质量要求，经过试工后即按此标准定量记工。他们以有经验的老农为主成立试工和验收小组，对于合乎标准的如数计工；对于不顾质量的返工或扣工分。在春耕播种时，社里派青年梅永宽拉砘子，他起早贪黑地干活，一天完成了两个定额，挣了20多分。这种办法对于解决平均主义、奖励勤奋多干者，效果很好。

1953年，郊区扩大农业生产合作社试办范围，发展到63个。根据党中央提出的"积极领导、稳步发展"的方针，市委农委和郊区各区区委认真检查整顿了农业生产合作社的运营状况。对于不自愿入社，把暂时用不着的大车、牲口和农具也折价入社、压低土地分红比例、盲目扩大的现象做了及时处理。到1953年年底，这63个合作社的玉米平均亩产量为210.5千克，比个体农民和互助组高53%～68%；小麦亩产为156千克，比个体农民和互助组高28.4%～38.7%，社员纯收入平均也比1952年增加了57%。

1952年8月11日，彭真在北京市第四届第一次各届人民代表会议上的报告中提出：在郊区建立一个示范性集体农庄。1953年6月，在南苑区姜场、钱庄子、中立堂、三槐堂四个村的基础上，建立了红星集体农庄。这四个村有集中的大片国有土地，加入农庄的1680亩土地中，国有土地1338亩，占八成多；有集体耕种的现代设备，有两眼机井，附近有高压线路，靠近拖拉机站；市农林局帮助调整了土地和解决了搬迁房、贷款、肥料、捐给骡子等群众情绪高涨。在坚持农民自愿参加农庄的情况下，这四个村有63户入社。农庄成立时，还制订、通过了《红星集体农庄章程》。

当年秋后,这个农庄取得了农业丰收,农户收入增加。年底,临近村的农户纷纷要求参加,这个农庄发展到530户。

第二个阶段,从1953年12月到1955年9月,是发展初级农业生产合作社阶段和第一次农业合作化高潮。

遵循"典型示范、逐步推广"的领导方法,郊区办社有序进行。1953年12月统计,全郊区组织起来的农户有4.7万户,占总农户的38%,其中农业生产合作社64个,1 004户入社,占总农户的0.8%。有63个农业社普遍增产增收。

丰台区黄土岗村殷维臣农业生产合作社是一个有8户农民参加,以蔬菜生产为主的农业生产合作社。入社土地117.729亩。建社一年来,水地亩产较上年增产72%。比该村生产最好的互助组每亩产量高出31.6%,比该村最强的单干户产量高出73%。旱地亩均137.5千克,较上年增产52%,也比该村互助组、单干户高出许多。土豆、白菜的产量创郊区丰产纪录。他们还抽出两个劳动力、两辆大车搞运输,全年收入占农副业总收入的18.7%。社员收入较上年增加64.7%,增长一倍以上的农户有3家。土改前,这8户都是贫雇农,入社后成为村里最富裕的人了。他们实行的是按劳取酬、土地不分红的分配办法,调动了社员的积极性。技术上,有经验的菜农掏出了"老本"(技术),在施肥、浇水、管理等方面都有了改进。土地、劳力、资金的统一使用,因地制宜,合理调配茬次,扩大生产规模,完成"抢季"生产任务,都发挥了很好作用。市委农委专门总结了这个合作社的经验,发到全郊区,称这个合作社"给大城市郊区经济迅速上升的菜区农民,指出了一个正确而光明的向社会主义发展的方向"(1952年12月30日,《中共北京市委农工委办公室关于殷维臣农业生产合作社的总结》)。

1954年是郊区农业生产合作社在面上推广的一年。1954年春耕以前,全郊区农业生产合作社发展到412个,入社农户为9 860户,占总农户的8%。这412个农业社中绝大多数社在20户左右,其中50户以上的有30个、100户以上的有13个。虽然合作社数量多,但规模都不大,便于管理。1954年郊区降水量达到988厘米,降雨长达67天,阴雨多、日照少,郊区受灾面积占耕地总面积的25.9%。再加上病虫害,农业减产。但由于农业生产合作社发挥了集体经济的优势和统一经营的优越性,大大增强了抗御自然灾害的能力。据 279 个社的统计，当年粮食平均亩产比当地互助组高 25.8％，比单干户高 42.2％。一些菜区和副业门路多的合作社，收入较上年不减，反而有所增加。

初级农业合作社与互助组不同，尽管土地属农户私有的性质没有改变，但加入初级社，农户的土地要交由社里统一经营，每一块具体耕地的产出状况，与这块耕地的所有者已经没有了直接的经济联系，所有的农户都必须根据合作社全部土地的经营状况决定自己的收益。劳动成果由社里统一分配，粮食作物随打随分，蔬菜、棉花等商品作物，由社统一保管卖出后分配现金，分配实物时按照质量分等作价。入股土地实行分红，以体现土地所有者的权益。合作社中公积金和公益金的积累问题，其数额一般不超过当年总收入的 5％。1955 年 2 月 8 日，市委农村工委办公室关于北京市郊区 1954 年度农业生产合作社显示出来的优越性的报告中，提出：一是，可以按照国家计划与首都需要，积极发展蔬菜、经济作物和水果、畜牧生产。二是，可以充分发挥组织起来集体耕作的优势，战胜自然灾害。三是，便于推广新式农具，进行基本建设。四是，发挥了人力、物力、地力的潜在力量，可以做到"人尽其才、地尽其力、物尽其用"。五是，提高了生产效率，增加了社员收入。这年春天郊区农业生产合作社进一步发展，农业生产合作社增加到了 701 个，入社农户占总农户的 47％，其中菜田区入社农户达到 68％。在 701 个农业社中，300 户以上的大社有 25 个，100 户至300 户的有 151 个，100 户以下的有 525 个。农业社的发展是健康的，主要问题是：大社办得过多，缺少领导骨干，工作中存在不少问题，一些领导未贯彻自愿原则，强迫农民入社，致使有些农民入了社，又退了社。1955年春，北京郊区就有 3 600 多户退社；一些地方过早地取消土地不分红，据统计 1955 年农村土地分红比例仅占 10.6％，89.4％则是按照劳动力报酬分配的，这引起了部分中农和土地多劳力少的贫农不满；处理生产资料作价偏低、还款长、不付息。针对这些问题，经过几个月的检查整顿，作了重新调整：266 个社改为土地分红的初级社；16 个社划小为 30～50 户的小社；对社员的牲畜、大农具入社作价，确定了偿还年限，并在 3 年至 5 年内付息。根据入社自愿、退社自由的原则，允许个别农户退了社。

为了提高农业生产合作社的经营管理水平，合理分配社员收入，市委农工部还选择了四季青蔬菜生产合作社、红星集体农庄、来广营、黄安坨村的合作社进行了"包工包产、超产奖励"制度的试点工作。经过一年的探索，这项工作取得了好的效果。一是，合理定工、确定工作定额。预先规定社内各种作物的种植、操作技术和每一项操作的工作定额和报酬标准，后再计算出各种作物每亩的需工数，并计算出各生产队全部作物的用工数，附加一定数量的零杂工和机动工，在此基础上确定各生产队的包工数。二是，合理定产、全面包产。经过社员讨论，确定产量，一般相当于常年产量。每个社的全部作物都要定产。三是，制定合理的奖惩办法。精耕细作或改进技术而超产的，得奖；因经营管理不善而减产的，受罚；因风调雨顺而丰收，适当提高定产比例；因天灾而减产，适当降低定产比例。因人祸，特别是领导工作失误而减产，生产队不负责任。干部奖惩另定了办法。四是，做细做好平时具体工作的生产记录和统计工作，制定奖惩方案，充分发动社员讨论，加强思想教育。

1955 年 7 月毛泽东作了《关于农业合作化问题》的报告，指出：在全国农村中，新的社会主义群众运动的高潮就要到来。某些同志却像一个小脚女人东摇西摆地在那里走路。在农业合作化问题上，"一个要下马、一个要上马，却是表现了两条路线的分歧"。根据这一报告，党中央作出了《关于农业合作化问题的决议》。1955 年 8 月贯彻中央精神，市委规划在 1955 年 46％农户入社的基础上，1956 年发展到 60％。1957 年春发展到 80％左右。在市委 11 月的会议上又将 1956 年春发展入社农户 60％修改为 70％。当时对北京郊区农业合作化形势的认识，彭真在 1955 年 11 月 4 日召开的市委全会上作《经过典型实验稳步地发展郊区农业合作化》的讲话时指出："京郊农村的合作化高潮不是发展快了，而是高级社、大社办多了，如果不赶快停止发展，集中力量巩固，怎么能前进？现在必须坚决停止发展，全力巩固。"1955 年 12 月，贯彻彭真同志的意见，市委召开农村工作会，提出工作中心是巩固社、办好社，保证增产。这是符合郊区实际的。当年年终决算，701 个合作社普遍增产增收。据对 286 个社调查，比 1954 年增加收入 20％～30％。

第三个阶段，从 1955 年 7 月到 1956 年 1 月，是第二次农业合作化高潮，发展建立高级农业生产合作社阶段。

1955 年 9 月至 12 月，毛泽东亲自主持编辑了《中国农村的社会主义高潮》（中共中央办公厅编 1956 年 1 月版）一书并写了序言。书中收录了北京郊区合作社的材料，有七篇毛泽东加了编者"按语"。

《红星集体农庄的远景规划》，"按语"是："这是一个全乡一千多户的建成一个大合作社（他们叫做集体农庄，即合作社）的七年远景计划，可作各地参考。为什么要有这样的长远计划，人们看一看它的内容就知道了。人类的发展有了几十万年，在中国这个地方，直到现在方才取得了按照计划自己的经济和文化的条件。自从取得了这个条件，我国的面目就将一年一年地起变化。每一个五年将有一个较大的变化，积几个五年将有一个更大的变化。"

《一个从初级形式过渡到高级形式的合作社》（海淀区东冉村远大农业生产合作社），"按语"是："对于条件已经成熟了的合作社，就应当考虑使它们从初级形式转到高级形式上去，以便使生产力和生产获得进一步的发展。"

《一个由互助组直接办成的高级社》（丰台区白盆窑村高级社），"按语"是："由互助组直接进入高级形式，没有经过初级形式的合作社。有条件适合的地方也可以这样做。"

《黄安坨农林牧生产合作社的远景规划》，"按语"是："这种计划的用处，是有一个长远的目标，使人们的眼光不被限制在眼前走出的一步。"

《张郭庄合作社的政治工作》，"按语"是："这篇文章的观点是正确的。合作社必须强调做好政治工作。政治工作的基本任务是向农民群众不断地灌输社会主义思想，批评资本主义倾向。"

《养猪模范的来广营合作社》，"按语"是："这个经验，值得推广。"

《合作社自己可以解决生产资金》（丰台区三路居乡），"按语"是："筹集农业资金方面，农民群众中间有很大的潜在能力。"

毛泽东1955年12月27日为《中国农村的社会主义高潮》一书所写的序言中赞扬"群众中蕴藏了一种极大的社会主义积极性"，判断"只需要1956年一个年头就可以基本上完成农业方面的半社会主义的合作化"。毛泽东不仅赞扬了发展速度，而且也赞扬了加快由初级社转为高级社的做法，这对于在广大农村掀起社会主义高潮产生了重要影响。

李墨林四季青农业社是这一时期近郊菜区由互助组到初级社逐渐转为高级社的典型。李墨林是郊区温室蔬菜的生产能手，被评为全国农业劳动模范。1952 年秋后，他和 6 位老菜农在海淀区羊坊店村组织了一个温室生产合作社。李墨林被推选为社长。1953 年，这个合作社搬迁到西冉村的北高庄，发展到了 10 户，建了 144 间温室，还有 8 亩园田、15 亩旱地。1954年春，获得丰收。他们还挑选了 15 个新鲜西红柿和 20 条顶花带刺的黄瓜，送到中南海，表达对毛主席和党中央的感激之情。1954 年夏，这个社与西冉村二社合并，并吸收了南高庄和北高庄一些农民入社，发展到 64 户。秋后，温室发展到 616 间。1955 年夏，他们又与东冉村远大农业社和金庄农业社合并，扩大到 300 多户，定名为"四季青农业生产合作社"。三年期间，合作社规模扩大、生产发展、社员收入增加，显示出合作社的优越性（《北京农业社会主义改造资料·海淀区四季青乡农业互助合作的发展历程》）。

郊区高级社发展较早、较快的主要在菜区。1955 年春，菜区入社农户占其总农户的 68%。全郊区 701 个合作社，有 77 个社是实行土地不分红的高级社，其中绝大多数在菜区。分析其原因，这类地区以蔬菜为主，同时副业比重较大，这些生产项目用工多、技术要求高、投资大，在增加生产效益上，劳力和生产技术起决定作用。同时，这类地区农民入社的土地，有不少是土地改革中没收地主和征收富农出租的土地，所有权归国家，农民只有使用权。由于土地分红与否，对社员收入和影响不大，多数农民自愿实行土地不分红，参加土地不分红的高级社。

开始，全郊区办高级农业生产合作社是按照个别试点、大面积重点试办和普遍办的设想历程进行的。1952 年试办的 10 个合作社中，就有 2 个高级社；1953 年 63 个合作社，其中有 16 个高级社。这两年是个别试办阶段，一个区试办 1～2 个，最多的 3 个。1954 年共有合作社 412 个，其中高级社114 个。这一年全国有高级社 201 个，北京郊区占 56%。1955 年郊区共有合作社 701 个，其中高级社 77 个。虽然数量少了，但是大社多了，其中200 户至 800 户的社有 9 个。1954 年、1955 年是大面积试办大社的阶段。当时郊区拥有 16 台拖拉机，并已开始为农业社耕地。电力排灌机械，畜力播种机等都在使用。

1955 年 12 月 21 日，党中央发出了毛泽东起草的《征询对农业 17 条的意见》，对农业合作化运动的进度提出加快要求。对此，市委多次召开有区委书记参加的会议，研究具体意见。讨论中，大家认为郊区农业生产合作社转为高级社的条件已经成熟，并向中央做了报告。其主要理由是：第一，中农、贫农几乎已全部入社。第二，现有低级社的牲畜、农具绝大多数已折价入社，土地分红一般为三成，根据典型调查，社员的土地分红所得在交纳了农业累进税以后，约有60％的户没有剩余，甚至不够交税。第三，郊区有77个高级社已经在农民中起了示范作用。第四，现有的低级社规模比较大，全郊区平均150户，便于发展多种经营，充分利用整劳力、半劳力，对于缺乏劳动力的老弱孤寡或劳动力少、人口多的农户，也有条件加以照顾（1956年1月11日，《中共北京市委关于执行毛主席关于农业合作化和农业生产问题的十七项任务的指示计划向中央的报告》）。

1956年1月初，北京市郊区都在做初级社转高级社的工作，有些初级社建立时间不长，甚至刚刚成立，也都转为了高级社。仅用了两个多星期的时间，郊区完成了高级合作化。1956年1月12日，《北京日报》发表了社论《近郊各区实现高级形式的农业合作化的伟大胜利》。1956年1月15日北京市在天安门广场举行庆祝首都社会主义改造胜利大会。毛泽东、周恩来、刘少奇、朱德等中央领导同志出席大会。丰台区白盆窑农业生产合作社社长李宗和代表首都农民向党中央、毛主席报喜，标志着北京郊区农业社会主义改造的胜利完成。1956年郊区所辖的东郊、南苑、丰台、石景山、海淀、京西矿区、昌平7个区，入社农户占农户总数的99.6％，组建了427个高级农业生产合作社，其中有46个是千户以上的大社。北京郊区不少高级社是在初级社建立不久，在很短时间内转化升级的，存在着要求急、变化快、工作粗和形式简单划一等问题。具体表现为：因急于办高级社，自愿互利的原则未能坚持；取消了农民的土地、大牲畜、大车等生产资料私有权；集体财产统一转归大社，在一定程度上挫伤了老社和富社的积极性；社的规模过大，同干部的管理水平不适应，管理跟不上。

高级社的整顿、巩固工作

从1956年实现农业高级社后到1958年的两年期间，市委、市政府对高级社进行了多次检查和整顿。根据中央关于整顿农业生产合作社，贯彻勤俭办社，民主办社方针等一系列指示，在北京郊区高级农业合作社的检查整顿中，主要解决了以下几个问题：一是，对社员入社的牲畜、大车、大农具等生产资料，解决作价、补价，并明确偿还期限和还本付息问题。

二是，按照统一经营、分级管理原则，明确社队分工，赋予生产队组织劳动、管理生产的相应权限。三是，进入高级社，生产资料公有，土地分红予以取消。根据郊区 429 个农业社中有 168 个社在实行"定额管理"或实行"包工包产奖励制"的基础上，推行"包收入、包工分、包开支"的"统一领导、分级管理"的"三包"管理制度。另有 142 个社实行"三包"制（包工分、包收入、包财务）的管理办法。四是，帮助农业社健全财务会计制度，贯彻勤俭办社方针。五是，贯彻民主办社方针，整顿干部作风，建立健全社员大会或社员代表大会。对不同岗位的农业社干部分期分批地进行了培训。市委关于地主、富农入社向中央请示后，在 1956 年 1 月郊区农业合作社升级、扩社过程中，地主、富农也基本上全部入了社。六是，农业社全面安排生产，坚持为首都服务的方向。结合社会主义教育，对高级合作社的整顿，虽然起到了一定作用。但仍由于并社升级时体制变动过急、变化太快，而且因原初级社的经济基础和干部管理能力存在差异，仍遗留不少问题。

随着农业社的发展和不断整顿，以及 1956 年 6 月第一届全国人民代表大会第三次会议通过的《高级农业生产合作社示范章程》颁布后，高级农业生产合作社的内部管理逐步得到加强。《章程》在管理机构、生产资料和股份基金管理、生产经营管理、劳动组织和劳动报酬管理、财务和收入分配管理等各方面有了较为明确的规定和制度。郊区农村高级农业生产合作社在这些方面都有调整和改进。郊区农业生产初级社是以生产资料私有为基础，实行土地入股、统一经营。高级农业生产合作社是实行生产资料集体所有，社员各尽所能，按劳分配。由初级社转为高级社，这一重大调整和改变，需要较长时间的实践和探索才能完成。但郊区农业合作化运动的六年中，小农个体经济实现了到农业合作社集体经济的重大变革，基本完成了对农业社会主义改造的历史任务。

远郊县农业合作化发展状况

1956 年和 1958 年，河北省通县专区和张家口专区所属一些县区分别划归北京市，组成北京市远郊县，即昌平、通县、大兴、房山、良乡、顺义、怀柔、平谷、密云、延庆 10 个县。这 10 个县，从 1952 年，开始组织互助合作组，到 1955 年，有互助合作组织 25 603 个，33.5 万农户参加，其中互助组 19 775 个，参加农户 18.3 万户，高级农业生产合作社 7 个，初级农业生产合作社 5 821 个，共 15.2 万户参加。1956 年，有农业生产合作社 924 个，43 万农户参加，全部为高级农业生产合作社。

三、农业合作化运动期间统购统销政策

贯彻过渡时期总路线和实行粮食统购统销

1953 年 8 月毛泽东和党中央提出党在过渡时期的总路线，即从中华人民共和国成立到社会主义改造基本完成，这是一个过渡时期。党在这个过渡时期的总路线和总任务，是要在一个相当长的时期内，基本上实现国家工业化和对农业、手工业、资本主义工商业的社会主义改造。随着大规模经济建设的开始，工业、外贸、城市消费用粮数量大增，为工业所需的经济作物的种植面积增加，一般农民的粮食消费量也在增加，粮食的产需矛盾、供求矛盾尖锐。中共中央适时提出了粮食实行计划收购、计划供应，由国家严格控制粮食市场，由中央对粮食实行统一管理。

根据中央部署，1953 年和 1954 年，北京市实行了"自报公议"核定粮食统购任务的办法。对余粮户的余粮，国家不全部收购，按给余粮户留一点的原则，如果余粮很少，不足百斤的农户，则不动员出售。贯彻这一原则，国家统一收购农户部分余粮，农村缺粮户和城市居民用粮，则由国家统一销售，这样国家统一掌握粮食市场，取缔了粮食自由贸易，保证了国计民生的需要。根据当年典型调查和一般情况估算，1953 年年底郊区农村的情况是，余粮户约为农业户的 25%，共约有余粮 650 万千克，（余粮户平均每人约有余粮 50 千克左右），占总产量的 6.8%。郊区种植经济作物和蔬菜的农户较多，缺粮户约占农业户 50% 左右。为了做好这项工作，市委从市有关部门抽调一批干部以及区、乡干部共 9 000 多人进行培训，然后组成工作组深入农村宣传，并在乡成立评议委员会，在统购数字公布后自报公议、民主评定，经区批准后执行。还注意市各有关部门做好对农民的物资供应工作，并开展农村储蓄工作，发展信用合作组织。这一工作顺利进行，农民纷纷卖出余粮，丰台区辛庄一个早上就完成了 8 500 千克的收购任务，副乡长韩春清把谷子筛得很干净，清早就送到了合作社，比原来自报的还多了 25 千克。1953 年年底，北京的六个郊区自报公议交售余

粮共计 825 万千克，加上公粮和统购统销开始前收购的部分，1953 年连征带购 3 706.5 万千克，占当年粮食产量的近 30%。1954 年粮食减产 27.3%，粮食征购为总产量的 18.5%。

1955—1957 年，北京市实行了"定产、定购、定销"的办法。定产，就是按粮田的单位面积、常年产量以户计算、根据农田土地质量和自然条件，结合其经营条件评定。定购，就是国家向余粮户统购其余粮数量的 80%～90%，定购任务一定 3 年不变。定销，就是把国家向农民统销的粮食数量核定下来，对象是农村各种类型的缺粮户。此项工作先是在朝阳区洼里乡进行试点，然后铺开。1955 年实行"三定"的数量分别是 10 370.5 万千克、1 320.5 万千克、4 420 万千克。1956 年 2 月，统计全郊区有农户 12.96 万户，其中余粮户为 2.5 万户，自足户为 1.28 万户，缺粮户为 9.18 万户。农村人口 54 万，其中非农业人口 1.3 万，平均每人口粮（原粮）182.05 千克。郊区粮田面积（包括各国营农场）95.14 万亩，定产总产量 1.035 亿千克，亩产 107.25 千克。当年征购实际入库粮食 1 346.5 万千克，市场收购粮食 989 万千克，占原计划征购粮的 93.4%，对余粮户的定销粮食为 4 419.5 万千克，其中非农业人口用粮 447.5 万千克，以及留在各区准备供应农户的猪饲料粮 488 万千克。郊区缺粮户主要在菜区，菜农的口粮和饲料粮由国家供应，标准高于大田区。通过这次粮食"三定"工作的实行，在郊区农村建立和完善了粮食购销制度和周转粮制度。1956 年 10 月 6 日，国务院发布《关于农村生产合作社粮食统购统销的规定》，对农业生产合作社的粮食统购统销做出调整。据此，北京郊区各县区调整粮食收购量，"有余粮的社在定购以外再增购其超产部分的 40%，其余 60% 留给农业生产合作社自行安排使用；对缺粮的社，实产超过定产量的超产部分，则以 60% 抵顶国家粮食统购指标，其余 40% 由缺粮的社自行支配，补充口粮、饲料之不足"。1956 年，国家征购为总产量的 14.3%。1957 年国家征购为总产量的 27.05%。

蔬菜产销合同的制定

为便于掌握菜价、保护市民和菜农的利益，1954 年春，北京市供销合作社蔬菜经营部与国营彰化农场（后改为西郊农场）签订"蔬菜定价包销合同"。签订合同前，整理核算了彰化农场历年各种蔬菜的生产成本，予以合理利润，为市场收购价。并根据蔬菜上市季节的早晚，规定出季节差价。市菜蔬公司按合同规定的价格定价包销彰化农场的全部蔬菜，还规定了蔬菜上市规格、质量等要求。但在蔬菜旺季上市时，产销双方矛盾尖锐，未能及时解决，而仅勉强维护了一年，就终止了这种形式的蔬菜产销结合合同。

就全市来说，蔬菜产品流通，经历了自由流通到统购包销的历程。新中国成立初，郊区农民根据自己的意愿，从事蔬菜生产和经营。据1952年统计83.1％的蔬菜交易为私人菜行所掌握。适应计划经济的需要，1952年市供销合作总社先后在天桥、广安门、阜成门、东直门建立了四个国营菜站。1953年成立北京市蔬菜经理部，1955年改建为菜蔬公司。1954年，北京市供销合作总社与郊区的4个国营农场和154个农业生产合作社、3个互助组签订了蔬菜产销结合合同。合同形式有两种：一种是"随市价包销"即根据当日市场价格分级评价，由供销社收购。这类合同有145份；另一种为"定价包销"，即无论市场菜价高低，均按双方议定价格包销（定价按蔬菜成本加30％）。这些单位生产的2 250万千克蔬菜（占当年蔬菜总产量的1/7），全部由北京市供销合作总社包销。

1956年，随着郊区全面实现农业合作化，郊区蔬菜生产纳入国家计划。年初，市农林水利局下达全市蔬菜生产的全年计划指标，分为春播、夏播、秋播三大类别，根据全市需求，排开播种，均衡供应。郊区各国营农场和菜区的农业生产合作社与市菜蔬公司及所属菜站订立了蔬菜"收购包销"合同，严格规定了上市品种、时间和上市量。合同内蔬菜由菜蔬公司统购包销，合同外的允许农业生产合作社自销。1957年5月起，又限制了农业生产合作社自销。市政府把蔬菜列为第二类物资，进一步把蔬菜纳入"统购包销"体制。郊区157个生产蔬菜的农业生产合作社与市蔬菜公司签订了"蔬菜产销结合合同"，合同总量达5.2亿千克，占当年蔬菜总产量的85％，取消了蔬菜自由市场，全部由国营菜蔬公司经营，从原来的多渠道流通变成由国营商业一个渠道进行。

蔬菜的统购包销经历的"产销结合合同""收购包销""计划生产""统购包销"这几个阶段，其作用不同。"产销结合合同""收购包销"阶段，国营商业掌握半数以上的蔬菜上市量，并允许农业生产合作社自销部分蔬菜产品。这种多渠道建立的市场实质上是国营商业领导下的农民贸易市场，是两种社会主义所有制互助结合、取长补短、共同发挥优势的市场。通过产销结合合同，国营商业掌握大批货源，对于稳定市场、平抑菜价都起了很好的作用。同时，由国营商业合理组织机关、团体、学校等集体伙食单位，直接挂钩，就地供应，保持蔬菜新鲜、价格合理，减小中间环节损耗，也起了很好的作用。但到后来，"计划生产""统购包销"阶段不仅严重束缚了蔬菜生产者的积极性，还限制了新技术的推广、应用，经营渠道单一，限制过死，国营商业的能力又不足，必然会出现问题。1956 年 6—7 月，蔬菜生产旺季，大量新鲜蔬菜一齐涌向市场，供过于求，造成部分蔬菜，特别是西红柿积压、变质、腐烂，引起了中央和各省市关注，但这种"统购统销"体制却未改变，延续了很长时间。

生猪从 1954 年开始实行派养派购政策

从 1954 年开始，郊区实行生猪派养派购政策，采取向农业生产单位和农民分派生猪交售任务，然后市食品公司委托郊区供销社根据派购单按照收购。1956 年，北京开始实行发放生猪预购定金制度。1957 年 9 月，全市实行生猪统一收购办法。凡本市生产和外地流入北京的生猪，由食品公司系统按国家牌价统一收购，不得私自出售、屠宰。1956 年、1957 年两年发出生猪预购定金 270 万元，按时完成了国家分配给北京的 7 万头和 20 万头的派购任务。

农业税收政策

从 1953 年 1 月起国务院修订税制。由税务部门征收的有 11 个税种。农业税坚持实行"种多少田地、应产多少粮食、依率计征、依法减免、增产不增税"的政策。1953 年，农业合作化试办期间，北京继续采用累进税制，税率从 6%～30%。至同年 10 月，实施比例税制。1955 年北京市又根据中央颁布政令，改依率计征的征收办法。随着农村经济形势的变化，1956 年北京市先后制订《农业税征收办法》和《1957 年农业税征收办法》，正式将农业税征收制度改为扣除免税点的比例税，每个农业人口扣除一个免税点后，每个负担亩征收 13.9 千克玉米。为奖励蔬菜等生产，改按 1952 年查田产量的 45%计征农业税。1957 年，农业税仍执行比例税制，但不再计算人口。对个体户恢复累进税制，即采取 8 级累进税法，税率最低为

9%，最高为 30%，如低于当地合作社的税率，按合作社税率计征。1953—1957 年，北京市共征收农业税 7 908 万元。屠宰税，1953 年 1 月开始对屠宰商的屠宰税和营业税合并征收，税率为 15%，临商按 18% 征收。1956 年 1 月，牛的屠宰税率提高为 15%。1957 年 3 月，将猪、羊、牛等牲畜的屠宰税率改为 8%，不分批发零售，不征收营业税和附加，奖励发展牲畜。1953—1957 年北京市屠宰税合计征收 2 942 万元。1954—1957 年间，粮、油、棉、肉、蛋、菜、水产等价格完全实行统购包销下的国家定价政策。

四、农业生产条件的改善与农业生产的发展

从 1953 年起，全国大规模的经济建设开始，重点是工业建设。郊区的工作方针是什么？1953 年 7 月 21 日在郊区农村工作会议上，当时任市农委主任柴泽民的总结发言中指出：北京郊区"农业生产的发展必须赶上去，不能落后。""农业生产为压倒一切的中间工作，以农业为主的区，搞不好农业生产就犯错误"。并根据郊区的不同地区提出了不同的农业生产发展方针。

郊区农业社会主义改造时期，继续推进爱国竞赛农业增产活动。1953 年 3 月，市农业局还制定了农业丰产奖励办法。凡全面增产或一种作物丰产的村、国有农场、农业生产合作社、互助组都可以获奖。其标准是：全面增产村需要 80% 的农民组织起来，平均产量高出当地附近村的 20% 以上；农业生产合作社和互助组的农作物平均产量高出当地 30% 以上；国营农场要高出 40%。场、社、组和个人在规定的面积上达到丰产指标的获奖，其指标为：小麦亩产 225 千克、水地谷子亩产 350 千克、旱地谷子亩产 275 千克、水稻亩产 500 千克、春玉米亩产 350 千克、花生亩产 275 千克、大白菜亩产 9 000 千克、黄瓜亩产 4 500 千克等。

1954 年 4 月，丰台区张郭庄农业生产合作社向全郊区农业生产合作社发出爱国增产的挑战，东郊南皋乡的五一农业社、丰台黄土岗乡蔬菜生产合作社、白盆窑乡农业合作社、红星集体农业社等 118 个农业社、310 个互助组先后迎战，开启了郊区农村爱国竞赛运动。北京市还为此成立了农业爱国增产竞赛办公室，并进行了检查评比。爱国竞赛活动的开展，推动

了郊区农业生产的高潮。

农业机械化初创与起步发展

随着郊区农村互助合作运动的逐步兴起，1952年春，北京市在南苑镇大泡子村建立了第一个农业拖拉机站。整个拖拉机站除原来留下来的5台美国造的小拖拉机外，还从东欧购进11台中型拖拉机。这些拖拉机为国营农场耕翻1.5万亩土地，还为附近的农民户代耕土地3 000亩，每亩收少许代耕费。1954年，拖拉机站扩大作业，代耕到1.8万亩，机播冬小麦1万亩，利用机械播种，为郊区推行小麦密植创造了有利条件。机播密植小麦增产幅度大。据1955年调查，实行窄行（行距7.5～15厘米）匀播的机播小麦，亩产达118千克，比畜播的亩产增70%多。机播小麦的穗多（每亩有穗20多万穗）、穗粒多（每穗均17.1粒）、千粒重（达30克），增产效果显著。从1953—1957年的5年间，国家拨给北京市南苑农业机械拖拉机站投资达309.36万元。到1957年，机站拥有拖拉机115台，完成作业量50.7万亩，总收入41.7万元。到1957年北京郊区农业机械总动力达到2.2万千瓦。

农业技术推广事业的初步展开

为加强农业技术的宣传和指导工作，1953年建立了北京市农业技术指导站，并在所辖的东郊、南苑、丰台、海淀、京西矿区分别建立了分站。农业技术指导站负责耕作栽培技术的改进、病虫害防治和药械使用技术的指导和推广。当时，主要是推广了"金皇后"玉米、"八一一"谷、"胜利百号"白薯和"斯字2B"棉花优良品种；指导拌种、浸种和防止虫害等工作，指导、实践小麦、棉花窄行密植技术等。为适应农业合作化运动"只许办好"的要求，1954年市农业技术指导站派出27名技术干部长期在13个百户以上的大社，帮助大社改进农业生产技术。同时，先后培训2 100多名农业技术员，协助、配合市农业技术指导站在基层工作。1955年春，根据国家农业部有关建立农业技术推广机构的要求，在原农业技术指导站基础上，组建了东郊、南苑、丰台、海淀、石景山和京西矿区6个农业技术推广站，职工80人，其中技术干部45人。规定6项主要任务：宣传农林牧的基本科学知识，培养农业生产合作社技术人员，提高他们的技术水平；推广新式农具，总结先进增产经验；改进农作物和果树的耕作管理技术、防病防虫、改进积肥、施肥方法、推广优良品种；改进家畜、家禽饲养管理方法；改进育苗和植树造林技术。1955 年 3 月在东郊来广营村划地 100 亩建立起北京市来广营农业实验场，为市属科研与推广一体的农业科研机构，后在 1958 年扩建成北京市农业科学院。1955 年和 1956 年，相继建立了北京市植物保护站和北京市植物检疫站。到 1958 年，全市包括新划入北京市的大兴、通县、良乡、房山、顺义、密云、怀柔、平谷和延庆 9 个县，共建立了 66 个农业技术推广站，有职工 384 人，其中专业技术干部 321 人，初步形成了市、县、区（指县以下设置的区）三级农业技术推广体系。

农田水利建设有较大发展

北京地区春天十年九旱，夏秋雨水又多，往往出现雨涝灾害。到 1956 年，农田水利建设主要是大量开挖土井、砖井，并发展各种管井和机井，开采浅层地下水，用于抗旱灌溉。管井的井管，开始时主要用木管、砖管，也有用竹管的。机井，首先在海淀区巴沟、六郎庄一带发展起来的。到 1957 年，全市新打砖石井 3 万余眼。同时对原有的城龙灌区、石景山灌区、房涞涿灌区的渠道进行了修复、扩建。并新建成温榆河扬水灌区、水南庄扬水灌区、大兴县永定河虹吸管引水灌区。建成房山的青龙头、怀柔的红螺寺等水库。到 1956 年，郊区有效灌溉面积达到 540 万亩。1957 年郊区有效灌溉面积达到 585 万亩。

农业生产在曲折中上升

（1）粮食作物面积占耕地面积的 80% 以上。1953 年粮田种植面积为 125.1 万亩，总产 1.2 亿千克，亩产 96 千克，到 1957 年粮田种植面积增加到 176 万亩，总产 1.8 亿千克，亩产 102.2 千克。粮食作物，以玉米、小麦、水稻为主，其他有少量的谷子、高粱、白薯、红小豆、绿豆、荞麦等。

粮田种植制度，从一年一熟到以一年一熟制为主，少部分地区有两年三熟制。一年一熟制，以旱作为主，玉米为主、春播为主。两年三熟制，在春播作物收获后赶种冬小麦。翌年，冬小麦收割后赶种下茬（玉米、谷子、豆类等），两年内种三茬，比一年一熟制在土地利用率上有大的提高。

玉米。品种开始以农家品种为主，后华北农业科学研究所先后育成"春杂一号、二号、三号、四号""夏杂一号、二号"，在郊区推广。北京农业大学李竞雄、郑长庚等专家，利用我国品种资源选育的自交系与美国自交系组成双交种"农大4号""农大6号""农大7号"，从1956年开始在郊区农村示范、推广。玉米生产以旱作、春播为主，推广密植增产技术，每亩留苗700～800株，增加到每亩留苗1 500～1 600株，获得增产。沟施底肥，多为"炕坯土""炕烟土"，勤锄多耪。1953年6月，玉米钻心虫在郊区大面积发生，严重地块单株玉米有虫80多头。首次使用"666"药液灌心叶方法除治，杀虫效果达80％以上。1955年7月，昌平县发动28个村的小学生制作人工辅助授粉器，为7.7万亩玉米进行人工辅助授粉。

小麦。以"农大1号""农大3号"为主栽品种，1957年以后，北京农业大学蔡旭与中国农科院庄巧生主持选育的"农大183""华北187"等品种，抗锈、早熟、抗逆、繁茂、丰产等性状达到良好结合，成为北京郊区第二代主栽品种。1952年近郊区秋播小麦14万亩，其中1.2万亩推行密植，普遍比原来的大垅稀植增产。从原来不施肥的"白吃面"，到强调增施肥料，集中施用。亩施底肥为750千克上下的农家肥。其后，提倡施用种肥，并追施"返青拔节肥"，小麦产量增加。

水稻。从1953年开始，应用"越富""银坊"等优良品种。1957年"银坊"水稻品种占水稻总面积的80％左右。水育秧，播种后一直保持一定的水层，一畦一池，四周有埂。后推广湿润育苗方法，抹籽入土并覆上覆盖物，避免了烂秧、黑根、秧苗畸形。

（2）蔬菜。种植面积由1953年的15.8万亩扩大到1957年的28.3万亩，增加近一倍。蔬菜总产量达到6.6亿千克，较1953年增长翻了一番。5年来，城市建设占地11.8万亩。菜田逐步向外围扩散，面积迅速扩大，初步形成了主要集中于近郊丰台区、海淀区、朝阳区和国营农场的蔬菜生产基地。蔬菜品种繁多，叶菜类、甘蓝类、茄果类、瓜类、根菜类、豆类等五六十种，但以大白菜、萝卜种植面积最多，供应丰富。这一阶段，露地蔬菜为主，春秋两大茬，有淡旺季之别。为解决淡季供应问题，推广改水浇地为"三大季"菜地，春茬以种植早熟矮秧作物为主，中茬以早熟玉米为主，高秆作物与矮秧的春茬作物间作、套种。玉米后茬种植秋菜。"三大季"有"两粮一菜"和"两菜一粮"两种种植方式。后又改"三大季"菜地为纯菜田，提高老菜田复种指数，多种"赶茬菜"，提倡旱地种菜，增种"大路菜"，以增加上市蔬菜总量。蔬菜保护地栽培，1949 年温室仅有 20 亩，阳畦 120 亩，到 1955 年发展到温室 161 亩，阳畦 730 亩。育苗移栽面积约占蔬菜播种面积的一半左右。阳畦育苗、温室蔬菜生产少，致使病虫害发生较轻，有了虫害，多是人工捕打。

（3）经济作物。以西瓜、花生种植为主。20 世纪 50 年代初大兴县瓜田面积有 3 000 亩，1956 年扩大到 1 万多亩，亩产在 500 千克上下。花生亩产值高，1956 年后全市花生种植面积曾达到 50 多万亩，推行密植，改进种植方式，防止病虫害，亩产由 1949 年的 53 千克提高到 1958 年的 88.2 千克。50 年代末，花生主要产地在密云县，由于修建水库占用耕地，花生被挤到沙薄地块，面积减少，缺肥严重，又由于统一保管和供应的种子低劣、受冻，发芽率很低，造成大面积烂种缺苗，亩产降到 30 千克左右。生产花生的，还有大兴、怀柔、房山等县。

（4）推行主要农作物《操作规程》。1956 年 3 月，北京市农林水利局总结玉米、小麦、水稻、蔬菜等农作物增产经验和技术措施，提出主要农作物耕作规程。这个规程对主要农作物的耕翻、施肥、播种时间和播种数量、种子处理，每亩留苗数量及留苗方式、中耕、除草、追肥、防止病虫害等各项耕作措施都提出比较具体的规定和要求，努力提高各项农作物的种植管理技术，促进耕作管理操作的规范化，争取各农作物的增产丰收。这个规程的推行，打破了一些传统的耕作方法和保守思想，对当年郊区春耕生产的适时进行、精耕细作都起了积极作用。但是，由于《耕作规程》要求高，又没有照顾各种不同自然条件和不同地区的不同物质条件，推行过程中生搬硬套，工作方法简单，所以此规程未能很好实行。但无疑是农作物种植技术标准化的最初尝试。

郊区林果业发展较快

新中国成立初，郊区森林覆盖率仅 1.3%，到处是荒山秃岭、荒滩沙丘。从 1953 年 6 月开始，绿化小西山的工作加速进行。当年营造侧柏人工林 30 万株。1955 年 2 月 5 日市委作出《关于加强北京市造林绿化工作的决定》，并制定出关于绿化北京西山的计划，要求大力动员和组织各方面的力量，用最快的速度大量植树。随后，郊区建立了第一个国营林场——西山造林事务所。此后的三年间，市委市政府组织部队投入劳力 34 万个，占西山绿化总用工的 56.7％，到 1958 年共造林 5.86 万亩，占小西山宜林地总面积的 80％。围绕小西山绿化的任务，国营育苗有较快发展，相继在小西山周围建立起瑞王坟、刘娘府、温泉、普照寺、杨庄子、冷泉、南大荒等苗圃，育苗面积 3 499 亩，主要是培育油松、侧柏、洋槐、紫穗槐、臭椿、白蜡、元宝枫、黄栌等造林用苗和核桃、板栗、桑苗等经济树苗。其后，温泉苗圃发展到 45.3 公顷。全民义务植树运动展开，1958 年秋，中央在京机关、团体、学校和市属 13 个系统、248 个单位的职工，分别到十三陵、八达岭、南口、清水、斋堂、怀柔水库、周口店等地区造林，分片包干，坚持七八年，累计造林 10 万多亩。北京地区封山育林工作也有成效。50 年代初，在各县区护林委员会管理下，永定河、潮白河等平原风沙危害的重点地区营造防护林。50 年代末，之前留下来的 30 多万亩残余天然次生林得到了恢复，大兴、通县等平原地区营造防护林带 1 400 公里。从 1953 年起，"凭证封山"（由县政府批准并颁发封山育林证），插牌为界（对封山地段插火印牌），延庆县制订乡规民约，建立护林组织，使长期遭到破坏的山林得以受到保护和恢复。延庆县在 1957 年以前封山育林面积达 30 万亩。

果树生产事业发展。新中国成立初期，郊区果树生产凋零败落，仅残留各种果树 670 万株，多分布在山区，果品年产 2 000 万千克左右。门头沟的核桃、京白梨，怀柔、昌平的栗子，延庆、怀柔的杏仁，房山、昌平、平谷的柿子，大兴、房山的梨，为郊区干鲜果的主要产区。从 1950 年起，对原有果树加强管理，开始修剪，防治病虫害，初步解决了危害果树严重的核桃的举翅蛾、梨黑腥病和柿子圆斑病。从 1956 年起，在丘陵、荒滩、荒地上兴建起一批以苹果、梨、桃、葡萄等鲜果为主的大果园，500 亩以上的果树园有 16 个、千亩以上的有 19 个。50 亩到 100 亩的果园，遍及郊区。1958 年开始在南口荒滩上兴建南口农场，栽植果树 8 300 多亩，成为郊区较大规模的果品基地。发展优良品种，如水蜜桃，之前多是从国外和外省市引进的中熟品种，从 50 年代起加强了杂交育种工作，培育出"早香玉""麦香""庆丰""京红""燕红""秋香""迎霜"等早熟和晚熟品种。

	1953 年	1954 年	1955 年	1956 年	1957 年
农业户数（万户）	12.4	12.1	12.4	19.3	19.3
农村人口（万人）	52.1	52.9	53.0	80.7	80.6
耕地（万亩）	127.6	124.3	121.5	214.8	203.4
粮田耕地（万亩）	104.5	97.6	92.7	160.7	145.6
亩产（千克）	120.0	87.4	132.6	92.2	130.0
总产（亿千克）	1.2	0.8	1.2	1.5	1.8
小麦种植面积（万亩）	20.6	20.5	20.5	35.3	34.1
亩产（千克）	62.6	52.6	71.3	56.2	36.2
总产（万千克）	1 287.7	1 079.0	2 409.0	1 985.6	1 237.8
玉米种植面积（万亩）	49.0	45.5	43.9	81.4	67.4
亩产（千克）	100.0	85.2	113.7	90.7	142.6
总产（亿千克）	0.49	0.38	0.49	0.73	0.81
水稻种植面积（万亩）	2.1	2.2	2.4	6.6	7.1
亩产（千克）	325.0	318.5	334.8	216.7	206.3
总产（万千克）	682.5	693.8	810.1	1 420.4	1 455.2
蔬菜种植面积（万亩）	15.8	17.5	19.2	22.0	28.3
亩产（千克）	2 000.0	2 100.0	2 223.8	2 296.8	2 336.9
总产（亿千克）	3.1	3.6	4.2	5.0	6.6

资料来源：北京市农业局编，《北京农业生产记事》，1993 年 9 月。

畜牧业生产初步发展

养猪业。从 1953 年开始，郊区农业生产合作社走上发展集体养猪业的道路。东郊区来广营乡吴玉书农业社办起了郊区第一个集体养猪场，这个猪场改进饲养方法，效益很好。仅用一年时间，从 30 多头发展到 245 头，盈利 3 300 多元，为集体积肥 67.5 万千克，还供应各户良种仔猪 140 多头，被评为全市养猪模范单位。至 1956 年 6 月，近郊 5 个区（不包括门头沟）133 个农业社，有 99 个农业社办起了集体养猪场，养猪 12 993 头，占 5 个区养猪总数的 19.5％。但农户养猪却出现了年年下降的趋势，1955 年年末户养猪存栏 122 763 头，比 1952 年减少 24％。1957 年年初，为贯彻国务院提出的"社繁户养""私有、私养、公助"的养猪方针，全市提高了生猪收购价格，增加了生猪预购定金和育肥猪的精料供应，调动了农民养猪的积极性。1957年年末郊区养猪存栏223 590头，比1956年年末养猪存栏增加70％，1957年交售商品猪28.8万头，比1956年有较大幅度增加。

国营奶牛业。1952年春，北京市供销合作社接管了中央一些部委和清华、燕京等大学办的奶牛厂12个，奶牛359头，成立了西苑牧场，1953年后交市农林局所属德茂农场管理。国营双桥农场接收了原华北农事试验场的奶牛，1953年在苏联专家帮助下建立了400头规模化奶牛场。旧中国留下的奶牛，80％以上患有结核病和布氏杆菌病。这些农场采取了定期检疫、清除疫源、犊牛隔离、分群饲养、严格淘汰和接种菌苗等一系列措施，逐步控制和消灭了这两种传染病。建立了健康牛群（场）。少数病牛集中在南口农场，牛奶高温消毒，精制炼乳，不做鲜奶出售。1954年8月，国家农业部移交给北京市的丰台五里店农场也建起了400头规模的奶牛场。到1955年，国营农场饲养的奶牛发展到2 010头，年产奶300万千克左右。还从国外引进荷兰纯黑白花乳母牛50头、种公牛30头，与当地杂种牛杂交、选育，培养出北京黑白花奶牛。1955年，私营奶牛场和个人养牛户发展到655家，饲养奶牛2 957头，年产牛奶600万千克，较1949年增长两倍多。全市国营和私营奶牛总数达4 967头，年产奶量总计900万千克左右。从1955年，全市私营奶牛业进行社会主义改造。开始对饲养奶牛20头以上，雇工4人以上的私营奶牛场，实行公私合营，资产作价定息，资方代表在企业中"有职有权、尽职尽责"。对不到20奶牛的小户，吸收他们参加农业生产社，奶牛作价入股。但后来发现一些农业生产合作社缺乏必要的饲养、运输和加工等条件，又逐渐转入了各国营农场。1957年年底，东、西、南、北郊等4个国营农场及东郊畜牧场饲养奶牛6 768头，比1955年增长36％，超过1949年的3倍多。全年生产鲜奶1 143万千克，比1955年增长27％，为解放初期的4倍以上。1957年，全市建10个牛奶分站，承担起供应订奶户66 400户，订奶托儿所292个、医院64个的任务。1959年建牛奶站奶粉厂，加工生产东风牌全脂奶粉和混和奶粉，同时在广安门和西郊两个分站，建起牛奶消毒炉灶，结束了市民吃生奶的历史。东、西、南、北郊国营农场还有3.8万亩粮食作物，亩产188.5千克，其中南郊农场亩产242千克，超过了《全国农业发展纲要》提出的指标水平。

渔业。1954年4月，正式成立京郊养鱼工作站。当时郊区有水面1万多亩，其中 300 多亩放养淡水鱼。1953 年捕捞鲜鱼 5.8 万千克。工作站建立后，着手组办面积约 150 亩左右的养鱼示范场。

1949 年到 1957 年期间，土地改革和农业合作化完成，促进了农村生产力的发展。这一时期，北京农村经济结构仍是以单一的农业为主，第一产业占绝对优势，虽有一些零星的小手工业、零售商业，也是以副业的形式依附于农业。

五、郊区农业为首都服务、努力改善农民生活

确定郊区农业为首都服务方针

从 1953 年起，北京市开始执行发展国民经济的第一个五年计划，其主要内容是努力发展生产，使北京实现由消费城市向生产城市的转变。这一年春，中共中央提出大城市郊区农业生产要为城市服务的方针。贯彻这一方针，市委、市政府提出"郊区农业为首都服务"，要求"北京郊区的农业生产，必须采取供应城市的需要，与市政建设密切配合的方针"，要有计划地发展蔬菜、水果、乳肉等生产。1953 年 11 月 26 日，市委关于改建与扩建北京市规划草案的要点，正式向中央请示，其中提到"为了供应城市蔬菜、水果、乳类等在郊区应保有较大的农业基地，并逐步建立具有新的技术条件的国营农场和农业生产合作社。"围绕这一要求，郊区农村的功能，一是要服务于北京向生产城市转变，从战略上、全局上考虑农村的功能定位；二是要发展农副产品，直接供应城市居民的生活需要；三是要在生产发展的基础上改善农民的生活，重视农民的自身权益。

建成官厅水库和永定河引水渠

旱涝无常是北京地区重要的自然地理特征。在郊区农村广阔的土地上治水，开展大规模的水利建设，就成为制约全市工农业建设和改善人民生活的关键之举。在 1954 年，郊区涝灾严重，6—8 月连降雨 67 天，累计降雨量 988 毫米，受灾面积 32.4 万亩，占耕地面积的四分之一，其中 15.3 万亩颗粒无收，南苑区受灾最重。在 1949—1957 年期间，水利进入了整修恢复和初步建设时期。修建水库、治理河道、挖渠打井、开发水能、保持水土，在防洪、除涝、灌溉、供水、发电、改善水环境等方面都取得了显

著效益。

官厅水库和永定河引水渠这是一时期建成的主要工程。党和国家领导人非常重视北京的水利建设。1950 年 8 月，周恩来在全国自然科学者代表会议上指出："华北的永定河，实际上是无定的。清朝封它为永定，它还时常泛滥"。"我们应为我们的子孙打下万年根基，其功不在禹下"。就在这一年，周恩来主持批准修建永定河上游的官厅水库，以控制永定河的洪水，保障京津和河北省广大乡村的安全，并为首都工农业生产和居民生活提供水源。水库于 1950 年 10 月开工，1954 年 9 月竣工。总库容 22.7 亿立方米，是新中国成立后兴建的第一座库容大于 10 亿立方米的大型水库。1956 年，北京市成立了永定河引水工程指挥部，同时挖通了前三门护城河东西两段，以迎接永定河水入城。1957 年 4 月，一座拦河大闸（17 孔、每孔长 12 米），在永定河出山口处的三家店建成。三家店拦河闸调节上游的来水量，向东经模市口、田村、玉渊潭至西便门，全长 25 公里。引水渠道，东流于海淀罗道庄与京密引水渠水相汇后进入西护城河，供水能力每秒 40 立方米，把水送到西郊工业区并进入城区，北京的发展也因此有了一条稳定的水源保证。

提高农副产品供应水平

随着当时城市居民消费水平的不断提高，郊区农副产品供应趋向紧张。①粮食，1957 年实行统购统销，郊区余粮户余粮数量的八九成由国家收购，国家把农民统销的粮食销售到农村各种类型的缺粮户，因此当时郊区自产的粮食主要供应郊区农村农户自用，少部分粮食流入城市、供应居民。城市居民从 1953 年 12 月 1 日实行面粉、大米、粗粮计划供应，并从 1955 年 10 月 31 日起，发给供应凭证，规定口粮标准。1957 年粮食收购 21 211 万千克，净调入 88 285.5 万千克，供应居民口粮。②蔬菜，1957 年郊区农村蔬菜产量为 6.6 亿千克，郊区生产单位与菜蔬公司签订蔬菜产销合同的总量为 5.2 亿千克，占当年总产量的 85%。从 1957 年 5 月起限制了农业社的自销蔬菜，进一步加强了统购包销政策，郊区农村的蔬菜产品完全由国营蔬菜商店经营。③猪肉，新中国成立初期主要靠私营商贩经营猪肉，私营商贩从农村采购活猪，屠宰后，运到市内门店销售或在集市上卖，一斤猪肉只要四五角钱，城内市民也只能逢年过节才舍得买点肉。郊区农村建立高级生产合作社后，一度将私有牲畜都收归集体所有，养猪生产下降，1957 年不得不"凭本定量"供应猪肉。1957 年全市销售猪肉 4.69 万吨，平均每个城市人口年消费猪肉只有 7.5 千克。④鸡蛋供应，新中国成立初鸡蛋需求量不大，鸡蛋是个稀罕物，郊区农村一家一户养鸡，也能做到供需平衡。随着城市居民生活水平提高，城市鸡蛋需求量增加。1955 年全市收购鸡蛋 413 万千克，比 1949 年增加 2 倍多，是新中国成立后收购鸡蛋最多的一年。从 1958 年 1 月开始，凭本每人每次限购 0.5 千克，城市居民要想吃鸡蛋就要多排几次队。排长队买鸡蛋的现象是很常见的。⑤牛奶，也是奢侈品。随着城市居民生活水平提高，订奶居民增加。1956 年年底，牛奶供应出现大的缺口，仅婴幼儿用奶就缺 1 426 千克，为此只得确保婴幼儿和病人吃奶，1957 年临时从天津芦台农场调来牛奶 680 千克以救急。供不应求的局面严重。

农民生活水平提高

新中国成立初期到 1957 年，农民收入水平不断提高，但生活质量仍然较低。1952 年郊区农民人均年生活消费支出 64 元，平均每月仅 5 元。从 1953 年开始到 1957 年，郊区农村生产发展迅速，农民收入增长很快。1957 年郊区农民平均每个劳动力纯收入 340.55 元，比 1952 年增长 66.4%，年均增长 10.7%，人均纯收入 135.79 元，比 1952 年增长 40%，年均增长 7%。1957 年农民人均生活消费支出达到 121 元，比 1952 年增长 89%，生活得到初步改善，基本上摆脱了食不饱腹、衣不遮体的贫困生活。农民吃细粮的水平提高。从农民消费情况看，人均消费粮食 198 千克，其中细粮已占 31.6%，人均消费肉类 3.8 千克、植物油 1.7 千克、人均衣着支出 14 元，用布近 6 米。百户拥有自行车 16 辆。据市委南苑区委调查，旧宫供销社供应社员的粮食，1955 年 6 月、8 月两个月份销售的细粮 26 931.5 千克，而 1956 年同期销售的细粮达 51 476 千克，增加一倍左右。1957 年，郊区农民每户拥有住房三间，当时翻建旧房、盖建新房逐渐增多，但房屋的质量标准较低，有干打垒土房，土坯石块砌墙，杂木瓦顶居多，普遍住的还是土房。

土地改革以后，农民在生产上有两个积极性，即发展个体生产的积极性和互助合作的积极性。为引导和组织个体农民联合起来，走社会主义道路，中国共产党创造性地开辟了一条适合中国国情特点的农业社会主义改造道路，就是对个体农民遵循自愿、互利、典型示范和国家帮助的原则，采取从临时互助组和常年互助组，发展到半社会主义性质的初级农业生产合作社，再发展到社会主义的高级农业生产合作社，从而比较顺利地实现了对小农经济的社会主义改造，使农民走上了社会主义道路。

北京郊区的农业合作化，是遵照中共中央关于农业互助合作等一系列指示和党在过渡时期总路线的精神组织实施的。同时，由于大城市郊区农村多种经营和商品经济相对发达，而且近郊区土改时没收的地主土地、征收的富农出租土地，均收归国家所有，农民分得的是使用权，因此北京郊区农业合作化具有以下特点：在发展农业互助组时，既试办了农业生产合作社，以培养典型、树立旗帜；从开始试办农业生产合作社，就有土地不分红的高级社；在农业生产合作社发展过程中，不断进行整顿。北京郊区农业合作化，开始是遵循自愿互利、积极稳妥原则进行的，但在1955年夏季以后，存在着要求过急的偏向，特别是转为高级社时，存在工作过粗，改变过快的问题。尽管如此，正如中共中央研究室著《中国共产党历史》中所指出的"农业合作化的完成，实现了中国土地的公有化。随着土地及耕畜、大型农具等主要生产资料归农业生产合作社集体所有，在广大农村建立起劳动群众的社会主义集体所有制经济。这标志着我国基本上完成了对个体农业的社会主义改造"。"在农业合作化后，我国农业的发展就有条件对土地的利用进行合理规划、逐步进行大规模的水利灌溉、大规模的农田基本建设、逐步推广机械耕作、施肥、杀虫等农业科学技术，从而使我国农业生产条件大为改观。如果没有农业合作化，仍然只在原来的小块土地上做文章，这些都是难以想象的"。

贯彻郊区服务首都方针，特别重视发展蔬菜生产。市委、市政府发放预购定金、优先供应商品肥料、以帮助菜农解决困难；规定蔬菜的季节品种收购价格，推行蔬菜产销结合合同，实行蔬菜的统购包销，保证蔬菜销路；推广改水浇地为"三大季"菜地，改"三大季"菜地为纯菜田，提高老菜田复种指数，多种"赶茬菜"，提倡旱地种菜，增种"大路菜"。到1957年，基本上做到了首都的蔬菜自给。养猪业，贯彻"私有、私养、公助"的方针，发展集体留养母猪、实行"社繁户养"，养猪发展快。5年来城市建设占地 11.8 万亩，又发展菜田，粮田面积相对减少，粮食总产、亩产增长不多。北京郊区农副业生产的情况是，以 1949 年北京郊区农业副业总产值（1 419 万元）为 100（按不变价格计算），则 1950 年是 227（3 216 万元）、1951 年是 319（4 533 万元）、1952 年是 337（4 786 万元）、1953 年是 446（6 326 万元）、1954 年是 416.1（5 905 万元、因涝灾减产）、1955 年是 518.8（7 362 万元）。1957 年农、林、牧、副、渔业产值为 49 892 万元，种植业产值占 77.76%、牧业占 14.23%、林业占 1.47%、渔业占 0.06%、副业占 6.48%。

第三章　实行农村人民公社政社合一体制时期的北京农村经济

（1958—1978 年）

从 1958 年到 1978 年是北京农村实行人民公社政社合一体制的时期，北京郊区农业和农村经济经历了大起、大落、反复、曲折的发展。

从 1958 年 8 月起，党中央"轻率地发动了'大跃进'运动和农村人民公社运动，使得以高指标、瞎指挥、浮夸风和'共产风'为主要标志的'左'倾错误严重地泛滥开来"（《中共中央关于建国以来党的若干历史问题的决议》）。北京农村刚刚建立不久的 2 647 个高级农业生产合作社，短时间内并拢成为 73 个人民公社，土地、生产资料甚至生活资料、劳动力都归公社所有或支配，农业生产实行大兵团作战。接着，发生了"三年经济困难"，农业生产跌入低谷，农民生活处于饥饿之中。尽管在 1960 年冬，开始纠正"左"倾错误，郊区农业生产有所恢复、发展。但是"'左'倾错误在经济工作的指导思想上并未得到彻底纠正，而在政治和思想文化方面还有发展"（《中共中央关于建国以来党的若干历史问题的决议》）。直至 1966 年 5 月到 1976 年 10 月，出现了"文化大革命"，这一全局性、长时间的"左"倾严重错误。北京首当其冲，郊区农村遭到严重破坏，农业生产基本处于徘徊甚至停滞倒退状态。1970 年年底，北方地区农业会议召开之后，重新调整农业和畜牧业生产各项政策。从 1971 年到 1978 年，在大抓粮食生产、开展农业学大寨推动下，经过郊区农民和广大干部的艰苦努力，排除各种干扰，大搞农田基本建设、兴修农田水利、平整土地、增加农业机械设备，粮食和畜牧业生产才有了恢复性的较快增长。

从 1958 年到 1978 年，北京行政辖区范围扩大。1958 年 3 月 7 日，国务院批准将河北省大兴、通县、顺义、良乡、房山五县和通州区划归北京市管辖。同年 10 月 20 日，国务院批准将河北省的怀柔、密云、平谷、延庆四县划入北京市管辖。此后，在 1960 年 1 月，又将昌平区、通州区、顺义区、大兴区、周口店区，恢复为昌平县、通县、顺义县、大兴县、房山县。1967 年 8 月，撤销石景山办事处，设立石景山区。北京市辖九区九县，其中近郊区为朝阳区、海淀区、丰台区、石景山区。远郊区县为门头沟区、房山县、大兴县、通县、顺义县、昌平县、怀柔县、密云县、平谷县、延庆县。1968 年统计，郊区农业人口 350.4 万人，耕地面积 665.3 万亩，农业人口人均耕地面积为 1.9 亩。到 1977 年，郊区农业人口增加到 384.3 万人，耕地面积减少到 648.3 万亩，农业人口人均耕地面积为 1.6 亩。

一、"大跃进"与"人民公社化"运动的开展

中共中央于 1958 年 1 月召开了南宁会议，到 3 月又召开了成都会议。会上提出了"大跃进"的口号。同年 5 月，中共中央通过社会主义建设总路线，即"鼓足干劲、力争上游、多快好省地建设社会主义"，接着在全国轻率地发动了"大跃进"运动。1958 年 5 月召开的党的八大二次会议批评一些不同意将指标定得过高的人是"观潮派""秋后算账派"，并提出要"拔白旗"。这次会议推动了经济工作中急躁冒进的"左"倾错误，加以干部和群众又有急于改变落后面貌的强烈愿望，北京和全国一样，掀起了"大跃进"的浪潮。

1958 年北京的"大跃进"从水利建设开始

修建十三陵水库、怀柔水库和密云水库是这一时期取得的巨大成果。《北京志·水利志》记载，早在 1954 年春，周恩来总理就提出了建设十三陵水库的规划设想，他说：北京名胜古迹甚多，风景优美，但有山无水是美中不足，尤其是十三陵这个名胜古迹是外宾必由之路，有山无水是一遗憾，若能修个水库，有个大的水面，那就更美了，同时还可减轻下游洪水灾害。根据这一指示，北京市对十三陵水库做了勘查规划，选定了坝址，确定了水文测站，列入了北京市城市建设规划之中。1958 年 1 月，十三陵水库工程开工。水库总库容 8 200 万立方米，是"大跃进"中北京修建的第一座水库，也是发扬共产主义劳动热情兴修的第一座水库工程。十三陵水库位于昌平区境内温榆河支流东沙河上。水库主体工程有大坝一座（长

627 米、最大坝高 29 米）、输水道和溢洪道。北京市市政工程建设院和水电部北京勘测设计院承担全部工程设计。参加水库劳动的有郊区广大农民、大批机关、学校、部队的干部、学生和战士，最多共约 40 万人次，施工高峰期的 5 月，在工地劳动的就有 10 万多人。5 月 25 日，毛泽东、刘少奇、周恩来、朱德等国家领导人以及参加中共八大二次会议的全体中央委员到工地参加劳动。劳动后毛泽东题写"十三陵水库"，此后这五个大字用汉白玉石块镶嵌在大坝的坝坡上。全部工程共完成土石方总量 296 万立方米，总用工 870 万个工日，总投资 1 686 万元。水库于 6 月 30 日建成。水库作为十三陵抽水蓄能电站的下池，为该电站的投产发电起到了重要作用。电站装机 80 万千瓦，其上池修建在蟒山岭上。十三陵水库集供水、灌溉、发电、旅游于一身，发挥了很好的效益。

1958 年 3 月，怀柔水库动工修建。怀柔水库位于怀柔县城西南、潮白河支流怀河山峡出口处，主体建筑物有主坝一座（坝长 1 038 米、最大坝高 21 米、坝顶宽 5 米）、副坝三座（总长 440 米），溢洪道、输水洞、进水闸各一处。水库初建时总库容 9 800 万立方米，后经两次扩建，总库容增加到 1.2 亿立方米。水库工程由水电部北京勘测设计院和北京市市政工程建设院共同设计。怀柔水库修建指挥部负责人，先是由通县地委书记徐瑞林担任，后改为地委第二书记、专员王宪担任。参加施工的民工最多达 6.3 万人，民工自带口粮、工具，水库指挥部只给民工每天每人补助生活费 0.4 元。建库大军奋战 130 天，于 7 月 19 日全部完成工程任务，总工程量 200 万立方米、总用工 600 万工日，总投资 480 万元。周恩来总理于 6 月 26 日到水库工地视察，题写"怀柔水库"四个大字。

同年 6 月，中共中央、国务院批准水电部、河北省和北京市有关部门联合提出的修建密云水库的建议。6 月 26 日，周恩来总理亲自到潮河、白河视察水库坝址。9 月，这座华北地区最大的水库正式动工。它由潮河、白河两个水库合成，水面面积达 180 多平方公里，约等于 100 个昆明湖，最大库容 43.75 亿立方米。水库由水利专家张光斗教授带领清华大学水利系师生和水利电力部水利水电勘测设计院的技术人员设计。水电部副部长钱正英、河北省副省长阮泊生、中共北京市委农工部部长赵凡组成领导小组，赵凡、王宪、刘鹏三人任修建水库的总指挥，纪常伦担任总工程师。来自河北省和北京市 28 个县区的 20 多万农民参加了密云水库的修建，他们自带工棚、粮食、自备大车、铣镐，表现了高尚的品德和风格。库区占地 16.8 万亩，首批迁移出 65 个村庄、1.15 万户、5.69 万人。绝大多数农户顾全大局迁移出村。1960 年 9 月密云水库竣工，实现了一年拦洪、两年建成的要求。建设速度快，工程质量好。密云水库控制潮河、白河总流域面积的 88%，约 1.6 万平方公里。水库的建成，不仅使长期危害人民的潮河、白河就范，更重要的是为首都的生产和人民生活提供了可靠的水源。

在修建密云水库的同时，市委于 1959 年 10 月提出"一库带十库"的口号，修建了一批中型水库。通过民办公助的方式，郊区农民先后修建了十多座蓄水量在 1 000 万立方米到几千万立方米的中型水库，有平谷县海子水库、怀柔县北台上水库、昌平县桃峪口水库、王家园水库、顺义县沙峪口水库、房山县崇青水库等。

1960 年开始修建京密引水工程。第一期工程从 1960 年 1 月初开工到 1961 年 4 月初，建成由密云水库龚庄子调节池至昌平县西崔村长达 53 公里的工程。第二期工程，除修通西崔村到昆明湖 46.56 公里长的新渠道外，还包括一期改善工程和增加的昆明湖至玉渊潭段计划外工程，长 56 公里，并建有大小建筑物 299 座。到 1966 年 4 月初，全长 110 公里的京密引水工程全部建成，每天有 40～60 立方米每秒的清流碧水沿着百公里长渠流入京城千家万户。

50 年代、60 年代的水利建设，包括各区县开展的农田水利建设，不仅对农业，而且对首都的建设、发展都发挥了极其重要的作用。

郊区农业"大跃进"始自 1958 年 2 月

1958 年 2 月 23—26 日，北京市召开 1957 年度农业劳动模范大会和市区乡社四级干部会议。北京市农林水利局副局长杨益民作了《北京郊区 1958 年农业"大跃进"奋斗纲要》的报告，提出 1958 年蔬菜 39 万亩、产量达 9.9 亿千克；粮食 178 万亩、亩产由 1957 年的 110 千克提高到 201 千克，提前四年上《纲要》；养猪 85.6 万头，实现农村人口一人一猪；奶牛增到 9 300 头，养羊 15.5 万只，大牲畜达到 9.6 万头；造林 74.8 万亩，植树 105 万株。会上有 51 人发言，27 人报喜。各乡社纷纷挑战、主战，比干劲、比跃进。会议结束前，彭真到会讲话，号召开展比先进、比多快好省的群众运动。市委农工部部长赵凡作了大会总结，对保守思想做了批判，指出保守思想是农业"大跃进"道路上的拦路虎、绊脚石。这一大会在郊区农村拉开了农业"大跃进"的序幕。

当时，全国许多地方"放卫星"，公布粮食高产典型。北京的粮食产量名列最后，受到中央一些领导人的批评。时任国务院副总理的谭震林亲自到北京指导郊区农业"大跃进"。1958 年 7 月 4 日，他在郊区区委书记会上提出：小麦亩产要达千斤以上、玉米五千斤以上、谷子三千斤以上、高粱四千斤以上，小麦千斤以上，也没有什么奥妙，有水、有肥、深翻 1.5 尺、密植每亩 30 至 32 斤籽，再加上专业化，有主管小麦的书记，这一来千斤就达到了。他还要求自造滚珠、改革农具，实现轴承化。7 月 28 日他还在市委召开的市农口领导座谈会上要求：北京不管种什么都要全国第一。当市农林水利局副局长刘纲介绍说双桥农场有亩产一两千斤的谷子时，谭震林说人家的谷子都两万斤、三万斤，你才一两千斤。你们要"留学"（市委农工委编，《京郊农业合作化大事简介 1949—1966 年》）。进入 8 月，《人民日报》发表社论，宣传"人有多大胆、地有多大产"的提法。市委于 8 月 17 日在天坛公园召开 1.5 万人参加的农业"大跃进"誓师大会，彭真在会上提出：破除迷信，实现农业"大跃进"，种好实验田。在会上有的区提出"没有低产作物、只有低产思想"的口号，有的区提出麦地要深翻一尺到二尺，每亩施肥十五万斤以上，每亩下种四十五斤以上直到二百斤的措施指标。会上，互比决心，调子一个赛过一个，不甘示弱。这些脱离实际的指标和措施，是不可能达到的。会后，彭真请刘仁转告郊区各区县，会上提出的高指标不算数，要实事求是（市委农工委编，《京郊农业合作化大事简介 1949—1966 年》）。但在当时的气氛下，已经制止不了"浮夸风"的盛行。一个积肥、深翻土地、大搞小麦晚玉米两茬密植的群众运动在郊区农村兴起。"瞎指挥风"的出现，使郊区人力、物力受到极大损失。

1958 年 7 月以后，在郊区掀起了农具改革、大炼钢铁和大办工业的热潮。根据谭震林的意见，市委要求郊区大车、犁、磨、水车等一切运转工具在一个月内都安上滚珠轴承，实现半机械化。各社队发动群众做滚珠，将铁条切成小段或用模具压圆了制成滚珠，有些村还架起了小烘炉，自己锻造轴承，但做出来的都不能用。石磨装上轴承推起来轻，但磨不出面来；大车装上轴承，加上重载就将轴承压坏了，活动不了。由于缺乏科学指导，农具改革是失败的。在中央做出大办钢铁的决议指导下，北京城乡也投入了这场运动。郊区到处收集废铁，甚至将锅砸了炼铁。门头沟区斋堂公社"找"到了铁矿。几天就砌起了 13 座炼铁炉，但炼出来的都是不成型的铁疙瘩。乡乡社社建高炉炼铁，劳民伤财，得不偿失。在农具改革和大炼钢铁的同时，也开展了大办工业的群众运动。1958 年年初，在永定门外一块废弃的窑地上，诞生了一个新型的企业，即南苑区蒲黄榆农业生产合作社盐酸厂，社员白手起家，生产土盐酸，粉碎石英石，还用废骨头熬油做肥皂。其后发展为丰台区南苑公社化工一厂、化工二厂。郊区各社队也因陋就简地办起了小工厂，大兴县庞各庄公社从原来的 11 个厂，几个月就办起了 440 个厂，但因生产、技术、供销等条件不具备，纷纷倒闭。也有一些企业保留了下来，为乡镇企业发展开辟了道路。

1958 年风调雨顺，郊区农业丰产。但丰产不丰收，很多地区抽调劳力炼钢、参加水利建设或专注于深翻土地，农业第一线劳力不足，收割的庄稼非常粗糙，许多粮食、棉花、花生、白薯、白菜丢失在地里。已经收割的庄稼，也未及时脱粒，贮藏保管的工作也做得不好，不少粮食发生霉烂现象。深翻土地时有的把生土翻了上来；密植时有的密度过大，反而造成了减产。周口店区长沟公社在复耕的 1.1 万亩白薯地中捡回白薯块 28.25 万千克。琉璃河公社祖村生产队在 408 亩白薯地里捡回 3.45 万千克。白薯入窖后大批"烂窖"。

"人民公社化"运动

郊区农村的"大跃进"和人民公社化紧密联系在一起的。大规模的农田水利建设和农业机械化的规划要求把土地、劳动力、资金等在更大范围内统一使用，突破原来农业生产合作社的界限。根据中共中央 1958 年 4 月 8 日发出的《关于把小型的农业生产合作社适当地合并为大社的意见》，自 5 月起先后开展了并社工作。东郊、南郊、西郊、北郊、南口等 9 个国营农场周围的农业社扩大到农场中来。河南省遂平县全县公社化的典型对北京郊区影响很大。顺义县在 7 月就把全区 414 个农业生产合作社并为 18 个大社，实行基本建设、生产规划、扣留比例统一，但包产、生产队、公共财产未动。1958 年 8 月，毛泽东到河北、河南和山东三省农村视察，提出"还是办人民公社好，它的好处是可以把工农商学兵合在一起，便于领导"。同时指出人民公社的特点，一曰大、二曰公。毛泽东视察的消息在《人民日报》披露后，市委第二书记刘仁带领一批农村干部到徐水县参观后，各郊区县自动效仿建起了人民公社，兴起了办人民公社的热潮。8月29日中共中央政治局北戴河会议做出了《关于在农村建立人民公社的决议》。市委在昌平县沙河和石景山区进行试点。其试点的内容是，由农业社集体所有改为人民公社集体所有，由农业社包工包产、按劳分配改为公社统一分配，并实行粮食生活供给制，提出了吃饭不要钱，并对生孩子、小孩上学、医疗、穿衣、理发、洗澡、死人火化等实行"八包"供给制。各区县的很多农业社跟着学。红星公社实行"十八包"，面更大。为了实现"一大二公"，原农业社的集体财产如社员的自留地、房基地、自养牲畜、自营林木，统归公社所有。为了办食堂、托儿所、幼儿园、缝纫组，平调了社员的房子、粮食、砖瓦、木料、缝纫机。为了实现全民皆兵，大搞军事化、战斗化，在农业生产中组织大兵团作战。8月下旬，丰台区建成5个人民公社，海淀区的19个农业社合成6个人民公社。9月初，门头沟区9个农业社并成了3个公社，通州区33个农业社合并成8个，昌平县58个农业合作社合并为6个公社。到9月10日，全郊区2 647个农业社合并成73个人民公社。平均每个公社10 550户、5万人口、9.9万亩耕地。其中有39个为公社统一计算收支、统一扣留积累，并统一进行分配。昌平区红旗人民公社制定的章程规定："原农业生产合作社集体所有的全部资产，一律转入公社为全民所有"，"原由各农业生产合作社分配给社员使用的自留地、自留果树等，由公社收回统一经营"。海淀区四季青公社章程规定："各个农业社合并为公社，应该将一切公有财产交给公社集体所有，多者不退、少者不补"，"社员转入公社应该交出全部自留地，并将私有的牲畜、苇塘、林木、农具等生产资料和房屋无代价地转为公社所有。"丰台区红星人民公社26 560户，为最大。

人民公社体制的基本特征是"一大二公"和政社合一。所谓"一大"就是规模大、一乡一社、几千农户、几万人口为一个公社。整个公社为一个经济核算单位，劳动力在全社范围内进行统一安排，组织军事化、行动战斗化、生活集体化。所谓"公"，就是整个农村所有的生产资料都转为归公社集体所有，生产资料的完全公有化。所谓"政社合一"，就是以乡为单位的农村集体经济组织与乡政府合一，乡政府统一行使管理农村行政和经营活动的权力。人民公社运动，出现了刮"共产风"、搞"一平二调"，混淆所有制界限，否定按劳取酬原则以及商品生产，出现管理不善，强迫命令等很多问题。正如中共中央党史研究所著《中国共产党历史》中提出的这种"不顾客观条件，争相推动农业集体生产组织向所谓更高级形式过渡的一场普遍的群众性运动"，使农村生产力受到灾难性的损失。

市委农工委编《京郊洪流》一书中记载：1958 年 11 月 1 日《北京日报》报道，"粮食 467.6 万亩（耕地面积），平均亩产 547.5 斤，较上年增产 138.2%，总产 25.9 亿斤，蔬菜 62 万亩，较上年增加近一倍，总产达 43 亿斤，增一倍多。"后据统计部门核实，粮食 597.7 万亩，亩产 141.3 千克，总产 8.44 亿千克，蔬菜 49 万亩（占用耕地 25.6 万亩），总产 10.2 亿千克。当时北京日报的报道严重夸大。

二、农村工作的初步调整和继续"反右倾"的错误

农村工作的初步调整

1958 年 11 月，中共中央召开郑州会议肯定"大跃进"和人民公社化的成绩，但也讨论了人民公社化运动中出现的问题，开始纠正已经察觉到的错误。毛泽东主持召开的郑州会议就批评了急于过渡到全民所有制乃至共产主义的思想，明确指出中国现阶段仍然处在社会主义社会，现阶段人民公社是社会主义的集体所有制，而"只要存在两种所有制，商品生产和商品交换就是极其必要、极其有用的"。其后在武昌会议上，毛泽东指出："继续发展商品生产和继续保持按劳分配的原则，对于发展社会主义经济是两个重大原则问题，必须在全党统一认识"。1961 年 7 月 8 日彭真在市委工作会议上的报告中引用了毛泽东 1959 年 2 月 27 日郑州会议上的讲话说："共产风"、一平二调、剥夺劳动者，是反动的、反马列主义的，比土豪劣绅还厉害，是地主恶霸，比帝国主义还坏。根据中共中央的《关于人民公社若干问题的决议》，1959 年 3 月 18 日市委做出《关于人民公社的管理体制和若干政策问题的规定》，提出：人民公社应当实行统一领导、分级管理的制度，其主要内容是，统一领导、队为基础；分级管理、权力下放；三级核算、各计盈亏；物资、劳动、等价交换；分配计划，由社决定；适当积累、合理调剂；按劳分配、承认差别。处理的具体意见是：①贯彻等价交换原则，调用劳动力、物资；②公社以前的债务，由相当原高级社的生

产大队或生产队负责清理，公社化以后的债务由公社负责清理；③公社借用社员的桌椅、板凳、刀、锅、碗、筷等家具，应打借条或作价分期归还；④社员私有的猪、羊、鸡、鸭等归集体喂养的，也作价分期归还。要允许社员私人喂养。这些原则和具体处理意见对于当时克服"平均主义""共产风"起了显著作用。

1959年3月9日、17日，毛泽东两次给各省、市、自治区第一书记写信，其后4月29日毛泽东又再次写《党内通信》，要求纠正包产指标过高、密植过密、减少种植面积过多、虚报产量和"节约"粮食以及农业机械化六个方面的问题。根据毛泽东和中央会议精神，1959年上半年，郊区整顿人民公社工作着重解决了以下几个问题：

一是，根据统一领导、分级管理的原则，将原来由2 486个高级社合并建成的人民公社，确定为2 275个基本核算单位，即基本上以原高级社为基本核算单位。在此基础上实行了三包和定额管理，其中90％的生产队与基本核算单位签定了三包合同。绝大多数生产队从1959年4月开始实行评工计分。这一调整，克服了公社化初期一度统得过死的情况，在一定程度上处理了公社内大集体与小集体、小集体之间、集体与个人之间的关系，调动了干部和群众生产积极性。

二是，清理了公社化以来的经济账目，有2 211个基本核算单位重算了1958年度的分配账，变公社统一分配为基本核算单位单独分配；清理了公社从基本核算单位上调的生产资料、产品、现金和公社统一交纳的公积金、统一偿还的贷款。应退粮食544万千克，后退还了379万千克，应退现金831万元，后退还了484万元。清理了基本核算单位之间的劳力协作、生产资料调拨。清理了社员的实物投资。清理了公社与国家之间的债务关系。国家补偿公社炼钢、炼铁款236万元。

三是，开始贯彻执行了生产方面的大集体下的小自由。到7月初已有1 999个基本核算单位（占88.8％）分完自留地，共286 296亩。允许社员养猪、养鸡的指示下达后，社员养猪养鸡数量逐月上升。

四是，调整了工资与供给的比例。据12个县区统计，有1 110个基本核算单位实行工资与供给相结合的分配制度，供给部分多数占30％～40％。有773个基本核算单位实行了按劳分配。

五是，整顿了干部作风。群众批评过的干部，经过诚恳地检讨，得到了社员的谅解，重新受到了信任。群众反映"干部不吹胡子瞪眼了，态度好了，也劳动了"。

以上情况是在 1959 年 8 月 15 日《中共北京市委农村工作部关于北京郊区半年来整社工作进行情况的报告》中披露的。

"反右倾"斗争

从 1959 年开始的"反右倾"斗争使得"一大二公"急于过渡的思想又重新左右着郊区农村经济发展。郊区农村在贯彻较为正确地政策的道路上重新遇到了阻碍，农村经济又受到了破坏。市委决定在郊区试办十个全民所有制公社，试图以"一大二公"的办法推进郊区副食品基地建设。这十个全民所有制的公社有，由东郊农场和朝阳公社、和平公社组成的和平人民公社；由双桥农场和双桥公社组成的双桥人民公社；由十三陵农场和十三陵公社组成的长陵、黑山寨等两个管理区组成的十三陵人民公社；由北郊农场和小汤山公社以及沙河、北七家等两个管理区组成的沙河人民公社；由长辛店农场和良乡公社组成的良乡人民公社；由西郊农场和永丰公社组成的永丰人民公社；由四季青公社和香山农场组成的四季青人民公社；石景山中苏友好人民公社；红星人民公社；延庆人民公社。后来，又增加了一个星火人民公社（由农展馆农场与星火公社、中德友好公社组成）。由于轻易变动所有制，视农村社员为全民所有制职工，实行供给制加工资制，拉平了农村社、队之间的经济收入，束缚了各方面发展经济的积极性，也挫伤了社员的劳动积极性。这 11 个人民公社规模过大，不易管理，当年 12 月 25 日市委就又宣布需要继续研究。为了迅速扩大公社所有制成分，为完成向公社基本所有制过渡创造条件，还提出了"要积极发展社营经济"，大办公社工业、大搞水利建设，又无偿地调用了大队、生产队的物资和劳力。还提出养猪要以公养为主、私养为辅的方针，社员户养猪以一户不超过两头为原则，社员户养的 2.6 万头母猪又重新作价收归公养，个人只许育肥猪。1960 年郊区建集体猪场 3 433 个。但养猪仍继续下降，年底全市养猪存栏比上年降低 12%。以社员利用自留地从事资本主义活动为名，重又收回了社员自留地。继续"大跃进"，抽调农村主要劳力搞水利建设和社办工业，以至农业生产劳力仍然很少。1960 年春，市委第二书记刘仁亲自到农村蹲点，了解到农村劳力少，活茬儿干不过来，地里的草很多，社员有很多意见。反右倾斗争，使郊区农村经济又重新面临着严重的困难。

三、为战胜严重的自然灾害而斗争

1958年，郊区农业丰产不丰收。1959年、1960年、1961年三年内又连续遇到严重自然灾害，致使郊区出现严重困难局面。

1959年3月下旬到6月下旬，连续80多天无雨，郊区有50多万亩山区耕地不能下种，4月下旬晚霜连降，春菜、返青小麦和其他早春作物都受到威胁。6—7月间先后有7次较大的风雹袭击，12个区县近30万亩农作物被刮倒。7、8、9三个月北京市连降大雨，日数多、强度大、灾害重。集中在7月下旬至8月中旬，30天总雨量达528.9毫米，比往年同期平均多一倍以上。6月15日至9月15日降雨日竟达40天。平原地区年降雨量高达1066.8毫米。房山县葫芦垡公社连续14个小时降雨量达410.7毫米。这场水患使得郊区245个村庄被淹，农田受灾面积14.46万公顷（217万亩），其中基本无收的就有8万公顷（120万亩）。1960年1月至6月中旬降水仅61毫米，为多年同期平均降雨量的一半，夏粮遭受严重干旱，秋粮播种也极为困难，成灾面积达5.4万公顷（81万亩）。1961年干旱仍然严重，从1960年8月到1961年7月连续10个多月没有下透雨。上半年降雨量只有40～60毫米，158万亩夏粮歉收。这三年来，全市农业生产大幅度下降，粮食减产，总产量由1957年的7.8亿千克（按1958年行政区划统计），下降到1960年的5.5亿千克，1961年夏粮亩产仅41.55千克，降到解放初期水平。集体猪场生猪死亡率在1960年7月高达37%，到1960年12月更达到46.45%，交售商品猪24.6万头，降低14.6%。社员户养猪大量减少，1961年全市存栏猪降到1952年的66.99万头。1960年，蔬菜产量13.15亿千克，虽然种植面积有所扩大，而平均亩产却低于1951年水平。蛋、禽生产大幅度下降，农副产品严重供应不足。1960年5月调查，郊区农民由于口粮少、吃不饱，副食也少，仅怀柔、顺义、平谷三县就出现浮肿病人2200人。

为战胜严重的自然灾害和发展粮食生产，郊区农村广大干部和农民在抗旱、排涝第一线，战胜一个一个的困难。市委组织各区县干部深入到村，层层包干，坚持抗旱，寻找水源，补种抢种，有的连续补种了三四次。

1959年8月在暴雨成灾的日子里，近郊农民抢种秋菜，许多菜地种了被冲，冲了又种，反复三四次，仍然坚持。市委还抽调城区机关、工厂、学校各方面3.5万人到农村帮助抢种。仅一个月的时间，排出230万亩土地的积水，超额完成了秋菜播种计划。同时，在密云水库挖开了走马庄泄水区，以确保大坝安全。

在中共中央大办农业大办粮食的号召下，市委提出要妥善安排农村劳动力，总原则是首先要保证农业生产的需要，不能主次不分，分散力量。当时1959年冬到1960年春，有农村强壮劳力30万人在水利建设第一线；农村强壮劳力转入工业生产的有7.8万人；此外原来能够参加农业生产的中小学生也不参加田间劳动了。根据这种情况，贯彻中央精神，市委决定能缓办的水利工程就尽量缓办，把劳动力迅速调到农业生产第一线来。到1960年8月上旬，用于农业生产的劳力达62.8万人，占农村总劳力的62.8%，较7月初增加了8.2%。但距中央规定农忙时从事农业生产的劳动力至少占80%的规定仍有差距。到1961年9月，农村第一线的劳动力达到89万人，占当时农村劳动力106万人的84%。农业劳动力集中在农业生产第一线，保证了农业生产的逐步恢复与发展。

四、重新调整农村政策，实施较为适宜的经济措施

大兴调查研究之风

1961年1月，毛泽东号召全党大兴调查研究之风。市委第二书记刘仁亲自领导一个调查组到丰台区大红门大队调查研究，随后市委又派五个调查组到卢沟桥、四季青、朝阳等公社调查研究。根据毛泽东的指示，邓小平、彭真在1961年4月上旬至5月上旬，到顺义、怀柔两县进行了调查研究。4月7日，邓小平与中央办公厅干部曹幼民、卓琳，市委张大中、廖沫沙等一行到顺义县调查。他们到北小营、牛栏山、前桑园、上辇村、张喜庄等社队听取这些社队干部的情况汇报，并深入到农户访问。彭真与赵鹏飞、李琪、范瑾等人从4月17日起到怀柔一渡河、驸马庄、梭草村调查。5月4日，邓小平、彭真一起共同听取调查组汇报，并与社队干部进一步座谈。5月10日下午，邓小平与彭真一起给毛泽东写了调查报告。这次调查研究主要是围绕当时调整农村政策中急需解决的问题进行的，如人

民公社的基本核算单位、劳动管理制度、农村商业手工业、家庭副业、人民公社分配上的供给制以及农村公共食堂等问题（谢荫明，《邓小平1961年北京顺义调查》，《北京日报》2014年2月24日）。此外，中共中央华北局、中共北京市委还组织调查组到房山县等地区，深入到农村基层进行进行研究。这次调查持续一年之久，市委向中央报送了9个专题调查报告，并附送了32个典型调查材料。这些调查研究的报告对改变农村供给制、人民公社实行三包一奖管理、超产粮的征购和余粮分配、耕畜农具等所有制问题、发展农村手工业和恢复农村供销社、解决农村食堂、农村基本核算问题以及发展农村畜牧业问题等，都提出了有情况、有分析、有决策建议的报告，对于帮助中央决策，正确贯彻中央指示，提高领导水平和改进作风，推动农村工作都起了很大作用。随后中共中央颁发了《农村人民公社工作条例（草案）》（简称《农业60条》），1962年2月，中共中央正式发出指示，确定以生产队为人民公社的基本核算单位，规定至少30年不变。农村政策逐步得到调整，农村经济逐步恢复和发展。

在贯彻落实中共中央农村政策的过程中，1961年7月8日彭真在市委工作会议上专门讲了农业问题。他指出，这些年"工作中根本性的问题、错误是平调，即'共产风'问题""要坚决、彻底、全部退赔"，"否则会动摇社会主义的经济基础""办食堂并不合乎客观情况"，农业生产水平低下的情况，"实行供给制是不利于调动社员积极性的""养猪挤掉了私养，不行"，"麦子亩产要达到四五千斤，也是不切实际的"。他提出"农业的奋斗目标，既要鼓足干劲，又要实事求是，不要浮夸""不要做氢气球，随风飘荡"。彭真代表市委、市政府纠正农村工作中的问题、错误，做了认真的检查，并明确了方向，这对于在1961年以后农业和农村工作的调整打下了很好的基础。

郊区农村调整工作

基本核算单位下放到生产队。实行以生产队为基本核算单位，可以使生产队有分配权，利益关系明确，社员心明眼亮，生产队独立经营，有了生产和经营的自主权，生产队干部也便于参加劳动和指挥生产。从1961年12月开始，到1962年4月底，全郊区3 590个大队，调整为以生产队做为基本核算单位的有3 406个大队。全郊区农村生产队由原来的11 826个调整为 14 735 个，每个生产队平均为 44 户。在下放基本核算单位的同时，对生产队的规模、土地、牲畜、大车等所有权、林权的划分、债务的处理、大队和生产队职权分工等都做了重新的安排。在 1960 年退赔的基础上，进一步清理了过去遗留的问题，国家和社、队退赔现金 5 506 万元，退出房屋 27.4 万间，退还家具、炊具、农具 47.44 万件，家畜、家禽 1.6 万多头，大车 420 辆，耕畜 2 800 头，树木 12.9 万多株。

调整农村经济政策。1962 年 7 月，市委在《关于加强生产队工作十项措施》的文件中提出"鼓励社员适当开展家庭副业生产，允许并鼓励社员在农业 60 条的政策范围内种好自留地、十边地、养猪、养鸡和其他家庭副业生产"。正确处理国家、集体和社员个人三方面的利益，国家征购以后的余粮，实行二八开，社员个人分配八成。十边地、小片开荒和社员自留地打的粮食，国家不征购，也不顶社员的口粮。社员个人种的，归社员个人所有。房山、怀柔、丰台等少数地方把社员开垦的一部分荒地和十边地收为队有，市委得知后做了严肃批评，还为此发了通报，纠正了这样的错误。发展养猪业，重新提出"以私养为主"的方针，执行奖励社员个人养猪的政策和措施。允许社员养母猪，奖励饲料与集体一样，每出售一头仔猪奖粮 12.5 千克，交售肥猪购留比例，执行户养的"购六留四"，集体的"购七留三"。母猪、公猪、育肥猪留料的标准也做了规定，还调整了肥猪收购的地区差价，解决了养猪赔钱的问题。执行这样的政策和措施，调动了农民养猪的积极性。1962 年，郊区养猪存栏 775 323 头，比 1961 年增加 28%，收购生猪 227 298 头，比 1961 年增加 143%。1965 年与 1961 年比商品猪增长 8.58 倍，达到 98.4 万头，猪肉自给率上升到 50.2%。

取消供给制，实行"三包一奖，评工记分"办法。过去，对社员劳动报酬实行供给制与工资制相结合的办法，由于受生产收入水平的制约，郊区农村除去供给部分以外，所剩可分配的工资部分很少，这种"具有共产主义因素"的办法实际上是一种平均主义，导致了"干不干、都吃饭"的思想，打击挫伤了社员的劳动积极性。在明确取消供给制以后，1961 年 5 月 17 日市委正式提出实行"三包一奖"（包产、包工、包开支与超产奖励）和定额管理、评工记分的办法。丰台区卢沟桥公社岳各庄大队是实行"三包一奖"和"定额管理、评工记分"的典型。他们以亩定产、以产定工、以产定开支的办法和个人计件、集体计件个人评定、日记工、月评分、年评分等相结合的办法得到了宣传和推广，对于郊区农村克服平均主义，调动广大农民积极性，起了很好的作用。

取消了公共食堂。从 1958 年"大跃进"以来，集体办公共食堂就成为"解放劳动力、培养集体主义觉悟的社会主义阵地"。实际上，统一办伙食，统一开饭时间，清一色的大锅饭，群众吃不好，不仅给社员生活带来很多不便，又造成了粮食和人力、物力的很大浪费。从 1961 年 8 月下旬起，随着《农业 60 条》的贯彻实施，郊区农村陆续解散了公共食堂。

五、农村经济得到恢复和发展，重新出现了好的景象

改善农业生产条件

为了改变农业生产的落后面貌，改善农业生产条件，提高抗灾能力，在水利、电力、农业机械等方面做了大量工作，发挥了重要作用。1958—1965 年国家对北京郊区的农林水利建设共投资 7.7 亿元。1953—1963 年，银行发放的农业贷款累计 21 793 万元，约占农业生产资料供应总值的 32%。郊区出现了沟渠纵横、林带环绕、旱能浇、涝能排的农田 368 万亩，占当时全部耕地面积的 55%。

水利建设和平整土地。进入 20 世纪 60 年代，郊区防洪蓄水除涝工程以及提水引水工程都有较快发展。严重的自然灾害造成农业减产的一个重要教训，是要在量力而行、适度发展的原则下进一步开展水利建设。从 1960 年秋冬开始，在全市范围内展开渠道配套工作，以修建斗、毛渠和排水沟渠等田间工程为中心，进行了较大规模的平整土地活动，力争达到"库成渠通、水到地平"。1961—1962 年，全郊区平整土地超过 100 万亩，逐步建成方块田、丰产方。1963 年冬，在全市范围内又一次出现了以平整土地和冬灌为中心的水利运动高潮。这一年平整的土地相当于 1962 年以前的总和，达到 210 万亩。据统计，从 1960—1965 年的 6 年间，全市共粗平、复平（即当年冬季粗平、次年春播前再平整一次）土地 502 万亩。土地平整、渠道配套，为郊区农业旱涝保收、稳产高产创造了条件。

郊区农业机械化发展迅速。到 1961 年年底，郊区有拖拉机 1 103 台，手扶拖拉机 41 台，排灌机械 8 296 台，9.9 万马力，农用汽车 188 辆，机耕面积 312 万亩，比 1957 年的 66.3 万亩增长 3.7 倍，灌溉面积 151.5 万

亩，比 1957 年的 58.1 万亩增长 1.6 倍。到 1965 年郊区拥有拖拉机 971 台、手扶拖拉机 301 台，排灌动力机械 14 785 台，18.9 万马力，农用汽车 464 辆。1965 年机耕面积为 313.9 万亩，占耕地面积的 46.8%。灌溉面积达到 368.2 万亩，占耕地面积的 55%。大批机动脱粒机、米面加工机、饲料粉碎机等进入农业生产和农产品加工领域。城市工业面向农村需要，试制成功和增产了一批农用机械，永定机械厂试制成功了 28 马力的中型拖拉机，农用机械厂生产了一批 14 马力的小型拖拉机，宣武机械厂试制成功了手扶拖拉机，一部分农具厂试制了成套的机引农具。在 1957—1966 年期间，城市工业还在郊区进行了机播密植小麦试验、拖拉机耕、耙、播一条龙作业等多项农业机械化作业项目试验、示范。为了实现市委提出的"郊区农业机械化要走在前面"的目标，1959 年 10 月 28 日正式成立北京农业机械局，主管全市农机科研、制造、管理、修理、培训、供应工作。农业机械化队伍迅速成长，到 1965 年，市县区两级累计培训机电管理干部和机手 1.8 万人。

以农业技术改革为中心，促进农业生产发展

1962 年农业生产形势好。落实农村各项政策，调动农业生产积极性，再加上 1962 年上半年虽有干旱，但不严重。1962 年夏收小麦 119 万亩，总产 7 280 万千克，较上年增产 20%，亩产 61.15 千克，较上年提高 47%，获得丰收。

1962 年 11 月 9 日，市委三届二次全体会议通过《关于郊区当前农业形势和任务的报告》提出"以农业技术改革为中心，迅速地把郊区农业生产推上新的发展阶段"，全面部署了郊区农村农业生产奋斗目标、主要措施，并应抓紧的各项工作。1964 年 2 月北京市第一次农业科技工作会议召开，提出"领导、专家和群众三结合"开展农业科学试验工作，组织在京有关小麦专家成立技术指导小组，分工负责到郊区各区县具体指导种麦技术，开展丰产试验田活动。

农业技术改革，促进农业生产发展取得好效果。到 1965 年，以百万亩小麦为中心的群众性的科学实验运动取得显著成绩。百万亩小麦获得大面积丰产。通过小麦、玉米、棉花、水稻、甘薯、谷子、花生等几百块"样板田""试验田"，积累了大量的科学技术资料。出现平均亩产小麦 150 千

克以上的公社 59 个，其中有 16 个公社的小麦平均亩产在 200 千克以上，有 34 个大队平均亩产突破 250 千克。东北旺农场 4 400 亩小麦平均亩产达到 257.5 千克。大兴县青云店大队的"样板田"，使 3 000 多亩小麦平均产量较上年提高了 34.3％，3 000 多亩玉米克服了多种自然灾害，也得到丰收。经过小麦丰产试验，总结了高肥力水浇地、一般水浇地、盐碱地、旱涝地等四类不同条件麦田稳产高产的栽培技术操作规程。玉米双交种的面积扩大，对玉米危害严重的玉米钻心虫，采用消灭越冬幼虫和心叶期药剂防治相结合的办法，基本上得到了控制。适应小麦、玉米水浇地栽培条件的整地、播种机械化复式作业，减少了作业工序，提高了工作效率。通县永乐店地区、大兴县安定公社西芦各庄村建立了盐碱地改良利用的样板田，运用综合栽培措施技术，使玉米、棉花获得了较好收成。水稻除莠剂、塑料薄膜覆盖等新技术也开始应用，并扩大了规模。怀柔山区建立了增产样板田，为山区农业生产的发展积累了经验。特别是围绕种好"样板田""试验田"，在郊区建立了上千个科技小组，在广大农民中开始出现学科学、用科学的新气象。因为有基层科技小组的支持，小麦抗锈品种"北京八号"，在 1964 年一年内就扩大到几千亩地。密云县瞳里村引入花生良种，改进种植技术，出现了亩产 367 千克的花生高产田，打破了历史纪录。1958 年后蔬菜种植面积扩大，并首次实施排开播种和均衡上市的措施。1960 年开始着手进行商品菜基地建设，在近郊建立了菜田集中、产量较为稳定的商品蔬菜生产基地，生产技术水平显著提高。奶牛业，1962 年国家和市政府拨款 3 000 万元用于发展农场奶牛业，建起 40 个规模牛场。国营农场创新采用"奶牛冷冻精液"新技术，一头种公牛的精液，可供一千多头母牛配种使用，较自然交配提高 20 多倍，加速了良种奶牛的繁殖。畜牧业科技水平也有提高，顺义县木林公社建立了养猪样板场，基本上控制了猪瘟和其他疫病的危害。

良种推广，为农业发展打下基础。采取自繁、自选、自留、自用为主、调剂为辅的方针，各区县建立自己的粮食繁育基地。1960 年郊区有 9 个县区的 207 个人民公社建立起 28 个良种繁殖场，有耕地 12.8 万亩，繁殖粮菜良种。到 1963 年拥有种子专业干部 130 多人，有 7 个县建立了良种推广站，有 6 个县配备了种子专职干部，有 7 个国营农场建有良种繁殖基地 1.05 万亩，县区良种繁育重点由原来的 42 个增加到 60 多个。为改进种子质量，北京市积极从外地和海外引进优良品种。1959 年从河南省引进"碧蚂 1 号"小麦良种 40 万千克在郊区推广，代替原有的"五花头""尖白芒""红白芒"等农家品种。同时，推广"早洋麦""华北 187"等良种，这是北京郊区第一次更换小麦品种。1961 年 10 月，郊区的小麦实现了第二次品种更新换代，占绝对多数的"碧蚂 1 号"小麦，由于抗寒性能差，逐步由"农大 183""农大 90""华北 187"所代替。

开展比、学、赶、帮、超运动

1965 年 9 月 11 日，市委召开全会提出领导社会主义大农业的基本方法是抓住先进典型，在社队之间开展找差距、互相学、互相帮、互相赶、互相超的比学赶帮超的群众运动。市委还印发了《郊区发展粮食生产的一面红旗——南韩继大队》《一渡河大队党支部在生产建设中发挥战斗堡垒作用》《在山区自力更生建设高产稳产田的房山县富合大队》《怀柔县得田沟大队发奋图强、穷干苦干、三年巨变》《猪多、肥多、粮多的顺义县陈各庄大队》5 个先进典型材料，组织全郊区干部、群众学习，目的是以这 5 个典型为榜样，学习他们艰苦奋斗的精神，创造出农业生产的新成果。随后，市委还制定了农业发展 5 年规划，提出了农业生产新的指标、措施，要在因地制宜执行农业"八字宪法"、大抓农业耕作制度和种植技术的改革上下功夫，并努力组织实施。在推广这些典型后，郊区一些生产大队后来居上，顺义县北石槽大队、怀柔县西茶坞大队、密云县河西大队、平谷县东高村大队等都出现了粮、果、菜、畜牧业高产的纪录。

市委表彰的这 5 个先进典型的情况是：房山县周口店公社南韩继大队 226 户、1 033 人、433 个劳动力，有耕地 1 100 亩。这个村原来是个穷村，地势高、土层薄、沙石多，是个"旱高台"，粮食亩产不过百斤。他们坚持自力更生，艰苦奋斗，从 1957 年冬天起，组织起打井专业队伍，年年打井，扩大水浇地种植面积。1962 年秋天，干旱严重，他们从 10 月起打井，一直打到第二年 8 月下了大雨才歇手，一连气打了 11 眼井，保证了小麦播种，夺得了小麦丰收，540 亩小麦取得亩产 165 千克的好收成。他们在积肥上下功夫，组织长年积肥专业队，积肥用工量占全年总用工量的 40% 左右，1963 年亩施有积肥超过万斤。他们使用"小八趟""白马牙"玉米、"农大 183"小麦高产良种，并实行合理密植、间作套种，夺得高产。他们充分利用水肥条件，尽可能多种小麦，扩大复种指数，"一亩当两亩种""一个太阳当两个太阳用"、一年种两茬、两茬都高产。市委在总结他们的经验时指出：推广这个典型，对郊区农业增产有普遍意义。房山县蒲洼公社富合大队是山区缺粮队变成余粮队的榜样。富合大队坐落在七八百米的高山上，"七沟八岭两面坡，无树少土石头多，十年九个旱，人畜无水喝"。每人耕地只有七分左右，地块少又分散，跑水、跑土、跑肥，产量很低。他们从1961年开始，到1964年，平均每年用一万个工，平均每个劳动力每年用130个工，闸沟垫地，修整梯田，苦战四年，初步改变了面貌。7条大沟闸了6条，70多亩坡地修了50多亩梯田，1964年亩产达到400千克以上，比1957年提高了1.3倍。怀柔县的一渡河大队和得田沟大队也是苦干穷干建设山区的好典型。一渡河大队农林牧副全面发展，1964年粮食亩产315千克，平均每人交售国家干鲜果360千克，平均每人养猪一头，平均每户一头大牲畜，平均每人收入102元。顺义县陈各庄大队以农业为主，农林牧副渔全面发展。1964年粮食亩产300千克，平均每人占有粮食700千克，平均每人养猪2.1头，交售肥猪近1头，造林累计达到平均每人45棵，副业收入每人20元，8亩水面养鱼，全年人均收入122元。

全郊区从1961年起农业生产开始恢复，到1963年粮食作物、生猪、棉花生产都超过了历史最高水平。1965年，农业总产值比1957年增长79.5%。粮食总产量达到11.9亿千克，增长52%。平均亩产210千克，比1957年的102.25千克增长一倍以上，首次突破了《全国农业发展纲要》规定的亩产200千克的指标。蔬菜产量由13.45亿千克，增长50.5%，平均亩产5 028.5千克。猪的全年累计饲养量由127.6万头增长到238.8万头，肥猪的全年交售量93.4万头，增长2.2倍。全市有奶牛21 730头，牛奶产量突破0.5亿千克，增长2.8倍。新中国成立后的17年，平均每年增加奶牛1 190头，产奶量较1948年增长26倍。到1965年家禽收购量达到258.3万只，鸡蛋收购量达到721.5万千克，北京鸭达到104.4万只，创造了历史最好水平。干果产量1 477万千克，鲜果产量0.95亿千克，各增长1.1倍。在生产发展的同时，生产条件也有很大改善，水浇地由222.8万亩，占耕地面积的34.2%，发展到368.1万亩，占耕地面积的56.5%。化肥的用量由48 699标准吨增长到103 876标准吨，平均亩施用化肥由7.5千克增长到15.5千克。农村用电量由2 813万千瓦时增长到16 627万千瓦时。农业机械发展到32.7万马力，增长一倍多，田间机械作业达391.7万亩，其中机耕313.9万亩、机播66.1万亩。

发展社办企业

1961年春，市委第二书记刘仁到丰台区南苑公社蹲点，发现这个公社被征用5 000多亩土地，平均每人只剩有三分地，社员收入不高。刘仁提出可以办工业，并召集211厂、第二轧钢厂、化工三厂、北京氧气厂、北京木材厂商议帮助南苑公社发展社队企业。随后，在南苑公社建起了机电厂、塑料厂、制桶厂等，不到一年的时间，生产的铁壳开关产品，年利润40万～50万元，胶套胶帽产品年利润200万～300万元。制桶厂，到1965年成为了国家二级企业。南苑公社利用社办企业创收的利润，购买农机具、打井机、建立扬水站，促进了农业的发展。南苑公社办社队企业的经验，促进了郊区社队企业的发展。但在随后的"三年困难"时，一些社队精减了企业职工以充实农业第一线，郊区社队企业生产下降。随着郊区农业生产的恢复、发展，城市和乡村市场重新活跃，国家政策开始有所松动，社队企业又有所发展。1965年秋，刘仁到顺义县李遂公社蹲点，并请市机电局找到宣武区椿树整流器厂，将这个厂的加工电子器件的项目转到李遂公社。李遂公社找出12间空房子作厂房，安装了设备，不到半个月就投入了生产。一年产值达160万元，获纯利40万元。在公社的带动下，各大队相继办起了玩具厂、纸盒厂、豆制品厂。但尚处于萌生时期的社办企业仍然受到"为农村服务的和农业有关的，必须有领导、有计划、有重点地进行"的思想限制，只能缓慢前行。1965年有社办工业企业184个，改变了北京农村没有工业的历史，社办企业总收入3 304万元，占农村人民公社总收入48 598.5万元的6.8%。对于农村副业生产的发展，当时也一再强调要"坚持以农为主，以副养农多种经营的方针，防止发生偏向"（市财贸办公室副主任安林在市人委第十三次会议上的报告，1965年11月24日）。这种限制使得副业生产仅在培养地种地养产品，以插桑条、植柳权、割荆条、种席苇和利用农业下脚料，在编织草袋、草绳、草帽辫等方面有所发展。

郊区农产品流通

这一时期，粮食、油料、棉花继续实行统购统销，生猪、鸡蛋实行部分派购，其余的农副产品通过购销合同的形式进行收购，根据交售数量实行物质奖励。始终处在以国营商业为领导力量，合作社商业为助手，个人商业为补充这样一种格局。1960年，将小商小贩全部过渡到国营商业，其后对小商小贩有所放开。但到1965年8月，又对合作商店、小商小贩进行限制、改造，提高所得税率，还规定全年所得额超过一定限度的要加成征税，合作商业、个体商业始终处在弱势状态，得不到发展。城郊集市贸易，1960年近郊区有15个自由市场，后来都被取缔。1960年，远郊县区农村集市有30多个，到1966年被关闭20多个仅存有6个，由于限制过严、管理过死，交易冷清。1965年6月房山县周口店公社黄山店分销站职工王砚香背篓上山，为山区居民送货和收购，受到表彰，全市号召商业职工向她学习。

农业税收。农业税，从1958年起，北京市农业税的征收实行比例税制，平均税率规定为常年产量的15%，并规定各区县税率最高不得超过常年产量的25%，最低不得低于常年产量的4%。依法开垦荒地的，从有收益的那一年起，免征农业税1～3年；在山地新垦植的果木等经济林木从有收入的那一年起免征农业税3～7年。1961年6月调减农业税税率，到10%以内。从1958年到1966年，征收农业税共12 886万元，占全市财政收入的1.8%左右。屠宰税，1956年6月北京市规定，在产地按收购价征收5%屠宰税，再在销售地屠宰后再征一次4%的屠宰税。同年9月规定，凡在北京市收购屠宰牲畜业务的企业，在所在地区税务机关按当地收购价计征10%的屠宰税，机关、学校屠宰自养牲畜税率为8%，一些特殊情况如自养、自宰、自食的，在1959年规定可以免税。从1958年到1966年共征收屠宰税2 456万元。交易税，1959年规定在人民公社基本核算单位之间买卖牲畜应照征交易税。1962年4月出台集市交易税，规定鸡、鸭、蛋、兔等一些农副产品的交易必须在成交后按照成交价格依率由卖方缴纳，有起征点，大体在10%左右。

农村社会主义教育运动（又称四清运动）

从1963年5月，到第二年6月，一部分县（区）、乡、社开始进行农村社会主义教育运动。1964年10月，集中在通县进行社会主义教育运动。1965年1月中共中央发布《农村社会主义教育运动中目前提出的一些问

题》（简称《二十三条》），市委以此文件指导社会主义教育运动。1965 年
郊区农村社会主义教育运动再次全面展开，一直到 1966 年 5 月，华北局工
作组进入市委，"文化大革命"开始，5 月 23 日市委农村社会主义教育领
导小组停止工作。这一时期党中央和市委对郊区阶段斗争形式估计日益严
重，以致认为社会主义教育运动是解决无产阶级和资产阶级两个阶级的斗
争，社会主义和资本主义两条道路的斗争，这一"左"倾错误理论混淆了
两类矛盾，使不少干部和群众受到打击，工作受到影响，一些调整农村经
济的政策未能得到认真执行。北京市农村社会主义教育运动历时三年，但
市委始终注意把抓生产建设作为一项重要内容，坚持生产和社会主义教育
两不误，农村社会主义教育工作队从参加劳动帮助搞好生产入手，通过运
动达到增产，把是否增产作为一项重要验收标准，在时间安排上强调不违
农时，而且在每个时期市委和社会主义教育领导小组都对生产任务进行专
业布置和检查，对郊区农业生产的发展还是起到了一定的好作用。

1958—1965 年北京郊区农村、农业发展情况表

	1958 年	1960 年	1962 年	1965 年
农业人口（万人）	281.6	281.2	302.3	331.7
人民公社（个）	73	68	285	267
生产大队（个）	1 626	449	3 685	3 642
生产队（个）	9 156	3 733	14 754	14 518
粮食耕地（万亩）	597.7	494.5	590.4	567.2
亩产（千克）	141.3	111.7	134.2	210.1
总产（亿千克）	8.4	5.5	7.9	11.0
小麦面积（万亩）	126.5	154.1	116.6	162.4
亩产（千克）	62.1	62.1	62.7	114.1
玉米面积（万亩）	230.1	188.5	203.6	239.1
亩产（千克）	137.9	112.2	148.3	207.6
水稻面积（万亩）	29.6	39.0	15.8	37.1
亩产（千克）	150.6	111.9	256.0	348.1
菜田面积（万亩）	25.6	61.7	45.8	26.7
亩产（千克）	3 991.5	2 132.65	3 515.5	5 028.5
总产（亿千克）	10.2	13.1	16.1	13.4
累积养猪（万头）	128.4	103.0	102.1	238.8

	1958 年	1960 年	1962 年	1965 年
出售肥猪（万头）	31.3	24.6	23.1	93.4
奶牛（万头）	1.1	1.7	2.3	2.2
年产奶（万千克）	1 750.0	2 320.5	3 385.0	5 333.5

资料来源：北京市农业局编，《北京农业生产记事》。

六、"文化大革命"给郊区农村经济带来严重破坏

1966 年 5 月 4—26 日，中共中央政治局扩大会议在北京召开。5 月 16 日通过毛泽东亲自主持制定的《中国共产党中央委员会通知》（即"516"通知），号召全党和全国人民把斗争的矛头指向所谓"混进党里、政府里、军队里和各种文化界的资产阶级代表人物"，从此开始了"文化大革命"。全国城乡遭受十年浩劫，北京郊区农村经济和全国一样也受到了严重损害。

农村经济处在无序管理状态

北京市县区领导机构反复变动，农村经济处在无序管理状态。"文化大革命"开始后不久，中共北京市委改组，接着是党政单位相继受到冲击。市属农口各局的领导成员被诬为"三反分子""走资本主义道路当权派"，被揪斗、靠边站，失去了领导指挥权，业务工作呈现出无政府状态。1967年 1 月"支左"解放军介入各局"文化大革命"，一直到 1968 年 11 月市革委会决定撤销原有的市农林局、农场管理局、农业机械管理局、水利局，成立北京市农业局统管农业、林业、畜牧、水利、气象、农机、农场等工作，但主要是忙于阶级斗争、清理阶级队伍、整党、审干，基本上没有管理农业生产。1972 年 7 月，仍恢复"北京市农林局""北京市水利局""北京农机局"体制。各县（区）委书记、县（区）长在"文化大革命"开始不久也统统被造反派"揪斗"，新市委通过中央、华北局从全国各省市调来30 多名领导干部到郊区任县（区）委书记、副书记，其后由于批判"文化大革命"中的资产阶级反动路线，这些新任命的县（区）委书记、副书记也处在被批判地位。1967 年 3 月，解放军"支左"干部进驻各郊区县，先是建立"抓革命促生产第一线指挥部"。1967 年 10 月至 1968 年 2 月，各区

县先后成立县（区）革命委员会。直到1969年4月中共九大结束后，郊区农村基层党组织才恢复活动，并建立了"三结合"的革委会，农村基层组织才有了领导结构。此间，在召开的北京市贫下中农代表会议、北京市革命职工代表会议上，周恩来两次到会讲话要求郊区抓好春耕生产，但市县（区）乡三级领导仍忙于"革命"，并害怕"业务挂帅""生产挂帅"，郊区农村经济的领导仍处于软弱状态。

郊区农村在"文化大革命"开始不久就发生严重的武斗事件。市委农工委编《北京市农业合作化大事简介1966—1978年》记载：1966年8月底到9月初，大兴县、昌平县一些乡村出现了大量打死人的事件，大兴县有49个村共打死324人、昌平县共打死336人。1966年9月，市卫戍区派人到大兴县制止，并在此后做了严肃处理。通县翟里、房山县琉璃河、长阳公社、门头沟区大峪中学、斋堂中学、通县邮电局、密云县东邵渠等都发生过严重武斗事件，仅市立案核查的就有20多起、打死16人、打伤近千人，毁坏了大批财产，造成了很多乡村存在派性，长期不能团结，经济、政治受到严重破坏。农业先进单位和劳动模范倍遭摧残迫害。全国著名劳动模范、海淀区四季青人民公社副主任李墨林于1975年2月被迫害含冤死去。全国农业劳动模范、怀柔县一渡河党支部书记刘宗悦受到百般折磨，在1967年5月9日被迫害致死。顺义县上辇大队党支部书记孙举、陈各庄大队党支部书记王景祥先后于1967年和1968年被迫害致死。房山县南韩继大队全国农业劳动模范、村党支部书记徐庆文惨遭毒打，逃往别处，才免遭毒手。岗上村党支部书记吴春山被打致残。1978年12月，中共北京市委农村工作部召开10万人大会，为南韩继大队等15个先进单位和刘宗悦、徐庆文、李墨林、吴春山、孙举、王景祥等11名劳动模范平反昭雪、恢复名誉。在"文化大革命"期间，市县区农业部门大批干部也受到了迫害。中共北京市委第二书记刘仁惨死在狱中，怀柔县县委书记李晓章、昌平县县长许正宣被迫害致死。后都已平反。

实行"左"的经济政策

在"文化大革命"运动中，对60年代初调整人民公社体制时被否定的一些错误做法又重新搬了回来，一些行之有效的农村政策受到了错误的批判，导致了思想和工作的混乱，农业生产受到了破坏。

（1）急于向大队核算过渡。1968 年 8 月，北京市贫下中农代表会议召开，提出要进一步发挥人民公社"一大二公"的优越性，之后又刮起了"共产风"。市革委会领导指示各县选择生产大队为基本核算单位对象，并要求陆续办理过渡，至 1970 年 1 月有 402 个大队转为以大队为基本核算单位，连原有的 648 个，合计为 1 050 个，占大队总数的 26％都成为了以大队为基本核算单位。1973 年冬到 1975 年 7 月，郊区农村又有 200 个大队转为大队基本核算单位，合计为 1 250 个，占大队总数的 31％。1977 年 12 月，贯彻中央"普及大寨县工作座谈会讨论的若干问题"，市委还要求要努力创造条件，向大队为基本核算单位过渡。市委农工委编《北京市农业合作化大事简介 1966—1978 年》记载：1978 年 1 月 29 日，市革委负责人批示市委农村工作部写出的报告，又有 164 个过渡到大队核算，全郊区共计有 1 495 个过渡到大队核算，占大队总数的 38.1％，要求在"今冬明春向大队基本核算单位过渡应达到 50％"。连续十年的穷过渡，正是"文化大革命"坚持"左"的路线的表现。

（2）批判"三自一包"，无偿收回自留地、限制家庭副业和集贸市场。"文化大革命"时把自留地、自负盈亏、自由市场和包产到户，说成是刘少奇推行的"三自一包"，要批深批透。在大批判中，把社员自留地、家庭副业和集市贸易说成是"复辟资本主义的温床"，要"割资本主义的尾巴"。1969 年 11 月，市革委会农林组的报告中披露，当时把社员自留地收回由集体统一经营的生产队，海淀区占 97％，通县占 52％，密云县占 30％。为防止社员"不务正业"，限制家庭副业，有的生产队甚至提出社员下地不许带草筐，防止社员打草喂猪。多数集贸市场被关闭，限制社员从事商品生产和商品交换，切断了农民与市场的联系，造成了农副产品和农民收入的减少，也堵塞了流通渠道，给城乡人民生活带来很多不便。

（3）批判"工分挂帅""物质刺激"，推行大寨式劳动管理办法。在大批判中把生产责任制说成是对群众的关、卡、压；把评工记分说成是"工分挂帅"；把合法的物质利益，说成是"物质刺激"，进而推行"突出政治"的劳动管理办法，并把大寨的"一心为公劳动、自报公议工分"说成是不让无产阶级江山变色的好经验。昌平县百善公社狮子营大队实行的"包工到组、责任到人"的生产责任制被批判为"复辟回潮"的典型，使得不少地方出现劳动"大拨轰"、分配"大锅饭""干多干少一个样、干好干坏一个样"的平均主义情况，严重影响了社员的劳动积极性。

（4）片面强调"以粮为纲"。把社队搞工副业说成是"脱轨转向""不务正业"。提出"劳力归田、车马归队"，造成"以粮为纲"，其他各业都要砍光。远郊区集体耕地和农民自留地只许种粮食和少量自食蔬菜，不许生产商品菜。强调农业是基础，大力发展粮食生产是正确的。但把劳动力全部集中在有限的农田上，不准搞工副业和其他各业，影响了农村经济的发展。房山县在"以粮为纲"的口号下，将山地梯田果树砍掉，给粮食"让路"。十渡公社卧龙大队一次砍掉大杏树一万多株。门头沟区妙峰山公社拢驾庄南队砍掉果树 500 多株。"文化大革命"十年期间，毁林问题从未停止。在养猪政策方面，以反对物质刺激的名义把队里留给社员养猪的饲料粮办法取消了；社员自留地收回后，家庭养猪饲料来源没有了；社员带草筐采集野生青粗饲料也不行了；大搞献"忠"字肥，社员户的圈肥也无偿给了集体，社员养猪积极性受到挫伤，养猪存栏和收购生猪显著下降。

1966—1969 年的四年间，从自然条件看这四年基本上是风调雨顺年份，应当是连续增产趋势。由于"文化大革命"的破坏和干扰，粮食生产只有 1968 年平均亩产和总产超过"文化大革命"前的 1965 年，连续三年都低于 1965 年，粮食总产减少 2.7%。棉花的亩产、总产都没有达到 1965年的水平。猪只和奶牛数连续减少，到 1970 年全市商品猪由 1966 年的98.4 万头下降到 65.3 万头，存栏猪由 145.4 万头下降到 130 万头。牛奶总产减少 13.2%。近郊区菜田面积虽有增加，但总产量减少 8.9%。

七、贯彻"北方地区农业会议"精神和
学大寨运动的深入开展

贯彻"北方地区农业会议"精神

1970 年以后，周恩来在毛泽东的支持下主持中央日常工作，使各方面的工作有了转机。1970 年 8—9 月，在周恩来的直接领导与关怀下，国务院召开了北方地区农业会议。这次会议虽然未能摆脱"左"的错误，但是针对"文化大革命"的破坏，为扭转农业生产停滞、下降的局面，重申了过去行之有效的一些政策措施。会议指出：《农业六十条》中关于人民公社现阶段基本政策仍然适用，必须贯彻执行，要坚持"按劳分配"的原则，

反对平均主义，社员可以经营少量自留地和家庭副业，切不可重犯"一平二调"的错误，不许无偿调用生产队的劳力、生产资料和其他物资，不得加重社会负担。要求"加速实现《农业发展纲要》，尽快扭转南粮北调局面，大搞农田基本建设"。提出：农业生产条件不改变，产量就无法稳定，农业的被动局面就不能扭转。会后，北京市与全国大多数省市一样召开会议，积极贯彻了北方地区农业会议精神，着重纠正农村工作中的"左"的错误，调动农村干部群众的生产积极性，促进了农村经济的恢复和发展。1971年9月市革委会重新明确郊区养猪方针是"积极发展集体养猪、继续支持社员养猪"，并提出要恢复国家对集体和社员户养猪的饲料粮补助和社员自留地、饲料地政策。1973年8月，市委农林组负责人指出，在劳动报酬上可以实行"定额到组、评工到人"或"定额计工"，贯彻"各尽所能、按劳分配"的原则。

学大寨运动

结合党中央提出的"农业学大寨"的要求，为推动"农业学大寨"运动的深入开展，1970年9月市革委会在人民大会堂举办"农业学大寨"报告会。当时任山西省革委会副主任、昔阳县革委会主任、大寨大队党支部书记陈永贵、大寨公社厚庄大队党支部书记王崇周、大寨公社武家评大队党支部书记李喜慎、昔阳县界都公社西固壁大队党支部书记李七毛等人介绍山西省开展"农业学大寨"群众运动的经验。河北省治理海河、建设山区的先进单位代表也应邀介绍了治山、治水的经验。郊区农田基本建设掀起了新的高潮。从1970年冬到1974年春，昌平、海淀、朝阳、顺义、通县、大兴六个区县为了解决东南郊地区150万亩农田防洪排涝问题，组织青壮年社员利用四个冬春，疏挖整治了温榆河、北运河、港沟河和凤河。这四条河流同属海河水系，是落实毛泽东"一定要根治海河"号召的实际行动。整治工程实行民办公助，采用"大包干"形式进行施工。疏挖整治河道上百里，新筑和修复部分堤埝，并在堤埝上辟了路、种了树，并在四条河道上新建和扩建拦河闸、节制闸十余座。工程竣工，为改变北京市东南郊地区低洼易涝面貌，解决农田防洪排涝创造了条件。白河堡引水工程于1970年9月6日开工。此项工程是将潮白河主要支流白河的水引入永定河官厅水库和北运河入十三陵水库，供延庆县用水，并给官厅水库、十三陵水库补水，1983年6月底竣工。农田水利发展，水浇地面积扩大，如何提高灌溉效益，节约用水是农业增产中的一大课题。在"农业学大寨""先治坡后治窝"的感召下，郊区开展了大规模的平整土地活动，1972年10月成立北京市农田基本建设指挥部，后组建为北京市平地指挥部，先是以京周、京密、京张三条公路两侧为平整土地的重点，在1973年春前平整了土地84万亩。1973年9月市革委会专门召开平整土地会议，提出"全面规划、加强领导、因地制宜、分期分批、全面发动、重点突击"的指导方针，要求各县区在平整土地活动中大干、苦干、实干三年，利用冬春季节，把郊区耕地基本平整好。从1976年开始，以大平大整土地为中心的农田基本建设活动，逐步向山、水、林、田、路统一规划、综合治理方向发展。从1973年到1978年，累计全市投入平整土地的劳动日2亿多个，平均每年4 600万个工日，累计出动大中型拖拉机6 000多台次，平均每年1 200多台次，完成平整土地229.38万亩，国家用于平整土地的补助金达4 344万元，平均每亩补助18.3元。郊区以平整土地为中心的农田基本建设，取得了比较好的效果，改变了郊区耕地面貌，改变了部分低产田的面貌，改变了部分山区的自然面貌，促进了农田水利事业的改善和农业的增产，为粮食作物稳定增产创造了有利条件。郊区打井工作，从1972年大旱起又有了一个新的高潮。当年成立市抗旱打井领导小组，新打机井5 187眼，使郊区机井数达到近2万眼。此后，每年市计委拨专款400万元，支持打井工作，到1983年。1976年是全市完成打井任务最多的一年，达7 599眼。到1978年，郊区灌溉面积增加到513万亩，其中井灌面积达到246万亩。

1975年9月，全国"农业学大寨"会议在山西省昔阳县召开。会上提出要为普及大寨县而奋斗。1976年12月，第二次全国"农业学大寨"会议召开，除在会上继续提出以阶段斗争为纲，但要求要掀起大搞农田基本建设高潮，改土治水，为普及大寨县做贡献。贯彻这两次会议精神，中共北京市委于1975年11月、1976年10月和1977年10月先后分三批组建普及大寨县工作队进驻1 174个大队和26个社办企事业单位开展农业学大寨、普及大寨县运动。在这次农业学大寨、普及大寨县运动中提出了许多"大批资本主义"的内容，如反对农副产品出售和自由购销；反对劳动力自由外流和"五匠"单干；反对"高工分""高补助""高奖励"；反对"重副轻农"以及"劳力归田，马车归队"等。同时还对农村社员自留地、家庭副业进行了批判。但在大干社会主义口号的感召下，郊区农村在普及大寨县过程中仍出现了农田基本建设的新高潮。1976 年 12 月统计，这一年冬季出去的劳动力达 68.4 万人、平整土地 17.6 万亩，开工的水利工程有 6 700 多处，完成土石方量达 1.1 亿立方米，比上一年同期多 3 倍。平谷县一个县就出动劳动力 8.04 万人，占全县劳动力总数的 64％。

八、农村经济重新得到恢复和发展

在"文化大革命"的十年中，郊区广大干部和群众始终在同"左"倾错误进行着艰苦斗争。从 1970 年以后周恩来主持中央工作，农村经济工作有了转机。中共北京市委、市革委在 1971 年 9 月召开了全市养猪生产现场会，1972 年 1 月召开了市农业机械化会议，同年 3 月召开了农业座谈会，5 月召开了全市工业支援农业工作会，1973 年 8 月召开了小麦生产工作会议，以及其后召开的农业生产会议，尽管仍在强调学习"无产阶级专政下继续革命"理论，坚持"党的基本路线教育"，但是已经敢于抓生产，研究农村经济中的问题，并提出解决方案和措施，从而推进了农村经济的曲折发展。郊区广大农民群众排除各种干扰破坏，顶住歪风，坚守岗位，改变生产条件，实行农林牧副多种经营，在 1966 年至 1969 年连续三年下降、停止的基础上获得了增长。到 1976 年，农业总产值较 1965 年增长 66.2％，粮食产量达到 17 亿千克，增长 43％；蔬菜产量 17.4 亿千克，增长 29.4％；交售商品猪 160.2 万头，增长 71.5％。社队企业有所发展。1978 年在农业总产值中种植业占 58.4％、副业占 23.1％、牧业占 17.2％、林业占 1.2％。市财政对农业生产和农业事业费的支出从 1970 年到 1976 年达到 2.81 亿元，占地方财政总支出的 4％。

农业技术推广事业得到恢复和发展

1966 年"文化大革命"开始以后，市县区所有农业技术推广结构先后陷于瘫痪，大批技术干部下放劳动，技术推广工作处于停滞状态。1972 年，市县区农业技术推广工作逐步恢复，市植物保护站、植物检疫站、良种推广站相继恢复建立。到 1974 年，全国推广"四级农科网经验"后，各县区在原农业技术推广站基础上改建为农业科学研究所，从事农业技术推广和有关农业生产科学试验与研究工作。有 90％的人民公社建立起科技站，70％的生产大队建立起科技小组，生产队内设有技术员，分别负责社队的生产技术宣传推广和具体指导工作。市、县（区）、社、队四级农科网队伍达 4 万多人，一个新的农业技术推广网络重新建立起来。他们在改革耕作种植制度、推广普及农作物优良品种、推广生物防治病虫害及除草技术、提高普及积肥用肥技术、推广农作物耕作管理技术水平、推广先进的果品生产技术、有选择地推广新机具、新技术以及推广综合配套的畜禽业生产技术 8 个方面都起到了显著作用。

农业机械增加，机械作业扩大

贯彻 1971 年 8 月召开的全国农业机械化会议精神，海淀区四季青公社、通县永乐店公社、顺义县牛栏山公社、平谷县大华山公社为农业机械化试点单位，到 1977 年试点工作扩大到红星公社一个农场、平谷县一个县，以点代面，郊区农业机械化步伐加快。围绕着"三夏三秋"、抗旱打井、平整土地等农业重点作业和环节，郊区农业机械拥有量逐年增加。1978 年与 1965 年相比，大中型拖拉机由 971 台增加到 5 568 台，手扶拖拉机由 301 台发展到 23 412 台；排灌动力机械由 18.9 万马力，发展到 75.6 万马力，联合收割机由 1970 年的 7 台增加到 174 台。机动喷雾机、饲料粉碎机、米面加工设备、农用汽车都有显著增加。农机作业进一步扩大，农业机械水平提高。郊区机耕面积由 1965 年的 313.9 万亩，扩大到 1978 年的 482.5 万亩，机耕面积占耕地面积的 75％，机电灌溉面积由 216.4 万亩扩大到 406.9 万亩，占有效灌溉面积的 79.2％，并在郊区开始进行喷灌、滴灌的试点。小麦机播面积由 1965 年的 27.8 万亩，扩大到 1976 年的 273.4 万亩，机播水平达到 93％，机收面积扩大到 54.3 万亩，有 600 个生产队在麦收时放下了镰刀。水稻机插秧面积由 1.8％提高到 9.8％，郊区县装备红旗 100 型大型拖拉机、平地机 157 台，摸索机械化平地作业经验，1973 年到 1976 年，机械大平大整土地 54.8 万亩，占郊区平地总面积的 34％。近郊菜田社队装备了 130 型汽车 600 辆，运送上市蔬菜，改变了马车、拖拉机进城送菜的历史。

粮、菜、果生产发展

推广粮食作物的间作套种"三种三收"，取得粮食增产的好效果。平谷县岳各庄村实行间作套种，扩畦并垄，变三尺畦为六尺畦，后又发展为六尺半畦、七尺畦，上茬种小麦，中茬种玉米，小麦收后下茬种高粱或豆类、田菁、谷子等，形成"三种三收"的种植方式。1972 年 8 月，市委召开种麦会议推行这种种植方式，可以充分利用土地、阳光、空气，便于集中施肥、农活排开，也便于及时管理，还有利于机械作业，能使主粮、杂粮搭配，增强抗灾能力。1973 年秋后，秋播小麦 190 万亩，其中实行"三种三收"的有 132 万亩，占麦田面积的 66%。1975 年全郊区实行"三种三收"种植方式的良田达到 510 万亩，复种指数超过 169.4%，粮食亩产达到 334 千克。增加农作物复种指数，挖掘土地增产潜力，一亩地当两亩地种，充分利用光热资源，成为郊区重要的增产途径。70 年代，郊区农田灌溉面积扩大到 450 多万亩，占当时耕地总面积的 70%。

蔬菜生产有所发展。近郊区坚持"以菜为主、保菜增粮"方针，力争做到"五保证"：保证菜田面积、蔬菜数量、上市菜品种、蔬菜质量、商品菜上市时间。凡是菜粮双超产、蔬菜实现"五保证"的队，社员口粮可稍高于 105 千克。全市蔬菜生产贯彻"以近郊为主、远郊为辅"方针，远郊安排一定农田，为城市提供一部分商品菜，调剂品种、补充淡季。在延庆县、大兴县、通县建立夏季商品菜生产基地 2 万亩。到 1975 年，郊区菜田面积达到 17 万亩左右，比较稳定地向首都提供近 8.5 亿千克商品菜，城市居民平均每人每天能吃到 0.55 千克的新鲜蔬菜。引进黄瓜、大白菜、番茄、甘蓝杂交品种等在郊区推广种植。发展保护地蔬菜生产，到 1978 年保护地生产面积 1.2 万亩，其中温室 1 749 亩，比解放初期增长 83 倍，阳畦 4 000 亩增长 3 倍，塑料薄膜覆盖生产面积 6 800 亩。冬春季节上市鲜菜 1 070 万千克，城市居民可以吃上黄瓜、西红柿、芹菜和韭菜。塑料薄膜大棚生产从 1974 年开始，当时有 120 多亩，仅用一些木桩和大竹竿建成。学习东北长春经验，大棚结构有所改进。从 1975 年开始，海淀区玉渊潭公社还自筹资金、自行设计建设了我国第一座百亩现代化大型温室。全市与生产队挂钩的副食品商店占商店总数的 55%，农商协作，保证市场供应。

调整果农口粮奖励标准，发展果树生产。1971 年 2 月，当时任国务院副总理的李先念批准怀柔县九渡河大队革委会的一份材料，建议北京市研究解决。这份材料的批示是"栗子、核桃等林业收入为主的大队粮食亩产过黄河、口粮指标按亏粮队待遇，这合理吗？"随后，北京市拟定了农村粮油征购分配工作的意见，对山区以果业为主的生产队社员口粮水平做了调整和照顾。凡"山区产果队（干果为主、果品收入占果粮两项收入的30％以上；鲜果为主、果品收入占果粮两项收入的51％以上）的缺粮队，果品以前四年平均产值、粮食按前三年平均产量定产，每年超产的粮食三成抵消、七成归队。对果粮双丰收、完成国家收购果品任务的队、社员口粮按靠近余粮队的水平供应。"1972年北京市外贸局、二商局又调整了收购林副产品的奖励标准，如出售核桃按3∶1折仁、甜杏核按3.5∶1折仁，苦杏核按3∶1折仁，所奖励粮食指标归个人、化肥拨给生产队。在比较好的解决了山区果农的口粮问题以后，促进了北京市山区果树业的发展。1974年果品总产达到16 350.6万千克，较1970年10 134万千克增长近63％。1970年为果品生产最少的年份，还不如1964年。1978年果品生产达到17 529.3万千克，有了新的发展。

开始建设现代化养鸡场、养猪场

根据国务院领导同志的要求，1975年6月30日，市计委、农林组、财贸组研究提出：北京市要在二三年内做到鲜蛋自给，并要提高猪肉的自给水平。在市机械化养鸡场、养猪场工程指挥部安排下，于同月在大兴县红星区瀛海乡怡乐庄动工兴建北京第一个机械化养猪场——北京试验猪场。占地120亩，年产商品猪万头，1979年竣工。1975年9月，在大兴县红星区西毓顺村动工兴建北京市第一个现代化养鸡场——红星鸡场，占地185亩，年饲养蛋鸡20万只，1978年正式投产。同时，在昌平县东沙各庄动工兴建北京原种鸡场、种鸡场，分别占地100亩、107亩，前者饲养纯种鸡2万只，后者饲养父母代种鸡5万只。1976—1977年，陆续兴建了现代化蛋鸡生产体系的配套项目，如配合饲料厂和峪口、俸伯大型蛋鸡场。国家农林部给予了大力支持，帮助从国外引进蛋鸡育种的优良素材，开始了北京白鸡的选育工作。1977—1978年，东沙种鸡场和现代化大型孵化厅（年孵化出雏能力400万只母雏）建成投产。种鹌鹑场、种鸭场、种火鸡场、由匈牙利引进的大型现代化饲料厂相继建成投产，为首都现代化养禽业发展奠定了基础。从1972年起国家农林部和市政府每年拨款二三百万元，改善奶牛场生产条件，牛奶业也有发展。

社队企业有了较快发展

早在 1959 年 3 月，毛泽东就充分肯定社办工业，指出"伟大的、光明灿烂的希望也就在这里"。毛泽东又在 1966 年 5 月 7 日发出"五七指示"，提出"农民以农为主在有条件的时候也要由集体办起小工厂。"许多社队名正言顺地办起了企业。1969 年市革委会批准了"厂社挂钩、定点支农"的实施方案，组织了 268 家城市工矿企业，派出 2 000 多名技术工人，组成 1 704 个支农队（组）。这些支农单位在帮助社队完成农机三级修配网的基础上，也把本企业的一些产品下放农机厂站，帮助发展社队企业。到 1973 年，社队企业已发展到 2 923 家，职工人数 8.1 万人，完成总收入 2.1 亿元，占农村三级经营总收入比重的 22.5％。1975 年时任国务院副总理的邓小平在讨论《关于加快工业发展的若干问题》时指出，"工业要支援农业，促进农业机械化是工业的重点。工业区、工业城市要带动附近农村发展小型工业、搞好农业生产"（《北京志·乡镇企业志》）。1975 年 6 月 15 日，市委召开农村社队企业工作会议，这次会议肯定了社队企业的作用，加强了对社队企业的领导，并提出将社队企业列入党委的议事日程。虽然对发展社队企业仍有批评、限制，但已改变了只批不帮的状况。同年 7 月 3 日，市计委、建委、财贸组、农林组出台了《关于加强领导、认真办好社队企业的试行办法》，进一步明确了发展社队企业的指导思想和方针政策。随后，城市工业的 800 多种产品下放到县区或社队。并在农村发展服装厂，每个县区五个点，市属服装厂定点帮助。每个公社建一个建筑队，为城市建设服务。市外贸局还帮助农村建立了一些毛衣厂，为建设出口基地打下了基础。顺义县北石槽乡的京鹏风雨衣厂、顺义镇的拔丝厂、河南村的服装厂等一批企业成为了发展较好的典型。到 1978 年郊区社队企业发展到 4 075 家，职业总数 22.6 万人，分别比 1973 年增长了 39.4％和 178％，总收入达到 7.9 亿元比 1973 年增长了 2.7 倍，占农村三级总收入的比重由 1973 年的 22.5％上升到 41.9％。郊区农村已处在工业化的初期阶段。农村经济进入由传统农业经济向以农业、手工业为主导的产业转变的关键时期。

农民收入增长缓慢

"文化大革命"以来，农民收入增长缓慢。1964 年时农民家庭人均纯收入 141.8 元，1976 年达到 148.6 元。12 年间平均增长不足 7 元。1977 年郊区农村分配水平不足 80 元的核算单位有 4 285 个。农村居民人均生活消费支出，1964 年 130 元，到 1978 年为 185 元，增加了 55 元，1978 年，农民食物消费仍以主食为主。衣着消费，服装式样单一，料质粗糙。住房、用品支出都较 1957 年减少。郊区不少农村和农户的生活还处于贫困落后的状态。

1966—1976 年郊区农村、农业生产情况表

	1966 年	1968 年	1971 年	1974 年	1976 年
农业人口（万人）	336.6	350.4	370.9	380.9	381.5
人民公社（个）	243	241	243	255	265
生产大队（个）	3 637	3 730	3 809	3 990	4 014
生产队（个）	13 564	13 122	12 397	13 000	12 951
耕地（万亩）	667.3	665.3	660.4	655.5	651.1
粮田面积（万亩）	568.8	572.3	560.9	535.7	510.0
亩产（千克）	193.8	222.6	253.7	318.6	334.0
总产（亿千克）	11.0	12.7	14.2	17.0	17.0
小麦面积（万亩）	221.5	201.4	198.2	249.9	292.6
亩产（千克）	111.0	64.2	108.8	188.3	207.6
总产（亿千克）	2.4	1.2	2.1	4.7	6.0
玉米面积（万亩）	280.4	247.2	251.2	273.1	254.6
亩产（千克）	137.6	219.2	202.3	219.0	219.4
总产（亿千克）	3.8	5.4	5.0	5.9	5.5
水稻面积（万亩）	34.0	4 608	99.7	47.1	55.2
亩产（千克）	271.4	355.2	319.4	348.8	251.7
总产（亿千克）	0.9	1.6	3.0	1.6	1.3
菜田耕地面积（万亩）	24.7	24.4	30.7	33.8	38.2
蔬菜种植面积（万亩）	48.5	46.3	55.8	63.8	72.6
总产（亿千克）	11.5	12.1	13.9	15.6	17.3
养猪（万头）	243.6	225.5	259.7	313.0	396.2
交售肥猪（万头）	93.5	96.6	84.3	113.3	160.3
奶牛（万头）	1.6	1.6	1.5	1.5	1.6
产奶（万千克）	4 508	3 798	5 092	5 123	5 198
干鲜果品总产（亿千克）	1.1	1.2	1.1	1.6	1.5

	1966 年	1968 年	1971 年	1974 年	1976 年
人民公社总收入（亿元）	5.0	5.4	6.9	8.7	9.2
社员人均收入（元）	70	83	89	96	96

资料来源：北京市农业局编，《北京农业生产记事》。

　　郊区农村人民公社体制大体上经历了建立、稳定、解体三个时期，从1958年到1978年为建立、稳定时期，其后到1982年人民公社解体。从1958年到1978年，农村人民公社体制还可以分为四个阶段。

　　一是人民公社化运动初期。1958年，全郊区农村建成了73个人民公社，人民公社是"一大二公""政社合一"的农村基层组织。当时认为，人民公社要实现从集体所有制向全民所有制过渡，从社会主义向共产主义过渡，过渡得越快越先进。于是取消商品交换，取消按劳分配，取消社员自留地和家庭副业。在郊区农村掀起了"共产风"、大搞"一平二调"，打击了郊区农民群众积极性，结果使1958年年极为优越的气候条件未能带来农业的大丰收。

　　二是调整人民公社时期。1958年年底中共中央重申人民公社的集体所有制性质，必须实行商品交换、按劳分配，不能超越历史条件，片面强调生产关系变革。并在1959年，又将基本经济单位由公社改为生产大队。但在1959年夏天，党内开展反对"右倾机会主义"的斗争，农村中"左"倾错误继续发展。再加上自然灾害，陷入了连续3年的严重困难时期。1960年秋，人民公社的基本经济单位下放到生产队。1962年，正式肯定了以生产队为基本经济单位的"三级所有、队为基础"的制度，并恢复了原农业生产合作社的经营管理制度，从此进入了农村人民公社体制的稳定时期。农村的生产关系从严重的错误中得到了一定的改善，郊区农业生产开始回升。1965年，农业粮食产量基本上恢复到了1957年的水平。

　　三是"文化大革命"时期。在"左"的思想指导下，郊区农村取消自留地、家庭副业、集市贸易、否定商品经济、按劳分配，严重地挫伤了郊区农民的积极性，束缚了农业生产力的发展。

　　四是"文化大革命"结束初期。1976年10月"文化大革命"结束后，郊区农业生产得到了较快恢复和发展。由于"左"的错误继续存在，以生产队为基本经济单位的人民公社制度，尽管在一定程度上解决了农业生产单位规模过大的问题，但这种制度并不适合农业，被束缚的农业生产力也未能完全解放。这种情况迫使农村进行农业组织制度的改革，以符合农业的产业特点和生产力水平。

第四章　以农村为重点改革初始
阶段的北京农村经济

（1979—1984 年）

1978 年 12 月 18—22 日，党的十一届三中全会在北京召开。会议总结了 20 余年来农业方面的经验教训，做出了把全党工作重点转移到社会主义现代化建设上来的战略决策，要求各地认真纠正农村工作中的"左"倾错误，切实保护社会主义集体所有制和按劳分配的原则，建立健全生产责任制。会议通过了《中共中央关于加快农业发展若干问题的决定（草案）》和《农村人民公社工作条例（试行草案）》。

1979 年 1 月 16—25 日，中共北京市委召开工作会议，传达贯彻中共十一届三中全会精神，明确把全市工作重点从"以阶级斗争为纲"转移到以社会主义现代化建设上来。会议认为，全市改革首先从京郊农村开始，集中解决农村经济体制单一、管理过分集中、分配中平均主义等严重影响劳动者生产积极性等问题。1979 年 5 月，中共北京市委作出《关于贯彻执行中央〈关于加快农业发展若干问题的决定（草案）〉和〈农村人民公社工作条例（试行草案）〉的决定》，对贯彻落实党的十一届三中全会关于农业的方针政策作出具体部署。同时，北京郊区部署开展真理标准讨论，运用实践是检验真理的唯一标准的原理，解放思想、破除各种"左"的思想障碍，总结发展农业生产的经验教训，推动党的农村政策的落实。从此，揭开了北京农村改革和发展的新篇章。

从 1979—1984 年，北京农村经济进入了解放思想，实行联产承包制，从计划经济向商品经济转变，农村各业全面发展的新阶段。

一、解放思想，开展致富大讨论

1979 年上半年，中共北京市委主要负责人集中力量率有关部门人员到密云、顺义等郊区县，深入农村开展调查研究。在座谈会上，与会干部群众普遍反映，郊区上上下下普遍存在着"左"的思潮束缚。在经营体制上，很多人认为"公比私好"，追求"一大二公"，片面强调国家和集体利益，对个体、私营经济忽视，限制，不敢实行联产计酬的生产责任制。在经营方针上，片面强调"以粮为纲"，单打一抓农业，忽视林牧副渔和多种经营；在农业生产中，单打一抓粮食，忽视经济作物。在经营管理上，不计成本、不讲核算，忽视经济效益，"要算政治账，不要算经济账"。在分配上，搞平均主义、大锅饭，一度在社队企业中搞回队分配，片面强调多积累、限制社员分配，"不患寡而患不均"、怕"冒尖"的思想相当普遍。同时，郊区农村干部还有许多担心和疑虑，怕政策变化、怕自由一多社员不好管、怕影响粮食生产、怕集体经济受损、怕弃农经商，"敢不敢富""让不让富""能不能富"成为改革初期北京郊区农村干部的顾虑和议论热点。其根本原因是，思想还很不解放，脑筋还没有开动起来，处在僵化或半僵化的状态。打破思想僵化，解放思想，实事求是，是郊区农村首要任务。

破除变革体制、建立生产责任制的种种思想障碍

当时，有的同志盲目乐观，认为生产上无人负责现象和分配上的平均主义已经不是什么大问题了。正是存在这些思想障碍，致使当时郊区一部分生产队还在搞"出工靠打钟、干活大拨轰、计酬卯子工"；不少地方也仅仅搞一下农忙季节临时性的生产责任制，而在农闲时仍然"大稀松"；就是搞了包工到组，联系产量计酬，超产奖励的地方，有些队由于没有责任到人，仍然存在着"小拨轰"的问题。经过广泛讨论，郊区广大干部认识到，落实生产责任制不单是劳动管理上的变革，而且是肃清林彪、"四人帮"鼓吹的平均主义和无政府主义流毒的斗争。抓责任制搞按劳分配，分清真假社会主义，这是一场深刻的社会主义教育。当时，还有一些同志怀疑把责任制作为中心工作来抓有无必要，"抓一下责任制，农业生产就能上去吗？"农业生产要上去，可以采取多种措施，但是，一切措施都离不开调动广大干部群众的积极性。一些单位的实践教育了这些干部，搞了生产责任制，包工、包产、超产奖励，签订经济合同，计划真正落实了，把经济责任、经济效果和经济利益紧密地结合起来，人人算账，大家负责，把包括财务管理、物资管理在内的整个经营管理就都带动起来了。没有生产责任制，

许多科学种田的好办法推广不开。搞了生产责任制，社员主动钻技术、学科学，许多先进技术措施就会很快推开了。大量事实说明，抓好同按劳分配相结合的生产责任制，是实现农业增产增收的极其重要的环节。当时，还有一些同志对抓生产责任制心有余悸，怕被说成是"单干""倒退"，怕再挨棍子、戴帽子。实践已经证明生产责任制是行之有效的好办法，为什么不敢干呢？在坚持集体所有制和按劳分配的前提下，因队、因地制宜地采取各种形式的生产责任制和计酬办法，调整生产关系的某些具体环节，以推动生产的迅速发展，这本身是一种进步，根本不是什么单干、倒退。郊区基层干部普遍认识到，搞好生产责任制，正是在农业战线贯彻调整、改革、整顿、提高方针的一项重要内容。同时，破除了"工作忙、顾不上抓点""任务紧、来不及抓点""有经验用不着抓点"等不正确的思想，层层抓住典型，以点带面，推动生产责任制的逐步建立和完善。

开展致富大讨论，解决想富不敢富和不会富的问题

1980年7月，中共北京市委在总结昌平县崔村公社试点经验的基础上，提出在郊区开展怎样使农村尽快富裕起来的大讨论。9月中旬，在市委召开的农村工作会议上，交流了经验，做了部署，着重提出这次致富大讨论从党内到党外重点解决"敢不敢富、能不能富、会不会富"的问题，消除广大干部群众的顾虑，解放思想，提高认识，发挥优势，调动积极性。通过先党内、后党外，先干部、后群众，层层发动，开展讨论的方法，在思想上解决了三方面的疑惑：一是该不该富。郊区广大干部群众弄清了让人民富裕是党的职责，是社会主义生产的目的；积极发展社会生产力，逐步改善人民的物质文化生活，是社会主义制度最根本的优越性；在社会主义公有制占绝对优势的条件下，发展商品生产，发展家庭副业，让农民富起来，不会导致资本主义和两极分化；共同富裕不是搞平均主义，等等。从而澄清了是非，打消了顾虑，批判了"穷光荣，富则修"的谬论，树立了农民致富有理，劳动致富光荣的思想。二是让不让富。郊区广大干部群众认识到必须大力支持农民富裕起来，纠正限得过死的偏向，调整农业政策，正确的执行，错误的纠正，过死的放宽，有领导地把那些限富、卡富的政策、措施、规定纠正过来；搞清了国家富、集体富和个人富的关系，眼前富和长远富的关系，一部分人先富起来和共同富裕的关系，党员富和

群众富的关系，抓好粮食生产与多种经营的关系，发展工副业与农业生产的关系，基础副业与社队工业的关系，从而调动起各方面的积极性，繁荣农村经济，富裕农民群众。三是会不会富。郊区广大干部群众克服了思想保守、眼睛向上、无所作为、急于求成、想得太窄、门路太少等畏难情绪，认识了贯彻为大城市服务的方针，建设首都稳固的副食品基地是郊区农村的主要优势，只要解放思想，政策对头，就完全可以富起来。

通过了近两年的致富大讨论，郊区落实致富政策步伐加快。大讨论，在解决思想问题基础上，产生了非常好的实际效果。一是粮油购销问题。除通县和怀柔进行全县粮油购销包干试点外，其他区县选择一两个公社进行粮油购销包干试点，年初把购销任务定死，三年不变；交售国家的粮油可以互顶指标，超过部分社队可自行处理；遇特大天灾，口粮不足182.5千克时，由国家补足。对长期贫困落后、吃粮靠返销的生产队，可以实行将返销定死、三年不变的办法。鼓励恢复撂荒梯田，三年内产粮油不计征，不顶返销，但不准在25°以上陡坡开荒。二是社队办商业问题。有条件的社队可以试办商业，对完成交售计划的一、二类产品和三类农副产品自行销售，加工上市，或到外地推销。还可以举办为生产、生活服务的修理、饮食、服务业。经商的形式可以灵活多样，但都必须遵守国家的价格政策，服从市场管理。三是社队企业政策。社办企业利润分配可用于支援农业资金、返还生产队补助社员分配、发展新的社办企业资金和留给企业的生产、奖励、福利基金；超计划的利润，企业留成比例应该更高一些。规模较大、地少人多的生产队，经过公社批准，可以办常年性的加工业。发展建筑队可以社队联办、大队联办，有条件的大队也可单独办。四是自留地和家庭副业问题。自留地确定后，要稳定，不要轻易变动。集体无力耕种的零散地和荒地，可以分给社员经营，一定几年不变，所种林木队户分成，其他收获归己。耕地少劳力富余的生产队，可以允许一些老弱劳力专门从事家庭副业生产。发展养鸡重点户和专业户。顺义县对社员户交售鸡蛋，除国家给一斤粮票外，集体再平价供应一斤饲料粮；通县计划发展5 000个重点户和专业户，仅上半年就安排育雏180万只，比上年增加30万只。许多公社采取几帮、几扶持的办法，社员户养鸡的积极性很高。贯彻"以国营为主、集体为辅、适当发展户养"的方针，积极发展集体养奶牛，奶牛外流现象被制止住。当年，仅国营农场系统新增集体养奶牛点11处，奶牛

176头；到年底，集体养奶牛已占到全市奶牛总头数的四分之一左右。五是农村五匠和商贩问题。对农村的能工巧匠，社队要组织他们从事集体经营，发挥其特长。对一时难以组织或本人要求个体经营的，经过社队和工商部门批准，并签订合同，明确集体和个人的关系，允许个人经营。六是自留山政策。7个山区县都搞了试点，多数开了现场会，不到两个月时间，划定自留山近8万亩。

在开展致富大讨论的基础上，1983年1月，市委、市政府在平谷县召开农村工作会议，提出了郊区"服务首都，富裕农民，建设社会主义新农村"的方针，使郊区农村经济发展不仅要服务首都，而且要服务于富裕农民的方向更加明确。

树立发展大规模商品生产的思想观念

经过几年的改革开放，郊区农村的商品生产已经有了一定的基础，特别是在"服务首都，富裕农民"重大方针提出后，农村商品生产开始以空前的规模和速度迅猛发展。顺应这个历史趋势，加快郊区向着发达的、大规模商品经济转化的进程，从上到下，从思想到工作，都还不适应。由于多年来习惯于搞自然经济的自给半自给性生产，习惯于搞统购包销、沿用供给制办法解决经济问题，习惯于按地域和部门分割的体制组织生产和流通，因此对于搞大规模的商品生产，普遍地存在着"不认识、不会搞、不让动、不敢闯"的问题。通过大讨论，郊区的干部群众达成了三点共识。第一，必须认识农村非大搞商品生产不可。发展商品生产，是发展我国社会主义农村经济不可逾越的必然过程。过去大家都吃过否定商品生产和等价交换带来的苦头，也尝到了中共十一届三中全会以来搞活农村经济，发展商品生产带来的甜头。事实证明，只有大力发展商品生产，才能充分利用农村丰富的劳动力和自然资源，增加社会财富；才能充分促进社会分工，推进生产的专业化、社会化，提高生产力水平；才能加快科学技术在农业中的运用，实现农业现代化；才能使广大干部在价值规律这个大学校里，学会用经济办法管理经济的本领。大力发展商品生产，是历史的必然、群众的愿望，在这个问题上只能前进，不能后退，更不能因为出了一点问题，就百般挑剔，不看主流，把农民发展商品生产的积极性打下去。第二，应该看到北京郊区搞商品生产大有可为。郊区农村有丰富的资源，靠近大城市，有多种多样的生产门路和广阔的市场，具备发展大规模商品生产的必要条件。一些同志认为的缺资金、缺技术的问题，也通过摆事实得到了解决。比如，1983年年底农村银行存款达12.8亿元，但郊区农村一年使用的贷款累计只有4.2亿元，不足存款余额的三分之一。农民手里还有相当一笔闲置资金。通县胡各庄公社，1983年一年从农民手里集资45万元，办起5个企业。平谷县大华山公社，从城里请来教授、专家，自己办了农、林、牧、经营管理班。第三，对于阻碍大规模发展农村商品生产的条条框框必须勇于改革。郊区农村发展商品生产，就涉及到整个社会生产过程、流通过程中的各个环节和为之服务的各个部门。必须敢于破除老模式、老经验、老办法。

对于如何发展商品生产，大家在大讨论中普遍认为，除了解放思想、提高认识外，还要研究市场，调查资源，落实项目，搞好发展规划。要打破所有制、部门、地区分割的框框，发展多种多样的经济联合，把资金、技术、人才、资源、劳力恰当地结合起来。同时，要建立完备的商品生产服务体系，开展社会化服务工作。还要改善经营管理，提高竞争能力。实行多渠道、少环节的商品流通体制，试办农工商一条龙、多方联营、产销直挂，把生产者、经营者、消费者的利益更好地协调起来，成为当时冲破统得过多、独家经营僵硬体制的必然选择。

到1984年年底，通过大讨论，北京农村干部群众思想解放、观念更新，出现了凡是个体能办、适合分散经营的，放手让农民去干，进一步发挥家庭经营潜力，涌现出一批种养业专业大户。房山区新庄户村养猪专业户魏波，1984年交售商品猪245头，还申请承包3亩地建家庭养殖场。延庆县康庄乡养牛专业户梁桂昌，1984年交售肉牛52头，还与河北省怀来县几户农民联营，合办肉牛饲养场。顺义县赵庄村的多数农民自愿组成了新的联合体。平谷县大旺务村农民王清宜的联合体，刚开始只有8户、29人，但很快就发展到29户、80多人，大小办起了10摊事业，拥有固定资产40多万元。延庆县旧县公社大柏老四队社员赵玉泉，全家4口，2个劳动力，包地67亩，年生产粮食达到3万多千克，成为郊区产粮最多的专业户。

通过大讨论，涌现出一批思想比较解放、经济发展加快的先进公社。例如，昌平县沙河公社大胆进行改革，四年迈了四大步，三级总收入和人均收入都增长了3倍，是郊区经济发展速度最高的公社之一。丰台区黄土岗公社积极进行政社分开和农工商综合经营试验，各业生产开始走向专业化、社会化。海淀区四季青公社，是郊区最早在全社范围内组织专业化生产的，也是郊区经济水平最高的公社。顺义县赵全营公社，狠抓生产责任制和科学种田，迅速改变了低产穷困面貌。

二、改革农业生产经营形式，实行联产承包责任制

北京的改革首先是从郊区农村开始的，郊区农村改革是从推行农业联产承包责任制开始的。1979年4月8日，市委召开农村工作会议，提出北京的农业要坚持为大城市服务的方针，郊区应成为首都现代化建设的副食品生产基地。在这次会上，市委针对北京农业发展的实际，明确在切实保证生产队的统一核算和分配、有利于巩固集体经济的基础上，允许生产队实行"包干到作业组，联产计酬，超产奖励"的生产管理办法。这标志着北京农村改革以农业联产承包责任制的推行拉开了帷幕。在随后的6年时间里，北京郊区农业生产责任制经历了一个逐步完善和提高的过程，大体上分为三个阶段。

从1978—1981年年底，实行专业承包、联产计酬阶段

这一阶段主要是专业承包、联产计酬。专业承包、联产计酬责任制是从1978年、1979年两年开始广泛试验，1980年推广，1981年巩固的。最初，一些集体经济实力较强、专业分工已经形成的地方，很快就按照生产需要组织专业生产组织，如粮田专业队（组）、菜田专业队（组）、林果专业队（组）、畜牧专业队（组）、副业队、建筑队等，实行专业承包责任制，超产有奖。但仍然按基本核算单位统一核算，对各专业队分配实行必要的补贴和调剂。当时，昌平、大兴两县70%的生产队实行了"包产到作业组、联系产量、计算报酬、超产奖励"的责任制试验。郊区其他区、县大部分社队实行了"四定一奖"（定地块、定劳力、定产量、定工分、超产奖励）到组的生产责任制。

1979年9月《中共中央关于加快农业发展若干问题的决定》指出，社队"可以按定额计工分，可以按时记工分加评议，也可以在生产队统一核

算和分配的前提下，包工到作业组，联系产量计算劳动报酬，实行超产奖励"。12月20日，市委、市政府召开郊区各县、区和市农口各局负责人会议，提出当前郊区中心任务是普遍落实不同形式的生产责任制。1980年1月，市委召开常委会，在总结前两年经验基础上，决定在郊区进一步推广以专业承包、联产计酬为主的多种形式的生产责任制。9月，中共中央下发的《关于进一步加强和完善农业生产责任制的几个问题》进一步指出，专业承包联产计酬责任制，"较之其他包产形式有许多优点"，并提出在"边远山区和贫困落后地区"可以实行包产到户。为贯彻这一方针，1981年7月，市委、市政府《关于进一步把郊区农业搞活加快农业生产的决定》，明确提出要巩固、完善和推广农业生产责任制。随后，郊区农村先是总结昌平、大兴两县1978年试验实行农田承包到作业组、联产计酬的经验，并围绕建立健全农业生产责任制，市农口领导组织撰写5篇评论，以特约评论员名义在《北京日报》连续发表，要求区县一把手亲自抓责任制，一年大抓四次（年初抓建立，三夏、三秋抓检查巩固，年终抓兑现）。开始主要是实行统一经营下的联产到组，"四定一奖"（定地块、定产量、定人员、定工分，超产奖励）；1980年出现了联产到劳；1981年增加了定开支的内容，变为"五定一奖"，还有的实行了以产量计工，以纯收入计工；山区出现了包产到户。

到1981年年底统计，北京郊区种植业中，12 119个基本核算单位中有11 753个建立了生产责任制，占97％。其中，专业承包、联产计酬的8 626个队，占73.4％；小段包工、定额计酬的3 127个队，占26.6％；实行评工记分、干部带着干的366个队，占3％。承包单位多数到组（占74.8％），部分到劳（占23.6％），少数到户（占1.6％）。联产计酬办法中，多数是搞的"四定"或"五定"，其中：联产计奖罚的占61％，以产量、产值计工的占33.7％，以纯收入计工的占5％。林果业、猪鸡渔场、羊群、大牲畜、农机、排灌和社队企业等专业，也不同程度地建立了责任制。其中：用材林专业队占42.7％，果园占61.3％；猪场7 629个，占73％（其中到组的占64.4％，到劳的25.9％，到户的占9.7％）；鸡场占69.6％；羊群占73％；大牲畜群占44.5％；社队企业占80％；渔场、捕捞队占49％；农机单机核算占47.7％；机井占71.4％。这些不同形式的责任制，赋予了劳动者较大的自主权，使劳动效果与成果分配密切联系起来，因而调动了农民生产积极性，使集体和个人两个积极性都得到了较好的发挥，因此受到了广大农民的热烈欢迎。门头沟区1938年入党的70多岁老社员魏国兴说："今年初，一听说要搞联产到劳，我的脑子就炸了。说苏联修了，我们这不是也修了吗？越想越不是滋味。后来，看到社员们这股干劲，小麦长势这么好，人心这么稳，村子里这么活跃，我想通了，看明白了。这个办法确实把人们干活的劲头鼓起来了，把懒人也给治了。如果从五六年高级社就这样搞下来，该多好啊！"

专业承包、联产计酬责任制，之所以成为主要形式，是由于符合郊区较为富裕的乡、大队的集体经济状况和群众意愿。当时郊区农业生产条件和集体经济状况，一是基本核算单位规模比较大，集体经济家底比较厚。当时生产队平均户数为78户，已有37.1％的大队实行了大队统一核算，还有4个实行了公社统一核算。1980年三级固定资产14.79亿元，三级各占三分之一左右，平均每个公社有固定资产183.4万元，每个大队有14.3万元，每个生产队有4.3万元。二是机械化、水利化的程度比较高。水浇地面积占80％，排灌渠系、机井在较大范围成龙配套。平均每个公社拥有拖拉机28台、手扶拖拉机93台、汽车17辆，每万亩耕地拥有拖拉机12台、手扶拖拉机39台、汽车7辆。机耕面积占耕地面积的73％，机播面积占播种面积的36％。村村通电，每个大队都通汽车。三是多数地区的多种经营比较发达。社队企业收入占三级总收入的48.4％，社队企业利润平均每个公社58万元、每个农业人口41元。劳动力分布，公社、大队占三分之一，生产队占三分之二。三级总收入中，三级各占三分之一；粮食占20％，多种经营占80％。四是社员收入从集体分配所得比例大。1980年三级人均分配收入201元，家庭副业人均收入约为49元。特别是三中全会以后，集体人均分配增加较快，平均每年增加34.5元，集体经济成了社员的强大靠山。正是由于这些情况，北京郊区的广大干部社员选择了在巩固发展集体经济的前提下，实行以专业承包、联产计酬为主的责任制形式。专业承包、联产计酬责任制的实行，坚持了生产资料集体所有，实行统一经营、统一分配，既发挥了大型生产资料和水利设施的作用，搞好农业基本建设，又便于安排多余劳动力开展多种经营，便于调节各业人员收入上的差别；劳动组织是按专业划分的，综合作业组极少，就是山区搞包产到户的队，一般也只限于包粮食生产，同时还有林业、畜牧的专业队、专业工，承包粮食生产的劳动力也还要参加队里统一组织的其他各项生产；既联产又联开支和纯收入，把责任制和经济核算结合起来，实行定开支的队占联产计酬队的66％，在一些地区和多种经营比较发达的队，实行了以纯收入计工、企业化管理，有力地促进了增产节支；公社、大队、生产队干部多数都有岗位责任制，也联系工作任务和经济指标完成情况的好坏进行奖罚；责任制都签订了合同，坚持按合同办事。

昌平县百善公社二德庄大队以大队为核算单位。1977年以前，粮食亩产在250千克上下徘徊。1978年实行"四定一奖"生产责任制，即：定地块、定劳力、定产量、定用工（以人定工），超产奖、亏产罚。当年亩产就达到435千克，总产由1977年的21.5万千克增加到26.5万千克，实现双超历史；社员人均分配由109元增加到145元。1979年通过总结，继续坚持了"四定一奖"，只是改"以人定工"为"以产定工"，就是以一个作业组的实际产量来计算工分报酬，也叫"以产计工"，用粮食"买分"。此外，还明确了生产队对作业组实行"四保证"，即保证劳动力相对稳定，保证籽种、化肥、农药等物资的供应，保证及时的科技指导，保证奖惩兑现，并签订合同。这一年，粮食总产达到29.5万千克，比1978年又增加3万千克；社员人均分配达到190元，增加45元。1980年在实行"四定四保"合同制的基础上，把劳动管理再提高了一步，通过"定产到组，以产定工，统一安排，分级管理，责任到人，有奖有罚"，搞了田间管理责任到人，加强个人的生产岗位责任制，克服"大拨轰"变成"小锅饭"等问题。在大旱之年粮食再夺高产，总产达到32.4万千克，社员人均分配超过了200元。在这三年里，二德庄大队经历了从"大拨轰"到搞"四定一奖"责任制，从实行"以产定工"解决"只管工分到手，不顾产量高低"的问题，到实行田间管理责任到人，克服"小拨轰"，迈了三大步，上了三个台阶，尝到了责任制带来的甜头。

大兴县东方红公社赵场大队以大队为核算单位，以种植水稻为主，没有工副业。他们从1979年开始按农作物的种类划分专业，从作物播种或插秧后到收获之前，田间管理期间全面实行"责任到劳、三定一奖"的管理办法。即：定工，按管理每种作物所需得工序和农田条件确定。例如水稻每亩需锄3遍草用2.8个工，浇水用1个工，施肥用0.2个工，总计每亩定为4个工。1980年又按地的平整程度和用水远近，分为每亩4个和3.5

个工两个等级。定产，按大队可供给的肥料和除草剂等物质条件，耕地的水利、肥力等客观情况，参考上一年的产量和播种或插秧的早晚确定产量。定肥，根据当年大队的物质条件定。定奖罚，超产一般奖励超产部分的20%左右，以现金兑现；减产罚减产部分的10%。全队700亩水稻分别包给了28个社员，平均每人管25亩，收获前采取评测产的办法，差额按实产比例升降。48亩西瓜包给了两个作业组，60亩花生包给了3个人，50亩桃园包给了14个社员。该大队70%的劳动力落实了责任制，其余无岗位的50名较弱劳力编成机动队，由大队统一安排活茬。固定专业的社员，在完成本职任务的情况下，允许参加队里的其他劳动，多劳多得。实行责任制后，1979年遇到天灾，粮食总产量仍达27.5万千克，比1978年增产4万多千克，平均每亩增产50千克，纯收入增加2.2万元，多交征购粮2.88万千克，增加资金积累6 200元。1980年粮食总产再创高产，达到31.5万千克，比1979年增长14%，纯收入增加2.1万元。1979年人均分配水平达到200元，吃粮标准260多千克；1980年人均分配达到220元，吃粮达290千克；社员存款1万元，没有超借支的户。31户社员盖了120多间新房。

从1982年至1983年实行包干分配阶段

在前一阶段实行联产计酬责任制时期，郊区的生产队大体上是划分为两个或几个作业组，实行作业组联产承包经营，划小了生产经营单位，体现了组与组之间分配上的差别，对于纠正管理过分集中、劳动中"大拨轰""干好干坏一个样"的弊端有一定效果，起到了调动农民生产劳动积极性，增产增收的效果。但郊区还有相当多的大队仍没有突破集中劳动、统一工分分配的格局，往往是"大拨轰"变成了"小拨轰"，农民在自由支配劳动时间，使用家庭辅助劳动力方面仍然受到限制，同时这种管理方式需要较高的管理水平，与多数村队干部管理水平低下的状况极不适应。山区实行"包产到户、包干到户"的地方，则呈现出强劲的生命力和巨大的优越性，受到农民的普遍欢迎。1979年春，怀柔县长哨营乡榆树湾村把离村2.5公里的两条山沟地分别承包给居住在附近的朱元枝、马桂有两户农民，当年就收到奇效。这两条山沟共有3.07公顷耕地，产粮5 800千克，较未承包的增长1.8倍。西石门村地处深山沟，包产到户当年，全村粮食总产量达到 8 万千克，人均产粮达到 350 千克，实现口粮自给有余。地处平原地区的大兴县礼贤乡田营村，1982 年实行土地"承包到户、包干分配"责任制，农民称"大包干"或"包干到户"。全村粮食总产量达到 57.6 万千克，比上年增长 60.7%，平均亩产实现 281 千克，比上年增长 124.8%；农民人均纯收入由上年的 47.3 元增加到 221.9 元，增长了 3.7 倍。经过实践比较，北京农村许多基层干部和农民感受到家庭联产承包，尤其是"大包干"这种责任制形式，具有"责任明确，方法简单，利益直接"的优点，许多地方农民要求尽快实行。但在 1981 年 6 月，市委农村工作部统计，郊区实行包产到户的仅有 142 个基本核算单位，占各种责任制总数的 1.2%。

对于实行包产到户这种责任制，当时从市里到县乡村普遍认识不清。1982 年 2 月市委农村工作部给市委的报告中指出"郊区集体经济家底比较厚实、农机水利条件比较好、科技水平较高、干部具有一定的管理水平、社员收入主要来自集体分配、增长幅度较大"，以为"搞分田单干，生产资料、农田水利设施必然会遭到破坏"。因此不同意在郊区搞包干到户。一些社队干部也认为，以家庭为单位的劳动就是单干，就是资本主义。这种认识束缚着部分郊区农村干部群众的头脑，直接影响到了包干到户、家庭经营为主责任制的推行。

大兴县南各庄公社石佛寺大队是一个位于北京市与河北省交界的穷队，大队社员希望实行包产到户、包干到户责任制，但大队一些干部不同意。为此，这个大队的部分社员写信给中央有关领导。就此大队的情况，记者唐欣采写了《一个"冰棍队"的上与下》的专访，在《北京日报》内参（2848 期）发表。这个大队在 1981 年人均分配只有 2.63 元，劳动日值仅合 2 分钱，社员劳动一天还买不了一根冰棍，因而被戏称为"冰棍队"。1982 年 9 月 17 日，当时任中共中央总书记的胡耀邦对此作出批示："据我看，北京郊区还有一些干部对责任制想不通，甚至以各种借口来抵制，这一定要教育过来"。10 月 8 日，以中共北京市委名义正式印发了《胡耀邦同志对〈一个"冰棍队"的上和下〉一文的重要批示的通知》，和《北京日报》的内参专访。通知指出：一些干部至今还没有从"左"的枷锁中挣脱出来，思想很不解放，对某些形式的生产责任制，特别是大包干式的责任制形式，顾虑重重，思想不通，不能从当地生产力水平和群众意愿出发选择适宜的责任制形式，或者定了联产承包合同不严格信守，动不动就"抹桌子"，走回头路。致使一些单位责任制推不开，不落实，"吃大锅饭"的平均主义没有彻底克服，严重挫伤了群众的积极性。胡耀邦同志的批示"指出了北京市工作中存在的一个突出问题，对各条战线、各行各业都有指导意义"。从10月到12月，市委先后召开两次郊区各区县主要负责人会议，传达胡耀邦批示，总结党的十一届三中全会以来京郊农村落实生产责任制存在的问题和原因。市委认为胡耀邦的批示很中肯，切中要害。通过深刻的自我检讨，认为所以迟迟未布置实行包产到户、包干到户责任制，主要是对郊区经济比较发达、集体经济比较巩固的一面看的比较多，有优越感；而对郊区一部分地区贫困落后的一面看的少，估计不足，对包产到户该放的没有及时放井。没有认识到分户承包的家庭经营是合作经营的一个经营层次，是一种新型的集体经济，适合合作经济中生产力发展的需要。其根源是各级干部特别是领导干部头脑里"左"的思想没有肃清，思想不解放，对大包干责任制有顾虑，思想不通。而且，这个责任不是在基层，而是在市委。通过两次区县负责人会议讨论，市委对实行农业生产责任制形成六条意见：第一，无论什么地区、什么行业，都必须建立生产责任制。第二，现有的责任制，只要增产增收、群众满意的，要保持稳定，进一步完善提高。第三，过去没有搞责任制或搞的不好的队，要发动群众，迅速搞起来。形式由群众选择，联产或包干到组、到劳、到户都可以，这部分队要作为重点大力抓好。第四，在需要调整责任制的，特别是搞包产到户的地方，一定要有领导、有组织地进行。在集体统一种植区划、统一机耕机播、统一水利灌溉、统一植保等前提下实行，不准损害集体财产，不准滥砍乱伐树木，不准陡坡开荒，不能不交提留，不准不执行国家计划。第五，各种联产承包责任制确定后，一定几年不变，奖罚要坚持兑现。第六，在经济比较发达，已出现专业分工的社队，要继续积极试行专业化、企业化经营管理。

为了督促落实上述意见，市委、市政府领导分别联系各郊区县，检查政策落实情况。在市委的督促和广大农民群众拥护下，1983年，以包产到户为主要形式的农业生产责任制在京郊大地上迅速展开。到1983年年底，郊区县实行包产到户或到劳的生产队占生产队总数的93％，有6％的队继续实行专业承包，有1％的队仍实行农场式集体统一经营，对劳动力定额管理、小段包工。同年12月18日，国务院副总理万里对《平谷县桃棚大队"实行包干到户后，集体事业更加兴旺"》一文批示：君毅、希同、王宪同志，此件所列典型很重要，是否全市农村都可以这样做，我看大都可以，希望今冬认真抓一下。

从此，以家庭承包经营为主的包干分配责任制在郊区逐步推开，受到广大农民的热烈欢迎，很多地方责任制落实后，特别是实行了包干责任制之后，迅速出现了生产的热潮和新气象。社员家庭副业经营范围和规模迅速扩大，一批能人崭露头角，有的办起了新的经济联合体。实践证明，以包干到户、家庭经营为主的联产承包责任制的实行，进一步解放了农村生产力，既满足了农民自主经营、利益直接的要求，又坚持统分结合、分类指导，保护了已经形成的先进生产力和专业分工。种植业实行包干分配责任制的队，1982 年年底已达到 69%，1983 年、1984 年又分别提高到71.7%、86.7%。到 1984 年年底，大田种植业实行包干分配的生产队，大体分为三种类型：经营单一、集体经济较弱的队，实行包干到户，占生产队总数的 67.3%；集体经济发展中等地区，一般实行按人分口粮田、务农劳力承包责任田，占 17.7%；集体经济发达、专业分工较细的社队，实行"统一经营、专业包干"，占 15%。大田种植业以外的其他农副各业是：菜田，大部分承包到专业组，部分承包到劳、到户；果园，一般由专业队、专业组或专业户承包；鸡场、渔场，大多是承包到组，也有的包给专业户。包干分配责任制的普遍推行，调动了农民的积极性，使集体经济获得了新的生机和活力。

从 1983 年以后，实行统分结合、双层经营阶段

经过联产承包责任制的改革，北京农村集体经济高度集中的旧体制变成了统分结合、双层经营的新体制。但在实行联产承包责任制过程中，一些地方在纠正统得过死的问题时，又出现了只讲分，忽视统一经营层面的倾向。同时，由于责任制发展迅速，不少干部、党员思想弯子转不过来，工作难以适应，出现了干部"不敢管、不愿管、不会管"的现象，使承包户在生产上遇到一些困难。有的地方出现了种子混杂，科技退步，水利失修的现象；有的地方集体财务管理松弛，提留、垫支款收不上来，超借支大量增加，集体积累比例下降；还有的地方由于集体统一经营没有发展，"想服务，没实力"。此外，在实行联产承包责任制初期，由于缺乏经验，承包合同签订不完善，也发生了不少合同纠纷。

为了解决这些问题，市委从1983年开始连续抓了完善统分结合、双层经营的工作。一是通过组织学习、开展大讨论等形式，对干部、党员和群众进行教育，纠正把家庭承包当成分田单干的错误观念，认清乡村合作经济组织应在双层经营中发挥经营、管理、服务三位一体的作用。二是在种植业上，一般都坚持了"五统一"，即统一种植区划、统一机械作业、统一良种、统一排灌、统一植保，并且相应地完善了承包合同，明确双方的权利、义务。同时逐步建立健全以集体为主的服务体系，市、县、乡、村4个层次，农、林、牧、渔各业都建立了形式多样、内容不同的服务组织。三是进行了集体财务的清查和整顿，健全财务管理制度。四是发展集体经营项目，特别是大办乡村集体企业，壮大集体经济实力。这些措施，使郊区农村统分结合、双层经营的体制不断完善，形成了集体和个人两个积极性同时发挥、互相促进的新局面。1984年集体固定资产原值比1982年增长了19.2%，集体经济总收入（含家庭承包部分）占农村经济总收入的84.9%。

经过以上工作，郊区农村初步形成了一套比较符合郊区实际的，以统分结合、双层经营为主要特征的经营管理方式。在分的方面，以包干到劳、到户为主，多种形式并存；在统的方面，实行统一管理，协调服务，以工补农。经过一年多的实践，初步形成了以下几方面特点：

（1）在承包方式上，经济发达地区，以专业承包为主；经济水平较低的地区，以包干到户为主。1984年年底，种植业实行土地包干责任制的12 206个队，占总队数的96.6%；实行保留工分、联产计酬的350个队，占2.8%；还有37个队实行定额管理，占0.3%。从经营单位看，承包到劳、到户的，有11 771个队，占93%；承包到专业队、组的，有822个队，占7%。一些经济发达的队，积极引导土地向种田能手集中，大户承包和队办农场都有新的发展，承包土地30亩以上的达到2 574户，共承包土地14.3万亩，户均经营规模55.5亩。土地集中经营出现了：一是大户承包。独立经营，粮权归己，自负盈亏。二是农业专业队。统一经营，承包到劳，联产计酬，粮权归队。三是队办农场。农场承包，独立核算，场内实行工资制，多数有雇工。四是以厂带地。队办工业企业分别承包一部分土地，工厂、耕地统一经营。五是联合体经营。农户在联合经营工副业同时，共同经营所承包的土地，实行统筹兼顾、互相合作。

（2）在实行家庭承包、发挥农户积极性的同时，坚持统分结合，发挥集体经济的优越性，特别是发挥已经形成的农业机械、农田水利和科学技术等先进生产力的作用。粮食生产一般都实行了统一种植计划、统一耕种、统一良种、统一灌溉、统一植保等。农业机械、农田水利和科学种田都有新的发展，大中型拖拉机比 1980 年增加了 41%，手扶拖拉机增加了 7%，联合收割机增加了 165%，农用汽车增加了 65%，农机总动力达到 395.8 万马力，增加了 24%。这五年中，新打机井 8 838 眼，增加了 24%。改革农业统派购制度，取消指令性生产计划以后，各地仍坚持了统一作物布局，实行区域化种植，对粮食生产仍坚持以上几个统一。

（3）实行以工补农、内部调节，也是郊区种植业统一经营的一个重要内容。由于改善农业生产条件，发展农业现代化，需要大量资金，而农业本身生产规模小，劳动生产率低，产品价格也偏低，靠种植业自身不仅难以积累农业技术改造的资金，而且不能保证务农社员取得与务工社员大体平衡的收入。随着农村工副业的迅速发展，社员经营土地的积极性日趋低落。为了解决这个问题，一般都坚持用社队企业利润支持农业，补贴农业。1978—1984 年，乡镇企业用于支农的资金 3.37 亿元，用于务农社员分配的资金 6.8 亿元，两项合计超过 10 亿元。其中，1984 年一年这两项补贴就达 2.27 亿元。这个强大的经济力量，对巩固集体经济和种植业的稳定增长起了重要作用。

（4）在种植业实行承包到劳、到户责任制以后，生产队生产经营的大部分职能转移到户，协调服务的工作急待加强，但是大部分要靠大队和公社来完成。由于大队一级经济迅速壮大，已成为农村合作经济的主体。一部分地方改由大队（村）担负统一经营和服务方面的职能。各地普遍加强了服务组织的建设，形式多种多样，有的大队按专业分别建立了农机、水电、科技植保、畜牧防疫等服务队，有的大队按农林牧各业分别建立了综合服务队。有的发展了服务专业户和服务联合体，有些区县在若干专业上初步形成县、社、队、户配套的服务体系，除生产领域的服务外，供销、加工、储运的服务也开始发展。据不完全统计，郊区农村已建成 10 060 个服务组织，其中，公社级 1 428 个，大队级 6 646 个，服务联合体 75 个，服务专业户 1 911 个。

实行联产承包的 1979—1984 年的 6 年间，一是农业连续获得丰收。

1984 年郊区粮食总产达到 21.8 亿千克，亩产达到 453 千克，分别比 1978 年增长了 17.2％和 17.9％，商品菜、蛋、肉、奶、果五种农产品 1987 年分别比 1978 年增长了 20.2％、625.5％、37.9％、132.5％和 15％。二是农村经济出现了快速增长。1984 年郊区农村经济总收入达到 69.76 亿元，比 1978 年的 18.82 亿元增长了 2.7 倍。三是迅速向专业化、商品化、社会化方向发展。在联产承包责任制基础上出现的专业户、重点户达到 22 万多户，占总农户的 20.6％，其中自营户 14.3 万户；从事饲养业、工业、商业、运输、饮食服务业的农户在 65％以上。四是促进了社队企业的迅速崛起。1984 年郊区社队企业发展到 14 274 个，总收入达到 37.57 亿元，比 1978 年增长 3.8 倍，占农村经济总收入的比重达到了 53.9％，从业人数达到 72.4 万人。五是农民人均纯收入由 225 元增加到 664 元，增长了 1.95 倍，平均每年增加 79.2 元。这些变化都有力地推动了农业结构的调整、农村经济实力和农民生活水平的提高，服务首都、富裕农民的功能得到了显著增强。

这一阶段，北京郊区统分结合、双层经营体制的建立，在农业经营方式改革方面取得了显著的成就，但也面临许多新的情况和问题，比较突出的：一是在包干比较早、工副业发展快的地方，一部分农民经营土地的积极性下降，施肥减少，管理不经心，出现了忽视农业的倾向。这个问题的出现，一方面同大批劳动力迅速转向多种经营、来钱门路广、收入高有关；另一方面，又同当时的土地承包规模狭小、除满足口粮需要外，难以靠土地经营致富有关。二是服务工作不适应新的形势。一方面，农业生产过程中的服务，有些地方搞得不好，科技、防疫尤其薄弱；另一方面，改革统派购制度和价格放开后，农产品的流通和加工转化成为突出的矛盾，农民迫切要求这方面的服务和合作，这一要求远未得到满足。三是在以工补农上，不少地方存在按地亩平均补贴分配，不注重在改变生产技术条件和促进发展商品粮生产上投资的问题。有的地方补贴很多，并没有补出种田的积极性；有的集体越补越空，难以为继。四是统分关系处理得不好，统的方面相对薄弱。有的地方片面强调分配，忽视积累，集体经济没有发展，甚至逐渐萎缩，成了空架子；有的地方笼统地讲减轻负担，不加分析地认为干部越少越好，削弱了统一管理和服务的必要力量；有的则经营管理不善，财务混乱，背了大量的债务，这样的队在各区县大约占到 5％～10％；

个别的地方统一经营这个层次事实上已经不存在，生产秩序混乱，耕地荒芜，粮食减产，造成很坏的后果。这些问题的出现，已经严重挫伤了农民经营土地的积极性，影响到了农业的稳定发展。如何完善统分结合、双层经营体制，探索农村合作经济发展新模式，已经成为下一步北京农村改革中需要着重解决的课题。

三、改革农村管理体制，人民公社解体

随着家庭联产承包责任制的普遍推行，原有的"一大二公"为特征的人民公社体制，已无法适应农村的实际，1983年10月，中共中央、国务院作出决定，改变农村政社合一的体制，废除人民公社，建立乡（镇）政府作为农村基层政权。随后，在北京农村存在20多年的人民公社先后撤销。

政社分开，撤社建乡设立村民委员会

北京郊区实行联产承包责任制以后，1981年年初开始在丰台区黄土岗公社和昌平县沙河公社进行政社分开和农工商的试点工作。12月17日，市委根据国务院副总理万里视察黄土岗公社时的指示精神，在黄土岗公社召开体制改革试点现场办公会。会议一致同意改变原来政社合一的行政体制，将党政企三方面工作分开办理的改革方案。并定于1983年1月1日正式执行，作为北京市农村人民公社体制改革的试点之一。

丰台区黄土岗公社是一个以生产蔬菜为主，兼营粮食、林果、花木、畜牧、工副业等，经济比较发达的近郊公社。联产承包责任制的实行，给全社农村经济带来了巨大的变化，但也带来了一系列新情况和新问题。比较突出的，一是随着联产承包责任制的广泛实行，农村出现了越来越多的剩余劳动力，在每个生产队范围安排多种经营项目，一则有困难，二则项目重叠，每个生产队内部又形成小而全、多而杂，影响经济效益的提高，阻碍商品经济的发展。二是农、林、牧、副、工更大范围组织协作，进行分业分项生产的势头已经形成，从经营管理到生产技术、产品销售等方面，都急需行家里手、专门人才。三是商品性生产大发展的势头，急需一个专门领导经济工作、高效率又不受行政区域限制的职能机构。同时，黄土岗地处城近郊，居民和农民混居，整个地区的民政、民事、社会治安、卫生、计划生育、村镇建设等地区日常行政管理工作，也急需有专门机构统一管起来；党的工作和党组织自身的建设也急需加强。1980年年底，黄土岗公社就改革"政社合一"的体制问题，在党内外展开了热烈讨论，大多数人主张应该适应生产和经济发展的实际需要，冲破阻碍其生产发展的框架，探索新路，进行改革。1981年3月，黄土岗公社召开了社员代表大会，决定党、政、企分为三个班子办公，正式进行政社分设和农工商综合经营的试点。原"政社合一"的公社解体，分为黄土岗乡人民政府和黄土岗公社，即以公社范围建乡政府，以生产队范围设13个村政府；公社党委仍为领导核心，在党委统一领导下，由乡长和公社主任分别负责政、企工作；公社名称保留，作为集体经济组织。公社的管理体制试行社员代表大会下的主任负责制，各大队都成为农工商联合性质的经济实体，实行社员代表大会下的队长负责制。1983年1月1日，黄土岗农工商联合公司正式成立，联合公司除包括黄土岗公社所有经济单位外，还联合了原黄土岗供销社和原新村街道办事处的工副业经济。对原公社、大队、生产队三级经济，从上到下，进行了调整改组，建立了多形式、多成分、专业化联合、社会化服务、集体所有制的农工商综合经营的联合企业。联合公司机关为企业管理机构，实行党委领导下的经理负责制，在联合公司下，由原公社经济与大队经济，按专业分别联合成立专业公司，各专业公司都单独建账，单独核算，形成了经济实体。原有的12个大队和1个农场，按专业化、企业化要求，改组为分公司，作为向专业公司系统化专业生产的过渡。在分公司内部打破了原生产队界限，按照生产的实际需要，分别建立了专业经营管理站。同年3月，又开始了新的改革试验，原黄土岗乡人民政府与所在镇街道办事处合并，成立了丰台区人民政府黄土岗办事处，作为区政府的派出机构，统一管理农民和居民工作。办事处下设十乡一镇，基本以原大队为基础建立乡政府，乡以农民为主，镇以居民为主，每乡5 000人左右；乡镇下分别设村民或居民委员会，村大都设在原生产队。乡镇政府为基层政权，负责辖区的民政、司法、治安、卫生、城乡建设、计划生育等工作。公社党委改为丰台区委派出机构黄土岗工作委员会，联合公司和办事处分别建立企业党委和政府党委，企业党委的支部设在专业经营管理站，政府党委的支部设在乡、镇政府。黄土岗公社体制改革试点取得了显著的成效，

1983 年总收入达到 9 400 万元，比 1980 年翻了一番，比 1978 年翻了两番多；实现利润 2 400 万元，比 1980 年增长 12.2％，比 1978 年增长 2.5 倍；社员平均分配 525 元，比 1980 年增长 55.8％，比 1978 年增长 1.5 倍。

1983 年中共中央 1 号文件《当前农村经济政策的若干问题》提出："政社合一的体制要有准备、有步骤地改为政社分设""在政社分设后，基层政权组织，依照宪法建立"。10 月 12 日，中共中央、国务院下发《关于实行政社分开，建立乡政府的通知》，市委确定在昌平县沙河镇进行试点。1984 年中共中央 1 号文件《关于一九八四年农村工作的通知》指出："原公社一级已经形成经济实体的，应充分发挥其经济组织的作用"，但它与原大队、生产队"是平等互利或协调指导的关系，不再是行政隶属的逐级过渡的关系"。

北京郊区政社分设的改革在 1983 年普遍进行，到 1984 年上半年基本完成，11 月 21 日北京市海淀区聂各庄乡政府成立。至此，从 1981 年开始将原有公社改建为乡政府的农村基层政权建设工作全部完成。郊区人民公社集体经济，公社、大队、生产队三级都是经济实体，1982 年农村集体经济固定资产总值 18.8 亿元，其中，公社占 39％，大队、生产队分别占 36％和 25％。在实行政社分设、建立乡政府的同时，原来 269 个公社级集体经济都作为合作经济组织保留下来，其中 226 个公社改称农工商联合总公司，43 个公社当时仍沿用人民公社管委会名称。在职责划分上，乡政府都不再直接管理经济。在实行政社分设的同时，原来 269 个公社级集体经济都作为合作经济组织保留下来，部分已经形成明显分工分业的乡镇还打破大队和生产队界限，在全乡范围内实行统一经营和专业化生产，初步形成了产前、产中、产后各专业单位的紧密协作，形成了比较完善的专业生产体系，扩大了经营规模，促进了经济发展。

到 1984 年年底，郊区农村原有的 263 个人民公社实行政社分设，建立了 350 个乡政府（其中民族乡 6 个），4 个区公所，1 个新设镇，建立村民委员会 4 423 个，彻底改变了人民公社政社合一的体制。

生产队解体，建立村级合作经济组织

在政社分设后，村级也相应地进行了改革，即按行政村范围建立村民委员会，同时把生产大队改成单纯的合作经济组织，这项工作从 1982 年开始试点，1984年年底结束。4 171个村合作经济组织中，有80％当时仍沿用大队管委会名称，10％改为农工商联合公司，2％改为经济合作社，还有8％改用了其他名称。大部分村采取村民委员会和村合作经济组织分立的办法，少数规模小、经营单一的村，实行村合作社与村委会一套班子两块牌子。

由于联产承包责任制的变革和乡、村两级集体经济的发展，生产队作为基本核算单位的地位发生了变化。不少地方在包干到户以后，生产队不再是经济主体，为精简干部，有些地方将生产队的管理和服务职能上移到村合作组织，生产队逐渐解体；还有些地方由于分工分业的发展，打破了生产队的界限，在村合作经济组织范围内组织专业化生产，建立了各种专业生产组织，而将生产队建制取消。生产队解体已是大势所趋。顺义县尹家府乡，生产队解体后一个月，农民就新购置手扶拖拉机12台、大车33辆、牲口67头；全乡3 300多户，出现种养、工业、运输等专业大户453户。顺义全县生产队解体后，精简队干部6 000人左右，大孙各庄乡生产队解体后，仅干部报酬，农民每人每年即减轻负担40元。怀柔县庙城乡彩各庄大队原有3个生产队，实行"大包干"责任制后，在乡农村合作经济经营管理站帮助下，按照群众意愿，取消生产队一级，成立了村合作社。村合作社设置了农机、水电、财务会计三个服务组，原由生产队统一承担的农机作业、农田灌溉、植物保护等生产环节和各种承包合同的管理、结算，分别由农机、水电服务组和会计组承担，对原生产队的财产物资进行了清理、登记、作价，再加上库存现金，按1984年8月31日在册人口折算到农户，作为社员投入到村合作社的股金，实行按股分红。经过这项改革，精简了管理人员，减轻了农民负担。改善了对承包农户的服务。怀柔县八道河乡共有6个大队，1984年年初，有3个大队取消了生产队建制。这三个大队原有享受固定补贴的干部29人，取消生产队后，只留下15人，减少了48.3％；全年干部补贴总额下降23.1％，1—9月人均纯收入比上年同期增加了145元。1982年全郊区共有生产队12 816个，1987年统计，作为合作组织独立存在的生产队减为6 967个，1990年进一步减少为3 926个。全市撤销生产队总数达到8 890个，占原有生产队总数的近70％。

政企分开，探索农工商联合经营之路

政社分设以后，原公社级经济组织大部分组建为农工商联合总公司。

随着农村经济的发展和各地经济发展水平的不同，乡镇合作经济组织内部也发生了很大变化，职责划分、管理模式也有所区别。在一些经济发达、专业分工明显的近郊和平原地区的乡镇合作经济组织内部都相应建立了专业生产和服务组织，一般设有农业服务公司、多种经营服务公司、工业公司、建筑公司、经营管理站等，对乡镇企业、村合作经济和个体私营经济进行多方面的服务、协调、管理和指导。海淀区四季青、东升、玉渊潭、海淀和朝阳区南磨房等乡，由于商品经济发达，乡级集体经济实力较强，经营管理水平也比较高，加之城市占地多等原因，在 20 世纪 80 年代初打破大队和生产队界限，在全乡范围内实行统一经营核算和专业化生产，按照菜、果、粮、畜牧、运输、工业、建筑、商业等行业组织专业公司，一些规模较大的专业公司中又划分成小的专业单位，在产前、产中、产后的专业单位之间紧密协作，相互服务，形成了比较完善的专业生产体系，扩大了经营规模，促进了区域经济的发展。怀柔、密云、平谷、延庆、门头沟等远郊区县，在 1985 年后对政社职责划分作了调整，把农业管理工作和机构划归乡镇政府，乡镇合作经济组织只负责经营管理乡镇集体企业。

海淀区四季青公社位于北京西郊，由于常年都能生产新鲜蔬菜，而以"四季青"命名。自 1958 年以来，这个公社就实行大队核算，以菜为主，多种经营，生产有了一定程度的发展。改革开放后，通过不断清除"左"的影响，认真落实党在农村的各项经济政策，逐步改革经营管理体制，推行生产责任制，因地制宜地调整农业内部的生产结构和农作物布局，重视发挥科技人员的积极作用，各业商品生产得到了迅速发展。但是，随着商品生产的发展，也出现了一些新问题，如：作物种植上的严重不合理，平原有果树，山上有菜粮，不能因地制宜，发挥优势；企业设备不全，产品质量不高，没有竞争能力；资金不能形成拳头，急需的没有钱，有钱的没处花；每个摊子都是"小而全"，盲目投资，重复建设，造成浪费；纯收入的增长速度长期低于总收入的增长速度，生产成本高，经济效益差；人才的浪费也很严重，技术人员不能归队，学非所用，不能发挥一技之长；先进的科学技术和生产手段的应用也受到很大的限制。形成这些问题的原因，一是"三级所有"的行政管理体制，把商品经济的广泛性、社会性割裂开了，经济工作不能按经济规律办事；二是"小而全"的生产方式和经营方式不能扬长避短，趋利避害，不能按自然规律办事；三是分散经营带来了每个单位的劳力、资金、技术、设备都不能得到充分有效的利用，造成不必要的损失和浪费；四是分配上存在吃"大锅饭"的现象，挫伤了干部、社员的积极性。经过较长时间的酝酿，四季青公社开始推行全公社统一核算、专业化生产、农工商综合经营的新体制。在作物布局上改"小而全"的生产为区域化、专业化、社会化生产，全公社逐步形成蔬菜、粮食、果树三大作物区。在专业设置上，公社之下划分蔬菜、粮食、林果、畜牧、工业、商业、服务、建筑、农机、水电、科技、积肥等12个大专业，在大专业中，蔬菜又分为韭菜专业队、大棚专业队、温室专业队，畜牧业内部实行家畜、家禽分管，种猪、仔猪、肥猪分开，蛋鸡、肉鸡分开；工业又分为锅炉、环保设备、汽车配件、化轻、食品加工5个专业公司16个行业；工业品由原来的20个品种发展到221个品种。这些专业单位之间，产前产后，通过合同互相联合、互相服务。在管理体制上，把原来公社、大队、生产队的三级行政管理体制彻底拆开，重新组合为便于专业化生产、企业化管理的经济组织。公社除了党委一套机构外，成立了若干个办公室，实行专线管理。公社下面的生产单位按专业划分为若干个专业队。在资金管理上，把原来分散在各大队、生产队的资金集中起来，按照公社的全面规划，根据"优先农业，确保工业，突出畜牧，兼顾其他"的投资方针，有计划、有步骤、有重点地把钱使用在最急需的地方。在科技工作上，把过去单纯的试验、推广改为试验、示范、推广、培训、管理一条龙，由公社科委负责管理，科技办公室负责日常工作，在全公社范围建立三级科技网，由1500多名科技人员，指导农业生产。这样，全公社基本上形成具有一定规模、一定水平的大型农工商联合企业，各业生产迅速发展，收入、分配大幅度增加，社员生活显著改善。从1978—1982年，全公社总收入达到11995.4万元，增长2.2倍；人均集体分配700元，增长2.3倍。这五年，总收入平均年递增25.8%，人均分配递增26.6%。1983年，四季青公社在公社体制上，着手筹建乡政府，行使基层政权的职能；成立农工商总公司，下设若干个分公司，进一步实现专业化、企业化。

四、农业生产全面发展

1981年，市委、市政府提出了"服务首都，富裕农民，建设社会主义现代化新农村"的指导方针，在绝不放松粮食生产的同时，积极开展多种经营，有计划地建设蔬菜、生猪、牛奶、禽蛋、鲜鱼、果品等副食品生产基地。从1978—1984年，郊区根据粮食生产和副食品基地建设的需要，开展自然资源和农业经济调查，部署农业区划，抓紧粮食生产，加快副食品基地建设，组织实施"菜篮子""米袋子"工程，加大物质、财力投入，引进现代设备、技术，推广应用农业科技，加快农业基础设施建设，生产条件得到了明显改善，促进了农、林、牧、副、渔全面发展。这一阶段的郊区农业生产也成为新中国成立以来发展最快的时期，农业商品产值1984年达到了13.8亿元，比1978年增长了1.93倍；农业商品率由40.5%提高到62.3%，郊区提供的农副产品占市场销售量的比重有较大的提高，猪肉由1978年的59.3%提高到75.8%，鲜蛋由50.6%提高到89.1%，城市居民"吃肉难""吃蛋难""吃奶难""吃鱼难"基本得到了缓解，有力地支援了城市，改善了城市人民的生活。

抓粮食生产，加快副食品基地建设

1979年4月8日，市委召开农村工作会议，指出北京的农业要坚持为大城市服务的方针，要求迅速把郊区建设成首都现代化的副食品生产基地。

（1）粮食。这一阶段，北京市政府组织实施了"米袋子"工程，强调粮食生产的基础地位和作为特殊商品的属性，要求保持产需平衡，实现"两高（高产、高效益）一优（优质）"。生产上提出了"提高单产，稳定总产"的指导方针，并从市到县（区），从县（区）到乡镇层层落实；划定并加强对基本农田的保护，确定了商品粮基地县，建立了现代化粮、菜商品生产基地，扶持建设乡级农业科技服务站，加大物质财力投入，进一步改善生产条件，引进现代生产设备和先进技术，实现了产量水平的跨越提升；坚持包干分配为主，多种方式并存的生产责任制形式，抓住关键作物、关键生产季节和关键增产措施，调整种植结构和种植方式，大力抓好良种更新换代，开展评比检查和高产竞赛，千方百计保证粮食稳产高产。在遇到三年大旱和耕地面积减少的情况下，依靠单产的大幅度提升，粮食产量由1978年的18.6亿千克提高到1984年的21.74亿千克，年均递增2.6%；粮食亩产由221千克提高到277千克，年均递增3.8%。

（2）蔬菜。生产上贯彻"立足本市，近郊为主，远郊为辅，与外地适当调剂"和"近郊农业以菜为主"的方针，按照"以需定产，产稍大于销"的原则，在严格控制占用老菜地，提高菜田肥力的同时，努力增加商品菜田面积，加快新菜田基地建设，并调整蔬菜生产结构，丰富蔬菜品种。同时开展"自产自销""大管小活""菜站农商联营"等形式的购销体制改革试点，促进生产，方便购销，解决蔬菜由城区向郊区倒流的问题。1982年3月9日，市委、市政府发出《关于进一步改进首都蔬菜产销工作的决定》，要求进一步贯彻近郊区农业以蔬菜为主的方针，继续贯彻执行蔬菜"以需定产，产大于销""以本市生产为主、外地调剂为辅""近郊为主，远郊为辅"的方针，要坚持"多一点比少一点好"的原则，认真抓好规划，建设稳定的蔬菜生产基地。1984年全市蔬菜总产量达到21.8亿千克，亩产达4 712.5千克，分别是1978年的132.5%和126.8%。

（3）牛奶。在"国营、集体、个人一齐上"方针指引下，郊区奶牛养殖以国营为主，集体为辅，适当发展户养奶牛，努力增加奶牛养殖数量和商品奶生产量。解决吃奶难从"抓牛头"开始。当时，为发展农村养牛，各国营奶牛养殖场采取"见母就留""先留后选"的增牛措施，在管理上严格控制淘汰成年母牛，鼓励农民从外面买牛，市里制订奖励政策，出现了全市奶牛头数快速增长的局面。奶牛总头数由1978年1.69万头发展到1984年的3.9万头，增长了1.3倍；年产奶量由5 419万千克增加到12 661万千克，增长了1.3倍。同时，保证饲料粮和饲料地面积，扩大加工能力，增加供应网点。到1984年年底，奶牛饲料的加工全部实现了机械化，生产的鲜奶均由各加工厂用现代化设备经过高温消毒、严格检验后才送往分布全市的800多个奶站和发奶点。北京市奶牛业已经形成了生产、加工、销售"一条龙"，一定程度上缓解了"吃奶难"的问题。

（4）肉食。一方面大力发展养猪、全力开展畜牧业生产体系的建设，市、县区、乡镇（人民公社）均设立畜牧（生猪）领导小组，筹划兴建机械化、半机械化畜禽场，市政府从政策、资金、"三材"（木材、钢材、水泥）、用水、用电、饲料等多方面予以扶持，郊区掀起了兴建机械化、半机械化养猪场的热潮。虽然生猪生产一度出现徘徊的局面，但到1984年，商品猪数量还是由1978年183.6万头增加到了213.8万头，瘦肉型猪所占比例接近30%。另一方面，养牛、养羊、养鸡、养鸭、养兔，坚持公私并举，以私养为主，并普遍实行专业承包、联产计酬责任制，鼓励发展专业户饲养。同时，有计划地引进、繁育、推广畜禽良种，调整收购价格，种植牧草改良草场，健全郊区畜牧兽医体系，到 1984 年，肉牛、肉羊、肉鸡等均有一定的发展。

（5）蛋类。1978 年建成全国第一家规模化蛋鸡场——红星鸡场，此后相继建成峪口、俸伯等大规模机械化养鸡场和南苑配合饲料厂。成立北京种禽公司，育成了全国第一个品种——北京白鸡，建成东沙、红星、峪口、俸伯等六大蛋鸡场。1979 年 5 月，北京市东沙饲料厂建成投产，年生产能力达 1.3 亿千克，同时，还兴建了蛋鸡生产机械厂和各类家禽养殖场，初步形成蛋鸡良种繁育、商品生产、兽医防疫、饲料加工、鸡场设备等五个配套体系。同时大力发展家庭饲养业，能养什么养什么，能养多少养多少。此外，其他禽蛋（如鸭蛋、鹌鹑蛋等）也有不同程度的增长，城市居民食用鲜蛋已由外省调入为主变为本市生产为主。到 1983 年年底，全市已有国营鸡场 71 个，其中原种鸡场 2 个，养曾祖代和祖代鸡 4.6 万只；父母代种鸡场 14 个，养父母代种鸡 20 万只；商品蛋鸡场 55 个，养蛋鸡 219 万只。集体半机械化鸡场发展到 597 个，养蛋鸡 330 万只。养鸡专业户发展到 2.3 万户，养蛋鸡 170.5 万只。加上一般农户养鸡，全郊区蛋鸡饲养量已达 1 200万只。商业部门收购本市生产的鸡蛋 6 466.9 万千克，比 1978 年增长了 3.77 倍；市内销售鸡蛋 7 261 万千克，比 1978 年增长 1.7 倍，自给率由 50.6％提高到 89.1％；平均每一城市人口占有鸡蛋由 5.7 千克提高到 13.3 千克，1983 年基本做到敞开供应，首都市民"吃蛋难"问题从根本上得到了解决。

（6）干鲜果品。推行果树生产责任制，加强果树专业队，实行联产计酬，责任到劳、到户，一定几年的办法；贯彻谁造谁有的政策，鼓励在宅房院落、自留山栽果树；实施林工商、农工商与产果社队联营，搞活产销；同时，发挥山区优势，因地制宜地栽种板栗、核桃、山杏、柿子、枣等果树，不断扩大果品基地规模，恢复发展名牌果品生产。怀柔县的北部山区，延庆县的大庄科一带，门头沟的柏峪、清水、燕家台等地，都已成为京郊杏核生产的主要基地；昌平县的十三陵一带，房山县的坨里至班各庄、周口店至张坊，平谷的东部山区等地，都已成为柿子生产的主要基地。到 1984 年，全市干鲜果品产量达到 2 亿千克，比 1978 年的 1.75 亿千克增长了 15％。

（7）鱼类。渔业养殖实行"以养为主，养捕结合""活鱼直接上市"。大水面包产到组，责任到人，联产计酬；分散池塘包产到劳，超产部分按比例分成；开展渔业基本建设，兴建商品鱼基地，整修鱼塘；充分利用水面，适合养鱼水面全部养鱼，努力提高鱼品产量和质量；水库捕鱼实行专业承包，超产奖励，亏产受罚。同时，积极组织青虾、元鱼、河蟹等小水产品的养殖和捕捞。到1983年年底，已建成商品鱼基地171处，有养鱼人员1 901人，累计挖池塘23 123亩，产成鱼215.6万千克，占全市总产量的39.1%，提供商品鱼200.5万千克，商品率为93%。到1984年，商品鱼产量达921.5万千克，是1978年的5.16倍。

这一阶段，北京郊区在养牛、养蛋鸡、养肉鸡、养鱼等养殖业方面，积极采取现代化先进技术，促进商品生产的发展，围绕生产基地建设，初步形成了五大配套服务体系。

良种繁育体系。除了自己培育了北京黑白花奶牛、北京白鸡等品种外，先后从加拿大引进了红皮蛋鸡，从联邦德国引进了罗曼肉鸡，从丹麦、联邦德国引进良种奶牛，从东南亚和非洲引进了罗非鱼，从朝鲜引进了虹鳟鱼，并相应地建立了一批现代化德种畜场、种禽场、鱼种场和种蛋孵化厂。基本实现了奶牛、蛋鸡、肉鸡的良种化。

饲料加工体系。通过自制和引进，建立了以现代化饲料厂为骨干、大中小相结合的饲料加工体系，年产配合饲料和混合饲料的能力达到了6亿千克，基本上解决了国营、集体和专业户饲养蛋鸡、肉鸡、奶牛所需饲料的供应。

兽医防疫体系。从市、区县、乡，层层都有畜牧兽医站，同时，市里设有兽医诊断所、兽药生物制剂厂，在各大畜禽饲养场设有兽医室，全市兽医防疫人员已达6 000人，从上到下形成了一个网络。在淡水鱼生产上，也形成了一套比较完整的饲养和防疫技术规程。

畜禽机械设备设计制造和场舍建筑设计体系。郊区兴建的奶牛场、工厂化养鸡场的机械设备和场舍建筑基本上是本市设计制造的，这对节约用地、提高效率，给畜禽创造适宜的高产环境，起到了重要的作用。

加工贮运体系。搞得比较健全的是奶牛，全市已有鲜奶加工厂4个，日加工能力33万千克，乳制品加工能力11万千克，日销售鲜奶30万千克，除门市出售和中小学课间餐用奶外，都做到装瓶出售。肉鸡生产联合企业已建成了一条年屠宰 1 000 万只鸡的屠宰线和冷藏设备。其他副食品，如菜、鱼、果品、猪牛羊肉等，也都建了一些冷藏设备，在调剂淡旺季、均衡供应方面起了一定作用。

探索农产品产、加、销一体化

北京市农产品实施产、加、销一体化最早的是牛奶。由于牛奶的商品属性要求流通环节简捷通畅、供应均衡稳定，改革开放前，市农场局即以各国营农场的奶牛场、乳品厂和牛奶公司所属的奶站为基础，实施了生产、加工、销售一体化。改革开放后，郊区集体和农户饲养的奶牛日益增加，为保证牛奶质量，促进奶业发展，1982 年市政府决定，由市农场局对全市奶业实行产、加、销一体化管理。为此，市农场局建立了奶牛处，充实了市牛奶公司，新建或扩建了饲料公司、乳品厂、乳品质量监督检查站、奶业培训中心和奶业科研所，对全市牛奶生产、加工、销售和科研、培训实施了一体化管理。在一体化内部，以各奶牛场为基本生产单位，以各乳品加工厂为圆心，对城区和近郊区划片包供应、包服务、包网点建设，同时，对产、加、销各环节间坚持利润合理分配。在当时奶牛价格基本未调、利润偏低的情况下，成功地保障了牛奶的生产、加工和供应，成为当时全市副食品生产中唯一不要国家补贴、生产保持稳定上升的一项产业。随着改革开放的发展，外地大量牛奶和奶制品流入本市，牛奶销售由定量供应为主变为了以零售为主，奶业的经营管理也由一家变为了多家。1984 年，又将这一成功经验推广到水产方面，实行渔工商综合经营、产供销一体化，当年除盈利 200 万元外，还给国家减少亏损 900 万元，两者相加共减少国家补贴 1 100 万元。大东流肉鸡生产联合企业，从一开始就按照牧工商综合经营、产供销一体化的模式，进行设计和生产，这个企业占地 1 000 亩，总建筑面积 8.4 万平方米，年产肉鸡总量 1 000 万只，其中有饲养 1 万只祖代鸡场一座，年饲养 10 万只父母代鸡种鸡场一座，年孵化 1 000 万只鸡的孵化场一座，年产 100 万只商品肉鸡的示范场一座，年生产 3 万吨配合饲料的饲料厂一座，年屠宰、加工、包装 1 000 万只肉鸡的屠宰场和冷库各一座。同时，在附近农村发展了一批专业户，年产商品肉鸡 900 万只，作为这个企业的一个环节，其产前、产中、产后的服务工作由企业负责，产品由企业加工销售，利润由企业合理分配。这个肉鸡联合企业年产肉鸡

800 万只，年利润 300 万元以上，为郊区畜牧业发展探索了一条新路。

1981 年 7 月，改革蔬菜购销体制，进一步做好蔬菜产销工作，丰台区黄土岗公社与崇文区蔬菜公司成立农工商联合蔬菜公司，进行蔬菜产销联合经营试点。参加联营的有黄土岗公社的黄土岗、白盆窑两个生产大队的 15 个生产队和崇文区蔬菜公司的天桥、永定门外、天坛南里、郭公庄 4 个基层商店、23 个菜点。联营蔬菜公司是国营经济和集体经济联营的联合体，双方原有生产资料所有制不变，在国家下达的蔬菜产销计划指导下，通过内部经济合同，实行产销直接挂钩。联营公司在完成商品菜供应任务、执行国家规定的价格政策的前提下，享有经营自主权，独立核算、自负盈亏。

为解决农产品因产销脱节而出现的生产者"卖难"、消费者"买难"问题，市农村工作部门会同流通部门组织农产品产销直挂，发展直线流通。1983 年 5 月成立了北京市农工商开发贸易总公司，以组织农产品产销衔接和农用物资采购供应。

抓科技推广应用，提高农业生产科技水平

加强农业科学研究和技术推广工作，利用首都科教、人才优势，组织专业科技顾问团，兴办大学分校，加强职业培训和学历培训，聘请"星期日工程师"，推动了科技进步，提高了农民素质。先后组建的小麦、玉米、水稻、蔬菜等科学技术顾问团，围绕农业生产中的各种关键问题，开展科研工作，先后推广了 125 项科技成果，取得显著成效。如冬小麦，进行了五次品种更新换代，并从种植制度、平地、灌溉、施肥、管理、植保到收割脱粒的各个环节，都进行了适用的技术改革，使这几年产量增加了 2.4 倍。玉米优良品种已基本普及。在稻谷栽培技术上，为了适应京郊水源不足的情况，推广了水稻旱种技术，到 1983 年推广面积已达 12.5 万亩，亩产最高的达到 650 千克。在蔬菜生产上，推广了塑料薄膜覆盖技术，使蔬菜保护地面积达到 3.1 万亩，增加了品种、提高了质量，在解决蔬菜淡季供应上起了重要作用。在植物保护方面也采取了不少科技成果和先进手段，如生物防治，在密云、顺义、通县和怀柔建起了赤眼蜂工厂，试验成功人工繁殖释放赤眼蜂防治农林害虫。据统计，1978 年至 1983 年累计生产赤眼蜂 200 亿只，累计放蜂治虫面积约 528 万亩。例如玉米，不用农药就防

治了玉米螟，使增产有了保障。在防治手段上，已大面积应用飞机防治，1980年试用飞机喷药防治麦田黏虫已经取得成功。

到1983年，全市农口共建立了10个顾问团，聘请专家顾问164人；恢复并健全种植、畜牧等各行业技术推广机构，基本建成市农科院、区县农科所、乡镇农科站、村农科队的"四级农科网"；出台科技人员配套改革政策，调动科技人员积极性；采取以会代训、现场观摩等方式，大规模开展农民技术培训。同时，积极推动科研、技术部门与生产单位签订技术服务合同，开始从国外引进先进技术和加工设备。全市自1980年试行签订农业技术服务合同，至1981年6月，市农业科学技术单位与生产单位已经落实和正在协商的技术服务合同有250项。这批合同中，既有综合的也有单项的，既有成果应用示范的也有承接生产单位委托试验研究的，既有技术培训的也有提供咨询的。1981年10月，顺义县人民政府和北京市农科院作物所，在自愿互利的基础上，签订了1982年小麦、玉米、水稻三种作物共百万亩的科研生产技术咨询合同，规定了双方承担的责任和相应的奖罚办法。

引进现代技术体系，使城市菜、奶、蛋、肉、鱼、瓜、果的市场供应大为改观，一时被舆论誉为北京市民的"福气"，口粮农业变成了副食品农业，商品率显著提高。1984年7月，市农办在顺义召开引进东欧、苏联设备座谈会，国家计委、物资总局、经贸委有关领导和专家前来指导，制定了引进计划。10月至11月，市委农村部、市农办领导率领区县局主要领导干部20人，分赴匈牙利、保加利亚、捷克、波兰、罗马尼亚、联邦德国等国家，进行农业设备考察，全市引进东欧项目工作全面展开。这一时期，北京郊区农牧业良种和种养技术引进大大加快，化肥、农药施用水平与农机、灌溉设备和农产品加工装备的水平不断提高，带动了农牧业的发展。

据北京市农村合作经济经营管理站的测算，科技进步在北京农业增长中的贡献率份额分别为："五五"（1976—1980年）期间低于30％，"六五"（1981—1985年）期间为42.26％。这期间，全市获市一级奖励的农业科技成果有200多项，在郊区推广应用的有140多项，如：京杂6号、京杂7号玉米，京花1号小麦，以及北京白鸡和蔬菜新品种等，已成为京郊和全国深受欢迎的优良品种。在实际工作中，注意发挥了专家和科技人员的作用，有效地提高了各业的生产技术水平。

开展农业基本建设

这一阶段，开展了第二次土壤普查，摸清了郊区土壤资源现状，对部署农业区划、调整种植结构、提高农业生产力发挥了重要作用；针对地力普遍不足，成为增产严重障碍的问题，大搞肥料建设，建立常年积肥专业队，增积农家肥料，种植绿肥、豆类，发展沼气，实行秸秆还田，采取多种措施改良土壤；兴修水利，建设农村电网、平整土地，建设高产稳产田；建立健全良种繁育体系，使良种的繁育和供应在品种和数量上有新的发展；发挥已有农业机械的作用，在郊区农机管理站（队）内部推行和完善各种形式的责任制，增强了自我发展的能力，提高机械利用率。到 1984 年年底，北京农村有大中型拖拉机 10 859 台，小型和手扶拖拉机 26 563 台，联合收割机 1 417 台，农用载重汽车 7 564 辆，以及其他数以万计的各种机动和半机械化农机具，其中不少是近五年来购置的，机耕面积已占全部耕地的 73.1％。水利设施也发挥了作用，有效灌溉面积 514 万亩，已占全部耕地面积的 81.2％，并有几万亩用上了喷灌设施。平均每一农户生产及生活用电 982 千瓦时，平均每亩耕地施用化肥 82 千克。这些既改善了农业生产条件，也改善了农民的劳动条件，昔日农民"脸朝黄土背朝天"的劳动景象大为改观。

"六五"期间，顺义县为了确保粮食生产持续稳定增长，针对本地区连年干旱、地下水位下降、水源不足的状况，及时采取了挖掘地下水、开源节流、健全自主水系的措施，全县水利工程建设逐年发展，农业生产条件不断改善。据初步统计，五年中顺义县水利工程设施和设备固定资产总值已增加到 1.8 亿元，农田有效灌溉面积已经达到 80 万亩，全部实现水利化。农田水利化的实现，首先是充分发挥原有农田水利设施的作用。顺义县农田水利设施基础条件较好，1980 年以前全县已建成潮河和白河两个大型灌区，建成唐指山水库和减河两处灌溉调蓄设施，建成东、西两处调水工程，农田灌溉面积达到 70 余万亩。在农村体制改革和完善联产承包责任制过程中，该县十分重视原有水利设施的管理、使用和维修保护工作，加强县、乡、村三级水利管理队伍的建设，建立健全管理责任制，使全县各项水利设施得以继续发挥作用。仅东、西两处调水工程，在 1985 年里就提水 3 200 万立方米，浇地 18 万亩。在大旱之年，解决了部分贫水地区水源不足的问题，为粮食丰收发挥了作用。其次是大力开掘地下水源。五年中，在连续干旱、密云水库农业供水减少的情况下，该县采取积极的措施发动社、队挖掘地下水源，发展喷灌，增加灌溉面积，提高了农业抵御自然灾害的能力。这五年，县财政对水利工程投资1 210万元，主要用于打井和更新井2 500余眼，发展喷灌设备92套，新增加灌溉面积2万亩，改善灌溉面积4.8万亩，发展喷灌面积2.8万亩。全县农用机井已达4 600眼，有效灌溉面积46万亩；喷灌设备达到130套，喷灌面积3.7万亩。社队企业的发展，为各乡发展水利事业提供了资金保证。后沙峪乡仅1985年就投资86万元打17眼机井，增加25套喷灌设备。北务乡1984年冬投资2万元，打机井87眼，井灌面积增加9 000亩。这期间，顺义县对截流蓄水摸索到成功经验，全县有金鸡河、温榆河、牤牛河等12条河流，沿河两岸既可防洪治涝，又可截流蓄水。在连年干旱的情况下，顺义县发动群众拦河筑坝，截流蓄水，对开拓水源、缓解旱灾起了重要作用。开源节流，健全自主水系，初步改变了顺义县完全依赖密云水库灌溉农田的局面。顺义县地上地下水的年提取能力已达4亿立方米。农田水利化大大提高了农业抵御旱灾的能力，保证了农业生产持续稳定增长。"六五"期间，顺义县加快了农业机械化发展进程，农村多次出现"农机热"，以工补农、以工促农，购置农业机械。全县农机保有量有大幅度的增加，大大提高了农业机械化的作业水平，全县主要农作物的耕、播、收、运、脱等环节已基本实现机械化或半机械。"六五"期间，顺义县尽管遭受了各种自然灾害，粮食总产依然连续五年持续增长，全县粮食总产由1980年的3.2亿千克增加到1985年的4.3亿千克，增长了34.4%；亩产由427千克提高到600千克以上，增长了40.5%；人均占有量达1 000千克，常年务农劳动力劳均产粮水平达到了6 000千克。

提高农产品价格，拓宽流通渠道

1979—1984年，北京市价格改革是在计划管理体制下，提高农副产品价格，下放管理权限，开展多渠道流通，以缩小工农业产品价格"剪刀差"，促进农业生产发展，增加农民收入。

调整农副产品购销政策，提高农产品价格。1978年12月，中共中央《关于加快农业发展若干问题的决定》提出"粮食统购价格从1979年夏粮上市起提高 20%，超购部分在这基础上再加价 50%。"粮食收购价格提高以后，销售价格不动。1979 年夏，国务院召开全国物价工作会议，确定提高猪肉等 8 类农产品和以这些农产品为主要原料的食品的销售价格，同时给职工以价格补贴。北京市落实中央的决定，根据自身的价格水平，1979年夏粮上市时，粮食统购价提价 19.58%，油料提价 23.48%，蔬菜提价10%，生猪提价 19%，鸡蛋提价 30%。此后，又提高了牛羊肉、牛奶、水产品的价格。从 1979 年到 1983 年，北京市曾先后 4 次提高了粮、油和主要副食品产品的购销价格，并相应对职工给予了价格补贴。农产品收购价提高后，促进了生产发展，增加了农民收入。以蔬菜为例，1979 年近郊蔬菜生产增收 750 万元，平均每个菜农增收约 20 元。对完成征购包干任务后的粮食，允许多渠道经营，允许议购议销，国营商业通过开展议购议销参与市场调节。干鲜果品包括梨、桃等热门果品，由商业单位与生产单位签订定购合同，合同以外的产品商业部门积极帮助推销；其中苹果一部分实行派购，一部分允许自销。西瓜实行按计划数量收购，计划外的由生产单位自销。生猪及国家供料的国营和集体鸡场的鲜蛋虽然仍实行计划收购，但国家平价供料的国营、集体和专业户鸡场的淘汰鸡，70%交国家，30%由生产单位自行加工销售。淡水鱼，国家投资兴建、国家投放鱼苗的水库按当年产量的 50%派购；国家投资的商品鱼基地派购 30%，其余的都由生产单位自销。

缩小统派购范围。1979 年 3 月 20 日，市委决定：海淀区 8 个人民公社试行蔬菜自产自销。1980 年以后，根据中共中央、国务院关于搞活农村经济、调整农产品购销政策、开展多渠道流通的指示精神，北京市逐步缩小了农产品统购派购的品种范围。1980 年 12 月，市政府发出农副产品议购议销品种范围和价格原则的试行规定，明确议购议销的是三类农副产品、完成交售任务以后允许上市的一、二类农副产品，以及用议价农副产品为原料生产的食品；凡不属议购议销范围的农副产品，生产、经营单位仍要按照国家计划或原有的产销关系签订合同，由国营商业部门收购。

1983 年，市政府颁发了《关于发展郊区商品生产、搞活农村商品流通若干政策问题的暂行规定》，进一步调整了畜禽产品的收购政策。规定生猪由商业部门实行计划收购；国营、集体鸡场的鸡蛋由商业部门按计划收购；淘汰鸡 70%由商业部门收购，30%由生产单位自销。同时，放宽农副产品运销、贩运政策，允许郊区社队与商店直接挂钩，委托代销产品；凡属完成统派购任务以外的农副产品，其购销价格可以有升有降，实行议购议销，高来高走，低进低出；过去北京市场没有的新品种，允许重新开价，瘦肉型猪要优价收购；改变生猪屠宰"一把刀"为"多把刀"，在完成生猪调市任务后，地销部分在保证食品卫生的前提下，允许集体和社员地宰地销，平价销售的可凭屠宰证明按规定到粮食部门领奖售粮票。同年6月29日，市蔬菜领导小组决定，将蔬菜议购议销的细小品种，从8月10日起增为92个，约占蔬菜年上市总量的5％。

1983年下半年至1984年，根据国务院批转商业部、农牧渔业部等部门报告的精神，本市陆续减少了实行统购派购农产品的品种。1984年，本市实行统购的一类农产品仅为粮食（只管稻谷、小麦、玉米）、油脂油料（只管花生、菜籽、棉籽）和棉花3种；实行派购的二类农产品也仅为生猪、蔬菜、核桃、栗子、杏仁、苹果和大兴、通县、顺义三县生产的西瓜等9种。

放宽农副产品运销贩卖政策，繁荣集市贸易。1979年6月30日，北京市革委会发出《关于加强集市贸易管理的意见》，指出：根据中央关于"广开就业门路""多办集体所有制的服务网点"的精神，对全市52处农村集市、13处城市农副产品市场，提出要发挥其积极作用，又要加强管理，限制其消极作用，打击投机倒把等非法活动。1983年后，按照党中央指示，全市在放宽农副产品购销政策和购销形式基础上，对三类农副产品和完成统购、派购任务后允许上市的一、二类农副产品，允许多渠道运销，并且废止农副产品外运由归口单位审批的规定；允许基层供销社和货栈出县出市推销，允许生产者长途运销，允许个体行商、流动购销专业户长途运销，可以零售，也可以批发；扩大农副产品购销进城的渠道，充分发挥农村集贸市场的作用；根据群众需要，适当增加农村集市贸易点，扩大上市品种，调整集期，做好服务工作；在农村集市上允许小商品和废旧物品上市，有条件的地方也可以单独设立小商品市场。

粮油购销包干试点。1981年在通县和怀柔进行全县粮油购销包干试点，其他县、区选择一两个公社进行粮油购销包干试点。年初把购销任务定死，三年不变。交售国家的粮油可以互顶指标，超过部分社队可自行处理。遇到特大天灾，口粮不足182.5千克时，由国家补足。对长期贫困落后、吃粮靠返销的生产队，可以实行将返销定死、三年不变的办法。鼓励恢复撂荒梯田，三年内所产粮油不计征购，不顶返销，但不准在25°以上陡坡开荒。1981年7月，市委、市政府作出《关于进一步把郊区农业搞活，加快发展农业生产的决定》，自1981年起，市财政对郊区9个县试行财政包干，由过去实行"统收统支"改为"财政包干"的财政管理体制；在5个县试行粮油购销包干，对部分农副产品确定了购留比例，同时扩大了农工商一体化试点，在3个地区进行了蔬菜购销体制改革试点。

开辟农产品多渠道的产销直挂。北京市在陆续减少统购派购农产品的品种后，国家不再向农民下达农产品统派购任务，为开辟多种流通渠道创造了条件。当时农产品流通渠道按传统的分法大体可归纳为五种基本类型：国营商业、供销合作社、乡镇集体商业（或贸易货栈）、农工商一体化经营、集市（农贸）市场（个体经营，自产自销）。放开后，在农产品流通领域出现了两个显著特点：一是农贸市场有较大发展，仅1984年上半年就发展到257个，比上年同期增加了61.6%；临时以售菜为主的摊群市场319个；两类市场成交额达1亿多元，比上年同期增加了一倍。二是自产自销、自建农贸批发交易市场或自建销售网点、产销联营、互惠直挂等五种流通渠道在产销结合的方式上，都开展了直线流通方式。实行直线流通后，农产品经营、加工、消费单位都可以直接与农民签订合同；农民也可以通过合作组织或建立生产者协会，主动与有关单位协商签订销售合同。

产销直挂取消中间环节，生产成本降低，产品价格合理，生产者和消费者都乐于接受。并符合农产品易腐、易损，需要保鲜活的特点。同时，产销直挂还促进了生产者信誉意识的培养，使得郊区农民更加注重产品质量。如大兴县庞各庄乡给种瓜户发交售证书，给销售点发"庞各庄西瓜销售证书"，熟瓜保证达到90%～98%。1984年6月下旬第一次上市时，规定每车西瓜挑出两个生瓜即为不合格。当时已装满27车，进行严格检验后，仅有6车合格，不合格的19车都把生瓜挑出后才放行。

建立新的农业生产服务体系

经过几年的发展，郊区农业生产服务组织初步形成以乡、队合作经济组织为主体的纵横交错的开放型网络。

从横向看，郊区县级各种服务单位有：农科所 14 个、植保站 9 个、种子公司 14 个、良种场 13 个、畜牧兽医站 14 个。顺义、昌平、海淀三个区县成立了农业技术推广中心，14 个郊区县都保留了农机局和下属单位——农机研究所、农机化培训学校、农机供应站。乡镇一级一般在农工商总公司下设农机、水电、科技、植保、畜牧防疫、经营管理、供销等若干个专业服务公司（站）。据不完全统计，截至 1984 年年底有乡级服务组织 1 400 多个。大队一级有的是分行业建立专业服务队、服务组，也有的是建立综合服务队，有各种服务组织 6 600 多个。在生产队一级有的设立了专业服务组织，有的设立了综合服务队。

从纵向看，县、乡、村、队四个层次大体上可按行业联成一线。到 1984 年年底，除国家办、集体办的各项服务事业外，还出现了 70 多个服务联合体，1 900 多个服务专业户。在多层次、多渠道、多形式的服务体系中，最显著的特点是：乡、队合作经济组织的服务成为主体。据统计，郊区农村共有 10 060 个服务组织，其中乡队两级为 8 068 个，占总数的 80.2%；千家万户的直接服务主要是由乡、队服务组织承担，如农机服务，农田作业基本是集体拖拉机承担。

郊区多数乡、队在建立服务组织时一般坚持"适需、适度、适时"的原则，即：一是服务组织因需而设，设与不设服从需要与否，不图形式，不摆花架子，不求上下对口。一般来讲，有什么产业就设什么服务组织。经济发达地区，服务组织、服务项目多；经济水平较低的地方，服务项目相对少些。乡级服务组织一般能够满足农户对服务的要求，村（队）就不再重复建立相应的服务组织。二是服务组织形式多种多样，力戒模式化。在组织规模上宜大则大，宜小则小；在服务项目上宜专则专，宜兼则兼，不搞上下一般粗。三是适应农业的时间性和季节性，机动灵活地调整服务组织和服务人员。以乡级植保组织为例，一般情况是乡里常年有 1～2 名植保员，其他人员编制固定，不守摊待业，遇有虫情招之即来，完成任务各自归队。

为适应完善合作经济和发展商品经济的要求，郊区农业生产服务事业发生了很大的变化。一是仅为粮食生产一业服务向为多业服务发展。二是由重点在产中服务向产前产后服务发展。乡、队办起了一批饲料加工厂、孵化厂，解决了一批小型鸡场、养鸡专业户的饲料供应问题。到 1984 年年底，北京农村已建立 6 个批发交易市场，90 个蔬菜集散点。郊区乡村已与 1 870 多个机关、学校、部队和商业、饮食业建立了直挂关系，共向这些单位提供价值 1.9 亿元的猪肉、鲜蛋、蔬菜、西瓜、淡水鱼等副食品。此外，还加强了农副产品流通的基础设施建设，新增 109 个商业网点，2 021 辆运输货车，并引进了一批生产、加工设备。产前产后服务的加强逐步形成了以大宗产品为核心的系列化服务。三是随着专业化生产的发展，社会化服务的水平不断提高。如通县张家湾乡，坚持把统一经营机械与分散经营土地紧密结合起来，1982 年成立了乡农机管理公司，下设拖拉机站、修配站、供应站、技术推广站和液氮租赁站等 5 个服务部门，各大队也相继成立了农机服务队，使全乡 3 万亩小麦从整地、作畦、深施化肥、播种到收割，玉米精量点播、深施液氮到秸秆还田全部实行机械化服务。张家湾乡 1984 年同 1978 年相比，种植业劳力减少 20%，而商品粮增长 2 倍，商品菜增长 46%。

从服务的保证形式上看，郊区各级服务组织比较普遍的是依靠签订各种各样的合同，维系服务态度和质量。开展有偿服务、无偿服务、优惠服务，但都不以盈利为目的。服务实体实行企业化经营，独立核算、自负盈亏，避免躺在合作经济组织上吃大锅饭，并可以增强它提高服务质量的内在动力。

各区县、各乡镇农业生产服务体系的建立与发展存在不平衡的状况。一些单位以为服务组织成为经济实体就应该要利润、要效益，不务正业的现象发生，削弱了服务职能。部分领导以为服务组织实行企业化经营，自负盈亏，减少了财政拨款，放松了领导。科技干部人员流失现象存在。

1980—1984 年郊区粮食、副食品生产情况

年份	粮田耕地 （万亩）	亩产 （千克）	粮食总产 （亿千克）	菜田面积 （万亩）
1980	498.1	373.4	18.6	76.8
1984	480.6	452.3	21.7	86.6

年份	蔬菜总产 （亿千克）	养猪 （万头）	牛奶总产 （亿千克）	干鲜果 （亿千克）
1980	17.6	461.5	0.7	1.6
1984	21.8	381.2	1.2	1.8

注：据北京市统计局资料。

五、农村非农产业迅速发展，农村经济结构发生根本性转变

1978 年党的十一届三中全会后实行的改革开放，搞活了农村经济，北京郊区农村的工业、建筑业、交通运输业、商业、饮食服务业、旅游业及其他新兴产业快速发展，进入了一个新的发展阶段。

社队企业迅速发展，成为农村经济半壁江山

1978 年 11 月，北京市在平谷县召开社队企业工作会议，要求在全市掀起一个社队企业迅速发展的新高潮。到 1978 年年底，郊区社队企业数 4 075 个，职工人数 22.58 万人，占农村劳动力总数的 14%；年实现总收入 7.88 亿元，占农村经济总收入的比重为 41.9%。

1979 年 7 月，国务院颁发了《关于发展社队企业若干问题的规定（试行草案）》，要求"社队企业要有一个大发展""发展社队企业，必须坚持社会主义方向，主要为农业生产服务，为人民生活服务，也要为大工业、为出口服务"。这是国家用法规形式颁发的第一个关于发展社队企业的指导性法规。同年 9 月，中共十一届四中全会通过的《中共中央关于加快农业发展若干问题的决定》中要求："社队企业要有一个大发展，逐步提高社队企业的收入占公社三级经济收入的比重。凡是符合经济合理的原则，宜于农村加工的农副产品，要逐步由社队企业加工。城市工厂要把一部分宜于在农村加工的产品或零部件，有计划地扩散给社队企业经营，支援设备，指导技术。对社队企业的产、供、销要采取各种形式，同各级国民经济计划相衔接，以保障供销渠道能畅通无阻。国家对社队企业，分别不同情况，实行低税或免税政策"。中共中央、国务院发布的一系列指示，肯定了社队企业的地位和作用，明确了社队企业发展方向和方针、政策以及具体措施，这标志着社队企业进入了历史性转折发展时期。

根据中央的指示精神，市委、市政府采取了一系列有效措施，扶持郊区社队企业发展。首先，为贯彻中央关于发展社队企业的方针政策，继 1978 年郊区各县区陆续组建人民公社企业局后，1979 年 3 月批准建立了北京市人民公社企业局，以加强了对社队企业工作的领导。其次，在农村开

展的致富大讨论中，进一步明确了开展多种经营、发展社队企业与促进农村经济发展和改善农民生活的关系。市委市政府对社队企业的发展，及时提出"在积极发展第二产业的同时，大力发展第三产业；在发展集体企业的同时，支持、鼓励农民自办、联办企业；在发展的同时，认真搞好体制改革和技术改造；坚持走改革、开放、引进、联合之路。"并制定了一系列政策措施：扶植发展农村集体和个体经济；允许生产队办企业；允许社队和个人从事运输业；农村社队成立农村建筑队的审批权下放到区县；鼓励农民发展采掘业、开发旅游业；逐步收回本市扩散到外省、区加工的工副业项目，安排到郊区工副业少的社队加工、生产；以及税收、信贷等方面给予一定的优惠；允许多种计酬形式的存在，对奖金的发放规定了"按月完成计划的，可提取奖金，一般平均每月每人不超过五元"。第三，根据首都工业发展规划，进一步组织城市工业向农村扩散下放产品和零部件。在1979年和1980年两次全市社队企业工作会议上，城市工业下放了一批产品。"厂社挂钩，定点支农"的工厂重点转向帮助发展社队企业，发展农副产品加工工业。鼓励社队就地取材，积极开辟工副业门路。北京市工业部门动员所属企业积极向农村扩散产品，扩大工业支农队伍，500余家城市工业企业派到农村工业支农队的技术和管理人员达到了1 400多人，实行厂社挂钩，开展帮设备、帮技术、帮管理、帮培训的"四帮"活动。

认真贯彻中共中央、国务院精神，1981年9月2日，市委、市政府召开郊区多种经营会议，要求在抓紧粮食和副食品生产的同时，积极发展社队企业，实行农工商综合经营，明确了郊区社队企业发展方向。郊区各区县都将发展社队企业摆到党委和政府的议事日程上，出现了全党、全民抓企业的局面。当时结合郊区农村致富大讨论，市委提出社办企业的利润在分配上要兼顾各方面的利益，可用于支援农业资金、返还生产队补充社员分配、发展新的社办企业资金和留给企业的生产、奖励、福利基金；超计划的利润，企业留成的比例应该更高一些；规模较大、地少人多的生产队，经过公社批准，可以办常年性的加工业；发展建筑队，可以社队联办，大队联办，有条件的大队也可单独办。

到1981年年底，社队企业发展到5 928家，职工人数达34.6万人，当年总收入14.2亿元，利润总额3.1亿元，拥有固定资产7.2亿元。分别比1978年增长了45.2%、53%、79.7%、48%和125%。社队企业职工占农村劳动力的比重，由 1978 年的 14％上升到 1981 年的 20％；总收入占农村经济总收入的比重由 41.9％上升到 51.8％，成为北京农村经济的半壁江山。

社队企业在调整中整顿、在整顿中发展

1981 年 5 月，国务院下发了《关于社队企业贯彻国民经济调整方针的若干规定》，指出对"社队企业的调整，不是调下来，而是为了更好发展"。郊区社队企业在各级政府的领导下，认真贯彻落实中央的方针，在思想上明确了在社队企业调整和整顿中，坚持产销兴旺的企业，集中人财物重点发展；产品有销路的企业，积极发展；原材料无来源、技术不过关、产品销路有困难的企业，坚决调整直至下马。坚持发展利用当地资源的建材企业和农副产品加工业。坚持克服等城市工业下放产品、靠城市工业供应原料和商业收购产品、要求纳入国家计划的"等靠要"思想，积极探索走市场调节的路子，在调整中整顿，在整顿中发展。

1983 年年初召开的北京市农村工作会上，市委、市政府进一步提出"允许农村集体和个人发展手工业、商业、饮食业、服务业、修理业、运输、采集加工业等""大力发展专业户、重点户和多种形式的经济联合"。允许社队和个人从事运输业，允许外省市的运输工具（包括马车、汽车、拖拉机等）到郊区农村拉运农副产品和社队企业产品；农村社队成立的农村建筑队的审批权下放给区县，但要保证按照国家的规定，配备相当数量和质量的施工技术和管理人员，确保建筑质量；雇佣郊区农村临时工的审批权限，除了进城（指三环以内）的农村临时工，由市计委批准招用外，其他下放给区县审批；从 1983 年起一般城市工业不再向外地扩散，对于已经分散到外省市的加工任务，除少数经市里批准的以外，要分期分批逐步收回，放到郊区工副业少的社队加工；为了加快饲料工业的发展，实行国营、集体两条腿走路，大中小同时并举，在全市统一规划下，市（粮食、畜牧部门）、县、社、队，都可以办饲料加工厂。在实际工作中，昌平县集合全县力量，大抓社队企业，社队企业数量和产值连续三年年增长 50％以上，其中沙河公社尤其突出。市委提出在发展社队企业方面各区县学昌平、各公社学沙河的口号。从 1982—1984 三年间，郊区社队企业调整、整顿了 3 660 家企业，占当时企业总数的 85.6％。重点整顿了煤炭、水泥、电

镀和铸造等四大行业，关停并转了一些企业，也新发展了一批企业，尤其是就地取材的建材企业、食品加工企业、商业和饮食服务业发展更快。当时社会上出现了社队企业是"以小挤大""以落后挤先进""与大工业争能源、争原料、争市场""社队企业是不正之风根源"等误解和错误看法，造成了社队企业干部和职工的思想疑虑。对此，市委、市政府主要领导明确表示，"社队企业是农村经济的支柱或命脉""社队企业支援农业离不开，农村经济翻番离不开，农业现代化离不开，农民致富离不开，服务首都离不开"，"社队企业将成为城市工业的第二战线"，充分肯定了社队企业的重要地位和作用。"北京社队企业60％是为城市工业加工配套，是补大于挤，还应大力发展"，"社队企业在经营活动中有一些不正之风，要在整顿中制定一些政策界限，加以解决"。按照市领导的指示，市委农村工作部、市政府农林办公室联合制定下发了《关于目前农村一些经济问题的暂行规定》《关于社队企业在整党中若干问题的暂行规定》。规定中明确了一些政策界限，解除了干部和职工的思想疑虑，调动了积极性，促进了社队企业发展。

经过三年的调整和整顿，郊区社队企业发展发生了较大变化。一是到1984年企业数量增长了1.5倍，产值增长了1.3倍。其中，就地取材的建材企业数量增长了1.4倍，产值增长了1.8倍；食品工业企业数量增长了3倍，产值增长了1.9倍。商业、饮食服务业发展更快，企业数量增长了3.2倍，产值增长了6.3倍。二是调整和充实了770家企业领导班子，将一些有文化、懂经营、会管理的年富力强的干部充实到企业来，并实行了"聘任制"，初步打破了经营者的"铁交椅"。三是建立了承包经营责任制。总结推广了房山县琉璃河公社和怀柔县北宅公社，参照农业联产承包责任制的经验，对企业实行"五定一奖"（定人员、定收入、定开支、定工资总额、定利润，一奖惩）承包经营责任制，调动了经营者和职工的积极性。四是建立健全了财务管理制度，基本上改变了过去全部上交，企业需要时经批准再返回去的"统收统支"办法，初步扩大了企业自主权，进一步调动了企业积极性。五是初步建立了市场机制。创办社队企业发扬了"四千"精神，即跑遍千山万水，克服千辛万苦，说出千言万语，换回千船万担，摸索市场调节的路子。市、县（区）人民公社企业局和部分乡（镇）成立了供销公司，多次举办了展销会、订货会，帮助企业采购原材料，推销产品。六是在农村整党中，市委经过调查研究，明确了乡镇企业经营活动中的一些政策界限。昌平县在社队企业整顿中，加强了企业基础工作，克服了一些企业管理混乱、产品质次价高、浪费亏损的现象。

经过整顿和调整，社队企业得到进一步发展。到1984年年底，社队企业已发展到14 274家，职工人数达72.4万人，实现总收入37.6亿元，完成利润总额7.1亿元，拥有固定资产（原值）15.1亿元，分别比1978年增长了2.5倍、2.2倍、3.8倍、2.2倍和3.7倍。社队工业产品质量逐年提高，先后有15种产品被评为农牧渔业部优质产品，如海淀区玉渊潭公社永安机械厂的管螺纹绞板，朝阳区太阳宫公社除尘设备厂的脉袋式除尘器，密云县巨各庄公社弹簧合页厂的弹簧合页，丰台区黄土岗公社白盆窑大队粉丝厂的粉丝等。农村非农产业总产值43.9亿元，比1978年增长2.5倍，占农村社会总产值的比重由1978年的51.9%，提高到66.5%。

社队企业发展的"白兰道路"

早在1974年，市政府就开始组织城市工业向社队企业下放产品，并把原材料供应和产品销售渠道以及生产设备都带过去，帮助社队企业从生产上把关；城市工业则腾出厂房、场地开发新产品。最为典型的就是北京洗衣机厂（原为五金机修厂），从1979年开始，按照专业化协作的原则逐步把"白兰"洗衣机零部件扩散出去，由60多个社队企业与该厂协作。到1984年年底这6年时间里，该厂在部分原材料涨价，产品大幅度降价及企业场地狭小，不增加本厂厂房、基本不增加工人和少投资等内挤外压的不利条件下，生产突飞猛进，实现了产值和利润同步增长。洗衣机产量由1979年的7 000台提高到1984年的28万台，6年增长了39倍，翻了5番多；利润由11万元增加到745万元，增长66倍，翻了6番多；人均创利税由263元增加到9 808元，增长36倍，翻了5番多；累计上缴税利2 583万元，相当于该厂原有固定资产的7.3倍；与之合作的62家社队企业，年获利1 100余万元。产品质量稳定提高，1983年白兰三型单缸洗衣机被评为北京市和轻工业部的优质产品，"白兰牌"荣获全国著名商标称号，1984年白兰双缸一型洗衣机又荣获国家经委颁发的优秀新产品奖，被评为北京市优质产品，产品远销全国28个省市区。这一典型案例在当时被人们称之为"白兰道路"。

北京洗衣机厂是一个占地仅1.6万平方米的集体所有制企业，之所以能在短短的五六年间发生如此巨大的变化，关键是突破了传统的思想束缚，走出了一条城市工业与社队企业联合、工人与农民联合、城乡共同发展的新路。

坚持互惠互利，促进共同繁荣。在联合中，他们既考虑本厂的利益，又给对方赢利创造必要的条件，积极维护联合的共同利益，使协作有坚实的基础。协作双方各自有自己的经济利益，在价格问题上存有矛盾，但通过协商，统一了思想，立足于产品竞争，千方百计降低产品成本，都作出了符合双方利益的选择。例如，昌平县羊各庄搪瓷厂在生产双桶洗衣机上罩时，由于原材料变更，下脚料增多，成本加大。考虑到对方利益，主动给每套提价 0.5 元，保证了应有的产品盈利。同样，协作厂也主动为洗衣机厂承担各种风险。在产品三次大幅度降价时，协作厂主动提出降价，依靠双方共同的努力，保障了长远利益。

责任分明，自负盈亏。联合初期，他们一度采用带料加工的办法，这样做既占用了洗衣机厂的资金，又容易造成职责不清，不利考核。经过一段实践后改为购销形式，从原料到成品都是商品购销形式。领料时交款，送件时收款，收付两清，不拖不欠，各算各的账，各吃各的饭。这就迫使双方在降低消耗，提高质量，加强管理上下功夫，加快资金周转，降低成本。

广泛选点，择优定点，鼓励竞争。他们对扩散出去的多数零件都采取双布点或多布点的做法，在协作厂之间形成以优质价廉为中心的竞争关系，选点后通过小批量进货，从中选择技术条件、厂房设备、人员素质较好的企业，再根据加工质量和价格情况择优定点。定点后经过一个时期的考察，核定任务。

组织力量，重点帮助。为了使各自优势得到充分发挥，他们采取了把厂内多余设备合理作价支援协作点的方法，几年时间里，调出的设备有各类机床、生产流水线以及汽车等，仅 1981 年卖给协作点的冲床等设备就有 15 台，解决了社队企业急需；传授生产技术，派骨干技术人员到协作厂传、帮、带，使之能尽快掌握生产技术；帮助提高管理水平，根据生产需要，建立与健全必要的管理制度，完善检测手段，把好质量关；组织专人巡回检查，分析加工中的质量问题，帮助协作厂设立专职和兼职的质量检验员。

北京洗衣机厂的实践，在城乡联合、优势互补、共同发展方面起到了积极的推动作用。

一是为城市工业企业的发展赢得了时间和空间。1979年全国仅有几个洗衣机厂，到1984年已达300多家，竞争十分激烈。北京洗衣机厂突出的困难是场地小、资金短缺，在短期内依靠自己的力量很难再发展。农村已有一批社队企业，只需稍加改造就可以迅速形成为工业配套的工作场地，这些优势是城市工厂望尘莫及的。例如，与之协作的朝阳区东坝乡东坝大队，利用自己的资金和基建力量，在两个月内就盖起了1 100平方米的组装车间和仓库，投产后的第一个月就形成了组装整机4 000台的生产能力，使得北京洗衣机厂在短期内大幅度增产，扩大了产品覆盖率，为竞争赢得了时间。

二是有利于降低产品成本，促进节支增收。由于北京洗衣机厂在管理体制上的弊病，企业吃"大锅饭"的问题没有被打破，发展中高费用、高消耗、低效益的问题没得到彻底解决。社队企业管理成本低，工资费用小，有利于降低产品成本。如，单缸洗衣机上盖等三套模具，在国营厂加工用了一年时间，花了15万元。而社队企业只用了4个月、4.5万元，就制作完成了。几年中，洗衣机厂就是利用社队企业的这些优势，使产品成本不断下降。以单缸洗衣机为例，虽然增加了功能，而单台成本从1979年250元降至1984年的143.73元，降低率为42.5%，增加了产品的收益。

三是加快了新产品开发，提高了产品竞争力。通过城乡联合、扩散生产，与洗衣机厂协作配套的社队企业发展到了62家，这些企业承担了洗衣机自制件99%的加工任务，成为发展生产的强大后方基地。而北京洗衣机厂只进行箱体成型焊接、标牌加工和整机组装，大大减轻了生产压力，保证有足够的精力不断搞技术革新、开发新产品。几年中，他们集中优势兵力抓关键工序的加工和新产品研制工作，先后实现技术革新和改造项目400多项，对优质、高产、低消耗和产品更新起到了巨大作用。如1984年自行设计和投产的两条洗衣机组装线，投资不多，效益显著，使单桶组装线由班产350台提高到500台，双桶组装线班产由100台提高到200台。

四是能够扬长避短，实现城乡共同致富。根据测算，北京洗衣机厂在与社队企业联合后，年新增效益约900多万元，与之协作的社队企业平均销售利润率达到了20%左右，年获利1 100万元左右。昌平区羊各庄大队原是有名的低产和贫困村,自承揽洗衣机的搪瓷件后,1984年人均收入达到1 400元,摆脱了贫困。

"白兰道路"成为北京市城乡结合、发展工业的楷模。全市组织了汽车、摩托车零部件扩散,北京汽车制造厂在怀柔、密云、昌平建立了配件基地,北汽摩把2万台摩托车组装厂下放到顺义县,轻汽公司在顺义建了新厂。经过几年工作,汽车系统在郊区建立了280个协作点,工业产值达10亿元。二轻、机械、仪表、一轻、纺织及市政、建工各口都建立了自己的协作加工点,外贸部门也建立了一批服装、针织、工艺品的出口供货基地。全市郊区出现了像朝阳区南磨房乡华东汽车配件厂、通县次渠印刷厂、通县台湖织布厂、平谷马昌营人机配件厂、房山崇各庄印刷厂、通县郎府消声器厂等一批有规模、有水平、经营好、效益高的加工协作企业。

到1984年年底,有602家在京中央和市属企业同郊区社队企业挂钩,派出支援技术和管理人员1 000余人;有500多家工厂向郊区社队企业扩散零部件;北京汽车工业中的摩托车、"121"汽车、"130"汽车同郊区县成立了三家工农联合开发公司。这一年,占全市社队企业总收入的76%的工业收入中,有一半为社队企业与城市工业加工配套所实现;郊区为城市工业搞协作加工产品和零部件的社队企业已发展到1 149家,占社队工业企业总数的17.4%;当年协作加工的产品和零部件的产值达3.47亿元,占社队工业产值的16.9%。

社队企业开始实行承包经营责任制

随着农业责任制的落实,郊区有限的土地难以容纳众多的劳动力,部分农民从土地上分离出来,一些有一技之长的就开始奔走于城乡之间,开展多种经营,兴办工副业,很快就赋予了社队企业新的发展内涵。这种新型的社队企业,随着农村实行家庭联产承包责任制和人民公社改为乡(镇)而改称乡镇企业,并在发展模式和管理体制上都发生了根本性的变化。原隶属于人民公社和生产队的社队企业,是政社合一的产物,不是独立的商品生产者,其经营范围限于社队内部,而且数量少、规模小、水平低,在分配上同农村各业一样吃大锅饭、搞平均主义。而新兴的乡镇企业则实行独立核算、自负盈亏,"不吃大锅饭""不捧铁饭碗""不坐铁交椅",投资少、费用低,有很强的经营自主权。同时,经营机制灵活,适应市场需要,很快就展现出了极强的生命力。

1978年党的十一届三中全会以后，郊区广大农村实行了联产承包责任制，社队企业学习农业责任制的经验，从建立和完善企业承包责任制和企业职工岗位责任制入手，开始试行"几定一奖"的承包责任制，逐步理顺社队集体与企业、企业与职工之间的权、责、利关系，使企业经营机制逐步得到转变。

1981年10月，市人民公社企业局总结推广了昌平县沙河公社的社办企业、房山县琉璃河公社的社办企业和怀柔县北宅砖厂等"几定一奖"承包责任制经验。据不完全统计，到1983年郊区社队企业有6 561家推行了"几定一奖"承包责任制，占企业总数8 891家的73.8％。如，1983年怀柔县推广北宅砖厂的"五定一奖惩"（定人员、定产量、定质量、定利润，定上交利润，超奖减罚）承包责任制，企业开始有了一定的自主权，调动了职工的生产积极性，促进了企业的发展。当年全县915个社队企业，有841个企业（占93％）签订了这种集体承包责任制合同。当年完成产值7 498万元，实现利润1 455.4万元，分别比签订合同的指标超出42.6％和36％。这种"几定一奖惩"的承包责任制是社队集体以经济指标考核企业的一种较好办法。但是，由于当时农村的"政社合一"的管理体制没有改变，出现了承包的利润指标过低，集体得到的利润较少，个人得到的较多；不提留固定资产折旧费，进行"掠夺式"的经营；村干部牵头承包企业，得利过高；甚至转让他人经营，集体遭受损失等问题。

1983年贯彻中共中央精神，北京市人民公社企业局发布《关于健全和完善社队企业经济责任制的意见》。各区县把责任制工作的重点，转到了社队企业，从解决公社（队）与企业、企业与职工的关系入手，逐级建立经济承包责任制，进行了以厂长（经理）负责制、计件工资制和浮动工资制为主要内容的改革。1984年10月，在总结"几定一奖"承包责任制的基础上，市政府农林办公室制定下发了《关于社队企业经营承包责任制若干问题的规定》，明确了实行责任制的企业性质不变，隶属关系不变，企业积累归集体；承包形式可以多种多样，以集体承包（厂长负责）为主，有的可以实行厂长承包，规模较小的企业也可以承包给个人。当年，集体承包（厂长负责）或厂长承包的企业占社队企业总数的54.6％，到1985年上升到62.7％，1986年达到了81.3％。"几定一奖"责任制只占11.7％，个人承包的占 7%。

随着社队企业经营承包责任制的实行，在企业内部按照职工不同岗位所承担的职能、任务，分别确定了相应的岗位责任制，并把所尽责任程度与其报酬联系。一是实行企业管理人员经济责任制。厂长及管理人员的报酬，按照企业整体分配水平并结合承担的经济责任进行分配。厂长一般相当于全厂全员工资平均水平的 1～3 倍；副职相当正职的 70%～80%；其他管理人员的报酬标准是按全厂或一线职工平均分配水平加系数（最多不超过 30%）确定。对有特殊贡献的厂长及管理人员，另行奖励。厂长由乡村集体奖励，其他管理人员由企业奖励。同时，规定了奖惩办法。二是实行生产一线工人岗位责任制。企业内部实行岗位责任制，主要有两种形式：一种是将企业承包指标分解，分别承包到车间、班组，甚至承包到职工个人，使企业经营成果与职工个人利益紧密挂钩；另一种是根据职工不同的生产岗位，制定生产定额，以及与生产定额数量相关的产品质量和消耗标准计算劳动报酬的方式，一般是实行计件工资制或基本工资加超额奖励。三是实行后勤及专职人员岗位责任制。

通过企业内部经济责任制的实行，企业劳动报酬形式也发生了变化。1979 年，郊区社队企业职工分配实行"厂记等级，队记工分，厂社（队）结算，回队分配"的办法。企业记分办法一般是以技术水平和体力强弱为基础，计定职工等级，每月或每季度将职工出勤天数和计评等级以及相应的报酬返给所在生产队，由生产队直接记工分，同从事农业生产的社员一起参加生产队的结算分配。到 1982 年，社队企业职工 40.2 万人，其中来自生产队并回队参加分配的职工有 15.8 万人，占 39.4%；劳动报酬总额 28 596 万元，其中返队分配款 10 280 万元，占 33%。1983 年，在社队企业相继建立了承包经营责任制以后，社队企业职工劳动报酬由工分制逐步转变为工资制。一些企业根据生产流程，分别制定不同工种和不同岗位的计件工资标准和实施办法，按照职工个人或班组完成的劳动数量和质量计算劳动报酬。

承包经营责任制的实行，扩大了企业经营自主权，企业经营利润按合同约定比例留给企业，增添了企业发展的活力和后劲，对社队企业的发展起到了推动作用。但在实行承包制初期，也存在不少问题，比较突出的是：承包指标单一，一般承包合同只规定了完成利润和上交利润指标，造成一些企业拼设备"掠夺"经营，以及有些企业少列成本费用，不提或少提折旧，骗取奖励等现象发生；承包期短，多数承包合同是一年一定，造成企业行为短期化等现象。

党的十一届三中全会后，北京农村建筑业发展迅速，建筑队伍增长很快，由1978年的3万多人增加到1984年的22万多人，施工能力、管理、技术水平都有了一定程度的提高。从完成任务的数量上看，"六五"期间，开复工面积达到了1342万平方米，是"五五"期间的3倍；总产值达到16亿元，是"五五"期间的9.2倍；竣工面积达到1009万平方米，是"五五"期间的2.8倍。从队伍的装备上看，已经拥有固定资产1亿元，部分建筑队购置了高塔、汽车吊等大型机械设备。从队伍素质上看，由只能搞维修加固的修缮队，发展到有一半左右已进入国家企业等级，多数队伍可以承担六层以下的砖混结构的厂房和民用建筑施工，有的队伍还可承担高层、框架结构和装修等复杂工程，如石化冷粮库、云岗影剧院、八达岭元首餐厅、顺义县招待所、中建一局的高层住宅楼、北京军区教学楼、民航局机械库、怀柔百货公司等。北京农村建筑队伍已经成为首都建设战线一支不可或缺的力量，对首都城乡建设事业与富裕郊区农民做出了贡献。1978年10月房山区韩村河村以泥瓦匠多的优势，组建了一支以回乡老三届高中毕业生田雄、田兴为领头人的建筑队伍，在1984年承建紫玉饭店，艰苦奋斗、钻研技术，提前完成工程任务，质量上乘，在北京市建筑行业赢得了信誉。就整个郊区建筑队伍来看，发展快、基础差、管理力量薄弱，综合素质不高，问题严重。在1984年一次大检查中，受检的103个工程，不合格的就有54个，占受检工程的一半以上。质量粗糙、低劣在装修和水暖、电器安装方面尤为突出。安全事故、经营作风都需要认真解决。

在社队企业发展中，各郊区县还利用区位和资源优势，采取因地制宜的措施。门头沟区、燕山区（后并入房山区）利用本地煤炭资源优势，大力发展煤炭采掘业，到1984年两区的小煤窑达294个，产煤247万吨，占全市统配煤矿产量的40%。燕山、密云、延庆、昌平发展建材业，到1984年产砖达到了36.8亿块，占全市总产量的三分之二；水泥楼板、灰、砂、石基本上都由社队企业生产供应。

北京郊区社队企业的迅速发展，在地区分布上并不平衡，边远地区，特别是贫困山区发展社队企业，困难和问题还是很突出的。

年份	企业个数（个）	总收入（万元）	利润总额（万元）	固定资产原值（万元）
1978	4 075	78 822	21 868	32 310
1980	5 329	121 420	31 828	57 266
1982	6 767	180 772	36 480	87 008
1984	14 274	375 735	71 296	150 726

资料来源：北京市统计局资料。

第三产业快速发展

改革开放以后，根据中央关于"广开就业门路""多办集体所有制的服务网点"的精神，市政府积极组织郊区农民群众发展各种集体经济。

1981 年，市委、市政府进一步允许社队试办商业，有条件的社队，对完成交售计划的一、二类产品和三类农副产品自行销售，加工上市，或到外地推销。还可以举办为生产、生活服务的修理、饮食、服务业。经商的形式可以灵活多样，但都必须遵守国家的价格政策，服从市场管理。

1983 年 1 月以后，郊区基层供销社逐步恢复合作商业性质，服务农村职能增强。通过广泛开展经济联营，扩大经营范围和服务领域，区县供销社改为基层供销社的联合社。对已经成立的农工商、牧工商、林工商及社队企业的门市部、经理部，除主要经营自己的产品外，也允许经营其他商品，允许从本市商业部门进货，也允许由外地进货。允许农村社队和市内副食、果品等商店直接挂钩，开展议价代销业务。2 月 23 日，北京市政府发布《关于发展郊区商品生产，搞活农村商品流通若干政策问题的暂行规定》，要求进一步调整农副产品购销政策；改革农村商业体制；发展农村集体和个体商业、服务业；放宽农副产品运销、购运范围；搞活农村运输等内容。凡是具有一定技术或业务专长，自愿申请从事手工业、商业、饮食业、服务业、修理业、运输业、采集加工等经营业务的集体和个人，有关部门要及时审批，并发给营业执照；除网点设在主要风景游览区及市区主要交通干线的需经市批准外，其他经生产队签署意见，由所在县、区工商行政部门核准即可；集体和个体饮食业，粮油自筹，经批准开业，按平价销售的，准许收粮票，并凭粮票在县、区控制的集体、个体饮食业粮食指标内供应。这些措施的出台，对于促进农村第三产业发展给予了政策上的大力支持。

　　餐饮、宾馆等服务业是郊区农村商业服务业中的重要行业。尤其是改革开放以后，随着经济发展、人民生活水平提高，在城乡结合部、县城、集镇、旅游区、工矿区、交通要道等处，各种规模、档次的餐饮业发展很快。除传统的餐饮、旅店外，20世纪80年代以后，首先在离城较近的乡、村办起了一批集住宿、餐饮、娱乐、健身等多功能于一体的宾馆、饭店。1981年，地处昌平县回龙观的国营北郊农场，利用农场原办公地址改建为回龙观饭店，成为远郊区农村第一家涉外旅游定点饭店，被评为三星级宾馆。1982年11月6日，由丰台区南苑公社花园大队自筹资金600万元，建筑面积11 000平方米的侨园饭店建成开业，成为郊区农村首批涉外经营的宾馆、饭店之一，年接待旅客18万人次。郊区其他一些乡、村也陆续办起了一批宾馆、饭店、度假村等设施，成为郊区服务业新的增长点。

　　旅游业是郊区农村新兴的产业。1981年，市政府决定成立八达岭、十三陵两个特区办事处，统一领导和规划八达岭、十三陵地区旅游事业的发展。一些乡、村利用当地的自然风景或人文景观开发旅游景点。如密云县的司马台长城、云蒙峡，怀柔县的神堂峪、幽谷神潭，平谷县的京东大峡谷、京东大溶洞，延庆县的康西草原、滴水壶，房山区的上方山、十渡，门头沟区的灵山、百花山等。市和区、县的水利系统利用多年修建的水库资源，开发旅游业。十三陵水库建成了九龙游乐园；延庆县古城水库建成了龙庆峡风景区；平谷县海子水库建成了金海湖公园；怀柔县北台上水库建成了雁栖湖旅游度假区，大水峪水库建成了青龙峡风景旅游区。

外经外贸迅速发展

　　贯彻"国家、集体、个人一起上，上下左右内外联"方针，郊区在发展多种经济成分的同时，推进对外开放，实施多种形式的经济联合与合作。1979年1月1日，北京市执行国务院颁布的《出口外汇留成办法》，对外贸企业以及生产、提供出口商品的企业和部门实行外汇留成制度。规定在保证完成国家调拨任务和按计划供应本地市场的前提下，国务院各部门，各省、市、自治区供应出口的中央部管商品和地方管理商品，以上年的外贸实际收汇额为基数，增长部分实行外汇留成。①部管商品，超过基数供应出口部分的外汇收入，留成20％。主管部门（包括生产部门和分配部门）、地方（包括省、地、县）和生产企业或供货单位各按三分之一分配。主管部门分得的外汇，属于出口工业品所得的部分，分给生产部门70％，分配部门30％；属于出口农副土特产品所得的部分，分给生产部门30％，分配部门70％。②地方管理商品，超过基数供应出口部分的外汇收入，留成40％，这部分外汇要适当分给企业（或供货单位）一部分。③属于外贸以进养出（包括进料加工）的出口商品，按出口净创汇额（即在出口收汇中扣除进口原料、材料和辅料、设备等用汇）计算，留成15％。其中除中央部管商品部分，分给中央主管部门30％以外，其余留成外汇，分给地方和企业。④来料加工、装配业务的工缴费外汇收入，留成30％。⑤中小型补偿贸易，在补偿期间除偿还设备价款外，所得外汇收入，留成15％。后修改外汇留成办法，将按上年收汇基数计算，改为按出口收汇金额计算。当年8月，北京市按照国务院要求，对出口产品实行"五先"原则，即在国家计划范围内，安排任务在先，生产在先，原料、燃料、动力和包装材料供应在先，收购在先，运输在先，保证按时、按质、按量完成出口任务。

这期间，北京城市工业和外贸部门在郊区农村扩散了一些出口产品和新建一些毛衣、服装厂，扶持社队工业企业发展出口产品，加快了出口企业发展的步伐，促进了乡村集体工业出口企业快速发展，形成了一些生产出口产品的专业厂家。生产的出口产品由过去的半成品为主转为生产成品为主；出口方式也发生了一些变化，由过去的交给市属工业企业转手出口变为由市外贸进出口公司直接出口；出口产品的行业也扩宽了，由过去工艺品为主发展到化工、矿产、机电、食品、畜产、土产、纺织、服装、工艺品等行业；出口产品品种逐步从传统的农、副、土、特产品，扩大到纺织、服装、工艺品、轻工、化工、食品、医药、五金、矿产、机电等多种类，出口供货额相应增加。在外贸部门的支持下，郊区逐步开展了"三来一补"（来料加工、来样加工、来件装配，补偿贸易）业务。

1984年6月，市农办召开第一次郊区外经外贸工作会议，会议决定，为鼓励出口，农口留成外汇由市农办统一管理改为下放到区县局。1984年郊区尝试兴办外商投资企业，当年批准5家，实现了零的突破。

供销合作社的改革全面铺开

成立于1949年的北京市供销合作总社，主要担负着本市农业生产资料、干鲜果品、日用杂品、土副产品、废旧物资等商品的城乡市场安排和郊区农民生产、生活资料供应及农副产品收购任务。长期以来，作为农村商品流通主渠道的供销合作社渐渐失去了自主灵活的特色，官商作风滋长了，经营管理搞死了，同农民的关系疏远了。同时，由于长期实行的统购包销政策，供销社经营体制已不适应农村经济发展的需要，阻碍了农村经济的发展，丧失了在农村商品流通中的地位和作用。针对这些问题，中央1982年1号文件提出，要恢复和加强供销社组织上的群众性、管理上的民主性和经营上的灵活性，使它在组织农民经济生活中，发挥大的作用。北京市供销社系统围绕着恢复集体所有制性质总方向的改革从1982年开始试点，1983年全面铺开，先后经历了恢复供销社"三性"（组织上的群众性，管理上的民主性和经营上的灵活性），实现"五个突破"（农民入股、经营服务范围、劳动制度、按劳分配、价格管理），开展系列化服务和深化企业内部改革等几个阶段。1983年重点抓了恢复各级供销社的集体所有制性质的改革，扩大吸收农民入股，建立各级供销社民主管理制度，改革企业管理体制。从1984年开始，改革的重点放到变单纯经营型为经营、生产、服务型上来，主要抓了扩大经营范围、改革经营方式和开展为农村商品生产的系列化服务。通过改革，在组织形式上，各级供销社按照社章规定，召开社员代表大会，民主选举理事会、监事会，建立健全民主管理制度，让农民群众行使他们当家作主的权力，吸收部分优秀农民进入理事会、监事会，参与供销社的经营与管理。在管理体制上，各级供销社不再吃国家财政的"大锅饭"，实行独立核算、自负盈亏、基金调剂、向国家照章纳税的财务体制。并改革了人事劳动制度，实行了干部选举制、技术人员招聘制和职工劳动合同制。招收农民合同工，给供销社注入了新鲜血液，他们来自农民，服务于农民，对供销社工作有着极大的热情，其中一些人已经成为供销社的业务骨干，有些还担任了领导职务。在经济关系上，仅靠传统的吸收入股式来解决与农民的经济合作问题，已不适应农村商品经济蓬勃发展的新形势。1983年开始，供销社针对广大农民发展商品经济、加快致富步伐的迫切要求，在坚持传统的合作范围基础上，积极发展新的合作经济形式，加快与农村经济的融合。首先取消了入股限制，放手吸收农民入股。其次同农民集资，积极发展多种形式的经济联合体。联合的范围从流通领域扩大到生产、加工、运输、服务等领域，联合的对象从与个体农民发展到与村、镇企业，联合的规模从几个人、几间房的小商店、小作坊发展到上百人、几十万元投资的企业。这些联合企业，由供销社与农民共同投资，合作经营，民主管理，共担风险，形成了同兴共荣的经济利益共同体。新型的经济关系，使供销社更有效地筹集资金，更合理地选择发展方向，并且使供销社的发展与农村经济的发展更紧密地结合了起来。

这一时期，社队企业的快速发展，促进了非农产业全面发展，农村经济的内容已扩展为农、林、牧、副、渔、工、商、建、运、服十个方面，农业产值与非农产值由5∶5变为接近3∶7，非农产业逐渐成为郊区农村经济的支柱。到1984年年底，农村经济总产值中，农业占33.9%，工业占49.4%，建筑业占11.2%，运输业占3.6%，商业服务业占1.9%，非农产业产值占的比重已达到了三分之二。在北京农村经济中，非农产业收入占农村经济总收入的比重，由1978年的76.6%上升到1984年的85.8%；工副业收入占总收入的比重，由60%提高到69.4%。

1978—1984年，北京郊区非农产业的发展，增加了郊区农村就业机会、吸纳了大量农业富余劳动力，从事大田种植业的劳动力所占比重，由1978年的66%下降到54.7%。农村劳动力就业开始出现离土不离乡、亦工亦农的发展趋势，期间有49.8万劳动力转向非农产业就业，占农村劳动力总数的26.4%，不仅缓解了郊区农村的就业压力，而且为农业适度规模经营、提高农业劳动生产率创造了条件；增加了农业投入、提高了农民收入、减轻了农民负担，期间社队企业以工补农建农带农资金累计达14.57亿元，其中用于务农社员分配6.7亿元。事实表明，凡是社队企业比较发达的乡镇或村，农民收入增长就快，负担就相对较轻，贫困人口就较少。

1984年3月，中共中央、国务院明确农村社队集体办的企业和农民个人或联户办的企业，统称为乡镇企业。

六、放宽政策，加快山区建设

山区在北京农村经济中占有重要位置。截至1978年年底，北京山区面积有10 417平方公里，占全市总面积的62%。主要集中在门头沟、怀柔、密云、延庆、平谷、房山、昌平7个区县，海淀、石景山、丰台、顺义4个区县也有少量山区。各山区县共有128个乡、1 750个大队，分别占郊区乡镇总数和大队总数的 48.7％ 和 43.8％；农户 373 753 户、农业人口 1 364 534人、劳动力 662 869 人，分别占郊区农户总数的 40.7％、农业人口总数的 35.7％ 和劳动力总数的 40.1％。

党的十一届三中全会以后，市委、市政府为改变山区面貌，实现全市经济社会协调发展，多次组织力量深入山区调查研究，科学决策，加强领导，分阶段、有针对性地实施若干山区重点开发建设工程，富裕山区农民。1980 年 1 月 18 日，召开了山区建设工作会议。针对当时北京山区建设还没有引起各级领导的足够认识、山区农田基本建设还不过硬、山区农民生活仍很贫困等问题，提出必须把山区建设当作一个大的战略方针认真抓好；克服片面强调粮食生产、忽视林业和多种经营的偏向；落实经济政策，搞好经营管理；科学治山，抓好林业技术队伍的培训，从实际出发搞好当地建设规划。随后，市里先后出台了两个关于林业发展的文件，解决了包括明确山区生产建设以林果为主、规定山区造林补助办法、允许划定自留山等若干政策问题，开始实行国家、集体、个人一起上的方针。

落实山区政策，调动农民积极性

1981 年 3 月，北京市林业工作会议决定在山区实行农民自留山和责任山制度，要求按每户 2～5 亩的规模划定自留山，到 1983 年上半年，自留山已达 1 万多公顷。同时规定："国家、集体、个人所有的林木和使用的林地，凡权属清楚的，由区、县人民政府发给林权证；林权有争议的，由区、县组织有关方面协商解决。社员个人的林木，永远归个人所有，并有继承权。"在划定自留山时，针对山场面积大、集体无力绿化的问题，各地都采取了适当超过每户 2～5 亩的规定。在绿化荒山上，各村队的专业队都采取了建立联产计酬的生产责任制，分片负责的方式；同时，大多也都采取了包山到劳、到户，联系成果计酬或收益分成，一定几年不变的方式。

1983 年 1 月，市农村工作会议提出"进一步加快荒山绿化，除可扩大自留山外，还可由户或联户承包责任山，一定 20 年不变。"11 月 15 日，市委、市政府召开山区建设会议，强调绿化造林是山区建设的根本任务；山区要立足当地资源条件，大力发展干鲜果品、发展工副业、发展小型水利，改善山区道路；加强科技教育文化工作；进一步完善适合山区特点的联产承包责任制；改善山区干部和知识分子待遇。这一年，在严重干旱条件下，山区 132 个公社广开生产门路、因地制宜发展生产，有的利用梯田地堰栽桑养蚕，有的利用山区隔离条件好、昼夜温差大的条件搞玉米制种，都收到很好的经济效益，粮食产量达到了 6.2 亿千克，取得了比上年增产 4.9％的好成绩；干鲜果品产量 1.1 亿千克，比上年增长 31％；兴办企业 825 个，从业人员达到了 4.9 万人，生产大量的原煤、砂石、石灰、水泥和各种副食加工品，全年获纯利润 4 399 万元。这些公社当年的三级纯收入 5.9 亿元，比上年增长 42.6％，社员人均集体分配收入 327 元，比上年增加 80 元。从 1984 年 5 月以后，大力发展荒山承包专业户。在中央在京有关部门和市属单位大力支持、积极参与下，以山区农民为主体，多种经济成分、多种形式投资经营山区绿化的势头加强，为山区经济注入了新的活力。

深入调查研究，摸清山区情况

在落实土地、林权政策的同时，市委、市政府组织有关部门深入山区进行调查研究，主要领导多次亲自参加调研，摸清山区实情，取得了大量第一手材料。

番字牌公社地处密云县西北端长城外的深山区，共有 9 个大队，41 个生产队，1 493 户，6 600 口人。1982 年全社人均分配 98 元，其中 80 元以下的队 22 个，60 元以下的队 5 个，最低的队只有 34 元，是当时京郊人均分配最低、农民生活最困难的公社，大部分农民吃粮靠贷款，穿衣靠救济。1982 年年底集体、个人累计欠银行、信用社生活消费贷款 81 万多元，户均欠款 500 多元。1982 年全公社超借支户共 825 户，占总户数的 55％，共欠款 23 万元，其中超借支千元以上的 28 户。全社平均 5 人两条棉被，2 人一条褥子，相当一部分社员穿衣换不下季来。

沿河城乡地处门头沟区西北边缘的深山区，1983 年辖 11 个村委会，28 个核算单位，32 个自然村，1 010 户，3 290 人。当年集体人均分配 153 元，其中 150 元以下的核算单位 21 个。在连续 7 年干旱之后，1984 年又遭遇特大旱灾，全年降水仅 174 毫米，种植业基本绝收，仅粮果两项，人均收入就比上年减少百元。

门头沟区斋堂镇王家山村是抗日战争中的英雄村。到 20 世纪 80 年代初期，这个村的面貌尚未有多大改变。1982 年全村粮食亩产 80 千克，果品产量仅相当于历史最好水平的十分之一，只有 1 000 多千克。全村 21 户、59 口人，人畜饮水靠一口老井，每逢旱年，水源枯竭。1981 年和 1982 两年的春季，每户每天只分到一桶水供人畜饮用。

怀柔县琉璃庙公社东峪大队第二生产队，共 38 户，180 人，地处深山，出门就爬坡，交通十分不便。1969 年该队拴了一辆马车，因道路不通，大车被迫放在离村 2.5 公里之外的东峪村，十几年间回不了村。1974 年该村又买了一台手扶拖拉机，也因有车无路，到 80 年代中期手扶拖拉机还未登过"家门"。由于运输全靠人背牲口驮，该队每年交售肥猪，头天先要抬到东峪四道沟，次日再用车送到供销社。因交通不便，也曾发生山民得病抢救不及，在抬下山的路上死亡的情况。

1983 年，市委、市政府又组织市有关部门联合开展山区综合调查研究，提出了《关于北京山区建设的若干建议》的综合报告及一批专题报告。在此基础上，市委常委、市政府领导专题研究了山区建设工作，明确了加强山区建设的方针、政策、措施，两次召开山区建设会议，动员山区干部群众，发扬艰苦奋斗、自力更生精神，加快山区建设，同时要求各级、各部门重视和支持山区建设。绿化造林速度加快，成活率、保存率都有提高。果品生产进一步引起重视，果品产量减少的趋势得到扭转。1984 年干鲜果品总产量达到了 1.3 亿千克，比 1978 年增产 33%。同时山区新发展果树 1 040 万株，板栗、山杏嫁接都有较大发展。社队企业成倍增长，已经成为山区经济的重要支柱。到 1984 年年底，社队企业总收入达 8.4 亿元，比 1978 年增加 6.8 亿元，增长 4.2 倍，社队企业收入已占山区集体总收入的 61.5%。产业结构有了较大的调整，商品生产有了发展。多种经营收入由 1978 年的 58.2% 上升为 86%。副食品生产有很大发展，商品猪、鲜蛋大幅度增加。山区生产条件有了很大改善，抗拒自然灾害的能力进一步增强。山区建成一批水库、塘坝、截流、大口井、机井、扬水站等水利工程。1978 年以来新建白河堡水库、古城水库等 7 座水库，建小型水电站 60 处，果树灌溉 6 万亩，水土保持治理面积达到 208 平方公里，其中小流域治理面积达到 17.57 万亩。人畜饮水困难的村，1980 年有 705 个，到 1984 年已解决 594 个。山区公路建设成绩显著。1984 年山区集体经济总收入达到 14 亿元，比 1978 年增长 1.6 倍；纯收入 7.4 亿元，增长 1.6 倍。在山区农村经济纯收入中，1984 年交纳国家税金 6 400 万元，比 1978 年增长 2.9 倍。

山区一批乡村走上了富裕道路。在山区乡中，总收入在1 000万～3 000万元的有52个，占40.6％；超过3 000万元以上的乡有10个，占7.8％；有47个乡（占36.7％）人均劳动所得超过600元，其中有8个乡（占6.3％）人均劳动所得超过800元，分别是：门头沟的永定乡，房山的史家营乡，延庆的永宁乡，工农矿区的金鸡台乡，昌平的十三陵乡、阳坊乡、南邵乡、上苑乡。

确定重点帮助37个贫困乡改变面貌

改革开放后，北京山区通过落实山区政策，实行联产承包责任制，虽然经济社会面貌都发生了很大变化，但在83个纯山区乡中，仍有40个乡约20万人尚未摆脱贫困，经济十分脆弱。市委、市政府根据中央、国务院精神，决定集中财力、物力，重点帮助37个贫困山区乡改变落后面貌。这37个贫困乡是：房山的六渡、十渡、蒲洼、长操4个乡，门头沟的黄塔、齐家庄、清水、沿河城、大村、田庄、军响、上苇甸、清白口9个乡，昌平的老峪沟、高崖口、下庄3个乡，延庆的珍珠泉、小川、沙梁子、花盆、红旗甸、白河堡6个乡，怀柔的歧峰茶、八道河、宝山寺、碾子、汤河口、琉璃庙6个乡，密云的番字牌、四合堂、半城子、石城、上甸子、古北口6个乡，平谷的镇罗营、熊儿寨、黄松峪3个乡。这37个山区贫困乡占郊区山区乡总数的28.9％，占山区人口的15.2％（19.5万人）。

这37个贫困乡产生贫困的原因，主要是居住偏远、分散，信息不灵。自然资源贫乏，经济基础脆弱，可出售产品少，经济发展仍处于自给半自给的自然经济阶段。缺少劳动力，缺乏资金，文化、技术和经营管理水平低。主观上，这些地区干部、群众普遍存在着思想保守、满足现状，对改变落后贫困面貌信心不足。再加上一些上级单位部门对贫困地区、贫困户缺乏必要的积极的支持。

针对37个贫困乡的实际情况和特点，市委、市政府从克服"山区难治""山区没治"的畏难情绪入手，把建设开发山区放在重要位置。同时，充分认识改变山区面貌的长期性、艰巨性，把建设、开发山区作为一个战略任务来对待，进一步放宽山区经济政策，建设、开发山区。当时采取的主要措施是：在坚持土地公有的前提下，由群众自主选择最适宜的经营形式，允许个体经营；耕地承包期可以长期不变、可以继承、允许转让；集体的宜林近山、肥山、沟谷和疏林地可划作自留山，由社员长期经营，种植的林木归个人所有，允许继承，产品自主处理，可以折价有偿转让，允许"活立木"；25°以上陡坡耕地原则上要逐步分期退耕，由原耕者造林种草，谁种谁有，长期经营，允许继承，返销粮差价补贴按市政府有关规定办理；凡有矿产资源的地方，按国家有关规定积极组织当地农民开采，或者由当地人同外地人合作开采；在国营大矿开采的地方，有计划划定地段，组织当地农民开采，除国家规定的统购产品外，允许自由销售；国家在贫困地区兴办的企事业单位需要劳力，应尽量从所在贫困山区招收；根据困难程度，适当减免农业税和农林特产税；对收入较低、生产有困难的新办企业，在税收上予以照顾，农民联办企业、个体企业、个体商贩和个体运输业、建筑业所得税划归乡财政收入，用于发展集体生产；对贫困山区发放的贷款，市、县财政部门视具体情况，给予全部或部分贴息；五年内贫困山区因生产发展需要增加的用电，按计划价格供电等。

37个贫困乡由于自然条件和社会经济发展的状况差别很大，每个乡、每个村都从自己的实际出发，确定了自己的长远发展目标，选择由穷变富的突破口。各地在帮助贫困乡及贫困户摆脱贫困方面，大多采取了合作的方式，并创造了很多好形式，大体上有六种：一是富村带穷村。如门头沟区斋堂乡青龙涧村，是一个只有46户、70余名劳动力的小村，该村有丰富的煤炭资源，1983年和1984年人均分配分别达到了873元和908元。该村通过开煤窑致富后，接纳本乡地处高山，仅有7户，人均分配只有200元的柏峪台村，这7户农民摆脱了贫困，青龙涧村又补充一些劳动力。二是能人带"笨人"。平谷县东高村乡大旺务村党员王清宜，通过搞家庭养殖业和其他副业，成为全县有名的专业大户，为了帮助乡亲们致富，1983年投资28万元兴办了一个农工商联合体，吸收本村劳力100多人，其中贫困户18人，这些人年纯收入都在1 200元以上，初步摆脱了贫困。王辛庄乡胡家务村党员王信，是靠养鸡致富的专业户，自己富裕后，积极帮助本村一些贫困户发展养鸡，并在技术、资金等方面给予大力帮助，在他的带动和帮助下，全村360户有220户搞起了养鸡，成为有名的养鸡专业村。门头沟区永定乡西辛称村养鸡专业户王国树，对养殖业有研究、有技术，1984年纯收入1.4万元。他率先致富后，积极筹办"养鸡学会"，通过讲课、现场指导等方式，向本村、本乡传经送宝，使全乡养鸡专业户有较大发展，该乡养千只鸡以上的户达 76 户，比上年增加 40 户。王国树又受聘上苇甸乡，帮助那里的农民发展养殖业。门头沟区清水乡燕家台大队的木器加工厂，起用本村能人尚元满，不仅使该厂扭亏为盈，还招收了 20 多名本村社员工，使他们有活干、有收入。三是集体带个人。随着社队企业的发展，门头沟区到 1984 年年底社队企业已达 903 个，这些集体企业在保证发展生产的前提下，优先安置贫困户，使他们有比较固定的收入，还从集体积累中拿出一部分资金，作为有偿使用，帮助贫困户发展生产。该区有条件的乡、队，还在集体积累中设专项基金，用于丧失劳动能力的孤寡老人的救济。门头沟乡龙泉务大队，自 1980 年实行"退休制"，几年中对 124 名退休人员发放退休金 5 万余元，平均每人每月 10 余元，解决了这些人员的基本生活费用。四是城镇带乡村。各区县都采取了"城乡一体、互相支援"的方针，实行城镇企业与穷队挂钩，利用优势，与农村有广阔的山场和一定的劳动力相结合，取得了广阔的发展空间，也为穷乡致富、贫困户脱贫创造了有利条件。五是优势带劣势。沿河城乡由于土地贫瘠、资源缺乏，过去一直苦于致富无路，在门头沟区委及有关部门的支持帮助下，着手整理闻名全市的"仙人洞""敌楼""柏山寺"等名胜古迹，开发山水如画、风景宜人的"三峡风光"等资源，把旅游事业发展起来。同时，发现并着手开采储量丰富的优质大理石，为该乡开辟又一条致富路。门头沟乡琉璃渠村残疾妇女王国红，家人多病，生活困难，改革开放后，她在琉璃制品厂工作的丈夫刘瑞华的帮助下，利用当地的石灰，办起了一个小规模的工艺美术厂，月纯收入近 500 元。走上富裕之路。六是联营带自营。门头沟区军庄乡东阳坨村，7 户农民集资办起了小服装厂以后，又带起了本村 20 余户有缝纫机的家庭，不仅扩大了经营规模，也使更多的人增加了收入。

这一阶段，山区发展虽然取得突出的成绩。但山区建设仍然是郊区农村和整个首都建设的一个薄弱环节。山区同平原地区相比，差距仍然很大。"山区一般以林果为主"的方针，不切实际，落实困难，调整为封山育林为宜。山区以乡为主发展适宜的工副业项目，需引进人才、资金和技术。增加智力投资。这些问题都需解决。

七、农民收入与支出

党的十一届三中全会后，北京农村经济发生了广泛而深刻的变化，

1978—1984 年农民收入超常规增长，人均纯收入由 225 元增至 664 元，净增了 439 元，年均增加 73.2 元，扣除物价因素后的年均实际增长率达到了 18.2%。据市统计局抽样调查 480 个农户的资料表明，1984 年农民人均纯收入 664 元，比 1980 年增加了 356 元，增长 1.2 倍，比全国平均水平 355 元高 87%。农民消费状况随着收入的增加也提高了水平，1984 年人均消费支出 520 元，比 1980 年增长 86%；其中生活消费 435 元，增长 69.4%，生产性消费 85 元，增长 2.7 倍。

收入来源多元化。1978 年时，郊区农村劳动力的 75% 从事农业；农民人均纯收入 224.8 元，其中，参加集体劳动报酬所得 164.85 元，占 73.3%；家庭副业收入 33.35 元，占 14.8%；非生产性收入 26.6 元，占 11.9%。改革开放后，农民收入来源趋于多元化。1984 年，农民人均纯收入 664 元，其中：生产性纯收入 602 元，占 90.7%，其中工资性收入 412 元，占 62%，家庭经营纯收入 190 元，占 28.6%；非生产性收入 62 元，占 9.3%，其中财产性收入 8 元，占 1.2%，转移性收入 54 元，占 8.1%。改革开放促进了农村商品经济发展，农民商品交换活动增加，收入形态逐渐货币化，农民已摆脱了自给自足的自然经济，开始进入商品经济。截至 1984 年年底，北京农村的农民生活水平总的来说，已从温饱状况开始进入宽裕阶段。市统计局调查显示，人均纯收入在 200 元以下的贫困农户不足 1%，主要居住在山区；1 000 元以上的小康户约占 13%，主要居住在海淀、朝阳等近郊区和顺义、通县、昌平等远郊县。

生活消费支出增长快。1978—1984 年，农民人均生活费支出由 185.41 元增加到 520 元，增加 334.59 元，增长 1.8 倍，扣除物价因素实际年均增长率达到 14.6%，大大高于前 26 年（1952—1978 年）年均增长 4.2% 的速度。随着收入的提高，吃穿比例下降，其他生活消费上升，反映出生活的改善。副食消费的增长大大快于主食，1984 年主食比重降为 37%，副食比重上升为 40%。农民衣着讲究款式、色调等，用料也从棉布转向化纤、呢绒绸缎。在农民生活消费中，日用品的增长幅度已开始居于首位，其中主要投向耐用消费品，注意力转向电视机、录音机、洗衣机、电风扇及大衣柜、沙发等高级消费品。住房支出增加最快，住房结构也由以砖木为主转向钢筋混凝土结构，新颖别致的农民新村的楼房开始出现。1984 年，在农民生活消费支出中，商品性消费占 82%，比 1980 年提高了 10 个百分点；

其中生活用品、穿着及建房材料的商品性消费均已达到95%以上，食品消费也达到68%，燃料达73%。

农民家庭生产性消费迅速增长。农民以家庭为单位进行生产，这在客观上促进了生产消费的增长，农民收入的增加有了扩大再生产的资金。1984年人均生产性支出85元，比1980年增长2.7倍，占总支出的15.3%。

这一时期北京农村经济改革的核心是实行多种形式的联产承包责任制，以发展农业生产力。大体经历了两个阶段。

第一阶段，主要是打破集体经济原来的大拨轰、大锅饭，调动农民自主经营的积极性，把原来统得过死的经营方式压抑的生产力解放出来，着重解决温饱和微观上搞活的问题，其本质是给了劳动者支配自己的权利，允许农民有选择职业的权利，这就给劳动力流动和生产要素流动创造了有利条件。过去农民生产分配听指令，干多干少一个样；如今农民生产成果直接和效益挂钩，干多干少不一样。"保证国家的，留足集体的，剩下都是自己的"，这就极大地调动了农民生产积极性，直接促进了农业的发展，同时也促进了农业剩余劳动力的转移和农民收入的快速增长。这一阶段农民增收的主要来源是农产品产量的增长和价格的提高，以及非农产业的迅速发展。

第二阶段，则是以发展商品生产和富裕农民为目的，提高农业劳动生产率、增加商品量，解决加工、销售问题，农业生产责任制也是围绕这一目的积极进行探索和实践的。北京农村实行联产承包责任制后，农民有了经营自主权，多种经营全面发展，社队企业迅猛增加。随之而来的是农民物质文化需求日益增长，远远超出原来追求温饱的水平，很自然地大量涌向经济收入较高的行业，农业则出现萎缩的趋势。在一些经济比较发达的地方，土地分散的趋势在发展，出现"人人分地、户户种田"的不正常状况，这不利于提高农业劳动生产率，也不利于粮食生产商品率的大幅度提高。有些地方不是为社会需要从事种植业生产，而仅仅是为了补充家庭生活某些方面的不足，这对土地经营的专业化、商品化、现代化十分不利。但是，也有一些经济较发达的社队从一开始就着眼于发展商品生产，实行了专业承包。即在一个村或生产队内，由少部分农民运用机械化的手段，专门从事种植业生产，通过土地适当集中和集约经营，来提高劳动生产率，取得较好的经济效益，有效避免了农业的萎缩。

应该说，农业生产责任制推行的第一阶段，北京和全国的情况基本相同，但到第二阶段就略有差异，北京农村根据自身的特点，在探索土地集中和集约经营方面较全国先进了一步，也拉开了在全国率先开展农业适度规模经营探索的序幕。

从1978—1984年，是北京农村经济超常态增长阶段。随着农村经济的迅速增长，北京农村劳动力以前所未有的速度向二、三产业转移，转移出的劳动力占农村总劳力的四分之一以上；农民收入和消费水平迅速提高。

1978—1984年农村经济收益分配

年份	总收入（亿元）	总支出（亿元）	纯收入（亿元）	税金（亿元）
1978	18.82	9.78	9.05	0.78
1980	25.08	13.10	11.98	0.97
1982	33.61	18.07	15.54	1.50
1984	69.76	34.48	35.27	3.04

资料来源：北京市统计局资料。

回顾北京农村第一步改革，之所以能够取得如此的成就，主要是实行了土地所有权和经营权的适度分离，打破了计划经济下"三级所有，队为基础"的僵硬体制，适应商品经济发展的农村多种所有制结构和多种经营结构已经初步形成，农村商品生产体制的框架已基本确立。郊区农村经济体制的改革促进了这一时期农村经济超常态的增长。

第一，用联产承包制取代了生产队下"按劳力计工分，按工分分配"的制度。一方面，克服分配中平均主义"大锅饭"的弊端，建立起内在的激励机制，社员的劳动同收入挂钩，极大地调动了社员的积极性，生产劳动由被动变为主动，农村经济的发展有了内在的活力和动力。另一方面，改变了统得过死的状况，广大农民有了劳动和经营自主权。在此基础上，家庭自营经济广泛开展，专业户和新的经济联合体不断增加，农村经济出现了多形式、多层次并存的格局，调动了各方面的积极性。

第二，农民劳动能力充分发挥出来后，农业劳动生产率相对提高，大批劳力从土地上转移出来。从1978—1984年，转移出的劳动力占农村总劳力的 20％以上，有力地推动了农村产业结构的调整，彻底改变了农村单一农业的结构，使郊区农村形成农、林、牧、副、渔、工、商、建、运、服十业并举，一、二、三产共同发展的新局面。这其中，特别是农村工业的发展，开始触动整个二元经济结构。

第三，打破了不同地区、不同经济层次之间的界限，实现了各种生产要素的自由流动，促进了它们的积聚、集中和合理结合，各种形式的经济联合体迅速增加，加快了生产能力形成和发展的过程，促进了商品生产的大发展和农村经济的全面增长。从 1978—1984 年，农村经济总收入平均每年递增 22.4％，比 1977 年以前 15 年的平均递增率 8.3％提高了 1.7 倍，成绩是十分显著的。

第四，恢复了农村集市贸易，开放了一些市场，不仅开放了商品市场，而且开放了劳动力市场，其他如资金市场、技术市场、信息市场等，也开始出现或有了苗头。

第五，农村流通组织改变了过去单一国营经济组织的状况，初步形成了以公有制经济为主体的国营商业和银行、合作商业和合作信用、个体商业等并存的结构。

第六，对主要农产品的收购制度进行了改革，以合同收购和自由购销相组合的"双轨制"取代了统派购制度。

第七，改革开始触及价格关系，在 20 世纪 70 年代末和 80 年代初，提高了主要农产品收购价格，继之，又放开了部分农产品的价格，随行就市。

当然，北京农村经济的发展，农村面貌的改观，还要依靠科学技术的应用和先进生产手段的实施以及调整生产结构方面的努力。郊区联产承包责任制的实行，调动和加强了这些先进生产力因素的运用，这些因素是随着人的积极性调动起来而发挥作用的。这一阶段，北京农村经济在加速向城乡结合的大规模商品生产转化过程中，也存在种种不协调现象，需要解决。

第五章　以城市为重点的经济体制改革全面展开时期的北京农村经济

（1985—1992 年）

1984 年 10 月中共十二届三中全会通过《关于经济体制改革的决定》，提出"加快以城市为重点的整个经济体制改革的步伐"。从此，探索国有企业、流通和计划体制的改革在全国范围内展开。北京市贯彻执行党中央精神，以城市为重点的经济体制改革也在全市全面展开。1985 年，市委、市政府提出了北京农村经济进一步改革、调整、搞活的意见。自此，北京农村开始进入第二步改革，即以改革农村产业结构、改革农产品统购包销制度及其价格体系的阶段。第二步改革同以城市为重点的全面改革紧密联系，城市改革给农村改革创造了有利条件，但也带来新的问题，需要处理的利益关系也相当复杂，和城市的许多问题连在一起。

从 1985—1992 年进一步放开搞活、调整产业结构和改革经营体制，打破城乡分割界限，积极发展农村商品生产是这一阶段郊区改革和发展的主要内容。

一、深入开展致富大讨论

开展认识自身优势、富得更快的讨论

进一步解放思想，仍是农村第二步改革的关键。在 1985 年 1 月 16 日召开的北京市农村工作会议上，市委、市政府决定在郊区继续开展致富大讨论。通过"怎样认识自己的优势，使农民富得更快"的主题讨论，解决"要不要富得更快、能不能富得更快、怎样富得更快"这三个问题，树立起大胆改革、敢于创新的精神。通过大讨论，纠正自满自足、无所作为的思想情绪，克服轻商、鄙商的旧观念，进一步破除"左"的影响和小农思想的束缚。通过大讨论，帮助干部、群众认清扩大市场调节为农村致富带来

的有利条件，认清本地区、本单位的优势和应变能力，增强提前翻番、奔小康的信心。这次大讨论，通过总结、推广富得快的乡、村、联合体、专业户的先进经验，发动群众找差距，提建议，订措施，边讨论边行动，逐村、逐户地落实致富措施，上下结合、党内外结合、农村和城市结合，县、乡党政主要领导亲自抓点、亲自讲解、亲自指导，同农村有关的部门联系工作实际提出支持农村翻番、致富的方案。北京农村各级党组织还结合整党，抓好基层领导班子的"转轨变型"，改变干部"老实听话""不撂桃子"等低标准的旧观念，进行党的组织建设。

北京郊区农村开展致富大讨论以来，干部和农民思想观念发生了很大的变化：

（1）诚实不等于窝囊。老实，长期以来被看做是农村人的美德。通过大讨论，农民普遍认识到"老实"不等于因循守旧，敢创敢干、标新立异不等于不老实。农民说我们要诚实，要开拓创新。改变了"经商不是好人"的观念，重视商品、商品生产的观念进一步确立。

（2）从封闭转向开放。郊区农民的自耕、自食、自给、自足的"四自"观念和不招、不揽、不惹、不跑、不赔、不赚的"六不"原则，受到了冲击。通过大讨论，特别是联产承包责任制的实行，农民的活动范围扩大了，获取信息的渠道丰富了，眼界更加开阔了，社交内容转向传授技术、交流信息、介绍经验等，在这个过程中，农民看到了不足和差距，增强了对外交往的动力。

（3）自主意识增强了。长期以来，农民依附性、软弱性很浓。通过大讨论和农村改革，农民有了压力，增强了主人翁意识，大批专业户、能人涌现出来。

（4）从"等、靠、要"转向主动适应。通过大讨论，农民开始认识到，过去我种什么国家收什么，现在是市场需要什么我就种什么，积极调整生产结构适应市场需求。

（5）"利""义"观念发生了变化。通过大讨论，钱多光荣、致富光荣的观念开始确立。特别是农村改革后，大批的致富能人脱颖而出，他们遵纪守法，不仅带头致富，还帮助他人致富，既重"利"又重"义"，给"义"赋予了新的内容，把"利"和"义"有机地结合起来。

（6）树立起重视科学、重视人才的观念。过去农民种地"粪大水勤，不用问人"，凭借老经验，缺乏科学观念。通过大讨论，特别是发展商品经济的实例启发，人们逐渐认识到科学技术的重要性，明白了"一劳养一人，一智富千户"的道理。

开展"总结改革、认识改革、深化改革"大讨论

北京农村进入第二步改革后，要由不发达的商品经济向发达的商品经济过渡。因此，迫切需要在思想上从产品经济向商品经济转变，真正树立起市场观念，把了解市场的需求放在首要地位，根据市场情况进行生产，把传统的"产、供、销"改为"销、供、产"，实行"以销定产""以销促产"；树立起竞争的观念、经济效益的观念、重视信息的观念、讲求信誉的观念和开拓进取的观念，促进郊区农村商品经济在广度和深度上有新的发展。

通过讨论，在几个重大问题上，大家的认识趋于一致：

（1）改革使郊区农村形成了多种形式的集体所有制为主体、多种经济成分并存的格局，符合社会主义初级阶段所有制特征。

（2）实行联产承包责任制，使所有权与经营权适当分离，坚持统一经营和分散经营结合的两个经营层次，既发挥了集体优越性，又调动了个人积极性。没有改变土地等生产资料公有制性质，它是对合作经济的完善，与分田单干有本质区别。

（3）按劳分配为主体与多种分配方式并存，符合社会主义初级阶段分配方式。而联产承包的分配形式，是最简便最直接的按劳分配，是打破大锅饭、克服平均主义的有效方式。

（4）部分先富了，才能带动共同富裕。只有部分先富，才有共同富裕。实行按劳分配，由于劳动者贡献大小不同，就决定了要承认分配上的差别，也只有收入上有差别，才能有利于发展生产。当前出现的收入差别悬殊问题，其界限在于是合法还是非法。在社会主义初级阶段，某些非劳动收入，只要是合法的就应允许存在，但国家要制定相应的政策予以适当调节制约，至于少数人利用非法手段谋取暴利，坑国家、害人民，那是性质不同的问题，必须给予严厉打击。

（5）发展生产力是社会主义阶段的主要任务，也是衡量改革成败的标准。

（6）建设高度的社会主义精神文明是社会主义的重要特征，也是社会主义优越性的重要表现，改革、开放促进了生产力的发展，也促进了人们观念的改变和进步，促进了精神文明建设。开放虽带来了一些消极的东西，但中央已明确提出两手抓的方针，将会有效地抵制资产阶级腐朽思想的影响。

配合"总结改革、认识改革、深化改革"大讨论，各郊区县还普遍开展了"知家乡、爱家乡、建设家乡"宣传教育活动。这项活动使人们重新全面了解和认识自己的家乡，不仅看到落后的一面，也看到可爱的一面，既了解到当前改革的大局，家乡的经济发展优势，又增强了加快改革步伐的紧迫感。过去一提延庆，人们往往就联想到"风、沙、冷、穷"，现在大家认识到，这些不都是缺点，通过努力是可以变不利为有利的。独具特色的延庆国光苹果，正是冷的气候的产物，可以把冷变为优势，利用它发展特有的水果和淡季蔬菜，供应首都市场；因为冷，夏季延庆可以成为避暑胜地，冬季可以搞冰雕吸引游客，发展旅游事业。门头沟区齐家庄乡发动群众总结出四条致富之路，一是舍近求远，把酱油、挂面等产品打入河北蔚县等地；二是利用高寒小气候发展淡季蔬菜 400 亩，一年可收入 10 万元；三是靠山吃山，发展水果、畜牧，给 100 多头牛植入了牛黄，一头牛的牛黄价值可达 2 000 多元，还饲养了一批观赏鸟；四是发展了一些小企业，一年收入 20 万元左右。

二、从逐步放开农产品市场到彻底取消统购统销政策

从 1985 年开始，不再向郊区农民下达生产的指令性计划。随着家庭联产承包责任制的推行，原来作为经济主体的郊区生产队进一步解体，1982年全郊区共有生产队 12 816 个，到 1990 年全郊区作为合作组织独立存在的生产队减少到了 3 926 个。为了引导和帮助农民根据社会需要发展商品生产，各级政府向农民提供年度的和中长期的指导性计划。在完善和发展集体经济的同时，鼓励家庭自营经济、专业户和新经济联合体，规范合作经济组织建设和管理中存在的各类问题，进一步扩大农民劳动和经营的自主权。

实行合同订购和市场收购

1985 年中央 1 号文件提出改革农产品统派购制度，规定从当年起，除

个别品种外，国家不再向农民下达农产品统购派购任务，按照不同情况，分别实行合同定购和市场收购。据此，5月3日，北京市制定了《调整生猪等副食品购销政策和价格的实施方案》和《关于改革北京蔬菜供销体制的意见》，经国务院批准，决定从5月10日起放开生猪、鲜蛋、鲜菜、海水鱼等主要农副产品价格，实行有指导的议购议销。取消统购包销后，实行以合同订购为主的多渠道、多形式购销；理顺购销价格，实行市场调节；相应放开供应菜农的粮、油价格。随后，又放开了牛羊肉、禽、蛋和水产品等副食品的价格，取消派购，实行多渠道经营，自由上市、自由交易、随行就市、按质论价。取消统购包销后，粮食由统购改为合同定购，在协商合同定购指标时，对经济不发达、产玉米多的县、乡和粮食专业户，给予适当照顾。粮油作物中只对小麦、稻谷、玉米、花生四个品种的合同定购，实行比例价收购。同时，对供应农村缺粮人口的口粮、各种补助粮、种子粮、部分饲料粮及农村其他用粮，实行购销同价，工业用粮一律改为议价供应。蔬菜，取消指令性生产计划和统购包销、统一价格的管理体制，实行国营商业参与下的市场调节，多渠道、多形式经营，从产、销两方面上搞活。

形成多成分、多渠道、少环节流通格局

当1985年5月10日价格放开以后，由于购销渠道发生变化，有些国营蔬菜零售商店不再经营蔬菜，曾出现产销脱节，生产者"卖难"，消费者"买难"，导致蔬菜价格大幅上涨和鸡蛋脱销，消费者反映强烈。而同期郊区的蔬菜、鸡蛋却发生了积压卖不出去，外埠的蔬菜也进不来。针对放开以后出现的新问题，5月30日，市委、市政府召开蔬菜工作会议，提出要坚持改革，搞活蔬菜市场，继续发挥国营菜店的主渠道作用。国营菜店要坚持以菜为主，搞活购销，平抑菜价，凡不经营蔬菜的可以收回来，租赁给其他集体单位或农民、职工经营；菜农要保证蔬菜种植面积，种足、种好；要大开城门，允许外地蔬菜进京；鼓励机关、团体、学校、菜店等与乡、村直挂和联营，减少中间环节。正式"打开城门"以后，对各地运输农副产品进京的车辆放行，允许农民在非重点街道设点或走街串巷出售蔬菜；同时要求国营公司建立批发市场，开展市场购销，调节供求，平抑价格。这些改革措施，使城乡集贸市场大量涌现。丰台区南苑、卢沟桥、黄

土岗三个公社自建了 12 个蔬菜批发交易市场。蔬菜销售除同商业部门签订购销合同外，通过批发交易市场、与机关单位直接挂钩，以及地头交易等多种渠道放开、搞活，并酝酿建立蔬菜生产者协会。到 1985 年年底，全市城乡集贸市场总数达到 590 个，其中城近郊区 374 个，远郊区县 216 个，全年成交金额相当全市社会商品零售总额的 26.8%。在蔬菜、干鲜果等出现批量交易逐渐增多的集贸市场基础上，正式建立起 8 个大型集贸批发市场。同时市政府成立市农产品产销直挂服务站，为产销双方牵线搭桥，大力发展农产品产销直挂。1986—1990 年的 5 年间，全市城乡集贸市场数量逐年增加，在城市居民区进行农副产品零售的早市也快速发展起来。到 1990 年年底，全市共有城乡集贸市场 730 个，其中城近郊区 495 个，远郊区县 235 个；按商品分类，有经营农副土特产品和日用杂品的综合市场 644 个，农副产品批发市场 23 个，早市 20 个，夜市 1 个；全年成交金额达 23.6 亿元。市政府组织郊区产菜乡镇在产地陆续办起 67 处蔬菜批发交易市场和集散站，为菜农提供销售服务。

1991 年 4 月，市政府发出《关于加快集贸市场建设的决定》，鼓励企事业单位、农民、个体工商户投资建设市场，按照"政府决策、统一规划、多方兴建、统一管理"和"谁投资谁受益"原则，充分发挥多方办市场的积极性，鼓励多方投资建设市场。1992 年年底，全市城乡集贸市场总数已达 960 个；按所在地域划分，城市集贸市场 673 个，农村集贸市场 287 个。1992 年，全市城乡集贸市场成交金额达 55.3 亿元，占当年全市社会商品零售总额的近 20%；其中，粮食成交额 8 162 万元，油料 1.47 亿元，肉禽蛋 7.1 亿元，蔬菜 16 亿元，干鲜果品 9.2 亿元，水产品 3.77 亿元。

大钟寺农副产品批发市场是本市农民办起的第一家农贸批发市场。1986 年年底，市场交易场地扩大到 4 000 平方米，商品成交量 1 667 万千克，1991 年各类农副产品总成交量达到了 3.7 亿千克，比上年增加 71.7%；其中蔬菜成交量达到 3.2 亿千克。

华垦岳各庄批发市场。1986 年为丰台区卢沟桥乡岳各庄村办的岳各庄农贸批发市场。1992 年，农业部中国农垦（集团）总公司、北京市水产总公司投资，联合丰台区卢沟桥岳各庄农工商公司，在原岳各庄农贸批发市场基础上，共同兴办了北京市华垦岳各庄批发市场。这个市场是北京地区最大、档次较高、以经营农副产品为主，集交易、储运、商务为一体的大型综合性批发市场。1992 年交易额达 22 亿元。

新发地农产品批发市场。新发地农产品批发市场，是由丰台区花乡新发地村农工商联合总公司于 1988 年 5 月 16 日创办的。由于交通便利，形成为丰台、大兴和外地菜农、菜贩的自发性市场。随后陆续形成了蔬菜、水果、粮油批发市场，并相应建起了 5 000 平方米库房和 8 座水果库，是北京大型农产品批发市场之一。

果品批发市场。市供销合作社兴办了 6 个果品批发交易市场。1988 年，位于海淀区大钟寺占地 58 600 平方米，以经营果菜为主的市供销社第一农副产品交易市场开业，开办当年成交量即达 5 700 万千克，交易额 5 800 多万元。1991 年，市供销社果品公司在位于海淀区四道口的果品冷库和批发部场址，办起了四道口批发市场，成为商业部举办的全国名优水果展销中心会场。市供销社果品公司办的果品市场还有：位于朝阳区团结湖路的朝阳门批发市场，由果品冷库改建的花乡路批发市场，由永外批发部改建的永定门外果品批发市场，以及南苑西瓜批发市场。

肉、蛋、水产品、粮油专业批发市场。市二商局创建的北京清真肉食批发市场，经营牛羊肉、速冻食品、黄油制品和水产品。市工商行政管理局和市禽蛋公司联合开办的北京禽蛋批发交易市场，经营鲜蛋及蛋制品、禽类、水产、野味食品、饲料等。市二商局开办的北京干菜调味品中心，经营干菜、调味品。水产品批发市场，市水产总公司开办的四道口水产批发市场，拥有冷库设施，是本市最大的水产品批发市场。此外，市粮食局开办的东郊粮食批发市场、玉泉路粮油批发市场，主要经营大米、面粉、大豆及杂粮等。通县八里桥农副产品批发市场，平谷县后北宫大桃市场，都是郊区县办的大型农副产品交易市场。

农副产品购销的"双轨制"

从 1985 年开始，北京郊区农村随着国家对农产品统派购制度的全面改革，开始进入第二步改革，即将农业生产由过去的"让种什么就种什么、种多少收购多少"转变到"按照市场需求、自然规律进行生产"，将农产品的统购包销改为国家参与下的市场调节，将管理手段由依靠行政转变到依靠经济。一部分农产品价格全面放开，一部分实行"双轨制"，取消了粮食、棉花的统购，将其改为合同定购，定购的粮食，国家确定按照"倒三七"比例计价；定购以外的粮食可以自由上市；对于其他各类农产品，实行价格放开，由市场进行供求调节。同时，扩大城乡交往，鼓励资金、技术和人才流动。

农产品购销全面放开。1991年10月28日，国务院下发《关于进一步搞活农产品流通的通知》，指出农产品流通要遵循计划经济与市场调节相结合的原则，进一步改革农产品购销体制，适当缩小指令性计划，完善指导性计划，更多地发挥市场机制的作用。1992年3月6日，国务院提高了小麦、稻谷、玉米定购价格。接着又适当提高了粮油统销价格，并对职工给予相应的价格补偿，从而打破了城镇居民定量供应粮油价格30年未作调整的局面。

贯彻国务院决定，北京市提出了具体实施意见：小麦、粳稻、籼稻、玉米定购价格每500克分别提高0.06元、0.05元、0.03元、0.03元，并按购销同价原则提高了居民定量供应粮食统销价格，同时对饲料用粮价格也作了相应调整。随着饲料粮价格的调整，奶、蛋的价格也做相应调整：鲜奶销售价格由每500克0.60元调为0.66元，奶粉、麦乳精、炼乳等价格放开由市场调节，鲜奶收购价由农场自行安排；鸡蛋收购价格每500克提高0.06元，销售价格每500克提高0.07元；由于当时生猪收购价比较高（每500克2.23元），对生猪购销价格没作调整。同时，给予居民补贴。

随着改革的深入，1992年6月下旬市政府常务会议做出了关于加快蛋、菜、肉产销体制和价格改革的决定。决定的主要内容有：①放开鸡蛋、蔬菜、猪肉、牛羊肉的购销价格，同时放开养鸡、养猪饲料用粮价格；②改变鸡蛋、猪肉现行供应办法，取消凭票定量供应；③改现行行政性合同为产销双方根据自愿互利原则签订经济合同，由市农办、市商委负责组织经济合同的签订和执行；④为促进生产，保障市场供应，建立市生产和市场基金。其中生产基金主要用于鸡蛋、蔬菜、猪肉等生产单位的自然风险和市场风险补助；市场基金主要用于必要的鸡蛋、猪肉和牛羊肉商品储备，以及防止市场出现大的波动，平抑市场价格。

供销合作社进入发展新时期

在前两年改革的基础上，从1985年开始，供销社进行了以落实承包经营责任制、完善企业经营机制为主要内容的改革，并在企业内部人事劳动制度、分配制度等方面进行了大胆的改革尝试。1986 年，市供销社在有关部门的支持下，积极探索新的承包责任制形式，并在实践中完善、深化，推动了承包经营责任制的落实和发展。到 1988 年，市供销社系统的承包责任制，已由单一形式发展为多种形式，由单纯承包经济指标发展为经济指标、服务指标、企业发展目标等综合指标的总承包，全系统 720 个独立核算企业已全部推行了多种形式的承包经营责任制，各级供销社改革了过去为单一产业服务、靠单一流通手段服务的传统经营结构，提高为农村经济服务的总体效能，开始尝试为乡镇企业、农村专业村、专业户、重点户、贫困户以及广大农民提供信息、良种、种畜、种禽、种苗、物资、技术、销售、运输、储存等多种服务；对瓜果、蔬菜、蜂产品以及猪蛋禽等骨干农副产品提供生产全过程的系列化服务。到 1988 年年底，市供销社系统发放扶持生产基金 1 722 万元，重点发展了农副产品生产和加工基地，扶持郊区发展骨干商品生产 100 多项，扶贫达到 2 800 户。

三、适应专业化生产方式的需要，改革农村经营体制

适应大规模、专业化商品生产的需要，郊区农村在第二步改革中，开始了发展农业适度规模经营、健全合作经济组织、改革农村集体经济产权制度、推进农产品产加销一体化和以公有制为主体的多种所有制共同发展的实践活动。

发展农业适度规模经营

改革开放后，随着北京郊区非农产业的发展，特别是农村工业化的发展，给农业带来了多方面的影响，一是务农劳动力素质下降，二是农业特别是粮食生产比较收益低的问题更加突出，三是狭小的经营规模和分散的经营方式难以满足市场对农副产品迅速增加的需求，四是农业过度依赖"以工补农"而失去自我发展的内在动力。改革开放后，乡镇企业的迅速发展，引发了京郊农民收入结构的变化，各业的收入差距逐渐拉开，从事工副业的农民收入提高较快，而搞种植业的，特别是粮食生产，虽然国家对农产品统派购制度进行了改革，但由于劳动效率和比较效益低，从业农民收入增长缓慢，影响了种田的积极性。1985 年，郊区每亩粮食纯收入 63

元，全市平均每个农业劳动力经营耕地 6.9 亩，靠此，年收入不过 435 元，同年乡镇企业职工人均年工资 1 027 元，两者相差了一倍多。农民靠狭小的耕地难以致富，种地副业化，满足于"够吃就得"，相当一部分农民对土地经营采取了"不愿不种，不肯多种，不下功夫种好"的态度，甚至出现"强壮劳力抓现钱，老弱病残守田园"的局面。狭小的经营规模和分散的经营方式，实质上维护了落后的小农生产方式，使郊区已经形成的先进农业机械和物质技术基础设施不能充分发挥作用，严重削弱甚至破坏了农业生产力。郊区农民靠联产承包和原有的生产技术条件相结合，曾经推动郊区粮食生产在 1983 年和 1984 年出现了一个飞跃，每年总产增加 1.5 亿多千克，单产分别提高了 8.3％和 9.1％，但 1985 年和 1986 年又转向停滞，郊区粮食产量出现徘徊，甚至萎缩。1985 年比 1980 年郊区耕地有效灌溉面积减少了 0.2 万公顷，扬水站减少了 528 处；化肥施用量每亩减少了 7.2 千克，减少了 8.9％，农家肥的积蓄和施用量也明显减少；农机作业因土地划分细小分散而无法进行；务农劳力素质下降，在农村劳动力转移过程中，由于起步较早的多是较高素质的农民，他们凭借一技之长在非农产业中找到适合发挥其专长的岗位，因而务农劳动力出现老龄化、妇女化趋势。这一时期，为了维持在土地细分格局下农民种粮积极性和粮食产量的增长，各地不得不拿出大量乡镇企业利润来"以工补农"，由于按地亩平均补贴，且大部分补在生产费用上，实质等于变相补了分配，这不仅助长了通过对土地的平均占有来均享企业利润的新的平均主义思想，使农业失去了自我发展的内在活力，而且使乡镇企业背上了一个沉重的包袱。这些矛盾的存在，说明了农业传统的半自给的小生产方式同工业化的发展是不相适应的，甚至已成为农业协调发展的重大障碍，也拖了其他各业进一步发展的后腿，如不及时解决，势必大大延缓农业向大规模、专业化商品生产转化的历史进程，同时，也难以满足社会，特别是北京这个大市场对农副产品不断增长的需求。

1985 年 7 月，在市委农工部、市农办联合办公会上时任市委主管农村工作的领导王宪和副市长黄超提出了在郊区进行农业适度规模经营的试验。接着，市农口召开经济分析会，在总结房山区窦店村、海淀区四季青乡和顺义县实行专业承包、农业适度规模经营、保持农业稳定增长经验的基础上，提出了《完善和发展农业生产责任制，防止农业萎缩的意见》，明确要

"通过扩大土地经营规模，提高农业机械化水平和技术水平，来提高农业劳动生产率，提高粮食收益"。8月，市政府领导在全市三秋种麦会上，组织郊区干部学习邓小平的《关于农村政策问题》的讲话，理解"只要生产发展了，农村的社会分工和商品经济发展了，低水平的集体化就会发展到高水平的集体化，集体经济不巩固的也会巩固起来。"并作了题为《适应新形势，完善和发展农村合作经济》的讲话，提出了土地集约经营的具体办法，并分析了土地规模经营要具备的四个条件：一是允许承包土地转移，并对转移者在土地上的投资给以补偿；二是土地转移者要有新的就业机会；三是机械化和科学技术要跟上；四是要有社会化服务并逐步配套。从此，北京郊区开始在平原经济发达地区试验推行农业适度规模经营。1987年春，市委农工部、市农村经济研究会召开第一次农业规模经营理论研讨会，就实行规模经营的必要性和途径进行研讨。同年7月，在市农口召开的第二季度经济分析会上，副市长黄超作了《深化改革、积极推进农业的专业化分工和适度规模经营》的报告，分析了北京郊区实行农业专业分工、适度规模经营的条件和必然性，认为"郊区从总体上提出推进农业专业化适度规模经营的部署，时机已经成熟"。此后粮田规模经营试验进一步发展，同时也开展了对果树、蔬菜、畜牧、水产等其他各业规模经营的试验。1987年和1988年，郊区土地适度规模经营试验进入了较快发展的时期，实行各种形式规模经营的村队达到郊区农村总队数的63%，实行规模经营的粮田占粮田总面积的64.6%。林果业、畜牧业、渔业的规模经营也有了较快发展，规模经营的成片果园达到11.3万公顷，池塘养鱼水面0.8万公顷，规模猪场1 034个。1988年4月，市委农村工作部对集体农场作了专题调查研究，认为集体农场必须加强内部经济核算，走企业化管理的道路，才能避免"归大堆，走老路"，或者变"大拨轰"为"小拨轰"。为此，研究制定了《关于办好集体农场的几点意见》，对集体农场的经营管理提出了改进措施。在推行适度规模经营过程中，还加强了对农业、水利、科技等服务组织建设，形成了市、县、乡、村四级服务网络，有的服务组织成为了经营实体，有的农机公司、农机队发展成了粮田农场的经营者。1989年3月，全市召开农业企业化管理经验交流会，表彰了15名企业家和100名农业优秀经营者。此后集体农场得到进一步发展，内部核算管理也得到加强。1989年集体农场为638个，1990年发展到1 169个，经营面积106.5万亩，占实行规模经营耕地总面积的 33％。1992 年年底统计，实行不同程度规模经营的村达到 2 887 个，占郊区农村总村数的 73％；规模经营粮田面积 300 万亩，占承包粮田面积的 74％。林果业、畜牧业、渔业的规模经营也有了进一步的发展。

推行农业适度规模经营，是对原有土地承包关系的调整，涉及到农民的切身利益，郊区农村在实施中注意遵循四项原则。一是尊重农民意愿。土地适度规模经营是生产力发展的客观要求，符合广大农民的根本利益，因此在推进中，究竟什么时候搞、采取什么形式搞，应召开社员大会或社员代表大会进行讨论。二是坚持有条件、分层次逐步推进。各地自然和经济条件千差万别，在推进规模经营的做法上，坚持了分层次、有步骤进行，不搞一刀切、一阵风，做到既不急于求成，又不消极等待，坚持"具备条件的要不失时机地搞，条件不成熟的一个也不要搞，具备什么条件就搞什么样的形式"的原则。一般分为四个层次：经济发达的平原村，实行全部粮田专业承包，注意认真落实内部联产责任制，防止"小拨轰"；中等发达的，适当压缩口粮田，注意克服"人人分地、户户种田"格局，采取多种形式，集中责任田实行专业承包；经济条件差的，采取允许不包地、少包地和多包地的"三允许"办法，实行部分土地集中；土地零散、条件差的，继续实行平均承包，着重加强统一管理和服务体系建设。三是妥善安置劳动力。通过产业结构调整，促使更多的人离开土地进入非农产业就业。各地在推进规模经营过程中，普遍采取了扩大乡镇企业规模，发展开发性农业和鼓励、扶持个体经济等办法，为剩余劳动力开辟多渠道、多形式的就业门路。四是合理解决农民口粮。凡是农民要求保留口粮的，按土地生产水平，一般人均不超过半亩，做到"高产够吃"。自愿放弃或无力经营口粮田的，农民口粮由集体帮助解决。全部土地实行规模经营的村队，社员口粮由集体供应。顺义区实行了"定量供应、够吃有余、品种自选、价格合理"的供应政策。此外，市、区县、乡镇三级在财政、信贷方面给予了优惠，都适当增加了对农业规模经营单位的农机投入和贷款，缓解了农业投入资金的短缺。1987 年，农业银行和农村信用社对集体农业的贷款，分别比上年增加了 70.3％和 81.4％。北京郊区农业生产的适度规模经营，得到了各级领导和专家学者的肯定。国务院领导专门听取了北京市和顺义县的汇报，1988 年 6 月国务院批复同意在顺义县建立农村改革试验区，进行农业适度规模经营试验。

经过 1986—1988 年三年的实践，改革试验区取得了明显的成果。一是再次激发了农民和集体经营粮食生产的积极性，保证了投入的增加。二是促进了机械化的发展、新技术的应用和耕作制度的改革。这三年中，郊区农机总动力增加 24.8％，大中型拖拉机增加 1 277 台，联合收割机增加 1 242 台，小麦机收面积达到 59％，两茬平播面积增加 55.4 万亩，喷灌面积增加 31 万亩，进一步提高了土地利用率，玉米精量播种、化学除草面积也成倍增长，成为增产的重要因素。三是防止了农业萎缩，使粮食生产提高到了新水平。郊区粮食生产在 21.5 亿千克的水平上停滞了两年，1987 年突破了 22.5 亿千克，1988 年接近 23.5 亿千克，亩产达到 520 千克。据市经管站对 1987 年 277 个和 1988 年 635 个规模经营农场经营成果的考核，1987 年规模经营农场粮食总产增长 7.6％，比全市平均增长幅度高 2.7 个百分点，平均亩产比全市高 8.4％；1988 年平均亩产比全市高 21.8％。四是促进了农业的开发，提高了各业专业化程度。三年新增果园 22.8 万亩，鱼塘 3.9 万亩，菜田 4.4 万亩。三夏三秋乡镇企业停工的状况开始扭转，专业分工的效益进一步发挥。五是农业开始有了再生能力。由于土地产出率和劳动生产率的提高，规模经营单位不但商品率高，而且可以提供一定的积累。据市经管站调查，1988 年 635 个规模经营农场亩均纳税 10 元，劳均纳税 161 元，其中 68.5％的农场可为集体提供积累，劳均积累 398 元，亩均 26 元。

发育新的经营主体和服务主体，完善和发展联产承包责任制。土地相对集中之后，规模经营形式，主要有：

（1）集体农场。一般实行统一经营，独立核算，双层承包（农场向村合作社承包，劳动者向农场承包），联产到劳，实物归场，超产奖励的办法。这种形式大多出现在集体经济发达，干部管理能力强，机械化程度高，农村社会分工、劳动力转移、资金积累和物质技术装备程度相对较高，宜于实行以物化投入为主的企业化经营的平原地区，大约有粮食作物农场 790 个，农场经营面积 81.6 万亩，占郊区规模经营粮田面积的 30.4％，农场经营粮田面积平均为 1 026 亩、劳均 240.5 亩。

（2）专业队。一般实行承包到劳（到户），分户核算，提留定死，实物归户，服务收费。但实行连片种植，统一机械作业、技术措施和排灌，并由专业队长组织管理、协作和服务。这种形式主要分布在经济水平中等的平原地区，经营的粮田面积约为87.9万亩，占郊区规模经营面积的32.7%。

（3）专业户。实行分户经营，包干分配，集体尽可能为之提供一些必要的生产环节上的服务。这种形式主要分布在集体经济较为薄弱的地方，约有14 267个种粮专业户，承包经营粮田面积40.5万亩，占郊区粮田规模经营面积的15%，平均每户经营面积28.35亩。

1986年北京市统计局对郊区实行专业化生产、适度规模经营的经济效益进行的调查分析表明：专业务农劳力经营15～30亩耕地，平均单产为481千克，亩生产费用61.5元，粮食商品率在85%以上，比劳均经营5亩以下的单产高14.1%、亩费用低11.3%、商品率高36.7个百分点，而每个劳力向集体提供积累则达到2 000元左右，使农业初步具备了"造血"功能。市农机局提供的统计资料表明：1985、1986两年郊区共计要求购买各种大中型农业机械2 534台，总投资在1亿元；从改革开放的1978年到1986年的8年间，农机总动力增加了82.6%，平均每亩达到0.75马力，接近当时世界发达国家水平，比全国平均水平高2.7倍，郊区农业的发展进一步转移到依靠先进的物质技术基础上来。

实践农业适度规模经营，不是一帆风顺的。个别记者从顺义县一两份农民与村干部的合同纠纷入手，大作文章，否定农业规模经营，否定农业丰收的事实，甚至对顺义县的领导干部进行人身攻击，并将这些文章发表，从而引起了一场风波。究竟还要不要搞农业适度规模经营，市委、市政府态度明确，如实把北京郊区的实际情况向中央做了汇报，得到了当时中央领导人的肯定。在市委、市政府领导下，顺义县实践农业适度规模经营的工作继续坚持下来，并取得了更好的成果。

北京郊区农业适度规模经营是在计划经济转向市场经济和强调发展集体经济的背景下发展起来的，因此也出现了一些问题：有些地方行政干预过多，要求过高，一些不具备条件的村队也收回了农户的承包土地，效果不好；还有些地方把农业适度规模经营同家庭经营对立起来，把农业规模经营同集体统一经营混同起来。特别是，在实行适度规模经营时，忽视了农户承包土地的权益，没有照顾到农户承包土地后的利益分配，不利于进一步调动农民群众的积极性。

健全合作经济组织

针对合作经济组织建设和管理中存在的问题，1989 年 10 月，市委农工委、市政府农办发出《关于健全乡村合作社组织，发展集体经济若干问题的暂行规定》，对健全村级合作组织、壮大集体实力、实行民主办社、改善干群关系等方面提出了具体要求。经过 1989 年冬和 1990 年春这一段时间的实践，取得了重大成果。4 151 个村中有 3 076 个村健全了村合作社的机构和制度，向社员大会或社员代表大会报告了工作，选举产生了合作社的管理委员会，其中 2 892 个制定了社章。3 362 个村进行了财务清查，收回拖欠款 3 215.3 万元。大农业提留比上年增加了 10 249 万元，个体户和私营企业上交管理费和公共事业费比上年增加 818 万元，达到了 1 530.5 万元。兴修农田水利出建勤工 1 100 万个工日。

1991 年 1 月，市委、市政府进一步作出了《关于加强乡村合作社建设，巩固发展集体经济的决定》，再次明确：统一对乡村合作经济组织的性质、地位的认识；规范合作社名称，健全机构；乡村合作社的职能和主要任务；实行统分结合、双层经营，搞好各业责任制；加强财务管理；认真实行民主办社；社员、干部的权利义务；党和政府对合作社的领导、扶持和管理。各区县根据《暂行规定》和《决定》，普遍抓了试点并逐步推开。明确村级为"村经济合作社"，乡镇级为"乡（镇）合作经济联合社"，多数地方拟定并通过了合作社章程，建立了社员代表大会一年两次的例会制度。同时，提出发展规划，制定合作社各项管理制度，规范了合作社运行程序。

经过努力，到 1991 年年底，全郊区 95％以上的村完成了健全合作社组织的各项任务，初步规范了村合作社的运行秩序。市、区县、乡镇并在每年召开两次社员代表大会上，由社管委会报告工作，公布账目，听取社员代表的批评建议，并由上面派干部下去检查指导。各区县的村一级组织民主办社、财务公开，有了新的进展。

在抓好乡村合作社建设的同时，为使农村合作经济管理逐步走向法制化轨道，1989 年 10 月 19 日，市九届人大常委会第十四次会议审议通过了《北京市农业联产承包合同条例》。这项法规的出台，改变了农业联产承包合同管理无法可依的状况，使承包合同管理纳入了法制管理轨道。市、县

（区）、乡（镇）配备农业承包合同管理专职干部531人，形成了市、县、乡合同管理网络，依法对承包合同进行规范。同时，各区县统一印制了土地、林业、畜牧、企业等承包合同文本，30％的承包合同由乡（镇）经管站进行了鉴证，合同纠纷明显减少，履约率大大提高，促进了联产承包责任制的稳定和完善。1991年3月1日，经市人民政府批准，市人民政府农林办公室发布了《北京市农业联产承包合同纠纷仲裁办法》。

随着农业联产承包责任制的普遍实行，北京农村集体经济组织的职能由直接组织生产演变成主要是管理集体资产（如土地）和为农户提供生产、生活服务；随着多种经济成分并存政策的实施，农民家庭逐步成为独立的经济主体，农民家庭依托自有资产，发展各种新的经济联合组织。郊区各种形式的农民专业合作经济组织，包括生产经营合作、生产服务合作、联合组织及专业协会、技术研究会等应运而生。到1993年年底，全市共有生产经营合作、联合组织5 258个，生产服务合作、联合组织1 053个，专业协会281个，区县级农业方面协会22个。在5 258个生产经营合作、联合组织中，涉及农业的1 194个。

这一时期，农村供销社和信用社改革成效明显。部分乡村合作经济组织办起了合作基金会，到1991年年底，全市已建立农村合作基金会46个，融资总额2.9亿元，其中村集体资金2.7亿元，为农民和乡镇企业发展商品生产做出了贡献。

农村集体经济产权制度改革起步

这一时期，郊区农村集体经济较之改革开放初期，发生了很大变化。经营方式由集中统一经营变为统分结合、双层经营。集体统一经营的程度和作用逐步加强，平均承包、细小规模向专业承包、规模经营发展，个人、家庭承包向集体承包、责任到劳的形式演变。经济格局和相互关系变成以集体经济为主，多种经济成分、多种经营方式并存的格局。经营内容变为多种经营、工业为主；农、林、牧、副、渔初步形成相对独立的产业，副业则演变为工、商、建、运、服各业。合作社由一个农业组织变成了农工商综合经营的企业。经济性质转向开放的社会化大生产在乡村合作组织作为集体所有制的代表和综合性企业的经营者，计划、控制、监督、协调的功能和投资中心的功能加强，并且增加了组织合作服务的功能，是推进农村经济专业化、商品化、现代化，保证农民共同富裕的主要依靠。

1992年11月16日，市委农工委、市政府农办转发了市经管站《北京市乡村合作社集体资产评估暂行办法》，作为试行郊区股份合作制，严防集体资产流失的措施之一。12月16日，市委农工委发出《关于进行农村股份合作制试点的意见》，对试行股份合作制的指导思想、目的、试点类型、股权设置、收益分配、组织管理、试点方法、外部政策、组织领导等作了明确规定。以后又经几次推动，以股份合作制为内容的乡村经济合作社与乡村集体企业产权改革的探索逐步在北京郊区开展起来。截至1992年年底，经过乡村合作社财务清理，乡村两级集体资产总量达到297.5亿元，比1978年的26.9亿元增长10倍多，其中，固定资产135.5亿元，比1978年增长8.8倍，劳均由1978年的1 628元增至15 422元（其中不包括土地、山场、林地资产）。

随着联产承包责任制的深入发展，农村股份合作经济组织在郊区发展速度快、经营范围广、经济效益高，出现了较好的发展势头。平谷县农村是股份合作经济出现较早并发展较为迅速的地区，表现出自愿组织，平等得利，民主管理，分工负责，面向市场，经营灵活的特点。股份合作经济在北京郊区虽然刚刚兴起，它的优越性：一是积小钱办大事。大家集资，解决了资金困难，同时也使社会上的闲置资金得到充分利用。据平谷县统计，1985年上半年全县股份合作组织投资总额达301.73万元，其中自筹资金57.6万元。乐政务乡莲花潭大队赵振忠，王辛庄乡北台头大队杨贵友、杨贵村三户集资5 000元，同莲花潭大队、大兴庄乡鲁各庄大队合股在鲁各庄村头建起了全县第一个汽车靠垫厂。二是促进了劳动力结构的调整。股份合作经济的发展，使农业实行联产承包责任制以后出现的大量剩余劳动力得到了有效的安置。据平谷县镇罗营乡调查，全乡有各类股份合作组织78个，从业人员1 500人，占全乡劳动力总数的37%。马坊乡早立庄大队全村只有100多户，从1984年开始，共有4个经济联合体搞塑料加工，有股东20多户，从业人员50多人，使大部分劳动力得到了安置。三是有利于农村产业结构的调整。随着股份合作组织的发展，经营品种逐步扩大，项目日益增多，促进了农村产业结构的调整。平谷县太后大队友文食品加工厂，平均日产芝麻酥糖70多千克，每天需芝麻25千克，全年共计需用芝麻1万多千克，这样就有一大批农民拿出地来种芝麻，使农业内部结构得到了调整。

推进农产品产、加、销一体化

1985年，为引导农民走向市场，市政府农林办公室设立了商贸处，负责与商业部门协调产销，组织签订农产品产销合同，以利农产品排开上市。此后，认真总结从1982年起市农工商联合总公司统一管理牛奶产供销，以及从1984年起市水产总公司统一管理水产产供销的经验，又在生猪、肉鸡等领域推进了产加销一体化经营，农工结合、农商结合、农工商结合和跨地区联营得到了发展。1985年5月成立的北京市大发畜产公司，采取对外合资的形式，逐步发展为郊区肉鸡生产的龙头企业，通过产销结合，带动了郊区农村饲养肉鸡的发展。1985年6月，市畜牧局所属北京市肉鸡生产联营公司在昌平建成大东流肉鸡联合企业，成为我国当时最大的现代化商品肉鸡生产基地，实行国营、集体、专业户联合经营，生产、加工、销售一体化。1988年，成立了由市畜牧局组建的北京市华都食品公司和由顺义县组建的畜禽产销集团。这两个企业的成立与发展，进一步推进了畜禽生产、经营的产加销结合。由于产加销一体化具有"自愿协商、互利互惠、直线流通、零活多样"的优点，受到生产者和消费者的欢迎，因而得到了发展。这种形式可以减少流通环节，加快流通速度，消费者可以方便地买到新鲜的菜、肉、蛋、奶等农产品。也可以开辟农产品流通的新渠道，打破农产品流通领域国营商业部门一统天下的局面，大大缓解了旺季农产品货源过于集中上市的矛盾，减少了流通费用和政府对副食品流通环节的补贴。还可以促进农业生产单位从单纯生产型向生产经营型转变，一批"公司＋农户"的经营型生产企业，如顺义县前鲁鸭厂、昌平县水产集团公司等脱颖而出。

以公有制为主体的多种所有制共同发展的格局形成

中共十一届三中全会以后，农村联产承包责任制的实行，使集体经济体制得到了深刻的改造，同时也带动了所有制结构的调整与改革。农民在承包以后，有了劳动、择业的自主权和生产资料的购置权，个体经济迅速发展起来。郊区在实行统分结合、双层经营的社区合作经济基础上，又出现了各种农民联合体、专业合作组织和私营经济。同时，建在郊区的国有农业企业通过改革体制、调整结构，也有了新的发展。伴随对外开放、招商引资和"国家集体个人一起上，上下左右内外联"的发展，郊区农村迅速发展了合资、外资经济，初步形成了以集体所有制为主的多种经济成分、多种经营形式共同发展的新的发展格局。

个体经济、私营经济。改革开放以来，郊区农村个体经济和私营经济得到迅速发展。1992年郊区农民人均家庭经营纯收入为587元，比1978年的家庭副业收入33元增长了17倍，占当年农民人均纯收入的比重，由14.8%提高到37.4%。农民除了经营承包土地和家庭副业以外，一些善于经营和有技术专长的农民，还率先在工业、运输业、建筑业、商业、服务业投资兴办了个体、私营企业，直接参与市场竞争。1992年，农村个体工商户达到108 616户，从业人员160 865人，占农村劳动力总数的9%。其中从事工业的11 858户，从业人员27 885人；从事运输业的15 870户，从业人员18 443人；从事建筑业的426户，从业人员2 427人；从事商饮服务业的76 044户，从业人员102 626人。农村个体、私营经济从无到有，已经成为农村经济发展的一个组成部分。

专业合作经济。郊区各种形式的专业合作经济组织，为农民提供了生产、销售、资金、技术、信息等方面的服务，深受农民的欢迎。果树协会、蔬菜协会、养鸡协会、养羊协会、养兔协会、板栗协会等一批专业协会或研究会，对引导农民发展商品生产发挥了重要作用。如平谷县大华山乡的大桃生产，在20世纪80年代末就有一些村成立了大桃研究会，并在后北宫村建立了大桃批发市场，成为远近闻名的大桃产销中心。这些专业合作经济组织，实行自愿组合、利益共享、风险共担，提高了农民进入市场和参与竞争的能力。

股份合作经济。80年代末90年代初，郊区进行了社区集体经济股份合作制和乡镇企业股份合作制的改革试验，初步建立了产权明晰、利益直接、机制灵活的新机制，较好地发挥了合作经济劳力、资金联合合作的优势，形成了新的生产力和规模经济。郊区乡镇企业从1992年开始进行股份合作制试点工作。市乡镇企业局组织县（区）、乡（镇）、企业有关人员学习山东省淄博市股份合作制经验。到1992年年底，郊区乡村集体工业企业中有72家企业实行了股份合作制。

郊区还出现了多种形式的经济联合体，与外商合作的联营企业。

现代化新农村的雏形——窦店

房山县窦店村位于北京市西南，全村有 1 100 多户、4 100 多人、5 000 亩耕地，是一个有汉、回、满、壮 4 个民族的平原农村。党的十一届三中全会后，这个村在党支部书记仉振亮带领下从实际出发，经过不断深入改革，建立了适应现代化大生产要求的农牧工商联合企业，实行统一经营、分级管理、专业承包、联产计酬的责任制，各项生产从技术到管理基本实现了专业化和社会化。生产方式的变革，带动了产业结构的调整和经济建设的迅速发展。到 1985 年，全村 10.9% 的劳力种地，6.5% 的劳力搞养殖，82.6% 的劳力从事工业和第三产业。全年工农业总收入 1 139 万元，比 1977 年增长 10.7 倍；公共财产累计 1 387 万元，增长 12 倍；人均收入 920 元，增长 11 倍多。他们的主要经验是：

一是，不断增强农业的物质技术力量，努力提高农业的现代化水平。窦店村的经济起飞靠的是农业，起飞后仍然重视农业。经过 8 年的努力，基本上实现了农业的机械化、水利化、专业化。他们从 1977 年开始，坚持把村办企业的相当一部分利润用于提高农业机械化水平。他们从本地农艺的实际出发，选购、改制农业机械，到 1985 年年底，全村有大小农机具 250 多台件，总计 2 045 马力，实现了从耕、耙、播、压，到中耕、除草、施肥、收割等田间作业全过程机械化。1985 年的农业劳动生产率比 1977 年提高了 13 倍，种植业占用劳动力由 1977 年的 1 102 人减少到 180 人，人均种地 29 亩、年产粮食 17.5 吨。村党支部书记仉振亮把县农科所的科技人员请到村里，拿出全村最好的耕地搞科学试验，试种 20 亩新品种玉米，每亩多收 200 千克左右。并推广小麦、玉米两茬平作，定期普查土壤肥力，因地因苗施肥，建立病虫害测报防治队伍。1978 年粮食亩产过 250 千克，1983—1985 年亩产都在 750 千克左右。在专业技术人员指导下该村的畜牧业、村办企业迅速发展起来的。从外单位聘请了奶牛场的饲养员、珐琅厂的技师，还帮他们解决了家属安置等问题。这个村还培养了自己的科技人才 300 多人。他们主动与外部 14 个单位建立了经济联合关系，得到了大量的技术和资金的投入。

二是，根据村情调整产业结构，建立起新的产业布局和商品生产体系。窦店村的产业结构，在 8 年中得到了两次大的调整。第一次调整是在农业内部实现了种植业与畜牧业的紧密结合，大力发展畜牧业，到 1985 年畜牧业以占农业总产值的六成。农牧结合，互促互补，共同发展。第二次调整是实现从农林牧副渔到工商建运服的全方位发展，农村经济开始全面起飞。在调整产业结构中，窦店村按照市场要求，从当地实际出发，把各种生产要素合理组合起来，建立起一个比较协调的，经济效益、生态效益、社会效益较好的产业布局，初步摸索出一条符合自然规律和经济规律的商品生产发展道路。从实际出发，发挥窦店村土质好、技术力量强的优势，创建砖厂、服装厂。这都成为窦店村的骨干企业，全村的经济支柱。他们围绕骨干企业办配套企业，逐步组织起粮食、肉牛等成龙配套的系列化生产体系，食品加工与种植业配套，打下了"食品工业"基础。饲料工业把种植业与畜牧业联结起来，又延伸到畜产品加工业，基本上形成了"种养加"系列。"种养加"系列与商、饮业配套，初步形成了"农工商"系列。工业则以建筑队为中心，同它配套的有砖厂、水泥构件厂，还有自己的运输队，形成了建材、建筑、运输的系列化生产。这种系列化生产，改变了只提供原始产品的状况，广阔地开拓了市场，使各个产业获得了群体优势，资源得到综合利用，不断增殖增收，提高了经济效益，增强了竞争能力。

三是，用改革的办法解决前进中的新问题，建立与新生产力、新产业结构相适应的管理体制。从 1980 年开始，在全村普遍推行了以专业承包为主要形式的联产承包责任制，还有 19 个作业组和 3 个工副业摊试行了经济包干。在 1982 年下半年成立了窦店村农牧工商总公司。总公司下设农牧业、工业、商业三个分公司，分公司下面，又按照专业化生产的要求，组织了 67 个承包单位，原来的 14 个生产队改建为 14 个农牧场。各承包单位全部实行单独经济核算，各单位之间不再是无偿调拨的行政关系，而是用经济合同紧密联系起来的有偿经济关系，形成了各业相互依存、共同发展的联合体。新的管理体制实行统分结合和权、责、利结合，既发挥了大规模经营的优越性，又调动了承包单位和劳动者个人的积极性。种植、畜牧和群众生活等三个服务体系，既向社会提供服务，也为本村农民服务，生活社会化、商品化程度不断提高。同时，有效地调节各业收入水平和积累消费比例，从事农牧业劳动力的人均收入略高于村办企业职工，村办企业中劳动强度大、生产条件差的行业和工种略高于其他行业和工种，创利高的、对国家和集体贡献大的企业略高于一般企业。

窦店村通过一系列改革，初步实现了从封闭的自给自足的自然经济向开放型的商品经济的转变；从小生产向专业化、社会化大生产的转变；从以狭隘经验为基础的传统农业向以科学技术为基础的现代化农业的转变。窦店村依靠坚实的农业基础、具有发展潜力的产业结构、充满活力的管理体制，走上了一条全村农民共同富裕的道路，也被当时的人们誉为具有较高生产力水平和管理水平的社会主义现代化新农村的雏形。

四、进一步调整农业结构，发展商品性大农业

按照市场需求和资源、条件，建设符合首都特点的、现代化的、开放式的商品性大农业，逐步由传统的副食原料生产基地过渡到种植、养殖、加工相结合的现代化农副产品生产基地，农、林、牧、渔全面发展，粮食和蔬菜等农副产品得到进一步长足的发展，首都市场农产品数量充足，质量优良，品种丰富，基本满足了市民日益增长的物质需求。到 20 世纪 80 年代末 90 年代初，主要农副产品先后取消"凭票限量"供应制度，粮票、肉票等逐渐成为历史。此外，农业机械、农田水利等基础设施和装备逐步完善，农业生产专业化、商品化、现代化水平有了很大提高。

种植业的结构调整

在种植业方面，由于城乡建设占地，耕地面积逐渐减少。粮食生产将"稳定面积，主攻单产，增加总产"的生产方针逐步与"重视质量，加强管理，提高效益"结合起来，形成"稳定总产，调整结构，提高质量，增加效益"的发展思路。由于生产条件改善和科学技术的普及，粮田复种指数提高到 160% 以上，再加上增加播种面积和提高单产，粮食总产量显著提高，从 1983 年起一直稳定在 20 亿千克以上，到 1992 年，粮食总产量已经达到 28.19 亿千克。蔬菜生产指导方针从"立足本市，稳定提高近郊，大力发展远郊，充分利用外埠"逐步过渡到"立足本市，稳定提高近郊，巩固发展远郊，利用外埠调剂，保证首都市场供应"，扩大菜田及保护地面积，形成了近郊以细菜、高档菜为主，远郊平原以大路菜为主，山区以反季节菜和淡季菜为主，并在河北省北部建立补充淡季菜基地的区域布局。敞开城门，允许外地蔬菜进京。同时，大力引进名特优新蔬菜品种，建立

了一批如小汤山特菜基地等名特优新蔬菜生产基地，特菜的生产走在了全国的前列，不仅丰富了农产品市场，更保证了"亚运会"农产品有效供应，为北京"亚运会"的成功举办作出了应有的贡献。到1992年，郊区菜田占地面积扩大到52.5万亩，年产鲜菜38.14亿千克，蔬菜实现了全年生产，均衡供应，质量鲜嫩，品种繁多，基本满足了城市消费者的多元需求。果品生产通过建设高标准果园，组织苹果、桃、梨等13项重点示范工程，集中连片开发，建成了一批有竞争力的优质、高效果品生产基地。到1992年，全市干鲜果品总产量已达3.4亿千克，基本形成了区域化布局、规模化栽植、专业化生产的苹果、梨、桃、柿子、葡萄、板栗、核桃、仁用杏等八大果品生产基地。

种植业基本情况

年份	耕地面积（公顷）	粮食总产（亿千克）	粮食单产（千克）	蔬菜（亿千克）
1985	420 563	21.97	286.3	20.4
1988	415 865	23.46	320.4	27.13
1990	412 715	26.46	364.2	35.61
1992	408 857	28.19	393.3	38.14

注：据北京市统计局资料。

养殖业的结构调整

养猪业，1987年，市委市政府决定走现代化规模饲养之路，在饲料供应、建设资金、生猪收购等方面给予支持，发展瘦肉型生猪生产。到1992年，共建成规模猪场1 034个，每个标准场饲养100头母猪，年产商品猪1 500头，实现了系列化、专业化生产。

养牛业，加强现代商品奶生产基地建设，同时，增加数量，提高质量，扩大奶制品加工能力，增加花色品种，改进加工和销售。到1989年，建成规范化牛场10个。1992年，全市人均占有牛奶24.36千克。

养鸡业，1982年和1985年先后建立华都肉鸡公司和以生产肉鸡为主的大发畜产公司，分别引进世界著名良种AA肉鸡和艾维因肉鸡，向集体肉鸡场、养鸡农户提供商品雏鸡、饲料和技术服务，负责收购出栏肉鸡，屠宰加工出售。到1992年，全市商品鸡蛋达2.5亿千克，商品肉鸡2 951万只。另外，养羊、养兔、养殖特禽等都有了不同程度的发展。

渔业，从水库捕捞转向池塘养殖，以优质、精养、高产为主，建设 10 万亩商品鱼基地。从 1984 年到 1992 年，总产量以年平均增加 600 万千克以上的速度递增，市场货源充足，品种多样，到 1992 年淡水鱼商品量达到 5 067.5 万千克，市民人均 7.7 千克。

养殖业情况

年份	猪出栏（万头）	鲜蛋（吨）	牛奶（吨）	水产品（吨）
1985	209.3	140 955	135 117	15 917
1988	186.9	217 693	179 962	39 006
1990	280.9	257 735	217 216	51 083
1992	373.3	299 572	245 024	64 137

注：据北京市统计局资料。

实施"科技兴农"战略，农业商品生产全面发展

1985 年全国科学技术工作会议召开，首都农业科教工作迈上新台阶。在全市范围内组织实施了国家"星火计划"、农牧渔业"丰收计划"等重大专项，设立了市政府农业技术推广奖，呈现出科教事业整体向前发展的良好局面。

（1）放开搞活农业科研机构，加速科技成果向生产转化。市、区县农业科研机构实行了科技人员全员聘任制。要求科技人员与生产单位签订技术合同，按技术合同获取报酬。改革拨款制度，落实"三保一挂"技术承包责任制，即将保科技经济社会效益、保科技水平、保科技发展后劲与科技人员的工资总额或奖励基金挂钩。各区县涌现出了一批民办科技机构和专业技术研究会，郊区建立科研与生产联合体 420 个，引进各类人才 1.75 万名，引进科技成果 1 215 项，落实横向联合项目 929 项，大大促进了科技成果的转化。

（2）农业技术推广体系实行"三定"改革。在农业部部署和地方财政支持下，90 年代初有 11 个区县成立了农业技术推广中心，150 个乡镇科技站达到农业部要求的"四有"（即：有办公条件、有培训场所、有试验基地、有经营部门）标准。1992 年按照国家人事部、农业部要求，乡镇一级建立农技、畜牧兽医、农机、水产、经管 5 个站，定为国家在基层的事业单位，并定编、定员，村（队）设立农民技术员，并评定技术职称。市编

办下达了 8 000 多人的事业编制。市、区县、乡镇农业技术推广机构发展到 1 200 多个，从业人员近万人，其中技术干部 8 100 多人，另有 1 700 多名农民技术员活跃在基层。

（3）组织实施重大农业科技、农民培训专项。1986 年 5 月 28 日，北京市政府印发旨在把科学技术送往农村，为振兴农村经济服务的《"星火计划"纲要》，提出"七五"（1986—1990 年）期间北京市大力组织开发和推广"十、百、千、万"项目计划，即：大力组织开发和推广 10 项农业系统工程；抓好 100 个技术先进、经营管理好、经济效益高的乡镇示范企业；组织 1 000 名专家、工程技术人员流向农村，或在乡镇企业兼职；培养 1 万名农村技术骨干。到 1990 年，全市共安排"星火计划"项目 923 项，新增产值 21.2 亿元，新增利税 4.5 亿元。农业工程上重点抓了粮食中低产因综合开发，池塘养鱼，蔬菜工厂化育苗，蛋鸡配套系选育与良繁体系，农田灌溉综合节水万亩示范等，大大促进了现代化商品基地建设。

农牧渔业"丰收计划"专项。为落实科教兴农，大力推广农业科技成果和先进实用技术，按照农业部、财政部设立的农牧渔业"丰收计划"专项要求，从 1987 年开始，北京市共组织实施种植业农牧渔业"丰收计划"项目 36 项，获全国农牧渔业丰收奖 17 项，其中二等奖以上 10 项，有 500 余人次获奖。一批长期扎根生产一线的基层农业技术推广骨干人才脱颖而出。

市政府设立农业技术推广奖。1990 年经市政府批准，设立北京市农业技术推广奖。1995 年 6 月市人大常委会根据 1993 年 7 月第八届全国人大常委会第二次会议通过的《中华人民共和国农业技术推广法》，制订并颁布了《北京市实施〈中华人民共和国农业技术推广法〉办法》，对推广奖的设立进一步做出明确规定。

"绿色证书"农民培训专项。"绿色证书"由大兴"绿甜计划"最早提出，起初主要是在广大果农中提倡开展农民专业岗位资格证书培训，对获证农民给予优先承包果园、购买农资优惠政策。1990 年市委、市政府制定了"改革农村用工制度，实行农民凭'绿色证书'承包经营"制度。由市农办牵头，组织编写了北京市"绿色证书"培训教材，"绿色证书"在 11 个区县、6 个专业的系统岗位培训中得到迅速普及，全市已有 7 万农民经过培训获得了"绿色证书"。

科教兴农成果显著。这一时期，郊区农业研究和示范推广工作重点放在主攻单产、保证总产。在种植、畜牧、水产、农机化四大行业上，围绕农业高产或淡季均衡生产，农业优质高效，农产品安全生产，土肥、配合饲料，农机检测节能，小麦喷灌等配套技术进行研究和示范推广工作，共获国家或省部级二等奖以上的科技成果184项，其中国家发明一等奖1项。据市计委、市科委、市统计局组织的技术进步贡献率测算小组测算，科技进步在农业增长中的贡献率进一步提高到了"七五"（1986—1990年）期间的46.3％。

农田基本建设和农业基础设施建设

农田基本建设投入大幅度增加。到1992年年底，北京农村农田有效灌溉面积已占总耕地面积的81％，其中：机电灌溉面积占有效灌溉面积的89.7％。农机装备水平显著提高。农业机械化已经从单一的种植业向大农业的农、林、牧、副、渔生产领域延伸。蔬菜变传统的园田种植机械为较大比例的温室种植机械；水产从坑塘散养发展为成方连片的鱼池和高密度的网箱设备养殖。畜禽生产，从农户散养为主到大规模的工厂化养殖。到1992年，北京市农机总动力已增至399.8万千瓦，比1985年增长了24.9％。大中型拖拉机、手扶拖拉机、机引农具、联合收割机、载重汽车成倍增长。到1992年，郊区机播面积占耕地面积的比重达到82.2％，机收面积达到59.9％，平原地区小麦生产基本实现全过程机械化，玉米生产除收割水平稍低外也基本上实现了全过程机械化。

开发性农业的发展

北京郊区耕地以外的农业资源比较丰富，约有可开发利用的荒山、草场、坑塘1 100多万亩，占全市总面积的45％左右，农业人口人均3亩。农业实行联产承包责任制以后，北京郊区耕地外资源的开发有了较快发展，利用面积超过了300万亩，其中植树造林占87％，栽种果树占10％，开发人工草场占1.8％，开挖鱼塘占2.7％。地热、花卉、药材和旅游资源等方面的开发，也取得了显著进展，从而拓宽了农业生产领域，加快了资源利用，相当一部分集体和农民个人找到了新的致富门路。在发展开发性农业过程中，注意到允许农民自愿开发，开发的成果，谁开发归谁所有，可以继承和转让。注意统一规划开发区域和开发品种。注意通过政策帮助农民解决困难。注意科技、资金、供产销联合开发，打破了地区、部门、行业以及所有制之间的界限，为郊区开发性农业的发展注入了新的活力和生机。

北京郊区的开发性农业，具有高层次开发的特点，涌现出一批高投入、高产出、集约化、较大规模商品性经营的农业开发项目。市水产部门利用水库发展网箱养鱼 20 亩，一亩养鱼水面需要各项投资 10 余万元，其中 15 亩成鱼亩产近 4 万千克，亩纯收入万元以上。昌平县小汤山乡利用地热资源建温室大棚，发展高档蔬菜生产，怀柔县板栗密植园和西洋参等，都取得了显著效果。

世界生态农业新村——大兴县留民营村

留民营村有着丰富的地下水资源和平整的土地，村民有着丰富的生产经验，种植业每年生产 100 万千克秸秆，牲畜家禽生产大量的粪便，集体经济较强，劳动力资源丰富，这些都是发展生产、繁荣经济的有利条件。留民营村从 1983 年开始根据具体情况，以农业生产的全面发展为基础，保持原有生产优质大米的特色，重点发展养殖业和以农副产品加工为主的工副业，以保持和改善生态平衡为主导思想，以无污染的再生能源的获取和利用为主要中间环节，串联农林牧副渔业和加工业，以求得最优化的经济效益和生态环境效益。到 1985 年留民营村建成了奶牛场、肉牛场、肉鸡场、蛋鸡场、鸭场、瘦肉型猪场、鱼塘；先后办起了饲料加工厂、面粉厂、蛋品加工厂、豆制品厂、饮料厂等。这些厂（场）的建设和投产，使留民营村的产业结构发生了很大变化，1987 年与 1982 年相比，种植业产值由原来的 78.4％下降到 26.1％，饲养业由 6％上升到 12.4％，工副业由 13％上升到 55.3％。留民营村从提高太阳能的固定率、利用率和提高生物能的利用率两方面进行了新能源的开发、利用。利用太阳能创造了太阳灶、太阳能热水器和太阳能采暖房。利用生物能，建 250 立方米的大沼气池 1 个。自 1983—1986 年的 4 年间，太阳能利用效益达 2.46 万元，沼气利用的效益达 7.42 万元，二者合计 9.88 万元，平均每年节约用煤 120 吨，还极大地改善了环境卫生。在留民营村生态农业建设的过程中，先后建立了全村总体型和家庭规模型两种不同的综合利用模式。全村形成一个以沼气生产为中心的大循环。同时，利用农民家庭内部产生的废料为原料建立起家庭循环体系。1987年6月5日，联合国环境署命名留民营村为世界生态农业新村。

科学与政策聚合的威力——平谷县大华山乡

从1979年开始，大华山乡在发展商品经济过程中，依托科技调整产业结构，建立与之配套的经济技术服务体系，培养有文化、有技能的新型农民。

运用科学技术的新突破。1979年，根据山场大、林果饲草资源丰富的特点，决定选择投入较小、产出较大、生态效益好的干鲜果和家畜家禽两个方面为技术开发山区的突破口，大规模地引进新技术和人才，并迅速普及新技术。他们先后四访市果林研究所，拜贤求师，请来了由副研究员和技术员共12人组成的技术专家组，并引进"庆丰""京红"等果品新品种，收到明显效果。同时，他们还从本市和外省市引进了优质肉鸡种蛋、种肉兔、肉牛、蛋鸡等畜禽优良品种。从而揭开了以科技开发大华山经济的序幕。从1981—1986年的6年里，全乡各行各业共引进新技术、新产品、新品种254个（种）。引进并联合了社会各门类科技人员、专家学者250人；通过举办各类技术培训班，大面积推广应用的适用新技术达146个（种）。1978—1985年的8年中，科学技术在大华山乡农业经济增长额中占的比重达31.7%；全乡8年靠科技进步增收3 520万元。大华山乡注意与科研单位联合，创建了一个科研生产紧密结合的新型经济开发区。在经济开发区中，乡里提供土地，大力进行果园基本建设，并给科技人员配备助手，为科研单位进行研究试验和今后大面积推广创造物质条件；科研部门则把新品种、新技术的开发、研究和中间试验的任务带到开发区内完成。这样，双方就把新品种、新技术的开发研究、中间试验和大面积推广变成一个连续不断的过程，使科研成果以最短的时间、最近的距离转化为生产力和经济效益。大华山乡集中使用资金、技术、人才，有利于迅速形成较大规模的生产能力。经济开发区建立后不到三年的时间，用于干鲜果品发展方面的投资就达550万元，建成了400亩果树良种和苗圃基地，600亩标准化果园和中试果园，以及4 122亩大面积丰产示范果园；共引进、开发优良果品品种134个；建成一座储藏能力为300吨的果品冷藏库、7个果品调拨站，一座年加工能力7 000吨的食品厂。他们还把技术、人才输出到周围许多乡，促进了山区经济的发展。大华山乡建立了新的乡级科技管理体制。1981年成立了乡科协，全乡20个村都成立了科技咨询站，拥有150个科技示范户，数百名各业技术人员和一大批专业大户南部的后北宫村由于林果生产大发展，人均收入迅速增加，1986年达到955元，比当年全市郊区农村人均收入823元还高出16%。北部深山区的梯子峪村由于大搞农林牧综合经营，由贫变富，1986年人均收入超过了1000元。大华山乡在发展多种经营，多层次开发农业资源过程中，一方面不断增强农业的物质技术基础，不搞掠夺式经营，另一方面正确处理农林牧各业关系，坚决不放松粮食生产。为了扩大林果灌溉面积，大华山乡在原、技术能手，形成了一个遍布全乡的科技推广网络组织。推广中积极发挥科技示范户的"二传手"作用，使科学技术在他们手中"开花"，带动广大群众在大面积生产中"结果"。

依托科技调整产业结构。大华山乡首先从开发本地资源入手，建成向城市提供种类繁多、品质优良的干鲜果品和畜产品基地。南部平原向山区过渡区重点发展桃、梨、苹果等鲜果，中部浅山区重点发展猪、鸡、兔饲养业，北部山区则重点发展干果及肉牛、羊等草食动物。到1985年，全乡果林面积由1978年的8700亩增加到16500亩，果树由57万株增加到113万株；肉鸡、肉兔、肉牛等从无到有不断发展。1986年年农业总收入中，林果业占37.8%，畜牧业占21.7%，副业占15.1%，粮食由1978年的69%下降到25.4%。接着以开发非农产业为主，吸收和安排从农业中解放出来的大批劳动力。他们兴建了一座年加工能力7000万吨的果品、畜产品综合企业、一座300吨的果品冷藏库、7个果品调拨站和果脯厂、柿叶茶厂等。同时建起了饲料厂、种兔种鸡饲料厂和兔毛加工厂，还兴办了贸易货栈。同时，加快了非农产业的发展。如与外地、外厂联合兴建了乡电机厂、乡铸造厂、大华山村服装一厂等骨干企业。到1986年年底，大华山的非农产业已经涉及到服装、铸造、微电机、食品加工、印刷、塑料6个行业，企业40多个，从业人员达到4109人。大华山乡的产业结构经过1980—1986年的两次调整，有了很大的变化，1986年全乡总收入中，第一产业占36.2%，第二产业占58.4%，第三产业占5.4%。在全乡劳动力总数中，种植业占30%，其他产业占70%。"六五"期间，全乡总收入年均增长达到了38%。

构建经济技术综合服务体系。大华山乡针对实行联产承包责任制后出现的新情况，从 1984 年开始在乡村两个层次上建立和逐步完善经济技术服务组织，形成了一个双层、有效的服务体系。在乡一级，建起了农业、林果、畜牧等十几个服务组织，专职服务人员达 160 余人。他们还提供专业技术服务的组织，如林果业有一支由 11 个助理农艺师组成的技术咨询服务队和一个由各村技术能手组成的大桃研究会。为保证生产和生活用水，乡统一管水，建立水管站，制订了一整套水资源分配使用办法和用水收费标准，并积极组织对全乡水利设施进行维修。村一级有 17 个村成立了水电管理服务组（站）。还成立了林业技术管理（咨询）组（站）等服务组织，与乡级服务组织对口衔接、配合，使乡级服务通过村级服务组织落实到农户。还在本乡创办了两年制的中专班，设置农学、林果、畜牧兽医、经营管理 4 个专业。他们还相继开办了车间主任、技术骨干培训班和农业技术夜校，培养文化水平高、劳动技能强的新型农民。

大华山乡这个昔日被人"倒着数"的山乡，改革开放后，依靠科学与政策相结合，推动商品经济迅速发展，告别了贫穷、落后和愚昧。1986 年全乡总收入达到 4 305 万元，人均纯收入 859 元，分别比 1980 年翻了两番；人均纯收入比当年全市农民人均纯收入还高 4.4%，一跃跨入了平谷县发展商品经济、建设新农村的先进行列，成为山区脱贫致富的先导。

五、乡镇企业的异军突起与农村产业结构的调整

北京郊区乡镇企业异军突起，是郊区农村经济、社会发展的必然。郊区从生产力发展水平的实际出发，实行了多种形式的承包经营责任制，给社队和农民的生产和经营自主权，充分调动了积极性。随着农业生产责任制的落实，郊区有限的土地容纳不了众多的劳动力，部分农民从土地上分离出来，一些有技能的或原来就干瓦木匠的，城里做过工的，奔跑于城乡之间发展多种经营，联络渠道，兴办工副业。一些社队干部也主动组织这些人，掀起了大办乡镇企业的新高潮。城市工业的技师和有专业技术的能人，也愿意到郊区指导、支援乡镇企业，使自己的"路子"活起来。在这种情况下，经过市委、市政府等有力的推动，乡镇企业快速发展起来了。

以城市为重点的经济体制改革全面展开。在这种情况下，随着生产的

发展、市场的发育，卖方市场逐步转换为买方市场，竞争日趋激烈。与此同时，城市建设加快，耕地面积逐渐减少，如何进一步发展农业，解决农民致富问题，已提上了议事日程。同时，北京农村乡镇企业发展面临着新情况、新问题。1985 年 10 月时任市农办主任的白有光在市乡镇企业会上提出：郊区乡镇企业发展要"两头依靠、两头协调"，即要依靠、协调农业，又要依靠、协调城市工业，要与农业、城市工业同步发展。1989 年 8 月，他又明确提出乡镇企业要"抓调整、上水平、求效益"的指导方针，乡镇企业要从主要靠外延转向主要靠内涵发展。基于这些指导思想的贯彻和实践发展，1991 年，市委、市政府提出了"广开放、抓调整、增效益、促发展"的工作方针。从 1985—1992 年，郊区乡镇企业发展提高到了一个新的阶段。乡镇企业的发展带动了郊区农村产业结构的调整，郊区二、三产业迅速发展。

创造良好的外部和内部条件

从 1986—1992 年，首先进一步明确乡镇企业发展的方向、政策界限，为乡镇企业的发展创造良好的外部环境。1986 年年初，在郊区农村整党期间社会上重又刮起了乡镇企业是各种歪风"源头"的谬论，市委农工委重新制定了"严格注意政策界限，纠正不正之风"的规定，以市委办公厅名义正式下发，对乡镇企业实行承包制、自主生产经营、必要的招待、高报酬聘请科技人员等都提出了明确的意见，再次明确放开搞活发展乡镇企业的必要性和正确方向。其后以市政府名义于 1987 年 6 月又正式下发《关于鼓励科技人员支持乡镇企业的若干规定》，以充分发挥科技、人才优势，促进科技人员支援乡镇企业。为了促进联营和鼓励出口创汇，支持乡镇企业的发展，市政府又在 1988 年 4 月正式发文《关于进一步支持乡镇企业发展的若干规定》，明确城乡企业联营、企业产品出口创汇、山区贫困乡新办企业享受的减免优惠政策和在资金、信贷方面予以照顾的规定。

加强乡镇企业基础工作。这一期间，全市对于扶持发展的 166 类乡镇企业产品，除了在银行贷款、财政支持、能源保持、税收政策予以优惠外，还在其企业内部加强基础管理工作。各县区也划定和审核一批骨干企业。市县区重点企业完成了以产品标准为主体，包括管理标准和工作标准在内的企业标准化体系的建立。分别制定出主要原材料和能源消耗定额，健全了财务管理、成本核算制度。通过开展定级升级和管理基础工作"达标"活动，调动了企业上管理的积极性，一批企业晋升为国家等级企业，更多的企业跨入了市级先进企业行列。开展全面质量管理活动，一批企业获得等级计量合格证书。1990年，丰台区南苑制桶厂生产的200升钢桶，获国家银牌奖，实现了郊区乡镇企业国优产品零的突破。

到1992年郊区形成了1 500个骨干企业。这些骨干企业的产值约占乡镇企业总产值的一半。产值在亿元以上的企业5个，千万元以上的25个，500万元至1 000万元的有85个；创部优产品64项，市优产品173项。

乡镇企业的发展进入广泛联合新阶段

进入1985年，随着国家宏观政策的调整，紧缩信贷、增加税金、原材料涨价，郊区乡镇企业采取内部集资和横向资金融通的办法，积极利用城市改革和对外开放的有利条件，大搞外引内联，推动乡镇企业持续健康发展。全年乡镇企业工业产值占全市工业总产值的比重也由1980年的5％上升到1985年的11.7％。乡镇企业已经成为北京工业的第二战线，乡镇企业的发展进入了城乡统筹规划、广泛联合、互相支持、共同发展的新阶段。

1987年6月以后，市政府领导与国家24个部委的领导分别举行对话，请他们对郊区乡镇企业的发展，在项目、资金、人才上给予支持和帮助。各区县参照这些政策，结合本地的具体情况，也进一步制定了有关加快横向联合和扶植乡镇企业发展的具体措施。这一年，郊区新办各种形式联营企业1 060家，引进资金1.25亿元，与15个中央部委签定合作项目36项，引进各类工程技术人员和技术工人1.2万人。到1987年年底，乡镇企业总数达到了17 029个，企业职工84.3万人；总收入达到78.9亿元，实现利润11.4亿元，分别比1986年增长28.9％和24.9％。乡镇企业与城市联营和为城市工业协作加工产品、零部件产值已占到乡镇工业产值的三分之一。

乡镇企业实行经营承包责任制，调动了企业的积极性

1989年12月，市委农工委、市政府农办联合转发了市乡镇企业局《关于进一步完善乡村集体企业承包责任制的意见》，各地在认真总结经验，

针对企业承包责任制存在的问题，从四个方面进行了改进和完善。一是推行厂长（经理）任期目标责任制，厂长（经理）任期至少三年。企业承包指标包括生产、发展、管理三个方面，企业利润上交乡村集体和企业留成比例一定三年不变。据统计实行厂长（经理）任期目标责任制的乡村集体企业 1988 年有 6 206 家，占企业总数的 33.4％；1991 年发展到 9 547 家，占 65.3％。二是整顿和完善了个人承包办法。1986 年实行个人承包的乡村集体企业有 1 128 家，占 7％。多数个人承包的企业很不规范，漏洞很多。通过清理整顿，规定了发包程序，及发包、承包双方的权利、义务，制定了规范化的合同文本，承包上交指标一般都实行了利润基数包干超额分成的办法。三是推行了风险抵押承包。有的是厂长（经理）抵押，有的是企业领导班子成员抵押，也有的企业全员抵押。仅 1988 年就有 3 681 家企业实行了风险抵押承包，占 24.5％。增强了企业经营者和劳动者的风险意识和责任感，对克服集体企业只负盈不负亏的问题有一定积极作用。四是引进竞争机制，实行招标承包。1988 年全市有 2 782 家乡村集体企业通过公开招标的办法选择承包经营者，占 18.5％。

1990 年 9 月市农办在总结乡村集体企业承包经营责任制 10 年经验的基础上，制定并下发了《北京市贯彻农业部〈乡镇企业承包经营责任制规定〉的实施细则》，明确规定了发包方和承包方的权利、义务，规定了上交乡村集体企业的利润比例一般不得超过 30％，职工报酬总额增长速度必须低于利润的增长速度和不能超过计税工资及税后利润的 15％；规定了承包者离任时必须进行离任审计。1993 年 1 月 14 日，市人大常委会第十一次会议审议通过了《北京市乡村集体企业承包经营条例》，从而使乡村集体企业承包经营责任制走向了法制轨道，促进了乡镇企业持续、稳定、健康的发展。

这一阶段还注意处理好乡村对企业"干涉过多、取之过分"的问题，并建立企业内部职工工资、奖金与企业经济效益挂钩的机制，部分企业还实行了股份合作制，进一步调动了企业职工的积极性。

从 1985—1992 年，郊区乡镇企业发展到了一个新的水平。郊区乡镇企业已经有了一定的规模。到 1992 年，占农村劳动力总数 64.4％的企业职工，创造了 83.5％的农村经济总收入；乡镇工业的产值已占全市工业产值的 40％以上；区县财政收入的 58.2％来自乡镇企业。

乡镇企业情况

年份	总收入（万元）	利润（万元）	固定资产原值（万元）
1985	562 411	100 085	201 460
1988	1 382 636	189 125	479 170
1990	2 024 751	255 951	706 137
1992	3 227 374	354 701	956 280

注：据北京市统计局资料。

外向型经济大发展

1985 年，北京郊区把"上下左右内外联"概括为"外引内联"，更加重视发展外经外贸，特别是从国外引进技术和设备。从 1988 年起，北京郊区外经外贸进入了快速发展阶段。为贯彻中央关于沿海地区参与国际经济大循环指示精神，市委于 1988 年 2 月 29 日提出郊区"有条件的乡镇企业要积极参加国际大循环，一时不具备条件的要创造条件参加，而且所有乡镇工业都应置身于国内大循环之中"。要"破除旧观念，处理好农产品保首都市场和创汇的关系，乡镇工业依托大工业和外向竞争的关系，外经外贸输出和引进的关系"。3 月 23 日，市委、市政府主要领导提出，要大力发展中外合资企业，要求把各区县都要定出发展"三资"企业的目标，每个月抓一次进度，并相应建立了由市有关委办局参加的郊区外经外贸工作领导小组，统一领导和协调发展郊区外向型经济的政策和措施，加强郊区外经外贸工作的领导。1990 年 10 月，市委农工委、市农办提出，要树立新的发展观，在量的增长中更加重视质的改造和提高，强调发展外向型经济要重视质量，提高水平。1991 年 3 月，提出"八五"（1991—1995 年）期间郊区对外经贸工作的指导思想和具体措施。8 月 25 日，市农林办公室主任白有光在上半年的经济分析会上明确指出：郊区外向型经济发展"总的工作思路是，进一步解放思想，强化扩大开放意识，形成以大推进、高起点、多样化、全方位为特征的对外开放新格局。大推进，即加快开放步伐，使出口创汇企业、'三资'企业保持较快的增长势头；高起点，即把外向型经济建立在技术进步基础之上，向技术密集型转化；多样化，即改变产业结构、出口结构单一化倾向，打开不同层次的国际市场；全方位，即大力开拓国际合作、技术合作的渠道和形式，实行多元化的国际联系、多口岸出口、多国家开放"。

从 1986—1992 年，主要在以下几个方面明确了外向型经济发展的政策规定：

出口。郊区出口商品以外贸公司收购为主，其中生产企业通过外贸部门直接收购的约占 72％，间接收购的约占 27％，实行代理制的所占比重很小。为解决生产厂家不了解国际市场的问题，北京市积极选拔优秀的企业厂长出国考察，组织多种形式的信息交流。同时，外贸部门与郊区生产企业紧密协作，工贸联合对外，开展"三来一补"业务，建立了一批出口商品生产专厂、专车间，发展了一批"工贸""农贸""技工贸""科工贸""贸工农"等出口联营企业。这些联营企业主要有三类联营形式：一是购销式联营。外贸公司和郊区出口生产企业，建立稳定的购销关系，按年度、季度签订购销协议，这种联营形式占多数，主要集中在服装、工艺品、纺织等行业。二是参股式联营。由外贸公司入股和郊区联合兴办出口生产企业，这种联营形式主要集中在工艺品行业，其次为轻工、食品行业，再次为纺织、机电、服装行业。三是集团式联营。一般按行业设立董事会，各方共同承担责任和义务，协调外销价格，控制和稳定货源，如抽纱、织布等集团均属于这一类联营形式。此外，有少数生产企业在与外贸部门协调一致的基础上，实行代理制。从 1992 年起，北京市根据国务院批转《经贸部、国务院生产办关于赋予生产企业进出口经营权有关意见》，对郊区具备条件的出口生产企业赋予了自营进出口权。

出口基地。到 1986 年，在市外贸部门的扶持下，郊区各区县和市属国营农场已先后建立了出口商品生产基地 35 处，生产厂家 100 多个。这些基地生产的出口商品，既有蔬菜、蘑菇、板栗、核桃、水果、果脯、填鸭、肉鸡、肉牛、兔、裘皮、蚕茧等农畜产品，也有服装、毛衣、首饰、珐琅、烧瓷、景泰蓝、烟花等轻纺和手工艺品，还有青石板、糠醛等建材、化工产品，收到了良好的经济效益，促进了郊区出口贸易的发展。如北京市工艺品进出口公司在郊区各区县发展景泰蓝生产厂（点）100 多家，从业人员 6 800 多人，年收购额达到 2 500 万元；市针棉织品进出口公司先后在平谷、顺义、怀柔等区县建立毛衫厂 44 个，从业人员 21 000 多人，拥有各种设备 8 000 多台（套），年生产能力达到 1 000 万件；市服装进出口公司在郊区区县建立出口服装加工生产基地 10 个，其中房山区云居服装厂年创汇

1 500万美元；市粮油食品进出口公司在海淀、丰台两区建立的 24 个养鸭生产基地，每年出口香港活填鸭 90 万～100 万只，创汇 500 多万美元；怀柔县生产的板栗，1979 年出口仅为 70 万千克左右，建立出口商品生产基地后，1985 年出口达到 200 万千克以上。从 1988 年起，郊区择优重点扶植具有生产出口产品条件，并有一定规模和技术质量保证的优势行业，建立和发展了一批贸工农出口商品生产基地企业，这些企业有了长足的发展。其中，北京中燕实业集团公司、渔阳服装厂 2 家企业出口供货额超过亿元；北京一路发联合发展公司、密云服装十二厂、顺义张镇服装厂 3 家企业出口供货额超过 5 000 万元。

出口奖励。1986 年 2 月，根据国务院《关于鼓励出口商品生产扩大出口创汇的通知》，本市对出口生产企业或供货单位实施出口奖励。规定除石油、煤炭、军品的出口外，以 1985 年出口创汇实际金额为基数，基数内每实现出口创汇 1 美元，奖励人民币 0.03 元；超基数出口创汇 1 美元，奖励人民币 0.1 元，一定 3 年不变。此项奖励作为企业的税后留利，大部分应用于发展生产，小部分可用于增发职工奖金。1987 年 10 月，北京市政府制定了鼓励郊区发展出口商品生产的若干规定，对郊区直接提供出口货源的企业，同城区企业一样享受出口奖励。1988 年 6 月，市政府作出进一步鼓励企业多出口多创汇的若干规定。规定增加专项奖励，对超基数提供货源的企业和超基数收汇的外贸企业，超额部分 1 美元奖励人民币 0.01 元。

出口退税和减免税。1987 年 3 月，市政府制定了《关于鼓励机电产品出口的若干规定》。规定重点机电产品出口企业，由于产品出口造成留利减少的，经财政和税务部门核准后，可适当减免调节税和减征所得税；其他机电产品出口企业，由于外贸收购价格低于内销价格而影响利润的，经财政部门核定，可视同实现利润提取福利基金和奖励基金。集体所有制企业出口机电产品，按内销同类产品利润率计算，影响的利润，视同计税利润，税前列支工资、奖金。实行工资奖金同上缴税利挂钩的企业，因价差影响上缴利税的，经财政部门核定，提取工资增长基金时可视同上缴利税。1992 年 4 月，市政府制定《关于进一步鼓励机电产品出口的若干规定》。规定明确生产企业由于机电产品外销价格低于内销价格而影响利润的，经财政部门核准后，可视同实现利润，并相应提取福利基金，抵减当年应缴所得税和应缴利润；影响企业未完成承包上级财政任务部分，按有关规定计算，可视同完成任务，不再补缴；影响实行工效挂钩企业效益部分，可视同实现利税或上缴利税，计算工资增长费用。

鼓励外商投资。1983年9月，根据中共中央、国务院《关于加强利用外资工作的指示》精神，北京市对利用外资实行优惠政策：合营期在10年以上的企业，从开始获利的年度起，头两年免征所得税，第三年起减半征收所得税3年；农、林业等低利润企业和边远地区企业，减免所得税5年，以后10年内减征所得税15％～30％。外商投资企业进口设备及零部件，免征关税和进口环节的工商统一税；生产出口产品免征工商统一税和关税。1984年北京郊区第一家中外合资企业"密日兴"建成。密云县十里堡乡农工商总公司与日本名古屋市前进公司达成协议，双方联合投资51.4万美元，创办了"密日兴食品工业公司"，专门生产以花生为主要原料的高级营养食品——美味酥果，主要出口日本。1986—1989年，年产值接近1000万元，年出口创汇90多万美元，在国际国内市场累计销售酥果1000多吨。从1986年10月起到1992年，市政府每年调整政策，放宽限制鼓励外商投资。1992年9月11日，市政府发布《北京市征收外商投资企业土地使用费的规定》，又进一步规定：外商投资企业在合同规定的筹建期内，按核定的标准缴纳20％的土地使用费；生产型企业，在规定的筹建期内可免缴土地使用费；华侨、台湾同胞投资的企业，可按核定的标准减收20％～30％的土地使用费；产品出口型企业和先进技术型企业，可按核定的标准减收10％～30％的土地使用费；对缴纳土地使用费确有困难的外商投资企业，可予缓征。

下放外商投资审批权限。1986年10月，对投资额在100万美元以下（含100万美元），符合标准的下放由区、县、局（总公司）审批。1988年6月以后进一步扩大为500万美元。1992年11月，市政府进一步扩大区、县计委（计经委）审批项目的权限。对符合标准的总投资在1000万美元以下的中外合资、合作项目（不包括第三产业项目），由区、县计委（计经委）负责审批；总投资在300万美元以下的第三产业中外合资、合作项目，由区、县计委（计经委）负责审批；总投资在3000万元人民币以下的自筹资金基本建设项目，由区、县计委（计经委）负责审批。市政府制定了《北京市鼓励外商投资的重点行业》，提出了外商投资的领域，以引导外商投资方向。

郊区外向型经济发展。1985年郊区仅有"三资"企业30家，到1991年郊区有"三资"企业676家，投资总额14.06亿美元，出口企业714家，出口供货额达 19.7 亿元。郊区外向型经济占郊区城乡工农业总产值为 10.39%。

创建乡镇工业小区和开发区

创建乡镇工业小区。

进入 20 世纪 80 年代中后期，随着规模扩大、水平提高，北京郊区乡镇企业开始逐步改变分散布局的弊端，向区域集中布局的方向发展。乡镇工业小区从自发的探索到有组织、有规划地逐步兴起。在乡镇工业小区的开发建设中，各地根据自己的实际情况，采取了多种多样的形式。

朝阳区黑庄户乡从 1976 年开始建立汽车配件厂，经过十几年努力，初步建成了由汽车配件厂、汽车压铸件厂、柴油机配件厂、齿轮厂和物资储备库组成的工业小区。该小区占地 740 亩，建筑面积 8.9 万平方米，职工 2 400 人，年销售收入 5 000 万元，创利税 700 万元，占全乡的一半以上。工业小区实行了供水、供电、供暖、供汽、食堂、托幼六统一，初步计算可节约劳力 300 人，减少投资 400 万元。黑庄户乡办工业集中联片发展，仅附属设施和工厂边沿占地就节约了 120 亩土地，同时，为市政公用设施、文化娱乐设施和生活服务设施的集中建设创造了条件。

大兴县建设乡镇工业小区，主要采取：实行综合开发，搞好基础设施和配套设施建设。如庞各庄工业小区投资 5 700 万元完成了"六通一平"基础设施建设，并建了电信支局、工业变电站、医疗保健中心、住宅楼，以及全寄宿学校。入区企业达到了 17 家，总投资 1.2 亿元。再如金星乡工业小区，在碱河上架起一座通往小区的 20 吨载重大桥，完成了长 145 米、宽 14 米的干路及雨污水管道的铺设，100 门程控电话入区，修建供热厂、供水厂、综合服务楼。入区项目达到了 25 个，总投资 8 250 万元。他们还以老企业为依托向周边扩散开发。这种开发形式，投资少、见效快。如半壁店乡工业小区，原有老企业 15 个，比较集中。在此基础上对原有的基础设施进一步完善，修建了电信支局，采取了集中供暖、供水等。他们还注意采取"筑巢引凤"的开发方式，先在小区内建设标准厂房，以吸引投资者。如长子营乡利用股份合作制形式在小区内建设标准厂房，引来了 7 个项目。旧宫镇在小区内建成 2 000 平方米的标准厂房，引来了 9 个项目。黄村镇工业小区与首钢宝生带钢厂联合开发，一期投资就达 2 亿元，建成年产 15 万吨的冷轧项目。大皮营乡与北京市科委燕科公司合作共同开发小区，成效显著。大兴县工业小区引进的项目以规模大、科技含量高的为主，入区的 187 个项目中，投资在 1 000 万元以上的 35 个，5 000 万元以上的 11 个，规模最大的达到 2 亿元；科技含量较高的企业占了很大一部分，其中有的项目填补了国内空白；其中"三资"企业 44 家，"优二兴三"项目 23 个；全县工业小区投资中，县外资金占了 70％以上。

为解决山区办企业难的问题，各山区通过兴办工业小区，让山区乡村下山办企业，为山区人民致富开辟了新途径。如，怀柔县的山区面积占 88.7％，为克服山区办企业的种种不利因素，1983 年县委、县政府做出了"山区企业平原办，划出区域集中办"的战略抉择，决定在山区与平原交界地带的"西大荒"划出 2 平方公里的沙荒地，兴办山区乡镇工业小区，并做出规划，由县政府统一征地，有偿划拨给山区乡镇，使山区乡镇获得工业用地使用权；小区规划、征地后，采取县财政拿出一部分，山区乡镇集资一部分，施工单位赞助一部分的做法，开通了小区公路，接通了电话，完成了"两通一平"；县政府对在小区兴办的企业，仍享受所属乡镇的贫困地区、革命老区、少数民族地区政策，在税收方面尽量给予照顾；在此基础上，各山区乡镇通过集资、贷款和联营等多种形式，办起了企业。到 1992 年年底，山区 13 个乡镇在工业小区涌现出汤河口镇金恒实业公司、碾子乡燕南五金厂、钢锉厂，八道河乡富兴冲压件厂等一批重点骨干企业，其中七道河乡抛光膏厂生产的抛光膏多年来一直被评为北京市优质产品。山区县下山办工业小区的优越性在于，可以提供聚集生产要素的有利空间。在平原工业小区建设基础设施能节省资金 93％，而且使生产场地与市场距离大大缩短，优化了运输条件。可以改善投资环境，促进了短缺要素的聚集。同时，山区企业平原办便于环境治理，提高了平原地区环境质量。工业小区的发展为山区建设积累了资金，安排了大量的山区剩余劳动力，带来明显的社会效益。

此外，平谷、昌平、延庆、密云等县也在"山区企业平原办"方面进行了大胆的探索，取得很好的效果。如平谷县的熊儿寨乡在兴谷开发区办成三家合资企业，其中与日本三和物流株式会社合资兴办的脱水蔬菜项目，总投资 2 800 万元，年产值可达 8 000 万元。

创建开发区。

1988 年国务院批准建立了北京市新技术产业开发试验区。各郊区县委、县政府充分看到了建立开发区对发展经济的重要作用，也提出了建立区县级工业开发区的设想。1991 年平谷县首先建立滨河工业区。接着，其他区县也开始了申报建立工业区的准备工作，请有关部门做总体规划和详细规划，并相继报市政府批准。1991 年 11 月 9 日北京市新技术产业开发试验区昌平园区成立，1992 年 1 月 16 日门头沟石龙工业区成立，1992 年 1 月 29 日燕山东流水工业区成立，1992 年 4 月 10 日怀柔雁栖工业区成立，1992 年 5 月 18 日大兴工业区成立，1992 年 5 月 22 日顺义林河工业区、通县工业区、密云工业区先后成立，1992 年 8 月 3 日延庆南菜园工业区、八达岭经济区成立，1992 年 10 月 16 日良乡工业区成立，1992 年 12 月 11 日怀柔凤翔科技示范区、农业开发区、民营经济区、中国乡镇企业城先后成立。至此，到 1992 年年底北京市政府共批准建立了 16 个区县级工业区，首都建设规划委员会批准总体规划面积 61 661 亩（41.1 平方公里），其中，第一期开发面积 19 699 亩（13.1 平方公里）。

各区县工业区在开发建设之初资金短缺，电力不足、通信跟不上。面临这些问题，各区县相继成立工业开发区管理机构，并广泛招商引资。通县张家湾工业区与马来西亚金狮集团合作占地 1 300 亩，投资 1 600 万美元，进行团地开发。同时，各工业区坚持了基础设施先行，采取多种形式，实行滚动开发。经过市政府批准，各区县将工业区入区企业买地所得的土地转让金直接留在工业区搞基础设施建设。到 1992 年年底，16 个区县工业区已完成基础设施总投资 37 311 万元，有 1 006 家企业入区，协议总投资 351 195 万元，其中入区"三资"企业 166 家，协议总投资 35 398 万美元。

第三产业稳步发展，旅游业迅速兴起

大型批发市场、集贸市场等商业服务业发展迅速。1986 年，海淀区东升乡大钟寺村由农民投资在全市率先办起了以蔬菜为主兼营其他农副产品的大型批发市场，一年内商品交易量即达到 1 667 万千克。之后，相继出现了由乡、村投资或城乡联合兴办的丰台区岳各庄、新发地、大兴礼贤乡、通县八里桥等大型农副产品批发交易市场，对促进农产品流通，保障城市副食品供应发挥了积极作用。一些善于经营的农民也到城镇从事商业、服务业经营，涌现出大量的集贸市场，一些城镇还形成了商业一条街或专业市场。到 1990 年，郊区乡、村集体兴办的商业企业共有 1 409 家，从业人

员 1.8 万余人，实现收入 10.5 亿元、利润 6 082 万元；农村个体、联户兴办的商业企业共有 23 154 家，从业人员 3.2 万余人，实现收入 5.1 亿余元、利润 1.4 亿余元。进入 20 世纪 90 年代，随着农村产业结构调整，第三产业发展步伐加快。商业服务业由主要集中在城乡结合部、或县城附近大部向远郊区县集镇拓展，经营范围也不断扩大，出现了一批建材装饰、汽车配件、钢材、小百货、粮油、花卉大中型综合性市场和专业批发市场。

餐饮、宾馆等服务业是郊区农村服务业中的重要行业。据 1990 年统计，郊区乡、村集体兴办的餐饮业有 424 家，从业人员 6 800 余人，当年实现收入 1.8 亿余元、利润 1 500 余万元；个体、联户兴办的餐饮业有 4 617 家，从业人员 1 万余人，当年实现收入 1.3 亿余元、利润 2 500 余万元。90 年代以后餐饮业进一步发展，规模扩大，档次提高。在一些城镇、旅游区各种传统风味的菜肴、名特优小吃以及多种地方特色的饮食都有经营，快餐、冷热饮等新型经营业态也相继出现。1985 年，海淀区四季青乡同国内企业联合与海外香格里拉集团合资，兴建了五星级的北京香格里拉大饭店。郊区县城及一些风景区也相继兴建了一批宾馆、度假村等设施，成为了郊区服务业新的增长点。同年，成立了北京市郊区旅游实业开发总公司，推动了郊区旅游业的发展。郊区各区、县也相继成立了一批旅游公司、旅行社。1986 年春节前后，延庆县举办了首届龙庆峡冰灯游览会，填补了北京冬季旅游的空白。龙庆峡附近的古城村在 40 天冰展期间，农民餐饮收入 3 万多元，食宿收入 1.5 万元。这个村从事旅游服务的农民占到全村劳动力的 10％左右。昌平县回龙观乡办的西三旗饭店，从支持体育入手，发展旅游业务，成立了国际乒乓球交流会馆，吸引了许多国际游客。他们利用旅游收入为农民办好事受到了欢迎。进入 90 年代，集观光、休闲、劳作于一体的"观光农业"和具有浓郁乡土风情的民俗旅游在郊区农村兴起。有的乡、村办起了供观光、采摘的果园、大棚、温室；有的还可供市民承包果树或租赁零星农地自行管理，体验农事劳作；有的开办了"住农家院、吃农家饭、干农家活"的民俗旅游活动。一些国营林场，利用良好的森林景观开辟成森林公园，为人们提供回归自然、休闲度假、健身锻炼和科学考察等活动场所。1990 年 9 月 6 日，"北京乡村高尔夫俱乐部"在顺义县马坡乡建成投入运营，球场占地 1 500 亩，设有 18 个球道。旅游业的发展促进了郊区农村经济发展、环境改善和社会进步。

六、农村小城镇建设进入崭新发展时期

北京乡镇企业的发展，促进了农村小城镇建设，为发展新型的城乡关系，实现城乡一体化，走出了一条成功的路子。改革开放后，郊区乡镇企业的创办首先选择在人口集中的中心集镇或一般建制镇。这些地区由于乡镇企业发展较快，城镇人口和规模有了前所未有的发展速度；乡镇企业的发展又推动了城镇基础设施和城镇基本建设的发展，规模逐步扩大，面貌有了很大改观。1987年年初召开的市农村工作会议上，市委提出要抓好乡镇企业布局，以小城镇为载体，统一规划，实行集中和分散相结合，以适当集中为主，加快小城镇建设。一些区县组织各乡选择了产供销条件好的、管理水平高的拳头产品和主导企业做龙头，通过提供产、供、销服务，技术指导、帮助管理、扩散产品等不同形式，把一些同类企业或有关企业带动起来，用滚雪球办法形成不同地区各具特色的企业群体。特别是20世纪90年代各区县新建的开发区和工业小区，对郊区农村经济的发展和城市化进程的加速，具有重要的推进作用。这一时期，随着郊区农村经济的快速发展和城乡协作、工农协作、一体化发展，农村城市化开始起步并逐步加速。在研究制定首都发展战略的时候，市委农工委、市农委把城乡一体化的内容归结为三个方面或三个体系，即以城市为中心、城乡一体的产业结构体系，以市区为中心、城乡一体的城镇结构体系，以近郊—远郊—山区三个保护带构成的城乡统一的生态环境体系。

一般集镇建设。从1984年开始，集镇规划上马。仅经过一年时间，郊区259个乡镇全部完成了粗线条控制规划。同时确定，昌平沙河、通州牛堡屯、马驹桥、顺义张喜庄、房山窦店、平谷大华山、大兴采育、怀柔汤河口、延庆张山营、密云太师屯、门头沟永定、海淀温泉、丰台黄土岗等13个集镇为试点建设集镇，由市统一指导，规划建设。到1990年年末，市、县区两级抓的集镇建设试点达到134个，并且全面启动。在集镇试点建设带动下，全郊区一般集镇坚持绿化和基础设施优先，用政策推动协调各方关系，建设和管理并重的原则，效果显著。到1991年，全郊区有一般集镇183个，其中建制镇75个，乡政府所在地的集镇108个。郊区集镇大体分为5种类型：城镇型集镇，如通县梨园镇；旅游型集镇，如房山区十渡镇；商贸型集镇，如平谷县大华山镇；新工业型集镇，如通县张家湾镇；山区型集镇，如房山区河北镇、门头沟区雁翅镇、延庆县四海镇、千家店镇。

中心镇建设。在"六五"计划时间，全市有 9 个中心镇建设试点完成建设规划编制，建设初具规模。"七五"计划期末，中心镇发展到 28 个，并且开始全面建设。主要特点有：一是老镇换新颜。通县牛堡屯、马驹桥是历史老镇，建设镇村企业、商业大街、农贸市场，交易人数高达万人，还建有中小学教学楼、幼儿园、敬老院等。顺义县杨镇建成工业小区，仿古商业街，商贸企业上百家。二是涌现大批新型集镇。通县张家湾、顺义高丽营，建设成了新的工业型集镇。平谷的峪口、通县的西集等建成为新的商品集散中心。通县永乐店、密云古北口、房山长沟、延庆康庄、大兴榆垡等与河北省相邻，集镇出现空前繁荣景象。三是山区中心镇建设加快了步伐，密云太师屯、怀柔汤河口、门头沟斋堂等建设商业设施，农贸市场辐射周围深山区乡村，方便了农民购销。房山窦店、良乡等都为过去的古驿站也进入新兴城镇行列。

新村建设。从 1982 年起，昌平县踩河村、马连店村新村建设经验在全市郊区铺开。1984 年，郊区发展到 24 个新村建设示范点。到 1985 年发展到 225 个。为了把新村建设建立在科技为依托的基础上，1986 年，昌平马池口、通县大稿村为"星火计划"新村建设科技示范典型。经过 3 年多的建设，国家科委、建设部验收合格。1989 年年末，马池口村社会总产值超亿元，率先成为郊区第一个亿元村。大稿村实行异地建新村，新建 9 栋六层农民住宅楼、街心公园、幼儿园和小学，占地 4.2 公顷，旧村还田 22.5 公顷，节约土地 18.3 公顷。全郊区新村建设掀起了建房热潮，改变了郊区农民的居住和环境条件。

七、开发建设山区，实施山区致富工程纲要

重点帮助贫困山区改变面貌

1985 年 11 月 23 日，市八届人大常委会第 24 次会议决定远郊山区划定 37 个贫困乡，制订规划目标，实施优惠政策，采取有力措施，重点开展开发扶贫工作。为了加强组织领导，1986 年市政府农林办公室成立了山区建

设处，各山区区县也相继建立了山区建设专门机构，专抓山区开发建设。经过四年的艰苦努力，到 1989 年，37 个贫困乡提前一年实现了市人大、市政府提出的初步脱贫目标。37 个贫困乡农村经济总收入达到 4.22 亿元，纯收入达 1.98 亿元，均比 1985 年翻了一番；人均劳动所得也从 1985 年的 450 元增加到 699 元，增加了 249 元；集体积累比 1985 年增长 2.2 倍；教育、科技、卫生等项事业也得到相应发展，社会面貌发生了较大的变化。

在 37 个贫困乡得到较快发展的同时，一批未予重点扶持的山区乡镇经济、社会发展相对滞后的问题表现出来。为此，1990 年市委、市政府决定扩大扶持范围，增加 10 个相对贫困乡镇，纳入重点扶持行列。重点扶持的山区乡镇总数增加到 47 个。这 10 个贫困乡镇是：房山区霞云岭乡、门头沟区斋堂乡、延庆县清泉铺乡、千家店乡、四海乡、怀柔县长哨营乡、密云县冯家峪乡、东庄禾、平谷县靠山集乡、韩庄乡。经过三年扶持，既定目标如期实现。

实施十年致富纲要

1990 年以后，北京郊区经济和社会发展步伐加快，边远山区虽然也有很大发展，但由于基础薄弱，一些主要生产力指标与全市平均水平相比，差距拉大。据 1991 年对 60 个边远山区乡镇的调查，生产力主要指标只相当于郊区平均水平的 1/3 到 1/2，如水浇地面积比郊区平均水平低 46.3%；人均拥有农机总动力相当于平均水平的 60%；人均年耗电量只相当于郊区平均水平的 3%；农业生产基本上是手工操作，不少地方还延续着小农经济的落后的生产方式，粮食人均占有量仅相当郊区平均水平的 50%。1989 年、1991 年京郊山区接连遭受洪水、泥石流等严重自然灾害，山区加快发展的任务显得更加紧迫。为此，市政府在市九届人大四次会议上《关于北京市国民经济和社会发展十年规划和第八个五年计划纲要的报告》提出："必须进一步加快山区开发建设的步伐，特别是千方百计扶持生产水平比较后进的边远山区的经济发展，制订郊区山区脱贫致富工程计划，尽快提高这些地区的生产力，缩小同平原地区的差距，使山区逐步富裕起来。"

1991 年年初，市委、市政府再次组织市有关部门开展了为时半年的调查研究，提出了《北京边远山区乡村十年（1991—2000 年）致富工程纲要》，分别向市委常委会和市政府常务会议作了汇报。1991 年 11 月 18 日，市人大常委会通过了《关于北京市边远山区乡村十年致富工程纲要的决议》。市委、市政府印发了《北京边远山区乡村十年（1991—2000年）致富工程纲要》，把开发建设山区作为全市一项重要任务，在财力、物力和教育、科技等方面给予重点支持，努力改变山区面貌。

《山区致富工程纲要》的主要内容，一是强调以治山治水为重点的山区基本建设，搞好山区小流域综合治理。10年内治理开发经济沟193条，总面积20万亩，规划和建设好20万亩较高标准的旱涝保收田。二是强调加快以林果和畜牧为重点的基础产业的发展。三是强调发展适合山区特点的乡镇企业，特别是资源型企业。并强调在县城附近、交通要道或中心集镇为边远山区乡镇建立工业小区。要建一批有一定规模的骨干企业。四是调整村镇布局，实现生产要素的优化配置，一要采取搬迁措施，用10年时间把受洪水、泥石流严重威胁的山区人民迁移出来；二要在60个边远山区乡镇中发展12个中心集镇，增加经济和社会发展的辐射力和带动作用。五是组织对口支援，组织8个城近郊区和2个平原县对口支援7个山区县区，组织大中型企业对口支援60个边远山区乡镇的企业。六是完善、发展对边远山区乡镇的优惠政策。如市财政扶持60个乡镇的经济开发专项资金每年增加到2 000万元；市农发资金和小型水利费每年投向边远山区的比例不低于20%；在企业用电指标及电价上给予照顾和优惠；平价供给通信器材并减半收取通信线路界外维护费等。

《山区致富工程纲要》的奋斗目标是缩小山区与平原的差距，建设富裕、文明的社会主义新山区。经济目标实施分为两个阶段：第一阶段（1991—1995年），重点是合理规划，综合治理，调整结构，打好基础。边远山区乡镇的农村经济总收入及纯收入，在1990年的基础上翻一番，农民人均劳动所得按各乡镇不同的基础分别达到1 000元、1 200元和1 400元；村（队）账内集体收入分别达到2万元、5万元、8万元。第二阶段（1996—2000年），农村经济总收入及纯收入在1995年的基础上力争再翻一番，人均劳动所得分别达到1 400元、1 600元和1 800元，村（队）集体经济进一步发展壮大。实现上述目标的主要措施，一是开展以治山治水为重点的山区基本建设，搞好山区小流域综合治理；二是加快以林果和畜牧为重点的基础产业的发展；三是发展适合山区特色的乡镇企业；四是调整村镇布局，搞好搬迁工程，实现生产力要素的优化配置；五是组织8个城近郊区和 2 个平原县对口支援 7 个山区县区，组织大中型企业对口支援60 个边远山区乡镇的企业；六是制订完善对边远山区乡镇的优惠政策，如市财政扶持 60 个山区乡镇的经济开发专项资金每年增加到 2 000 万元，市农发资金和小型水利费每年投向边远山区的比例不低于总额的 20％，在山区企业用电指标及电价上给予照顾和优惠，平价供给通信器材并减半收取通信线路界外维护费等。

《山区致富工程纲要》在原重点扶持的 47 个山区乡镇的基础上，增加了 13 个乡镇，至此，市重点扶持的边远山区乡镇总数达到 60 个。在实行包干到户的同时，大力加强对荒山造林绿化的扶持和基础设施建设，帮助其改变生产生活条件，取得了显著成就。

1991 年确定的 60 个边远山区乡镇

区县	数量（个）	乡 镇 名 称
房山	6	十渡、蒲洼、长操、霞云岭、河北、班各庄
门头沟	12	黄塔、齐家庄、清水、沿河城、大村、田庄、军响、上苇甸、斋堂、雁翅、北岭、色树坟
昌平	3	老峪沟、高崖口、下庄
延庆	13	珍珠泉、小川、沙梁子、花盆、红旗甸、白河堡、清泉铺、千家店、四海、黑汉岭、刘斌堡、大庄科、二道河
怀柔	9	崎峰茶、八道河、宝山寺、碾子、汤河口、琉璃庙、长哨营、七道河、喇叭沟门
密云	12	番字牌、四合堂、半城子、石城、上甸子、古北口、冯家峪、东庄禾、新城子、不老屯、大城子、东邵渠
平谷	5	镇罗营、黄松峪、熊儿寨、靠山集、韩庄

八、农民收入与支出

1986—1992 年，为农民收入增长速度趋缓阶段，人均纯收入由 775 元增加到 1 569 元，增长 1 倍多，平均每年增长率 10.6％，扣除物价上涨因素影响，实际年均增长 3％，比第一阶段（1978—1984 年）实际增幅降低15.3 个百分点。这一阶段是改革开放以来农民收入增长的低谷，农民增收的主要来源是非农产业，特别是乡镇企业的快速发展；农民收入增长缓慢的主要原因是农产品价格下跌和生产资料价格上涨。

1978—1992 年农民人均年纯收入和消费支出

单位：元

年份 项目	1978	1985	1992
人均纯收入	225	775	1 569
人均消费支出	185	510	1 179

注：据北京市统计局资料。

1978—1992 年农民人均纯收入增长变化

单位：%

年份	增长变化		扣除价格因素后增长变化		价格指数
	增长百分比	平均年递增	增长百分比	平均年递增	
1985 年比 1978 年	244	19.3	223.6	18.2	106.3
1992 年比 1985 年	102	10.6	23.0	3.0	164.2

注：据北京市统计局资料。

收入来源多元化的趋势进一步加大。1992 年，农民人均纯收入1 568.9 元，其中：生产性纯收入 1 438.2 元，占 91.7%，包括劳动者报酬 945.8 元，占 60.3%（其中含在集体组织的劳动所得 316.5 元，在企业劳动所得 534.9 元，在其他单位劳动所得 94.4 元，分别占 20.2%、34.1% 和 6%）；家庭经营纯收入 492.4 元，占 31.4%，较上一阶段提高了 2.8 个百分点。非生产性收入 130.7 元，占 8.3%。

1979—1992 年农民人均年纯收入

单位：元

年份	人均纯收入	一、生产性纯收入						二、非生产性收入
		合计	（一）劳动报酬				（二）家庭经营	
			小计	1、集体劳动所得	2、企业劳动所得	3、其他劳动所得		
1984	664.2	602.3	412.3	222.7	156.4	33.2	190.0	61.9
1985	775.1	733.4	438.8	139.4	244.9	54.5	294.7	41.6
1986	823.1	775.1	435.9	115.3	269.9	50.7	339.2	48.0
1987	916.4	862.2	505.9	132.7	316.1	57.1	356.3	54.2
1988	1 062.6	995.6	600.0	157.7	372.8	69.5	395.6	67.0
1989	1 230.6	1 155.4	657.6	174.6	401.5	81.5	497.8	75.2

年份	人均纯收入	一、生产性纯收入						二、非生产性收入
		合计	（一）劳动报酬				（二）家庭经营	
			小计	1、集体劳动所得	2、企业劳动所得	3、其他劳动所得		
1990	1 297.1	1 225.7	704.8	187.1	425.6	92.1	520.9	71.4
1991	1 422.3	1 316.0	831.5	284.0	468.6	78.9	484.5	106.3
1992	1 568.9	1 438.2	945.8	316.5	534.9	94.4	492.4	130.7

注：据北京市统计局资料。

农民生活消费支出。1986—1992年，消费增长放慢，1992年农民人均消费支出达到1 179元，比1985年增加669元，年均增长12.7%，比上一阶段下降2.9个百分点；扣除物价因素影响后，年均实际增长5%，比上一阶段下降9.6个百分点。

1978—1992年农民人均消费支出增长变化

单位：%

年份	增长变化		扣除价格因素后增长变化	
	增长百分比	平均年递增	增长百分比	平均年递增
1985年比1978年	176	15.6	160	14.6
1992年比1985年	131	12.7	41	5.0

注：据北京市统计局资料。

农户资产状况。农民家庭的资产基本上是由金融资产、房屋价值和生产性固定资产三部分组成。金融资产方面，农民手持现金及银行存款。据统计，1985年，农村居民手持现金人均达到172.29元，比1980年的10.76元增长15倍；农村信用社储蓄存款年末余额人均271.67元，比1980年的45.73元增长4.9倍。1986年后，随着乡镇企业的迅速发展，使农村居民来自乡镇企业的收入大幅度增长。至1995年年末，农民家庭手存现金人均为496元，比1985年的172.29元增长1.88倍；年末储蓄存款余额人均达到1 158元，比1985年的271.67元增长3.3倍。近郊农民也有小部分人成为股民，加入了买卖股票的行列。农民家庭房产方面，1991年农民平均每户拥有住房价值超过万元，达到12 761元，比1980年增长5.2倍。1995年，农民人均居住面积达到24.7平方米，户均住房价值达到27 281元，比1980年增长12.3倍。农民生产性固定资产方面，也逐年成倍增长，到 1992 年年底，郊区农户平均每户拥有生产性固定资产价值达到 845 元，比 1982 年增长了 37.4 倍。

农村经济收益分配

年份	总收入（亿元）	纯收入（亿元）	税金（亿元）
1985	88.37	39.33	4.45
1988	178.63	66.23	8.51
1990	255.94	87.22	11.19
1992	386.33	111.02	16.29

注：据北京市统计局资料。

北京市进入全面改革阶段以后，郊区农村人民公社和农产品统购统销两大基础性制度的改革，使农民逐步得到了择业和流动的自主权。1984 年中共中央《关于一九八四年农村工作的通知》，明确规定允许农民进入集镇务工经商，使城乡二元结构的壁垒开始被打破。城乡的发展与改革，特别是采取一系列有利于消除城乡二元结构的制度调整，包括取消阻碍城乡劳动力流动的粮油定量供应制度，向进入城镇开店、办厂、从事建筑、运输、服务行业等暂住人口发放《暂住证》，改革劳动用工及社会福利等制度，都为农民进城择业和居住拓宽了空间。"六五"计划时期，北京郊区乡镇企业的数量增加 2 倍，从业职工人数增加 1.4 倍，总收入翻了两番，实现利润增加 2.6 倍。在国家不能大量增加农业投资的情况下，通过乡镇企业以工补农，开辟了资金来源，为改善农业生产条件，提高现代化水平，做出了贡献。"七五"计划时期，市委、市政府提出进一步调整工业布局，不适宜在规划市区范围内生产的工业企业，分期分批迁出市区，近郊区的向远郊扩散。同时，工业企业进一步开展城乡协作、工农协作，按产业化原则向农村扩散产品和零部件。这一系列的政策和措施的实施，不仅冲破了城乡二元结构的壁垒，也揭开了北京农村第二步改革和城乡一体化协调发展的序幕。

从北京农村经济发展的实践看，第二步改革同第一步改革比较，内容更深刻，范围更广泛，意义更重大。第一步改革主要是解决集体经济内部的"大锅饭"问题，从微观上搞活，调动劳动者的积极性；第二步改革则是从宏观上改革国家在农村经济管理体制上的缺陷，在计划、价格、流通、城乡关系等方面全面放开。前一个改革主要在农村内部进行，后一个改革则是和城市改革紧密结合在一起的，涉及到商品经济各个领域。农村第一步改革，使北京农村经济由停滞不前变得蒸蒸日上，农民摆脱了贫困，开始走向富裕；第二步改革，是由实行了三十多年的农产品统购包销制度转向国家参与下的市场调节的一个重大转折，商品经济全面发展，市场机制初步引入，农民收入大幅提高，在北京农村经济发展中产生了深远的影响。第一，农业按照市场需求、自然规律进行生产。郊区农村产业结构发生重大变化，在更大程度上做到了因地制宜，农产品质量提高，农业加工业发展，获得更高的经济效益。第二，农产品由统购包销改为国家参与下的市场调节，打破了地区和部门分割，出现多渠道经营的局面。第三，改革农产品统购包销制度后，国家对副食品和粮食的财政补贴逐步减少，政府主管部门由主要靠行政手段转向主要靠经济手段管理经济。第四，城乡交往扩大，资金、技术和人才流向郊区，税收、信贷优惠政策的实施，促进了郊区农村二、三产业更快发展，加快了城乡经济一体化进程，提高了农村各项产业的技术水平。第五，郊区农村一大批敢于开拓、善于经营的人才成长起来。

这一阶段，北京农村紧紧围绕发展生产力，不断改善生产手段，为现代化农业创造物质技术基础；大力发展商品生产，扩大分工分业，改变单一的经济结构。特别是在推动集体经济由低水平向高水平发展，走出了一条正确的道路。统分结合、双层经营体制建立以后，大大促进了生产力的发展。随着生产力的发展，集体经济的实力不断增强，二者互相促进，为进一步完善集体经济的生产经营体制创造了物质基础。

（1）联产承包制提高了农业劳动生产率，使农村大批劳动力从农业中解放出来。仅1984年一年，乡村集体企业就吸纳了21.8万个劳动力，比上年增长34％，此后的8年平均每年吸纳劳动力过万人。个体经济和私营经济也有相当发展，到1992年年底，农村个体工商户已经达到108 616户，从业人员160 865人，比1988年分别增长了58.9％和50.4％。随着多种经营和二、三产业的发展，北京农村经济发生了质的变化。"六五"期间，农业与非农业的收入比例由4：6变为3：7，"七五"期间进一步变为26：74；劳动力就业比例由7：3变为5：5，进一步变为4：6。在各种经济形式中，乡村集体经济发展最快，始终保持了优势地位。集体经济占农村经济总收入的比重一直在 80% 以上，固定资产集体占 93.5%，农民收入来自集体的部分保持在 70% 以上。"七五"期间，乡村集体企业用于支农的资金达 6.5 亿元，相当于同期财政支农资金的两倍多。总的看，北京农村经济形成了以集体经济为主和以集体承包经营为主的、多种经济形式和多种经营方式并存的大格局。

（2）农村经济结构的变化，为改变家庭平均分散承包经营方式创造了条件。从微观组织上看，由于工业化和社会分工扩大，家庭劳动力在分工分业中进入不同的生产领域，原来家庭单一经营农业生产的功能发生分解，许多家庭由于务农劳力减少、素质下降，经营承包土地发生困难，甚至出现粗放经营现象。在这种情况下，郊区农村土地开始由分散的按人口平均承包，转变为按务农劳力承包。从宏观经济角度看，由于非农产业发展，给农业带来了多方面的影响：一是农业兼业化，不利于农业的持续增产；二是对农副产品的需求量大增；三是农业特别是粮食生产比较收益低的问题，显得更加突出，农民靠狭小的耕地难以致富，于是种地副业化，种粮积极性下降。这说明，传统农业的半自给的小生产方式，同工业化发展是不相适应的。这个矛盾，只能用逐步推进农业的专业化、商品化、现代化来解决。北京农村在专业分工基础上，依托集体力量扩大耕地的承包经营规模，就是在这样的经济背景下产生的。但这种适度规模经营的实行，还有许多不完善的地方。

（3）大力推进农业现代化，实现了在新的物质技术基础上改造农业经营主体和完善集体的生产经营体制。"六五"和"七五"期间，郊区农业机械总动力从 1980 年的 235 万千瓦提高到 1990 年的 440 万千瓦，联合收割机、大中型拖拉机和农用汽车都大幅度增加。农田机电灌溉面积占有效灌溉面积的比例由 79.9% 提高到 96%。农村用电量从 7.7 亿千瓦时增加到 20 亿千瓦时。农业机械化的发展和物质技术装备水平的提高，缩短了夏收夏种和秋收秋种的时间，因此可以实行两茬平播。两茬平播和机械耕作都要求突破家庭平均分散承包的界限，进行大面积作业。随着日益广泛地采用机械作业，包地劳力的手工劳动变为辅助性的，农机手和农技人员日益成为农业生产者的主体。在这种劳动方式中，包地劳力参与协作劳动，只对其劳动的质量数量负责，不能对土地最终产品负完全责任。因此，农业的经济核算单位从户转变为队、场，因此有一批企业化的集体农场应运而生。

集体农场和粮食生产专业队的涌现和发展，是在新的物质技术基础上，农业微观组织企业化的一种趋向，是向高水平集体经济前进的一种运动形式。由于集体农场和专业队的出现，引起农村生产经营体制逐步向统分结合、以统为主过渡。与之前不同的是，同样是统分结合、双层经营，但具体对象和相互关系发生了明显的变化，这种统分结合方式，并不妨碍一些农民发展个体经济和家庭自营经济，也不妨碍农民的家庭经济与集体建立某种合作关系。

这一阶段，北京农村正是抓住了宏观上国家改革农村经济管理体制这个有利时机，从实际出发、因地制宜，充分发挥集体的经营职能，大力发展多种经营和乡镇企业，扩大了农村经济的分工分业，为改变农业生产中平均承包的小规模创造了劳动力转移条件和资金条件；并且不失时机地大力推进农业现代化，在新的物质技术基础上，改造农业经营主体，完善集体的生产经营体制，取得了良好的效果。

北京农村经济的快速发展和结构变化，提高了农村经济在全市经济中的地位，使农民生活获得显著改善。1985—1992年这8年间，是北京郊区农村经济全面快速发展、农民得到较多实惠时期，农村呈现出欣欣向荣、蓬勃发展的局面。到1992年年底，北京郊区乡村人口283万人，农林牧渔业总产值84.5亿元，粮食总产28.19亿千克，农村经济总收入386.33亿元，农民人均年纯收入1 569元。但是，由于北京特殊的历史和社会原因，农村在改革的进程中也暴露出"农村集体经济力量强、计划指导力量强、行政干预力量强、农村封闭意识强"的"四强"问题，阻碍了农村深层次改革的突破与发展。同时，郊区各县区间以及各区县内各乡镇的经济发展水平不平衡。此外，郊区经济发展水平与一些经济发达地区比较仍有不小的差距，这都需要下大力量解决。

第六章 社会主义市场体系初步建立
时期的北京农村经济

（1993—2002 年）

1992 年年初，在邓小平视察南方谈话和中共十四大精神指引下，中国确立了社会主义市场经济体制的改革目标。为了解决农产品生产和市场的矛盾，1992 年 9 月，国务院发布了《关于发展高产优质高效农业的决定》，明确提出要以市场为导向，继续调整农业产业结构，加快高产优质高效农业的发展。1993 年 7 月 2 日，第八届全国人民代表大会第二次会议通过了《中华人民共和国农业法》，强调"国家实行农村土地承包经营制度，依法保障农村土地承包关系的长期稳定，保护农民对承包土地的使用权"，并用法律的形式确立农业产业化经营的主导地位。市场化给北京郊区农业和乡村工业发展带来很大的挑战，一方面要求按市场经济规律进行结构调整和机制转换，另一方面则要求农村经济进一步融入城市经济。从 1993—2002 年北京郊区优化农村产业结构，进一步推进农业产业化、乡镇企业二次创业，建立社会主义市场经济迈出了新步伐。北京农村经济进入了向市场化、城市化转型的阶段。

一、以产权制度为重点的农村经济体制改革全面展开

经过前一阶段的改革和发展，北京农村已经形成农、林、牧、副、渔、工、商、建、运、服全面发展，多种经济成分、多种经营形式一起上的商品经济发展新格局。适应这一新形势就需要解决好各种生产要素的流动、引进、聚集和优化配置问题，而以乡村社队集体经济为主的组织形式也已经严重地不适应发展的需要。在这样的大背景下，以产权制度为重点的北京农村经济体制改革被提上了日程。

农村集体资产清产核资与产权界定

1985 年 9 月 30 日由市委农村工作部、市政府农林办公室转发了市农

村合作经济经营管理站《关于征地撤队后集体资产的处理意见》（以下简称《意见》），并发出通知（京农〔1985〕69号），要求郊区各区县委、政府结合实际研究试行。这个意见对于撤队后的集体资产处理作出了规定：一是集体固定资产（包括变价、折价款）和历年的公积金余额，以及占地补偿费，全部上交给所属村或乡合作经济组织，作为公积金，不准分给社员。二是集体的生产费基金、公益金、生活费基金和低值易耗品、库存物资和畜禽折款，以及国库券等，归原队社员合理分配。三是青苗补偿费，本队种植的树木补偿费，以及不属固定资产的土地附着物的补偿费，可以纳入社员分配。四是属于社员自留地和承包田的青苗补偿费，自有树木补偿费，自有房屋折价补偿费，应全部归所有者所有。五是社员入社股金应核实清楚，如数退还。六是撤队的社员中，凡在乡（社）、村劳动或工作的人，可按同一尺度参加分配（如在队劳动年限）。从1985年到1999年，《意见》发布前，属于因国家征、占地，农民转城市户口而撤消大队、生产队建制的地方，基本上按《意见》做了处理。

第一次清产核资。20世纪90年代初，随着北京农村经济的迅速发展，集体资产管理中出现两不清的问题。一是随着对外开放的展开，乡村合作社用集体资产参股、联营、合作经营日渐增多，不同所有制之间相互渗透、融合；各级政府涉及农村合作经济管理的部门之间，所出台的集体资产核算和统计报表口径不一致，许多地方乡村合作社对所属企业直接投资部分，纳入账内核算，对企业经营过程中的增量资产，没有进行核算，造成农村集体资产家底不清。二是乡村合作社集体资产与国有资产及承包企业新增加的资产，产权关系不清。弄清集体资产家底，界定产权关系，成为加强集体资产管理的重要基础工作。为此，在1990年4月，在北京市农村合作经济经营管理工作会议上，市委农村工作委员会明确提出："在合作社各项经营管理工作中，资产管理是核心"，对如何加强集体资产管理提出了具体要求。会后，市委农工委、市政府农办下发了《北京市乡（镇）村合作经济组织资产管理办法》，依据上述会议和文件精神，同年9月1日，市委农村工作部、市政府农办批转并下发了《关于开展乡村合作社清产核资工作的意见》，从1990年下半年到1992年上半年，利用两年左右时间，对郊区乡村合作社及所属企事业单位进行清产核资。到1991年10月底，郊区2.14万个会计核算单位中，已有1.86万个完成了清产核资，占87%。其中，村合作社完成了 4 063 个，占 94%；村办企业完成了 12 260 个，占 96%；乡联社完成了 75 个，占 26%；乡办企事业单位完成了 2 187 个，占 55%。由于清查目的明确，方法得当，措施有力，保证了这次清产核资工作的顺利进行，取得了一定成效。初步摸清了集体家底。清查结果显示，截至 1991 年年底，全市乡村合作社共占用资金总额达到 200.2 亿元，劳均占有 1.02 万元，人均占有 5 066 元，分别比 1980 年增长 6.7 倍、5.8 倍和 6.1 倍。其中，集体自有资金 99.5 亿元，比 1980 年的 22.4 亿元增长了 3.4 倍，平均每个乡镇合作社拥有 1 507 万元，平均每个村合作社拥有 142.2 万元。清查结果向群众公布后，使大家了解到改革 12 年来集体经济不断发展壮大的全貌，进一步坚定了依靠集体共同富裕的决心。对清产核资中查出来的损害集体经济利益的问题，根据不同性质，采取区别对待的政策做了适当处理。对一般群众私自占用集体财物的，实物在的原物归还；实物损坏的作价赔偿。仅怀柔一个县就查明被个人占用的集体资产 30 734 件，价值 571.42 万元，收回实物 692 件，价值 5.84 万元，收回作价款 269 万元。清理了债权债务，收回了部分欠款。促进了开源节流增收节支，进一步发展了集体经济。

第二次清产核资。1995 年 12 月 31 日，国务院下发了《关于加强农村集体资产管理工作的通知》（国发〔1995〕35 号），为贯彻这一文件精神，北京市进行了第二次农村集体资产清产核资工作。1996 年上半年，市经管站与有关区县配合，在朝阳区来广营乡和密云县新城子乡进行了清产核资试点，取得了经验。1996 年 9 月开始全面铺开，到 1998 年年底基本结束，完成了规定的任务，取得了明显的成效。

（1）清产核资覆盖面扩大，集体资产家底进一步得到核实。全市应进行清产核资的基本核算单位共有 16 564 个，其中乡镇合作经济组织 238 个，乡镇事业单位 2 823 个，乡镇办企业 3 192 个，村（队）合作经济组织 4 074 个，村（队）办企业 6 237 个。截至 1998 年年底，普遍完成了第二次清产核资工作。截至 1998 年 3 月 31 日，全市农村集体资产总额 781 亿元，负债 439 亿元，净资产 342 亿元，资产负债率 56.2%。

（2）界定了产权。这次清产核资，对集体资产的产权归属进行了合理界定，特别是对于争议较多的农民个人投资用集体名义注册和集体企业在承包经营过程中又有个人投资的企业的产权关系进行了界定。在产权界定的基础上，依据《北京市农村集体资产产权登记及其管理办法》（京农发〔1997〕26 号）文件的要求进行了产权登记。在全市 14 个区县中，朝阳、昌平等 11 个区县政府分别给乡镇、村合作经济组织颁发了产权证书。

（3）清理了债权债务，收回了部分拖欠款。据统计，在清产核资过程中，全市共收回应收账款 12 632 笔，收回拖欠款 4 亿元，占应收账款余额的 5.4%；归还债务 2 亿元，占 2%。其中收回社员拖欠款 6 195 万元，占郊区农村社员拖欠款总额的 68.8%。纠正了错账，处理了呆账。

农村集体经济产权制度改革

随着市场经济的建立，农村城市化进程的加快和多元化投资主体的不断形成，集体经济产权不明、运行不灵、监督不力、利益分配不合理的问题日益突出，必须对现行产权制度进行彻底改革。

改革中坚持了五项原则：一是保护和发展生产力的原则；二是保护所有者权益的原则；三是尊重和保护集体经济组织成员民主权益的原则；四是实事求是因地制宜的原则。照顾各地区经济发展水平差别大的情况不搞"一刀切"；五是维护社会稳定的原则，稳妥处理各种矛盾和问题。

在坚持上述原则的前提下，郊区的农村集体经济产权制度改革大致采取了五种形式：一是社区股份合作制。一般设置集体股、个人基本股和劳动贡献股。个人基本股，以现有农业户籍人口进行部分集体净资产的量化。个人劳动贡献股，根据自农业合作化以来，社员在集体经济组织从事生产劳动的年限进行部分集体净资产的量化。二是社区型企业股份合作制，采取社员集资入股的方式或者集资入股与集体配股相结合的方式设立或者改制设立股份合作制企业。三是土地股份合作制，在明确社员土地承包经营权的基础上，进一步将土地承包权转化为土地股权。四是股份制，按照《公司法》的规定，将原集体经济组织改建为股份有限公司或者有限责任公司。五是社区集体经济组织与其他社会法人或者个人共同投资组建跨地区、跨所有制的新型经济组织。在进行产权制度改革过程中，注意解决农民的就业问题和社会保障问题，以确保农民的利益和社会的稳定。这一阶段，特别是在政社分设，建立健全乡镇、村合作经济组织的改革实施后，对于促进北京农村经济发展、巩固壮大集体经济、富裕农民发挥了很大作用。

农村集体经济管理体制创新，进行财务管理制度的改革，作为农村经济管理体制改革的重要内容。

一是建立健全民主理财制度。村合作社管理委员会定期向社员代表大会报告财务收支情况，并张榜公布，接受监督。村合作社普遍建立了民主理财小组。

二是实行村账托管。经村经济合作社社员代表大会民主讨论决定，将村经济合作社的财务会计工作委托给乡镇会计服务中心负责。

三是建立健全集体经济审计监督体系。1997年1月16日，北京市第十届人大常委会第三十五次会议审议通过了《北京市农村集体经济审计条例》，全市建立起由市、区县、乡镇和村四级农村集体经济审计机构组成的农村审计监督体系。仅2002年就对9 000多个集体经济组织和集体企业进行了审计。

农村集体经济经营管理手段的创新，市经管站组织力量，研制开发了《北京农村管理信息系统》。后在全市范围内扩大试点范围。到2002年年底，全市已有805个村的集体经济管理基本实现了电算化。昌平区北七家实行村账乡管并实行信息化管理后，农民因财务管理引起的上访下降了91%。

农村股份合作制试点

改革开放后，北京城市建设加快，城近郊区大量农用土地被国家征用，在给乡、村集体经济带来许多发展机遇的同时，也引发了一些新的矛盾。一是因土地被国家征用农民转居转工而撤销建制的村、队，其历年积累的集体资产上缴的政策严重挫伤了农民扩大再生产的积极性，而对一些村合作社土地被国家征用，合作社建制撤销，大量集体资产被平调的现实，使许多干部、群众对发展集体经济丧失信心，不愿再进行固定资产投资。二是原来转居转工农民的就业及安置政策，使其多数收入减少，生活水平下降，上访告状不断，成为影响社会安定的一个重要因素。三是现有的农村合作经济财产制度产权关系不清，名义上是集体所有，人人有份，而实际上又人人都没有所占有的具体份额，难以形成民主管理和自上而下的监督约束机制，失去了凝聚力。

地处城乡结合部的丰台区南苑乡蒲黄榆村，原来是全乡集体经济发展最快、农民收入最高的村，但在1984年因开发方庄商住小区，3 000多亩土地全部被国家征占，村建制撤销，村合作社及所属 11 个生产队同时解散。全村农民转为居民户口，2 000 多名劳动力转为工人，安置在全民所有制企业就业。当时，根据市委农村工作部、市政府农林办公室批转的市合作经济经营管理站《关于征地撤队后集体资产的处理意见》，集体的固定资产不能分给社员，因此当时该村 8 000 多万元集体净资产的处置结果是：上缴丰台区财政 3 000 多万元，方庄街道办事处所属方成实业公司 4 000 多万元，南苑乡农工商总公司 157 万元。之后，该村 2 000 多名被安置到城市企业的劳动力，多数被安排到苦、累、脏、收入低的岗位，加之国营企业不景气，下岗职工增多，转居转工农民收入减少，生活水平下降。针对上述问题，经过反复思考，南苑乡党委一班人得出三点共识：一是撤村同时撤社的政策必须改变。行政村被撤销后，农民群众不能成为散兵游勇，应该坚持撤村不撤社，以便农民有组织地进入城市。二是集体经济产权不明、政社不分、管理不民主的产权制度必须改变，由农民共同共有变为按份共有，以有效保护农民的财产权利。三是农村被动城市化的局面必须改变。与其等着集体土地被征占，不如利用集体的力量，将集体资源优势转化为资产优势，让农民带着资产进入城市。乡党委在统一思想的基础上，决定把推进集体经济产权制度改革，作为全乡第一等重要的工作来抓，从 1993—1997 年年底，在充分尊重财产所有者意愿的原则下，引导和帮助农民对村合作社财产制度进行了股份合作制改革试点，先后完成了东罗营、右安门、果园、东铁匠营、马家堡 5 个村合作社的试点工作，在全市率先进行了集体经济产权制度改革的探索，同时也是北京农村进行村经济合作社股份合作制改革的第一家。其基本做法是，把村合作社的集体净资产划分为集体共有股和社员劳动贡献股，并按劳动贡献股的一定比例吸收农民购买现金股。把单一的集体经济改造成股份合作制经济。集体资产划分的界限是国家征用土地的补偿费、安置帮助费、原有集体固定资产和历年积累余额作为集体共有股；生产费基金、公益金、生活基金和低值易耗品、库存物资、畜禽折款等作为社员个人股，按工龄分配给现有合作社成员持股，社员所持股份，可以继承、转让。社员入社时的股份基金按乘 15 倍的数额计入社员个人股份。社员个人认购现金股的比例是劳动贡献股的 9∶1 或 7∶1。在明晰产权的基础上召开股东代表大会，审议通过合作社章程，选举产生董事会、监事会，宣布村股份合作社成立。并由董事会聘任社长

（经理），负责集体资产的经营管理工作。这种社区型股份合作制较原来的集体经济模式对于缓解城乡结合部地区因城市化进程中引发的矛盾，促进农村经济发展作用显著。南苑乡 15 个村合作社中，而改成股份合作制的 5 个村，1997 年村集体经济实现总收入 5.8 亿元，比 1995 年增长 35％；实现纯收入 7 635 万元，增长 30％。

丰台区南苑乡进行集体经济产权制度改革的经验，引起了市委、市政府有关部门的重视。依据这一经验，北京农村社区股份合作制改造相继在城近郊区展开，到 2002 年年底，全市有 1 个乡级合作经济组织和 20 多个村级合作经济组织完成了股份合作制改造。他们将合作社的存量资产量化到社员，在社内允许继承和转让，尽管还留有较大比例的集体股，改革不够彻底，但已显示出其强大的生命力。据丰台区完成产权制度改革的 21 个村统计，2002 年完成长期投资 20.4 亿元，比 1999 年增长 54.5％；实现总收入 35.3 亿元，增长 54％，比未改制的 50 个村高出 24 个百分点；实现利润总额 5.5 亿元，增长 74.4％，高出未改制的村 11.8 个百分点。

这些地方的股份合作制大体分为两种类型：第一种是集体账内资产量化型。改制时将集体存量资产的 70％按社员参加集体生产劳动的年限量化到农民个人，为劳动贡献股。并规定可以继承转让。第二种是土地价值量化型。大兴区西红门镇共有 27 个村经济合作社，有 9 个合作社实行了以土地价值量化型的股份合作制。其基本做法是：现有集体耕地每亩作价 6 万元，已经出租的土地按实际租金收益计算股金，两项合计为社员股金总额。股金总额按全村农业人口折算到户，作为每个家庭持有的村合作社股份。村合作社年度净收益按 40％提取公共积累，用于合作社扩大再生产和公益建设事业支出；60％按农户所持股份分红。该镇西红门一村共有 527 口人，有集体耕地面积 50.27 公顷，按每公顷 90 万元的价格，作价 4 524 万元，按全村农业户籍人口折算到户，每人分得村合作社股份 86 200 元。2002 年完成股份合作制改造，并按当年收益进行了股份分红。该村全年出租土地租金和村办企业经营共计实现总收入 700 多万元。用于合作社成员福利性支出 149.8 万元，人均享受福利待遇 2 428 元。

乡镇企业的股份合作制始于 20 世纪 80 年代。为了解决发展乡镇企业资金不足的问题，一些地方开始尝试吸收农民入股的方式筹集资金，兴办乡镇企业。1993 年 5 月，市委农村工作委员会和市政府农林办公室发出了

《郊区乡镇企业股份合作制实行办法》，乡镇企业股份合作制试点在郊区全面展开。1993 年股份合作制企业发展到 660 家，1995 年年底则发展到了 3 064 家。按照投资主体划分，乡（镇）集体所有企业改制设立的 811 家，占 26％；村集体所有企业改制设立的 1 153 家，占 38％；农户投资设立的 194 家，占 6％；其他投资主体设立的无主管企业 907 家，占 30％。按股权结构划分，有集体股的企业 1 913 家（包括集体股加职工个人股、集体股加集体股、集体股加国有法人股、集体股加私营企业股等四种资金联合形式），占 61％；农民个人合股企业 1 008 家，占 33％；没有集体股份的其他企业 175 家，占 6％。股份合作制企业实现了投资主体多元化，改变了办企业过分依赖银行贷款的局面，使企业财务状况得到改善。据 1995 年全市 3 064 家股份合作制企业分析，企业资产总额 46.24 亿元，其中实收资本金（股金）27.98 亿元，占 60.5％；负债总额 18.26 亿元，占 39.5％，比同期全市乡镇企业资产负债率 65％低 25.5 个百分点。多元投资主体形成的混合经济，对于优化生产要素组合，改善企业治理结构，强化企业自我发展、自我约束机制，提高企业经营管理水平和经济效益等方面均起到了很大的推动作用。

为了进一步规范农村股份合作制企业的组织和行为，保护有关各方的合法权益，促进农村股份合作制经济的健康发展，经北京市人大常委会第三十次会议通过，自 1997 年 1 月 1 日起施行《北京市农村股份合作制企业暂行条例》，对于规范农村股份合作制企业的运行，促进其健康发展起到了重要作用。

（1）股份合作制企业通过产权制度改革，使农民成为投资主体，极大地改善了企业的财务状况，增强了企业发展后劲。1998 年所审计的 25 家企业，改制前实收资本 3 354.1 万元，其中乡村集体投资 2 929.4 万元，占 87.3％；职工个人资本金 129.3 万元，仅占 3.9％。实行股份合作制改革后，1997 年年底实收资本金 5 791.6 万元，比改制前增长了 72.7％。其中乡村集体资本金 4 065.9 万元，投入有所增长，但所占比例下降到 70.2％；职工个人股达到 658.8 万元，所占比例上升到 11.4％，加上 343.1 万元的劳动贡献股，职工持股比例达到 17.3％，农民投资主体地位增强。门头沟区洪水峪煤矿创建于 1993 年，建立时即采用股份合作制，合作股东为村合作社和本村社员，全村 152 户社员中有 135 户入股，占 89％。农户入资

10.68万元，占股金总额15.68万元的68%，而集体股为资源股。企业经营的全部资金为农户投入，促使企业经营者高效运行。

（2）股份合作制企业通过治理结构改革，增强了农民参与企业管理和决策的积极性，提高了企业的经营管理水平。1998年所审计25家股份合作制企业，在1997年共召开股东大会43次；召开理事会79次；召开监事会57次；接受审计41次。民主管理、民主监督机制的建立，促使企业经营者强化管理、挖掘潜力、增收节支。

（3）股份合作制企业通过收益分配改革，使农民成为受益主体，调动了农民群众对市场和科学技术的关心程度，提高了企业竞争力。职工按劳分配与按股分红相结合，其收入结构不仅包括工资，还包括股金分红。企业市场竞争成败与职工利益息息相关，职工由过去只关心干活领工资变为既关心个人利益也关心企业整体利益，推动企业按照市场需求组织生产，职工积极学习和运用科学技术，提高企业整体素质。

乡镇企业重组转制

进入20世纪80年代末到90年代初，以乡（镇）、村集体投资为主的乡镇企业，异军突起，快速发展，为北京农村经济改革和发展、农民就业增收等方面做出了重大贡献。但是，在乡镇企业高速发展的同时存在着很多问题，特别是在向社会主义市场经济体制过渡中，市场竞争日趋激烈，郊区乡镇企业本身所固有的体制性缺欠和产业、产品结构等方面的问题日益显现起来。据市农村合作经济经营管理站监测的100家乡镇企业统计，1994年年底资产负债率为67%，收入增长率为9.5%，利润增长率下降30%，销售利润率仅为3.7%。据市乡镇企业局调查，全市乡镇企业亏损面达19.3%，10%以上的企业资产处于闲置或半闲置状态。

从1993年开始，北京乡镇企业围绕经营机制的转换，积极探索通过资产重组转制搞活企业的新路，先后搞了2 600家股份合作制试点，吸收个人和法人投资近8亿元。两年多的时间里，为盘活存量资产、搞活企业，又推广了小微亏企业实行租赁、拍卖的经验，累计拍卖企业65个，拍卖资金1.6亿元；租赁企业515个，年收租金3 127万元；拍卖、租赁共盘活闲置资产3.7亿元。大兴县北藏村7家乡办集体企业，1991年有1家租赁给个人、5家亏损、1家处于维持状态，企业资产负债率高达218%。1993年开始进行重组转制，服装厂以年租金 13 万元租给市服装进出口公司，竹器厂以 264.8 万元转让给兴华建筑公司，木器厂以 317 万元转让给农业部机关事务管理局，墩布厂以 10 万元年租金租给外商，化工厂、铸造厂也租给了个人。这样做的结果，一是全部扭亏为盈；二是负债率降到 35%，企业净资产由 531 万元增加到 777 万元；三是集体收入增加，原来 7 家企业没有上交收入，转制后，1993 年上交乡集体 74 万元，1994 年上交 89 万元，1995 年上交 99 万元。在两年多试点的基础上，从 1996 年起，北京乡镇企业以重组转制为切入点和突破口，开始了全市有领导、有组织、有部署地全面推进乡镇企业资产重组和企业转制。

为给重组转制创造良好的环境氛围，市、区县都分别制定了支持鼓励政策。1997 年 7 月，市里对重组转制的乡镇企业归还银行贷款期限、获取贷款的抵押担保、资产评估收费、变更企业登记，以及变更土地权属性质等 10 个问题作出了明确规定。1998 年 4 月，市财政局、市地方税务局规定，股份制和股份合作制企业向个人分红的股息红利，凡月息红利收益率低于个人银行一年期储蓄存款利率的部分，免征个人所得税，超过部分按规定征收。2000 年 2 月，市财政局规定，对乡镇企业重组过程中引进项目投资到位 5 000 万元以上，其中引进资金 3 000 万元以上，符合国家产业政策，对区域经济有重大带动作用，项目按现代企业制度建立，并在当地注册、建设、纳税，项目回报率在 10% 以上，从 2000 年开始择优进行奖励，奖励资金主要用于支持乡镇企业的改革与发展。

在大力推进企业重组转制过程中，为把企业推向市场，使乡镇企业在高起点、宽领域、大范围实现重组转制，北京郊区各区县、乡镇采取多种行之有效的措施，加大了招商引资力度。1996 年 3 月举办的"首届北京郊区企业重组、人才交流洽谈会"，全市 14 个区县的 1 740 家乡镇企业参加，与国内外客商正式签订 132 个资产重组项目合同和 84 个项目意向书，并现场达成 475 个资产重组投资意向，与科研单位达成初步技术合作意向 65 个，有近 600 名技术管理人员登记到郊区企业工作。

北京郊区乡镇企业在重组转制中，坚持了因地制宜，采取了多种形式。从一开始，市政府就经过调查分析认为，郊区乡镇企业主要分三种类型：第一种是经济效益好、有发展前途的骨干企业，第二种是小微亏企业，第三种是停产倒闭企业。三种类型企业要解决的主要矛盾有所不同，第一类是解决发展提高问题，第二类是扭亏增效问题，第三类是盘活闲置呆滞资产问题。即使是第一种类型的企业，制约其发展的主要矛盾也各不相同。区县、乡镇政府在指导乡镇企业重组转制运作过程中，始终坚持从企业自身实际出发，因企制宜，一厂一策。租赁、拍卖、股份制（股份合作制）、兼并、联合经营、委托经营等各种方式要从企业自身实际需要出发，力图避免形式主义。到 2002 年年底，全市有 11 726 家乡村集体企业进行了重组转制，占乡村集体企业总数的 95％以上。其中，实行股份制和股份合作制的有 3 279 家，占重组转制企业的 28％；实行租赁的有 5 251 家，占 44.8％；整体拍卖和租壳买瓢的有 1 541 家，占 13.1％；兼并的有 158 家，占 1.3％；联营 971 家，占 8.3％，其中与外商合资经营的 469 家。通过重组转制盘活闲置资产近 60 亿元，引进资金 140 亿元，郊区乡镇企业重现生机。

这一时期，充分发挥市场机制的作用，北京乡镇企业规模扩大。2002年与 1995 年相比，平均每个乡村集体企业拥有资产总额达到 977 万元，增加了 181.6％；平均每个企业职工人数达到 98 人，增加了 96％；平均每个企业年产值达到 1 246 万元，增长 315％。乡村集体企业发展速度加快。据统计，2000 年郊区乡村集体企业实现总收入 660.2 亿元，比 1995 年 534.4亿元增长了 23.5％。乡村集体企业财务状况好转，经济效益大幅度提升。与 1995 年相比，资产负债率为 60％，下降了 5 个百分点。效益提升，实现利润总额 35.8 亿元，增长 22.6％；实现税金 25.7 亿元，增长 83.6％。

稳定和完善土地制度，建立土地流转机制

在前一阶段中，北京郊区农业适度规模经营的推行，取得了显著成效。随着市场经济体制的建立和发展，特别是在土地承包经营关系上，虽然适度规模经营取得了成功，但原有的一些矛盾和问题开始显现，成为影响农村经济进一步发展的障碍，主要表现有：一是承包期限短、调整频繁，影响农民在土地上投入的积极性。据北京市农村合作经济经营管理站 1997 年对郊区 110 个村粮田承包期限的调查，承包期仅 1 年的有 50 个村，占 45.6％；承包期 2～5 年的有 39 个村，占 35.4％；承包期 6～10 年的有 13个村，占 5.5％；承包期 30 年的有 2 个村，占 1.9％。二是一些基本上以手工操作为主，适合以家庭经营的生产经营项目，如果园、蔬菜、鱼塘等

仍由集体统一经营，多数管理不好，经济效益差。三是一部分村二、三产业不发达，集体没有工副业，或工副业项目很少，劳动力就业不充分，也搞起了"双田制"，或收回农民承包土地建起了集体农场、专业队，农民不满意。四是部分集体农场、畜禽场经营效益不好，甚至减产、亏损，难以为继。据调查分析，郊区集体农场亩效益在百元以下的占15％左右。

针对上述问题，市委、市政府根据中共中央办公厅、国务院办公厅《关于进一步深化农村土地承包关系的通知》（中办发〔1997〕16号）精神，发出了《关于进一步深化经济体制改革，落实农村经济政策若干问题的意见》（京发〔1997〕14号），市委农工委、市政府农办1998年发出了《关于建立北京市农村集体土地承包经营流转机制的意见》，落实延长土地承包期30年不变的政策。1997年下半年开始，北京农村全面落实中央关于延长土地承包期、稳定土地承包关系的政策，农民获得了长期、稳定的土地承包经营权，有力地促进了农村经济的全面发展。到1998年年底，郊区实行家庭承包责任制的耕地，土地承包期延长到30年以上的在平原达70％以上、山区达到90％以上。发放土地使用权证书26万份，并统一了承包合同文本。据2002年年底对郊区3 937个村的调查，除规划占地、城镇建设占地已没有土地的村外，实际有耕地的3 030个村，已经延长土地承包期的村有2 885个，占有地村数的95.2％；延长承包期的耕地面积19.49万公顷，占耕地面积29.99万公顷的65％；其中承包期30年以上的耕地15.95万公顷，占延包面积的81.8％。荒山租赁面积达到6.95万公顷，占开发利用的荒山总面积的32.5％，租赁期限一般在50年以上。门头沟、大兴、通州、顺义、平谷、延庆、房山、昌平、怀柔9个区县的2 234个村发放了土地经营权证书，领到土地经营权证书的农户达到403 595户。通过延长土地承包期，山区农民投资投劳建设"五小水利工程"35 000处。同时，不愿意再经营承包土地的农户，可以自愿有偿转包，到2002年年底，已有11.6万农户转让出土地3.53万公顷。这一时期还进行了集体规模猪场、鸡场的转制工作，并兴办养殖小区，重点扶植农户的规模饲养。

为了适应农村经济结构调整对土地经营方式、经营规模提出的新要求，北京对建立土地流转机制普遍给予了高度重视，并在具体工作中加大力度，取得了很好的效果。1998年就有2 000户转让出了500公顷土地。1999年土地流转达到3 435.69公顷，2000年达到26 637.42公顷，2001年达到

31 800公顷，2002 年达到 35 466.67 公顷。在建立和完善土地流转机制工作中，各区县普遍坚持因地制宜、分类指导的方针，组织有关部门深入基层指导工作，根据不同情况提出不同政策措施，保证了土地流转的健康、顺利进行。在建立土地流转机制过程中，各区县普遍坚持了"四个结合"：一是坚持土地流转与稳定土地承包关系相结合。二是坚持土地流转与加快农业结构调整相结合。各区县普遍运用土地流转机制来解决农户分散经营的问题，在不改变家庭经营地位的基础上，使分布于各农户间的相对狭小的土地适度集中、形成规模，开展区域化、规模化种植和养殖，加快了农业结构调整的步伐。三是坚持土地流转与推动农村二、三产业发展相结合。四是坚持土地流转与加强基层民主制度建设相结合。

这一阶段，北京农村的土地流转机制初步建立起来，作为一种调配资源的手段也开始在郊区农业生产经营中得到普遍应用，并呈现出以下五个特点：

一是土地流转形式趋于多样化。在土地流转过程中，出现了转让、转包、互换、入股等多种形式。转让，就是承包农户将土地承包经营权转让给第三者，原承包合同解除，由村集体与第三者重新签订承包合同。在土地流转总量中，转让占 74％。转让所占比例远远超出其他流转形式，成为当时流转中的主要形式。

二是土地流转以社区内流转为主。据统计，社区内流转占流转户数和面积的比重分别是 98％和 93％。

三是土地流转程序趋向规范化。调查显示，土地流转中签订书面协议的达到82 531户、2.52 万公顷，占到流转总量的 90％和 92％。

四是土地流转运作机制趋于市场化。调查显示，在土地流转中，有81 662户、2.5 万公顷的土地实行有偿流转，分别占总数的 89％和 91％，成为流转的主体。

五是土地流转过程平稳，纠纷不多。因土地流转而发生的纠纷仅有 8 起，涉及农户 14 户、土地 4 公顷。

总体看，北京农村土地流转发展较为平稳，但也存在一些问题。部分地方政策落实不到位，影响了农村经济结构的调整。土地流转的程序还不够规范，存在产生矛盾和纠纷的隐患。从局部看，仍有部分区县的无偿流转比例过高，并缺少合理的流转价格确定机制。

农民专业合作经济组织的建立与发展

北京农村改革初期就出现了许多专业户、重点户和新经济联合体。随着农业产业化的发展，农户对技术服务、产品加工和销售联合的要求日趋迫切，专业合作经济组织和行业协会也就在北京郊区应运而生。1994年，全国确立了一批农民专业协会试点和试点区县，密云县被确定为试点县之一。1995年，北京各级农村合作经济经营管理部门在总结密云县等县试点经验的基础上，加强了对全市农民专业合作经济组织的指导和服务。通过摸底调查，培训农民专业合作经济组织管理及技术人员，加强内部管理制度的建设，帮助农民专业合作经济组织制定章程，建立健全内部机构，完善农民专业合作经济组织。到1996年年底，全市共有农民专业协会552个，入会会员达到13 516人，协会年末拥有固定资产总额1 178万元。大城子乡是密云县果品生产基地之一。1997年5月成立了农民果品协会，有会员243人。协会成立一年多，乡政府给运销大户提供了20万元贴息贷款，投入6万元购置计算机等现代化办公设备。1998年春天，通过协会销售储藏的红肖梨等果品达500万千克，占全乡果品总产量的80%，平均每千克价格比上年提高近2倍，果农增加了收入。

1999年1月21日，市农委和市财政局联合下发了《关于扶持和鼓励发展农民专业合作经济组织的意见》（京政农发〔1999〕6号），制定了对农民专业合作经济组织的扶持标准和办法，对出资型农民专业合作社，凡是入社农户在20户以上，农户增收水平高于本地区10%以上，给予一定的资金奖励；对契约型合作组织，凡是带动农户200户以上，农户增收水平高于本地区10%以上，与农户签订购销合同、实行保护价收购的农产品加工企业和贸易组织，给予一定的资金奖励；对会员制型合作组织，凡为农户提供生产资料、技术服务、新产品推广、产品销售，带动农户在100户以上，农户增收水平高于本地区10%以上，给予一定的资金奖励；对一些规模较大，跨区域联合，带动农户作用特别强，农民增收效果显著的合作组织，可作为全市农民专业合作经济组织的典型，给予重点表彰和奖励。并在工商注册、税收登记等有关手续方面提供方便，在水电、土地等基础设施方面，给予倾斜和扶持。到1999年年底，全市共有农民专业合作经济组织446个，入会会员达35 178人，专业合作组织年末拥有固定资产总额

12 730 万元，平均每个专业合作组织拥有固定资产 285 426 元。到 2000 年年底郊区农民合作经济组织已发展到 1 790 个。顺义区李桥镇沿河瓜菜产销协会于 1998 年 5 月 19 日成立，是一个出资型的农民专业合作经济组织，共有会员 105 户，经营菜田 35 公顷，拥有固定资产 247 万元，其中出资户 99 户，出资额 34.2 万元，协会投资 56.2 万元，先后建成了 3 150 平方米的蔬菜加工车间和 360 平方米的半地下蔬菜保鲜库，购置了草帘编制机和蔬菜包装机，一年内销售瓜菜 150 多万千克，成交额 600 多万元，增加了菜农收益。

郊区农民专业合作经济组织的发展中呈现出四方面特点：一是产业相对集中，林业、蔬菜、畜牧三个行业占全部合作组织的 78.2%，带动农户 14.2 万户，占总户数的 62.6%。二是畜牧合作组织发展较快，在新发展的 583 个合作组织中，有 326 个畜牧合作组织，占新发展总数的 55.9%。三是"龙头企业＋合作组织＋农户"的生产、加工、销售方式被广泛采用，尤其在奶牛、肉鸡、养鸭生产方面，形成了责任明确、风险共担、利益共享的产销一条龙链条。大兴县成立奶牛协会（合作社）11 个，上接"三元""光明"企业集团，下连农户，入社农户 500 多户，饲养奶牛 7 000 多头。四是区域特色突出，促进了区域农业结构调整。平谷县有 24 个大桃产销合作组织，带动了平谷县大部分大桃生产和销售。通州区的 5 个中药产销合作组织，带动农户 500 多户，种植各种药材 600 多公顷。朝阳区的 4 个獭兔合作组织，吸引 100 多农户，饲养销售獭兔 18.9 万只。农民专业合作经济组织的发展，提高了农民的组织化程度，推动了农村经济结构的调整。

2001 年 2 月 23 日，市政府办公厅转发了市农委《关于发展本市农民专业合作经济组织意见的通知》（京政办发〔2001〕13 号），从此，北京郊区农民专业合作经济组织的发展由萌芽起步进入了初步发展阶段。到 2002 年年底，全市各类农民专业合作经济组织达到 2 030 个，纳入农民专业合作经济组织规模化管理范围的达 1 595 个，入社农户 34.2 万户，占全市农户总数的 28%，资产总额达 38.7 亿元。

（1）提高了农民的组织化程度，促进了农业结构调整，增强了农产品的市场竞争力。郊区由农民专业合作经济组织销售的农产品，蔬菜占到全市销售量的 46%，果品占 40%，瓜类占 35%，水产品占 30%，牛奶销售占 80％以上。顺义区大孙各庄镇农业结构调整成效显著，种植业实现了粮经饲三元结构布局，养殖业由食粮型向食草型转变。通过大力发展农民专业合作经济组织，相继成立了牧草、种羊、奶牛等 26 个农民专业合作经济组织，使全镇形成了瓜菜、果品、牧草、葡萄、猪、牛、羊七大主导产业。

（2）解决了农产品的销售，保护了农民利益，增加了农民收入。农户与合作经济组织形成"利益共享、风险共担"的联结机制，把农业"后续车间"的利润返还到"第一车间"，参加组织的农民不但从种养业生产中获益，还可以分享加工、流通环节的利润，增加农民收入。平谷县镇罗营乡桃园果品运销合作社由 70 多户农民组成，通过对核桃、苹果、桃进行包装，采取直销、网上订购等方式，年销售果品 100 多万千克，人均纯收入达 6 000 元，是镇罗营乡人均纯收入的 2 倍。

（3）加快了农业科技成果的推广应用，提高了农民素质。顺义区农民专业合作经济组织结合新项目开发，引进人才，聘请大专院校、研究机构的 300 多位教授、研究员，帮助农民发展农业产业化经营和推广新技术。

（4）促进了农业产业化经营的发展。"九五"计划期间，市政府引导郊区农民以市场为导向，自愿组织以农业生产技术服务、农产品加工、销售为主要功能的专业合作经济组织。到 2002 年，郊区各类专业合作经济组织达到 2 030 个（已经登记备案的 1 595 个），带动了 40 多个专业乡镇、500 多个专业村。农产品深加工率超过 30％。农产品加工企业中固定资产超百万元的畜产品加工企业达到 130 多家，一些大型企业、名牌产品已经成为带动农业发展的"龙头"。大发正大有限公司是以肉鸡加工出口为主的大型龙头企业，年宰杀肉鸡 6 000 万只以上，其中 80％的商品鸡由各地养鸡协会提供。顺义区张镇养鸡协会上联大发正大公司，下联养鸡农户，每年为公司提供 700 万只商品鸡，解决了龙头企业面对千家万户的困难，又提高了经济效益。

到 2002 年年底，北京郊区围绕增加农民收入，培育有竞争优势和带动能力的农民专业合作经济组织，通过示范、引导和扶持，采取整体推进、重点突破等具体措施，全面提高了农民专业合作经济组织发展水平。北京市新特新葡萄产供销合作社、北京市顺义区高丽营镇张喜庄发达苗木协会、顺义区赵全营镇北郎中生猪产销合作社、房山区长阳奶牛合作社、大兴区庞各庄西甜瓜产销联合体等 5 个合作经济组织被列为农业部全国农民专业合作经济组织百家试点名单中。全市已发展药材、饲草专业合作组织 30 多个，蔬菜专业合作组织 130 多个，畜牧专业合作组织 800 多个，乡级以上农机化作业服务组织 90 个，其中：庞各庄西甜瓜产销联合体、北郎中生猪产销合作社、北京新特新葡萄产供销合作社、长阳奶牛合作社、通州区梨园敖凤乌鸡养殖合作社、河南寨镇荆栗园村农民蔬菜协会、大柏老奶牛合作总社、北京仙潭珍禽养殖合作社、北京昌平鲜绿安林果协会和平谷区大桃产销协会等 10 家被评为市级先进农民专业合作经济组织。北京市外贸菜蔬协会赴新加坡举办"北京蔬菜新加坡推介会"取得圆满成功，提高了北京蔬菜在东南亚市场的知名度，促进了蔬菜的出口，探索了海外招商活动的新模式。2002 年 7 月 18 日，成立的"北京市谷物协会"。在"谷物协会"的努力工作下，全市有 23 万公顷优质强筋小麦、0.2 万公顷专用玉米实现了"订单生产"。据不完全统计，在农民专业合作经济组织帮助下，2002 年全市粮食、饲草、药材等订单面积达 7 万公顷。

二、调整行政区划和空间布局，加快城镇建设和城乡一体化步伐

1992 年《北京城市总体规划（1991—2010 年）》，明确提出："城市总布局的基本方针是：改变人口和产业过于集中在市区的状况，从现在起城市建设重点要逐步从市区向远郊区作战略转移，市区建设要从外延扩展向调整改造转移；大力发展远郊城镇，实现人口和产业的合理布局"。并进一步明确提出，把全市辖区 16 807 平方公里都纳入统一规划，并把规划市区范围由原规划的 750 平方公里，扩大为 1 040 平方公里。为解决人口和产业过分集中在市区的问题，提出城市建设的重点要实现"两个转移"，即全市城市建设的重点逐步从市区向远郊地区转移，市区建设的重点从外延扩展向调整改造转移。并提出在远郊建设 14 个卫星城，发展中心镇和一般建制镇，在全市形成市区、卫星城、中心镇和一般建制镇四级城镇体系布局。与此相应，在郊区还规划了公路、轨道交通、供排水、天然气进京等市政基础设施建设项目，以及山区的绿化造林、保护环境等生态建设项目，并分期分批地开展了新农村建设规划。1993 年 10 月，国务院对《北京城市

总体规划（1991—2010 年）》作了批复，同意这一规划。

调整行政区划

1993 年 3 月 12 日，市政府第四次常务会议决定，将朝阳区南磨房乡、太阳宫乡、大屯乡、将台乡、高碑店乡改设地区办事处，作为区政府的派出机构，享有街道办事处的同等待遇。4 月 7—8 日，北京市城乡规划工作会议召开。会议提出要依据城市总体规划确定的方针，引导城市建设从市区向远郊区转移，加快卫星城镇和工业小区的具体规划工作，引导市区建设从新区开发向调整改造转移。5 月 26 日，市政府决定，北京矿务局工农区撤销，原辖　镇六乡和两个乡级办事处分别划归房山、门头沟两区管辖。

2000 年，根据市政府《关于加快小城镇规划建设，推进郊区城市化进程的意见》文件规定，远郊区县对乡镇行政区划进行了集中调整。

（1）标准。建制镇总面积一般在 50～100 平方千米左右；每个乡镇的总人口不低于 1.5 万人，一般应在 3 万人左右，其中农业人口比例在 30% 以上；第二产业、第三产业产值占国内生产总值的 50% 以上；山区可根据实际情况适当放宽条件等。乡镇行政区划调整的原则：一是有利于区域经济发展，方便并提高人民生活水平，保持社会稳定的原则；二是紧密与城镇建设相结合，体现城镇带动战略，立足减少公共基础设施的重复建设，结合长远发展的原则；三是乡镇规模适度的原则；四是这次乡镇调整不考虑建地区办事处的原则；五是严格按照法律程序，依法进行的原则；六是此次乡镇行政区划调整不包括城乡结合部。城乡结合部的乡镇调整需要在绿化隔离带建设、旧村改造过程中，逐步解决。

（2）方式。乡镇行政区划调整，主要采取了撤乡建镇、合乡建镇、撤乡并镇、撤乡并乡和加挂镇牌等 6 种方式，涉及门头沟、房山、顺义、平谷、密云、延庆等 7 个区、县。撤 14 个乡，设 14 个镇；合并 8 个乡，设 4 个镇；撤 6 个乡，并入 7 个镇；撤 1 个乡，并入 1 个民族乡；在 11 个地区办事处设立镇人民政府，实行"两块牌子、一套人马"。经过乡镇行政区划调整，远郊区县共设有 125 个镇、16 个地区办事处、30 个乡，总计 171 个乡镇。远郊区县平均乡镇域面积由调整前的 78 平方千米上升到调整后的 90 平方千米，增加了 15.4%，常住人口由 2.2 万人上升为 2.6 万人，增长 18.2%，其中平原区县中面积最大的镇是大兴县的榆垡镇，面积为 136 平方千米，常住人口 4.7 万人，面积最小的是通州区的梨园镇，面积为 19.68 平方千米；常住人口最少的镇是顺义区北务镇，常住人口 10 081 人。山区半山区中，面积最大的镇是门头沟区的清水镇，面积为 339 平方千米，面积最小的为密云县的檀营乡；常住人口最多的镇是昌平区的南口镇，常住人口 4.6 万人，常住人口最少的乡镇是密云县的番字牌乡，常住人口 0.39 万人。

（3）成果。村镇规划建设更加科学。区划调整后，远郊区县的各个乡镇积极编制和修编新的乡镇域总体规划，力争使规划更具有科学性和可操作性，以指导郊区的城镇建设。在此基础上，远郊区县行政村的规划也全面展开。乡镇机构得到了精简。调整后，远郊区县乡镇总数由 1999 年年底的 198 个下降为 171 个，减少了 27 个，领导干部和一般干部职数减少了 1 100 人左右。减少了富余人员，提高了工作效率。乡镇区域经济得到了增强。通过乡镇行政区划调整，达到了优势互补，拓宽了经济发展的空间，增强了区域经济的发展实力。同时，对减轻社会管理成本，减轻农民负担，加强市政基础设施建设，促进农村城市化、现代化进程都将起到积极的推动作用。

调整空间布局

1993 年，北京郊区有三个工业区成立，它们是 1993 年 1 月 6 日市政府批准的大兴埝坛工业区、1993 年 8 月 23 日批准的平谷兴谷工业区及 1992 年 9 月 18 日批准的农场局属永乐店农场的北京永乐经济开发区。1994 年 4 月顺义吉祥工业区、1994 年 9 月顺义空港工业区批准成立。至此，北京区县工业区增加至 21 个，首都建设规划委员会批准总体规划面积 88 080 亩（58.7 平方千米），其中第一期开发面积 32 076 亩（21.4 平方千米）。4 月 25 日，经国务院、国家科委批准，昌平、丰台科技园区并入新技术开发试验区，享受国家级开发区政策。

1994—1995 年是工业区大发展的时期。一是市政府办公厅针对区县工业区土地出让金的上交与返还问题，出台了《北京市人民政府办公厅关于区县工业小区、乡镇工业小区规划建设若干问题的通知》（京政办发〔1994〕85 号），文件中规定："近郊区工业小区土地出让金的 60％由市财政按季返还区财政。远郊区县工业小区土地出让金收入，5 年内（从 1992

年 6 月 1 日起，至 1997 年 5 月 31 日止）全部由区、县留用"，促进了区县工业区基础设施建设。到 1995 年年底，21 个工业区有 11 个工业区完成了一期开发面积的基础设施建设，昌平园区、大兴工业区、平谷滨河工业区已进入二期开发面积的开发；基础设施总投资已完成 136 354 万元，比 1993 年年底增加了 84 701 万元，增加了 1.64 倍。二是团地开发取得突破性进展。有 4 个工业区进行了团地开发：台湾蔡武雄在平谷兴谷工业区占地 300 亩，投资建设台胞城以后，又与中华（香港）国际开发集团有限公司、中国（台湾）文化经济发展协会合作，占地 2 500 亩，建设台资工业园，计划投资 6 亿美元；延庆八达岭工业区以生地转让开发的形式，转让给国家科协 2 043 亩地进行团地开发，建立八达岭科技园，引进 100 家国家级协会入区，预计投资 20 亿元；平谷滨河工业区引进航空航天工业总公司占地 200 亩，建设航天工业园。三是国际知名大公司到区县工业区投资建厂非常踊跃。美国马氏集团在怀柔雁栖工业区占地 200 亩，投资 2 950 万美元，建设爱芬食品北京有限公司；日本索尼、松下、JVC、西铁城、村田、法国欧洲空中客车等国际知名大公司纷纷落户顺义空港工业区。到 1995 年年底入区"三资"企业 338 家，比 1993 年年底增加 145 家，增长 75.1%；协议总投资 143 157 万美元，比 1993 年年底增加 102 636 万美元，增长 1.53 倍。四是资金投入进入良性循环。到 1995 年年底已向入区企业出让土地 15 912 亩，协议出让金 163 913 万元，其中已到位 89 528 万元，到位出让金已占基础设施总投入 65.7%；昌平园区出让金到位 16 538 万元，已基本达到基础设施投入金额；空港工业区出让金到位 11 336 万元，已超过 10 964 的基础设施投入水平。五是入区企业大幅度增加，效益大幅度提高。到 1995 年年底，21 个区县工业区已有入区企业 2 497 家，比 1993 年年底增加一倍；协议总金额 148 亿元，比 1993 年年底增加 100 亿元，其中已投产企业达到 1 197 家；实现产值 25.4 亿元，是 1993 年的 3 倍多，实现利润 1.86 亿元，是 1993 年的一倍多。

小城镇建设试点

1993 年年底，遵照国务院批复审定的《北京城市建设总体规划》精神，全市确立了市区、卫星城、中心镇和建制镇四级城镇规划建设体系。1994 年，郊区城镇体系设立为 14 个卫星城、28 个中心集镇、92 个建制镇、134 个一般乡镇。同时确定启动小城镇建设试点工作。北京市村镇规划建设领导小组评定，确定了昌平县小汤山镇、大兴县榆垡镇、通州区漷县镇、密云县太师屯镇、顺义区杨镇、延庆县康庄镇、怀柔县杨宋镇、门头沟区斋堂镇、平谷县峪口镇、房山区长沟镇、大兴县庆各庄镇 11 个镇为北京市远郊区第一批小城镇建设的试点单位。小城镇试点镇的发展全面展开。

（1）规划先行，全面规划体系基本形成。第一批小城镇建设试点镇确定后，11 个试点镇按照逐步实现农村现代化的要求，符合首都郊区的性质，突出首都郊区小城镇的特点，开始进行规划。在规划中按照符合首都性质的客观要求，对小城镇予以功能定位。北京郊区试点小城镇在功能定位上分为四种类型，一是旅游、度假、疗养型，如昌平县小汤山镇；二是工业型小城镇，如怀柔杨宋镇；三是商贸型小城镇，如房山区长沟镇；四是"绿色"生态环保型小城镇，如密云县太师屯镇。各试点镇确保规划高标准。11 个试点镇均确立了 2～6 平方公里的规划建设起步区。

（2）相关部门积极协调、相互配合，为试点提供政策保障。市政府农办作为郊区小城镇试点的主管部门，与有关部门对北京郊区小城镇建设发展中涉及到的建设、土地、户籍、开发、投资管理、发展目标等诸多方面提出了原则性的政策规定，是北京郊区小城镇建设初期的一个重要的指导性文件。同时，市政府农办还会同市公安局，制定了《北京市郊区小城镇建设试点城镇户籍管理办法》和《北京市郊区小城镇建设试点城镇户籍管理试行办法实施细则》两个文件，为郊区小城镇吸引资金，促进郊区剩余劳动力向小城镇流动和郊区小城镇经济社会发展起到了积极的推动作用。

（3）试点镇的主要基础设施和公共服务设施基本配套。经过几年建设，到 1998 年年底，试点镇新修、新建排水设施、道路、路灯、供水厂、程控电话局、集中供暖、电力设施等基础建设项目共 115 项，投入 55 768 万元；完成生产性建设项目 106 项，总建筑面积 61 万平方米，总投入 81 260 万元；共完成邮政、卫生院、学校、金融、财税、工商、法庭、科技中心（所）、防疫站、敬老院等公共服务设施建设 96 项，总建筑面积达 29.66 万平方米，投入 51 141 万元，共投工 253 万人次，投料 71 695 万元，各项服务设施已基本配套。这期间，郊区乡村集体企业税后利润用于小城镇建设的部分累计达到了 4 亿元，约占资金投入的 40%。

（4）试点镇多元化投资机制正在形成。各试点镇采取合作、合资、股份、个人等方式，先后引进项目 543 个，涉及工业、农业、旅游、房地产、市场贸易等领域，吸收资金 572 365 万元，已到位资金 196 301 万元。其中有 205 个项目已经投产，增加就业 6 595 人，从业人员年人均收入 5 600 元。

（5）因地制宜，发挥优势，促进经济的全面发展。各试点镇从各自的实际出发，发挥其地理、交通、各种自然资源优势，选准带动产业和重点项目，促进了产业结构的调整，带动本地区经济的全面增长，11 个镇经济增长速度均超历史水平。据统计，1995 年财政收入为 5 207 万元，1997 年为 7 292 万元，增长 41%。1995 年人均纯收入为 2 430 元，1997 年达 3 300元，增长 35.8%，人民生活水平明显提高。

（6）试点镇的绿化美化进一步加强。绿化面积大幅度增加，品种多样化，美化范围大。同时，普遍建立了管护队伍，建立了管理制度和绿化管理的层层责任制。到 1998 年年底，11 个小城镇绿化总面积达 167 494 亩，建有公园 24 个，共植树 217 万株，镇区有公共绿地 11 万平方米，镇区占有公共绿地 50 平方米。

（7）绿化居民住宅小区建设已具雏形。各试点镇实施开发了住宅小区商品房的建设。到 1998 年，11 个试点镇共建成商品房 43.28 万平方米、4 709 套，销售率达 69% 以上。延庆县康庄等镇累计 4 万平方米的商品房，无积压、销售率达 100%。

1999 年 4 月 1 日，刘淇市长主持召开的市政府第 34 次市长办公会，决定增加通州区宋庄镇等 8 个镇为试点小城镇。2000 年 3 月 7 日，刘淇市长主持召开的市政府第 67 次市长办公会，决定再增加大兴县西红门等 3 个镇为试点小城镇。至此，郊区共有小城镇建设试点 22 个，它们是：昌平区：小汤山镇、北七家镇；房山区：长沟镇、良乡镇；通州区：漷县镇、宋庄镇；门头沟区：斋堂镇、潭柘寺镇；顺义区：杨镇、马坡镇、后沙峪镇；平谷县：峪口镇、马坊镇；大兴县：榆垡镇、庞各庄镇、西红门镇；延庆县：康庄镇、延庆镇；密云县：太师屯镇、西田各庄镇；怀柔县：杨宋镇、北房镇。12 月 17 日，市委、市政府下发了《关于进一步加快郊区小城镇建设，推进农村城市化进程的若干意见》（京发〔2000〕30 号），明确指出，市政府每年安排一定规模的专项资金，对中心镇的基础设施和公共服务设施，按市、区县、镇 1∶2∶3 的比例配套使用。《意见》还就影响和制约小城镇发展的建设用地、户籍制度改革以及完善小城镇政府的经济和社会管理职能、加强领导等问题做了明确规定。

2001年2月15日，市政府办公厅发出《关于确定本市郊区中心镇的通知》，正式确定小城镇建设的重点。6月4日，市政府召开村镇规划建设联席会议，决定享受市政府各项优惠政策的共有36个镇。它们是：通州区：宋庄镇、马驹桥镇、永乐店镇、漷县镇；房山区：窦店镇、长沟镇、琉璃河镇、韩村河镇、城关办事处；门头沟区：斋堂镇、潭柘寺镇；昌平区：小汤山镇、北七家镇、阳坊镇；顺义区：杨镇、后沙峪镇、北小营镇、高丽营镇、马坡镇；大兴区：榆垡镇、西红门镇、庞各庄镇、采育镇；延庆县：永宁镇、康庄镇、旧县镇；怀柔县：杨宋镇、汤河口镇、北房镇；密云县：太师屯镇、溪翁庄镇、十里堡镇；平谷县：峪口镇、马坊镇；海淀区：温泉镇；丰台区：王佐乡。随后的一年多时间里，北京郊区的小城镇建设发展迅速，成效十分显著。

一是城镇基础设施建设力度加大。为了加快城镇招商引资步伐，改变城镇基础设施落后的现状，促进地区经济、社会的全面发展，2002年，市财政安排基础设施专项资金5 000万元，重点支持了40个基础设施建设项目。全年共投资小城镇基础设施资金11.1亿元，33个中心镇共完成固定资产投资68亿元，增长36.6%，占郊区农村固定资产投入的52%，其中生产性固定资产投资48.7亿元，增长39.9%，占投资总额的71%，基础设施进一步完善，集聚效应日趋增强。

二是产业带动效果显现。把中心镇建设与工业小区建设有机结合起来，形成了相互促进，共同发展的良好态势，涌现出榆垡、后沙峪等一批二、三产业较为发达，经济基础雄厚的小城镇建设典型。

三是坚持小城镇建设与环境整治相结合。组织开展了创建全国环境优美乡镇活动和创建1 000个高水平环境整治村活动，加大了对10个小城镇绿化美化的支持力度，改变了小城镇的面貌。

四是积极探索"银政合作"的具体方式。2002年，国家开发银行与大兴区确定了合作的基本原则，即：以土地整理储备为龙头，与土地一级开发相结合，确定以黄村卫星城、大兴工业开发区、埝坛工业开发区和西红门镇、庞各庄镇、采育镇、榆垡镇等为合作范围给予项目贷款，即"一城两区四镇"，总面积约25平方公里。在评审的基础上，该项目在3年内可获得国家开发银行贷款12个亿。在大兴区试点工作的基础上，市政府也与国家开发银行确定了小城镇建设金融合作的基本框架。2002年12月29日，国家开发银行和北京市人民政府共同签署了100亿元小城镇建设金融合作协议。这是国内银行界签署的第一份关于小城镇建设的金融合作协议。

五是数字化试点示范镇建设取得阶段性成果。2002年，市有关部门确定顺义区后沙峪镇为本市第一个数字化试点建设示范镇。经过一年的努力与运作，一期建设工程已经完成，共计投资630万元，铺设政务光纤主干网15公里，布设光纤节点45个，培训人员500人次，16个村的农村管理信息系统全部安装完毕，实现了行政村与镇政府、镇政府与区政府的专网互联，提高了镇政府机关的办事效率和信息化水平。

小城镇户籍改革试点展开。1997年7月和10月制定了《北京市郊区小城镇建设试点城镇户籍管理办法》（京政办发〔1997〕41号）和《北京市郊区小城镇建设试点城镇户籍管理试行办法实施细则》（京政办发〔1997〕74号）。1998年1月10日，市政府召开北京市小城镇及农村户籍改革工作会议，确定11个小城镇为户改试点。两个文件对申请小城镇户口的原则、办法、投资标准、迁移等均做出了具体明确的规定，主要内容是：本市农民在试点镇购买两居室以上的，以及在试点镇务工经商、兴办实体的可以申请登记为城镇户口。外埠人员，除要购买商品房外，个人在平原镇投资50万元、山区镇投资25万元；单位在平原镇投资200万元、山区镇投资100万元可以申请登记为小城镇户口。随后市政府召开了确定当年户籍指标规模会议，建立北京市小城镇户籍管理联席会制度，确定郊区小城镇"农转非"和外地进京人员年度控制目标，确定外地进京人口指标分配原则，研究制定"成建制"引进人才和资金的鼓励政策。适当从严控制对外地进京人口，并逐步向对引进资金和引进大项目贡献大的镇倾斜，发挥户籍政策在推动小城镇建设和发展中的积极作用。

三、减轻农民负担，推进税费改革

北京郊区集体经济发达，农民人均负担长期没有超过国家农业部规定的占人均纯收入5％的上限。但来自各行政部门的强行收费、集资、罚款、摊派等繁多项目，又直接给集体和企业、间接给农民加重了负担。据审计，

1992年，郊区少数贫困乡农民负担限额超标，最高的乡达 8.64％；即使在负担限额不超标的乡镇，农民直接承担的村提留、乡统筹，也有不少村超标，有的村队最高达 16％。主要有六个方面的特点：一是农户直接承担的提留、统筹和"两工"任务较轻；二是由乡镇集体企业承担的农民间接负担沉重；三是在城市化过程中的农村集体土地征占、城市基础设施建设、房地产开发和城市管理等环节损害农民利益、加重农民负担的问题比较严重；四是在城乡结合部市政、市容管理中存在加重农村集体经济组织负担；五是在农村教育、报刊订阅、农村用电、无偿献血、农民建房等一些环节向农民和集体经济组织乱收费和摊派的问题时有发生；六是部分地方存在村提留和乡统筹费收取不够规范的问题。针对这些情况，1990 年 10 月 16日，市政府发出《关于切实做好减轻农民负担工作的通知》（京政办发〔1990〕61 号），成立了农民负担监督管理领导小组，对涉及农民负担的文件和项目进行了全面清理审核，取消了几十项不合理的收费项目，取消了要求农民出钱、出工、出物的达标升级活动，农村中乱摊派、乱收费、乱集资现象得到遏制，农民不合理负担明显减少。按照市、区县两级 1993 年取消的涉农收费项目测算，全郊区一年可减轻农民负担 4 亿元，人均约 100 元。为了把减轻负担监督管理纳入法制化、规范化、持久化、1994 年 5 月北京市第十届人大常委会第 10 次会议通过了《北京市农民负担管理条例》，并颁布实施。

自 1994 年开始，市农民负担监督管理部门根据农民群众、乡村集体经济组织和乡镇企业反映强烈的热点、难点问题，有计划、有针对性地开展了专项治理。重点包括：

（1）治理征占农村集体土地过程中损害农民利益的突出问题。经过市农民负担监督管理部门的认真清理，1991 年以来农村集体土地征占中共拖欠农民款项约 20 亿元，在此基础上提出了解决办法，截至 2003 年 12 月底，有关方面已向村集体经济组织偿还欠款 15 亿元。1992 年昌平县房地产开发公司征用小汤山镇马坊村 138.67 公顷土地，长期拖欠应支付的补偿费 2 000 万元，农民群众多次上访告状。通过对闲置土地的重新转让，马坊村土地补偿费由原来的 2 000 万元增加到 1 亿元，增加收入 8 000 万元，农民群众非常满意。又如，2000 年北七家镇政府对镇里截留村级土地补偿费的问题进行了全面清理，与各村签订了还款协议，当年归还村集体经济组织土地补偿费 1 000 万元。

（2）治理在农村电网改造和农村用电方面的乱收费。针对这个问题，市政府办公厅发文规定：凡是列入国家农村电网的工程项目，全部工程费用应由电力企业投资建设。在 2000 年秋季执法检查中，密云县清退了农村电力增容费 180 万元。2002 年秋季执法检查中，这个县责成电力部门又向集体经济组织和农民清退了农村电网改造招待费 30 万元。由于实行了城乡电话费同网同价，郊区一年减轻农民负担 8 600 万元。

（3）治理农村教育乱收费。1997 年 3 月 6 日，市政府下发《关于认真贯彻落实〈中共中央、国务院关于切实做好减轻农民负担工作的决定〉的通知》（京发〔1997〕1 号），明确规定不得在农民负担监督卡之外，再向农民（包括乡镇企业职工）收取教育基金。通过取消教育基金，每年减轻农民负担 1 000 多万元。同时取消了学校向学生收取的取暖费、存车费、补课费、课外活动费等费用。仅 2001 年就减轻农民教育负担 503 万元。2002 年，市政府决定从新学年开始，免除远郊区县中小学生杂费，对近郊区低收入户学生也给予免除杂费待遇，并提供助学金。据统计，此项措施出台后全市每年减轻农民负担 4 300 万元。

（4）治理在水资源费征收和农村排污费收取中的乱收费。在水资源费和河道工程修建维护管理费在农村收取部分缓收期满后，市有关部门却借口北京严重缺水，继续向农村地区特别是近郊区征收水资源费。1998 年 9 月 16 日，在全市减轻农民负担工作大会上，副市长岳福洪代表市委、市政府对有关部门提出严厉批评，责成市有关部门进行整顿。通过治理，每年减轻农民和企业负担 270 万元。1998 年 7 月 16 日，市环保局下发《关于停止征收畜禽养殖业排污费的通知》（京环保监理字〔1998〕287 号），每年减轻农民和企业负担 0.9 亿元。

（5）治理在农用运输车牌照发放中加重农民负担的问题。由于交管部门和农机管理部门之间不协调，两家都要求农民到本部门领取牌照，造成农用车重复办牌照，重复收费，加重了农民负担。针对这个问题，市农民负担监督管理部门进行了协调，明确了各自部门的职责，制定了防止出现类似问题的办法。

（6）治理在农村无偿献血中加重农民和村集体经济组织负担的问题。以往市有关部门层层向县（区）、乡镇、村下达献血指令性任务，并对完不成任务的单位实行经济处罚。集体经济实力差的村没有补助献血费的资金来源，只能向农民摊派，农民群众反映强烈。为认真解决向农民收取不合理的献血费问题，通过与有关部门的沟通、协调，2001 年减少郊区农民不合理献血任务 30％，约减轻农民负担 1 225 万元。

（7）治理外来民工负担问题。北京郊区外来民工大体上在 260 万～280 万之间。按照党中央和国务院的部署，北京在减轻外来民工负担方面采取了三项措施：取消了每月 15 元的外来人口服务费和施工队管理费、暂住证手续费，办理暂住证费由 6 元降至 5 元，卫生费由 7 元降至 5 元，以上几项措施共减轻民工负担 5 亿多元。对拖欠外来民工工资的问题进行了清理。市建委还采取有力措施，督促本系统大型建筑企业清偿拖欠民工工资 1.4 亿元。

切实减轻乡镇企业负担。北京郊区由于乡镇企业比较发达，从总体上看农民直接负担不重。1999 年，农民家庭直接负担的提留统筹总额 17 139.4 万元，人均 47.09 元，占本市上年人均农民纯收入 4 065.5 元的 1.16％；积累工、义务工 317.5 万个，劳均 1.85 个，远远低于国务院规定的比例。而农民的间接负担不轻，名目繁多的收费、集资、基金严重影响了农村集体经济特别是乡镇企业的发展。市委、市政府将减轻乡镇企业负担作为减轻农民负担的一项重点内容，2001 年 4—6 月，北京市乡镇企业局牵头，有关部门参加，对北京市乡镇企业负担进行了全面清理，逐项甄别后初步确认：乡镇企业承担合法负担 134 项。针对清理出的不合理项目，北京市减轻企业负担领导小组取消收费项目 9 项，规范名称和重申标准 1 项，停止收费 1 项。

实行监督卡制度。1995 年 12 月 22 日，市政府农林办公室和市监察局联合发出了《关于实施农民负担监督卡制度的通知》（京政农〔1995〕175 号），1996 年 1 月 1 日，经市政府批准，开始在全市实施农民负担监督卡制度。按照法定的预算审批程序，把当年农民应承担的村提留、乡统筹费和农村义务工、劳动积累工以文书形式分解到户，明确了农民的权利和义务，防止加重农民负担的行为发生。自 1996 年开始，全市共进行了五次农民负担监督卡的发放工作。第一次是 1996 年，实行一年一卡，郊区 14 个区县共发放农民负担监督卡 80 万份。第二次是 1997—1998 年，实行一定两年，共发放农民负担监督卡 80 万份。第三次是 1998—2000 年，实行农民负担监督卡一定三年不变，共发放农民负担监督卡 90 万份。第四次是 2002 年，实行一定五年不变，共发放农民负担监督卡 118 万份，并把涉农收费项目及收费标准和减轻农民负担的"八个不准"的新监督卡发到了农户手中，极大地提高了涉农价格和收费的透明度。

启动农村税费改革试点。2000 年 7 月 5 日，市委、市政府下发了《关于郊区农村税费改革试点工作的意见》（京发〔2000〕19 号），成立了由市委组织部、农工委等 12 个有关部门组成的农村税费改革领导小组，统一领导全市的农村税费改革工作，探索建立规范的农村税费制度，从根本上减轻农民负担的有效办法。全市以昌平区为试点单位，要求各有关部门切实加强对试点工作的领导，积极、稳妥地作好税费改革试点工作。2001 年 8 月 14 日，市农村税费改革领导小组通过了《昌平区农村税费改革试点工作实施方案》，全面推开"取消乡统筹、农村教育集资等专门面向农民征收的行政事业性收费和政府性基金、集资；取消屠宰税；取消统一规定的劳动积累工和义务工；调整农业税政策；调整农业特产税政策；改革村提留征收使用办法"为主要内容的农村税费改革试点，并确定进行精简镇级机构、压缩人员、转变镇级政府职能、改革农村教育管理体制，调整中小学校布局，精简优化教职工队伍等 7 项配套改革措施。

2002 年 3 月，市政府总结了昌平区改革试点工作经验和郊区存在的问题，要求郊区各区县要进一步提高认识，继续执行"一项制度、八个禁止"，规定提留统筹费一律不得超过上年农民人均纯收入的 5％和 1997 年的预算额；要进一步加强农民负担卡的发放管理工作，加强改革试点地区农民负担的监督管理，继续抓好对农村中小学乱收费、报刊订阅摊派、农村用电建房乱收费等专项管理。5 月 25 日，北京市农村税费改革领导小组发出了《关于做好 2002 年农村税费改革工作的通知》（农税改〔2002〕）。经过对乡镇区划的调整，北京市乡镇数量由改革前的 257 个调整为 193 个，减少了 25％；乡镇机关干部由 2.1 万人精简到 1.6 万人，减少了 20％。村级干部人数由改革前的 2.3 万人精简到 1.8 万人，减少了 22％。对农村中小学布局进行了合理调整，据 8 个区县统计，农村中小学校由 1 168 所合并为 958 所，减少了 18％；教职工人数由 5.79 万人精简到 5.37 万人，减少了 7％。在此基础上，将教职工工资和学校的正常运转经费上划到区县。从 2002 年 9 月 1 日起，市政府免除了 10 个远郊区县的全体中小学生和近郊区的困难户学生的学杂费。从 2002 年开始，全市建立了农民最低生活费保障制度。部分村建立了农民养老保障制度，农村新型合作医疗制度的推广工作开始起步。据 8 个区县统计，有 2.48 万农户、4.71 万人领取了农村最低生活费；有 1 970 个村的 41.12 万农民领取了养老金。有 2 139 个村的 142.09 万农民参加了新型合作医疗。

四、农业结构深度的调整与农业产业化的发展

2001 年中国入世，北京经济进一步走向全球化，农产品直接参与国际竞争，对农业发展和农产品生产的标准和要求进一步提高。北京农产品市场供求状况也发生了根本性的变化：大多数农产品供求关系已由卖方市场向买方市场转变，农业市场化程度进一步提高；农产品市场需求日益多样化和优质化，农业发展由受资源约束正在向受资源和市场的双重约束转变；随着科学技术的快速发展，经济结构加速调整；郊区农民生活水平明显改善，正在由温饱型向小康型转变。

优化资源配置，推进农业结构的深度调整

（1）调整市场结构，发挥首都农业比较优势。由于首都城市的日益扩大和农业资源特别是耕地数量的逐步减少，首都农产品市场全面放开，外埠农副产品进京，丰富了首都市场，保证了市场的需求。建城乡贸易市场，完善农产品商品生产和流通服务体系；办各种交易会，搭建全国范围内的农产品展示交易平台。发展农业高端高效产业。由大路产品生产转到高档产品生产上来，占领首都农产品高端市场；鼓励发展有区位优势的奶业和休闲农业，挖掘经济效益较高的养殖业潜力，按照目标市场的需求组织产销活动。通过租赁、承包、拍卖、股份制等多种形式实现规模畜禽养殖企业的转轨，以提高市场经济下的经济效益和市场竞争力。

（2）调整产业结构，推进农业产业化。积极发展农产品流通、加工和食品制造业，形成产后环节的一批产业龙头和专业化分工协作的产业化链条，促进农产品生产、加工、销售一体化发展，稳步提高农民收入。到 2001 年，郊区生产总值中二、三产业所占比例为 85.1%；养殖业产值的比重从 2001 年开始超过种植业，占农业的比重提高到了 52%，形成了种养

业并举的新格局。养殖业重点发展草食、舍饲家畜和特种养殖，种植业改变以粮食作物为主的传统结构，发展经济作物和饲料作物，形成粮食作物—经济作物—饲料作物三元结构。

（3）调整产品结构，提升农产品质量。1997年时任副市长岳福洪提出：把发展"六种农业"作为农业结构调整的切入点和推进农业现代化建设的重要途径。利用北京农业良种开发基础较好的优势，发展具有高技术、高投入的籽种农业；从生产普通产品向生产名优特新产品调整，发展精品农业；突破农业生产的季节性限制，摆脱自然资源地域、时空分布不均衡的困境，发展设施（栽培）农业；提高初级农产品的加工能力，发展具有高附加值的加工农业；从单纯面向国内市场转向进入国内国际两个市场，发展创汇农业；从物质产品生产转向物质产品和精神产品并重，发展观光农业。"六种农业"的发展，使传统农业得到改造和提高，出现了新的经济增长点，发挥了北京农业的比较优势。1999年全市"六种农业"创造产值93亿元，占大农业总产值的34.5%。在当年遭受严重旱灾的情况下，农业增加值增幅提高到2.5%，打破了90年代以来徘徊不前的局面。

经过调整，农业的产业结构和产品结构发生了全局性的变化，原来的"保供型"农业已经逐步转变为市场型、效益型、生态型。农业在农业总产出中，从1997—2001年，种植业所占份额从52.4%下降到45%，养殖业从45.6%上升到50.9%。种植业大幅度调减了粮食作物生产，粮食生产占耕地面积的比重从80.5%调整到58.5%；蔬菜、瓜果等重点产业迅速发展，饲料、中草药等新兴产业初具规模。蔬菜生产占耕地面积的比重从13.4%增加到23.1%，特菜产量增加1.7倍，占蔬菜总产量的比重达到6.7%；蔬菜出口生产基地面积由666公顷扩大到的1万公顷，出口量从3.7万吨增加到39万吨。饲料作物生产从小到大，饲草面积已经超过3.8万公顷，进入了平稳发展阶段。中草药种植自1999年起步，由846公顷急剧扩大到近1 266公顷，已经成为全国第10大中药生产省（市）。

养殖业重新调整了区域布局，改变了传统生产方式和生产格局，调动了农民和企业的积极性，增加了养殖效益，初步完成了养殖业向技术密集型、高附加值、高效益、低污染产业和产品的转型，逐步形成了一批有地区特色的区域性主导产业，出现了产品向多元化、高效型发展，生产向区域化、专业化、规模化发展的良好局面，特别是草食家畜和名优水产品取得了突破性进展。2001年畜牧业产值首次突破了100亿元，成为支撑农民增收致富的重要产业。肉类总产以年递增12.8％的速度继续增加，2001年达到65.2万吨，同时，生猪比重明显下降，禽肉和牛羊肉迅速上升，养殖品种从传统大宗食用品种的肉蛋奶扩展到皮、毛、绒、羽、药、观赏等多功能，特种养殖达到60多个品种，年出栏特禽1 146万只，特种动物342万头（只）；牛奶生产快速增长，从22.2万吨增加到42.9万吨；水产品在缩减总产的同时大幅度增加了名优产品生产，名优产品达到2.7万吨，占水产品产量的比重从14.1％提升到36.5％。

农业在调整生产功能的同时，还向生态、生活等功能延伸，全面发挥都市型农业对城市现代化建设的多种作用。在为城市改善生态环境方面，近郊的绿色产业、远郊平原的农田和林网、山区的林业建设，成为构造首都三大生态圈的重要载体，全市林木覆盖率达到41.9％，其中平原为21.8％，山区为57.2％，分别比1994年提高了5.64、1.02和8.73个百分点。在为城市人民生活服务方面，1997年以来全市大力倡导观光休闲农业，促进一产向三产延伸，观光休闲农业项目达2 246个，接待人数3 186万人，直接收入22.8亿元。

（4）调整技术结构，提高综合效益。围绕"高产、高效、优质、生态、安全"的十字方针，把原来主要围绕大田作物和增加产量的技术发展方向，逐步转移到主要围绕新兴产业和产品提高质量与效益的方向上来。采用信息技术、生物技术和新材料，实施高新技术改造传统农业示范工程，先后建立25个农业高效示范园，一批如昌平区小汤山蔬菜大观园、朝阳区朝来农艺园、丰台区花卉大观园的现代化农业示范园已成为首都现代农业重要的示范窗口。同时，用新兴适用技术改变传统的耕作和种养方式，以水、地资源节约型和环境保护型技术开发思路，为产业和产品结构调整提供技术保证。通过与科研单位密切合作，一大批高新技术研究成果，如工厂化农业示范工程、智能化农业信息系统、3S技术农业应用、农业节水示范工程、新型缓释肥料、新品种选育等得到推广应用，提高了农业生产的科技含量和综合效益，有力地促进了首都现代农业的发展。

（5）调整区域布局，丰富农业功能。近郊发展以科技、精品、观光为特点的绿色产业；远郊平原地区作为主要的农业生产加工基地，以优质、高产、高效为目标加快农业现代化建设，大幅度提高农业集约经营程度；

山区作为城市的重要生态屏障和水源涵养地带，充分利用资源优势，在保护生态平衡的前提下加快资源综合开发，发展特色农业、绿色食品和休闲产业。从2001年起，郊区畜牧业实行"三退三进"方针，即从近郊区、农民庭院、散养的落后方式退出来，向远郊区和养殖小区、产业化、出口创汇发展。通过区域布局，进一步挖掘丰富了农业的功能，从单一的生产功能实现了向生产、生活、生态和示范功能的延伸。

农业和农村经济结构的调整取得了明显成效，实现了郊区经济快速增长。在耕地面积逐步减少的情况下，2001年郊区一产GDP达93.1亿元，是1992年近2倍；二、三产业增加值533亿元，对郊区经济增长的贡献率达到85％；农民人均收入达到5 099元，是1992年的2.9倍；郊区籽种农业产值、精品农业产值分别占农业总产值的23.4％和41.4％，观光农业伴随着郊区旅游业的兴起而迅速发展，设施农业产值占农业总产值的23.6％；种植业粮经饲三元结构已形成，养殖业在农业总产出的比重达到52％，郊区种养业优势农产品产业带和生产基地初步形成，产业化龙头企业达到900多家，农业产业化经营方式成为拉动郊区农业结构调整的主导力量；郊区农产品向优质、高效、安全方向发展，安全食品、绿色食品、标准化生产得到充分重视，通过"三品认证"（无公害食品、绿色食品、有机食品）的农产品比重逐年增加，保障了首都市场鲜活农产品的有效供应。与此同时，农业产业结构的调整也推进了小城镇和新农村建设的发展。

此外，伴随着首都农业产业化的发展，农业管理的各政府职能部门也进行了改革。为了适应市场经济的要求，2000年8月，市政府根据北京市党政机构改革方案，决定将原农业（种植业）、畜牧、水产、农机等管理系统合并重组成立北京市农业局，作为市政府直属机构，主管全市种植业、畜牧业、水产业和农业机械化。这一时期，经过调整后的北京农业在诸多方面都发生了显著的变化：

一是农业的生产方式发生了显著的变化，现代农业产业体系正在形成。以家庭承包经营为基础、统分结合的双层经营制度进一步健全，农民成为农业生产领域的投资主体；集体土地流转机制的初步形成，促进了农地资源的集中和生产效率的提高；农产品加工企业初具规模，农业专业合作经济组织崛起，增强了农业的增值能力和市场进入能力；设施化、工厂化农业和园区农业由点到面、由示范到推广，大大提高了农业运用现代科学技术、抵抗自然灾害的能力，提高农业的现代化水平和经济效益。从生产环节看，设施农业面积已经达到 26 万公顷，其中菜田面积中设施面积已经占到 31.4%；设施农业的产值已经相当于农业总产值的 26% 和种植业产值的 65% 以上。从加工环节看，农产品加工产值 1998—2002 年以年均 27% 以上的速度增长，达到 177.4 亿元，占农业总产值的比重提高到 68.1%，深加工率超过 30%。农产品加工企业中固定资产 100 万元以上的畜产品加工企业达到 130 多家。特别是一些大型企业、名牌产品已经成为带动农业发展的"龙头"。三元奶业占有北京牛奶市场的 70%，华邦饮料、鲲鹏肉食在市场上享有较高声誉，怀柔西洋参在国内市场占据了一定份额，国有、股份制、民营、外资等多种所有制农产品加工企业不断涌现，给农产品加工业带来了活力。通过农产品精深加工，大大提高了市场竞争能力，拉动了出口创汇农业的发展。全市有 40 余家农产品加工企业获得了 ISO9000 质量体系认证和 ISO14000 环保体系认证。农产品直接出口达到 1.82 亿美元，其中加工产品占 70% 以上。在农产品加工领域中，多元化投资、开放型经营的体系已具雏形。从产销服务看，以农产品销售、技术服务等为主要功能的农业专业合作经济组织迅速发展，2002 年上半年各类专业合作经济组织达到 2 030 个（已经登记备案的 1 595 个），吸收农户 34.2 万户（占农户总数 28%），带动了 40 多个专业乡镇、500 多个专业村。据不完全统计，通过专业合作经济组织销售的农产品所占比重，鲜奶达到 80% 以上，蔬菜达到 46%，果品达到 40%，瓜类达到 35%，水产品达到 30%，出口蔬菜达到 95% 以上。以"龙头企业＋合作组织＋农户"的农业产业化经营体系正在形成。

二是政府对农业支持的调节方式正在发生重大的变化，在农业制度创新上进行了许多新的尝试。从资源配置的调节看，各区县在农业结构调整的过程中创造出一些非常富有创造性的土地流转制度和办法，把土地流转机制与农业结构调整结合起来，奠定了农业结构调整的基础。从支持的内容看，以发展六种特色农业带动结构调整；从种养比例、粮经比例两个层次上加大调整力度，发展养殖业、形成粮经饲三元结构，使结构调整进入了更深层次；有重点地扶持主导产业，培育产业组织。从支持的方式看，除了在原有的政府投资渠道上实行政策倾斜支持农业发展以外，各级政府鼓励农民和企业家进行农业投资。政府通过建立相应的基金，以担保的方式推动"银企合作"。大兴区通过"存一贷十"的方式筹集贷款，解决了发展资金短缺的瓶颈问题。

三是北京农业走出了90年代中期的徘徊状态，农业经济效益提高，农民得到了实惠。1997—2001年，全市的农业总产值从1 709亿元增加到2 141亿元，按不变价格计算，平均每年增长7%以上；农业增加值从849亿元增加到931亿元，平均每年增长23%。农业总体上进入了一个新的稳步发展期。经过结构调整，农业经济效益明显提高。据典型调查分析，一亩地种两茬（小麦和玉米）的年利润是735元，种紫花苜蓿的年利润是3 064元，牧草生产比普通粮食作物生产的效益高出3倍以上。在农产品价格水平长期走低的情况下，农民人均纯收入从3 762元增加到5 274元，平均每年增加8%以上，其中从家庭经营一产得到的收入保持了增加的态势。

现代农业科技园区建设

1997年从京郊部分高效农业企业、工厂化场所逐步转制成为农业科技园区开始，北京市农业科技园区发展如火如荼，并逐步形成规模优势。到2001年年底北京市郊区已经建立了面积在50亩以上的各类农业科技园区485个，其中重点农业科技园区136个。在重点园区中，既是市级又是国家级的农业科技园5个，市级农业科技园20个，区县重点111个（不包括农口局建立的园区）。投资规模在5 000万元以上的农业科技园有12个，其中国家级2个（顺义三高、小汤山），市级3个（朝阳农艺园、锦绣大地、朝阳通胜）；区（县）级7个（海淀翠湖高科技园、北京盛世富民清真有限责任公司、绿健现代农业发展有限公司、北京御香苑肉类有限公司、北京步步高饮料有限公司、北京通州农产品开发有限公司、顺义区农业高新技术示范区）、投资规模在1 000万～5 000万元的农业科技园有70多个。

"九五"期间对现代农业科技园区的总投资达到了49亿元，其中1999年投资5.9亿元，创造产值9 900万元；1999年资产净增率达到了10%。

（1）组织基础。北京市农业科技园区建成的基础包括：一是基层科技站、科技所转制后形成农业科技园；二是社会投资者或者农民兴办的养殖小区、果园等上升为农业科技园区；三为股份制或者由企业投资兴办。这些园区中，有些园区的单项农业技术在全国处于领先地位，具有较强的示范带头作用；有些园区具有科技孵化器作用；有些园区引进国外先进技术设备、机械化程度高。

（2）区域分布。边远山区（门头沟、房山、延庆、怀柔、密云、平谷）等区县共有 216 个，占总数的 44.54%，远郊区（县）共计 400 个，占总数的 82.5%。

（3）所有制形式。有 37% 左右属于集体、集体控股、国有和国有控股性质，如顺义三高、昌平小汤山、朝阳朝来农艺园等；有 63% 属于私营或私营控股性质。

（4）投资主体。京郊现代农业科技园区的投资主体包括：家庭农场、社会力量投资兴办、科技服务组织创建、科技园转制、国有集体企业转制以及多元投资主体等多种类型。统计资料显示，京郊现代农业科技园区中投资主体呈多元化趋势，其中投资主体为家庭农场的占总数的 24.4%，国有集体企业转制的占 7.2%。

（5）园区的功能和级别。第一，国家级农业科技园区 5 个，主要发挥示范、展示、教育、孵化器、旅游休闲等功能。第二，市级农业科技园区 20 个，主要承担技术辐射、推广、生产流通等功能。第三，区县重点农业科技园区 111 个（不包括农口局建立的园区），主要承担生产流通、推广和技术辐射等功能。第四，其他园区 349 个，主要承担生产流通功能。

（6）投资规模。从园区的投资规模分析，投资规模在 5 000 万元以上的农业科技园有 12 个，其中国家级 2 个，市级 3 个，区（县）级 6 个。投资规模在 1 000 万～5 000 万元的 70 个，投资规模在 500 万～1 000 万元的 80 个，投资规模在 100 万～500 万元的 223 个占总数的 45.9%，投资规模在 100 万元以下的 90 个。

（7）产业结构。重点园区中，以瓜菜为主的园区有 47 个，占总数的 34.56%；以养殖业为主的园区有 32 个，占总数的 23.53%；以花卉为主的园区 15 个，占总数的 11.03%；以水产为主要业务的园区 8 个，占总数的 5.89%；以林木为主的园区 4 个，占总数的 2.94%；以种苗为主的 37 个园区，占总数的 13.24%；以果品为主的 37 个园区，占总数的 27.21%；其他，包括综合、实用菌、加工、中药材、饲草等领域在内的合计 18 个园区，占总数的 13.24%。

（8）管理模式。在 136 个京郊重点农业科技园中，只有 3 个园区属于管委会的管理模式，实行公司制管理模式的园区有 6 个；实行股份制和股份合作制的管理模式的有 23 个园区，仍然属于国有或集体经营的管理模式的有 56 个，属于家族式管理模式的有 46 个。

（9）科技人员的比例。所谓农业科技园的科技人员的比例是指园区中具有高中以上文化程度的科技人员的比例，或者接受过绿色证书培训的人员的比例。在有数据的 88 个园区中最高的比例达到 85.7%，最低的只有 2.6%，平均每一个园区的科技人员的比例为 27.6%。

（10）经营规模。通过对京郊 117 个重点农业科技园的经济效益（该经济效益是指销售收入，不是纯利润）分析结果表明，平均每一个农业科技园的年销售收入达到了 973.22 万元，而中间值为 227 万元，有 56 个园区的销售收入少于 227 万元，而年销售收入高于 5 000 万元的有 7 个。比如：北京御香苑肉类有限公司的年销售收入达到 11 200 万元，顺义区农业高新技术示范区的年销售收入达到 10 000 万元，锦绣大地公司的年销售收入为 6 700 万元。

（11）带动农户。106 个重点农业科技园区对农户的带动情况表明，平均每一个园区带动农户达到 592 户，最多的一个园区带动 6 000 多农户。

发展都市型现代农业

20 世纪 90 年代中期，我国农产品实现了从供不应求到供求平衡、丰年有余的历史性转变。市委、市政府及时提出大力推进京郊农业结构战略性调整。"九五"计划期间，副市长岳福洪提出：郊区围绕农民增收、农业增效，以"六种农业"（籽种农业、精品农业、观光农业、设施农业、加工农业、创汇农业）为切入点，调整农业结构。发挥京郊优势，由生产农畜产品初级产品向生产农畜良种，增加技术含量，提高附加值和经济效益转变；由生产一般农产品向生产名特优新稀品种转变。

"六种农业"作为农业结构调整的切入点和突破口，取得了明显的成效，特别在 1999 年有新的进展。通过初步调整，粮经结构、种养结构、品种结构、市场结构都发生了可喜变化。粮经比例由上年的 73：27 调整到 70：30；养殖业产值占大农业产值的比例由 47.5% 提高到 50%；各类名、特、优、新、稀品种由 800 个发展到 1 000 多个；旅游观光农业总收入达到 5.3 亿元，比上年增加 97%；设施农业面积达到 1.52 万公顷，品种扩大到 1 000 多种，总产值达到 27 亿元；籽种农业总收入达到 12.5 亿元，比上年增加 89.8%；农产品加工增值率由 1∶1.46 提高到 1∶1.61；农产品出口创汇额连续三年以 50% 以上的幅度增长。"六种农业"创造产值 93 亿元，其中农业部分 63.9 亿元，占大农业总产值的 34.5%，使农业增加值增幅上升 5.7 个百分点。正是由于"六种农业"的大发展，传统产业得到改造提高，新的增长点不断涌现。尽管在 1998 年遇到严重旱灾的情况下，农业增加值增幅仍由三年前的 0.8% 提高到 2.5%，打破了 20 世纪 90 年代以来徘徊不前的局面，进入了自改革开放以来的第二个较快发展阶段。

从 2001 年起，郊区畜牧业实行"三退三进"方针，即从近郊区、农民庭院、散养的落后方式退出来，向远郊区和养殖小区、产业化、出口创汇发展。2004 年，郊区畜牧业优势主导产业格局初步形成。奶牛产业，以远郊大兴、顺义、房山、通州、延庆、密云、怀柔 7 个区县为主的奶牛群进一步扩大，奶牛存栏数占到全市奶牛存栏总数的 92.2%。肉鸡产业，7 个山区县出栏肉鸡占全市肉鸡出栏总量的 62.9%。肉牛、肉羊业，远郊区县出栏率分别达到 71.4%、77.5%。到 2002 年，郊区籽种农业产值、精品农业产值分别占农业总产值的 27.8% 和 47.4%，观光农业伴随着郊区旅游业的兴起而迅速发展。设施农业面积 2.6 万公顷（其中菜田占 31.4%），其产值相当于农业总产值的 26%。创汇农业得到发展，农产品直接出口创汇 1.82 亿美元。加工农业则成为农业产业化经营的中心环节。肉鸭产业，顺义、大兴、通州、房山出栏肉鸭占全市出栏总量的 91.4%。

为全面推进郊区农业现代化，2003 年 6 月副市长牛有成提出，并启动了"221 行动计划"的调研工作，即摸清市场需求和农业资源情况，搞好科技和资金两个支撑，在此基础上搭建一个农业信息平台。随后开始实施的"221 行动计划"，按照都市型农业方向调整结构，农业的社会、文化、生态等新功能得到了进一步开发和拓展，高新技术农业、生态农业、旅游观光农业的发展得到重点支持。

实施"食品放心工程"

从 2002 年起，全市启动农业标准化生产示范基地建设工作。以食用农产品的无公害安全生产为重点，从产前环境、产中生产技术、产后产品质量、全过程管理四个方面，做到标准化生产、规范化管理。基地涵盖了粮食、经济作物、蔬菜、畜禽、水产、花卉苗木等行业。一是围绕培育主导产业，在严格执行国家规定行业标准的同时，根据北京的实际需要进一步修订提高标准。2002 年对 5 大类果品、16 种蔬菜、小麦种子等生产标准进行修订，已累计制订出市定标准 91 项。二是建设了一批种植业标准化基地。到 2002 年年底，已重点建设了 110 个粮食、果品、花卉、苗木、瓜类等一批种植业标准化生产基地，起到了典型示范作用。三是全面开展安全食用农产品认证、检测工作。从 2002 年起，每年对申报认证安全食品的生产单位进行筛选、检测，将认定的单位在媒体上公布，广泛争取市场和社会的关注监督。到 2002 年年底，经认证的农业安全食品生产单位已达 329 家；同年还对 12 个区县的 67 个已经取得农业安全食品生产认证的单位进行了抽检、复检工作。四是抓紧安全食品立法工作，下发了《北京市安全食用农产品标志使用办法》。

1993—2002 年农业生产状况

年份	耕地面积 （公顷）	粮食 （万吨）	蔬菜 （万吨）	干鲜果 （吨）	牛奶 （吨）	肉类 （吨）	鲜蛋 （吨）
1993	405 563	284	418.8	395 507	225 001	367 237	313 710
1998	341 057	239.3	403.8	595 417	227 073	433 620	178 833
2002	274 711	82.3	507.4	786 923	550 805	608 620	152 145

资料来源：北京市统计局编，《北京六十年》。

五、乡镇企业二次创业与农村非农产业的发展

这一阶段，北京农村乡镇企业在资产重组转制推动下，开展"双上工程"和二次创业，加快行业、产品结构调整，推进科技进步，提高技术创新能力，在量的增长和质的提高方面都取得了可观的成效。

乡镇企业的"双上工程"

1993 年 2 月 18 日，北京市乡镇企业工作会议召开，提出进一步解放思想，破除"统、管、包"和"等、靠、要"的传统计划经济观念，树立大

生产、大市场、大流通的新观念，推动郊区乡镇企业进一步发展。随后，市农办副主任王作升率部分干部深入郊区乡镇企业调查，3月6日，提出《郊区乡镇企业"双上工程"（上规模、上水平）规划纲要》及三个实施办法，并印发全郊区。北京乡镇企业开始全面实施"双上工程"和"国际化接轨工程"，以外向带动，实现企业的上规模、上水平。各区县、乡镇从根本上改变平推式抓工作、均衡式抓发展的格局，把有限的财力、物力、人力集中使用，重点支持上规模、上水平的企业和项目，政策也向之倾斜。"双上工程"的实施，极大地激励了企业经营者办大厂、办好厂、创大业的积极性，出现了快抓机遇，争上规模、争上水平的新局面。在"双上工程"的推动下，北京乡镇企业发展路子不断拓宽，形式更加丰富，如中燕公司靠一个名牌产品——探戈牌羽绒服，打出国门，创出一个跨国公司。北京钢顺契横轧厂聘用一位专家，建起一个大企业。通县宋庄铸造厂采用一项新技术，打开了欧美市场，年创汇突破500亿元美元。北京精密合金钢厂建成一条具有国际水平的生产线，生产出高科技军工产品，产值利润数十倍增长。通县长胜汽车消声器有限公司通过一项技改，建起了全行业领先的检测线和生产线，年产值过亿元。北京京曲天然色素厂抓住一条信息，开发出辣椒天然食品色素，为农产品增殖、发展创汇农业找到了一条新路，利润翻了两番多。大兴县星光影视器材厂采用一项国际标准，站稳国内市场，闯入了国际市场。密云县燕泉饮料厂通过一个广告，提高了"北京果茶"的知名度，打开了产品销路。北京肯特家具有限公司聘请一位外籍管理人才，月产量翻了一番多。顺义县大明电线厂组建了一个集团，创出了优质产品，当年产值翻两番突破了亿元。

　　"双上工程"的实施，在乡镇企业发展的诸多方面都取得了明显成效：

　　（1）企业改革有新的突破。引进招标上岗和风险抵押竞争机制，巩固完善了企业承包经营责任制。到1998年年底，乡村集体企业累计重组转制达9 558家，重组转制面达到74.1%；先后组建了912家股份制和股份合作制企业，总股本金达到17.6亿元。

　　（2）企业规模扩大，企业员工素质提高。1998年与1992年相比，平均每个企业拥有固定资产由9.6万元提高到38万元，增长了近2倍；总收入超过1 000万元的企业达到687家，增长了2.5倍；其中总收入超过5 000万元的企业109家，增长了20.9倍；收入超过亿元的企业从无到有达到了 32 家。这批规模企业已成为乡镇企业发展的中坚力量。到 1998 年年底，乡村集体企业拥有专业技术人员 71 784 人，占职工总数的 9.7%，比 1992 年的 4.4% 提高了 5.3 个百分点。

（3）科技进步加快。1998 年，投资百万元以上的技改竣工项目 207 项，完成投资 12.8 亿元，比上年增长 18%。投资 500 万元以上的技改竣工项目 79 项，完成投资 8.5 亿元。1998 年，北京乡镇企业开发新产品 269 项，其中国家级新产品 6 项；开发新产品投入 6.2 亿元，比上年增长 72%。质量体系认证企业完成 47 家，超过以往历年总和，累计达到 71 家；引进名牌产品 14 个，累计达到 59 个。

（4）外向型经济质和量的发展均加快，成为乡镇企业发展新的增长点。到 1998 年底，乡镇企业出口产品交货值达到 40.6 亿元，比 1992 年增长了 52.5%。但单体规模增加，企业平均出口产品交货值由 382.7 万元增加到 695.9 万元，提高了 81.8%。附加值较高的机械、轻工则由 2.7% 和 9.4% 上升为 3.4% 和 14.9%，分别上升了 0.7 和 5.5 个百分点。

（5）农民个体私营经济快速发展。到 1998 年年底，农民私营企业和个体工商户达到了 149 050 家，从业人员 20 万人，分别比 1992 年增长了 85.8% 和 14.2%；当年实现营业收入 120.9 亿元、净利润 8.85 亿元、固定资产原值 26.6 亿元，分别比 1992 年增长了 2.7 倍、80.1% 和 4 倍。个体私营企业已成为郊区非农产业发展的生力军。

乡镇企业二次创业

2000 年 2 月 14 日，市委、市政府下发《关于大力推进乡镇企业二次创业的意见》（京发〔2000〕6 号），确立乡镇企业二次创业的主要目标，提出大力推进资产重组，加快乡镇企业的结构调整，以产权改革为重点，大力推进乡镇企业的制度创新，积极推进科技进步，提高乡镇企业的技术创新能力，切实加强领导，为乡镇企业二次创业创造良好的外部环境等四项要求。郊区广大干部群众的思想空前活跃，改革与发展的热情空前高涨，二、三产业的速度与效益保持了空前的发展势头，出现了几个明显的变化：

第一，干部群众的思想观念发生了明显变化。大家普遍认识到市委市政府 6 号文件是指导乡镇企业和农村二、三产业从计划经济迈向市场经济的理论依据和政策依据。思改、思变、思进、思富成为当时北京农村经济发展的思想主流。

第二，改革的力度明显加大。市农委相继转发了平谷县和通州区宋庄镇等一批典型经验。如平谷县首批抓的42家产权改革试点企业，效果非常明显，改制后总资产由1.87亿元增至2.85亿元，增长52.4%；总负债由2.33亿元降为1.63亿元，下降42.9%；资产负债率由124.9%降到57.3%；亏损企业由17家降至3家，停产企业由20家降为1家；利润总额由82.3万元增至645万元，增长6.8倍；税收由183.4万元增至469万元，增长1.6倍；就业人数由1 775人增至3 985人。

第三，质量效益明显提高。郊区乡镇企业和二、三产业的增加值、利润、税收等效益指标增长均超过了总量指标的增长，新的经济增长点更发挥了强大的拉动作用，重组引进的大项目和个体私营经济成为拉动经济增长的主导力量，一大批高新技术企业、明星企业和名牌产品落户京郊，带动了产业升级。

启动以乡镇工业园区建设为重点的"三项工程"，加快农村工业化进程，深化乡镇企业二次创业。2000年1月的北京市农村工作会议上，正式提出要加紧实施乡镇工业小区、村级工业园区和专业村重点工程建设（简称"三项工程"），"三项工程"建设的基本做法是：

（1）明确"三项工程"建设的定位和基本内容。大力兴办重点乡镇工业园区，加大重组引进大项目力度，与国内外知名大企业资产重组，使一批知名企业、知名品牌落户京郊。大力发展二、三产业专业村。

（2）科学规划，合理布局，明确功能，坚持可持续发展。乡镇工业园区和村级工业园区建设要规划先行、充分论证、符合区域规划并且得到区县规划部门的正式批准，否则视为违章违规。引导乡镇企业向园区集中。凡新办规模大、水平高的乡镇企业，优先到园区落户。乡镇工业园区在建设之前，明确功能定位，确定主导产业，突出产业特色。入区项目要符合环保要求，防止污染，保护环境，搞好小区的整体形象建设。

（3）优化乡镇工业园区建设的"硬""软"环境。2002年，各区县对乡镇工业小区的基础设施建设的投入达到空前水平，55个重点工业园区新增投入10.5亿元，较上年增长了62.5%。为了改善乡镇工业小区的"硬环境"，北京市大力开辟资金筹集渠道，主要采取市级财政政策奖励引导，区县财政扶持，乡镇财政筹集与市场化手段运作相结合的办法，发挥多方面的积极性，在短时间内使乡镇工业小区的基础设施建设迅速达到企业入驻标准。2002年，各区县先后成立了招商局及经济发展服务中心。各乡镇纷纷建立招商队伍，对入区项目实行一条龙服务或手续代办制，极大地促进了招商引资工作的开展。

（4）制定市级认定标准。连续三年制定下发"三项工程"建设和重组引进大项目的市级认定标准。

乡镇工业园区标准。①经区县级政府部门批准，符合乡镇区域规划。②基础设施建设完善，符合环保要求。③区内注册并投资建厂的企业10家以上，吸纳本市农民就业达到用工人数60％以上，年实现销售收入5 000万元以上。

二、三产业专业村标准。①从事农副产品加工、运销；合理开发利用当地资源，从事制造业或旅游服务业；依靠能工巧匠，发展具有专业化水平的小商品生产等，并形成产业特色。②从事主导产业的农户占本村总农户的60％以上，劳动力占全村总劳动力的80％以上，总收入占全村经济总收入的80％以上，农民人均纯收入1万元以上。③主导产业符合国家产业政策，产品有市场，符合环保要求，农户成为投资和经营主体，经济效益好。

重组引进大项目标准。①总投资5 000万元以上，其中引进资金到位3 000万元以上，对区域经济有重大带动作用。②总投资1 000万元以上，新增本市农民就业100人以上。③在当地注册、建设、纳税。

（5）加大政策扶持力度。从1999年开始北京市连续4年安排落实1.765 7亿元财政资金，对乡镇企业二次创业和"三项工程"建设给予政策扶持，专款用于扶持奖励符合上述市级标准的项目单位和引进单位。另外，各区县也加大对本地区乡镇企业二次创业和"三项工程"建设财政扶持力度。

（6）发挥典型示范的带动作用。通州区、大兴区、怀柔区、密云县、积极建设乡镇工业园区并取得实际效果的经验；顺义镇、金盏乡、马驹桥镇、北房镇、沙河镇、榆垡镇、闾村镇等一批深入开展乡镇企业二次创业的典型乡镇的各具特色的好做法好经验；平谷桃园村果品运销贮藏专业村、大兴瀛海镇中兴庄毛纺织专业村、顺义后鲁建材专业村、密云曹家路旅游专业村等一批二、三产业专业村的典型以及大中富乐、小堡等村级工业园区典型。这些典型经验的推广在全郊区引起较大反响。

2002 年 6 月底"彩虹工程"正式启动，组织郊区乡镇企业与首都各高校密切合作。到年底全市已有 15 所院校的专家博士对郊区 30 多个企业进行了考察和洽谈，有 15 个项目开始实施中。朝阳区莱太花卉有限公司和北京工业大学合作的莱太街区的整体规划、昌平区沙河镇与北京建工学院合作的该镇镇域规划及卫星城市政管网的规划与设计等项目已经形成了评估策划书。延庆县盆窑村与首都经贸大学和清华大学合作的旅游发展规划项目规划书也已经形成。门头沟区北京蓝龙机动车保修厂和北京兴华电器厂与北京科技大学合作的汽车修理设备应用资料翻译和火车专用仪器产品标准的问题已经全面解决。龙泉镇龙泉务村与北京农学院就香白杏保鲜问题已经达成协议，建立合作基地并长期进行保鲜实验和研究。北京服装学院对平谷区的北京冠亚服装厂的产品品牌策划书已经形成，对通州区五木服装人员素质培训已经完成。顺义区通过彩虹工程成功从清华大学、北京工业大学引进人才 20 名。"彩虹工程"推动乡镇企业科技进步步入新阶段。

乡镇企业发展进入历史性的新阶段。这个新阶段的基本特点是：

（1）主要经济指标自 1998 年以来持续保持两位数强势增长。2002 年，北京乡镇企业完成总收入 1 407.9 亿元，同比增长 22％；增加值 309.8 亿元，同比增长 21.8％；其中工业增加值 153.2 亿元，同比增长 21.2％；利润总额 98.4 亿元，同比增长 29.3％；出口产品交货值 76.3 亿元，同比增长 21％。主要经济指标继续保持 1998 年以来两位数高速增长的态势。

（2）工业园区建设格局形成。一批重点乡镇工业小区已经形成规模，对城市产业转移、吸引投资和增加农民就业发挥了重要作用。

（3）强乡、强镇、强村的涌现加快了郊区工业化、城镇化的进程。2002 年，营业收入超 10 亿元的乡镇 35 个，收入超亿元的村 141 个。

（4）多元化的投资主体已经形成，知名企业、大项目提升了北京乡镇企业的总体实力和产业水平。2001 年，全市乡镇企业股本金总额增长到 352.2 亿元，比 1997 年增长 107％。股本金中，集体所占比重下降到 34.1％，个人股本金占 31.6％，增长 22 个百分点；法人股占 23.4％，增长 10.4 个百分点；国家股占 2.3％，下降 1.3 个百分点。1997 年以来，京郊乡镇企业重组引进投资千万元以上的知名企业共 100 家。

（5）外向型经济稳步增长，利用两种资源、两个市场形成强势。一是出口保持了较高的增幅。二是培育了新的出口增长点。三是打造了一批出口规模企业，具有较强的市场竞争能力和出口潜力。

（6）乡镇企业科技进步机制的建立取得突破，依靠科技和人才的意识普遍增强。以"彩虹工程"为主体的科技合作渠道建立并取得阶段性成果。全市各区县共申报合作项目 116 项，截至 2002 年年底，已有 40 个项目和北京科技大学、北京理工大学、北京工业大学等 20 所大学对接成功。乡镇企业专业技术职称评审体系建立。技术引进和新产品开发日益受到重视，投入加大，成效明显。

（7）乡镇企业在扩大农民就业增收中的作用进入了新阶段。农民就业列入有关扶持政策的重要内容，并出台了扩大农民就业、促进农民增收致富的专门政策。

外向带动，全方位开放

从 1993 年开始，北京郊区实施了"国际化接轨工程"，通过一系列措施的实施，以外向带动促进郊区的全方位开放。1994 年 10 月，市政府制定了鼓励台湾同胞投资的若干规定。2000 年 2 月 21 日，为发展创汇农业，促进北京郊区农业结构调整和产品升级换代，尽快实现与国际贸易接轨，提高京郊农产品的竞争能力，市农委和市财政局出台《关于扶持发展创汇农业的意见》有力地促进外向型经济的发展。

这一时期，利用外资规模扩大、效益提高。2002 年，郊区新批外商投资企业 761 家，协议总金额 14 亿美元，实际利用外资 7.7 亿美元。其中农业及其农产品加工项目 54 家，占 7.1％，协议总金额 6 736.8 万美元，协议利用外资 3 336.6 万美元。三产项目 379 家，占 49.8％。新批的外商投资企业特点：一是外商投资规模不断扩大。在新批的"三资"企业中，投资 100 万美元（含 100 万美元）以上的企业 98 家，其中 100 万～500 万美元的企业 68 家，500 万～1 000 万美元的 21 家，1 000 万以上（含 1 000 万美元）的企业 9 家。如香港国泰数码公司在朝阳区投资的北京艺都视线网络科技有限公司，总投资 2 500 万美元。英国世纪数码企业在海淀投资的北京世纪中海联数码技术有限公司,投资 1 000 万美元等。二是新批外商投资企业中,高科技企业明显增加。2000 年郊区新引进的外商投资高科技项目共 143 家,占总数的 39%。如昌平区新批准的 23 家企业中,有 19 家是高新技术企业,占 83%;海淀区新批准的 51 家外商投资企业中,有 37 家是高新技术企业,占 73%。三是已建成的外商投资企业增资、扩股呈上升趋势。2000 年增资扩股外商投资企业达 55 家,增资总额 1 亿美元,其中外方增资 7 000 万美元,分别比上年同期提高 67% 和 52%。外方增资额占全年郊区实际利用外资金额的 18.9%。如通州区的一家装饰材料有限公司,原注册资金 500 万美元,外方增资 1 300 万美元,使注册资金增加到 1 800 万美元。四是利用外资产生的经济效益持续提高。到 2000 年年底,郊区累计开业投产外商投资企业 2 880 家,比上年增加 146 家,实现总产值 280.6 亿元,比上年增长 75.7%;实现销售收入 405 亿元,比上年增长 71.6%,其中出口销售收入 6.4 亿美元,比上年翻了一番;上缴税金 28.5 亿元,比上年增长 106%。2000 年有 679 家“三资”企业实现盈利,实现利润 2.5 亿元,首次实现扭亏为盈。截至 2002 年年底,郊区外商投资企业累计达到 6 886 家,比 1993 年增长了 5.2 倍;协议总金额 159.1 亿美元,协议利用外资 69.6 亿美元,分别比 1993 年增长了 3.3 倍和 1.96 倍。

外贸出口显著增加。2002 年,全年完成出口供货额 70.87 亿元,首次突破 70 亿元的历史大关,与 1993 年相比,增长了 64.5%。当年有 185 家具备条件的企业获得自营进出口权,到年底郊区自营进出口企业总数已达 500 家。在发展郊区外贸出口中,各区县根据国际市场的需求,积极进行出口结构的调整,在继续保持服装、纺织等郊区具有相对优势出口产品稳步增长的同时,机电、通信、医药,以及食品饮料等行业的出口产品有了新的发展,种、养、加一条龙的农产品出口能力迅速增强。养殖业的出口产品主要有肉鸡、肉牛、肉鸭、观赏鱼、池沼公鱼、黎明虾、兔毛等。种植业的出口产品也由过去的单一蔬菜扩大到了蔬菜、果品、籽种、油料、花卉以及加工农产品等诸多品种。农产品的出口市场进一步拓宽,已由东南亚等地扩大到欧美等国家和地区。

随着出口生产和出口创汇的发展,一批出口骨干企业规模扩大,素质进一步提高。到 2002 年年底,有 100 多家出口企业通过了 ISO9000 质量认证，同时一批集生产、加工、贸易于一体的出口龙头企业也初具雏形。出口规模超亿元的企业8家，5 000万至1亿元的企业20家，1 000万～5 000万元的企业151家；其中年出口在亿元以上的工业龙头企业有7家，分别是：北京顺美服装股份有限公司、北京鹏达制衣有限公司、北京市东方叶杨纺织有限公司、北京市顺义城关服装厂、北京华阳服装厂、北京奔驰服装集团公司、北京市瑞驰钻石厂。农产品龙头企业年出口超过1 000万美元的企业有5家，分别是：北京华都肉鸡公司、北京市绿富隆菜蔬公司、北京三绿蔬菜有限公司、北京神州绿普果菜产销合作社、北京锦绣大地农业股份有限公司。北京鹏达制衣有限公司是1992年在昌平区注册的贸易、生产出口加工企业，公司坚持以市场为导向，积极开拓海外市场，2002年生产出口成衣450万件，产品远销世界30多个国家和地区，各项经济指标比上年增长50%以上。北京华阳服装厂从1985年建厂以来，经过不懈的努力，已成为行业内具有相当规模的大型工贸企业，年生产能力320万件，产品远销日本、美国、澳大利亚等十几个国家和地区。北京华都肉鸡公司通过不断地市场开拓，国际市场基本形成了以日本为主，以中东、东欧等国家为辅的分布态势，全年出口肉鸡熟食6 954吨，生食5 130吨，出口创汇2 668万美元，创历史新高。房山区的北京神州绿普果菜产销合作社，是以生产出口创汇蔬菜、水果为主导产品的农产品深加工企业，通过与香港财通有限公司合作，联合经营蔬菜加工出口。企业在房山经营土地66公顷，总资产500万元，带动1 000户农民，户均增收5 000元，企业直接出口达到1亿多元。北京大发畜产公司2000年出口创汇达到3 970万美元，在京郊延庆、昌平、顺义、密云、平谷、房山、大兴等区县发展农民养鸡大户近5 000个，年饲养肉鸡4 000多万只，初步形成了肉鸡饲养的五大基地，带动了当地农民致富。

乡镇工业小区与村级工业大院

为了实施首都经济结构调整，落实《北京城市总体规划（1991—2010年)》，在"九五"期间，北京加强了对老工业基地的改造，加大了城区工业企业向郊区搬迁的工作力度。1995—1999年，全市完成工业企业搬迁59项，转让土地171.8万平方米。2000年8月，北京颁布了《北京市三、四环路内工业企业搬迁实施方案》，加快实施城市中心区工业企业向郊区县转移战略。2002 年北京申办奥运成功后，制订了《北京奥运行动规划》，进一步提出 2008 年之前将东南郊化工区和四环路内 200 家左右污染企业全部调整和搬迁。在这些搬迁政策的指导下，绝大部分生产型企业陆续从城区向外搬迁，采取技术改造、产品升级，以及发展高新技术产业及现代制造业等方式转移到郊区各区县。到 2002 年年底，北京农村乡镇工业小区、村级工业大院共计 400 个，规划面积 314.8 平方公里，已开发面积 186.9 平方公里，累计完成基础设施投资 113.2 亿元；进入区院的企业共计 6 749家，总投资 824.8 亿元。截至 2002 年年底，在 400 个工业区院中，有 65个重点乡镇工业区，规划面积 179.9 平方公里，已开发面积 93.3 平方公里，入区企业 2 372 个，入区企业总投资 538.3 亿元，实现销售收入 221.2亿元，利税 23.7 亿元。

400 家乡镇工业小区、村级工业大院建设的特点：

（1）发展中得到政策扶持和奖励。各区县都把乡镇工业小区、村级工业大院做为实现乡镇企业二次创业的重点工作之一，制定了鼓励发展乡镇工业小区和村级工业大院的扶植政策和奖励办法。密云县政府从县财政中拿出 500 万元作为对重点有规模和特色的乡镇工业小区、村级工业大院的扶持奖励。怀柔县政府对达标的工业小区给予一次性不低于 20 万元的扶持奖励资金，对达标的村级工业大院给予一次性不低于 15 万元的扶持奖励资金。

（2）65 个重点乡镇工业区建设速度迅猛、质量水平高。市里确定的 65个重点乡镇工业区，基础设施投资快，招商引资力度大，基本实现了"六通一平"，有的还达到了"九通一平"。大兴区黄村镇工业区开发面积 4 260亩，累计完成基础设施投资 5 000 万元，入区企业 18 个，总投资 9.58 亿元，已到位资金 6.78 亿元，工业区内吸纳当地农民就业 1 618 人；2002 年实现销售收入 8.1 亿元、利税 6 000 万元；工业区达到了"七通一平"。

（3）促进了布局结构、产业产品结构调整。乡镇企业在空间布局上更加趋于合理。如：通州区加大力度重点建设好 1 个市级开发区和 6 个产业特色突出的乡镇工业区发展布局，集聚效应突出。怀柔区形成了以 8 个工业区为重点的工业布局，形成了食品饮料、包装印刷、汽车配件、新型建材四大主导产业。北京郊区出现了一批高新技术企业和服装、食品饮料、建材等吸纳劳动力型的新型传统产品企业，一批名牌产品落户乡镇工业区。

（4）乡镇工业小区、村级工业大院的建设，推动了郊区工业的发展。据统计，400 家工业区入区企业 6 749 家，占 2002 年年底北京乡镇工业企业个数的 30.7％，工业企业集中度达到 30％～40％。2002 年完成销售收入 339.3 亿元、利税 35.5 亿元，占全市乡镇工业企业销售收入的 51.9％和利税总额的 61.5％。怀柔区富乐工业区先后引进统一、紫江、宏达电子等名牌企业和产品，2002 年完成销售收入 12 亿元。

（5）工业区已成为农民就业增收的主要载体。入区企业的增加，提供了当地农民更多的就业岗位。到 2002 年年底，400 家工业区从业人数 32.4 万人，其中本地农民就业 20.6 万人，占 63.6％，占 2002 年末全市乡镇工业企业从业人数的 56.7％，通过合理的土地流转，提高了土地的经营效益，使农民长期受益。如：大兴区榆垡镇通过建立土地基金会，对工业区用地进行统一的开发建设，镇所属西胡林、榆垡村由过去每亩土地平均纯收入不足 450 元，到入会后每亩土地能够获得 1 500 元的收入，村里每亩土地平均提高收入 1 100 元。村人均被占土地近 3 亩，人均收入每年可达 4 000 余元。失去土地的农民可优先到工业区所属企业就业，平均每个劳动力每年又能增加 7 000～10 000 元的收入。

1993—2002 年乡镇企业情况

年份	总收入（元）	利润（元）	固定资产值（元）
1993	5 423 522	538 849	1 326 388
1998	6 955 904	336 678	2 989 128
2002	14 078 611	983 581	5 629 362

资料来源：北京市统计局编，《北京六十年》。

但乡镇工业小区、村级工业大院的发展和建设存在着布局分散，产业特色不突出，建设规模小，质量、水平偏低，缺乏依法规范发展等不容忽视的问题。同时也出现了少数乡镇、村在土地流转过程中，农民补偿不到位、对农民补偿明显偏低等问题。

第三产业

进入 90 年代，随着北京农村产业结构调整，第三产业发展步伐加快。商业服务业由多集中于城乡结合部、县城向远郊区县集镇拓展。经营范围不断扩大，出现了一批大中型综合性市场和专业批发市场，如建材装饰、汽车配件、钢材、小百货、粮油、花卉等市场。2002 年，郊区第三产业国内生产总值达到 328.9 亿元，比 1992 年 62.2 亿元增长了 4.3 倍；占郊区国内生产总值的比重，由 1992 年的 29% 提高到 45.7%，提高了 16.7 个百分点，在三次产业中居于首位。

(1) 餐饮、宾馆等服务业越来越成为郊区农村商业服务业中的重要行业。据 2002 年统计，郊区乡村住宿及餐饮业企业 8 810 家，从业人员 40 962 人，当年实现营业收入 32.1 亿元、利润总额 3.1 亿元，分别比 1992 年增长了 66.4%、1.4 倍、6.3 倍和 3.5 倍。

(2) 疏通产销渠道取得效益。基层供销合作社在流通中的作用日益明显。房山区供销社与乡镇联手建立地区性产销协会、分会 2 个，组建村民服务站 22 个。以流通企业带动的各类经济合作组织达到 13 个，入会农户 2 660 户，带动周围农户 25 000 户。联系大柿子、核桃、花椒等产品基地 0.25 万公顷。

(3) 各类市场发展。产销搭桥、沟通流通渠道，在城区兴办地产优质农产品专柜（专店）70 余个，为地产优质农产品打开了市场。到 2002 年年底，农村有各类商品交易市场 268 个，实现商品成交额 95.8 亿元，占全市商品交易市场成交总额的比重为 16.1%。

(4) 连锁经营向小城镇（乡镇）延伸。到 2002 年年底，综合超市、大卖场等新型商业业态都已在各区县安家落户，全市有物美、小白羊、超市发、亿客隆、国美、大中、张一元、大明眼镜等连锁企业在郊区开店设点达到 130 家，郊区连锁店的发展为整合郊区商业资源，扩大经营规模，丰富和活跃郊区市场起到积极的推动作用。

(5) 郊区消费市场新的流通格局正在形成。有区县城（包括卫星城）、小城镇、乡村三级消费品市场，以区县城市（包括卫星城）为中心的区域性购物中心零售商业体系形成，一批代表区县商业水平的标志性的大型商业企业涌现。

(6) 远郊区县具有一定的物流资源。到 2002 年年底，10 个远郊区县拥有各类仓库 6 592 个，占全市拥有量的 49.1%；仓库面积 539.7 万平方米，占全市的 39.8%；仓库容量 1 525 万立方米，占全市的 25.1%；具有装卸设备 2 964 台，占全市的 35.3%；货运车辆 5 807 辆，占全市的 28.4%；拥有铁路专用线 113 条，占全市的 30.1%。其中，大兴区在 10 个远郊区县中物流资源具有比较优势。

旅游业是郊区农村新兴的产业，也是这一阶段郊区农村第三产业中发展最快的行业。进入 90 年代以后，随着城镇人民生活水平的提高和对外开放，进入了一个迅速发展期。这一时期，集观光、休闲、劳作于一体的观光农业和具有浓郁乡土风情的民俗旅游在郊区农村进一步发展。有的乡、村办起了供观光、采摘的果园、大棚、温室；有的还可供市民承包果树或租赁零星农地自行管理，体验农事劳作；有的开办了"住农家院、吃农家饭、干农家活"的民俗旅游活动。一些国营林场，利用良好的森林景观开辟成森林公园，为人们提供回归自然、休闲度假、健身锻炼和科学考察等活动场所。旅游业的发展促进了郊区农村经济发展、环境改善和社会进步。1996 年郊区旅游企业 427 家，从业人员 5.8 万人，旅游固定资产总值 41.5 亿元，年接待游客 3 600 万人次，郊区旅游业总收入 15 亿元。

2002 年 7 月 16 日，北京市首批民俗旅游接待户颁牌仪式在昌平区长陵镇麻峪房子村举行。首批民俗旅游接待户有 1 520 个。位于密云县的瑞海姆田园度假村是按英国乡间别墅风格建成的，投资 3 亿元，被国家旅游局评为五星级度假村，2002 年 9 月 28 日举行了挂牌仪式。2002 年 7 月 26 日，京郊最大的城市生态公园——妫水公园举行了落成仪式。公园面积近 400 公顷，其中水面面积达到 333 公顷，湖面平均宽度在 0.5 公里左右。公园东部的园林绿化采用意大利台地园林式设计风格，绿化面积 8.93 公顷。种植的树种以黄栌、火炬树、藤萝等彩叶树为主，春夏观花、秋冬观叶，一年四季色彩缤纷，是典型的彩叶公园。国家旅游局审核验收农业旅游示范点七处，分别是北京锦绣大地农业股份有限公司、北京南宫世界地热博览园、北京小汤山现代农业科技示范园、北京韩村河旅游景区、北京留民营生态农场、北京朝来农艺园、北京蟹岛绿色生态度假村。

这一阶段，北京农村在第三产业就业的人数呈逐年增加的趋势，1995 年在第三产业就业的人数为 41.7 万人，到 2000 年就增加到 48.7 万人。2001 年在三产就业的人数达到了 50 万人。2002 年是增长最快的一年，一年内增加了 2.8 万人，就业人数总量达到了 52.8 万人。

非公经济蓬勃发展，成为拉动农村经济增长的一支力量

改革开放后，在中央一系列方针政策指引下，北京郊区农村个体、私

营企业有了一定发展。到 1997 年年底，全市农村个体、私营企业发展到 28 560 家，从业职工人数达到了 107 702 人，实现销售收入 54.05 亿元，实现增加值 16.33 亿元，实现利润总额 7.3 亿元，上缴税金 1.45 亿元。但从整体上看，由于许多地方重视不够，措施不力，发展缓慢，1997 年农村个体私营企业在乡镇企业中所占比重仅为 9.1％。为了认真贯彻党的十五大把非公经济作为国民经济重要组成部分的重大决策，进一步支持鼓励农村个体私营企业发展，1998 年 10 月 9 日，市政府转发了市计委、市体改委、市工商局《关于鼓励本市个体、私营经济发展若干问题的意见》（京政发〔1998〕16 号），并要求各区县政府结合实际情况，认真贯彻执行。由于市委、市政府的大力支持，广大农民积极投资兴办各类企业，直接参与市场竞争。个体私营经济的发展，不仅增加了乡镇企业的经济总量，成为吸纳农村剩余劳动力的重要载体，也成为国家财政收入的重要来源。到 2002 年年底，乡镇企业总数 134 025 家，其中私营企业123 184家，占企业总数的 91.9％；私营企业的各项经济指标占全部乡镇企业的比重，均已接近或超过 50％，其中私营企业职工占乡镇企业职工总数的 43.1％，营业收入占 42.9％，增加值占 42.4％，利润总额占 51.5％，劳动者报酬占 41.4％。到 2002 年年底，郊区个体工商户累计达到 255 815 户，注册资金累计 31.13 亿元，从业人员达 352 512 人，全年实现总产值达 17.31 亿元，销售总额 133.74 亿元，社会消费品零售额 106.72 亿元。在个体工商户中第三产业占主导地位，其中，个体工商户累计达到 23.8 万多人，占郊区总户数比重达到 93.2％；注册资金累计 25.01 亿元，所占比重达 80.34％；从业人员近 31.6 万人，所占比重达 89.56％。个体私营企业的快速发展，已经成为拉动北京农村经济增长的重要力量。

六、加快山区致富步伐，实施"四四"
攻坚计划和水利富民工程

这一阶段，北京山区通过"四四"攻坚计划和水利富民工程的实施，加快了山区致富步伐，取得了良好的效果。

"四四"攻坚计划

1994 年年初，国务院召开了全国扶贫工作会议，制定并部署了"八七

扶贫攻坚计划"。6 月 21 日，市委、市政府召开了山区建设工作会议，部署北京市边远山区"'四四'奔小康攻坚计划"（简称"四四"攻坚计划），准备从 1994 年起用 4 年时间，使边远山区 40 万人实现小康目标。市重点扶持的 60 个边远山区乡镇调整为 54 个乡镇，包括 765 个行政村，15 万户，44.3 万人。"四四"攻坚计划是正在实施的"山区致富工程纲要"的继续和发展。

"四四"攻坚计划实施五项工程：一是资源开发工程，大力治山治水，结合小流域综合治理、开发经济沟，发展 40 万亩新果园，改造 40 万亩老果园，使之建成标准化果园，使 60 个乡镇实现人均一亩标准化果园，一亩后备资源；大力发展草食家畜和珍稀野生动物养殖；发展农副产品深加工；发展旅游业和开发矿产。二是工业小区工程，每个山区县区都要在现有工业区内划定或延伸出千亩左右的区域，作为边远山区乡镇致富的工业小区，实行优惠政策，吸引国内企业和外商投资。三是搬迁工程，对受洪水和泥石流威胁的山区和生存条件恶劣的小山村的 2 万多户、7 万多人在四年内搬迁完毕。四是基础设施工程，加强道路、通讯、电力、水利、电视等基础设施建设。五是"一帮一，同富裕"工程，巩固、扩大多年来对口支援山区成果，实现全党、全社会动员，积极支援山区经济、社会发展。

"四四"攻坚计划实施的具体政策是：一是建立小康基金。设立每年 4 000 万元专款，组成市山区小康基金，专项用于扶持山区开发建设。二是继续实行税收优惠政策，对边远山区乡镇企业给予所得税先征后返照顾。三是给予山区开发政策性贷款，每年安排一定数量的低息、贴息贷款。四是照顾用电，企业用电增容，免购用电权，减半收取高价燃料费等。五是通讯费用实行优惠，免收界外维修费、平价供应电器器材、减收电话初装费等。六是对扶贫工业小区建设予以政策扶持，小区内土地出让费全部返回给工业小区；允许中央、市属单位和外商在工业小区内进行成片开发；引进人才，其户口享受小城镇试点待遇等。

实施"山区致富工程纲要"，到 1995 年山区建设已取得好成果，为进一步落实"四四"攻坚计划打下良好基础。到 1995 年，60 个边远山区乡镇生力力水平有较大提高，各业生产快速发展。粮食生产保持稳定。粮食总产稳定在 1 亿多千克，1994 年和 1995 年都为 1.2 亿千克，人均占有粮食约 270.6 千克。从 1986 年起推广地膜玉米，十年内每年保持在 10 万亩左右，玉米制种每年 2 万余亩。果品生产发展迅速。到 1995 年年底，山区 60

个边远乡镇果树面积总计已达 69.28 万亩，比 1990 年增加 1.16 倍；人均占有果树已超过 1.5 亩。以牛、羊等食草家畜为主的畜牧业有了较大发展。1995 年年底，60 个边远山区乡镇养羊 26.4 万只，其中绒山羊和小尾寒羊等优种羊近 12 万只；累计养肉牛 3.1 万头；肉鸡出栏 360 万只。畜牧业总收入 2.96 亿元，占农业总收入的 42.8％。山区乡镇企业迅速崛起，成为山区脱贫致富的支柱产业。1995 年，60 个边远山区乡镇有企业 1 124 家，从业人员 5.2 万人，企业总收入 25.8 亿元，实现利税 2.42 亿元，财政总收入 1.13 亿元。山区旅游业方兴未艾。1995 年年底，山区已开辟旅游景点 175 处，其中自然景观占 60％。60 个边远山区乡镇山水风光旅游点 64 处，年直接经济收入 1 781 万元。科技进入了支援山区开发的主战场。市科委系统坚持在边远乡镇实施"星火计划"和"燎原计划"，1986—1995 年 10 年间在山区共安排科技扶贫项目 645 项，引进推广新技术、新品种 130 多个，建立和完善 10 个种养试验场（站），引进各类人才 700 多名。山区的基础建设得到了加强。以治山治水为重点的小流域综合治理有很大发展，到 1995 年累计治理面积达 3 600 平方公里，其中修梯田 2.44 万公顷。继 1992 年山区实现了乡乡通柏油公路、98％以上行政村通公路之后，到 1995 年又实现了包括边远山区乡镇在内的乡乡通程控电话。山区搬迁工程顺利展开，到 1995 年年底，对受洪水泥石流威胁的险村险户及生存条件恶劣的小山村的 8 500 多户，25 000 多人进行了搬迁。文化、卫生事业也有较大发展。

山区水利富民工程和综合开发

从 1997 年第四季度起到 2000 年，市政府在京郊山区组织实施"山区水利富民工程"，组织动员山区农民、集体经济组织和社会力量大办"五小"水利工程（小塘坝、小水池、小水窖、小渠道、小泵站），解决山区春旱缺水的困难，带动山区的基础设施建设和综合开发。充分发挥农民的主体作用，在水利建设投资上，农户投资首次超过了国家和集体投资的总和。

山区水利富民综合开发工程成效显著。截至 2000 年 9 月底，山区三年水利富民综合开发工程已圆满完成任务。全市山区共完成"五小"水利工程 4 660 处，新增蓄水能力 38.2 万立方米、抗旱灌溉面积 1.04 万公顷，共完成灌溉面积 14 万公顷，比规划任务超额 8％。其中：完成"五小"水利工程 5 万处,新增蓄水能力 243 万立方米,解决抗旱灌溉面积 3.3 万公顷;采取流动泵浇水、综合应用旱地龙、地膜覆盖等措施解决蓄水保墒抗旱灌溉面积 4.56 万公顷;完成井站塘坝工程 2 255 处,新增改善灌溉面积 3.4 万公顷;完成灌区改造工程 20 处,新增改善灌溉面积 2.6 万公顷。山区水利富民工程任务的顺利完成,实现了山区百万农民人均一亩抗旱灌溉果园和一亩抗旱灌溉粮田的"双一"目标。山区以水为主的生产生活条件和生态环境得到很大改善,抗灾能力明显增强。1999 年和 2000 年,本市遇到了新中国成立以来连续两年最严重的干旱,由于山区充分发挥"五小"水利工程和集雨工程的拦蓄调节作用,加强节水工程配套设施建设,使有限的水资源得到了充分利用。大旱之年,水利富民"五小"工程运行状况良好,不仅解决了粮田、果树抗旱灌溉,还为解决农民吃水、畜禽养殖提供了水源,在抗旱中发挥了明显作用。

从 2000 年第四季度起,市政府决定山区水利富民综合开发进入第二阶段——再利用三年时间,以集雨节水灌溉为重点,科学利用地上水,合理开采地下水,充分利用大气水,再生水,提高水资源的优化配置和综合利用水平,彻底解决山区水利问题,基本实现结构调整,实现可持续发展。

2001 年年初,市政府农林办公室、市财政局联合签发的《关于推进农业现代化加快农民致富步伐若干政策意见》中,"关于山区水利富民五小工程网络化"规定:扶持标准及办法:①利用自然坡面、道路、建设人工集雨场集蓄大气水,与"五小"工程连接,并配套相应的田间节水灌溉设施,每蓄 1 立方米水,支持 10 元;同时鼓励利用新材料、新技术建设人工集雨场,面积 100 平方米以上,每平方米再支持 5 元。②利用井站、塘坝提取地表水或地下水,与"五小"工程连接,并配套相应的田间节水灌溉设施,控制面积 50 亩以上,每亩支持 50 元。③利用已建灌区,通过支渠改造与"五小"工程连接,并配套田间节水灌溉设施,控制面积 100 亩以上,每亩支持 50 元。

2002 年,山区水利富民综合开发工程重点面向边远山区乡村,对那些十分缺水、而又十分需要兴办水利推动主导产业发展的边远山区乡村,重点推进水利富民工程。市里对"五小"工程和截流工程继续给予了政策支持,到 2002 年年底,共完成"五小"工程 1.1 万处,截流及井站塘坝 1 571 处,利用集雨场面积 68.3 万平方米,新增蓄水能力 380 万立方米,新增改善灌溉面积 38.7 万亩，解决了 2.9 万人、7 600 余头大牲畜的饮水问题，全面完成了任务。

山区搬迁工程

从 1994—2000 年，山区共实施了三次搬迁，已搬迁 2.71 万户、8.4 万人，涉及 69 个山区乡镇、580 个行政村、980 个自然村（其中整建制搬迁的有 28 个行政村、77 个自然村）。政府对搬迁累计投入资金 4.22 亿元，其中市财政设立专项搬迁资金，投入 3.44 亿元，占 82%，区县匹配资金 7 822 万元，占 18%（市级投入补助标准是：对山区险村险户或生活恶劣农户每户补助 4 000 元，对密云水库搬迁每人补助 1 万元，对采空区补助 1 万元）。

已经实施的山区搬迁工程取得了较好效果。据统计，搬迁使 8.4 万农民得到了"安居"，山区人口机械减少了 10%，山区农民人均土地资源占有量增加了 11%，山区搬迁农民收入提高了 50%，搬迁对山区农民收入提高的贡献率达到 40%以上。

实施山区搬迁工程的重要性取得了重要效果。山区这些欠发达地区的农民迅速融入相对发达地区的经济发展中，实现发展和致富。郊区 3 000 多平方公里的山场和林地得到更好利用，山区 547 条小流域和 70 多条二级河流得到有效保护。新的山区搬迁工程涉及 786 个自然村，通过搬迁对这些村进行撤并，可以依托山区中心村镇建设，科学规划一批最佳人居环境居住区。通过搬迁使山区按生态、生产、生活、休闲等不同功能进行重新整合，资源配置进一步优化，作用得到更充分的发挥。怀柔区雁栖镇西栅子村地处黑驼山自然风景区，全村 146 户，与北京一家公司合作进行搬迁，把原村开发建成了民俗旅游村，实现经济和环境的协调发展。

山区产业发展

北京郊区有荒山荒滩面积 25.69 万公顷，占全市土地面积的 15.6%，其中荒地 1 万公顷，荒山 24 万公顷，尚未利用的河滩约 0.49 万公顷。荒山荒滩资源中，宜粮地 1.97 万公顷，宜果地 1.258 万公顷，宜林地 15.018 万公顷，宜牧地 9.111 万公顷，宜渔地 0.015 万公顷。1993 年冬，按照市委、市政府关于土地经营形式放开、土地开发形式放开、土地生产经营放开的山区政策，在郊区推行荒山、荒滩租赁经营。据密云、昌平、平谷、门头沟等区县调查统计，到 1994 年年底，集体已出租的荒山有 1.9 万公顷，形成了独立承租户经营、合作经营、股份合作经营等开发山区的多元投资结构，使长期闲置的资源得到利用，产生了良好的生态效益和经济效益。1994 年 9 月 9 日，北京市第十届人大常委会第十二次会议审议通过了《北京市农村集体所有荒山荒滩租赁条例》，山区各项产业走上进一步发展之路。

山区养殖业总量增加。各山区区县因地制宜，发挥本地区的资源优势，把发展以牛、羊等草食家畜为主的养殖业作为最重要的主导产业放在突出位置。2000 年 89 个山区、半山区乡镇养殖业收入达到 22.6 亿元，占大农业收入的 58%；49 个边远山区乡镇养殖业收入达到 9.3 亿元，占大农业收入比重 63%。山区养殖专业村已达 198 个，建养殖小区 531 处（其中新建 431 处），入区农户 9 277 户，已建起的 355 个养殖业合作社及专业协会辐射带动农户 4.4 万多户。重点帮助 10 个边远山区乡镇大力发展养殖业。市农委山区办重点抓了低收入村较多的房山区佛子庄乡、霞云岭乡，门头沟区清水镇，昌平区流村镇，延庆县永宁镇、千家店镇，怀柔县汤河口镇，密云县石城乡、番字牌乡和平谷县镇罗营乡 10 个边远山区乡镇发展养殖业，协调信用贷款 5 000 多万元。到 2002 年年底，10 个乡镇建养殖小区 68 个，养殖业收入平均每个乡镇达到 1 600 万元，比上年平均增长 30%，最高的是昌平区流村镇，达到 8 980 万元。山区涌现一批靠养殖业致富的专业乡镇、专业村、专业户。昌平区流村镇、密云县古北口镇、平谷县靠山集乡中心村等典型都有丰硕成果。

山区林果业发展成效显著。2000 年山区果树面积达到 10.17 万公顷，占全市果树总面积的 82%；果品产量 4.5 亿千克，占全市果品总产量的 71%；果品产值 8.8 亿元，占全市果品总产值的 75%。房山区 0.26 万公顷大盖柿、门头沟区 0.086 万公顷核桃、昌平区 0.28 万公顷优质苹果、延庆县 0.053 万公顷葡萄、怀柔县 1 万公顷板栗、密云县 1.06 万公顷板栗、0.3 万公顷苹果和平谷县 0.93 万公顷大桃等，形成特色果品。门头沟区军庄镇实施精品战略，提高果品效益，农民投资 516 万元，发展京白梨果树 58 公顷，苗圃 2 公顷，并注册了"军山"牌商标，产量达到 2 万千克，收入 120 万元，利润 30 万元，从事种植的 50 人，人均增收达 7 000 元。

山区各区县积极做好发展休闲旅游业的服务工作，使其快速成为带动山区发展的"龙头"产业，成为山区经济新的增长点。山区通过发展旅游，带动了山区产业结构的调整。延庆、昌平、怀柔等区县，旅游业已成为支柱产业，成为财政收入的重要来源。房山区十渡镇围绕旅游，积极调整农业结构，发展双膜玉米，向游客出售煮老玉米，亩效益 2 500 元，西石门、平峪两村在深山沟建设蔬菜大棚 60 栋，生产反季节蔬菜，与农民采摘的山野菜配合，占领旅游市场；开发水产养殖，增加垂钓、烧烤项目，使农副产品变成了旅游产品，农业效益大幅度提高，十渡镇已成为郊区第一个旅游专业镇。同时，带动了当地农民的就业和增收。延庆县八达岭镇石佛寺村 80 年代初仅靠农业生产人均只有 70 元，自从 1993 年村镇两级联合开发旅游景点，修复了八达岭脚下的水关长城，全村劳动力都从事旅游管理和服务工作，兴办小商店、小旅馆等旅游相关行业，人均纯收入达到 1.2 万元。旅游业还带动了山区经济社会综合发展。市、区县各级围绕发展山区旅游，加大了对山区基础设施建设的投入力度，使山区的道路、通讯、供电、供水、广播电视等基础设施条件得到了明显的改善。果满园香活动项目，进一步挖掘旅游市场，促使休闲旅游业蓬勃发展。

山区休闲旅游业发展势头良好。2000 年全市山区新开发旅游景点 75 个，累计已达 378 个，其中边远山区有 128 个；全年接待游人 2 997 多万人次，旅游业总收入达到 21.5 亿元。山区共有市级注册的景区（点）185 个，其中自然景观 93 处，国家级及市级自然保护区 6 个；市级文物保护单位 10 余处，其中自然景观文物保护单位 5 处，世界级重点遗产 4 处。山区开发了深受游客欢迎的多种旅游形式，使山区成为首都居民的休闲度假基地。山区初具规模的民俗旅游专业村已发展到 102 个，从事旅游业的农民 8 990 户、1.63 万人，具备初级接待住宿条件的床位 3.77 万个，开发旅游产品近 1 130 个，户均年旅游收入超万元的 200 多户。

山区乡镇企业有较大发展。市对山区的 32 个工业小区、村级工业大院和二、三产业专业村给予扶持资金 1 130 万元，有力地推动了山区乡镇企业的二次创业进程。

消除低收入工作

1999 年 8 月 31 日，受市长刘淇委托，副市长岳福洪代表市政府与房山、门头沟、昌平、延庆、密云、平谷、怀柔 7 个山区区县签定责任书，要求年底人均劳动所得 1 500 元以下低收入村和户要消除一半，2000 年度，消除 1 500 元以下低收入村。2001 年 10 月 2 日，市委书记贾庆林在《决策参考》第 14 期关于《京郊农村低收入人群生活状况需要关注》上批示："要把解决农村低收入人群的问题作为农村工作的重点加以部署，一是解决眼前的困难；一是通过发展经济，解决脱贫的部署。"市委市政府对消除低收入工作高度重视。

市委农工委、市农委成立"解决农村低收入人群问题的领导小组"，抽调各有关部门人员组成调研组，对低收入人群情况进行了调研。11 月 23 日向市委书记贾庆林上报《关于郊区低收入人群的调查报告》。报告对郊区低收入人群的现状进行了分析。指出低收入人群主要集中在边远山区乡镇，低收入少数民族村占全市少数民族村的比重较大，低收入人群中残疾人、民政救济对象、五保户较多。并分析产生低收入人群的原因以及解决低收入人群的措施。

各山区区县采取有效措施推进消除低收入面工作。房山区采取四项措施加大消除低收入面工作力度。一是加大基础设施投入，切实解决 63 个低收入村在水、路等方面的问题；二是加大主导产业培育力度，尽快将低收入村建设成为城镇居民消费的食品基地、龙头企业的原料基地和城市居民休闲度假基地；三是加大合作组织建设力度，解决低收入村缺乏信息、技术、市场等问题；四是加大帮扶力度，为低收入村选配一个好的支部班子，为低收入村的持续发展奠定基础。延庆县实行"四优先"，帮助低收入村脱贫。即优先安排低收入村民从事水利和种养业项目；优先帮其成立服务组织；优先安排出工出劳或其他创收性劳务；优先安排搬迁和扶持资金一在定岗、定员、定项目、定时间、定奖惩前提下，乡镇建台账，村户建卡片，实行跟踪管理、跟踪服务。全县 105 个低收入村乡乡有方案，村村有项目。房山、密云、延庆三个区县从区县所属单位派出 200 多个工作队，帮助低收入村制定措施，发展产业、实现增收。

帮助郊区少数民族乡村经济发展。贯彻市委常委会精神，从市支农资金中划拨 200 万元，对朝阳区常营回族乡、通州区于家务回族乡、密云县檀营满族蒙古族乡、怀柔县喇叭沟门满族乡、长哨营满族乡 5 个少数民族乡，每个乡安排 20 万元，共 100 万元；对人均劳动所得 2 500 元以下的延庆县永宁镇吴坊营村、新华营村、南张各庄村、东灰岭村，大庄科乡大庄科村、小庄科村、慈母川村，井庄镇冯家庙村，密云县太师屯镇太师庄村，古北口镇古北口村，河南寨乡提辖庄村，大兴区榆垡镇崔营村、留土庄村，怀柔县汤河口镇银河沟村，门头沟区妙峰山镇陇各庄村，15 个少数民族低收入村每个村安排 4 万元，共 60 万元给予重点扶持；其余 40 万元用于年底表彰奖励。在资金使用上，区县政府按 1∶1 配套，与市少数民族乡村专项资金一起划拨到少数民族乡，用于发展乡村主导产业，资金专户储存，封闭运行，以 1∶10 比例由乡镇信用社发放贷款。

到 2002 年年底，边远山区乡镇有 127 个村跃过人均劳动所得 2 500 元的低收入线，已完成全部任务的 95％，超额完成计划任务。

社会各界支援山区建设形成高潮

全社会共同开发建设山区，已成为共识。市委市政府组织各委办与山区县（区）签定协议，逐项落实山区建设措施有新的成果。以 2001 年、2002 年为例，2001 年市公路局安排 120 万元资金，加强山区公路建设。47 个非公有制企业与 47 个山区乡镇建立了固定的帮扶关系，非公有制企业在山区实施项目 22 个，投资 1.6 亿元，捐资教育等公益事业 1 427．2 万元。2001 年市工商联组织非公有制企业在京郊山区实施项目 14 个，投资总额 1.6 亿元。2002 年，市计委安排专项资金 400 万元，重点支持低收入村发展休闲旅游和养殖业等农民增收见效快的项目；市财政局 9 名局级领导各联系一个边远山区乡镇，深入调查研究，指导山区建设工作。市计生委、市财政局对市定 49 个边远山区乡镇近 1 000 个村计生干部发放补助金；市水产总公司为房山区十渡镇出资 50 万元，作为农户增收致富风险担保金等。市农村信用社系统发挥信用社联系农民的金融纽带作用，不断加大支山力度。在全市 7 个山区区县全面推行农户小额信用贷款，建立农户信用评定制度和建立一批信用村（镇），进一步简化手续，扩大贷款范围，增加贷款投入，规范贷款管理。市广电局完成了 71 个自然村"村村通"广播电视信号覆盖任务。2002 年市财政投入 70 万元对边远山区开展信息化试点工作。市农口 7 个局、院、总公司也都制定计划，认真实施，努力做好山区水利富民综合开发工作。

七、农民收入与支出

　　1993—1996 年的 4 年间，郊区农民人均纯收入从 1 855 元提高到 3 563 元，年均增长达到了 17.7%，成为从 1985 年以来增速最高的阶段。其原因：一是由于乡镇企业通过加快产权改革、调整产业结构和产品结构、改革内部管理等，迎来了经济高速增长时期，农民收入随之增长；二是国家在 1994 年进行了粮食提价，使农民收入增加。自 1996—2002 年，郊区农民人均纯收入则进入了相对平稳增长阶段。农民人均纯收入从 3 563 元增加到 5 880 元，年均增长 7.4%。这一时期，随着产业结构的不断调整，更多的农民从一产向非农产业转移，外出务工人员增多。

1993—2002 年农民人均纯收入和消费支出

单位：元

项目	1993	1996	2002
人均纯收入	1 855	3 563	5 880
人均消费支出	1 309	2 655	4 206

　　资料来源：北京市统计局编，《北京六十年》。

　　收入来源多元化的趋势进一步加大。2002 年，农民人均纯收入 5 880 元中，生产性纯收入 5 130 元，占 87.2%。在生产性纯收入中，工资性收入 3 672 元，占 71.6%，较上一阶段提高了 3 个百分点；家庭经营纯收入 1 458元，占 28.4%。非生产性纯收入增长迅猛，达到了 750 元，增长了 4.7 倍，翻了两番多，占的比重达到了 12.8%，较上一阶段提高了 4.5 个百分点。在非生产性收入中，财产性收入 466 元，占 62.1%，较上一阶段提高了 23.7 个百分点；转移性收入 284 元，占 37.9%。

1993—2002 年北京郊区农村居民家庭人均年纯收入

单位：元

年份	人均年纯收入	生产性收入			非生产性收入		
		合计	工资性收入	家庭经营纯收入	合计	财产性收入	转移性收入
1993	1 855	1 756	1 109	647	99	38	61
1994	2 422	2 263	1 485	778	159	72	87

年份	人均年纯收入	生产性收入			非生产性收入		
		合计	工资性收入	家庭经营纯收入	合计	财产性收入	转移性收入
1995	3 208	2 973	1 893	1 080	235	88	147
1996	3 563	3 326	2 318	1 008	237	85	152
1997	3 762	3 571	2 586	985	191	63	128
1998	4 029	3 788	2 765	1 023	241	99	142
1999	4 316	4 018	2 882	1 136	298	103	195
2000	4 687	4 278	2 938	1 340	409	175	234
2001	5 274	4 771	3 356	1 415	503	245	258
2002	5 880	5 130	3 672	1 458	750	466	284

1993—2002 年农村经济收益分配

年份	总收入（亿元）	税金（亿元）	农民居民人均纯收入（元）
1993	614.21	24.04	1 855
1998	1 046.13	27.38	4 029
2002	1 792.53	50.64	5 880

资料来源：北京市统计局编，《北京六十年》。

农民生活消费支出。1993—1996 年，与收入增长同步，消费增长速度也达到了较高水平，1996 年农民人均消费支出 2 655 元，比 1993 年增加 1 346 元，增长了 1 倍多，年均增长达到了 19.3%，比上一阶段提高了 6.6 个百分点。1996—2002 年，农民人均消费支出由 2 655 元增加到 4 206 元，增长 58.4%，年均增长 6.8%，比上一阶段下降了 12.9 个百分点，出现较大幅度的减速。

1992 年以后，随着市场化、城市化的发展，一些新的矛盾和问题在北京农村经济发展中日渐显露，这也成为推动北京农村经济深化改革的动力。经过这一时期的实践，北京农村经济改革在四方面取得了显著成效：一是延长土地承包期，进一步完善了农业经营制度；二是推进乡村集体企业重组转制，开始建立现代企业制度；三是推行社区股份合作制，深化了集体经济产权制度的改革；四是大力发展专业合作经济组织，使合作制走上了健康发展的轨道。其中，最为关键的还是集体经济产权制度的改革，通过建立社区合作社使集体经济组织在市场化环境下找到了新的实现形式。改革开放后，农民家庭成为北京农业生产经营主体，但社区合作组织的出现，在资源开发与资产经营、资产积累、农民就业、为农民生产生活提供公共服务以及推进社会主义新农村建设等方面发挥出了巨大而显著的作用。2002年，全市农村经济总收入中，集体经济收入占49.5%；在农村生产性固定资产201.2亿元中，集体占了80.1%；乡村集体经济组织当年用于农村基础设施和公益事业的投入7.6亿元，平均每个村20万元；农民人均可支配收入中，从集体获得1360元，占22.3%；农村劳动力在乡村集体及其企业就业人数达到42万人，占24.3%。农村集体资产总额（不包括资源性资产）达到1380.2亿元，集体净资产达到614.9亿元；农民人均占有集体资产3.9万元，人均占有净资产1.7万元。农民收入水平的高低与村级集体经济发展水平密切相关。从郊区农民人均集体净资产看，5万元以上的31个村，占3%；5000元至5万元的925个村，占21%；这两档的农民人均纯收入均在1万元以上。500～5000元的2362个村，占53.5%，农民人均纯收入7000元以上；500元以下的995个，占22.5%，农民人均纯收入为4000元左右。这说明，在北京农村经济中，集体经济实力越强，农民收入水平越高，集体经济实力薄弱，农民收入水平就低。

在这一阶段，北京郊区经济、社会、环境建设方面的城乡一体化开始有了明显的进展。北京农村经济开始向市场化、城市化转型，表现在：

（1）在近郊区，随着城市的扩展，越来越多的农村变成了城区的组成部分。许多农村合作经济组织还保留着，但耕地和种养业已经很少或没有了，产业结构变成三、二、一，以第三产业为主。农民进了工厂、商店、仓库当工人，或者从事物业管理、绿化和环境维护，直接为城市生活服务。居住方式变成城乡混居。农民的房屋大量出租给外来流动人口，房租成为许多中老年农民的重要生活来源。

（2）以提供副食品为特征的城郊农业，演变为城乡一体的都市农业。农业在保留农业生产功能的同时更加注重其生态功能和生活功能（景观、体验、教育等）。成片的农田变成了城市绿化隔离带。遍布郊区的观光休闲农业，把农业的生产、生态、生活功能，把一产、二产、三产结合在一起，深受城里人的欢迎，成为农民就业和增收的重要门路。

（3）工业向开发区集中，农民向城镇集中。同时，愈来愈多的城镇居民和外来人口参与郊区农村各项产业的生产经营。这些变化，对于生产要素的优化配置、农村经济的发展和提高、科学技术和城市文明的普及发挥了很大作用，成为农村经济与城市经济融合的重要推动力。

（4）农业人口由增加转为减少，标志着工业化、城市化有了重大进步。1949—1990 年，北京户籍农业人口是缓慢上升的，由 237.9 万增至 392.1 万人，年均增长 1.2％。1991 年转向下降，1995 年降至 373.4 万人。由于"人户分离"的情况普遍存在，郊区农业人口实际减少数量比户籍变更数还要大一些。

上述市场化和城市化两个方面的发展和变化，推动着郊区农业、工业的持续增长和第三产业的快速发展。2002 年与 1992 年比较，农业增加值由 47.5 亿元增加到 95.5 亿元，增长了 1 倍多，年均递增 7.2％；农村二产增加值由 78.1 亿元增加到 288.5 亿元，增长了 2.7 倍，年均递增 14％；农村三产增加值由 29.8 亿元增加到 324 亿元，增长了 9.8 倍，年均递增高达 27％。农村国内生产总值构成中一、二、三产业比重，1992 年为 31：50：19，2002 年变为 13.5：40.7：45.8。农村劳动力就业结构中，从事农业的比重由 41.7％下降为 37.3％，非农产业由 58.3％上升至 62.7％。农民人均年纯收入由 1 569 元增加到 5 880 元，增长了 2.75 倍，年均递增 14.1％。

第七章 统筹城乡经济发展时期的
北京农村经济

（2003—2009 年）

　　2002 年年底，党的十六大明确提出了"统筹城乡经济社会发展，建设现代农业"的指导思想。2003 年年初，中共中央总书记胡锦涛到北京市考察工作时特别强调，要突出抓好统筹城乡经济社会协调发展。市委市政府按照中央的总体部署，审时度势，在北京的经济发展具备了城市支持农村、工业反哺农业的条件下，逐步形成了城乡统筹发展合力。2003 年，在一年一度的市农村工作会上，市委书记刘淇指出："郊区发展空间广阔、投资成本低、发展资源丰富，蕴藏着加快首都经济发展的巨大潜力，是首都可持续发展的战略新区，是建设国际化大都市的重要发展区"。市政府用于郊区建设的投资和市财政支持"三农"资金成倍增长，全市市级政府投资中，城区与郊区投资比例由之前的 80∶20 调整为 60∶40，建立了市委、市政府主管领导主持，各涉农部门领导参加的农村工作联席会议制度，加强新农村建设和城乡统筹工作力度。2006 年，市委、市政府制定了《北京市"十一五"时期社会主义新农村建设发展规划》，出台了《关于统筹城乡经济社会发展推进社会主义新农村建设的意见》，确定了 80 个新农村建设试点村，制定了试点村工作实施方案。同时，在总结试点村经验的基础上，逐步扩大试点面，引导郊区科学地开展新农村建设。到 2010 年，农村全面小康社会综合指数达到 90％以上，农民人均纯收入比 2000 年翻一番，与全市率先基本实现现代化相适应，为达到"生产发展、生活宽裕、乡风文明、村容整洁、管理民主"的发展总体目标进了一大步。北京郊区进入社会主义新农村建设和城乡一体化协调发展的新阶段。到 2010 年，北京市乡村人口 275.3 万人，城市化率达到 86％。

一、统筹城乡发展，全面推进新农村建设

　　自 2003 年起，北京市通过贯彻中央农村工作会议精神，通过打破城乡

分割的二元体制，统筹协调城乡社会经济发展，推动城乡资源的合理流动，从全面推进农村综合改革入手，大力推进小城镇建设、农村税费改革、农产品流通体制改革、农村金融体制改革、农村社会保障体系建设等重点工作，加快了社会主义新农村建设进程，开创了北京农村经济改革和发展的新局面。

小城镇建设与郊区城镇化发展

20 世纪 90 年代中后期，撤乡建镇大规模展开。到 2005 年，通过撤乡建镇工作，北京市的建制乡的数量由 1996 年的 173 个减少到了 43 个，减少了约 75.14%；而建制镇的数量则由 103 个增加到 142 个，增加了约 39%，大大促进了城镇化进程。北京从 1993 年年底开始小城镇建设试点工作，1994 年设立了 28 个中心集镇（重点镇），到 2001 年将中心镇调整为 33 个。之后几年，重新确定了 36 个重点镇，区别于一般建制乡镇，使郊区城镇体系格局进一步明朗化。

北京郊区的城市化进程在不同区域有不同的特点，基本可以概括为近郊区、远郊新城、重点镇和一般农村地区四个层次。一是近郊农村的城市化，这里是北京城市化推进最快的区域，已经基本实现城市化的区域。二是区县新城进入规划范围农村的城市化，这一区域随着区县新城的建设，城市化的进程在不断加快。三是重点镇和一般建制镇规划区内的农村城镇化，主要任务是产业集聚和旧村的城镇化改造。四是一般农村地区的新型农村社区建设，随着政府财政向农村倾斜、基础设施不断改善，城市文明向一般农村地区渗透的步伐也在不断加快。从农村城镇化转型的集聚形式看，主要有三种模式：一是核状集聚模式。这是农村城镇化集聚转型的基本类型，是在一定区域范围内，由于产业和经济的集聚形成一个具有较强集聚能力的中心集聚内核，从而吸引各类资源和要素向中心集聚和流动，带动人口的集中，导致中心区规模的不断扩大和功能的不断完善。二是组团集聚模式。这类模式的基本特征是在一定的区域内（如一个乡镇）不会形成一个核心区集聚，而是演变为几个不同的组团，这些组团不是和中心城镇连为一体，而是形成若干个城镇化社区或新型农村社区。这种集聚模式在平原地区比较多见。三是带状集聚模式。在山区半山区，经济和人口的集聚会强烈地受到地理地貌特征的影响，容易形成带状集聚模式。其基本特征是依托特殊的地理空间和资源优势，如依托河流流域和交通线路等条件形成一个带形的产业集聚区，并由带状区域的两侧向中间地带汇集。这类地区的产业支撑主要是由农业向旅游观光等第三产业的服务业延伸。

截至 2009 年年底，小城镇建设工作扎实展开。一是完成了重点小城镇的布局调整工作。以市政府办公厅的名义发文重新确定了 42 个重点镇。重点小城镇的布局调整为科学推进郊区城乡一体化明确了建设重点。二是加快了小城镇规划的编制和审批。截至 2009 年年底，郊区 114 个应编规划的乡镇中，有 86 个乡镇的总体规划已经通过市规划委审批，另有 23 个乡镇在审，5 个乡镇在编。三是小城镇产业园区建设力度加大。对 42 个重点镇产业园区、入区企业等基本情况进行调研，摸清了小城镇产业发展的底数。明确了小城镇"先生产、后发展"的发展定位，争取到了促进产业园区建设的土地储备政策。一批新的产业项目在园区落户投产。到 2010 年年底，42 个重点镇有企业 11 106 家，总收入 1 006 亿元，其中园区内企业销售收入 537.1 亿元，占重点镇企业销售总收入的 53.4%，实际上交税金 99 亿元。

与此同时，村庄规划和农村基础设施建设大力推进。完成 1 674 个村庄规划，新农村"五+三"工程，即街坊路硬化、绿化、老化供水管网改造，污水处理，垃圾处理、厕所改造以及亮起来、暖起来、循环起来工程扎实展开，农民生活生产条件改善，农村面貌焕然一新。到 2009 年，农村水土流失治理率达到 77.1%，万元农业增加值用水 1 015 立方米，大型规模猪场粪便处理率达到 87.6%，农村生态环境建设有了新的进展。旧村改造也出现新进展，仅 2009 年，市级财政支持门头沟樱桃沟村、房山八十亩地村、顺义北郎中村等 11 个市级旧村改造试点村 7 000 万元，重点用于 11 个试点村的基础设施建设和公共服务设施建设。海淀区北坞村、朝阳区大望京村作为城乡结合部地区推进城乡一体化的试点村取得新成绩。

房山区韩村河村建成"乡村都市型农村别墅村"。从 1993 年开始到 2004 年，韩村河党支部书记、韩建集团董事长田雄亲自策划、指挥建设韩村河新村。11 年间，韩村河共建成 11 个小区，581 栋独门独院的别墅楼和 21 个单元的多层楼。村民人均住房面积达到 72 平方米。别墅区，供水、供暖、排污、电信、电视等管线电缆齐全。韩村河还成立了水电处、花木公司、清洁队等服务机构，为村民服务。全村 3 万多平方米的草坪，别墅院内栽种各种果树，成为了一个自然生态大公园。韩村河新村建设得益于这个村的集体经济实力。建设新村的 10 亿元投资，每年维持全村服务机构运转的 6 000 万元开支，都由韩村河村自行筹集。韩村河靠建筑业发家，以建筑业为龙头企业，建起了钢管厂、构件厂、钢窗厂等十几家与建筑业配套的工业企业。1992 年韩村河就已经成为"亿元村""亿元企业""吨粮村"，进入了北京市经济百强的行列。1994 年韩村河建筑企业集团总公司，被国家建设部命名为国家建筑一级企业。到 2013 年韩建集团拥有总资产100 亿元，年创产值 60 亿元，年上交国家税金 5 亿元，为韩村河新农村建设提供了强大的物质保障。

农村税费改革全面展开

2003 年 7 月，市政府召开全市农村税费改革工作动员大会，明确提出"四取消""两调整""一改革"。即：取消乡统筹费、农村教育集资等专门面向农民征收的行政事业性收费和政府性基金、集资、屠宰税、统一规定的劳动积累工和义务工，调整农业税政策、原征收农业特产税的土地改征农业税，改革提留征收使用办法。各区县通过深入调研，认真进行了本区县有关数据的测算工作：一是实事求是地核实计税土地面积为 24.08 万公顷，比税费改革前减少 34％。二是从轻确定农业税税率和农业税附加征收比率。根据实际，农业税税率定为 5％，比中央规定的上限低 2 个百分点。农业税附加征收比率确定为正税的 20％。三是合理确定农业税主粮和计税价格。选择玉米为北京市农业税主粮，并以 2000 年每千克 0.98 元的市场价格作为农业税计税价格。四是合理核定计税常年产量，确定全市平均计税亩产为 377 千克。五是制定人均筹资筹劳限额。取消统一规定的农村义务工和劳动积累工、改革村提留征收使用办法后，根据各地实际需要，规定筹资上限为每人每年 20 元，筹劳上限为每个劳力每年 10 个标准工作日。全市农民和集体经济组织承担的农业税及其附加总额 8 007 万元，其中正税 6 405.6 万元，附加 1 601.4 万元。每亩应纳农业税 22.16 元。为保证农村税费改革工作顺利进行，市委、市政府制定了相应措施，深化配套改革，建立起"三个确保"的长效机制。即：确保农民负担明显减轻，不反弹；确保农村义务教育正常经费；确保乡镇机构和村级组织正常运转。

2003 年，全市农民负担总额 8 042.19 万元（农业税及其附加与村内筹资合计），按 329.4 万农业人口计算，农民人均负担 24.41 元，比改革前的农民负担总额 2.72 亿元、农民人均负担 82.6 元，下降了 70.4%。

取消农业税

按照中共中央、国务院的统一部署，市委、市政府从 2004 年开始在全市免征农业税，使全市农民进一步减轻负担 7 300 万元。至此，全市专门面向农民征收的税收和行政事业性收费全部取消，直接减轻农民负担达到 3.4 亿元，实现了村村减负、户户受益。全市还安排财政补贴资金 3.16 亿元，确保基层政权正常运转。同年，市、区县实行粮食直补政策，直接补贴种粮农民，兑现直补资金 1.1 亿多元，调动了种粮农民积极性。这期间，通过乡镇机构、农村教育，特别是公共财政体制改革，建立了财政对村级组织正常运转、村级干部报酬、农村公益事业等经费的专项补贴和转移支付制度，郊区广大农民从改革中真正得到了实惠。农村税费改革以来，各级财政对村级补贴资金总额达到 8 亿多元。经管部门对这些村级财政补贴资金的拨付、管理和使用情况进行了全程跟踪监督和监测，确保了及时拨付、严格管理、合理使用，维持了村级组织的正常运转，促进了集体公益事业的发展。

2003 年 3 月 26 日，市委、市政府按照《中共中央国务院关于进行农村税费改革试点工作的通知》和《国务院关于全面推进农村税费改革试点工作的意见》要求，在全市全面推进农村税费改革。改革的主要内容为：取消乡统筹费、取消农村教育集资等专门面向农民征收的行政事业性收费及政府性基金和集资、取消屠宰税、取消统一规定的劳动积累工和义务工、调整农业税政策、原征收农业特产税的土地改征农业税、改革村提留征收使用办法等。8 月 5 日，市地税局、市财政局共同研究的农村税费改革方案出台，全市农民人均税负降低一半。2004 年开始，市政府坚持"多予、少取、放活"的方针，继续实行免征农业税及其附加的政策，加大对因免征农业税而减少收入的乡镇的转移支付力度。同时要求各级部门要"健全农民负担监督机制，全面清理整顿乱摊派、乱收费行为，防止农民负担反弹。"

对于因农村税费改革而对乡镇政府日常工作所带来的困难，北京市实施了精简乡镇政府机构与转变乡镇政府职能、财政扶持村级组织正常运转的政策。2004—2007 年，北京市为维持村级组织正常运转，给予 2 156 个村平均每个村 4.49 万元，全部约 1 亿元的资金补助。

2006 年 1 月 1 日，全国取消农业税。为了巩固农村税费改革的成果，2007 年，北京市郊区县区对 2006 年 12 月 31 日以前乡镇政府和村民委员会形成的债权和债务进行全面核实，从锁定旧债、控制新债、清收债权、化解债务和政府扶持等方面开展工作。

进一步推进农产品流通体制改革

2004 年开始，北京市积极发展农产品现代物流、连锁经营、电子商务等新型业态和流通方式，并加快重点大中型农产品批发市场的改制与改造，支持农产品检验、储存、加工等基础设施建设。针对不同性质的农产品加工和需求，北京市大型的农产品龙头企业，与现代流通企业对接，成为大宗农副产品的供应商，加快发展农产品配送经营。并发展城乡联营的便利店和农村超市。对于关系农民所需的生产资料，北京市加强了农业生产资料市场管理，规范农资企业的经营行为，实现货源充足、价格基本稳定。进一步整顿和规范农村市场秩序，坚决打击制售假冒伪劣商品和商业欺诈等坑农伤农行为。

为了保障粮食安全，北京市结合都市农业发展实际，从 2004 年开始从粮食风险基金中拿出 40%（约合 1.1 亿元）的资金，用于小麦、玉米的直接补贴。补贴标准根据情况不断调整。2007 年，北京市的调整标准为：小麦的综合补贴标准调整为 58 元/亩，种植补贴为 50 元/亩，良种补贴为 20 元/亩；玉米补贴分别为 18 元/亩，20 元/亩，12 元/亩。2009 年又进一步进行了调整，玉米有所提高，小麦出现下降。小麦、玉米两者的农资综合补贴均为 45 元/亩，种植补贴、良种补贴分别为：50 元/亩、20 元/亩；20 元/亩、12 元/亩。

加快农村金融体制改革

政策性农业保险稳步推进。2009 年是北京市建立政策性农业保险制度的第三个年头，全年收取保费 3.47 亿元，参保农户 24.22 万户次，总保险金额 89 亿元，赔付支出 2.48 亿元，赔付农户 12.2 万户次；政策性农业保险已覆盖全市主要农业资源近 40%。按照中央文件精神和市政府要求，

2009 年 7 月 30 日，与瑞士再保险公司和中国再保险股份有限公司成功签订了政策性农业再保险协议，探索建立了北京特色的农业再保险机制。这标志着北京市"政府主导、市场运作、多方参与、风险共担、多层分散"的农业再保险机制正式建立。北京市在全国率先通过政府直接购买再保险，创新了政策性农业再保险的运作模式，创新了财政支农资金的使用方式，创新了政策性农业保险的工作机制，丰富了全国政策性农业保险管理模式和经验。各项管理制度进一步完善，确保了灾害事故发生后理赔服务及时、有序、规范进行。随着将樱桃和枣纳入政策性险种范围，已开办的险种达到 18 个，其产值已占到全市农业产值的 75% 以上。同时，实行政策性农业保险工作网络化管理。

农村金融体系建设加快推进。农业投资公司自 2008 年年底挂牌以来，共投资 7 000 万元，牵头成立了 8 家小额贷款公司，带动社会投资 7 个亿，撬动银行 5 个亿。市农业担保公司自 2009 年 3 月 18 日挂牌后即与各远郊区县建立起以股权为纽带的全市农业担保体系，并已经担保公司审批通过 58 笔涉农担保项目，合计金额 5.6 亿元。北京农业产业投资基金及管理机构正式成立。延庆、密云村镇银行相继开业。全市第一家小额贷款公司——兴宏小额贷款公司运行顺利。20 多家小额贷款公司已完成审批。为解决农民贷款难的问题，与北京银行、市妇联和农业担保公司签署了"5＋5 金融支农行动计划"协议，探索农村小额贷款工作新机制。

推进财政管理体制改革。2009 年是市与区县分税制财政管理体制改革的第一年。为适应新变化，建立了支农下划资金使用的制度约束，起草了下划资金使用管理办法，以做为财政局提出下划资金使用管理文件依据。为保证重点工作的完成，通过各种形式沟通，增加了原定资金数额，安排了部分原定下划项目。

建立农村社会保障制度

2003 年以后，按照"多层次、广覆盖、应保尽保、循序渐进"的原则，逐步建立健全与农村经济社会发展水平相适应、与城市社会保障制度相衔接的农村社会保障体系。

对于农村低保政策方面，北京市逐步提高保障标准，2006 年 5 月，市民政局正式出台农民低保标准调整机制。全市农村低保平均标准为每人全年 1 580 元。新机制实施后，区县仍有很大调整自主权。2009 年 1 月 1 日起，北京市农村低保对象实行分类救助，不再实行"一刀切"的救助标准。

对于农村居民最为关心的医保问题，北京市逐步建立完善以大病统筹为主的新型合作医疗制度，按照个人缴费、集体扶持和政府补助的办法，健全合作医疗筹资机制。2002 年开始北京市新型农村合作医疗试点，2004 年全面推开，并被列入北京市解决"三农"问题和缓解京郊农民"看病难，看病贵"的重点工程。2007 年 8 月就调整和完善新型农村医疗筹资标准和补偿出台政策，以缩小农村与城镇居民基本医疗保障水平之间的差距，实现新型农村合作医疗制度的补偿模式由以大病统筹为主转向住院和门诊统筹兼顾转变。2010 年初步建立覆盖农村居民的基本医疗保障制度，使参加新型合作医疗的农民住院补偿水平达到 60%，门诊补偿水平达到 40%。2007 年筹资水平提升到人均 220 元，2008—2010 年调整为 320 元、420 元、520 元。并努力建设覆盖农村的社区卫生服务网络，以解决农民看病难的问题。

对于农民的养老问题，2007 年年底市政府出台的《关于印发北京市新型农村社会养老保险试行办法的通知》中对养老保险费的缴纳、养老风险待遇等做出了规定，新型农村社会养老保险待遇由个人账户养老金和基础养老金两部分组成。后者为每人每月 280 元。同时，市政府还专门出台了针对城乡无社会保障老年居民养老保障的办法，该政策对具有北京市户籍、年满 60 周岁，且不享受社会养老保障待遇的人员给予每人每月 200 元的老年保障待遇。其后，逐年有所增加。

加快农业科技推广体系的建设

北京市建立了以政府为主导、社会力量广泛参与的多元化农业科研投入体系，把农业科研投入放在公共财政支持的优先地位，重点加强在农业生物技术、良种选育技术、动植物疫病控制技术、食品安全控制技术、节水灌溉技术、农产品加工技术、农业工厂化技术、可持续农业技术、农业标准化体系建设等领域的创新。2007 年，北京市制定了《关于推进基层农业技术推广体系改革工作的实施意见》，要求建立与都市型现代农业和社会主义新农村建设相适应的农业技术推广体系。

针对以往科技服务组织主要由政府负责而形成的相对单一薄弱的情形，

北京市创新农业科技服务组织，鼓励和支持各类企业、社会团体、科研院所、中介机构等开展农业科研和推广，实现农业科技工作多元化、社会化。并在努力建立以市属院所及中央在京科研机构为核心、以科技型支柱企业为龙头、以新型推广服务组织为基础的农业技术科研推广体系。加强农村科技协调员队伍、农民田间学校公益性农业技术推广服务体系建设。对科技创新与推广，市、区县政府安排专项资金，用于扶持农民专业技术协会、农业科技示范企业、农业科技示范户等开展农业科技推广普及工作。

组织实施"科技入户工程"。从 2005 年起，北京市开展"科技入户"工程，以提高科技示范户的能力。到 2010 年，在全市 13 个郊区县选定 100 个重点示范乡镇、500 个重点示范村，培育 1 万个科技示范户，辐射带动 20 万农户；重点示范区内主要先进适用技术入户率和到位率达到 90% 以上，示范户人均纯收入每年提高 8% 以上，农业科技进步贡献率每年提高 1 个百分点。这个工程正在顺利进行。

对于耕地，北京市采取科技手段进行严格的检测保护，搞好基本农田分等定级管理和动态监测，建立耕地质量动态监测预警系统，推广测土配方施肥，提高农田有机质含量。运用先进技术，改造中低产田，加强污染农田的治理和改良。2010 年以前，山区小流域治理完成 50% 以上，水土流失治理面积完成 80% 以上，农业节水灌溉面积提高到 95% 以上。针对新时期动植物疫病频发的趋势，北京市还健全动植物疫病防控体系，对重大动物疫病实施免费强制免疫，健全村级动物防疫员队伍，进一步加强良种资源保护力度。

北京都市型现代农业发展已进入到融"生产性、生活性、生态性"于一体的新阶段。北京农业技术推广工作紧紧围绕这一重点，坚持农业生产功能，先后开展了小麦、玉米、蔬菜、西瓜及杂粮等作物的高产创建活动，千方百计提高农作物的土地产出率。突破了北京春玉米亩产 1 100 千克和夏玉米 800 千克大关；突破了北纬 40°冬小麦亩产 600 千克大关；大棚黄瓜亩产突破 1.5 万千克历史最高记录。在此基础上，顺应发展需要，一是突出生态功能，推广了保护性耕作技术、裸露农田治理等技术；推广了农业综合节水、膜面集雨、玉米雨养旱作等技术；推广了无公害蔬菜、有机蔬菜、奥运蔬菜等集成技术。二是开发生活功能，推广了"南果北种"技术、景观创意农业及配套栽培技术，打造了"玉米迷宫"、阳台农业、小麦收获节、芳香花卉进社区进学校等项目，示范推广了花卉百合、牡丹和中药材金银花等种植技术。三是发挥示范功能，自 20 世纪 80 年代中期以来，利用科技展示基地，示范了叶类和瓜果特菜新品种和新技术，引领了北京和全国特种蔬菜的发展；展示了蔬菜质量安全技术，引领了全市"放心菜"的生产；试验开发展示"南果北种"、四特（菜、果、花、草）种植技术和工厂化番茄生产技术，为发展休闲、采摘、观光和现代农业提供了技术模式。

二、创新农村经济体制，深化农村土地制度改革

随着北京农村经济的发展，农村土地问题日益成为农村经济体制改革中的焦点问题。如何保障耕地基本数量、保障农民的根本利益，进一步推进农村土地制度改革，创新农村经济体制，成为这一阶段农村改革和发展必须解决的关键性问题。

农村土地的确权与流转

农村土地的确权。在家庭联产承包责任制推行之初，确定的承包期限是 30 年。这一适应生产力发展的政策取得显著成效，中央 1997 年 16 号文件决定继续延长 30 年，北京市委于 1997 年和 1998 年先后两次下发文件，落实延长土地承包期 30 年不变的政策。据 2002 年年底对 3 990 个村的调查，除 70 个村因村规划无承包地外，已有 3 096 个村采取多种形式落实了土地延包政策，占应落实村总数的 78.9%。到 2003 年年底，全市 37.46 万公顷应承包的土地，落实农户承包权的只有 21.63 万公顷，占 57.7%，另有 15.83 万公顷土地由集体或承包大户经营。2008 年 10 月召开党的十七届三中全会，重申土地家庭承包制是党在农村的基本政策，并要求现有的土地承包关系保持稳定且长久不变，由原先的"长期不变"改为"长久不变"，反映这种制度的长期性、稳定性、不改变性。北京市按照国家政策，对于已经获得农民广泛认可和支持的家庭联产承包责任制，政府予以坚决支持，要求各级部门全面落实农户土地承包经营权，"建立土地承包经营权登记制度、完善土地流转合同、登记、备案等制度。"

农村土地的流转。在推动农村城市化和郊区工业化的进程中，农村集

体建设用地的资产性质逐渐显现出来，以出让、转让、出租、入股等形式流转农村集体建设用地使用权呈逐步扩大的趋势，土地流转对于农业现代化有着重要的意义。因为，随着北京进入工业化进程的后期阶段，郊区成为完成农村城市化、城镇化的最后阶段。这种发展趋势将会吸引更多的农村人口和资源向城市、城镇集中。在政府统筹下实行土地的流转有助于加快城镇化的进程。土地流转也是农村劳动力大量非农转移的必然。此外，北京郊区农业人口人均占有耕地面积只有 0.082 公顷，只有全国平均 0.156 公顷的 52.6％。依靠这极其有限的土地资源，搞小农经济不仅难以提高市场竞争力，也满足不了农民增收致富的要求。农村土地流转是规模经营和产业结构调整的需要。因此，1998 年，市委农工委、市政府农办下发了《关于建立北京市农村集体土地承包经营流转机制的意见》，提出农户在自愿、公平、有偿、效率原则的基础上，可以将自己的土地承包经营权转包给其他单位或个人。转包可以采用转包、出租、互换、转让和入股等多种形式。到 2002 年，累计已有 11.6 万户转让出了 3.53 万公顷土地。

2004 年，市委市政府根据国务院 2003 年颁布的《农村土地承包法》，出台了《关于积极推进农户土地承包经营权确权和流转的意见》，明确指出土地确权的范围是"除'四荒'地外，农民集体所有和国家所有依法由农民集体使用的耕地、林地、草地，以及其他依法用于农业的土地，都应当纳入确权土地范围。绿化隔离带等绿化用地，按照'谁占地、谁补偿'的原则，落实农户土地承包经营权，确保农民土地收益。"从 6 月开始，郊区全面开展农户土地承包经营权确权与流转工作。全市能够确权的 33.13 万公顷农用土地中，需要进行确权的土地面积为 13.4 万公顷，通过确权确地、确权确股、确权确利等形式，截至 2004 年 11 月 5 日，完成确权的 12.92 万公顷，占 96.4％。经过这次确权，确权到户的土地达到 32.65 万公顷，占 98.5％。其中农户自己经营的 21.38 万公顷，占 65.5％；自愿流转的土地达到 11.26 万公顷，占 34.5％。到 2005 年，北京市完成土地确权任务 33.07 万公顷，占应确权面积的 99.8％。确权的同时，北京市继续推进土地的流转，到 2007 年年底，全市流转土地 14.31 万公顷，占确权面积的 45％。按照依法自愿有偿原则，搭建农地流转信息平台，健全农户土地承包经营权流转市场。2009 年，北京市正式建立了农地流转信息平台管理制度。

北京市注意保障农户土地权益。对于农民的房屋居住权，北京市要求"对符合政策规定的集体经济组织的房屋、企业用地，发放房产使用权证。对农民依法在宅基地上建设的住宅，发放房产证。"对于经济发展过程中产生的征地问题，北京市探索建立"实物补偿"和"征地留用"制度。要求"实行征地多元化补偿安置，依法管理使用征地补偿费，切实保障农民的土地收益。"同时在国家征用农村集体土地时，留出一定比例的建设用地，用于农村集体经济组织发展二、三产业、安置农民就业。

集体经济产权制度改革

20世纪90年代以来，北京农村一些乡村集体经济组织根据乡村集体资产的经营状况，采取社区股份合作制、企业股份合作制、股份制等多种形式进行了产权制度改革的试点，取得了较为成熟的经验。从改革采取的形式来看，普遍采取了社区股份合作制的办法。农村社区股份合作制是以土地为主要纽带联系起来的一定社区（乡或者村）范围内的农民群众，按照合作制的原则，采取股份的形式，实行劳动联合与资本联合相结合的一种新型的集体经济产权制度。从产权制度改革的深度来看，社区股份合作制改革主要有三种：一是全部存量资产量化型。即全部集体净资产在全体所有者范围内进行量化。如南苑乡的成寿寺村集体净资产在2 127名社员中进行量化，其中普通股东305名，优先股东1 822名，集体股占30%，个人股70%。二是部分存量资产量化型。即部分集体净资产在现有社员（农民户口和转居以后留在集体就业人员）范围内进行量化。量化给社员的股份占全部集体净资产的比例从百分之十几到70%不等。三是企业型社区股份合作制。即全体在职社员在集体企业持有股份。如石景山区古城和八角两个村均采取集体配股和社员现金入股相结合的方式，让全体在职社员在集体企业持有股份。

乡镇集体经济的发展对农民生产经营权和收益权的保护起到了积极的作用，截至2002年年底，北京农村共有乡镇集体经济组织198个，村级集体经济组织4 038个。乡村两级集体资产总额达到1 380.2亿元，集体净资产总额610.1亿元，在农村经济中具有不可替代的作用。但其中也存在诸如产权不清、管理不严、资产流失等问题，这些问题主要是集体经济组织内部长期以来形成的共同共有的产权制度带来的制度性弊病。

2004 年市委农工委、市农委出台的《关于积极推进乡村集体经济产权制度改革的意见》中明确指出，集体经济产权改革的中心是按照"资产变股权、农民当股东"的方向，培养发育股份合作经济，建立起与市场经济接轨的产权清晰、权责明确、政企分开、管理科学的新型集体经济组织，其形式有社区股份合作制、社区型企业股份合作制和土地股份合作制等，改革的地点主要在城市化和工业化进程较快、集体经济实力较强、集体资产数额较大、农民群众又有强烈要求的乡村进行。北京农村通过对集体经济产权制度的改革，"使新型集体经济成为农民就业的重要载体和增加收入的重要渠道。"到 2007 年年底，启动村级集体经济产权制度改革较早的丰台区，已有 64 个村级集体经济组织完成了产权制度改革，占全区行政村总数的 90.1％；有 12.2 万农民成为新型集体经济组织的股东，占全区农民总数的 81％；有 34 亿元集体净资产量化为股权，占改制时集体净资产总额的 87％。到 2009 年年底，全市完成产权制度改革的乡村集体经济组织累计达到 812 个，占乡村集体经济组织总数 19.4％；有 52 万农民成为集体资产的股东，占全市农民总数的 19％。

北京农村在集体经济产权改革中，坚持了还权于民、资产变股权、农民当股东，将实行共同共有产权制度的传统集体经济组织改造成实行按份共有产权的新型集体经济组织。在改革的具体模式上，始终坚持因地制宜、一村一策，主要形成了四种模式：

（1）存量资产量化型社区股份合作制。这种模式是北京乡村集体经济产权制度改革的主要模式，对于拥有集体账内存量净资产的乡村，具有广泛的适应性。采用这种改革模式的乡村集体经济组织约占 88.4％。这种模式大体的做法是：首先，进行清产核资、产权界定、资产评估、集体经济组织成员身份界定、核实人口和劳动工龄。其次，采取一次性现金兑现、量化为优先股、作为集体债务等办法，处置原始股金和历史上已经转居转工的原组织成员留在集体的资产份额。然后将剩余净资产进行股份量化，划分为个人股和集体股份两部分。集体股份一般为 30％左右，个人股份一般为 70％左右。个人股包括按土地承包经营权量化的基本股和按照工龄量化的劳动贡献股，一些村还发动股东投入一部分现金股。最后，民主选举股东代表、召开股东代表会议，成立新型集体经济组织。

（2）土地承包经营权入股型社区股份合作制（简称社区型土地股份合

作制）。这种模式就是在集体经济收益较多、集体土地流转给集体统一经营的地方，为了化解集体经济收益分配中的矛盾，调动农民群众自主就业的积极性，将集体土地虚拟作价平均量化给本村拥有土地承包经营权的集体经济组织成员，集体资产和集体土地经营收入，在集体股和个人股之间按照4：6的比例进行分配。采用这种改革模式的乡村集体经济组织约占9.8%，主要集中在大兴区北部几个集体经济较为发达的镇。

此种类型与存量资产量化型社区股份合作制的区别在于：第一，股权量化客体不同，一个量化的是土地承包经营权，而另一个量化的是集体账内存量净资产。第二，股权量化依据不同，一个完全依据集体经济组织成员的户籍，另一个不仅依据集体经济组织成员的户籍，主要的是依据集体经济组织成员的劳动贡献。

（3）农民投资入股型社区股份合作制。这种模式就是在村集体经济薄弱，集体账内存量资产很少或者没有，但是有好的经营项目的情况下，按照自愿原则发动全村农民以现金投资入股，组织社区型新型集体经济组织，采用这种改革模式的乡村集体经济组织约占0.9%。

（4）"资源＋资本"型社区股份合作制。这种模式主要在山区集体经济实力较差、集体账内存量资产不多、不具备进行存量资产股份量化的条件，但是集体山场等自然资源丰富、乡村旅游开发潜力巨大的村，采用这种改革模式的乡村集体经济组织约占0.9%。

乡村集体经济产权制度改革，有力地促进了北京农村集体经济的发展和农民收入的提高。据北京市经管站2009年6月对421个新型集体经济组织的调查，截至2008年年底，这421个改制单位资产总额达到399.6亿元，比改制前的211.8亿元增加了187.8亿元，增长88.7%；资产所有者权益（净资产）为166.4亿元，比改制前的99.8亿元增加了66.9亿元，增长66.7%。实现营业收入114.8亿元，比改制前的77.4亿元增加了37.4亿元，增长48.3%；实现净利润15.03亿元，比改制前的8.2亿元增加了6.83亿元，增长83.32%。2008年股金分红总额5.26亿元，其中集体股东分红金额1.1亿元，其他企业法人和社会自然人股东分红金额0.03亿元，集体经济组织成员股金分红金额3.4亿元，平均每个集体经济成员分红949元。

农民专业合作组织

到2004年年底，全市各类比较规范的农民专业合作经济组织有1 273

个。2006 年开始，北京市每年从中择优选择一批与农户建立稳定联系、带动能力强、示范作用明显、规范化发展的农民专业合作组织予以扶持。此外，北京市还对合作经济组织及其所办加工、流通实体适当减免税费，对其进行的农产品保鲜、加工、信息网络等设施建设予以补贴。农业金融组织积极向合作组织提供支持，"政策性农业保险和银农合作项目要向农民专业合作组织倾斜"。2009 年，印发《北京市实施〈中华人民共和国农民专业合作社法〉办法》（草案），当年农民专业合作社新增 1 270 家，累计达到 3 406 家，覆盖从事第一产业农户总数的 66％。

三、农业产业逐渐转型，都市型现代农业快速发展

进入 2003 年之后，北京农业的内涵进一步丰富和拓展。首先，北京农业依然承担着农产品的有效供给和应急保障等基本功能。其次，北京经济社会的发展要求农业为市民提供多元化的服务。第三，北京的资源环境因素决定北京农业不能走传统农业的发展道路。充分利用北京聚集的科技、金融和人才等各种社会资源，将农业与二、三产业融合，走高端高效的现代农业之路成为必然选择。

实施"221 行动计划"

为全面推进郊区农业现代化，市政府于 2003 年 6 月启动了"221 行动计划"的调研工作，即摸清首都农产品市场需求和农业资源情况，建立科技和资金两个支撑体系，在此基础上搭建一个集信息查询、分析决策、综合服务于一体的农产品信息平台。"221 行动计划"经历了不断探索、逐步前进的发展过程。2004 年、2005 年主要是面向生产者、消费者，加强农产品产销信息服务。为适应新形势，实现农业生产管理的思维方式、领导方式、工作方式的转变，2008 年，市级开展了以农业资源管理决策功能为重点的"221 信息平台"建设工作，面向政府管理部门和基层生产基地、龙头企业、合作组织和农民，搭建一个全市范围的可查询、可分析、可决策的综合信息平台。"221 信息平台"建设有效推进，开发了包含资源底牌、市场底牌、科技支撑、资金支撑四大模块，形成 138 个专题，240 个信息图层，以及 100 多个非图形数据层，研发了基本功能 430 个，面向政府、

企业、农民、市民四类用户。初步形成了平台的信息查询、分析和决策功能。共整合了市级 15 家共建共享单位农业资源数据 66 大类、238 项，涵盖了土壤、气象、水、地貌等自然资源条件和人口、劳动力、经济发展状况等社会经济条件。整合 13 个区县的农业资源和生产状况数据共 39 大类、252 项，涵盖了种植业、养殖业、林业、相关第二和第三产业。数据的整合量共 105 类、490 项数据，数据库超过 20GB，相当于 10 万册图书的信息量。

为了实现农业管理决策从传统和经验方式向科学决策方式的转变，"221 信息平台"重点加强了农业资源管理模块的开发建设，建立了一系列专门的分析模型，提供了全市农田环境质量监测点的情况，以及北京农产品产地安全现状分析结果，为"科技北京行动计划""科技进步促进区县发展"主题的立项提供了依据。

"221 信息平台"设置在北京市农村经济研究中心所属的北京市城乡经济信息中心。有网站可以咨询。

出台强农惠农政策

按照 2004 年中央 1 号文件精神，本着"工业反哺农业、城市支持农村"和"多予、少取、放活"的方针，加大对郊区农民的各项补贴力度，全面落实各项惠农政策。取消了农业税，先后实行了粮食直补、良种补贴、农资综合直补、农机具购置补贴等一系列强农、惠农政策。在全国率先建立冬季作物生态补偿机制，对冬季生态作物小麦和牧草进行补贴。落实养殖业发展政策，在奶牛冷冻精液补贴、良种后备母牛补贴、生猪调出大县奖励、能繁母猪补贴、生猪良种补贴、蛋种鸡补贴、水产养殖"一村一品"补贴等方面予以了强有力的资金扶持。此外，建立"部门联动、政策集成、资金聚焦、资源整合"的都市型现代农业推进机制，市委市政府每年都出台一个促进"三农"发展的综合性政策意见，并以折子工程的形式加以落实。

调整优化农业结构和布局

在空间分布上，初步形成与北京"两轴—两带—多中心"城市空间规划及区域功能定位相协调的五个农业发展圈层，即：城市农业发展圈、近郊农业发展圈、远郊农业发展圈、山区生态涵养农业发展圈、环京合作农业发展圈。具体到各个产业，在种植业方面形成了诸如顺义区的瓜菜、通州区的蔬菜和优质小麦籽种、大兴区的蔬菜和西甜瓜、房山区的食用菌等优势产区；在畜禽养殖业方面逐步形成了"三带"，即，以房山、大兴、通州、顺义、怀柔、密云和延庆为主的奶牛产业带，以山区县为主、以平原区为辅的肉鸡产业带，以平谷、顺义、通州、大兴和房山为主的环东南生猪产业带和"多品群"，即以三元、华都、大发等农牧企业和顺义、大兴为主的养殖业良种群，以通州、顺义、大兴为主的北京鸭产品群，以昌平、房山等区县为主的肉羊肉牛产品群，以通州、房山为主的乌鸡、北京油鸡等唯一特色产品群的产业格局；在渔业方面初步形成了现代都市渔业展示区、观赏鱼出口创汇区、观赏鱼产业区、名优绿色水产品种养殖区四个功能区。

在产业结构上，都市型现代农业产业结构调整优化过程中，通过政策扶持和引导，逐步形成了 9 大重点发展的优势产业，即：生态粮经种植、高效设施蔬菜、有机特色果品、健康畜禽养殖、特色名品花卉、生态垂钓观赏渔业、旅游农业、籽种农业、加工农业等。据统计，2008 年全市农牧渔业总产值 278.41 亿元，其中，种植业总产值 128.1 亿元，畜牧业总产值 140.52 亿元，渔业总产值 9.79 亿元，全市种植业和养殖业总产值比例为 46：54。

2004 年，郊区畜牧业优势主导产业格局初步形成。奶牛产业，以远郊大兴、顺义、房山、通州、延庆、密云、怀柔 7 个区县为主的奶牛群进一步扩大，奶牛存栏数占到全市奶牛存栏总数的 92.2%。肉鸡产业，7 个山区县出栏肉鸡占全市肉鸡出栏总量的 62.9%。肉牛、肉羊业，远郊区县出栏率分别达到 71.4%、77.5%。肉鸭产业，顺义、大兴、通州、房山出栏肉鸭占全市出栏总量的 91.4%。

加快发展都市型现代农业

2005 年 11 月，北京市农村工作委员会发布《关于加快发展都市型现代农业的指导意见》。2006 年进一步把都市型现代农业现阶段发展内容具体化为开发"四种功能"、发展"四种农业"，即开发生产功能，发展高效农业；凸显生态功能，发展循环农业；拓展生活功能，发展观光农业；强化示范功能，发展科技农业。

按照开发"四种功能"的思路，从 2006—2009 年籽种产业、设施种植产业和粮经生态产业加快前进步伐，农产品质量安全体系做大做强，生态环境保护和有害生物防控增大力度，观光休闲产业方兴未艾。种植业在创新中求发展，展现了首都的特色和优势，取得了经济、生态和社会的三重效益。

（1）加强农业基础建设，不断提高农业综合生产能力。划定永久性基本农田，开展农业高产创建，发展规模粮经产业。着手都市型现代农业基础建设工程规划，实施以提质减量为中心的农田培肥工程，以配水节水为中心的农田水利设施改善工程，以改善环境质量为中心的田园清洁工程和以路网林网完善为中心的田园景观建设工程。实施标准化规模养殖场改扩建工程，强化动物防疫基础设施建设。发展设施农业，提高蔬菜、畜禽、淡水鱼的生产的经济效益；全方位、有重点地发展农业机械化。

（2）加快发展籽种农业，带动农业产业高效发展。充分发挥首都资源优势，以提高农业产出率、促进农民增收为目标，大力发展种养业良种产业，基本形成了"三个中心、一个平台"发展格局，即研发中心、交易中心、信息中心、展示平台。出现了一批在全国市场占有率较高的优势良种品群。如：玉米品种"农大 108"占全国播种面积超过 10%，连续 16 年举办北京种子（丰台）交易会，建成了全国唯一的蛋鸡、肉鸡、北京鸭原种场，全国最大的种公牛站，拥有亚洲最大、全国唯一拥有自主知识产权的原种肉鸡场。水产苗种产业在全国处领先地位，在全国占有较高的市场占有率。

（3）推进都市型现代农业走廊建设，打造首都农业新亮点。2007 年，全市在区域综合推进都市型现代农业发展上进行尝试，集中精力沿部分公路主干线两侧开展农业走廊建设，重点建设京承高速都市型现代农业走廊。通过建设绿化隔离带、治理平整土地、配套设施农业、建立观光园区等方式，实现了"绿不断线、景不断链"，打造了一批如"京印""奥运五环"等的奥运景观，如玉米、花卉、南瓜、蔬菜、向日葵迷宫，休闲观赏名优水产、花卉主题公园，农林牧综合景观等具有区域特色的农业文化景观。而其他走廊建设如大兴庞安路设施农业带、房山区 107 国道、大兴区刘礼路、延庆 110 国道、平谷区新平蓟路绿谷乡村风情大道、通州区张凤路也独具特色。

（4）强化质量安全监管，确保农产品质量安全水平。实施农产品追溯服务，扩大追溯试点范围和数量，将试点范围从本市企业扩展到外埠进京生产企业。深化"三品"认证和监管工作，全力推进无公害农产品、绿色食品、有机食品的认证，并加强监管。同时对获得绿色食品、有机食品、GAP证书的企业、获得中国名牌农产品及品牌农业称号的企业给予奖励。围绕农产品质量的"源头"和"市场"两个关键环节，加强生产源头控制、生产过程监管和产品质量监督检测。北京市农产品质量安全合格率稳步提升，整体水平在全国处于领先水平。2008年农业部的例行监测数据显示：蔬菜农残平均合格率居四个直辖市之首，畜禽产品和水产品合格率保持在全国首列。

（5）加强循环农业建设，促进首都农业可持续发展。实施"三起来"（暖起来、亮起来、循环起来）工程，推进管道化燃气和户用沼气池建设，搭建节能卫生吊炕，建设太阳能公共浴室，推广太阳能热水器，安装太阳能路灯，农民生活用能结构得到明显改善。积极探索循环农业新模式，开展果草畜生态养殖试点。加快发展"绿色、生态"养殖业，以德清源为代表的生态循环养殖业逐具规模；为适应矿区、山区特点，建肉禽生态家庭牧场，其中肉鸽已逐渐成为肉禽产业中新的一族；推进粪污治理和资源化再利用，以大兴区为试点，积极推广生态型养猪新模式，有效治理规模化养殖场。

（6）发展观光农业，丰富市民生活。通过政策鼓励和资金扶持，在郊区发展以观光采摘、休闲娱乐、趣味垂钓为主的农业观光园，推进郊区民俗旅游业。挖掘传统农业价值，以玉米迷宫、瓜类主题公园、农产品工艺品为代表的创意农业开始蓬勃发展。观光农业的发展，既丰富了城市居民的生活和休闲内容，又带动了农民的就业与增收。

北京都市型现代农业发展创造出10种典型模式，即设施农业、籽种农业、公园式农业、精品农业、会展农业、创意农业、循环农业、以质量创品牌、市场融资、种粮大户高产创建规模经营等发展模式。

2008年7月1日，市人大主任杜德印到顺义区调研都市型现代农业发展情况，进一步提出，走产业发展与生态涵养协调发展的路子，以大力发展都市型现代农业，繁荣农村经济。

郊区现代化农业发展呈现出先进典型。北京华都峪口禽业有限公司已成为世界规模最大的种鸡繁育基地。2008年，峪口禽业雏鸡年销售量9 000万只，占全国市场的8％；父母代种鸡870万套，占全国一半以上。

位于密云县古北口镇汤河村的"紫海香堤艺术庄园"，占地面积 300 亩，主要种植了熏衣草、紫苏、马鞭草、洋甘菊等世界 200 余种珍稀香草品种，是北京市规模最大、品种最全的香草种植园。

在延庆县投资建立的北京德清源农业科技股份有限公司占地面积 800 多亩，养殖了 260 万只蛋鸡，不但利用沼气友好地处理了鸡粪，解决了污染问题，还利用沼气发电，产生了绿色能源，实现了循环发展、可持续发展。

三元奶业以"安全放心"品牌成为都市型现代农业旗帜。三元奶业因为独具特色的质量安全控制模式，经受住了 2008 年的"三聚氰胺"事件的考验，赢得资本市场和社会的尊重和认可，2009 年 3 月 4 日成功以 6.165 亿元竞拍到三鹿破产核心资产，为进入我国乳业第一军团迈出了坚实的一步。

北京顺鑫农业股份有限公司是北京市第一家农业类上市公司，借助多元化的融资渠道，围绕大农业发展理念，不断加大涉农投入，积极推动农业产业化发展，收到了良好成效。

房山区琉璃河镇立教村农民范学连是全市种粮致富标兵，种粮 780 亩。2006—2007 年，连续两年被农业部授予"全国种粮大户"称号。范学连是以种粮大户带动土地规模经营，以粮食高产创建带动农户，实现农民增收致富的典型模式。

北京郊区 20 种特产获国家地标

2009 年 9 月，在国家农业部备案的中国地理标志农产品是"延庆国光苹果"。延庆县具有海拔高、光照充足、昼夜温差大等独特自然条件，是国光苹果的最佳生产区，果实含糖量达 16%，比全市的标准高出 2.5 个百分点，风味甜酸适度，有香气、果核小、果肉细、肉质脆还耐储存。正宗的"延庆国光"种植面积只有 3 000 亩，分布在张山营镇、旧县镇、八达岭镇等 7 个乡镇。其后，经国家工商行政管理总局、国家质检总局、国家农业部分别认证又有 19 种获中国地理标志农产品。这 20 种农产品是：延庆国光苹果、安定桑葚、昌平草莓、通州大樱桃、妙峰山玫瑰、延怀河谷葡萄、泗家水红头香椿、庞各庄金把黄鸭梨、京西稻、燕山板栗、长辛店白枣、怀柔板栗、昌平苹果、房山磨盘柿、大兴西瓜、平谷大桃、京白梨、张家湾葡萄、平谷北寨红杏。怀柔板栗在唐代就被用来直供皇宫，辽代还曾设"南京栗园司"管理板栗生产。九渡河镇是其主要产区，全镇至今还有明清古栗树近 1 万亩、10 万株。西瓜原产非洲，汉代传入新疆地区。辽代中期，在北京普遍种植，大兴地区沙土地盛产的西瓜作为贡品，在元、明、清三朝相沿不断。房山磨盘柿、海淀玉巴达杏、安定桑葚、京白梨、泗家水红头香椿，在明清时期就受皇家青睐，摆进了皇家殿堂。京西稻产地被严格限定在海淀上庄镇，仅有 2 000 亩，年产 750 吨。这些获得国家地理标志的农产品，必须源于某一特定区域，产品品质和相关特征主要取决于当地的自然生态环境和历史人文因素。即使拿到这些地标产品的种子，到别的地方去种，也种不出其原有的样子和味道。北京地区这 20 种特产，在全国叫得响，具有唯一性，受法律保护。

健全农业支持保障体系

（1）应急保障。2004 年，禽流感疫情对郊区畜牧业造成了严重威胁，市委市政府组建市重大动物疫病指挥部，摸清底数，实行封闭式养殖，加强路口监管，采取政府收购等一系列方式，保障了全面抗击禽流感疫情的胜利。2008 年，三鹿奶粉事件中，对奶站和饲料企业开展专项整治行动，制定政府补贴、快速检测、饲养补贴等应急措施，帮助奶农和乳品企业渡过难关。

（2）科技支撑。大力推广农业实用技术和实施科技创新工程。2001—2004 年在郊区大规模推广了近百项农业实用技术，主要是农业标准化生产技术、绿色和无公害食品生产技术、资源高效利用技术、生态环保和可持续发展技术、农产品采后储运保鲜加工技术、旱作节水技术等。开展现代化农业关键技术攻关项目研究，"九五"计划期间承担国家"863 计划""973 计划""自然科学基金"等国家级项目 200 多项，取得好成绩。一批成果获得国家级、部级奖项，近 200 项获市科技进步奖、市农业科技推广奖、"星火奖"等奖项。"十五"计划期间，市委、市政府组织实施"首都二四八重大创新工程"，其中涉及农业方面的主要有两项：一是绿色食品及良种工程，旨在发展无污染、优质高产高效农业，加速农业产业结构调整；二是水资源可持续利用工程，旨在通过一批水资源研究、开发、利用工程项目的实施，缓解全市所面临的城市发展和可利用水资源的矛盾，保障首都经济的可持续发展。

　　加强农业科技示范基地建设。到 2004 年全市已有各类农业示范基地
400 多个，小汤山现代农业科技示范园区有限公司为国家级农业科技园区，
国家科技部建立的工厂化高效农业示范区 6 个，市级农业示范园区 25 个。
示范基地建设的目标是：农业高新和科研实验区，农业先进实用技术推广
区，农业企业孵化和创业区，现代高产、优质、高效农业示范区，以推进
农业综合生产力和农产品市场竞争能力的提升。

　　强化农业人才培训工作。绿色证书培训工作走向经常化、制度化，到
2004 年已有 21.1 万农民获得绿色证书，占全郊区务农劳动力的 32.9％。
国家农业部、财政部和团中央从 1999 年起启动跨世纪青年农民科技培训工
程，怀柔区、密云县、延庆县成为全国试点县，已培训青年农民上万人。
从 2001 年起围绕郊区重点推广的先进实用技术项目在郊区全面实施农业现
代化培训工程，以提高郊区农民现代化素质，参加培训人员已达百万人次。
通过市农科院信息所建立的北京市农业远程教育培训系统，已全面推开，
到 2004 年全郊区已建立 211 个远程教育接收站点，开展各类技术培训 450
项。农村富余劳动力转移培训工作已列入市政府每年的折子工程。为加强
农业职业教育，经市政府 2001 年 6 月 29 日批准，在北京农业管理干部学
院和北京市农业学校基础上组建北京市农业职业学院，开展高等职业教育、
并继续举办中等职业教育、成人高等学历教育及职业培训。

　　（3）法制保证。几年来，随着首都农业法制建设的力度加大，农业法
制在理顺农业产前、产中、产后关系，维护广大人民群众的切身利益，保
证首都农业和农村经济的协调可持续发展等多方面发挥着至关重要的作用。
2006 年 11 月实施《中华人民共和国农产品质量法》有力地保障了农产品
的安全生产；为促进畜牧兽医行业发展，国家先后出台了《中华人民共和
国畜牧法》《中华人民共和国动物防疫法》两部大法。为确保农业各行业的
健康发展，北京市也先后实施《北京市农业机械化条例》《北京市实施〈中
华人民共和国动物防疫法〉办法》等地方性法规，而农业部门也配套出台
了一系列规范性文件，确保了都市型现代农业各个环节的依法监督检查，
做到了"有法可依、违法必究"，维护了行业的健康发展。

做好奥运服务保障

　　2008 年北京奥运会、残奥会举世瞩目。在北京奥运会、残奥会运行指

挥部的指导下，农业奥运服务保障工作主要从以下三个方面展开：

一是在动植物疫病有效防控方面，落实综合防控措施，紧急开展马流感免疫工作，全面实施兽医微生物实验室监管，开展无主动物收容工作，紧急开展草地螟防控，确保各种动植物疫病未对奥运会造成不良影响。

二是在奥运农产品质量安全和供应保障方面，每天运送蔬菜类 400 吨、果品类 250 吨、肉类 240 吨、蛋类 60 吨、奶类 40 万升。累计供应奥运鲜活农产品 2 179 吨。确定了本市一批特色水果瓜菜类供应基地和畜禽养殖类产品生产基地，为两会提供了猪肉、肉鸡、肉鸭、鸡蛋、虹鳟鱼、蔬菜、西瓜、果品等多种多样的农副产品，并确保供奥农产品质量安全。紧急实施供奥动物产品兴奋剂类物质检测，确保了未因动物源性产品质量造成兴奋剂问题的发生。

三是在农业生态环境建设与保护方面，在全国率先实现了全面实施保护性耕作的目标，基本实现了"无裸露、无撂荒、无闲置"的目标，有效抑制了农田浮尘的发生；加大农作物秸秆禁烧工作力度，确保连续 10 年实现全面禁烧；实施生态养殖，有效控制了水域富营养化、净化了水质，确保了奥运水上项目的顺利进行，也为奥运期间首都的蓝天、绿地、净水做出了积极贡献。

农产品物流与农产品安全

2002 年 4 月，北京市被国家农业部列为"无公害食品行动计划"首批 4 个试点城市之一。按照国家农业部《无公害农产品管理办法》和《无公害农产品认证程序》，2004 年全市共有 384 家企业或基地的 725 个产品通过无公害认证，产品总量达 211.4 万吨。房山、通州两区开展第二批全国无公害农产品（种植业）生产示范基地县创建工作，于当年 12 月底顺利通过市级验收。2007 年，新发地农副产品物流中心，为改变北京农产品以自营物流配送为主的局面，保障食用农产品安全，在市科委的支持下，打造安全农产品流通模式，形成了北京 10 个区县 100 个合作社有机生产基地的安全农产品，通过新发地国际绿色物流中心对接超市和国际市场，改善了农产品难卖、优质低价的问题。新发地采取会员制的方式，预约交易只有认证基地、备案经销商、消费者三个环节，大大减少了中间环节、提升了交易效率。同时，新发地整合检测、追溯、信息等技术，建立基于完整农业产业链条的食品安全数据，确保食品安全，以规范的技术指导基地生产和产品分级加工，提高产品商品化程度和附加值。截至 2009 年 9 月，有 100 个合作社有机生产基地、10 家超市、10 位配送商和来自 5 个国家的 5 位国际买家共同签约，并成为产、加、销一体的新型组织。这一模式也成为了整合农民单体力量，为农户争取更多订单，带动农民就业增收的有效途径之一。

2003—2008 年农业发展情况

年份	耕地面积 （公顷）	粮食 （万吨）	蔬菜 （万吨）	肉类 （万吨）	鲜蛋 （吨）	干鲜果 （吨）	牛奶 （吨）
2003	259 860	58	486.7	605 257	161 755	840 880	632 916
2006	232 575	109.2	341.2	452 614	151 847	886 762	619 339
2008	231 688	125.5	321.3	451 113	152 409	897 560	664 007

资料来源：北京市统计局编，《北京六十年》。

四、非农产业主导力量与增长方式的转变

进入 2003 年后，北京郊区各区县在继续大力促进乡镇企业上规模、上水平和二次创业基础上，充分发挥区位优势，把发展的重点集中到发展高新技术产业和现代制造业上，加大了市、区县、乡镇三级工业园区资源组合和管理体制创新的力度。2004 年贯彻中央加强宏观调控的各项措施，开展了整顿开发区、治理整顿土地市场以及清理整顿固定资产投资项目的工作，为郊区转变经济增长方式创造了有利环境。在撤并了 98％的乡镇工业区和工业大院的基础上，郊区乡镇企业继续保持良好的发展态势，2004 年实现总收入 2 053 亿元，较上年增长 17％。2005 年，北京郊区开始把农民非农化作为促进农民增收的主要途径，大力推进二、三产业发展，非农产业的结构和增长方式发生了很大变化，高新技术产业、乡村旅游业，现代服务业以及现代制造业成为推动北京农村经济增长的主要力量。

2006 年，在市委、市政府《关于统筹城乡经济社会发展推进社会主义新农村建设的意见》的指引下，北京郊区乡镇企业以转变经济增长方式为目标，以农民就业基地建设为载体，以积极招商引资、盘活闲置资产、深化企业技术改造为抓手，坚持引进增量与盘活存量并重、外延式扩张与内涵式发展并重，实现了规模扩大、效益提高、水平提升，总体发展健康平

稳。2008年，北京郊区农村经济利润总额达到128亿元，其中工业的利润总额最高，为50.1亿元，农村工业和服务业利润总额之和在北京农村经济利润总额中所占比例高达74.3％。进入2009年，市、区县不仅注意产业开发还注意完善产业布局，落实发展规划，加快基础设施建设，引进和发展先进制造业、高新技术产业、生产性服务业和文化创意等低碳高端产业，走新型工业化之路；注重二、三产业集中发展和提升农产品加工业，推动第一产业向二、三产业延伸，大力发展乡村旅游业，向质量效益型转变；加快农村地区商业、物流等现代服务业发展。

2003—2008 年乡镇企业情况

单位：万元

年份	总收入	利润	固定资产价值
2003	17 538 333	1 202 315	6 682 141
2006	25 898 366	1 497 534	10 467 035
2008	32 488 379	1 753 681	10 745 238

资料来源：北京市统计局编，《北京六十年》。

北京农村非农产业的变化

进入21世纪后，北京郊区乡镇企业发展有了新的变化，从而引发了农村非农产业的变化，这主要表现在三个方面：

首先，乡镇企业的概念逐渐被农村非农产业所替代。这一时期，北京郊区乡镇企业主要以体制改革和进一步对外开放为主线，使乡镇企业产权制度更加明晰，组织形式、经营方式更加灵活，更能够适应市场竞争和市场经济的环境，以更加开放的姿态内引外联，加快了郊区的农村工业化进程。郊区这一时期乡镇企业改制和投资主体的多元化，为乡镇企业以后的发展带来了新的发展空间。同时，这一时期的改革也促成了农村集体企业与乡村母体的分离，它标志着郊区以乡村两级集体企业为主要形式的农村工业化进程基本结束，是郊区农村工业化发展的重要转折点，并对以后郊区的城镇化发展和体制的演变产生深远的影响。在此后的发展中，以第二产业为主的发展势头逐渐减弱，特别是村一级，对一般农村来说，早期的工业项目不是在产业结构升级中被淘汰，就是在改制中被转让。当时曾一度兴起后来被停止的"工业大院"，也主要靠招商引资来的外来企业进行经营，农村集体基本上退出企业的经营领域，转变为土地、厂房的租赁经营。

其次，郊区第二产业进入了选择性发展的新阶段。为保证北京市的全面发展，一方面，市区内凡是可以转移到市区外的工业企业要全部转移，为郊区农村第二产业的发展带来了新的机遇；另一方面，由于这一时期北京市的资源全面紧缺，无论是水资源、土地资源、能源，还是环境容量都已经接近极限，只有集约利用资源，才能有郊区第二产业的进一步发展。另外，为了保护环境，郊区全面禁止资源开采活动，使部分地区经济发展遇到了暂时的困难。对于外来投资，凡有污染及能耗大的项目一律不再接受，甚至部分劳动密集型企业也不再引进，郊区农村第二产业进入了选择性发展的新阶段。随着新农村建设在北京郊区的展开，农民就业产业基地的建设，郊区基础设施投资的增加，为郊区第二产业的集中布局和产业升级创造了新的条件和机会。在国家有关政策的指导下，郊区将原有的240多个开发区（工业园区）缩减到28个，工业开始集中于重点镇、开发区、高速公路沿线等。地域上的集中化和产业上的高端化，是郊区第二产业此后发展的基本趋势。

第三，第三产业的发展成为北京农村经济的主导力量。进入21世纪后，郊区第三产业超过第二产业，成为北京农村经济发展的主导力量，产业结构变为三、二、一的构成。进入20世纪90年代中后期，由于城市企业的转移逐渐完成，城市第二产业对郊区农村的带动作用逐渐弱化，继之而来的是城市大量科技、教育、文化、体育等功能向郊区的扩散和转移。随着郊区都市型农业的产生和发展，农业由生产功能向社会服务和生态环境功能拓展，农业向第三产业直接延伸的势头也在加快。这些因素导致郊区在20世纪90年代后期迅速完成由工业化中期阶段向后期阶段的转变，处于产业链中、低端的一般工业企业项目在郊区已经失去发展的前景。从当时北京郊区的现实看，现代服务业、物流业、文化创意产业等第三产业已经取代第二产业成为北京农村经济的主导因素。具有北京郊区特色的休闲旅游业快速发展，在第三产业中起到了重要的辐射带动作用，商贸、餐饮、仓储、运输等传统产业在改造升级中稳步发展，以科教文卫体为主要内容的高新技术产业、文化创意产业、现代服务业、金融保险业、房地产业逐步成为第三产业加速发展的重要力量。到2009年年底，北京农村经济收入中第三产业完成1 933.3亿元，占的比重达到了49.7%；郊区从事第三产业的农村劳动力84.2万人，占农村劳动力总数的47.9％，农民人均劳动所得中从第三产业获得的收入占到了59.9％，第三产业对农民人均劳动所得增长的贡献率高达70.6％，第三产业已经成为吸纳农村劳动力就业的主要产业、农民收入的重要来源。第三产业的发展成为北京农村经济的主导力量，标志着北京农村工业化、城市化进入了一个新的阶段。

依托产业聚集地，发展工业园区和非农产业就业基地

2003年年初，市委、市政府确定了郊区65个重点乡镇工业园区，并首次列入市政府折子工程。由于工作思路明确，措施得力，当年65个重点工业区建设速度加快，水平提高，特别是基础设施建设取得较大突破。为了加快65个重点乡镇工业区基础设施建设，2003年市财政支农资金实行改革，建立了"银政合作"体系。2003年，市级支农资金中用于重点乡镇工业区基础设施建设部分共落实5 000万元，各区县落实与之配套的资金约9 924万元，并取得的信贷额度和扶持资金共15.2亿元，实际获贷款额12.2亿元，获贴息3 430万元，用于入区企业资金额3 812万元。2003年年底，郊区乡镇工业园区总数达到了111个，实现营业收入363.1亿元，利润总额42.9亿元。

2004年，市委、市政府进一步治理整顿土地市场秩序、加强土地管理工作，北京郊区对421个乡镇工业区和村级工业大院进行了核查和整顿。保留乡镇工业区9个，其余412个乡镇工业区和工业大院予以撤并，作为乡镇二、三产业建设用地进行发展，实现现有乡镇工业生产集中地资源的充分高效利用和作用的充分发挥。

2005年，北京郊区针对非农产业就业基地建设，采取六项措施：一是确定了基地的名称和数量，公布了54个基地的名单。二是建立了基地的指标考核体系和数字统计、情况跟踪的工作制度。三是进一步加强基地的基础设施建设。2005年，市财政拨付5 000万元的资金以"银农合作"的方式支持基地建设，同时，通过协调，市乡镇企业局包装了基地建设项目11个，总投资3.6亿元，申请市发改委的项目扶持资金8 850万元。非农就业产业基地已经呈现出集约化经营、法制化管理、规范化运作、内涵式发展、基础设施水平和项目水平不断提高的趋势。截至2005年年底，54个农民就业基地批准的规划面积5 194.5公顷，完成基础设施投资68.7亿

元；累计入区企业 1 694 个，实现销售收入 405.1 亿元，利税 33.7 亿元。

2006 年，北京郊区农民就业产业基地建设开始探索了新的发展模式，即基地带动薄弱村。通州区于家务、顺义杨镇、大兴黄村等三个农民就业产业基地率先启动基地带动薄弱村发展模式试点工作，三个基地准备带动 57 个经济薄弱村，受到了基层广大干部群众欢迎。2007 年，农民就业产业基地建设突出了创新机制、基础建设、加强管理三个方面的重点。54 个市级农民就业产业基地完成基础设施投资 11 亿元，累计入区企业 2 047 个，基地吸纳职工 17 万人，其中，新增本地农民就业 1.7 万人。到 2007 年年底，已实现销售收入 389.1 亿元、利润 19.6 亿元、税金 19.2 亿元。2009 年，农民就业产业基地更名为镇村产业基地，并采取多种发展模式进行建设，全年 54 个镇村产业基地累计完成基础设施投资 83.2 亿元，累计入区企业 1 874 个，总投资 591.4 亿元，基地内职工人数 16.4 万人；到 2009 年年底，实现销售收入 491 亿元、利润 30.9 亿元、税金 21.9 亿元，同比分别增长 3.8%、17.4%、5.3%。

北京农村工业已逐步走出粗放布局阶段，进入了城乡统筹、集中布局、产业区域定位、集聚效益突出的集约化发展阶段。北京重点发展的汽车、微电子、生物工程与医药、光机电一体化四大制造业生产基地都集中分布在郊区。顺义汽车城和平谷、怀柔、密云、昌平等零部件工业园区，通州的光机电一体化产业基地，大兴的生物工程与医药产业基地等重大项目，都逐渐成为北京经济发展的强大动力，也是推动郊区城市化、工业化进程的重要力量。

郊区工业园区成为全市吸引外资的基地和对外开放的窗口。2008 年仅一年，招商项目企业个数达到 6 785 个，外商实际投资 601 226 万美元。同时平谷大桃、蝴蝶兰、切花菊等花卉产品、干燥花、观赏鱼等出口量增大，利润成倍增长。

农产品加工业与农业产业化龙头企业

进入 21 世纪后，北京郊区乡镇企业充分利用本地资源和区位优势，大力发展农产品加工企业，加快了农业产业化的进程。截至 2002 年年底，郊区乡镇农产品加工企业已经达到 527 家，其中：规模以上的农产品加工企业 288 家，拥有资产 64.8 亿元，完成营业收入 88.2 亿元，利润总额 8.6

亿元。形成了朝阳玉雪阿魏菇、海淀锦绣大地、丰台花乡花木、通州雨润食品、顺义汇源果汁、大兴顺兴葡萄酒等一批辐射能力强、带动农户多的农产品加工龙头企业。北京郊区的农产品加工企业主要分食品加工业、果品加工业、畜禽加工业、饲料加工业、酿造业、蔬菜加工业、粮食加工业等行业，其中食品加工业增加值占全行业的 48.9%。2005 年，又有 9 个乡镇基地被农业部确定为第二批全国农产品加工业示范基地；19 个企业被农业部确定为第一批全国农产品加工业示范企业；10 家企业被农业部确定为农产品加工企业技术创新机构，数量在京津沪渝四市名列第一，在全国名列前茅。这一年建立了农副产品加工项目专项扶持资金，全年共确定扶持乡镇农副产品加工项目 36 项，项目总投资达 40 亿元，其中厂房设备投资 27 亿元，扶持资金总额达到 4 120 万元。2006 年，与北京市农村商业银行的银企合作，为农产品加工业发展提供了融资平台。

经过这一阶段发展，北京郊区农产品加工业总体实力进一步增强，规模以上农产品加工龙头企业快速增长，对"三农"的带动作用显著提高，截至 2009 年年底，北京郊区规模以上农业产业化龙头企业已达 1 070 家，其中国家级农业产业化重点龙头企业 11 家。从企业固定资产规模看，5 000 万元以上的龙头企业有 48 家，1 亿元以上的 15 家。从企业销售收入看，龙头企业平均销售收入 4 173 万元，其中销售收入超亿元的企业 20 家。龙头企业的发展显现出以下特点：①经济形式多样化。一些股份制企业、民营企业、私营企业和外商合资独资企业已成为产业化经营的主要力量。据调查，规模以上龙头企业中有限责任公司占 38.4%，股份合作和股份有限公司 15.6%，国有企业占 9%，集体企业占 16%，私营企业占 11%，外商和港澳台企业占 10%。②资本运营意识日趋增强。许多龙头企业以市场为导向，实行产业经营与资本经营相结合，企业改制、改组与改造相结合，通过联合、控股、参股等各种途径，构建起了适应市场经济要求的现代企业机制。顺鑫农业通过公司上市和配股，从资本市场筹得资金近 7 亿元，探索出了一条规模化经营、超常规发展的新路子。③科技创新能力逐渐增强。规模以上龙头企业中已有 33% 的企业建立了专门研发机构，有 7% 的龙头企业成为省、部认定的高科技企业。汇源集团公司 1999 年成立了由博士和硕士组成的集团公司研发中心，负责集团公司产品质量控制、新产品开发工作。④兴起了一批与基地及农户有较紧密联系的企业。

从调查的263家龙头企业看，140家企业有自己的基地，占企业数53％。有91家企业带动的农户在500户以下，57家企业带动的农户在1 000户以上，带动能力最强的是北京汇源食品饮料有限公司为3万户。有85％的龙头企业按保护价收购农产品，有73％的龙头企业为农民提供系列化服务。北京盛世富民清真食品有限责任公司有效地带动昌平区农民养羊业的发展。⑤随着企业向园区集中，一批农产品（食品）加工区正在兴起。平谷区的兴谷开发区已有包括旺旺、华邦、千喜鹤等在内的17家农产品和食品加工企业入区。顺义区在农产品加工企业较集中的北小营牛栏山一带和赵全营镇北郎中村规划建设了两个食用绿色农产品加工区，前一个加工区聚集了汇源果汁、牛栏山酒厂、浩邦金首蓿、养鸭协会等大小农产品加工企业10家，形成年销售额45亿元以上的加工规模；后一个加工区由当地农民集体兴办，主要容纳中小型企业，区内企业包括屠宰、肉食制品、肠衣、面粉、鲜食彩色玉米加工、香油、薯脯、饲料、动物营养液、生物有机肥生产以及食用农产品配送等企业，总资产达到6 000多万元。

到2009年年底，北京新华空港航食公司已通过上市审批，另有4家企业已基本完成向中国证监会提交申请的准备工作，大北农公司已在深交所成功上市。

彩虹工程

2002年6月，市乡镇企业局会同团市委、市科协等有关部门，出台了《关于开展"首都高校专家博士帮助郊区农村发展二、三产业活动"（简称"彩虹工程"）的实施意见》。"彩虹工程"的实施，为郊区乡镇企业发展注入了新的活力。到2008年年底，全市各区县申报的与首都高校的合作项目超过了500项，涉及技术攻关、新产品开发、企业管理、企业发展规划、区域规划、市场营销、旅游规划、人才引进、人员培训等诸多方面。其中有344项与北京科技大学、北京理工大学、北京工业大学等近30所大学对接成功。仅2008年签署的50项"彩虹工程"合作项目，就引进开发新产品225项，投入研发和成果转化资金11.9亿元，相关企业新增产值39.5亿元。

搭建科技服务平台。2006年，市乡镇企业局和有关大学达成建立科技服务平台的共识，启动后迅速与28所大学建立了联系，有郊区企业的472

个项目进入平台与大专院校对接。校企合作、院企合作初步形成了互动机制，开始正步入长期、规范和市场化的轨道，真正实现了双赢。2006 年开始的乡镇企业职业技能鉴定工作，更是奠定了郊区乡镇企业职工职业教育的基础，形成了职业技能从培训、考评到鉴定的完整体系。

农民自主创业

从 2004 年起，郊区各级政府紧紧围绕农民就业增收这一主线，积极创新体制机制，搭建创业平台，开展创业培训，农民兴办的个体工商户、私营企业等非公有制经济不断发展壮大，农民自主创业取得了初步成效。部分区县、乡镇制定并实施了扶持农民自主创业的政策措施，以奖励的形式在创业初期给予一定的资金支持，引导和鼓励农民自主创业。顺义区北石槽镇提高奖励标准，鼓励和支持农民兴办个体工商户和私营企业。大兴区黄村镇政府对本地农民创办二、三产业个体工商户、私营企业以及行政村集中建立中心商业街（区）以奖励的形式一次性给予 500～50 000 元的扶持，至年底兑现政策资金 78 万元，实现农民向二、三产业转移 1 200 人。各级政府不断加强农民转移培训和创业服务工作，通过整合资源，加大培训基地和培训体系的建设力度，提高农民创业技能。2004 年全市累计完成农村劳动力转移培训 15.2 万人次，有力地促进了农民自主创业。

市、区县各级政府部门发展各类经济协会、行业协会组织以及中介服务机构，不断完善社会服务体系，为农民创业发展营造良好的环境和平台，带动农民创业就业。

鼓励农民自主创业，促进农民传统手工艺发展。北京农村传统工艺品本身品种丰富多样，文化内涵深厚，具有浓郁的地方特色。在政府各部门的支持和帮助下，以专业合作社发展与规模化生产为依托的农村传统手工艺生产模式，在促进农民就业、增加农民收入方面正发挥着不可忽视的作用。例如房山区，相继组建了北京京都绣娘手工艺品专业合作社、北京巧姑靓嫂手工艺品专业合作社、蒲洼乡葫芦烙画有限公司、黄土坡石砚雕刻厂等 170 多家合作社和企业，吸纳农民就业近万人，增加了农民收入。通州区的景泰蓝工艺，怀柔区九渡河镇"红庙"灯笼生产，延庆县豆塑制品，密云县宫灯生产，平谷区绿缘桃木雕刻工艺，顺义区八宝葫芦工艺等都通过组织农民专业合作社有很大的发展。在开拓国内市场的同时，北京市各区县将开展国外市场摆在了创汇增收的重要地位，取得了显著成就。密云县太师屯镇双圣峪村天晴十字绣手工艺厂生产的各种图案十字绣，做工精美，具有很高的艺术性和实用性，通过进出口公司接受客户订单，销往日本、美国、意大利等国家，带动农村妇女就业 300 多人，年销售收入 80 万元。平谷区北京华东乐器有限公司始建于 1988 年，吸纳就业人员 1 200 名，年销售额达 7 000 万元，其生产的小提琴商品除满足国内市场需求外，还远销欧美、东南亚等三十几个国家和地区、出口量占总量的 95% 以上，该公司生产的提琴产品在全世界范围内已经占到 30% 的市场份额。

乡村旅游业

2004 年，在全市范围内评定出 35 个民俗旅游村。2005 年，全市又评定出 40 个市级民俗旅游村和 1 582 户民俗旅游接待户。市级民俗旅游接待户共发展到 5 537 家。京郊以民俗旅游、观光农业为代表的乡村旅游业发展迅速，已经成为北京都市型现代农业的重要组成部分，成为郊区农民特别是部分山区农民致富奔小康的重要产业。到 2009 年年底，全市共有 13 个区县开展了乡村旅游工作，民俗旅游村达到 344 个，其中市级民俗旅游村 167 个；民俗旅游户发展到 2 万余户，其中市级民俗旅游户 9 089 户。2009 年，经北京市乡村民俗旅游村、户评定委员会评定，批准门头沟区妙峰山镇黄土台村等 17 个村为市级乡村民俗旅游村，房山区张坊镇南白岱村宋学彬等 423 户农户为市级乡村民俗旅游户。

到 2009 年，郊区已推出一系列有特色的旅游活动。例如延庆县的龙庆峡冰灯艺术节，房山区以"北京人"回家看看为主题的相约周口店、云居滑雪撞钟迎祥、溶洞科普探奇、新春庙会、温室采摘、农家过大年等 6 大系列 12 项特色活动，怀柔国家级非物质文化遗产项目、琉璃庙镇杨树底下村元宵节习俗"敛巧饭"民俗风情节，平谷民俗户摆擂赛厨艺，密云旅游大礼包发给城里客，平谷首都生态涵养发展区推出的"平谷十六景"活动，房山区五一假日特色旅游活动，延庆端午文化节，通州旅游产业项目推介会，延庆端午文化节活动，顺义燕京啤酒节，延庆避暑节，昌平十三陵国际旅游文化节，大兴西瓜节，丰台南宫世界地热博览园科学发展之旅，朝阳北京欢乐谷的玛雅文化节，门头沟灵山风情节，潭柘寺禅茶文化节，密云"私家山宅"新型旅游产品等，都很精彩。

2009 年，北京市休闲农业发展状况良好，郊区开展观光休闲服务的农业园有1 294个，吸纳从业人员 5 万人，接待游客 1 597.4 万人次，实现总收入 15.2 亿元，实际经营民俗旅游（农家乐）接待户 8 705 户，从事民俗旅游接待的人数达到 19 790 人，实现收入 6.1 亿元，各远郊区县特别是山区县，将休闲农业、乡村旅游作为都市型现代农业发展的重点，不断扩大规模、提升建设水平，涌现出延庆山水画廊等一批新亮点。

北京休闲农业经过培育和发展，总体水平实现了质的提高，呈现以下几个特点：一是观光园的主题更为突出，特色更为明显。以果树主题公园、主题农业公园为主的观光园，数量提高，质量增加。二是投资主体日趋多元化。从第四批入选的 30 个市级园区看，约有近一半的园区是外来投资者以有限责任公司的形式独立开展经营。三是在开发模式上，呈现区域集群化、产业融合化发展的新趋势。四是观光农业园的素质和总体水平有了较大提高。主要表现在：基础设施明显改善，园内观光休闲内容与项目增多，文化内涵有了提升，宣传促销的力度增大，经营理念也有了质的变化。

五、山区建设向综合、协调方向发展

这一时期，山区努力加强生态环境的保护与建设，引导人口相对集聚，注重自然资源的合理开发与利用，发展生态友好型产业，逐步实现首都坚实的生态屏障和市民休闲游憩的理想空间。

山区搬迁工程

2003 年年底，市政府出台了《关于山区采空区泥石流易发区农户实施搬迁的意见》（京政办发〔2003〕56 号），计划利用 2004—2007 年的 4 年时间对生活在山区采空区和强泥石流易发区的 2.8 万农民实施搬迁。实施此计划四年来，效果明显，生命财产安全得到了保障，农民生活条件得到了改善，实现了向二、三产业转移，带动了农民增收致富。原有村庄改善了生态环境，新建的村庄优化了布局。

根据 2007 年下半年的调查显示，山区还有 13 966 户、35 937 名农民居住在泥石流易发区和生存条件极度恶劣地区，而这些地区的大部分农民也希望通过搬迁改善自己的生活和居住条件。从 2008 年 5 月，山区又一次搬迁工程正式启动。这新一轮山区搬迁涉及 7 个山区区县 59 个乡镇、283 个行政村、8 557 户、20 972 名农民。这一轮的搬迁工程时限是从 2008—2012 年，共 5 年时间。首先把仍然居住在泥石流易发区和缺水无电无路等生活条件极其恶劣的地区纳入搬迁范围考虑；其次是把上述范围内有强烈搬迁愿望且有搬迁条件的农民优先纳入计划。对于因资源条件限制不能搬迁的暂未列入本次计划，待条件成熟时追加任务。

新一轮搬迁政策比上一轮搬迁政策在资金方面更加优惠，市级财政下拨补助资金 1.7 亿元。由于建材价格和人工费用上涨幅度较大，新一轮搬迁工程适当提高了补助标准。即对农民搬迁的直接补贴从上一轮的每人 1 万元增加到每人 1.3 万元。并加大基础设施扶持力度。明确规定对新建村和接收大村给予占地和基础设施方面的补贴。补助标准也从上一轮的每户 1.25 万元增加到每户 3 万元。由区县政府统筹安排。规定对搬迁村产业扶持政策连续 8 年，即延长到 2015 年。对处于危险区、因受资源条件限制暂时无法搬迁的地区，由区县政府负责采取工程除险等措施，完善避险机制，切实消除安全隐患。

2009 年，"北京市怀柔区整建制搬迁"获得北京市"2009 年京郊工作创新奖"。怀柔区 2004 年正式启动山区受泥石流威胁险村险户和生态移民搬迁工程。在土地确权等政策的新形势下创新了整建制搬迁的新模式，采取由山区自然村向平原镇、村和行政主村集中相结合的搬迁形式，以山区自然村向行政主村集中为主，推广部门联动，政策集成的做法，实现人口资源整合，2004—2009 年 6 年实际累计完成搬迁 3 797 户，8 712 口人（其中包括整建制搬迁村 3 351 户，7 606 口人，占搬迁总人数的 87.3%）；2009 年市区共投资 3 679 万元。

山区小流域综合治理工程

2005 年，综合治理 9 条流域。这 9 条流域面积 150 平方公里，其中林地面积 78 平方公里，荒山荒地 84 平方公里，涉及 50 多个村、9 000 户、2.5 万人，投资 1.1 亿元。工程项目包括土地开发整理、荒山造林、水土流失治理、基础设施、产业发展等五项工程。2006 年，确定了 9 条流域作为综合治理工程，到年底，山区小流域综合治理工程按年初计划全部完成。

为加快小流域综合治理速度，2007 年全市年度任务提高到完成 20 条小流域治理。到年底，实际完成了对 21 条小流域共 320 平方公里水土面积的治理任务。2008 年，对小流域的治理进一步增加到 26 条。到年底，完成治理水土保持面积 360 平方公里，治理的小流域全部达到清洁小流域标准。截至 2008 年年底，全市 547 条小流域、6 640 平方公里水土流失面积，其中已有 327 条小流域、4 543 平方公里水土流失面积得到基本治理，但真正达到生态清洁小流域标准的只有 76 条，仅占总数的 13.9%，治理的任务依然繁重。

2009 年，编制了《北京市生态清洁小流域建设规划（2009—2011 年)》，计划利用 3 年时间建设生态清洁小流域 135 条、完成 1 760 平方公里水土流失治理任务。这一阶段的正在进行的主要做法和特点是：

（1）实施生态清洁小流域建设精细化管理。前期明确农民参与途径与程序，剖析工程设计难题，提高工程含金量，有关参与人员进行培训。规范水土保持建设与管理工作。统一生态清洁小流域 21 项措施，严格控制了生态清洁小流域建设标准。加强新技术的创新与集成，引进推广污水处理、护坡、节水灌溉新技术。

（2）落实最严格的水土资源保护制度。建立部门联动机制，编报并落实水土保持方案，把好项目立项审批关。构建四级监督机制，实现网格化管理。建设监督执法管理信息系统，全过程掌握开发建设项目建设。完善开发建设项目水保方案管理体系，严格控制监督检查环节。

（3）加强重大课题的研究与应用，支撑水土保持建设。实施水土保持全过程精细化管理。应用 GIS 技术，建立市、区县、乡镇三级水土保持业务与服务管理系统，搭建数字水保平台，服务首都水源保护。建立了北京山区区域三道防线划分指标体系。筛选农村污水处理工艺，建设示范工程，指导新农村污水建设与管理。市重大科技项目"密云水库流域水土流失综合防治体系及示范推广研究"之"面源污染监测、评价及防治研究"子课题取得重要成果。

（4）引进欧盟河道近自然修复理念。启动中德财政合作项目，引入欧盟的河道近自然修复理念、《欧盟水框架指令》标准和流域管理机制，实施精细化管理，完成 6 条生态清洁小流域建设、100 公里河道小型水体生态恢复示范工程。同时制订出适合北京市的小型水体生态恢复规范标准和评价指标体系，将全市生态清洁小流域建设与国际接轨。

山区沟域经济

山区沟域经济是发展都市农业的重要组成之一。2008年，北京市第二次山区工作会议提出了"沟域经济"的概念。随后，沟域经济就成为北京山区发展的新亮点。

沟域经济属于区域经济范畴，是指以山区自然沟域为单元，充分发掘沟域范围内的自然景观、历史文化遗迹和产业资源基础，打破行政区域界限，对山、水、林、田、路、村和产业发展进行整体科学规划，统一打造，集成生态涵养、旅游观光、民俗欣赏、高新技术、文化创意、科普教育等产业内容，建成绿色生态、产业融合、高端高效、特色鲜明的沟域产业经济带，以达到服务首都和致富农民目标的一种经济形态。全市拥有1公里以上的沟约2 300多条，3公里以上沟约220余条。其中起步较早的17条沟域已经形成一定规模并起到了示范作用，涌现出一批典型，如延庆千家店百里山水画廊、门头沟斋堂川柏古村落、怀柔琉璃庙白河湾、房山张房仙栖谷等。沟域经济的发展，全面提升了北京山区发展的水平，2009年山区农民人均年收入首次突破万元大关，达到10 518元，山区95%以上的宜林荒山实现了绿化，林木覆盖率达到了71%，1 153万亩生态林年增碳汇967万吨，山区77%的水土流失面积得到治理。经过近两年的发展，沟域经济已由自发随意向理性发展转变，到2009年年底，25条沟已完成规划设计、61条沟正在编制规划；5条沟已具雏形，15条沟完成阶段建设任务，到位资金9 208万元。沟域中的新型产业涌现，食用菌种植形成了林下菌、大棚菌、矿洞菌、果窖菌、工厂化生产菌等多种生产模式，成为山区产业的新亮点。

在不到两年的时间内，北京山区的沟域经济发展已取得了很好的效果：

（1）发展沟域经济提高了山区农民收入的整体水平。2001年山区农民人均收入仅为4 138元，到2008年上升到9 248元，同比增长123.49%，主要原因是发展了以旅游业为龙头的沟域经济。此外，从旅游收入来看，民俗旅游总收入4.96亿元，增加35.6%。怀柔区的民俗旅游总收入最高，为1.17亿元，增长了51.3%。

（2）发展沟域经济提高了山区生态环境质量。山区小流域综合治理已完成小流域治理 327 条，治理面积 4 543 平方公里，其中 76 条小流域 1 017 平方公里已经达到清洁小流域治理标准。山区林木绿化率达到 70.49%。到 2009 年，山区"环境优美乡镇"已累计达 35 个乡镇，"文明生态村"有 504 个，分别占全市总数的 36.1% 和 70.1%。

（3）发展沟域经济提高了城市居民的幸福指数。怀柔的"不夜谷""夜渤海"、密云的"云蒙风情大道""汤泉香谷"、门头沟的"玫瑰谷""明清古村落"、黄岭西村、爨底下村等民俗旅游村，都迎来众多游客。

山区产业发展

2003 年，为加快市定 49 个边远山区乡镇农民增收致富步伐，市财政安排了 1 000 万元专项资金用于这些边远山区乡镇发放农户小额信用贷款风险担保资金，以促进山区特色种植业、绿色养殖业、休闲旅游业三大主导产业发展。

农户小额信用贷款是为充分解决边远山区中、低收入农户担保难、贷款难问题而实行的"以信用为担保"的非抵押贷款形式，7 个山区区县的 49 个边远山区乡镇全部推行农户小额信用贷款。农户小额信用贷款采取"一次核定、随用随贷、余额控制、周转使用"的管理办法。乡镇政府和所在地农村信用社成立农户小额信用贷款联合评审组织，负责当地农户信用等级的评审、推荐工作；区县和乡镇政府负责风险资金的筹集、向农户推荐增收致富项目，并监督农户贷款资金的使用和归还情况；农村信用社负责农户信用等级的核定和贷款证的发放，并与农户签订《农户小额信用贷款合同》。农户根据自身需要，在有效期限和限额内，凭贷款证、身份证到信用社直接办理借款和还款手续，随用随贷。

从 2005 年开始，北京在山区农业发展上，以"221 行动计划"主体思想为行动指南，依托山区资源优势，以市场为导向，围绕产业结构调整、生态环境优化和农民增收三个工作中心，努力打造高效种植业、特色水产业和绿色畜牧业三大农业主导产业，取得了实效。

（1）培育山区优势产业。加强特色农业资源的保护，不断更新品种和生产技术，使宝贵的特色农业资源永续繁衍。重点保护黄土坎鸭梨、大城子红宵梨、石峨玉皇李子、张山营葡萄、燕山板栗、怀柔柴鸡蛋鸭、张坊磨盘柿、北寨红杏、京白梨、雁翅苹果、火村红杏、红螺大脆枣、妙峰山樱桃、珍珠泉蛋鸭、苏子峪蜜枣、陇架庄盖柿、妙峰山玫瑰花等品种。继续扩大西峰山小枣、怀柔冷水鱼、籴籴枣、清水薄皮核桃、怀柔中药材、清水龙王帽杏扁、马牙枣、大红袍花椒、熊儿寨薄壳核桃、雁翅香椿、镇罗营金星蜜梨等引进品种的生产规模。"十百千"产业致富工程重点扶持了102个山区村发展特色产业，市区两级财政共投入 6 712 万元，惠及 1.5 万农户。

（2）高效种植业开发成效显著。完成了密云、房山、平谷等区县 7 个示范区 7 万亩高标准农田 700 个样本的测定，测土配方施肥技术在密云、昌平、怀柔、房山 4 个区县进行推广应用，累计推广测土配方施肥面积 4 万亩。在山区发展玉米制种面积 1.3 万亩；依托科技入户工程，做好新品种和高效种植模式开发；依托山区优势，大力发展杂粮种植；组织开展农产品质量安全监测工作，制定了蔬菜、畜禽、渔业 3 个行业的综合性的统一抽检计划，实现了产品质量检测的日常化和制度化；各区县已全面完成所有农药连锁配送服务站的建设，开展了蔬菜产品质量安全追溯试点工作；启动了以减少农药化肥用量为主的面源污染控制工作。

（3）特色水产业发展迅速。大力发展鲟鱼、虹鳟鱼产业化工程。中国水产科学研究院在房山区十渡建设的集种质资源保护和产品加工功能为一体的鲟鱼繁育基地二期工程，启动投资 1 500 万元，占地 40 亩。以虹鳟鱼为主打品种的冷水鱼产业，保持着苗种繁育量、成鱼产量、商品鱼消费量三个全国第一的水平。怀柔顺通虹鳟鱼养殖中心作为全国最大、最先进的虹鳟鱼良种场，全年生产苗种一千多万尾，重点引进了太平洋鲑、西红点鲑 5 万尾，七彩鲑和三倍体虹鳟鱼养殖扩大到 18 万尾。开展旅游休闲渔业的池塘水面 1 160 万平方米（合 1.74 万亩），密云水库和官厅水库实施禁渔措施。

（4）防控高致病性禽流感取得成效。在大发、华都等龙头企业带动下，规模化生产基地生产有了新的发展，山区县成为肉鸡龙头企业的主要生产基地。怀柔、房山、密云、延庆按照区域分布发展了饲养肉鸡的规模化生产基地，门头沟肉鸡生产规模发展较快，平谷区发展以规模养殖为主的蛋鸡饲养业，延庆、怀柔发展大型规模鸡场，德清源鸡场、后桥梓蛋鸡场、颐园蛋鸡场带动全县蛋鸡产量全面增长。怀柔区调整畜牧业产业结构，除发展肉鸡饲养外，构建茸鹿良种繁育基地；房山和门头沟区发展山区的绒山羊特色产业；延庆、房山、密云为全国奶业发展优势区域示范县。在密云、怀柔、昌平、平谷、延庆、房山等7个区县开展规模化养殖场污染源治理工程，区县及规模养殖场投资640万元。规模猪场通过饲养工艺改造和设施建设，年节水量超过6万吨，排放物达到了《畜禽养殖业污物排放标准》和《农田灌溉水质标准》达标排放的要求或实现了零排放。饲料青贮加工量进一步扩大。认真研究探索开发利用玉米秸秆养畜，提高秸秆的消化率和经济效益。

（5）山区生态村建设水平不断提高。在完善现有13个能源生态村的基础上，总结成功经验，根据不同地区农村的实际特点，通过分类组装太阳能利用技术、生物质燃料省柴节煤技术、"一池三改"和户用沼气技术、高效架空炕技术等农村能源成熟技术，建设了延庆大榆树镇东桑园村、延庆县沈家营上花园村、怀柔区宝山寺镇三块石村、密云县西田各庄白道峪村、密云县巨各庄镇达峪村、查子沟村、丰各庄村、古北口镇古北口村等10个能源生态示范村，推广能源生态示范户4 000多户。通州区西集镇明太阳、房山区韩村河绿岛生态园区、昌平十三陵果园等5个生态农业示范园区，形成了以沼气为纽带，包括立体种植、有机肥利用、农业资源综合利用、太阳能利用、生物防治等为主要技术的生态家园富民模式。在延庆、平谷、昌平区开展了户用生物质直燃炉的示范推广等工作。

加大矿山关闭替代产业的扶持力度。房山区和门头沟区是北京市重要的产煤区。这两个山区关闭矿山80个，关闭煤场、采石场、灰场等资源开采经营性企业648家，使北京市矿山关闭率达到70%，为尽快解决煤矿关闭后农民的生产生活问题，市农委每年安排1 000万元帮助房山区和门头沟区的煤矿关闭村庄发展替代产业，选择适合当地发展的特色种植业（如林果业和巷道蘑菇等）、绿色养殖业（肉鸡、柴鸡养殖）和乡村旅游接待业予以支持。通过对产业发展基础设施、良种引进培育等环节的资金扶持和指导，每年帮助20个左右的村培育生态友好型产业，1 000余户山区农户从事生态农业生产并逐步走上农游结合的致富道路。还开辟山区工业发展园区，以发展山区企业。

到2009年年底，山区农林牧渔总产值80.3亿元，其中：种植业（含林业）产值34.2亿元，林业产值8亿元，果品产值10亿元，养殖业（含渔业）产值39.2亿元。

关注低收入群体，消除低收入村工作是一项重要工作。到2003年年底，全市农民人均纯收入低于 3 000 元的村还有 41 个，占总村数的 1.1%。其中，房山 25 个，怀柔 6 个，门头沟 3 个，延庆 2 个，平谷 5 个。从 2003 年到 2009 年，市、区县、乡镇政府对山区工作采取了不同形式的扶持政策，带动了山区农民收入的快速增长，使山区低收入群体及低收入群体聚居的低收入村明显减少，山区年收入水平在 3 000 元以上的村有 1 656 个，人均年收入水平在 10 953.6 元（全市农村农民人均劳动所得）以上的，已经有 23 个村。但仍有 80% 以上的山区农户人均收入低于全市农村平均水平，山区农民收入与平原农民收入水平差距还比较大。仍有 18 个村年人均纯收入低于 3 000 元。

社会各界支援山区建设与区县合作建设山区

从 2004 年起引进社会资金促进山区综合开发的试点目标是：生态良好、环境优美、经济发展、农民增收、村落整齐、居住舒适、社会进步。试点范围是昌平区流村镇和怀柔区雁栖镇试点的山区综合开发项目。投资和建设主体是当地集体经济组织、农民和国内外企业、社会法人、个人，可采取承包、租赁、股份制、股份合作制等多种方式，均可参加试点地区的山区综合开发。

从 2005—2009 年，北京市工商业联合会组织在京郊山区实施光彩事业项目 542 个，其中投资类项目 114 个，到位资金 10.99 亿元，安排 12 682 人次就业，被评为"京郊山区综合开发先进支山单位"称号。市工商联光彩事业办组织千喜鹤食品有限公司在平谷区投资 2.5 亿元建设的副食品基地，该集团食品工业园基地直接安置就业 2 000 人，依托物流配送、冷鲜肉连锁店、餐饮超市等各个产业链吸纳 1 万多人就业，并与当地 16 个乡镇 141 个村的 506 户农户签订了 40 万头生猪饲养包销合同。龙头企业通过乡、镇、村等基层组织，利用农村土地、场地、基本生产技能等，向农户提供生产资料、技术服务等，与农户签订种、养包销合同，建立起利益风险共担的共同体，把一家一户的农民组织起来，既带动了农民增收，又吸纳了农村富余人员就地就业。

2009 年，北京市开始建立以区县为主体的合作共赢机制，促进城区要素进山区、山区资源补城区，提高资源配置整体效率，实现城乡区域协调发展、优势互补、合作共赢。15 个市级部门及 12 个结对县区组织的 6 个产业共建基地建设正式启动，多领域、多层次的合作有序开展，区县合作为推动生态涵养发展区协调发展、加快城乡一体化步伐奠定了较好的基础。开展"一对一"互助合作，东城区与怀柔区；西城区与门头沟区；朝阳区与延庆县；海淀区与密云县；顺义区与平谷区；北京经济技术开发区与房山区 6 个共建基地。到 2009 年年底，已有 4 个项目纳入政府投资储备库，1 个公共服务平台项目获得政府投资支持。对顺义与平谷等 4 个产业共建基地投入专项资金 3 400 多万元，用于支持基地内重点产业项目发展。6 个共建基地已引进产业项目近 20 个，落户企业 30 多个，其中，西城—门头沟产业孵化中心项目已完成主体建设，国家级风电叶片研究检测中心、京西重工减震器工厂等 6 个项目已开工建设，并实现部分投产。

六、农民收入与支出

这一阶段，北京郊区的农民收入趋于稳定较快增长。2009 年，北京郊区农民人均纯收入达到 11 986 元，比 2002 年增加了 6 106 元，增长 103.8%，翻了一番多，年均增长达到了 9.3%。由于北京市委、市政府及郊区各级党委政府根据郊区特点，采取的更直接、更有力的措施，将中央的"多予、少取、放活"方针在郊区农村进一步细化、实化、具体化，使农民人均劳动所得实现稳步增长，对郊区农民收入的增长作用深远。

收入来源多元化的趋势进一步扩大。2009 年，农民人均纯收入 11 986 元中，生产性纯收入 8 994 元，占 75%，较上一阶段降低了 2.2 个百分点。在生产性纯收入中，工资性收入 7 274 元，占 80.9%，较上一阶段提高了 9.3 个百分点；家庭经营纯收入 1 720 元，占 19.1%。非生产性收入 2 992 元，增长了近 3 倍，占的比重达到了 25%，较上一阶段提高了 12.2 个百分点。在非生产性收入中，财产性收入 1 402 元，占 46.9%；转移性收入 1 590 元，占 53.1%，较上一阶段提高了 15.2 个百分点。

农村内部收入差距逐步缩小。2003 年北京郊区农村内部基尼系数达到 1996 年以来的最高 0.36。此后的几年里，随着农民收入的增长和农村社会保障水平的提高，农民内部之间的收入差距呈现了逐年缩小的趋势。到 2009 年，农民收入的基尼系数为 0.3，比 2003 年缩小 6 个百分点，处于国际公认的平均范围之内。

城乡居民收入差距趋于缩小。在上一阶段，城乡居民收入比值有不断缩小的趋势。但 2003—2006 年，城乡居民收入比值又被拉开，2006 年达到此期间的最大值 2.32。从 2007—2009 年，城乡居民收入差距开始缩小，到 2009 年时缩小为 2.23，并且缩小的趋势还在延续。

农民生活消费支出增长提速。2003—2009 年，与收入增长同步，消费增长速度也达到了较高水平，2009 年农民人均消费支出 9 141 元，比 2002 年增长了 1 倍多，年均增长达到了 10.2%，比上一阶段提高了 3.4 个百分点。

2003—2008 年农村经济收益分配

单位：亿元

年份	总收入	税金	可供分配利润
2003	2 106.31	60.63	247.75
2006	2 980.09	87.59	104.13
2008	3 551.28	109.82	118.76

注：据北京市统计局资料。

改革开放后的三十年，北京农村经济取得迅猛发展。北京市积极遵照中央提出的农村经济体制改革方向，密切结合北京农村经济发展的实际情况，在农村经营体制、农产品流通体制、乡镇企业产权制度、集体经济管理等多个领域不断深化改革，郊区农村实现了从计划经济到市场经济的转变，由传统的农业社会进入到工业化进程的全新阶段。

从北京农村经济的发展变化看，2003 年之前主要是围绕解放生产力，建立适应市场经济体制的各项制度开展。各种政策措施的推行调整了农村产业结构，1997—2003 年，在农业总产出中种植业所占份额从 55.4% 下降到 45%，养殖业的比重从 45.6% 上升到 55%。产业结构的调整为北京农村产业的进一步发展创造了条件。农业节水成效显著。农业用水量由 1991 年的 21.52 亿立方米减少到 2010 年的 11.38 亿立方米，使用地下水由 16.14 亿立方米减少到 8.18 亿立方米。农业用水量占全市总用水量的比例，由 1991 年的 57.9% 降至 2010 年的 32%。从 2003 年起到 2010 年农业使用再生水量达到 3 亿立方米。此外，截至 2003 年年底，全市相对比较规范、已纳入区县登记备案管理的农民专业合作经济组织 1 473 个，入社农户 42.6 万户，资产总额 33.8 亿元。郊区规模以上的农业产业化龙头企业已达

1 070 家；边远山区乡镇实现增加值 66 亿元，地方财政收入 5.1 亿元，农民人均劳动所得 4 960 元；边远山区乡镇实现增加值 66 亿元，地方财政收入 5.1 亿元，农民人均劳动所得 4 960 元。

2003 年之后，北京市围绕统筹城乡发展、推进新农村建设，发展都市农业，虽然从业单位和人数变化不大，但收益却大幅增长，都市农业政策成效明显。2005—2009 年，北京市农业观光园从 1 012 个增加到了 1 294 个，从业人员从 40 729 人增加到 49 504 人，分别增长了 27.9% 和 21.5%；接待人次从 492.5 万增加到 1 597.4 万，经营总收入从 7.88 亿元增加到 17.8 亿元，分别增长了 2.24 倍和 1.16 倍；实际经营民俗旅游（农家乐）接待户从 7 268 户增加到 8 705 户，从业人员从 14 070 人增加到 19 790 人，分别增长了 19.8% 和 40.7%；接待游客从 758.9 万人次增加到 1 393.1 万人次，实现民俗旅游总收入从 3.14 亿元增加到 6.09 亿元，分别增长了 83.6% 和 93.4%；设施农业收入从 18.62 亿元增加到 33.91 亿元，种业收入从 5.94 亿元增加到 12.84 亿元，分别增长了 82.1% 和 1.16 倍。

改革开放之后，农业政策的调整推动北京农业经济发生了显著的变化。从 1978—2009 年，农林牧副渔业总产值由 11.5 亿元增加到 315 亿元，增长了 26.4 倍；其中，农业总产值由 8.9 亿元增加到 140.4 亿元，增长了 14.8 倍；种养业产值比由 77.5∶22.5 变为 52.7∶47.3。平均每劳动力创造的产值从 1978 年的 966 元增加到 61 047 元，增长了 62.2 倍；其中，农业产值由 815 元增加到 38 152 元，增长了 45.8 倍。

随着工业化的发展与集体经济产权制度的变革，北京市乡镇企业数量增幅更为明显。从 1978 年的 4 075 个增加到 2009 年的 159 462 个，增长了 38.1 倍；总收入从 7.88 亿元增加到 3 692.7 亿元，增长了 467.6 倍；利润总额从 2.2 亿万元增加到 207.6 亿元，增长了 93.4 倍。

从微观层面看，农民个人收入呈现出递增趋势。改革前 20 年中，北京农村居民人均纯收入累计只增加 37 元，年均增加不到 2 元，农民收入长期处于低水平徘徊的局面。1978 年之后，农民收入进入快速增长轨道，1978—2009 年，农村居民人均纯收入从 225 元增加到 11 986 元，增长了 52.3 倍，年均增加 379.4 元。这一时期的增长分为三个阶段，第一阶段为 1978—1985 年，这一阶段主要是随着以家庭联产责任承包制为主的经营体制改革以及市场化政策的推行，农民收入呈现逐步加速增长趋势，其间人均纯收入净增了 550 元，年均增加 78.6 元。第二阶段为 1986—1996 年，以工资收入和家庭收入为主阶段，这一阶段主要受改革效应减弱的影响，呈现波动增长特征，但乡镇企业迅速发展保证了农民收入的增长，其间人均纯收入净增了 2 788元，年均增加 253.5 元。第三阶段从 1997 年起，这一阶段农民收入进入高速增长阶段，其间人均纯收入净增了 8 423 元，年均增加 647.9 元。

30 年来，北京市农村贫困人口大幅减少，1980 年尚有 89.1 万人，到 2008 年仅剩下了 2.2 万人，这种变化可以从恩格尔系数中看出，其数值变化从 1978 年的 63.2％降低到 2008 年的 34.3％。根据国际公认的恩格尔系数在 30％～39％之间为富裕、低于 30％为最富裕的标准，北京市农民已达到了富裕水平。从农村居民的日常支出看，人均总支出从 1978 年的 219 元增加到 2009 年的 11 814 元，增长了 52.9 倍；生活性消费支出也明显上升，农村居民人均生活费支出从 1978 年的 185 元增加到了 2009 年的 9 141 元，增长 48.4 倍。

这些变化是与北京农村经济快速发展和成功的改革分不开的，而农村经济之所以能够快速发展、改革之所以能够成功，应当概括为：一靠政策，二靠科学，三靠投入。起着决定性作用的是：尊重农民首创精神，保障农民切身利益。一方面，尊重农民的首创精神，尊重农民意愿和选择，充分调动农民的积极性，是北京农村经济改革和发展不断取得新突破的内在动力。另一方面，保障农民切身利益、实现农民利益最大化是北京农村经济改革和发展始终遵循的一条基本原则。最为典型的就是合作社的发展，改革开放以后，北京农村实行了家庭承包经营为基础、统分结合的双层经营体制，集体经营层次主要是解决一家一户办不了、办不好的事，这就把个体的积极性和集体的优越性恰当地统一起来，因而受到农民的热烈拥护。在市场经济发展以后，乡村集体企业的兴旺及后来的重组转制，合作社由直接办企业转向主要从事资产经营和资源开发，专业户与专业合作经济组织的兴起，合作医疗的兴衰和再起等等，都反复证明农民需要合作，能够合作，但是，合作必须符合农民的实际需要，符合农民的意愿，使农民得到好处，任何时候都不能伤害农民个人的积极性和切身利益。

北京农村经济的改革和发展，始终坚持尊重农民、尊重基层的探索与创新，呈现出四大特点。

一是经营体制不搞"一刀切"。在推行联产承包责任制的过程中，延庆、密云一些山区的农民选择了大包干形式，而在平原集体经济相对发达、已经形成专业化和商品化生产的地区，一些农民选择了专业承包、适度规模经营。各级政府因地制宜，不搞"一刀切"，区别不同区县、乡镇的不同条件和情况，尊重农民的创造与选择，有序地推进了首都农村联产承包责任制改革，发挥了地区的优势和特点，保证了农业生产力的迅速发展。

二是不怕争议，允许试。在改革初期，海淀区四季青集体经济比较发达，具有明显的城郊型农业特点，当地农民积极探索，试行专业承包，这在当时大包干的形势下争议比较多，但政府尊重当地的选择，并积极进行研究和引导，取得很好的效果。又如丰台区黄土岗乡、昌平县沙河乡，在进行政企分开改革时，对集体经济实行农工商联合经营，既有效地打破了管理上条条框框的限制，又充分地调动了基层干部和从业农民的积极性。

三是遵循规律，因势利导。北京农村改革并未把集体长期积累形成的机械、水利等农用设施以及畜牧场、果林场等划分归一家一户，也没有不顾现状，照搬其他地区经验，割断历史，否定自己积累的基础，而是汲取承包经营的精髓，结合本地区的特点，从实际出发，遵循规律，因势利导，采取了不同形式的统一经营、专业承包、包干分配的方式，既调动了农民的积极性，又发挥了集约经营的优势，已形成的机械、水利、植保等设施和科学技术力量，进一步发挥了作用。这些地方，不仅农业连续多年丰收，而且农、林、牧、副、渔、工、商、建、运、服各业全面发展。

四是实事求是，从实际出发。作为国家首都和特大城市的郊区，在计划经济体制和农产品短缺的条件下，第一位任务是保证城市居民的鲜活农副产品的供应。市委、市政府采取一系列经济、技术、政治、组织措施发展郊区副食品生产，不断取得成效，迅速解决了肉、蛋、奶、鱼供应不足的问题，丰富了居民的"菜篮子"。为保证建设宜居城市的需要，发挥郊区生态屏障和生活环境方面的功能，对郊区明确功能定位，积极发展都市型现代农业和山区特色产业，对首都生态环境建设和居民休憩度假作出了重要贡献。

综观北京农村经济改革发展之路，从包产到户到规模经营，从乡镇企业到股份合作，从家庭作坊到产业化，一系列新鲜事物，无一不是因地制宜、尊重群众、尊重实践、尊重规律而出现的伟大创造。坚持从实际出发，切合当地实际，经得起实践检验，北京农村经济的改革就能不断深入，农村经济的发展才会生机勃勃。

坚持社会主义市场经济改革方向，遵循社会主义市场经济规律，是北京农村经济改革与发展的一个鲜明特征。

一是发展市场主体。改革一开始就向传统计划经济体制提出了挑战，从计划经济到有计划的商品经济，再到社会主义市场经济，郊区农户不仅获得了土地承包经营权、生产自主权和收益处置权，推动了郊区农村经济的全面发展，带来了农村的分工分业，促进了生产要素的合理流动。实行统分结合的双层经营体制和适度规模经营，放手发展乡镇企业，培育和造就了农户、专业户、乡镇企业等大批自主经营、自负盈亏的市场经济主体，并直接面向市场、参与市场竞争、接受市场考验，使其成为了首都郊区发展市场经济的先导力量。

二是培育市场要素。市场机制发挥作用的过程，就是突破狭小封闭的生产方式，打破城乡之间、地域之间的市场藩篱的过程，就是促进经济活动成为开放式、社会化活动的过程，也是资金、劳动力、人才、技术、信息等资源要素充分流动、高度整合的过程。通过城乡统筹，通过外引内联，通过科技创新，北京农村实现了劳动力的转移就业、管理方法的不断完善、生产技术的不断革新，各个市场要素得到培育和发展。

三是健全市场机制。改革农产品流通体制、放开农产品价格、转换价格形成机制，培育资源要素市场，使市场对资源配置发挥基础性作用。农产品的生产从指令变为指导再到市场引导，农产品的销售从统购包销到合同定购再到完全放开，北京农村的改革过程，就是市场机制不断健全的过程。

北京农村经济在坚持市场经济改革，按照社会主义市场经济规律不断发展完善的过程中，始终坚持以下两个方面的工作，为北京农村经济的改革开放积累了宝贵的实践经验。

一方面是实施"对内搞活"。通过打破北京农业确保首都的单一市场格局，全面放开农产品流通，实现首都和外省市的优势互补。正是因为优势互补，北京农村经济的发展才能站在更高的起点上，有所为有所不为，避开劳动密集型的传统农业生产，取而代之以技术型、资金密集型的优势产业和特色产业，在保证市场有效供给的同时不断向高端高效方向发展。现阶段，北京农产品自给率大约是粮食15%、蔬菜40%、肉35%、蛋60%、奶62%、果品67%，外埠农产品保障了首都农产品市场稳定与多元化，丰富了市民的"米袋子""菜篮子"，满足了市民日益增长的物质需求。

另一方面是坚持"对外开放"。一是"引进来"，通过引进先进技术、设备、资金、人才和管理方法，促进了体制机制的创新；通过加快对外贸易体制改革，逐步放开农产品的外贸经营权，打破了农产品外贸经营垄断局面；通过学习国外农工商综合经营的经验，推动了农工商一体化经营。二是"走出去"，特别是 2001 年我国加入世贸组织后，北京农村经济与世界经济的关系越来越紧密，郊区农村外向型经济的大步前进，形成了颇有规模的创汇农业、出口带动型企业，扩大了对外开放的广度和深度，也带动了农村科技上水平，带动了郊区企业上档次，带动了农产品出口创汇增效益，带动了农业产业化经营，带动了农民致富。

正是由于坚持了改革的市场取向，严格按照社会主义市场经济规律办事，一方面使北京农村经济成功地摆脱了传统计划经济体制的羁绊，从僵化走向灵活，从徘徊走向腾飞，为实现郊区农民从温饱到率先小康，再到中等发达的历史性跨越作出了巨大的贡献。另一方面为北京农村经济发展争取了更大的空间，丰富了首都市民的物质需求，提升了北京农村经济的市场竞争力，促进了农业专业化、规模化、产业化和现代化水平的提高，促进了农村非农产业向区域化、高端化方向发展。

新形势下，北京郊区存在不少问题。乡镇以下的发展规划滞后，土地流转机制尚未真正建立，乡村集体建设用地流转机制尚未破题，集体经济产权制度改革的障碍有待突破，农村经济发展面临的资源和环境约束增强，城市化进程中农民利益还需得到切实保障，农村基础设施和公共服务有待进一步加强，农村教育、卫生、文化等产业需要加快发展。总之推进城乡基本公共服务均等化还需出台一系列重大改革措施，切实推动城乡经济社会发展一体化新格局的形成。

从北京郊区的功能来看，广阔的空间是解决交通、就业、大气污染等城市病的根本出路，是北京中心城市的第一道绿色屏障和水源供给地，是城市居民休闲、度假、旅游的胜地，是产业、就业转移的腹地，是城市居民鲜活特优农产品的供应地。首都城市与郊区农村应当进入共赢、共融、共进的时期。如果不能正确处理城市与郊区、与农村的关系，促进农村居民与城镇居民共同富裕，势必衍生出诸多矛盾和问题，就难以确保全面建设小康社会目标的顺利实现，就难以保持和促进首都国民经济持续快速健康运行。实践证明，没有郊区农村的发展就没有首都的发展，没有郊区农村的繁荣稳定就没有首都的繁荣稳定，没有农民的全面小康就没有首都人民的全面率先小康。

主 要 参 考 书 目

白有光．论京郊农村经济．北京：中国农业出版社，1996.

北京卷编辑部．当代中国城市发展丛书·北京卷．北京：当代中国出版社，2011.

北京市档案局，中共北京市委党史研究室．北京市重要文献选编（1949—1965）．北京：
中国档案出版社，2007.

北京市地方志编撰委员会．北京志·农业卷·气象志．北京：北京出版社，1999.

北京市地方志编撰委员会．北京志·农业卷·国营农场志．北京：北京出版社，1999.

北京市地方志编撰委员会．北京志·农业卷·种植业志．北京：北京出版社，2001.

北京市地方志编撰委员会．北京志·农业卷·林业志．北京：北京出版社，2003.

北京市地方志编撰委员会．北京志·农业卷·水产业志．北京：北京出版社，2003.

北京市地方志编撰委员会．北京志·农业卷·水利志．北京：北京出版社，2003.

北京市地方志编撰委员会．北京志·农业卷·乡镇企业志．北京：北京出版社，2004.

北京市地方志编撰委员会．北京志·农业卷·畜牧志．北京：北京出版社，2007.

北京市地方志编撰委员会．北京志·农业卷·农村经济综合志．北京：北京出版社，2008.

北京市农村经济研究中心．北京城乡一体化发展的研究与思考．北京：中国农业出版
社，2010.

北京市农村经济研究中心．北京市纪念农村改革开发 30 周年理论研讨会论文选编．北京：
中国农业科学技术出版社，2009.

北京市农村经济研究中心．北京市农村改革发展 60 年大事记（1949—2009）．北京：中国
农业出版社，2010.

北京市农业局．首都农业改革发展三十年．北京：中国农业出版社，2009.

北京市哲学社会科学"七五"规划项目．北京郊区乡镇企业发展的若干战略问题研
究．1991.

北京市统计局，国家统计局北京调查总队．北京六十年统计资料（1949—2009）．北京：
中国统计出版社，2009.

北京市统计局．欣欣向荣的北京——35 年来北京市国民经济和社会发展概况．北京：北京
出版社，1994.

本书编辑委员会．中国农业全书·北京卷．北京：中国农业出版社，1999.

本书编委会．北京农村年鉴（2001—2010）．北京：中国农业出版社，2001—2010.

本书编撰委员会．北京市农村合作经济经营管理志（1952—2002）．北京：中国农业出版

社，2008.

蔡昉，王德文，都阳．中国农村改革与变迁．上海：上海人民出版社，2008.

曹子西．北京通史（远古至1992年）．北京：中国书店出版社，1994.

段柄仁．北京市改革十年．北京：北京出版社，1989.

范明．北京农业政策的发展与演变．北京：中国农业出版社，2013.

郭光磊．北京市新型城镇化问题研究．北京：中国社会科学出版社，2013.

郭光磊．城与乡：在博弈中共享繁荣．北京：中国农业科学技术出版社，2011.

课题组．京郊农业适度规模经营研究．北京：北京燕山出版社，1990.

李俊英．北京郊区村级集体经济制度创新研究．北京：中国农业科学技术出版社，2008.

李宗凌，等．探索的足迹—北京市经济体制改革若干重大事件研究．北京：经济管理出版社，1990.

王瑞华，黄中廷．光辉的历程．北京：中国农业科学技术出版社，2009.

王树忠．北京农技推广三十年．北京：中国科学技术出版社，2013.

王宪．京郊情—北京郊区农村发展若干史实纪略．北京：北京出版社，1995.

谢荫明，陈熙，温卫东．北京改革开放简史．北京：中央文献出版社，2008.

许经勇．中国农村经济制度变迁六十．研究．厦门：厦门大学出版社，2009.

杨铭华，焦碧兰，孟庆如．当代北京菜篮子史话．北京：当代中国出版社，2008.

姚允聪，刘军辉，寇文杰．北京都市型现代农业科技支撑与产业发展研究．北京：中国农业出版社，2009.

尹钧科．北京建置沿革史．北京：人民出版社，2008.

于德源．北京史通论．北京：学苑出版社，2008.

张秋锦，等．农本论．北京：中国农业出版社，2008.

张文茂．京郊农村改革三十年研究．北京：中国农业科学技术出版社，2009.

张一帆，赵永志．北京农业上下一万年．追踪．北京：中国农业出版社，2012.

赵树枫．北京郊区城乡协调发展之路．北京：中国农业出版社，2010.

赵有福．京郊五十年．北京：北京出版社，1999.

中共北京市委农工委党史资料征集委员会．京郊农业合作化大事简介（1949—1966）．北京：1995.

中共北京市委农工委党史资料征集委员会．北京市农业合作化大事简介（1966—1978）．北京：1996.

周一兴．当代北京大事记．北京：当代中国出版社，2003.

后　记

辛勤耕耘三载，终于成书出版，倍感欣喜。

回顾此书的编写，需正确地处理国家大政方针、形势背景与北京农村经济发展的关系；也需正确地处理政治制度、社会制度与活动和北京农村经济发展的关系；还需正确地处理在北京农村经济发展过程中农业、农村、农民的关系。围绕以上问题，本书做了一些有益的探索，还需社会各界指正。为了对一些专题有横断面的了解，故在上、下册的开始部分各著有"绪论"，以介绍本册书横向专题的内容。此种写作方法，是著者自己创造的，可能与史书的写法不相适应，一并附上，亦请谅解。

编著者长期工作在农业和农村工作的实践，从事调查研究，并参与了一段时间内的北京农业和农村工作的政策、方针的制定和领导报告、讲话的起草工作，有幸聆听到市委、市政府主管农业和农村工作领导对一些重要问题的讨论、意见，深获教育，为编写此书提供了第一手资料。近些年来，著者苦读古今农书，愿意将所积累获取的资料，在分析研究之后编纂成书，为社会全面了解北京古往今来的农村经济发展做一点贡献。

成书之后，定名为《史稿》，原因是此部书距离一部记述北京农村经济发展的全面、系统而又科学的专著，还差得很远。出版《史稿》，意在抛砖引玉，期盼专家、学者拿出一部高水平的北京农村经济发展全貌的史学著作。诚然，我们这块"砖"，也愿在北京史学著作这座大厦上成为一块坚固、牢靠的"砖"。此书对学者、专家、领导定会有一定价值的。

本书能够写成、出版，得益于市农研中心领导郭光磊、张秋锦同志和焦守田同志的大力支持和指导。并有市农研中心史志处陈水乡、杨秋玲、王伟等同志作了大量的材料搜集和组织工作。本书初稿，得到了市委农工委、市农委领导王孝东、李成贵、张贵忠和魏惠东同志的审阅，并请市委农工委、市农委原领导赵树枫、范毓扬、梁继听、王其南同志和北京市地方志编委会罗保平同志的指正。焦守田同志还认真阅读了书稿，并提出了很中肯的修改意见。此书二稿，还请有着丰富农业和农村工作实践经验的李如理、王树忠、王维贤、王振家等同志审阅、评议。在此一并表示衷心的感谢。

本书前言、综述执笔人王振业；上册绪论与各章执笔人张一帆；下册绪论与第一、二、三章执笔人王振业，第四、五、六、七章执笔人廖沛；后记执笔人王振业。全书文字整理，王振业。此书所选用的图片，来自于有关农业方面的书籍和市地方志编委会主编的志书，本书上册插图还得到市农业推广站查范玉帮助。对这些书籍的著者以及这些志书编写的各主管局、室，以及修志同仁也一并感谢。

再一次衷心恳请学者、专家、领导指教。

编著者

2015 年 4 月 1 日

北京市郊区土地改革时农民在丈量土地

四季青蔬菜生产合作社的社员正在将自己的大车、牲口作价入社（1955年）

丰台区东管头村农民积极报名参加农业生产合作社（1955年12月）

海淀区西山乡农业合作社社员正在检修水车（1955年）

四季青蔬菜生产合作社的温室（1955年）

东郊区来广营农业生产合作社的养猪场
（1955年）

南苑区农民加工生产粉条（1955年）

顺义县农民正在编草帽辫（1965年）

丰台区沙锅村的沙锅生产（1961年）

1958年9月1日，密云水库开工典礼

20世纪50年代修建的永定河三家店拦河闸

通县永乐店农民1964年冬季兴修水利，开渠治涝

1966年冬，房山县西班各庄农民背冰上山抗旱

全国农业劳动模范温室蔬菜能手李墨林（右）在察看温室生产的黄瓜

全国劳动模范、房山县南韩继大队党支部书记徐庆文（左）同社员一起下地劳动

北京电子管厂支农队帮助农民修理抽水机（20世纪60年代）

科技人员下乡考察小麦新品种

1982年，京郊农村普遍实行了"统分结合，双层经营"的农业生产责任制。通县牛堡屯公社堡头大队的社员张庆，承包了20多亩粮田，喜获丰收。

1982年，顺义县李家桥公社英各庄一队社员刘明，承包30亩河套地，打粮18 500千克，获得超产奖励2 700元。

房山区神州绿普果菜产销合作社
蔬菜生产基地，图为合作社社员在
给蔬菜喷施液体肥料。

通州区永乐店镇孔庄村通过土地流转
发展林间间作，成立食用菌合作社。

延庆县大柏老聚八方奶牛合
作社成立大会。

小麦喷灌节水

窦店村二分场小麦高产田，2012年实收亩产604.8千克

顺义东江头小麦高产田实收亩产610.1千克

鲜食玉米品种"甜单21"

机械收获玉米

玉米秸秆二次粉碎

玉渊潭公社建成的京郊第一座大型蔬菜温室（1978年初）

北京锦绣大地农业有限公司的大型温室蔬菜无土栽培

甘蓝自交不亲和系的选育及其配置的7个系列新品种，1985年获国家发明一等奖

小汤山特菜基地工厂化番茄生产

房山区柿子丰收景象（20世纪80年代）

怀柔县板栗丰收景象（20世纪80年代）

海淀区四季青乡的大棚樱桃生产（20世纪80年代）

展销会上大兴县庞各庄镇的西瓜（20世纪90年代）

2009年，通州区马驹桥镇实现食用菌规模化生产

怀柔县建成了全国最大的西洋参生产基地（20世纪80年代）

昌平区麦庄草莓大棚

怀柔区庙城镇三山都市型设施农业科技示范园采用无土"墙上"立体栽培技术

延庆县大榆树镇华坤生态庄园

20世纪70年代末，市国营农场系统与科研单位、农业院校协作育成的优良品种"北京黑猪"

20世纪80年代，北京市农林科学院畜牧研究所培育的商品瘦肉型猪"杜长北"

首农集团奶牛基地

优良蛋鸡品种——"北京白鸡"在全国大面积推广，获北京市科技进步一等奖（1985年）

大发畜产公司育成阶段的种鸡舍（20世纪80年代）

优良鸭种——北京鸭

华都肉鸡加工车间（20世纪80年代）

三元牛乳品厂

北京德清源农业科技股份有限公司实现循环农业发展

北京顺鑫农业股份有限公司精选原品系列

昌平宏富工业区全景

昌平宏富工业区健之素制药有限公司

昌平宏富工业区金万众空调制冷设备公司

顺义区太平洋物流公司

怀柔区汽车城

通州区小务村村办30家企业吸纳全村80%的劳动力

大兴区乡镇企业生产的丰收牌葡萄酒获国家名牌称号（图为发酵车间）

密云县北庄镇山区流域湿地治理

平谷区十八弯沟域

房山区北石门村新建险户搬迁楼

向日葵大地景观

新业态之山水人家集聚区——百里山水画廊

硅化木国家地质公园全景

大兴"亮民绿奥"美国薄荷景观

通州秋季"布拉格"香草景观

密云车道峪秋天的"人间花海"

花乡花卉交易市场（20世纪90年代）

冬季蔬菜批发交易市场（20世纪90年代）

京郊农贸市场

城乡贸易中心

密云水库

密云水库白河大坝

京密引水渠把密云水库的清水引入京城

怀柔水库

鸟瞰雁栖湖

怀柔居民小区一览

龙庆峡冰灯展

窦店村党支部书记仉振亮

窦店村科技大楼

韩村河村水泥构件厂

韩村河村党支部书记田雄

韩建集团公司承建的中央民族乐团大楼被评为市优工程

北京市20种农产品被国家认定为地理标志保护产品

延庆国光苹果

张家湾葡萄

通州大樱桃

昌平草莓

北寨红杏

平谷大桃

昌平苹果

燕山板栗

京白梨

海淀玉巴达杏

房山磨盘柿

大兴西瓜

庞各庄金把黄鸭梨

泗家水红头香椿

安定桑椹

延怀河谷葡萄

长辛店白枣

怀柔板栗

京西稻

妙峰山玫瑰花